## 第二十二章　人物研究 …… (765)
### 第一节　价值体系的重建与实践 …… (766)
### 第二节　从拨乱反正到初步繁荣 …… (771)
### 第三节　繁荣中的问题 …… (782)

## 第二十三章　近代史资料的整理与出版 …… (792)
### 第一节　20世纪下半叶的编辑出版概况和特点 …… (792)
### 第二节　几个热门课题的资料发掘概况 …… (804)
### 第三节　21世纪初年的编辑出版概况及问题 …… (813)

## 第二十四章　海外中国近代史研究著作的译介 …… (821)
### 第一节　"立足于批" …… (821)
### 第二节　百花齐放 …… (824)
### 第三节　日趋繁荣 …… (832)

## 第二十五章　2009—2019年的中国近代史研究 …… (849)
### 第一节　史学理论、方法与学术讨论 …… (849)
### 第二节　晚清政治史 …… (858)
### 第三节　民国政治史 …… (866)
### 第四节　经济史 …… (875)
### 第五节　中外关系史 …… (885)
### 第六节　革命史 …… (895)
### 第七节　思想、文化史 …… (906)
### 第八节　社会史 …… (915)
### 第九节　台湾史 …… (923)

## 主要参考文献 …… (934)

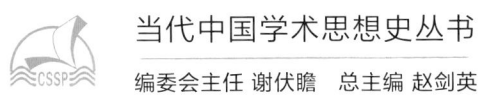

当代中国学术思想史丛书

编委会主任 谢伏瞻　总主编 赵剑英

# 当代中国近代史研究

Contemporary Studies of
Modern Chinese History

(1949-2019)

下 卷

曾业英　主编

中国社会科学出版社

# 目　录

## 下　卷

**第十六章　太平天国运动史** …………………………………………（507）
　第一节　蓬勃发展时期 …………………………………………（507）
　第二节　曲折乃至倒退时期 ……………………………………（514）
　第三节　成熟和收获时期 ………………………………………（516）
　第四节　几点浅见 ………………………………………………（538）

**第十七章　孙中山研究** …………………………………………（542）
　第一节　初期概况 ………………………………………………（543）
　第二节　省思与复苏 ……………………………………………（547）
　第三节　走向繁荣 ………………………………………………（551）
　第四节　深化与拓展 ……………………………………………（555）
　第五节　新的进展 ………………………………………………（559）
　第六节　几点改进意见 …………………………………………（567）

**第十八章　辛亥革命史** …………………………………………（571）
　第一节　初始阶段（1949—1966） ……………………………（573）
　第二节　复苏与崛起（1976—1990） …………………………（576）
　第三节　持续发展（1991—1999） ……………………………（584）
　第四节　新世纪之初的深化（2000—2009） …………………（587）
　第五节　回顾与前瞻 ……………………………………………（595）

## 第十九章　北洋军阀史 ……………………………………………（601）
第一节　对几个理论问题的探讨 …………………………………（602）
第二节　关于袁世凯北洋建军及其统治时期的研究 ……………（612）
第三节　关于皖系军阀的研究 ……………………………………（618）
第四节　关于直系军阀的研究 ……………………………………（623）
第五节　关于奉系军阀的研究 ……………………………………（632）
第六节　关于西南、西北军阀的研究 ……………………………（638）
第七节　值得重视的几个问题 ……………………………………（650）

## 第二十章　中共党史 ………………………………………………（660）
第一节　30 年的曲折与徘徊 ……………………………………（660）
第二节　拨乱反正的艰难尝试 ……………………………………（667）
第三节　对传统研究模式的重要突破 ……………………………（677）
第四节　20 世纪 90 年代的学术进展与问题 ……………………（681）
第五节　21 世纪初年的新现象新趋势 …………………………（690）
第六节　关于当代中共党史研究的简略回顾 ……………………（696）
第七节　中外学者的不同研究取向 ………………………………（704）

## 第二十一章　抗日战争史 …………………………………………（712）
第一节　战时国共关系 ……………………………………………（712）
第二节　敌后战场 …………………………………………………（716）
第三节　正面战场 …………………………………………………（722）
第四节　沦陷区和伪政权 …………………………………………（728）
第五节　战时外交 …………………………………………………（734）
第六节　战时经济 …………………………………………………（745）
第七节　战时思想文化 ……………………………………………（751）
第八节　日军侵华政策与战争遗留问题 …………………………（757）
第九节　未来展望 …………………………………………………（761）

# 第十六章

# 太平天国运动史

太平天国研究已持续了近一个世纪。太平天国败亡后,清方从宣扬"皇清武功"的角度,陆续刊行了《钦定剿平粤匪方略》《平定粤寇纪略》《湘军志》等公私著述;辛亥革命前夕,革命党人又从宣传兴汉反满的角度,在海外秘密出版了汉公(刘成禺)《太平天国战史》、黄世仲《洪秀全演义》等书,重新评价了太平天国,但内容与史实有很大出入。以上著作都谈不上是严格意义上的学术研究。进入民国以后,洪秀全等人被尊崇为民族革命运动的先驱,太平天国研究这才正式揭开序幕,进入开拓和初始阶段,其成绩主要表现在史料发掘和史事考订方面。其中,萧一山、郭廷以、简又文、罗尔纲等人筚路蓝缕,是研究成就卓著的第一代学者。不过,直到中华人民共和国成立后,太平天国研究才真正进入了一个蓬勃发展的新阶段。

## 第一节 蓬勃发展时期

1949—1964 年可称为太平天国研究的蓬勃发展时期。

1949 年后,中国内地的太平天国研究出现重大转折,一是该专题研究受到空前重视,二是唯物史观成为研究工作的指导思想。1951 年 1 月 11 日,不少城市举办太平天国起义一百周年纪念展览会。同日,《人民日报》发表由胡绳执笔的题为"纪念太平天国革命百周年"的社论,高度颂扬了太平天国抗击内外敌人的光辉业绩,认为"太平天国是旧式的农民战争——没有先进阶级领导下的农民战争所发展到的最高峰",指出其失败的根本原因在于它"仍旧只是一个没有工人阶级领导的单纯农民战争"。该文还分析了《天朝田亩制度》的实质,认为它固然体现了农民大众对于土地的革命要求,但终究只是一个平均主义的图案,不可能实现,"而且这种图案并不是为着使社会生产力向前发展,却是使社会生产力停滞在分散的小农经营的水平上的。因此这种空想的农业社会主义的思想在实质上乃是带有反动性的"。

范文澜撰写的《太平天国运动史》是以唯物史观研究太平天国的拓荒之作,1945年初版,1949年后收编为《中国近代史》上编第1分册第三章,因后书一版再版、畅销一时而传播广泛,影响深远。作者详细分析了太平天国败亡的主客观原因,认为主观上在于太平天国领导层存有宗派、保守、安乐三种思想,"总根源在农民阶级消极方面的狭隘性、保守性、私有性";客观上在于中外反革命势力逐渐结合,力量超过了革命势力,加之当时中国的进步阶级尚未诞生。作者认为,"《救世》《醒世》《觉世》三篇的制成,奠定了太平革命的理论基础";并充分肯定了太平天国革命的历史意义,认为它使旧式农民起义的面目"为之大变","揭开了中国旧民主主义革命的序幕","是中国历史上第一次提出政治、经济、民族、男女四大平等的革命运动"。① 1954年,在一篇论述中国近代史分期问题的文章中,胡绳主张"用阶级斗争的表现来做划分时期的标志",并首次阐述了三次革命高潮的概念,认为"太平天国的革命运动是中国近代史中第一次革命运动的高涨",其特征表现为"地主阶级和农民阶级的矛盾展开为巨大的爆发"②。

上述论断从马克思主义的立场和观点出发,否定了此前有关太平天国的一些错误观点,澄清了若干重大理论问题,为研究工作树立了正确的理论导向,更加引发了人们对太平天国研究的重视和兴趣,尽管其中的个别论断不够精确或流于溢美。

---

① 范文澜:《中国近代史》上编第1分册,人民出版社1951年修订版,第186、191—192页。按:《救世》《醒世》《觉世》指洪秀全的早期宗教作品《原道救世歌》《原道醒世训》《原道觉世训》。

② 胡绳:《中国近代历史的分期问题》,《历史研究》1954年第1期。

另一方面，学术界开始大规模地整理出版太平天国资料。其中，中国史学会主编的《中国近代史资料丛刊·太平天国》于1952年由神州国光社出版，计8册，约200万字，分太平天国史料、清方记载、外人记载、专载四部分编排。1961—1963年，在罗尔纲主持下，南京太平天国历史博物馆编纂的《太平天国史料丛编简辑》由中华书局出版，计6册，140万字，专收清方记载。这就为研究者提供了前所未有的便利。

同在20世纪50年代，罗尔纲的一系列重要论著也先后问世。其中，《太平天国史稿》是一部用纪传体形式写成的通史，以资料丰富、考订缜密见长。1955—1958年，罗尔纲的7种论文集，即《太平天国史记载订谬集》《太平天国史事考》《太平天国史料辨伪集》《天历考及天历与夏历公历对照表》《太平天国史料考释集》《太平天国文物图释》《太平天国史迹调查集》，相继由生活·读书·新知三联书店出版。太平天国史料伪作之多、谬误之甚，在中国近代史各专题研究中是独一无二的。罗尔纲研究太平天国，首重辨伪考信。在考辨伪书时，他将书中内容与太平天国的制度和史实相对照，以寻找其作伪的铁证，揭穿其作伪的手法。他对伪书《江南春梦庵笔记》的考证便采用了这种方法。上述论著集中体现了罗尔纲在太平天国史料辨伪和史事考订方面所取得的成就，为后学提供了一把入门的锁钥，对新生研究力量的崛起起了积极的推动作用。

在上述背景下，太平天国研究在中华人民共和国成立初期进入一个蓬勃发展阶段。针对太平天国历史上的许多重要问题，史学界展开了积极探讨，其焦点集中在太平天国革命的性质问题上，并由此引发一场广泛而热烈的讨论。

基于对当时国内社会经济状况和阶级关系所作的不同估计，学者们在此问题上看法不一，归纳起来主要有三种不同观点。一种以范文澜、胡绳为代表，如上所述，他们认为太平天国仍旧是一场单纯的农民战争或农民革命。1957年，郭毅生刊文提出异议，持太平天国是"资产阶级性的农民革命"说。他认为，《天朝田亩制度》体现了革命所包含的经济内容，客观上为资本主义的发展开辟了道路，是一个彻底反封建的、资产阶级性的农民土地纲领。他还分析指出，在太平天国革命前夕，从农民中分化出的雇农、雇工已具有非封建的性质，而新兴的市民等级则是后来资产阶级和无产阶级的前身,而这两种人都是太平天国的主力军和核心力量,因此太平天国革命具有了迥异于以往单纯农民战争的许多特点,"其中如政治纲领中提出的平等观念,否定封建神权和专制政权的思想,便带有较为鲜明的资产阶级性质"。① 第三种观点以章开沅为代表,认为太平天国是单纯农民战争兼具资产阶级革命性质,"按其社会内容来说,是资产阶级民主主义的革命,但按其斗争手段来说,却是单纯农民战争"。他还指出,太平天国的土地政策、自由贸易政策,《资政新篇》中所提出的发展资本主义的纲领,带有强烈平等观念的政治思想等,都在主观上反映了"某些资本主义发展的要求"。②

这场讨论前后持续多年,是太平天国研究史上最为热烈的一场学术争鸣。经过讨论,学者们大多赞同"单纯农民战争"说,认为"资产阶级性的农民革命"说对中国社会经济的估计超出了当时社会发展的客观阶段,夸大甚至提前了中国资本主义形成和发展的程度;资本主义无法从没有独立手工业和商业的原始公社式的社会中发展起来,因此,《天朝田亩制度》即使全部实现,也绝不会促进资本主义的发展;《资政新篇》中具有资本主义色彩的建议并不是太平天国的传统,所以没有也不可能产生什么实际效果。不过,学者们在太平天国是否带有资产阶级民主革命性质这一点上仍存有分歧。

这场讨论涉及太平天国革命的起因、动力、纲领、任务和目标等,客观上将研究引向了深入。围绕太平天国时期国内的社会经济状况和阶级关系,太平天国统治区的土地制度和土地关系,农村政权和乡官成分,太平天国的文化、思想和工商政策,《天朝田亩制度》《资政新篇》以及相关人物的评价,太平天国抗击内外敌人的业绩,与各地各民族反清起义——捻军、天地会、上海小刀会、浙江金钱会与莲蓬党、山东宋景诗,以及回族、苗族、壮族、彝族等反清起义——的关系,等等,学者们纷纷发表论著。上述课题在1949年之前基本上未曾涉猎,集中体现了中华人民共和国成立初期太平天国研究所取得的重大进展及其成就,极大丰富了人们对

---

① 郭毅生:《略论太平天国革命的性质》,《教学与研究》1957年第2期。
② 章开沅:《有关太平天国革命性质的几个问题》,《理论战线》1958年第2期。

太平天国的了解和认识。

例如，为了把握太平天国统治区内的阶级关系和政权性质，学者们十分重视对太平天国经济政治举措的研究，土地制度和乡村基层政权因而成为研究的热点。关于土地制度问题，大家一致认为《天朝田亩制度》中的平分土地方案没有付诸实践，但在太平天国是否实行过"耕者有其田"政策这一点上见解不一。随着新史料的不断发现和研究的日益深入，多数学者认为，太平天国并未推行过这一政策，而是大体上实施"照旧交粮纳税"政策，即承认地主占有土地的合法性；尽管通过自发的抗租斗争，加之地主所收租额受到某种限制，农民从中得到了一些实际经济利益，但革命并没有改变整个所有制，旧的生产关系仍被保存了下来。至于造成这种情形的原因，主要有以下几种解释：小农根深蒂固的私有观念必然使太平天国放弃公有制的空想，转而承认现有的私有制和土地制度；重造赋册、粮册的工作因战争而很难进行，为解决军队粮饷等问题，不得不维持原来的租佃关系；太平天国后期地方政权中混入了大批地主阶级分子，公开维护本阶级的利益。学者们同时指出，通过直接没收部分地主土地、厉行军事镇压、剥夺地主浮财、减低租额等手段，太平天国仍然打击和限制了地主。[①]

太平天国曾在乡村基层政权普遍设立乡官。关于乡官的阶级成分，学术界有两种截然不同的观点，或认为各地乡官在前后期大多由地主阶级分子担任，或认为劳动人民始终占据着多数。[②] 经过讨论，多数学者认为，前期各地乡官以劳动人民为主，后期乡官的成分则比较复杂，因时因地而异，并非整齐划一，这反映了农民分散性的特点和阶级斗争的尖锐复杂性。

关于太平天国革命的起因，1949年之前曾有学者作过一些错误的解释。戴逸运用唯物史观并结合具体史实对此予以了澄清，指出"单纯用人

---

[①] 参见吴雁南《试论太平天国的土地制度》，《历史研究》1958年第2期；曹国祉《太平天国的土地政策及其赋税政策》（上篇），《中山大学学报》1959年第3期；龙盛运《关于太平天国的土地政策》，《历史研究》1963年第6期。

[②] 参见王天奖《太平天国乡官的阶级成份》，《历史研究》1958年第3期；董蔡时《太平天国的乡官多是地主分子吗？》，《江苏师院学报》1962年第5期。

口太多为理由来解释革命的发生并没有触及问题的实质";"拜上帝会虽然脱胎于基督教,并在形式上和基督教有相似之处,但两者的实质和作用是完全不一样的","革命思想之所以产生并具有积极作用,正是因为思想本身是根源于社会斗争和社会生活的客观现实"。强调太平天国革命发生的原因"既不是由于人口太多,也不是由于宗教力量,最根本的原因是由于外国侵略势力和中国封建势力的剥削和压迫,剥削和压迫加重,人民的反抗也愈来愈激烈"。①

史实考证在这一时期也有重大进展,其中以关于李秀成"自述"之真伪的考订最为引人关注。当年曾国藩在处死李秀成后,将删改过的忠王亲供在安庆印成《李秀成供》一册,即世传九如堂本,而亲供手迹则一直秘不示人。1944年,广西通志馆秘书吕集义在湘乡曾国藩故宅获见这一秘本,便据九如堂本与之对勘,补抄被曾氏删除的5600余字,并摄影16页。罗尔纲以吕氏补抄本和照片四张作为底本作注,1951年由开明书店出版《忠王李秀成自传原稿笺证》一书,轰动一时。1956年,有人撰文提出质疑,认为从内容来考察,李秀成不应向曾国藩乞降;笔迹上经法医鉴定,《自传原稿》与《李秀成谕李昭寿书》的笔迹相异,据此断言李秀成"自述"系曾国藩伪造。② 史学界就此展开了争论。罗尔纲根据书家八法理论,将上述两件文书中的字迹逐一拆开来比较,判定两者笔迹表面相异但实际相同,断言李秀成"自述"确系真迹。③ 这种严谨的考证方法和治学态度很有启发意义。1962年,曾氏后人秘藏的李秀成"自述"之真迹原本由台北世界书局影印出版,题签《李秀成亲供手迹》,印证了罗尔纲的论断。

总之,1949—1964年,太平天国研究在中国内地空前活跃,其研究队伍之壮大,研究成果之丰富,研究领域之广泛,在中国近代史各专题研究中首屈一指。与此同时,欧美的太平天国研究也达到一个高潮,陆续出版了一批重要论著,太平天国与美国内战、法国大革命均成为历史专业博士

---

① 戴逸:《论太平天国革命发生的原因》,《光明日报》1961年1月11日。
② 参见年子敏、束世澂《关于"忠王自传原稿"真伪问题的商榷》,《华东师大学报》1956年第4期。
③ 参见罗尔纲《忠王自传原稿考证与论考据》,科学出版社1958年版。

论文的热门选题。在日本和中国香港、台湾地区，该研究也同样受到重视。1958年、1962年，简又文的《太平天国典制通考》《太平天国全史》相继在香港问世，尤为引人注目。太平天国研究由此成为一门世界性学问。

就中国大陆而言，太平天国研究之所以能取得骄人成绩，主要得益于唯物史观的正确引导，全社会的重视，特别是史学工作者自身的不懈努力，文献史料的大量编纂出版，当时相对宽松的学术环境。不过，这一时期的研究也有偏差，主要表现为在理解和运用唯物史观时存在着简单化、教条化倾向，一味地美化太平天国。当然，正值幼年的新中国历史科学此时仍处在摸索阶段，出现上述偏差是可以理解的。当时已有人觉察到这一问题。曾有学者指出："在太平天国的研究中，尤其是在关于这次革命性质的讨论中，发生过个别历史家对马克思列宁主义经典著作望文生义、断章取义、牵强比附使之从属于自己的成见的现象。这种做法同以理论指导历史研究的要求完全背道而驰，无疑应当及时纠正。"[1]

围绕常熟报恩牌坊碑所展开的讨论也说明了这一点。该碑建于太平天国壬戌十二年（1862），其序文有云："禾苗布帛，均出以时；士农工商，各安其业。平租佣之额赋，准课税之重轻。春树万家，喧起鱼盐之市；夜灯几点，摇来虾菜之船。信民物之殷阜，皆恩德之栽培。"一些论著据此来比拟太平军占领苏南后民众安居乐业的情景。1957年，祁龙威根据《自怡日记》等新史料，撰文对此提出质疑，指出当时的常熟实际上被钱桂仁、骆国忠等叛将所控制，他们密谋叛变，对农民横征暴敛，导致民生凋敝，社会动荡；他们为李秀成立碑只是为了掩饰其阴谋，碑文所描述的太平景象不过是一幅虚构的假象。作者批评了当时研究工作中所存在的偏向，即"对凡是有利于太平天国的资料，不论它是否真实，便一律当做可靠的根据，而把它渲染起来；凡是和这个观点相反的，便当做'地主阶级的污蔑'而在排斥之列"[2]。该文引起史学界又一场延续多时的争论。学者

---

[1] 靳一舟：《太平天国研究述评》，《历史研究》1961年第2期。
[2] 祁龙威：《从〈报恩牌坊碑序〉问题略论当前研究太平天国史工作中的偏向》，《光明日报》1957年5月23日。

们在对该碑内容的具体理解上虽然不尽一致，但这场争论所揭示的理论问题无疑是重要而又及时的。

不幸的是，这一在摸索中前进的良好势头很快便被突如其来的政治风暴所打断。

## 第二节　曲折乃至倒退时期

1964—1976年是太平天国研究的曲折乃至倒退时期。

在被俘后所写的亲笔"自述"中，李秀成明显流露出乞降求抚之意。李秀成此举的动机和原因是什么？究竟应如何评价？这是史学界十分关注的一个问题。在1951年初版本《忠王李秀成自传原稿笺证》一书中，罗尔纲提出一个假设，认为忠王此举意在效仿蜀汉大将姜维伪降钟会故事，以图恢复太平天国。在1957年该书增订本中，他又略作修正，认为忠王此举目的有二，即"保存革命实力"和"希望反动统治者能同人民一道去反抗外国侵略"。1959年，赵矢元对此提出异议，认为"伪降"一说不能成立，强调李秀成"承认太平天国革命已经失败，消失了对革命前途的信心，要求曾国藩招降他的部众，表示了严重的动摇和妥协，这也是应该承认的"。① 1961年，苑书义也撰文指出，李秀成此举是对革命前途丧失信心和对封建势力产生幻想的表现，其性质是"妥协投降"，但这不能改变他对太平天国的巨大贡献依然是其一生主流这一事实。②

然而，这种正常的学术争鸣并未能持续下去。1963年，戚本禹发表批评李秀成的文章，断言忠王不"忠"，其"自述"是一个背叛太平天国革命事业的"自白书"；自1964年起引发出一场打着揪"叛徒"、彰"气节"旗号，批判李秀成的政治运动。这场学术界的政治风波成为十年浩劫的先导。极"左"思潮的泛滥给太平天国研究造成极大的混乱和危害，具体表现在以下几个方面。

---

① 赵矢元：《评〈忠王李秀成自传原稿笺证〉增订本》，《历史研究》1959年第3期。
② 苑书义：《略论农民革命英雄李秀成》，《北京日报》1961年9月7日。

一是将学术问题与政治问题画等号。在学术问题上见仁见智本是很正常的现象，但在批判李秀成的运动中，对李秀成持肯定态度的学者竟被视作"站错了立场"，单纯的学术问题被无端上升为政治问题，在新中国史学研究中开了一个恶例。罗尔纲因坚持认为李秀成此举是"苦肉缓兵计"而受到冲击；苑书义、茅家琦、祁龙威等学者不同意戚本禹全盘否定李秀成的观点，认为李秀成虽晚节不保，但功大于过，结果也被扣上"叛徒李秀成辩护士"的大帽子，遭到打压。前之相对宽松自由的学术氛围既已不复存在，真正意义上的学术研究也就无从谈起了。

二是影射史学泛滥成灾。影射史学的实质是将历史上的个别事例或局部现象加以普遍化、绝对化，以迎合现实政治的某种需要。批判李秀成，后来"文化大革命"的历史证明，实际上是借批判李的"叛徒"罪之名，为打倒党内一大批功勋卓著的老干部制造舆论。在1974年掀起的"评法批儒"运动中，梁效之流又肆意曲解历史，将洪秀全、杨秀清之间的权力之争定性为"反孔派"与"尊孔派"之间的路线斗争，将天京内讧的起因说成是"尊孔派"篡权，意在影射、攻击周恩来总理。一时间，太平天国史被肢解得支离破碎、面目全非，史学研究的科学性、严肃性荡然无存。

三是给历史人物贴政治标签成为人物研究风行的模式。按照这种模式，洪秀全被塑造成完美无缺的农民革命领袖，并以他的是非为是非，将杨秀清定性为"野心家"，韦昌辉为"阶级异己分子"，石达开为"分裂主义者"，李秀成为"叛徒"。简单化、脸谱化的研究被发挥到登峰造极的地步，对学术风气产生了恶劣影响。

上述现象都是极"左"路线的产物。戚本禹、梁效之流固然难辞其咎，但在当时特定政治气候的左右下，不少研究者也写过配合性或应景式文章。就此而论，这是整个时代的悲剧，其中的经验教训值得今人认真地反省和汲取。

概括地说，在1964—1976年，太平天国研究经历了一个曲折乃至倒退的时期，成为近代史学科受害最深的一个领域。千篇一律的文章充斥各报各刊，表面繁荣的背后却是太平天国研究真正的窒息。

## 第三节　成熟和收获时期

1979—2009年可说是太平天国研究的成熟和收获时期。

十年动乱结束后的最初几年是太平天国研究逐渐恢复生机的过渡时期。1979年5月，太平天国史学术讨论会在南京召开。这是中华人民共和国成立以来首次在内地举行的太平天国研究国际学术会议，同时也是太平天国研究在改革开放的大环境下重新走向繁盛的一个重要标志。1981年、1983年，由北京太平天国历史研究会主办、王庆成主编的《太平天国史译丛》《太平天国学刊》先后问世。这两种不定期丛刊均由中华书局出版，前者以编译西文资料为主，后者专刊研究论文，是内地权威性的太平天国研究专业刊物，成为反映内地学者最新研究成果和研究动态的一个窗口。1990年，在此前成立的12个地方性学术团体的基础上，中国太平天国史研究会在南京成立。

基于上述背景，在1979—2009年的30年，太平天国研究取得突破性进展；尤其是20世纪90年代初，更是达到鼎盛时期。与此前的30年相比，旧课题的研究进一步深入，新课题的研究得到开拓，研究范围几乎覆盖太平天国史的每一个层面；同时，一大批总结性成果也相继问世。兹择要略加评介。需要说明的是，某些研究成果带有交叉性，下文所做的分类主要为叙述方便起见。

**一　文献史料的编纂出版和相关研究**

这30年间，计整理出版2000多万字的文献资料。其中，太平天国历史博物馆主编的《太平天国文书汇编》于1979年由中华书局出版；《太平天国印书》也于同年由江苏人民出版社推出排印本。这两部书与前述《中国近代史资料丛刊·太平天国》（8册）及《太平天国史料丛编简辑》（6册），构成研究太平天国的最基本史料。王庆成在英国图书馆发现《天父圣旨》《天兄圣旨》两种迄未被学者所知所见的珍贵文献，编注成《天父天兄圣旨》，1986年由辽宁人民出版社出版，成为研究太平天国早期历史不可或缺的史料。清方记载方面，中国第一历史档案馆根据馆藏军机处录副奏折等，编成《清政府镇压太平天国档案史料》26 册，计 1400 余万字，1990 年至 2001 年由社会科学文献出版社陆续出齐（前 2 册由光明日报出版社出版）。2004 年，罗尔纲、王庆成主编的《中国近代史资料丛刊续编·太平天国》由广西师范大学出版社出版，计 10 册，352 万字，分为太平天国文献、清方记载、外人记载三部分，集近几十年陆续刊布和未刊新资料之大成。

在长期整理编纂史料的过程中，太平天国研究逐渐形成一个专门分支——太平天国文献学，其内容包括辨伪、校勘、注释诸方面，其成果首推罗尔纲注释的李秀成"自述"。罗尔纲从 1931 年开始对之作注，随后一再调整版本，增订注释，1982 年推出《李秀成自述原稿注》（中华书局出版）。有学者感叹说："在我国学术史上，注释史籍的名家不少，如裴松之注《三国志》，胡三省注《资治通鉴》等。但在版本方面遭到如此曲折，还是没有过的。"1995 年，罗老又推出该书增补本（中国社会科学出版社出版）。该书从太平天国制度、避讳字、特殊称谓等 12 个方面详加训诂，另从事实、时间等 10 个方面订正原文的错误或补充其缺略，名物训诂与史实考订并重，共注释 700 条左右，注文是原文的 4 倍多，堪称精湛。罗老对太平天国史料所下功夫之深，考订史实贡献之大，史学界无人能出其右。罗老穷半个多世纪之力注释李秀成"自述"，从青春一直注到白首，成为史学界的一个佳话。

王庆成在海外搜访太平天国文献方面用力最勤，贡献最大，对文献也有独到研究。所著《太平天国的文献和历史：海外新文献刊布和文献史事研究》（社会科学文献出版社 1993 年版）除结合新文献研究相关史事外，还考察了太平天国文献形成、湮没、搜集、汇编出版的历史，探讨了太平天国印书制度的演变，并重点研究了"旨准颁行诏书总目"制度。在《稀见清世史料并考释》（武汉出版社 1998 年版）"造反者文书"部分，王庆成对所辑录的 30 件太平天国文书逐一加以考释，包括订正《中国近代史资料丛刊·太平天国》辑录的《洪仁玕自述》中的错、讹、衍字 50 余处。另编注《影印太平天国文献十二种》（中华书局 2004 年版），共编辑影印为前人影印集所无的 8 种印书、4 种文书。

祁龙威在文献研究方面也颇有建树，校注清人柯悟迟著《漏网喁鱼集》（中华书局1959年版）等，编注《洪秀全选集》（中华书局1976年版）、《洪仁玕选集》（中华书局1978年版）。所撰《太平天国史学导论》（学苑出版社1989年版）除专论文书、印书和文物研究史略等内容外，还重点进行史料辨伪，如经过考订鉴定出清人笔记《燐血丛钞》系近人伪作，《太平天国文书汇编》辑录的14件东阳文书乃清地方政府文牍、并非太平天国文书。《太平天国经籍志》（广西人民出版社1993年版）则是祁氏从事文献研究的一个总结性成果。该书首次对太平天国印书逐一解题并校勘版本，复就近人所编太平天国文献进行述评，并采用"以字证经，以经证字"之法，分类笺释太平天国专用字词；另专论"伪书考辨"，归纳出三条经验：充分发露破绽；抓住作伪铁证；愈经反复，真伪愈明。

## 二　关于太平天国政权性质等问题的讨论

从1979年开始，史学界围绕太平天国政权性质问题展开热烈讨论，大体上有以下三种不同看法。

一是封建政权说。这是新近提出的一种观点。沈嘉荣认为，单纯的农民运动不能变更封建土地所有制，打倒整个地主阶级，因此在推翻旧朝后，建立起来的只能依然是封建王朝。[①]孙祚民指出，太平天国基本上沿袭封建专制政权的模式，地主阶级及其知识分子在国家中处于统治地位，且始终普遍实行承认和保护地主土地所有制、允许和支持地主收租的土地政策，因此太平天国政权是新的封建政权。[②]段本洛也认为，"封建生产关系仍牢固存在，小农经济原封未动，在这样的社会经济基础上建立起来的政权只能是封建政权"[③]。

二是农民革命政权说。这是一种传统观点。孙克复、关捷认为，政权就是统治之权，在激烈的阶级搏斗中，农民出于反抗的需要，可以建立短

---

[①] 参见沈嘉荣《平均主义与封建主义——四论太平天国政权性质问题》，《群众论坛》1980年第4期。

[②] 参见孙祚民《判断太平天国政权性质的标准——五论关于"农民政权"问题》，《学术研究》1981年第5期。

[③] 段本洛：《太平天国革命的时代特征与前途》，《江苏师院学报》1980年第2期。

期的、不巩固的劳动者专政；太平天国的《天朝田亩制度》和革命实践，说明其政权是一个与清王朝封建政权对峙 10 多年的 "农民革命政权"。①董蔡时从太平天国摧毁清朝地方政权系统、肩负起反侵略任务、农民群众基本上掌握从中央到地方的政权、在经济上沉重打击了地主阶级、太平天国政权始终得到广大劳动人民的支持五个方面，论证其政权是农民革命政权。②

三是农民政权封建化说。王天奖认为，受历史和阶级的局限，洪秀全等人的反封建斗争仍停留在自发而不是自觉的阶段，不可避免地要把一些封建因素带到农民运动中来，"照旧交粮纳税" 政策的确定便是这个新政权开始向封建政权演变的象征和标志，后期则基本完成这个历史转化。③苏双碧也持此说，后又补充指出："农民政权和封建政权并没有本质区别，只是因为这个政权在某一阶段更多的是代表农民的利益，就称之为农民政权，它只区分于地主政权。"④ 与之相近的还有两重性政权说。李锦全认为，农民和地主是封建社会中对立的统一体，反映在思想和主张上，就是革命性和封建性、平均平等和封建特权交错结合在一起，太平天国政权便是带有矛盾的两重性政权。⑤ 孙祚民不赞同此说，强调 "作为阶级统治工具的政权，只能代表与维护某一个阶级的利益，而不可能同时代表与维护两个对抗阶级的利益"⑥。

与这场讨论同时进行、主题相近的还有关于太平天国能否称为 "革命" 的争论。有论者强调农民起义不能改变旧的生产方式，建立新的生产方式，因此，包括太平天国在内的农民起义 "不能称为革命，只能叫农民运动"⑦。牟安世回应说，从普遍和约定俗成的含义来说，"革命" 就是使

---

① 参见孙克复、关捷《太平天国政权性质商榷》，《社会科学辑刊》1981 年第 1 期。
② 参见董蔡时《试论太平天国政权的特点和性质》，《江苏师院学报》1980 年第 2 期。
③ 参见王天奖《太平天国与地主阶级——兼论太平天国政权的性质》，《中州学刊》1981 年第 1 期。
④ 苏双碧：《太平天国史综论》，广西人民出版社 1993 年版，第 359 页。
⑤ 参见李锦全《试论洪秀全思想及太平天国政权的两重性》，《南方日报》1981 年 3 月 30 日。
⑥ 孙祚民：《关于太平天国政权性质研究中的几个问题》，《北方论坛》1980 年第 1 期。
⑦ 《历史研究必须提倡真实性和科学性》，《光明日报》1979 年 10 月 27 日。

用暴力，武装夺取政权，就此而论，太平天国当然是一次革命。他指出，以能否变更生产方式来定义"革命"是不全面的，因为它遗漏了在阶级社会中，作为革命的根本问题的政权问题和根本方法——使用暴力、武装斗争的方法，而生产方式的更替"也是革命的结果，而不是革命的本身"①。

上述讨论在持续几年后渐告沉寂，辩驳各方未能取得共识。究其原因，主要在于争论双方主要拘泥于概念之争，而实证性研究未能跟进，尤其是对太平天国自身由哪些人构成，他们的思想、态度、政策、行为等，关注不够，研究不够深入，导致这场争论几近于"树在庙前还是庙在树后"之争，对研究工作的推动作用没有20世纪50年代的那场讨论那么明显。

学者们还就一些具体史实进行了积极探讨，金田起义日期问题便是一例。罗尔纲持道光三十年庚戌十二月初十日（1851年1月11日）说，这也是迄今社会上较多采用的一种说法。其论据主要有二：一是《洪仁玕自述》"合到金田，恭祝万寿起义，正号太平天国元年，封立幼主"等句；另一为《天父诗》第349首："凡间最好是何日？今年夫主生诞日，天父天兄开墓日，人得见太平天日。"据此断言金田起义日与天王生日在同一天，即十二月初十日。荣孟源、茅家琦等人则据《天情道理书》"及至金田团营，时维十月初一日"句，持十月初一日（1850年11月4日）说。罗尔纲对此提出质疑，认为"团营"与"起义"是两回事，强调金田起义的过程分为四个阶段，即各地会众奉命起义，各地实行团营，接着赶至金田团营，随后从平南迎接洪秀全回金田，于十二月初十日恭祝万寿，宣布起义。②

王庆成指出，迄今为止，在太平天国官书中没有发现关于起义具体时间的明确记载，天历六节中既没有金田起义节，也没有天王圣诞节，说明太平天国可能没有宣布过正式起义的日期。他认为，金田起义并不是发生在某一天的事，而是由一系列的活动和斗争串联而成的一个过程，但这并

---

① 牟安世：《论太平天国运动能否称为革命》，《社会科学研究》1981年第1期。
② 以上参见罗尔纲《金田起义日期再考》，《学术论坛》1980年第3期；荣孟源《金田起义日期的探讨》，《社会科学研究》1981年第1期；茅家琦《太平天国历史上几个问题的质疑》，载《太平天国史学术讨论会论文选集》，中华书局1981年版。

不妨碍后人确定某一天作为纪念金田起义的日子。姜涛根据《大兄圣旨》中关于洪秀全在庚戌年二月廿三日"穿起黄袍"的记载,否定了洪秀全在武宣东乡登极的旧说,认为洪在公开揭帜前已在平山秘密登极称王,进而认为广义的金田起义,指庚戌年秋历时数月之久的各路仗义起兵勤王人马向金田地区团营的全过程;狭义的金田起义日即公开揭帜日期,则是同年十月初一日。①

### 三 人物研究

与前期相比,这一时期人物研究最大的特点是摒弃了以人划线的简单化研究方式,并在对太平天国核心人物的具体研究上取得重大突破。

1979年,王庆成刊文对洪秀全的早期思想进行重新评价,通过分析考察他的早期诗文及具体行迹,认为洪秀全的早期思想经历了从追求功名、以道德说教手段改造世道人心到立志反清的发展过程。1843年皈依上帝是其思想异端的开始,但不是反清革命的标志;直到1847年以后,他才正式确立反清革命立场。强调"太平天国革命的根源在于社会上的阶级斗争,而不是产生于宗教教义。《劝世良言》只把洪秀全变成福音宣传者,而阶级斗争才把洪秀全推向创建新国家的政治革命"。作者还指出,《原道救世歌》《原道醒世训》和《原道觉世训》均为宗教宣传品,根本不含有政治平等、经济平等的思想,"如果相信洪秀全已经提出了这种平等思想,并且竟成了太平天国革命的理论基础,那我们就无法解释洪秀全和太平天国的历史,也不能解释太平天国迄今的一百多年的历史"。②上述观点在当时引起较强反响,并被多数学者所接受。

苏双碧在人物研究方面著述最丰,撰有李秀成、陈玉成、石达开、洪秀全等多种人物评传,论点较为平实。例如,关于石达开安庆改制问题,苏氏指出,石达开抛弃空想的《天朝田亩制度》,改行"按亩输钱米"政策,使太平天国很快克服了建国初期的财政和供给困难;认为安庆改制

---

① 参见王庆成《金田起义的准备、事实和日期诸问题试说》,载《太平天国学刊》第1辑,中华书局1983年版;姜涛《洪秀全"登极"史实辨正》,《历史研究》1993年第1期;姜涛《金田起义再辨析》,《近代史研究》1996年第2期。

② 王庆成:《论洪秀全的早期思想及其发展》,《历史研究》1979年第8—9期。

"不是倒退,更不是复辟,是合乎历史规律的措施"①。

作为太平天国乃至中国近代思想史上的一个重要人物,洪仁玕研究向为学界所重视。夏春涛著《从塾师、基督徒到王爷:洪仁玕》,利用新近公布的洪仁玕多篇供词,并从 30 余种西人著述中发掘资料,对洪仁玕的人生轨迹和心路历程,包括他与洪秀全之间思想的异同,做了较为详细的研究。作者还就如何评价李秀成被俘后的表现提出了新视角,认为"与洪仁玕相比,李秀成从被俘直至被杀,始终没有在任何场合流露过华夷(汉满)有别之类的思想,可见所谓忠王效仿姜维诈降、意在挑拨曾国藩与清政府之间关系的说法值得重新认识";指出洪仁玕是太平天国内部唯一一位读过《李秀成供》并对之加以评述的人,他在签驳时反复提到李秀成"变更不一""己多更张"等,这实际上是对李秀成变节行为的一种含蓄的谴责。②

除太平天国首要人物外,次要人物乃至普通民众研究也较以往受到更多关注。例如,陈宝辉、尹福庭、庄建平著《太平天国诸王传》(广东人民出版社 1990 年版),共记述 33 位王一级人物的生平,是迄今评述太平天国人物最多的一本专著。又如,在《太平天国史》这部巨著中,罗尔纲共给 172 人立了传,其中包括柴大妹、蒋老水手等普通人物。

以往人物研究中一些以讹传讹的问题也得到澄清,有关洪宣娇的考证便是一例。世传洪宣娇是洪秀全的胞妹,有论者据此认为洪宣娇嫁给萧朝贵是一种政治联姻,是洪秀全牵制杨秀清的一种手段。钟文典根据民间口碑并结合文献记载进行考订,最早否定了此说,断言洪宣娇并非洪秀全的胞妹,也不是太平军女军的大首领,实为广西桂平紫荆山区的农家女子杨宣娇。③ 罗尔纲根据新近公布的《天兄圣旨》作进一步考证,得出了同样结论。④

目前的人物研究虽已相当深入,但几乎每一位重要人物的生平行迹至

---

① 苏双碧:《石达开评传》,河北人民出版社 1986 年版,第 89 页。
② 夏春涛:《从塾师、基督徒到王爷:洪仁玕》,社会科学文献出版社 2007 年第 2 版,第 238、240 页。
③ 参见钟文典《试说洪宣娇》,《广西师范学院学报》1980 年第 1 期。
④ 参见罗尔纲《重考"洪宣娇"从何而来》,《历史研究》1987 年第 5 期。

今仍有不甚明了之处。研究者们在对人物的具体评价上也颇多分歧,褒贬不一。这些分歧主要集中在一些焦点问题上,诸如洪秀全的思想特征及其后期的功过,杨秀清、韦昌辉与天京内讧,石达开离京出走和大渡河被俘真相,洪仁玕与《资政新篇》,李秀成与其被俘后的"自述",领导层内部的腐败问题,等等。

人物研究的视野仍有待拓宽。例如,《天父诗》中的绝大部分是洪秀全专为后妃撰写的宗教伦理诗,其内容大多涉及宫廷中的人和事。20世纪50年代,吴良祚利用《天父诗》,从天王后妃的称号和内廷女职、天王的家教和私生活、严峻的家法三个方面,对洪秀全的宫廷生活做了别开生面的研究。[①] 可惜,此后未再有人做过类似的研究。

人物之间相互关系的研究也有待加强。以杨秀清与萧朝贵的关系为例。二人分别拥有代天父、天兄下凡传言的权力,是太平天国早期举足轻重的人物。据《天兄圣旨》《天情道理书》分析,天兄下凡的风头一开始明显压过天父下凡,在庚戌年四月酝酿起义的紧要时刻,杨秀清口哑耳聋,一度脱离了权力中心,以至于有人"不知尊敬东王,反为亵渎东王";但在同年十月初一日金田团营之际,杨忽又"复开金口,耳聪目明,心灵性敏,掌理天国军务"。从此,天兄下凡的影响和作用便急剧下跌,其下凡的频率也骤然减少,次年仅下凡过一次,形同虚设。后来,萧朝贵奉命率偏师攻打长沙,不幸阵亡,天父、天兄下凡形式并存的局面遂告终结。当初天父、天兄下凡形式并行时,杨、萧之间的关系究竟如何协调,尤其是在两人意见不一的情况下?两人是否有过权力摩擦?萧的阵亡是否与此有关?这些是耐人寻味但迄未有人仔细探究过的问题。

## 四 政治研究

针对太平天国政体是"君主专制"的传统观点,罗尔纲提出了新见解。他援引《天朝田亩制度》《王长次兄亲目亲耳共证福音书》等史料加以论证,认为太平天国政体是"军师负责制"——以主(天王)为国家元首,临朝而不理政;以军师为政府首脑,执掌实权——既包含有农民民主

---

① 参见吴良祚《关于〈天父诗〉》,《历史研究》1957年第9期。

的内容,又沿袭了封建主义的旧体制,既不同于中国传统的君主专制,也不同于西方的内阁制(君主立宪制),具有其独特的性质。他认为,该政体是受《三国志通俗演义》《水浒传》和近世天地会组织的启发,"在太平天国前期行使这种政体,发扬了农民民主,取得了革命飞跃发展,国势兴隆昌盛","到天京事变后,军师负责制遭破坏了,洪秀全厉行君主专制,造成了人心离散的严重后果,卒至覆亡"[1]。

钟文典著《太平天国开国史》(广西人民出版社1992年版),是迄今研究太平天国开国史最为翔实和全面的一部专著。该书首先分析了太平天国起义的背景,接着依次考察了洪秀全等人从秘密酝酿、金田团营、正式揭帜、永安建政直至进军长江、定鼎金陵的全过程。其中,"封王建政在永安"一章系作者在旧著《太平军在永安》的基础上修订而成,详细探讨了太平军攻克永安的经过,以及驻留该城195天期间安抚民众、设防与攻守、肃奸防谍、封王建政的具体措施,写得很有深度。作者认为,太平天国在永安封王建政,休整军伍,为把革命推向全国奠定了基础;通过在永安的上述举措,太平天国的政权结构与领导统属关系基本定型,各项制度基本确立,这在中国农民战争史上绝无仅有,说明太平天国的确是旧式农民战争的最高峰。

王庆成根据《天父圣旨》《天兄圣旨》中的记载,订正了洪仁玕述、韩山文撰、简又文译《太平天国起义记》中的若干讹误之处,并对一些曲折隐晦的史实进行了考析。例如,他经过考订指出,"拜上帝会"在冯云山被捕事件后曾出现纠纷和分裂,主要不是由于外部打击而是由于内部紊乱所引起的。当时,在会内搞神灵附体传言的不止是杨秀清、萧朝贵,而是还有别人,各自发号施令。杨、萧互相联合,战胜了"拜上帝会"内的其他人或其他派别;认为天父、天兄附体传言的确立,降低了冯云山的重要性,在一定意义上也削弱了洪秀全的发言权,但这对于原来是一个宗教团体的"拜上帝会"逐渐政治化到最后发动起义,却起了积极的作用。[2]

---

[1] 钟文典选编:《罗尔纲文选》,广西师范大学出版社1999年版,第54页。
[2] 参见王庆成《〈天父圣旨〉、〈天兄圣旨〉和太平天国的历史》,《近代史研究》1986年第2期。

太平天国时期各地各民族反清起义的研究同样也有长足进展，其中以捻军研究最为深入。江地撰有《捻军史论丛》（人民出版社 1981 年版）、《捻军史研究与调查》（齐鲁书社 1986 年版）两本文集，前书纵向探讨了捻军起义从发生、发展到失败的全过程，后书横向论述了捻军性质、分期以及史迹调查、资料搜集等问题。在数种捻军研究专著中，以郭豫明的《捻军史》最为厚实，计 50 余万言，内容系统全面，资料翔实。作者通过详细辨析，认为捻军斗争的性质属农民起义，而不是所谓地方割据势力对抗清朝中央政权的反抗运动。[①] 方诗铭归纳出上海小刀会起义的两大历史特点：一是有广泛的社会基础，投身起义者除农民外，还有大量的手工业工人、航运水手、其他城市劳动人民以及工商业主；二是以城市武装斗争为主，起义军在上海县城坚持战斗了 17 个月。[②] 在 2003 年 11 月南翔召开的上海小刀会起义 150 周年学术研讨会上，小刀会起义与移民的关系、对上海近代化的影响等问题较受关注，反映了研究视野的拓宽和研究的深化。骆宝善考察了广东天地会起义期间中外敌对势力相互勾结的情形，认为英、法、美等国武装力量协同清朝广东当局，破坏了天地会起义军攻取广州的战略部署，从而扼杀了这场起义在广东的胜利进展，"第一次公开扮演了同清朝统治当局联合绞杀中国人民革命运动的可耻角色"[③]。罗尔纲对云南回民起义领袖杜文秀重新进行评价，认为所谓"大理回教国"系出自外国侵略者的捏造，所谓"大理使臣"乃刘道衡的骗局，刘在伦敦向英国送交一份杜文秀向英王称臣的表文，"完全与杜文秀无关"[④]。

## 五　太平天国对立面研究

对于真切了解这段跌宕起伏的历史和太平天国兴亡的外在原因而言，研究太平天国对立面是一个很有意义的课题。但在早期研究中，相关论著为数甚少，且大多流于口诛笔伐式的揭露或声讨。从 20 世纪 80 年代初开

---

① 参见郭豫明《捻军史》，上海人民出版社 2001 年版，第 588 页。
② 参见方诗铭、刘修明《上海小刀会起义的社会基础和历史特点》，《历史学》1979 年第 3 期。
③ 骆宝善：《广东天地会起义期间中外反动派的勾结》，《太平天国学刊》第 1 辑。
④ 罗尔纲：《杜文秀"卖国"说辟谬》，《学术月刊》1980 年第 4 期。

始,该课题受到越来越多的重视,并陆续有一批重要研究成果问世。

贾熟村著《太平天国时期的地主阶级》是一部系统研究太平天国对立面的力作。作者将地主阶级分成中央政权和地方势力两大类加以探讨。前者按军事势力,分作江南大营、江北大营、临淮军、胜保、僧格林沁五大军事集团;按政治势力,又分为权贵派、经世派、洋务派三大政治集团。后者则分成拥清派、骑墙派、媚外派、经世派、洋务派。作者逐一考察了其各种代表人物和重要成员的表现,并专列一编(全书计五编)考察经世派中的曾国藩集团,共涉及千余人之多,然后据此加以归纳总结,对摇摇欲坠的清政府最终摇而不坠的原因作了深入剖析。作者认为,这主要是由封建家族的顽固性、反动性所致;在农民战争的冲击下,地主阶级迅速进行了新陈代谢,但分化到农民起义军一边者甚少,起而反抗农民起义者甚多,各派势力大联手,制定了各种行之有效的对策,诸如军事上组建湘军和淮军,经济上推行厘金制度以充实军需,政治上不断调节其内部的矛盾,并设法缓和地主阶级与农民阶级的对抗,同时,充分利用太平天国自身的弱点,并调整与列强之间的关系,促成中外反动势力进一步勾结,从而使自己由弱变强,反败为胜,最终镇压了太平天国,实现了所谓"同治中兴"。[①]

作为该课题的核心内容,湘军研究日渐深入,除散见于各报刊的诸多文章外,其代表性研究成果为龙盛运撰写的《湘军史稿》。该书从政治史角度,详细考察了湘军从创建、发展、鼎盛到基本解体的全过程,包括湘军出笼与发展的内在原因和外部影响,两湖后方基地的经营,曾国藩等人对经验教训的总结,与满族贵族关系的调整,以及湘军营制与兵种的演变,饷银的开辟,将帅与幕僚,等等,另兼论湘军战史,从而在内容上超越了以往单纯研究湘军兵制或战史的论著。书中的一些论点也颇有见地。在谈到湘、淮两大集团对后世的影响时,作者分析指出,曾国藩等人虽然保护了清王朝,但兵为将有和满汉地主平分政权的格局又给它带来了隐患,高度集中的中央大权开始旁落于军政大吏,这一现象不单见于清末,到民国时更是恶性发展,形成中央政府几同虚设、地方由军阀割据的局

---

[①] 参见贾熟村《太平天国时期的地主阶级》,广西人民出版社1991年版,第549—556页。

面；鉴于所面临的主要矛盾和政治格局与湘军集团十分相似，清末乃至民国的统治者自然会从前者成功的经验中吸取教益，"正因为如此，湘军集团，特别是曾国藩，才长期被统治者吹捧，甚至被圣贤化"。[1]

董蔡时则从人际关系角度，侧重探讨曾国藩、胡林翼、左宗棠、李鸿章、沈葆桢等人之间错综复杂的关系，在研究太平天国政治对手方面独树一帜。以曾国藩、胡林翼的关系为例，董氏将之划分为三个阶段，即1853年至1856年胡参加湘军依附曾的时期，1856年至1860年曾依靠胡维护、发展湘军时期，1860年两人互相配合攻陷安庆时期，认为在湘军的发展史上，在镇压太平天国的过程中，无论在政治上或军事上，曾、胡起着互相帮助、互相补充的作用，都是农民起义军的死敌。[2] 曾、胡、左、李的传记续有多种面世，除董蔡时、王国平《胡林翼评传》（团结出版社1990年版）和陶海洋《胡林翼与湘军》（广陵书社2008年版）等书外，其余均大量涉及太平天国败亡后的史事。

朱东安撰《曾国藩幕府研究》（四川人民出版1994年版），从曾氏幕府的组织结构入手，考察了其设置、职能、办理成效及其主要成员的活动，包括它的发展过程与胀缩规律，幕中的主客关系和相互影响，并从中国幕府史的角度，探讨了其历史成因、地位以及对晚清政局的影响，将曾氏幕府研究推向了深入。作者指出，曾氏幕僚中以从政人员数量最多、影响最大，他们遍布各个领域，一时形成"名宦能吏，半出其门"的局面，致使晚清的满汉政治格局、国防、外交无不打上曾国藩的烙印，影响到整个政局。作者另著有《曾国藩集团与晚清政局》（华文出版社2003年版），将曾国藩集团视为一个整体，探讨清咸丰年间权力格局的变化及其历史成因。

上述研究深化了人们对太平天国史乃至整个中国近代史的了解和认识。不过，围绕曾国藩等人镇压太平天国的是非功过，仍存有较大分歧和争议。在2006年12月湖南双峰举行的曾国藩国际学术研讨会上，有学者提出在研究方法上要跳出革命史观和现代化史观的二元对立，超越简单的

---

[1] 参见龙盛运《湘军史稿》，四川人民出版社1990年版，第512—513页。
[2] 参见《董蔡时学术论文选集》，苏州大学出版社1998年版，第472—485页。

功过对比这个层面，侧重研究其成败背后的原因及其对今天的借鉴意义。

## 六 军事、外交、经济、文化研究

军事是一个传统课题，陆续有多种专著问世。郦纯撰《太平天国军事史概述》（全5册，中华书局1982年版）考订和叙述甚详，不足之处是单纯研究战争史，且理论分析较略。张一文《太平天国军事史》共分"战争"和"军事"两编，上编简要叙述影响乃至制约太平天国战争胜负的战略行动和重大战役，下编探析太平军的领导体制与军队编制，以及军纪、训练、武器装备、后勤保障、阵法与战法、战略、军事思想等，内容较为全面。作者认为："综观战争的全过程，太平天国的领袖和将士们，在战术运用方面，可谓灵活多变，得心应手，呈现出一幅瑰丽多彩的画卷。在战役指导方面，虽有'得意之笔'，但从总体上看，仍显得有些机械、呆板，缺少灵活应变的能力。尤其在战略指导方面，则缺乏驾驭全局的能力，重大决策屡屡失误，终于导致战争的最后失败。"① 这种分析较有启发意义。

北伐和西征是太平天国在定都之初相继发起的重大战略行动。张守常《太平天国北伐史》、朱哲芳《太平天国西征史》（合订本，广西人民出版社1997年版）分别就这两大战役的具体过程，包括其战略、战术的得失，进行了较为详细的考察和分析。关于太平军北伐失败的具体原因，学界通常认为，由于定都天京，太平军便不倾全力或以主力北伐，导致北伐军孤军深入，最终全军覆没。张守常分析指出，导致北伐失败的决定性因素并不在于建都天京和孤军深入，而是在于天京领导层的决策失误：首先表现为指示北伐军快速前进，直取北京，忽略了消灭敌军有生力量、壮大自己力量和政权建设；其次是命令北伐军在攻取北京之前"先到天津扎住"，结果北伐军屯扎独流、静海三个多月等待援兵，自动放弃了战场上的主动权，这成为太平军北伐从胜利推进到终归于失败的转折点。② 这一论断较有说服力。

---

① 张一文：《太平天国军事史》，广西人民出版社1994年版，第420页。
② 参见张守常《太平天国北伐史》，第1—13页。

崔之清主编四卷本《太平天国战争全史》，2002年由南京大学出版社出版，计216万字，是具有较高质量的研究专著。该书围绕战争这一军事史的核心内容，将太平天国10余年的兴衰史划分为太平军兴、战略发展、战略相持和天国覆亡四个阶段，宏观研究（战争历程）与微观研究（具体的战役、战斗）相统一，从而更为翔实、清晰地描摹出这场跌宕起伏的农民战争的全貌。全书摆脱了一味丑化或美化太平天国的简单研究模式，在肯定这场农民战争正义性的同时，又对其消极面进行剖析，分析了权力争斗、上下离心、事权不一等现象对太平天国战争全局的负面影响。该书另一特点是重视对战争动态层面的研究，尤其是对交战双方军事思想、战略指挥和战术运用的研究。

沈渭滨经过考订，对较为流行的太平军水营岳州成立说提出质疑，认为武汉成立说较为合理。[①] 张海鹏从湘军的角度解析安庆战役，认为湘军取胜的原因在于客观估量军事形势，正确决断战略方向；总结失败教训，灵活运用以消灭敌方有生力量为中心的各项战术原则；统一调度与协同作战。[②] 王建华考察了太平军二破清江南大营一役，认为导致江南大营溃败的最直接原因是欠饷问题；李秀成"围魏救赵"计略之所以奏效，与何桂清出于与曾国藩争夺浙江地盘的考虑，有意阻滞江南大营援浙部队的行动有很大关系。[③] 张铁宝首次考订出天京重要堡垒地保城的确切地点和范围。[④]

外交是早期研究中的一个薄弱环节，相关论著主要局限于探讨太平天国的反帝斗争。这一情形在新时期有了很大改观。茅家琦在该课题研究上最有成就，所著《太平天国与列强》是其旧著《太平天国对外关系史》的增补本。该书在利用、参考大量西文资料和论著的基础上，详细考察了太平天国与西方朝野交往、接触的历史，以及后期太平军与外国侵略军交战的经过，并探讨了太平天国后期的对外经济往来，英、法、美等列强"中

---

[①] 参见沈渭滨《曾经沧海》，上海教育出版社2001年版，第155—158页。
[②] 参见张海鹏《湘军在安庆战役中取胜原因探析》，《近代史研究》1988年第5期。
[③] 参见王建华《关于太平军二破江南大营和东征苏常的几个问题》，载《历史与社会》第1辑，苏州大学出版社1995年版，第180—190页。
[④] 参见张铁宝《天京地保城考略》，《江海学刊》1986年第3期。

立"政策的实质及其演变，分析了太平天国对外政策的得失。作者在书中重点阐述了两个论点：一是认为当时英国侵华的主旨是扩大通商利益，包括鸦片贸易和正常商品的贸易，而俄国侵华的主旨则是侵占中国领土；二是认为太平天国外交政策的主要错误在于未能利用清王朝与列强之间的矛盾，阻止两者互相勾结反对自己。作者指出，太平天国办理外交的这个错误集中体现在处理进攻上海问题上。①

王庆成对太平天国的国际观念作了深入分析，认为它在很大程度上与其宗教、伦理思想有关，有着特别的含义。他指出，太平天国对国家之间的关系并无近代的国家主权观念，从宗教上的"天下一家"理论出发，他们一方面对西方国家持友善态度，引对方为打击清政府的同道，另一方面，又与传统的天朝大国思想相混合，奉洪秀全为"万国真主"，从而难以为西方各国所理解和接受。他认为，即使太平天国在国际观念上没有缺陷，也不会改变列强既定的外交投机政策，而"光复全部疆土，不能弃寸土于不顾"和"我争中国欲想全图"的强烈使命感，最终引导太平天国做出了反侵略的业绩。②

经济研究续有进展，其扛鼎之作为郭毅生著《太平天国经济史》。该书系作者据旧著《太平天国经济制度》修订扩充而成，分别探析了太平天国经济制度和政策产生的历史背景，洪秀全的经济思想，《天朝田亩制度》《资政新篇》的内容和性质，太平天国的圣库制度，"照旧交粮纳税"政策的实施，后期两种并行的土地政策，"着佃交粮"制问题，田赋与税收政策，商业政策与货币。对于一些较有争议的问题，作者均阐明了自己的观点。例如，关于"着佃交粮"制问题，作者分析指出，该政策在前期就已付诸实施，后期则在苏、浙两省的许多县镇广为推行，是太平天国的历史创举，是它区别于历代封建政权土地政策的重要特色；鉴于佃户纳粮后不再向地主交租，加之通过领取"田凭"获得了法律上的土地所有权，变相实现了"耕者有其田"，因此，该政策是对封建地主所有制的破坏。③

---

① 参见茅家琦《太平天国与列强》，广西人民出版社1992年版，第315页。
② 王庆成：《太平天国的对外关系和国际观念》，《历史研究》1991年第1期。
③ 参见郭毅生《太平天国经济史》，广西人民出版社1991年版，第238—282页。

文化研究方面，学者们摒弃了视太平天国的反孔斗争为"五四"时期打倒"孔家店"之先声的说法，在认识上渐趋一致，认为洪秀全反孔主要是出于独尊上帝的考虑，并不意味着其反封建斗争的深化。其中，王庆成就太平天国对儒学态度的演变及其影响作了详细分析，认为太平天国起初并没有否定和打倒孔子，相反，对孔子和儒学还相当尊重；定都天京后，洪秀全转而否定儒学，排斥古人，进行一种形式上而非内容上的反孔，这可能与他个人的心理经验有关，试图造成在独尊上帝的旗帜下前无古人的局面。在遭到杨秀清反对后，洪秀全被迫下令停止焚禁古书，规定四书五经待删改后仍准阅读。杨死后，洪禁绝儒学的态度虽小有松动，但基本上仍坚持到底，导致太平天国难以吸引知识分子，人才匮乏，成为导致其失败的一个重要原因。曾有学者据曾国藩致刘蓉函中"粤匪去冬未平，且复加厉。所睹四书，当以奉诒"等语，断言太平天国出版过删改本"四书"。王庆成根据香港大学孔安道图书馆收藏的刘蓉契据残片，考订出"睹"应作"赌"，"所赌四书"指曾、刘二人为分析时局而互相打赌押注的四种书，与太平天国曾否出版"四书"毫不相关，认为太平天国从未出版过"四书五经"。[①]

**七 典章制度研究**

太平天国有着一整套较为系统周密的典章制度。近二三十年来，相关研究取得较大突破。郦纯撰《太平天国制度初探》（人民出版社1956年初版，中华书局1989年修订本），探讨了太平天国的经济措施、官制军制、乡官制度、赋税制度、供给制度、教育考试制度、城市组织等，是较早一部比较系统的典章制度研究专著，但缺漏尚多，尤其是在头绪繁杂的官制研究方面。盛巽昌撰《太平天国职官志》（广西人民出版社1999年版）在很大程度上弥补了这一缺憾。该书对太平天国官爵制度作了全方位考察，考析了该制度的渊源、嬗变及影响，梳理了其职官、爵官、散官和勋官的头绪，并附有若干官爵表，考订详细，用力甚勤。华国梁通过考析陈玉成封官受爵的经历，探讨了太平天国官制的变化规律，认为前期级别简明，

---

① 参见王庆成《太平天国的文献和历史》，中华书局1985年版，第379—398页。

升陟有制，后期级别繁多，迁调无定；另考证出太平天国后期的官爵共划分为5等24级，认为官员等级的增加与官员的冗滥互为恶性循环，导致官僚化日益严重，办事效率低下。[①]

避讳在太平天国既是重要的礼制，同时又是盛行的习俗。吴良祚在该课题研究上最有造诣，所著《太平天国避讳研究》综合历史学、语言学和民俗学的方法，考察了太平天国避讳制度产生、发展与终结的历史，探讨了避讳的分类、方法及其具体实施情形，论述了避讳在太平天国文献史料版本校勘、训诂翻译、辨伪考信等方面的作用；末章附有避讳禁用字160多个，使该书同时兼有工具书的性质。作者认为，该制度"承袭了我国历代的避讳制度，但又体现了太平天国避讳制度的一些特点。它的浓厚的封建性与落后性是不言自明的，但同时又透露了太平天国进步文化政策的微弱折光"[②]。史式撰《太平天国词语研究》（广西人民出版社1993年版）探讨了太平天国词语的来源及其衍生、发展的过程，太平天国推行专用词语的目的、方式和实际效果，并附有词语2000余个。朱从兵、崔德田著《太平天国文书制度》考察了太平天国文书制度的发展过程，办文机构和人员，行文关系和公文格式，公文承办与运转机制，文体与用语特点等。作者指出："太平天国的文书制度对于太平天国的发生和发展是有一定的积极作用的，但太平天国文书同时为清朝统治阶级掌握有关太平天国的情报提供了第一手资料，增加了太平天国对敌斗争的艰巨性。"[③] 以上三书均将各专题研究推向了深入。

太平天国政权不稳，且洪秀全后期立政无章，加之相关史料零碎分散，故太平天国地理研究一直较为薄弱。华强《太平天国地理志》（广西人民出版社1991年版）从历史地理的角度探讨太平天国政区地理的全貌，以政权建设相对完备的江南、安徽、湖北、江西、天浦、苏福、浙江七省和京城天京为主，对郡县之地理沿革、疆界四至，太平天国新建省郡县和避讳改名情况、攻占退出时间，各郡县守土官、驻防官等，进行了详细

---

① 参见华国梁《陈玉成官爵考》，载《罗尔纲与太平天国史》，四川省社会科学院出版社1987年版，第507—519页；《太平天国的官爵等级》，载《太平天国史学导论》，第293—309页。
② 吴良祚：《太平天国避讳研究》，广西人民出版社1993年版，第304页。
③ 朱从兵、崔德田：《太平天国文书制度》，广西人民出版社1993年版，第218页。

考察。

周新国《太平天国刑法研究》、吴善中《太平天国历法研究》（合订本），1993年由广西人民出版社出版。周著是内地该课题研究的首部专著，从历史和法学两个角度，依次考察了太平天国刑法的历史演变，刑律、刑罚和审判制度的来源及其内容，并就洪秀全与洪仁玕的刑法思想，太平天国与清王朝的刑法，做了比较研究。"天历"是太平天国自创的一种历法，谢兴尧、郭廷以、董作宾、罗尔纲、荣孟源等前辈学者曾对之有所研究。吴著在总结前人研究成果的基础上，史实与历理并重，对天历的历理、创制与颁行问题，天历的特点和天历六节等，进行了较为全面深入的研究。作者否定了天历"是历史上空前进步的历书"一说，认为太平天国颁布天历主要是出于政治上的考虑，意在通过重定"正朔"来否定清政府的合法性，但由于漠视天象，片面追求"平匀圆满"，忌讳"亏缺"，天历编制得十分粗疏，不合农时，在科技方面并无可取之处。[①]

郭存孝探析了太平天国官印的颁发时间与规程，它的种类、功能和特色；考察了太平天国音乐活动的适用场合、乐器种类、音乐主管人员和机构等问题。[②] 作者另著有《太平天国博物志》（广西人民出版社1997年版），专论太平天国的遗址、遗迹、遗物和遗风，按全国发布和收藏情况逐一叙述，其中也涉及不少典章制度方面的内容。张铁宝研究了太平天国绘画方面的定制，认为其绘画以吉祥鸟兽、山水风景和花草图案为主要内容，这与太平天国不准绘人物的规定有关。[③]

马定祥、马传德撰《太平天国钱币》（上海人民出版社1983年初版，1994年再版）是一部研究太平天国货币制度的专著。该书系统探讨了太平天国钱币的铸期、铸地、流通、折值、版式、特征、多寡以及鉴定真伪的方法，并将"天地会钱币"列为附录。

---

① 参见吴善中《太平天国历法研究》，第244—256页。
② 参见郭存孝《太平天国官印研究》，《军事历史研究》1992年第2期；《太平天国的音乐活动》，《太平天国学刊》第2辑。
③ 参见张铁宝《从南京黄泥岗新发现的"作战图"谈太平天国人物画问题》，《文物》1986年第4期。

与简又文的《太平天国典制通考》相比，上述研究或填补了空白，或将同类研究推向了深入。

### 八 宗教和区域史、社会史研究

太平天国以宗教起家，又以宗教立国，因此，研究太平天国不能撇开宗教。但宗教通常被视为人民的精神鸦片，这使得在一味正面讴歌太平天国的年代里，学者们讳言宗教，宗教因而成为研究工作中一个无形的禁区。[①] 20 世纪 70 年代末，该课题开始引起少数学者的重视。其中，王庆成对其教义等做了若干开拓性研究，且视角独特，通过研究宗教来认识太平天国的思想和历史。他认为太平天国的宗教是一种中西合璧的宗教，具有中国宗教物质性的、形而下的特色，起着兴奋剂和麻醉剂的双重作用，其研究成果主要见诸《太平天国的历史和思想》一书。

夏春涛的《太平天国宗教》（南京大学出版社 1992 年版）是内地第一部以此为题的研究专著。在此基础上，作者新撰《天国的陨落——太平天国宗教再研究》（中国人民大学出版社 2006 年版，收入《国家清史编纂委员会·研究丛刊》）一书，篇幅增加约 20 万字，在结构上有较大调整，内容有所充实和扩展。该书较详细地考察了上帝教的创建过程、教义内容、宗教经典与宗教仪式，在太平军内部和民间传播的情形，与中国民间宗教和儒家孔学特别是西方基督教之间的关系；另论述了宗教理论对太平天国内外政策（国际观念、反孔政策、妇女政策等）的影响，并从宗教视角剖析了太平天国的社会政策、政治体制以及内部倾轧、吏治流弊等现象，以探讨宗教与太平天国兴亡之间的关系。

关于"拜上帝会"这一宗教组织是否存在、该名称是自称还是他称的问题，学术界一直存有争议；关于"拜上帝会"这一名称，则向无争议，几乎成为不易之论。在《天国的陨落》一书中，夏春涛基于考证，认为该组织是存在的，其确切名称是"上帝会"，"拜上帝会"一说属以讹传讹。有学者提出异议，其论据为太平天国文献从未提到过"上帝会"；也有学

---

① 参见徐绪典《论太平天国的拜上帝会与基督教的关系》（《文史哲》1963 年第 5 期）是前期少有的正面探讨太平天国宗教的论文。

者在认同"上帝会"说的同时,仍认为"拜上帝会"说是正确的,其依据是在几则资料中同时出现了这两种名称。夏春涛再作考订,指出几乎所有的中西原始记载,包括太平军士兵李进富的口供、广州太平军信使的口述,均证实冯云山所创的宗教组织名为"上帝会",系自称;文献中间有出现"拜上帝会"之处,"拜"字均为动词,作"参加"解。作者同时指出,太平天国对其宗教没有正式命名,间或称为"天教"。所谓"上帝教",是后人对太平天国宗教的称谓。太平天国宗教独尊上帝,称之为"上帝教"最为妥帖,前面不应画蛇添足,加上"拜"这一动词。根据所谓的"拜上帝会"说推衍出"拜上帝教"概念,以及将"拜上帝会"和"拜上帝教"两个概念混用,均有失妥当。[①]

区域史研究方面的著述首推董蔡时的《太平天国在苏州》一书。该书利用翔实的资料,较系统地考察了太平天国营建苏福省的军政、经济举措,苏州士绅在中外反动势力合流过程中所起的作用,太平军苏州保卫战的经过及其失败原因,并分析了苏福省的得失与太平天国存亡之间的关系,弥补了以往研究中的不足。作者认为,苏福省的开辟迅速扭转了太平天国的财政经济危机,并使兵力得到补充,尽管后来随着安庆保卫战的失败,安徽根据地全部沦陷,但太平天国仍能倚仗苏福省根据地支撑残局,进而开辟了浙江省根据地;正是凭借苏、浙根据地,太平军才能将抗击内外敌人的革命战争又坚持了四年之久。[②] 此外,王天奖对河南、徐川一对安徽、杜德凤对江西、王兴福对浙江的研究,均有建树。

李文海、刘仰东著《太平天国社会风情》(中国人民大学出版社 1989 年版),从宗教活动、服饰装束、婚丧礼仪、过年度岁、家庭结构、巾帼风貌、戒赌始末、烟娼之禁、文化心态九个方面,考察了太平天国境内的社会习俗和风土人情,是从社会史角度研究太平天国的拓荒之作,给人以清新之感。

此外,邢凤麟等探讨了客家人与太平天国之间的关系。关于太平军中的婚姻状况与两性关系,太平天国时期的人口、灾荒等问题,均陆续有专

---

[①] 参见夏春涛《"拜上帝会"说再辨正》,《福建论坛》2009 年第 2 期。
[②] 参见董蔡时《太平天国在苏州》,江苏人民出版社 1981 年版,第 139—150 页。

文面世。① 这些均从一个侧面反映了太平天国研究课题的拓展。

## 九 一批大型通史类专著和工具书的问世

20世纪90年代初，随着研究的日益深入，两部大型太平天国通史类专著相继问世。②

罗尔纲著《太平天国史》（中华书局1991年版），繁体字竖排，计88卷，154万言，分订4册。该书在体例上有重大创新，共综合了叙论、纪年、表、志、传五种体例。以"叙论"概括全书，克服了纪传体"大纲要领，观者茫然"的弊病；"纪年"按纲目记大事；"表"标明复杂繁颐的史事，举凡会党起义和各族人民起义，太平天国的王侯百官、各类人物等，均列表以详；"志"记典章制度，包括太平天国的经济制度、宗教、政体、官制、军队编制、刑律、礼制、历法、科举制度、地理、交通、医疗卫生、建筑、艺术、典籍等；"传"记人物，取消了封建色彩较浓的"本纪"。在史书体裁上破旧立新，这是罗老的一大贡献。全书内容广博，考订缜密。作为当代太平天国研究的学术带头人和一代宗师，罗老以84岁高龄，于1985年撰成这一巨著，融会了他潜心治学50多年的成就，同时该书也是当代太平天国研究的一个总结性成果。该书面世后广受好评，获首届郭沫若中国历史学奖一等奖，被学术界誉为不朽的传世之作。

同年，茅家琦主编的《太平天国通史》（全3册）由南京大学出版社出版，计5篇22章，135万字，是迄今篇幅最大的一部章节体太平天国史

---

① 参见邢凤麟《论太平天国与土客问题》，载《太平天国史论文集》；钟文典《客家与太平天国革命》，《广西师范大学学报》1991年第1期；夏春涛《太平军中的婚姻状况与两性关系》，《近代史研究》2003年第1期；姜涛《人口与太平天国革命》，《南京社会科学》1991年第1期；行龙《论太平天国革命前后江南地区人口变动及其影响》，《中国经济史研究》1991年第2期；曹树基《中国人口史》第5卷下册，复旦大学出版社2001年版；康沛竹《灾荒与太平天国革命的失败》，《北方论坛》1995年第6期；余新忠《咸同之际江南瘟疫探略——兼论战争与瘟疫之关系》，《近代史研究》2002年第5期。

② 此前出版的太平天国通史类著作主要有茅家琦、方之光、童光华合著《太平天国兴亡史》（上海人民出版社1980年版），王戎笙、龙盛运、贾熟村、何龄修合著《太平天国运动史》（人民出版社1986年版），饶任坤、陆仰渊、李福彦合著《天国兴亡》（中国青年出版社1988年版），篇幅均在30万字上下。

专著。该书是受国家教委委托集体撰写的一部太平天国史教材，作者以崔之清等江苏省内学者为主。导言部分概述了百年来太平天国史研究和太平天国文献资料、遗迹遗址的情况，并详列研究论著、史料作为"附录"，这是该书的一大特色；正文则论述了太平天国从兴盛到衰亡的全过程，内容包括政治、经济、军事、外交、官制军制、事件、人物评价、民族问题等，富有新意。例如，该书就太平天国的败亡原因分析说，其主要原因并不是中外反动势力的勾结与镇压，而是太平天国自身的失误和衰落，具体表现为战略指挥上的失误，严重的分裂和内耗，自我孤立的政略和政策，宗教功能的转化，而"这些失误虽然可以简单归结为农民阶级的局限性，但并不是农民领袖们的必然共性"。①

同在90年代，钟文典主编的《太平天国史丛书》由广西人民出版社陆续出版，计收入专著10余种，多为总结性成果。

郭毅生、史式主编的《太平天国大辞典》于1995年由中国社会科学出版社出版，计110万字。该书为太平天国史专业辞典，共收4000余词条，分总叙以及词语、人物、军事与战争、地理、经济以及文物、史料、著作七大类编排，并附表20种，是一部权威性工具书。不过，该书"史料""著作"类仅收已译的外文史料和专著，未将重要的外文原始著述和研究专著一并收录在内，内容上稍欠完备。个别词条也有讹误之处，例如，王重民辑《太平天国官书十种》于民国三十七年（1948）被简又文、叶恭绰编入《广东丛书》第三集，次年正式出版，而该书却将其出版时间误作"1937年"。

郭毅生主编的《太平天国历史地图集》《太平天国历史与地理》由中国地图出版社于1989年出版。前者是一部以战争为主线的专史地图集，由地图104幅，文物、遗址与景观图片132帧，图说10万字和大事记四部分组成；后者系前书的姐妹篇，共收相关考释文字40万言。两书考订精审，均具有较高的学术价值。聂伯纯、韩品峥编著《太平天国天京图说集》（江苏古籍出版社1986年版）计收天京城内和郊区地图18幅，文字说明12万字，图文并茂，对太平天国都城的兴废沿革考释甚详。

---

① 参见茅家琦主编《太平天国通史》下册，第358—393页。

姜秉正编《研究太平天国史著述综目》（书目文献出版社1984年版）共收5000多条目，内容包括1853年至1981年间海内外有关太平天国研究的资料和专著、论文等，分全史、人物评传、文物、史料、学术思想和书志学五大类编排，内容较张秀民、王会庵合编的《太平天国资料目录》（上海人民出版社1957年版）更为完备，但在史籍的版本源流和外文书目的翻译上略有失察之处。该书的下限为1981年，因此，编排近30年来太平天国史著述综目的工作仍有待继续下去。

以上分别从九个方面扼要论述了近30年来太平天国研究所取得的成就，限于篇幅和个人学识，挂一漏万在所难免。综上所述，经过几代学者的共同努力，新中国的太平天国研究终于步入了成熟和收获的季节，成为中国近代史学科成果最丰、研究最为深入的一个分支。

## 第四节 几点浅见

太平天国研究在繁盛兴旺的同时，也在不知不觉中逐渐趋于冷落，1987年《太平天国学刊》《太平天国史译丛》因经费问题被迫停刊便是其标志之一。此后，尽管有一大批总结性研究成果相继问世，但仍然无法挽住这一颓势。尤其是进入21世纪后，相关学术活动渐归沉寂，研究队伍的人数和研究成果的数量急剧萎缩。太平天国研究曾经兴盛一时，内地近代史学科80岁以上的著名学者几乎无人没有涉猎过这一领域，内有不少人正是借此确立了自己在学术界的地位。但时至今日，仍然专治太平天国史的学者已是凤毛麟角，且后继乏人，研究队伍已然青黄不接。以太平天国为主体的农民战争史研究曾因成绩巨大而被誉为内地史学界的"五朵金花"之一，太平天国研究甚至一度被圈内学者冠名为"太学"，被视为一门专门的学问，而如今则异常寥落，堪称门可罗雀。海外太平天国研究趋于冷落的时间比中国大陆还要更早一些。

在持续近一个世纪之后，太平天国研究从最初的一哄而上发展到门庭冷落，这是一种不可避免的正常现象。研究难度的加大和学者们研究兴趣的转移是造成上述情形的主要原因。仅就中国内地而言，太平天国研究起步早，名家辈出，著述如林。因此，早在20世纪80年代初就有学者断言该研究已接近终结。正因为太平天国是块已被许多人耕耘过的熟地，所以，研究者唯有"精耕细作"才能有较为理想的收获。尤其对后来者而言，这意味着首先必须阅读、消化数千万字的史料和千余万字的既有研究论著，不免让人有点望而却步。另一方面，随着近代化历程、社会史等热门专题研究的兴起，原先主攻太平天国的学者纷纷转移研究方向，从而加剧了研究队伍的萎缩。

太平天国研究"内冷外热"则是令人瞩目的另一现象。20世纪90年代以来，一些圈外学者进行客串研究，其论断虽不无启迪，但往往流于偏颇，动辄全盘否定太平天国、替曾国藩翻案，出现了对前期研究中过"左"之处反弹过度的倾向。2000年，长篇电视连续剧《太平天国》在中央电视台播出，重新引起人们对太平天国史的关注。令人始料不及的是，时值社会上揭批"法轮功"，结果该剧正面描写太平天国的情节并未引起多大共鸣，而剧中涉及宗教和太平天国内部倾轧之类的情节却引发不恰当的联想。一时间，指斥太平天国为宗教或太平天国是"邪教"、洪秀全是"邪教主"的论点被炒得沸沸扬扬。有学者就此现象评析说：古今"邪教"一词都是政治概念；太平天国宗教"邪教"说在立论上存在明显破绽，论者片面罗列一些史实，以杂说、戏说的方式随意评点历史，旨在借"邪教"说来全盘否定太平天国，与真正意义上的学术研究相去甚远，是一种不健康的学风，不但丝毫无助于推动学术进步，而且还会混淆视听。李文海撰文肯定了这种意见。①

那么，太平天国研究是否真的已到尽头？在专业研究日趋寥落、社会上全盘否定太平天国的声音有增无减的情况下，如何才能将此项研究进一步推向深入呢？

对历史的探索是一个很难穷尽的过程，研究越深入，人们的认识也就越丰富和深化。太平天国这一园地虽然是块熟地，但并不意味着已经没有

---

① 参见夏春涛《天国的陨落》一书结束语"太平天国宗教'邪教'说辨正"。李文海认为："《天国的陨落》对太平天国宗教的辩证分析，特别是对上帝教是否'邪教'的有力辨正，具有重要的理论意义和方法论意义。"(《为什么不能把太平天国的上帝教看作"邪教"——夏春涛〈天国的陨落〉评介》，《中华读书报》2006年6月28日)

继续耕耘的余地。审视太平天国史学史不难看出，以往穷尽式、开拓创新性的研究较少，粗放式、低水平重复性的研究较多。具体地讲，即便是研究最为深入的课题，至今仍有不少史实还没有搞清楚，几乎每一个课题都不同程度地存在着模糊乃至空白之处。在对不少具体问题的评价上也众说纷纭，迄未取得共识。就此而论，几乎所有的课题都存有继续深入的余地，都值得重新研究、重新认识。

要想将研究继续推向前进，首先要树立科学的研究态度、研究方法。重新研究、重新认识不是推倒重来，不是片面追求立论上的标新立异，而是要在以往研究成果的基础上，从史料、史实出发，进行严谨的具有创新意义的研究。毋庸讳言，以往的一些研究或多或少带有为尊者讳的情结，带有以概念替代或冲淡具体研究的倾向，导致有些认识流于表面化。这给后来者继续研究留下了空间，但不能矫枉过正。以历史虚无主义的态度看待太平天国，这本身谈不上是学术研究，相反会给研究工作带来混乱。作为中国历史上旧式农民起义的最高峰，太平天国想开创一个新朝，却又无法超越封建制度，这里面含有太多值得后人思索的东西。其中的是非功过，不是一味的肯定或否定所能够涵括和揭示的。孙中山和毛泽东都是从正反两方面来反思这段历史的。因此，神化太平天国也好，丑化太平天国也罢，都不是一种科学、严肃的态度，都会使研究工作流于简单化，从而制约研究的深入。

其次，要在扩展研究视野上下功夫。举例来说，从社会史角度研究太平天国仍存有相当大的空间，有不少课题值得花大力气进行深入探讨。曾有学者就此提出过具体的构想，主张将太平天国的各类人物（从领导层、将领到士兵、基层行政人员等）分别作为太平天国本身的构成因素，进行多方面的比较研究；或选择太平天国境内的某个县或乡镇，研究该地区的政治、经济、官民关系、生活、社会风俗习惯在太平天国统治前后是否有所变化，与清统治区是否有异同。① 这种别开生面的研究无疑有助于拓宽研究视野，从而深化对太平天国史的认识。

---

① 参见王庆成《我研究太平天国史的经历和体会》，载《习史启示录——专家谈如何学习中国近代史》，天津教育出版社1988年版，第118—119页。

此外，有关太平天国的文献资料虽然堪称汗牛充栋，但就某一具体研究课题而言，却又往往显得相对不足，这是时常困扰研究者的一个问题。以有限的资料来研究历史，更需要研究者充分发挥分析思考的能动性，尽可能正确地解读历史现象。当然，在史料方面仍有潜力可挖。就太平天国自身文献而言，《钦定制度则例集编》《钦命记题记》等书仍未发现；发掘新的残存文书的可能性依然存在。西文资料是太平天国史料的一大宝库，内有不少记载大大弥补了中文记载的不足，但国内学者挖掘利用西文资料的情况却一直不很理想，从而使研究的深度受到限制。再就是要重视了解、借鉴国外学者的相关研究成果，如日本研究太平天国的新生代领军人物菊池秀明对金田起义前夜广西客家社会的研究就很值得关注。

从总体上讲，太平天国研究已跌入谷底，之后也绝无可能重现往日的繁盛光景。不过，太平天国史的重要性并不会因此而削弱或减色——对中国近代史研究而言，太平天国是一段无法绕开、至关重要的历史。虽然热潮已过，但真正有志于继续从事此项研究的学者应当耐得住寂寞。太平天国研究并没有走到尽头。只要在上述几个方面继续努力和改进，新的收获或许就在眼前。

# 第十七章

# 孙中山研究

孙中山研究的历程,虽然有过迂回,但总体说来是逐步发展并走向荣盛,于今仍饮"显学"之誉,现"显学"之形。

发展的势态主要见证于四个层面:(1)史料在此前基础上不断有新发现,专题如《孙中山年谱》《孙中山选集》《孙中山藏档选编(辛亥革命前后)》《孙中山全集》《孙中山年谱长编》《孙中山辞典》《广东省志·孙中山志》《孙文选集》以及《辛亥革命》《辛亥革命史资料新编》《辛亥革命回忆录》等文史资料相继出版。(2)论著星罗棋布,涉面宽广,计有专著(含论文集)200余部,论文2000余篇,尤以1996年孙中山基金会组织编辑的学术丛书(一套10种)的水平见著。(3)学术研讨会饮誉海内外,自1961年的"纪念辛亥革命50周年学术讨论会"至2008年的"孙中山与中国社会"博士论坛为止,计50余次,其中,"孙中山和他的时代""孙中山与亚洲""孙中山研究述评""孙中山与中国近代化""孙中山与世界""孙中山与振兴中华"等反响不凡。(4)学术团体(队)夯实了稳步发展的平台,30多家研究所或研究会的建立,全国性与地方性的研究互促互动,既培养了学人的梯队,又凝聚了大批有志者,有力地推动该领域研究的长盛不衰。

研究样态大致呈现三个特征:一是从定性分析向实证研究过渡,逐步深化与细化。中华人民共和国成立初期,侧重政治史、思想史领域的研究,倾向定性的分析。20世纪80年代以降,展示了百花齐放、百家争鸣的景象,实证研究之风劲吹。二是选题与时代主题紧密相连,学术与现实意义兼具。如孙中山与香港、孙中山与近代化、孙中山与世界、孙中山与振兴中华、孙中山与和谐社会建设、孙中山与改革开放等命题，较好地把握了时代脉搏，既非附会，有利于借史鉴今。三是对外学术交流不断拓展。自 1990 年首次与境外学术机构联合举办"孙中山与亚洲"学术研讨会以后，中国内地学人与日本、美国、俄罗斯、法国、韩国、英国、澳大利亚、德国等国家，以及中国台湾、香港、澳门等地区学者交流频繁，为孙中山研究走向世界搭建了学术桥梁。

1949—2009 年的研究时态，大致可以界为五个阶段：1949—1966 年，1976—1984 年，1985—1990 年，1991—1999 年，2000—2009 年。兹分述如下。

## 第一节 初期概况

1949—1966 年属初期研究阶段。在此一阶段，学人力求以马克思主义为指导，对孙中山的革命思想与事功作出客观、公允的评价。这是一种探索，也是一种尝试定性研究的发端。

1956 年 11 月，毛泽东发表《纪念孙中山先生》一文，高度赞扬"中国民主革命的先行者"孙中山创建共和国与倡导国共合作的丰功伟绩及其对后世的影响，被学界奉为圭臬，大大地激发了学人的研究兴趣。1961 年的"纪念辛亥革命 50 周年学术讨论会"，有力地推动了孙中山研究的发展。1949—1966 年内地学人发表相关论文近 200 篇，专著有陈锡祺的《同盟会成立前的孙中山》。此间论述较多的问题有三：早期思想与活动；三民主义的形成、内涵及意义；哲学思想。

### 一 早期思想与活动

多数学者认为，孙中山早期的思想是"革命"和"改良"的混合体。争论的焦点有二：其一，改良因素和革命因素谁占主导地位？有曰：孙氏要求革新政治，发展资本主义，"在当时是一种进步的思想，虽含有改良主义的成分，但已脱离改良主义的范畴，产生了革命的要求，不能因为其某些思想与改良主义者类似而断定他在甲午战争以前还是一个改良主义者"①。有曰：1895年前孙氏"改良主义思想仍然是主要的"②。其二，革命思想的确立是在兴中会成立之前还是之后？一说1895年前孙氏已初具反清革命思想，兴中会的成立和革命纲领的提出，是其"革命活动的开始"③；一说兴中会成立时其"革命思想比改良思想占了较大比重"，但直到1900年惠州起义，"他思想中的革命因素才处于压倒性的主体地位"④。

## 二 关于三民主义

学者大多赞成毛泽东对三民主义的定性分析，认为它是中国近代史上第一个比较系统明确的资产阶级民主革命纲领，分旧三民主义和新三民主义两个时期。但在阐释其形成、内涵及意义时，存有歧见。

民族主义。民族主义是"在帝国主义侵略和清朝民族压迫的社会条件中产生的"⑤，反映了全国人民反清反侵略的民族革命的要求。孙中山在旧民主主义革命时期有无反帝思想？有曰：其在辛亥前已产生了反帝思想，辛亥后的革命斗争实践，使之逐步确立起来⑥；有曰：辛亥时期其民族主义缺乏明确的、彻底的和坚决的反对帝国主义的内容，没有提出有力的反对帝国主义的纲领和口号。关于"大亚洲主义"，有论者认为它的主张趋向是反对帝国主义，提倡一种与西方列强的"霸道文化"相对立的观念，实质上并不具有狭隘的地域性和种族性，其缺陷在于对日本帝国主义抱有幻想⑦；也有论者认为，孙氏试图借"大亚洲主义"联合日本以抵抗欧美列强的侵略，仍未认清日本的侵略本性，无异于与虎谋皮⑧。关于"反满"问题，有人认为它表现出一定程度的大汉族主义倾向，使其革命带上了浓厚的种族革命的色彩，此乃民族主义的一个缺陷；有人认为"反满从来不

---

① 陈锡祺：《同盟会成立前孙中山的革命思想与活动》，《中山大学学报》1957年第1期。
② 段云章：《孙中山早期革命思想的阶级基础》，《中山大学学报》1962年第3期。
③ 李时岳：《孙中山的道路》，《史学集刊》1956年第2期。
④ 秦如藩：《二十世纪前孙中山政治思想的发展》，《中山大学学报》1962年第1期。
⑤ 侯外庐主编：《中国思想史纲》下册，人民出版社1957年版，第322页。
⑥ 参见江海澄《试论孙中山的反帝思想》，《山东大学学报》1962年第1期。
⑦ 参见张磊《论孙中山的民族主义》，《北京大学学报》1957年第4期。
⑧ 参见李光灿《论孙中山的民族主义》，《新建设》1956年第12期。

是一个独立的运动",辛亥时期的反满"从属于资产阶级民主革命"①。

民权主义。学者的分歧集中在对"五权宪法"和"建国大纲"思想的评价上。有人认为:孙氏主张的建国三时期、权能分开,是英雄创造历史而人民群众只能是盲目随从的唯心主义观点;五权宪法也不能补三权分立之弊。② 有人则认为:民权理论的内容"虽然存在着不依靠群众的严重弱点,但其主观目的是好的,这一整套建立共和国的方案大大地提高了革命党人的思想水平,解决了当时革命运动的关键问题"③。

民生主义。孙氏为何提倡"平均地权"? 有说是"由于对中国农民痛苦遭遇的恳切同情和欧洲社会主义运动的刺激"④。有说孙氏希望以此来解决农民对土地的要求,激发会党群众参加革命。⑤ 有的强调孙氏是想借此解决社会发展后因私人垄断土地而产生的特权问题,以防止第二次革命的发生。⑥ 关于民生主义的思想渊源,有曰:"太平天国的农业社会主义的土地纲领和(十九世纪)九十年代改良派发展资本主义的思想是其最重要和最直接的思想渊源;亨利·乔治的'社会主义'则几乎成为民生主义的具体内容和办法,与此同时,也应该充分看到马克思主义对孙的影响。"⑦ 有曰:其渊源主要是西方的土地国有学说,以亨利·乔治的理论为基础,吸取了约翰·穆勒的方案。⑧ 有曰:中国古代的大同思想无疑有着相当影响。对"平均地权"的评价,论者多以列宁在《中国的民主主义和民粹主义》中所作的评论为指针,但在具体阐释其性质、作用时,有论者认为它"是一种主观社会主义,既反映了中国社会需要发展近代工业的客观要求,同时反映了中国人民不愿走西方国家发展近代工业所走的资本主义道路的美

---

① 刘大年:《辛亥革命与反满问题》,《历史研究》1961 年第 5 期。
② 参见李光灿《孙中山的民权主义》,《历史研究》1962 年第 6 期。
③ 李时岳:《孙中山的道路》,《史学集刊》1956 年第 2 期。
④ 陈锡祺:《同盟会成立前孙中山的革命思想与活动》,《中山大学学报》1957 年第 1 期。
⑤ 参见苑书义《同盟会时期孙中山的三民主义》,《历史教学》1955 年第 8 期。
⑥ 参见吴玉章《辛亥革命》,人民出版社 1961 年版,第 16 页。
⑦ 李泽厚:《论孙中山的"民生主义"》,《历史研究》1956 年第 11 期。
⑧ 参见李时岳《孙中山的"平均地权"纲领的产生和发展》,《光明日报》1955 年 10 月 27 日。

好愿望"①。它代表了中国近代资产阶级民主派和下层劳动群众的利益,是当时最革命、最激进的主张。有论者认为:希望以平均地权,"不触动封建社会的土地所有制而解决土地问题,事实上是绝对不可能的"②。关于新民生主义,论者认为它"锐利地把发展中国经济问题归结为必须首先打倒帝国主义废除不平等条约的政治问题。前期游移不定的'耕者有其田'的急进主张,在这个时候已经完全确定下来,并变为具体的政纲了"。"就世界意义说,是最邻近马克思主义的最后一种空想社会主义。"③

### 三 哲学思想

孙氏哲学思想庞杂而又充满矛盾,含有不同程度的辩证唯物主义因素,这是研究者的共识。其思想内蕴究竟是以唯物主义还是以唯心主义为主?学人多有争鸣。有的认为其"紧紧接近于唯物主义,虽有唯心主义的成分,毕竟是次要的"④。它鲜明的唯物主义特色体现在:"以进化发展的普遍观念为其主要内涵的方法论;以近代自然科学素材为基础而形成的具有唯物主义因素的自然观;以革命实践中的直接经验为主要源泉的具有唯物主义因素的认识论;以二元论为其特色的社会历史观——民生史观。"⑤有的认为其唯物主义思想和辩证法因素并未占到主要的地位,这体现在:世界观是二元论的,或者说是在唯物主义和唯心主义之间摇摆,"时常倾向于唯心论的发挥"⑥;在回答世界起源和解决哲学基本问题时,虽"对于物质是肯定的,而对于精神则强调得更多一些","没有跳出唯心主义的圈子";认识论"带有很大的矛盾色彩","动摇于唯物论和唯心论之间"⑦。对孙中山的社会历史观,论者多认同毛泽东关于"三民主义的宇宙观则是所谓民生史观,实质上是二元论或唯心论"⑧的论断,但在阐释其作用时

---

① 来新夏:《同盟会及其政纲》,《历史教学》1955年第6期。
② 李光灿:《论孙中山的民族主义》,《新建设》1956年第12期。
③ 李泽厚:《论孙中山的"民生主义"》,《历史研究》1956年第11期。
④ 侯外庐:《孙中山的哲学思想及其同政治思想的关系》,《历史研究》1957年第2期。
⑤ 张磊:《略论孙中山的社会历史观》,《学术研究》1963年第1期。
⑥ 郑鹤声:《试论孙中山思想的发展道路》,《文史哲》1954年第4期。
⑦ 杨正典:《孙中山先生的哲学思想》,《教学与研究》1957年第1期。
⑧ 《毛泽东选集》第2卷,人民出版社1955年版,第681页。

持论不同。一曰："'人类求生存'的原则，是脱离具体的社会积极形态的，即没有物质基础的空中楼阁。"① 一曰："这种观点含有某些唯物主义的因素，有它正确的地方，而且在当时的历史条件下，起了积极作用。"②

此期间对孙中山的研究，大致可以归纳为以下特点：第一，确立了以马克思主义、毛泽东思想为理论指导的研究方法；第二，从总体上看，研究以定性为主，缺少量化分析与比较研究，呈现出粗线条、轮廓式的特色；第三，思想研究多于生平事迹研究，这或许是由于"定性"主导和原始资料挖掘不够。

## 第二节 省思与复苏

1966—1976年"文化大革命"期间，中断了正常的学术研究，故此不赘。

"文化大革命"结束，特别是中共十一届三中全会之后，孙中山研究从省思步入复苏期。就时段而言，大体为1976—1984年。

以1979年冬季在广州召开的"孙中山和辛亥革命学术讨论会"为契机，继之受1981年"纪念辛亥革命七十周年学术讨论会"和"纪念辛亥革命七十周年青年研究工作者学术讨论会"的推动，孙中山研究日渐"兴奋"起来，一批成果相继问世。魏宏运的《孙中山年谱》，广东省哲学社会科学研究所历史研究室等单位编著的《孙中山年谱》，尚明轩的《孙中山传》，张磊的《孙中山思想研究》，李时岳、赵矢元的《孙中山和中国民主革命》，肖万源的《孙中山哲学思想》，韦杰廷的《孙中山哲学思想研究》，王志光的《孙中山的反帝思想》，章开沅、林增平主编的《辛亥革命史》，李新主编的《中华民国史》第1编，金冲及、胡绳武的《辛亥革命史稿》第1册以及胡绳的《从鸦片战争到五四运动》等著作，反映了研究层面的进展。相关论文的刊发始渐升温，研究领域较前广泛而深入，尤富

---

① 李光灿、郭云鹏：《孙中山的哲学思想》，《哲学研究》1962年第4期。
② 何练成：《试论孙中山的社会经济思想》，《西北大学学报》1957年第2期。

拓展性。《孙中山全集》（中华书局 1981—1986 年版）引起海内外的广泛关注；多种相关的档案、史料专辑相继出版。此外，全国和地方性的孙中山研究学会也竞相问世。此期间的学术论争主要表现在以下几个方面。

## 一 关于三民主义

民族主义。论者强调其"主要是用西欧、美国、日本的资产阶级思想革新了传统的华夏民族意识而形成的"。新三民主义的民族主义，是"吸收了列宁的民族理论和中国共产党当时的民族纲领"，加以改造而成的。针对前此激烈论争的"反满"口号，论者指出"排满""实质上成为反帝、反封建、反君主专制主义三位一体的战斗口号"[①]。还有论者提出，"孙中山对'五族共和'的态度是：始则怀疑，继则附和，终于批判"，其真实主张是"带有明显的大汉族主义标记"的"实行种族同化"[②]。

民权主义。论者多着墨于民主共和国思想，指出它"不仅反映了那个时代的历史特点，也给了那个时代以巨大影响"。认为视五权宪法为"消极因素"，"不太公允"，建国三时期的"训政"，实质上是为革命专政与民主宪政之间架设了"一座桥梁"[③]。

民生主义。论者认为孙氏的经济建设思想"带有强烈独立自强、民族解放性质"[④]包括四项原则——"人尽其才，地尽其利，物尽其用，货畅其流"，两项中心主旨——"平均地权和节制资本"，二重革命——"产业革命与政治革命（或社会革命）同时并举"。具体做法是"全国统筹，交通先行"，"利用外资，确保主权"[⑤] 其思想可分两段：1919 年前，是空想的、主观的、感情的社会主义者；国民党改组后，是"民主主义社会主义者"[⑥]。

---

[①] 章开沅：《"排满"与民族运动》，《近代史研究》1981 年第 3 期。

[②] 张正明等：《论孙中山的民族主义》，载《纪念辛亥革命七十周年学术讨论会论文集》（下），中华书局 1983 年版。

[③] 李华兴：《评孙中山的民权主义思想》，载《论清末民初中国社会》，复旦大学出版社 1982 年版。

[④] 陈可青：《试论孙中山经济建设思想》，《经济研究》1980 年第 2 期。

[⑤] 朱伯康：《孙中山关于经济建设的设想》，载《论清末民初中国社会》。

[⑥] 何振东：《评孙中山的社会主义学说》，《徐州师院学报》1981 年第 4 期。

## 二 哲学思想

哲学思想研究的重心已从辨析其属性拓展到对具体内容的探析。关于物质与精神的关系,有学人认为孙氏把两者看作"不是'绝对分离'的关系,而是既对立又合一的关系"①。有的强调孙中山的宇宙观是物质和精神"二者并重的二元论","必然要陷入唯心主义"②。关于知行观,有的认为孙中山"提出了'先有事实,后有言论','以行而求知,因知以进行'的基本上带有辩证法因素的认识论和知行观,然后用以指导行动",这是"对中国传统哲学中社会历史观的一个突破"③。有的指出"孙中山始终把'行'和'事实'作为思想产生的基础","这是唯物论的反映论"。即便是孙氏所说的"天生之智"论,也"合乎实际的科学道理","不能轻率地断定为唯心主义"。④ 也有论者阐释孙中山的认识论和知行观"具有严重的形而上学缺点"⑤。

## 三 专题研究

与武昌起义的关系。有的说孙中山等革命党人对武昌起义的爆发和整个革命高潮的迅速到来缺乏应有的思想准备。⑥ 有的则从武昌起义把孙氏"当作革命领袖,用他的名义来号召群众和组织群众",孙氏"通过同盟会领导"⑦,以及其思想、同盟会的纲领、方略对武昌起义的指导作用等方面,来论证孙中山对武昌起义的领导和指导作用。

让位于袁世凯。有说孙氏主政临时政府时期虽对袁世凯有妥协,但始终坚持推翻帝制、创立共和的原则和立场,"就其本质和主流来说,不是妥协退让史,而是革命斗争史"⑧;有说"让位"标志着资产阶级民主革

---

① 韦杰廷:《孙中山哲学思想研究》,湖南人民出版社1981年版,第201页。
② 侯外庐主编:《中国近代哲学史》,人民出版社1978年版,第395—396页。
③ 肖万源:《孙中山哲学思想》,中国社会科学出版社1981年版,第56页。
④ 袁伟时:《为民族民主革命服务的唯物主义一元论》,《中山大学学报》1979年第4期。
⑤ 方克立:《中国哲学史上的知行观》,人民出版社1982年版,第340—341页。
⑥ 笠柏松:《关于武昌起义的领导问题》,《江汉论坛》1981年第5期。
⑦ 彭明:《论南京临时政府》,《近代史研究》1981年第3期。
⑧ 陈胜粦:《论孙中山创建南京临时政府时期的斗争》,《中山大学学报》1979年第4期。

命"高潮的最后完成"①。对让位原因的探讨,或着墨客观条件:"起决定作用的还是力量之间的对比,即革命的力量过于弱小,反革命的力量过于强大所决定的"②;或强调主观因素,阐释孙氏错误地抱着"以和平收革命之功"的方针③;或说是孙氏厌薄权势利禄;或说是迫于形势采取的"对付袁世凯的革命策略灵活之运用"④。在评价让位得失利弊时,有说"给革命造成极大的危害"⑤;有说"是正确与错误交织,成功与失败并存"⑥,功过各半。

"二次革命"、中华革命党及护法运动。论者指出,孙氏是宋案后"党人中最先觉悟和主张武力讨袁"者,"是'二次革命'的策动者和精神领袖"⑦,其反袁抉择乃是"保卫辛亥革命成果,抵抗北洋军阀反革命暴力的义战"⑧。关于中华革命党,论者既指出其缺陷,也肯定它"在党的纲领、武装斗争等方面,较之国民党有所前进";"是一个代表民族资产阶级利益的、粗具全国规模的革命政党"⑨。有的论者肯定该党是"革命低潮时的反袁旗帜",同时指出又是"倒袁高潮的配角"。其不足者为:"纲领——缺乏号召力;党务——未能广泛地团结同盟军;军事——没有依靠和发动群众",是一个"秘密结社性质"的"排他性"革命政党。⑩关于该党的作用,有说"孙中山是护国运动的旗手和精神领袖;他所领导的中华革命党是护国运动中最主要的政治力量之一"。但因其军事力量有限,"没有能掌握运动的领导权"⑪。有说其只能充任"配角",而以梁启超为首的进步党

---

① 徐梁伯:《应该重新评价"孙中山让位"》,《社会科学战线》1980年第4期。
② 金冲及、胡绳武:《论孙中山在临时政府时期的斗争》,《历史研究》1980年第2期。
③ 宝成关:《论南北议和与孙中山让位》,载《纪念辛亥革命七十周年学术讨论会论文集》(上),中华书局1983年版。
④ 尚明轩:《孙中山传》,人民出版社1981年版,第174页。
⑤ 肖万源:《孙中山哲学思想》,第56页。
⑥ 彭大雍:《孙中山让位给袁世凯的思想基础》,《光明日报》1983年4月6日。
⑦ 章开沅、林增平:《辛亥革命史》下册,人民出版社1981年版,第459页。
⑧ 赵矢元:《辛亥革命至"二次革命"之间的孙中山》,《东北师大学报》1981年第5期。
⑨ 章开沅、林增平:《辛亥革命史》下册,第489—491页。
⑩ 王杰:《中华革命党略论》,载《纪念辛亥革命七十周年青年学术讨论会论文集》(下)。
⑪ 谢本书等:《护国运动史》,贵州人民出版社1984年版,第91页。

人"取得了反袁世凯的领导地位"①。有说中华革命军与护国军仿如反袁护国大业上的"两驾马车","各搞各的"②,齐头并进。关于护法运动,一是肯定了孙氏揭举护法旗帜,维护"主权在民"的最高原则,反对军阀割据和混战的意义;二是对孙氏和陈炯明、唐继尧、陆荣廷、段祺瑞、张作霖等角色的关系作了比较深入的探讨。

国民党"一大"和第一次国共合作。论者赞扬了孙氏改组国民党,实行国共合作,重新解释三民主义的伟大功勋。指出召开国民党"一大",建立第一次国共合作,是"'适乎世界之潮流,合乎人群之需要',为'摆脱艰难顿挫'的困境,继续前进,开创新的革命局面,采取的一项极为重大的英明战略决策";"中国革命史上一个前所未有的巨大高潮,由此澎湃而起";国共合作"正是我们民族团结、奋起的一种有效形式"③。

这一阶段的研究具以下特点:第一,对孙氏历史地位和作用的评价,较前更为具体细致;第二,将孙氏思想置于更为广阔的背景下进行论述,题材较宽广;第三,专题性研究日渐广阔深入;第四,一批中青年学者在前辈的奖掖下,崭露头角。但对孙氏生平各个阶段的研究还不平衡,研究深度尚显不够,研究队伍仍处于自发状态。值得欣慰的是,这些不足已经引起识者的重视,为往后的拓展揭示了方向。

## 第三节 走向繁荣

1985—1990年可称为孙中山研究的繁荣期,争鸣宽松,热潮迭起,成果厚重。1985年在河北涿县召开的"回顾与展望——孙中山研究述评国际学术讨论会",中外学者联手对研究的现状把脉,为进一步的深入研究提出了导向性的建议,堪称孙中山研究事业的一个里程碑。1986年的"孙中

---

① 胡绳:《从鸦片战争到五四运动》下册,人民出版社1982年版,第928页。
② 参见政协广东省委员会办公厅、广东省政协文化与文史资料委员会编《岭南史学名家》,中国文史出版社2009年版,第118页。
③ 陆仁:《历史的必然,革命的需要》,刘大年:《序言》,均载《中国国民党"一大"六十周年纪念论文集》,中国社会科学出版社1984年版。

山和他的时代"国际学术讨论会,论题涉及面宽广,专题研究色彩较浓,且多采用系统分析和比较研究等方法,使一些理论问题得以突破或深化。1990年的"孙中山与亚洲"国际学术讨论会,开创了海峡两岸学者在内地面对面交流的平台,学人本着相互尊重的精神,求同存异,不拘一格,意义不同凡响。此期间主要论争如下。

家世源流。关于孙氏祖籍,中华人民共和国成立前即存在"紫金"与"东莞"两说。有论者以大量可靠的文物资料证明罗香林提出的"国父上世源出于广东紫金"说不能成立,认定翠亨孙氏源出东莞。① 但仍有人重申"孙中山是客家人,祖籍在紫金"。以事实为判断尺度,应该说,"东莞说"较为真实可信。

三大政策。关于三大政策的提出及其概念的形成,有如下几种表述:"一是受各被压迫阶级民主联合战线形成的必然趋势所激发","二是受新时代潮流所促动"②;孙氏在制定"一大"宣言的过程中"对联俄、联共、扶助农工这三件事都是确认了的",但"并没有把这三者联成一个整体,概括为'三大政策'予以宣布","这种概括工作是由共产党人完成的"③,"但它的形成也包含着国民党人探讨的成分"④。

民生主义(社会主义)。论者大多认为民生主义是一种主观社会主义,其形成主要接纳了亨利·乔治的影响,与他的学说具有共同的特征:"一、基本上不触动生产资料所有制问题;二、发挥国家的调节职能,促使资本主义的迅速发展;三、实行分配领域的改革,防止贫富差异的扩大。"⑤ 持异见者认为,以"平均地权"为核心的民生主义"是一个折中的、温和的改良主义方案,较之亨利·乔治显然又有所后退"⑥。

---

① 参见邱捷、李伯新《关于孙中山的祖籍问题》,《中山大学学报》1986年第4期。
② 林家有、周兴樑:《孙中山与第一次国共合作》,四川人民出版社1988年版,第111、113页。
③ 黄彦:《关于国民党"一大"宣言的几个问题》,载《孙中山和他的时代》中册,中华书局1989年版,第1236—1237页。
④ 鲁振祥:《关于孙中山三大政策研究中的几个问题》,《北京师范大学学报》1986年第6期。
⑤ 夏良才:《论孙中山与亨利·乔治》,《近代史研究》1986年第6期。
⑥ 杨天石:《孙中山与中国革命的前途》,载《孙中山和他的时代》上册,中华书局1989年版。

与近代军阀的关系。这是研究的难点。有论者指出,孙氏对军阀的认识经历了由对某一个军阀认识不清到逐渐认识,进而到对整个军阀集团面目的清醒认识的过程。孙氏与军阀的合作,有幻想的成分,也有策略的运用,越到后期,幻想成分越少,策略的运用越占主要地位,直至提出打倒军阀及其后台帝国主义的主张,反映了他的彻底觉醒。① 有的论者以西南军阀为个案,指出孙氏正是经历了多次的反复与挫折,才抛弃了对西南军阀的幻想,转而寻求新的道路和力量。②

亚洲观与国际观。孙氏的亚洲观,可表述为:第一,亚洲的复兴是必然趋势;第二,振兴亚洲是亚洲人的责任;第三,解决中国问题是复兴亚洲的第一步;第四,特别注重"中日合作""中日联盟"。③ 其国际观主要由三个层面构成:思想上以发达国家的先进理论和实践经验为导向;策略上以争取列强不干涉乃至支持中国革命为重心;行动上以寻求列强物质援助为重点。这种强国中心取向,是为中国革命争取最大便利,并有助于世界上一切民族的独立解放。因此孙氏始终坚持两条原则:利用强权以打破强权;支持被压迫民族的反帝斗争。④ 关于"大亚洲主义",有学人誉其为"孙文学说关于东西方文化和亚洲问题的总纲","实质上是亚洲民族解放运动和帝国主义世界殖民体系的矛盾、冲突和斗争问题"⑤;持异议者认为"这是一个有争议的遗产,既有积极意义又带消极意义"⑥,它是孙氏兴亚思想的核心,其本质有别于日本国权主义者的观点,但本身并不是一个严密完整的反对帝国主义的理论体系。

文化思想。在这一专题上学人观点分歧颇大。关于文化思想构成的特点,有论者采用孙中山本人的表述,归纳为"因袭""规抚"与"创获",

---

① 参见段云章、邱捷《孙中山与中国近代军阀》,四川人民出版社1990年版。
② 参见谢本书《孙中山与西南军阀》,《云南社会科学》1985年第3期。
③ 参见陈锡祺《孙中山亚洲观论纲》,《近代史研究》1990年第6期。
④ 参见桑兵《试论孙中山的国际观与亚洲观》,载《"孙中山与亚洲"国际学术讨论会论文集》,中山大学出版社1994年版。
⑤ 唐上意:《孙中山的大亚洲主义论纲》,载《"孙中山与亚洲"国际学术讨论会论文集》。
⑥ 李吉奎:《试论孙中山的兴亚思想与日本的关系》,载《"孙中山与亚洲"国际学术讨论会论文集》。

指出孙氏在对中西文化进行比较时,没有完全脱离"中体西用"的窠臼。[1] 有论者强调孙氏对于传统文化有一个从"离异"到"回归"的曲折历程。[2] 这种回归,是一种从否定到否定的过程,是一个辩证的升华。他对中国古代思想和文化的吸收利用表现为:第一,继承和发扬儒学中的民本思想和重民思想;第二,吸收了儒学"大同思想"的因素;第三,对儒学所确立的某些基本伦理道德观念的继承、改造和利用。[3] 持异见者指出,孙氏从来不是"孔孟的传人",他择取传统文化的某些方面,带有很大的实用性质,可说是"西学为体,中学为用"。[4] 其晚年就中国固有的道德、旧政治哲学发表的意见,"带有浓厚的感情成分,有些甚至是即兴式的呼吁和发挥"[5]。

关于对外开放与利用外资思想。有说孙氏是"中国近、现代史上提倡开放主义,主张利用外资的集大成者和先行者"[6]。其"开放"范畴的提出,"标志着中国近代开放思想已经达到了比较完备、比较成熟的阶段"[7]。有说"把孙中山主张开放当成学习西方的同义语,对它的内容扩大地理解为包括政治、经济和思想文化诸方面,甚至连'以俄为师'也纳入其中,却未必是恰当的"[8]。

这一阶段的特点为:一是研究方法喜见更新,既有系统的历史分析,又添比较研究,手段多维;二是研究领域开始拓展,一些专题研究也有所深化;三是学术论著初现规模,其间发表论文不下900篇,出版专著50余部;四是学术氛围宽松,不同的观点相互切磋,尤其是能够客观地吸

---

[1] 参见陈旭麓《"因袭"、"规抚"、"创获"——孙中山的中西文化观论纲》,《孙中山和他的时代》下册,中华书局1989年版。

[2] 参见章开沅《从离异到回归——孙中山与传统文化的关系》,载《孙中山和他的时代》下册。

[3] 参见李侃《孙中山和传统儒学》,载《孙中山和他的时代》下册。

[4] 参见周兴樑《吸取、融贯、创新——略论孙中山与中西文化的关系》,载《"孙中山与亚洲"国际学术讨论会论文集》。

[5] 李时岳:《评"孙中山与亚洲"国际学术讨论会》,载《"孙中山与亚洲"国际学术讨论会论文集》。

[6] 曹均伟:《孙中山的"利用外资"思想》,《社会科学》1985年第1期。

[7] 郑学益:《论孙中山的开放主义》,《北京大学学报》1989年第6期。

[8] 黄彦:《论孙中山的开放思想》,《广东社会科学》1988年第4期。

收、评价台湾地区学者的成果，促进了研究水平的升华。

## 第四节 深化与拓展

1991—1999 年是孙中山研究走向深化和进一步拓展的时期。学术研究的活力重在创新，20 世纪 90 年代以降，孙学面临如何在原有基础上深化拓展的问题。学者们深入思考，更多地从宏观的视角另辟蹊径，使之继续保持旺盛的生机与活力。此时段的热点有四。

### 一 孙中山与中国近代化

将孙中山切入中国近代化的研究不失为这一时段的一大特色，1996 年在广东召开的"孙中山与中国近代化"国际学术讨论会则是这一论题的大阅兵。论者指出，三民主义是当时中国最完整的近代化思想，它既表现出与欧美各国近代化常轨"从同"，创建民族国家的认识，又包含在社会发展上迎头赶上但避免其弊病的"超越"思想。① 学人强调孙氏的近代化思想是一个完整的体系："挣破殖民主义与封建主义双重枷锁是前提；实业化构成方案中心；民主政治等同于杠杆；科学、教育和文化当是必要条件；正确的文化取向则是关于思想导向、精神动力和智力依托的关键。"近代化的基本目标，"即是建立独立、统一、民主和富强的新中国"。② 孙中山的"全部革命活动和斗争，都是围绕着民族解放与发展生产、实现近代化这两个宗旨去进行的"。其近代化思想"是他同时代的大多数人中最先进的，没有或很少有人超过他"。③

关于政治近代化思想，有云"孙中山不仅是第一个提出并始终坚持要在中国实施民主立宪政治制度的伟大民主革命先行者，而且是在中国传播近代社会主义思想的伟大先驱"。他"在中国政治思想史上第一个提出了

---

① 参见刘学照《"从同"和"超越"：孙中山近代化思想的特色》，载《孙中山与中国近代化》上册，人民出版社 1999 年版。
② 张磊：《孙中山与中国近代化》，载《孙中山与中国近代化》上册。
③ 刘大年：《关于研究孙中山与中国近代化问题》，载《孙中山与中国近代化》上册。

'为一般平民所共有',并由中国国民党和中国共产党联合而成的党作为'掌握政权之中枢'的国家政权思想"。① 有云其思想代表了近代政治思想的高峰,宣告了儒家政治思想统治的终结,是近代中华制度文化的新建构。②

关于经济近代化思想,学人认为,国家资本主义和私人资本主义构成了孙氏近代化方案的经济模式,"依靠国家力量"和"由政府总其成"是方法,对外开放、利用外资是重要途径。③ 其经济发展战略的理论前提和逻辑起点是民生主义,特点是:以三大港口为增长极,以沿海为重点的梯度开发的区域发展战略;以港口为点,以铁路、水路、公路为轴线的点轴式开发模式;以交通、运输、原材料和生活资料工业为重点的工业化产业发展战略。④

学者们还从近代化角度具体探讨了孙中山在社会、农业、教育、法律、科学、军事等方面的思想。⑤

1999 年,林家有撰述的《孙中山与中国近代化道路研究》,是一部力作。该书以近代化为主线,从孙中山对西方近代化和中国近代化的反思切入,剖析中国寻求近代化各种模式及其失败的因由,探讨孙中山近代化主张的思想渊源、理论架构和具体实践。通过孙式的"近代化"与洋务派、维新派和清末新政的比较研究,凸显孙氏的近代化主张的优越性。

## 二 孙中山与中西文化

这一专题在 20 世纪 80 年代的基础上有所拓展。关于其思想的演化,有云孙氏对待中西文化的态度前后差异较大。辛亥前后,他主张吸取西方近代文化,以对封建文化进行彻底的改造;"五四"后,则提倡恢复传统。有云其文化思想的主旨是融合中西,兼收众长,走文化创新之路。他既不

---

① 韦杰廷:《孙中山三民主义历史地位论》,载《孙中山与中国近代化》上册。
② 参见陈华新《论孙中山政治思想的地位和作用》,载《孙中山与中国近代化》上册。
③ 参见鲜于浩、田永秀《试论孙中山的经济近代化方案》,载《孙中山与中国近代化》上册。
④ 参见郭灿《孙中山经济发展战略的再认识》,载《孙中山与中国近代化》上册。
⑤ 参见《孙中山与中国近代化》上册。

是完全离异传统的全盘西化者,也不是单纯固守传统的文化保守主义者,说其晚年有向传统文化"回归"倾向有失偏颇。①

关于孙中山与西方文化,有云孙氏在近代文化变革中基本上还停留在主张采纳西方近代科学技术和政治经济制度这一层面,而偏少主张对以个性原则为基础的近代思想学说这一更深层次的精神文化的吸取。② 关于孙中山与传统文化,有说孙氏长期客居海外,这决定他所理解的主要是经西方文化"过滤"后的传统文化;虽然他对传统文化契合处不少,但"时装洋化"的现象也难免存在。其一生对待传统文化既有一以贯之的坚信,又有因时而变的权通,这种态度使他与反传统主义及文化保守主义区别开来。③

### 三 孙中山与日本

这一领域的研究取得了长足进展。《孙中山与日本关系研究》《孙中山与日本》按时间顺序探究了孙氏在各个重要时期与日本各界人士的复杂关系。两书作者认为,"孙中山和中国革命党人,期待日本援助,是利用外援以达到革命目标,而日本方面,尤其是军部和浪人,无疑是妄图利用他们的被支持者,达到对华扩张的野心"④,"两者的根本目的始终是对立的。但是,两者在部分问题利害上有时又暂时一致,即两者为实现各自的目的,其手段和方法在特殊的历史条件下有时一致"⑤。这说明孙中山在政治上是理想主义,而在实践上又往往表现出实用主义和机会主义。《孙文与日本史事编年》是一部资料性很强的书,它揭露了日本帝国主义者利用、操纵、扼制中国革命力量的种种阴谋,又展示了孙中山对日本当局的期望、幻想及认识逐步提高的过程。⑥

---

① 参见赵春晨《再论孙中山晚年的文化思想》,《广东社会科学》1999年第1期。
② 参见王垒《传统儒学与孙中山对民族文化素质的认识》,《社会科学研究》1995年第3期。
③ 参见桑兵《孙中山与传统文化三题》,《近代史研究》1995年第3期。
④ 李吉奎:《孙中山与日本》,广东人民出版社1996年版,第3页。
⑤ 俞辛焞:《孙中山与日本关系研究》,人民出版社1996年版,第2页。
⑥ 参见段云章《孙文与日本史事编年》,广东人民出版社1996年版。

另一焦点即"中日盟约"真伪问题的讨论。有论者对《中日盟约》持否定态度，认为它的瑕疵在于：出处不明；"孙文"图章造伪；"孙文"签名是描摹的；2月5日并非签署日期。它只是"日本军部策划侵略中国的阴谋，其目的是想以此作为论证日本掠夺中国的依据，从而掩盖'二十一条'侵略中国的野心"。孙中山坚决反对"二十一条"，"他决不会以日本援助中国革命作抵押条件，去放弃国家主权，更不会接受日本军部所提出与二十一条相匹敌的所谓'中日盟约'案"。① 有人持论"中立"，对《中日盟约》的"真物说"或"伪物说"均表质疑。②

### 四 孙中山与苏俄

对孙中山与苏俄关系的探讨，也是此间研究重点之一。有人探讨了孙中山与张作霖和苏俄的关系。为达到与苏俄合作的目的，孙中山极力调解两者的关系。"这反映出孙中山一方面决心在苏俄的帮助下开创革命的新局面，另一方面力图把旧的斗争方式和策略纳入新的计划之中的思想，反映了其晚年革命斗争思想的复杂性。"③

有论者认为，苏俄在20世纪20年代初以国家利益为发出点，最终寻求以孙中山为合作对象的历程。苏俄的对华政策具有双重性，既要推进中国革命，又要与中国建交并维护苏俄在华利益。苏俄最初选择掌握北京政府实权的吴佩孚，后又极力促使吴氏与孙中山合组亲俄政府，最终转向实力和地位不断上升的孙中山。④

越飞在促使孙中山与吴佩孚合作的秘密交涉过程中起着重要作用，有人根据新发现和整理出版的史料对此做了探究。认为越飞密促"孙吴合作"不能成功，使苏俄对华政策两个目标同时实现的愿望落空。此后，苏俄不得不继续同南北两个中国政权打交道。然而，同孙中山合作关系的建立，又使苏俄在华外交活动取得很大的主动权。"这段不成功的秘密交涉

---

① 王耿雄：《孙中山与"中日盟约"的真相》，《历史档案》1997年第3期。
② 参见俞辛焞《孙中山的中日盟约问题辨析》，《近代史研究》1997年第2期。
③ 邱捷：《孙中山张作霖的关系与〈孙文越飞宣言〉》，《历史研究》1997年第2期。
④ 参见杨雨果《国家利益：苏俄对在华合作者的选择》，《历史研究》1999年第4期。

对孙中山晚年的政治斗争有着相当重要的意义。"[①]

特别值得一提的是，1996年10月孙中山基金会的第一批丛书问世：金冲及的《孙中山和辛亥革命》、张磊的《孙中山：愈挫愈奋的伟大先行者》、黄彦的《孙中山研究和史料编纂》、姜义华的《大道之行——孙中山思想发微》、段云章的《孙文与日本史事编年》、李吉奎的《孙中山与日本》、林家有的《孙中山振兴中华思想研究》、邱捷的《孙中山领导的革命运动与清末民初的广东》、刘曼容的《孙中山与中国国民革命》、李志业等编译的《孙中山与广东——广东省档案馆库藏海关档案选译》。这些书堪称上乘之作，反映了当时的研究水平和新进展。其他如莫世祥的《护法运动史》、段云章的《放眼世界的孙中山》、黄明同和卢昌健的《孙中山经济思想研究》、周兴樑的《孙中山的伟大思想与革命实践》等，也不乏新见。

20世纪90年代的孙中山研究，取得了质量化的成就：一是研究视野不断拓展，如社会思潮、心态研究等均有涉及；二是研究难点有所突破，如孙中山与日本研究喜见几本力作，孙中山与苏俄关系的研究趋向深化；三是研究队伍、论著数量也在稳步增长。但同时也存在一些不足：第一，除近代化论题外，争论热烈的、新颖的观点不多，重大理论问题鲜有突破；第二，某些论作质量堪忧，存在溢美、抄袭、炒冷饭等样态；第三，研究队伍期待年轻化。

## 第五节 新的进展

进入21世纪，孙中山研究在原有的基础上更为理性、持续拓展，成果丰硕，仍然是中国近现代史的热点之一。2008年，孙中山基金会创办了《孙中山研究》会刊，为孙学提供了专门的学术园地。

2001年辛亥革命90周年之际，中山大学出版社印行"孙中山与近代中国学术系列"八种：《孙中山与辛亥革命史研究——庆贺陈锡祺先生九十华诞论文集》《理想·道德·大同——孙中山与世界和平国际学术研讨

---

[①] 邱捷：《越飞与所谓"孙吴合作"》，《历史研究》1998年第3期。

会论文集》《孙中山对国内情势的审视》《孙中山的生平及其事业》《孙中山的活动与思想》《孙中山与祖国的和平统一——纪念辛亥革命九十周年学术研讨会论文集》《孙中山与近代中国民主革命》《孙中山与近代中国的觉醒》。

2004年，《广东省志·孙中山志》出版，该书系中国第一部人物志书，分生平、思想、著述、家世与亲属、相关人物、纪念地、学术研究凡七篇，附录有学人简介等，对志主的事功及研究做静态与动态的展示，洋洋100余万言，有"孙中山研究的小百科全书"之称。

专题研究，显见较大进展，前人较少涉及的课题喜出新著，如《孙中山革命与美国》《孙中山题词遗墨汇编》《孙中山与香港》《孙中山政治心理研究》《接合与更替：三民主义在孙中山身后的流变》《孙中山与辛亥革命史研究新审视》《孙中山与近代中国的开放》等。

学术研讨会，有"孙中山与20世纪中国的社会变革""孙中山与世界和平""孙中山与祖国的和平统一""辛亥革命与二十世纪的中国""辛亥革命与当代中国社会发展""孙中山与近代中国社会变迁""孙中山与中国现代化""孙中山与中华民族的崛起""孙中山与世界""孙中山思想与泛珠三角区域经济发展""纪念中国同盟会成立100周年暨孙中山先生逝世80周年""孙中山与振兴中华""孙中山与和谐社会""孙中山与中国社会"等议题。

主要有以下三个研究热点。

## 一 孙中山与世界

学人论及孙中山的世界观，孙中山与日本、苏俄（含共产国际）、美国、韩国的关系等。

有论者认为孙中山的世界观是"为了中国，了解世界"；主张文明共享，共同发展；国与国相交，必须平等互惠。强调"由文化世界观向民族世界观转变是孙中山觉醒的表现"。[①]

---

[①] 林家有：《再论孙中山的世界观》，载林家有、李明主编《看清世界与正视中国——"孙中山与世界"国际学术研讨会论文选集》，天津古籍出版社2005年版。

学人指出，孙中山将世界理念作为共和革命，"建设新中国"思想的一个重要理论支柱：主张"吸收世界文化"，"兼取众长，益以创新"；倡导驰骤"世界经济之场"，振兴实业，又力持"以欧美为鉴"，谋求社会"均等发展"，表现出一种具有世界眼光和时代意识的文化整合思想。[1] 有学人侧重研究孙中山世界潮流观的形成和发展、内涵和思想基础。[2]

关于孙中山的大同理想，论者认为，孙中山对于"天下"的认识经历了一个由近及远、由小到大、由浅转深的过程，他的革命理想也因具有世界眼光而迥异于古代的大同学说。辛亥革命后的种种挫折和黑暗现实，促使孙中山作深刻的反思，故晚年对大同思想作了更明确的论析。"以中国人民作为亚洲世界主义的基础，然后扩而大之，才能实现整个人类的世界主义，也就是真正的世界大同——这就是孙中山的理想世界。"[3]

为探究《中日盟约》之真伪，2000 年 12 月 26 日，14 位广东学人在中山大学举办了专题座谈，普遍倾向于《中日盟约》具真实性。[4] 学者指出，不应排除《中日盟约》存在的可能性，但因涉情复杂，一些矛盾现象还得不到合理的解释，暂且"存疑待考"。假定这些文件确实存在，则可视作孙中山从革命利益高于一切的原则出发，为了实现既定革命目标而采取的革命策略手段；这种策略以牺牲国家重大权益为妥协条件，既与当时艰难的革命环境密切相关，又与他向来重视借助外力及其主权观念一脉相承。[5]

孙中山晚年创建黄埔军校，深受苏俄的影响有目共睹，学者认为其影响表现在：理论上凸显于以主义建军、建立政治工作制度；以党治军，建立党代表制度；强调武力与国民相结合。实践上体现在创办黄埔军校培养骨干，成立党军；按照黄埔党军的模式改造旧军队，使之成为革命军的组

---

[1] 刘学照：《孙中山世界理念论析》，《天津师范大学学报》2004 年第 6 期。
[2] 参见赵春晨《论孙中山的世界潮流观》，载《看清世界与正视中国——"孙中山与世界"国际学术研讨会论文选集》。
[3] 章开沅：《王道与霸道——试论孙中山的大同理想》，《浙江社会科学》2000 年第 3 期。
[4] 参见黄彦等整理《广东学者讨论〈中日盟约〉真伪问题座谈会纪要》，载林家有、[日] 高桥强主编《理想·道德·大同——孙中山与世界和平国际学术研讨会论文集》，中山大学出版社 2001 年版。
[5] 参见黄彦《孙中山对日观之我见》，《广东社会科学》2004 年第 3 期。

成部分。①

1879—1911 年，孙中山七访美国，留下了许多革命史迹。有学人较系统地论述了美国政治、经济思想家以及政治制度对孙中山早期思想的影响，分析了三民主义与林肯主义的关系等问题。②有学者分析了兴中会时期孙中山与美国致公堂的关系。③

对孙中山与韩国关系的研究，近年升温。有学者论述了孙中山对韩国一贯的持助。④有学者透过《震坛》（20 世纪 20 年代韩国独立运动领导人在沪创办的中文周刊），阐述孙中山领导下的中国革命与韩国独立运动相互声援与支持的互动关系。⑤有学者将孙中山与金玉均的对日关系作比较，探讨两人日本观的异同。⑥

## 二　孙中山与同时代人的关系

对孙中山与同时代人物关系的研究，是学人着墨较多的课题之一。有整体把握的，多为彼此互动的。

关于孙中山与知识分子的关系。学人指出，由于特定社会历史背景的影响，孙中山对知识分子中的旧式士大夫历来就不抱希望，而对新式知识分子特别是青年学生则寄予厚望，把他们看成是革命的原动力，在各个时期都希望他们承担救国的重任。⑦

关于"五四"以后孙中山与新文化派的关系。论者认为，世界主义自清末取代以天下观为主导的大同思想进入中国，便在以西为尊的新青年中

---

①　参见刘曼容《论孙中山师法苏俄模式建军的理论与实践》，《广东社会科学》2004 年第 3 期。

②　参见郝平《孙中山革命与美国》，北京大学出版社 2000 年版。

③　参见邵雍《兴中会时期孙中山与美国致公堂的关系》，载《近代中国》第 15 辑，上海社会科学院出版社 2005 年版。

④　参见张小萌《孙中山与韩国民族独立运动》，载徐万民主编《孙中山研究论集——纪念辛亥革命九十周年》，北京图书馆出版社 2001 年版。

⑤　参见张金超《从〈震坛〉看中国革命与韩国独立运动的关系》，《广东社会科学》2009 年第 4 期。

⑥　参见俞辛焞《孙中山与韩国金玉均对日关系比较》，载《看清世界与正视中国——"孙中山与世界"国际学术研讨会论文选集》。

⑦　参见邱捷《孙中山与近代中国知识分子》，《广东社会科学》2000 年第 1 期。

渐成流行趋势，经过与外力压迫下不断高涨的爱国情绪相融合，形成"世界的国家主义"或"世界主义的国家"观念，与孙中山改造后的民族主义虽有分歧，也存在沟通的基础，随着民族危亡的日趋严重，越来越多的新文化派重新回到民族国家的立场。①

关于孙中山与近代妇女的关系。论者指出，孙中山对妇女在辛亥革命中所起的作用给予了高度评价，并为提高妇女的地位作了长期的斗争。他对妇女要求参政的态度表示赞许，但认为不能立即实施，强调必须重视女子教育，努力提高妇女的文化素质，为男女平权、妇女参政创造条件。在新三民主义的理论框架中，孙中山的妇女观有了新的升华。②

对孙中山与陈炯明关系的研究近年成果显著。《孙文与陈炯明史事编年》以孙、陈为中心，以事件为绳结，依次展示其互动关系。③ 有学人探讨共产国际、苏俄对孙中山、陈炯明关系的观察与评论，聚焦在孙、陈所持信仰及歧异，如何统一中国，二者究竟依靠何种力量和代表谁等问题上。认为共产国际、苏俄的"观察和评论"有一个过程，评论前后不一致，而且内部也有歧见，直到陈炯明发动兵变反对孙中山后，才渐趋一致。④

孙、刘（成禺）关系近年进入学人的视野。论者认为，两人在1900年始有联系。1902年，刘氏受湖北官派赴日留学，在孙氏领导下积极从事反清活动。1904年刘氏赴美留学，主持旧金山《大同日报》，大力宣传革命主张和孙氏学说，并将孙中山介绍给旅欧的湖北留学生。及民元至1916年袁世凯去世，孙、刘关系从疏离走向对立。护法军兴，孙、刘复合，迄孙中山逝世，二人关系密切。孙中山还为刘氏的《太平天国战纪》《洪宪纪事诗》作序。⑤

---

① 参见桑兵《世界主义与民族主义——孙中山对新文化派的回应》，《近代史研究》2003年第2期。
② 参见邵雍《孙中山与近代妇女问题》，《广西师范大学学报（哲学社会科学版）》2002年第3期。
③ 参见段云章、沈晓敏编著《孙文与陈炯明史实编年》，广东人民出版社2003年版。
④ 参见段云章《共产国际、苏俄对孙中山陈炯明分裂的观察和评论》，《中山大学学报论丛（社会科学版）》2000年第3期。
⑤ 参见李吉奎《孙中山与刘成禺》，《中山大学学报论丛（社会科学版）》2000年第3期。

有学人发掘中日档案史料，探讨孙中山与刘学询关系的演变。揭示刘氏在东京执行"联倭杀康"计划期间，于"夜深人静"之际与孙氏"闭户密谈"。孙氏试图通过刘学询筹集革命经费，而刘氏则心怀鬼胎，另有图谋。孙氏对刘氏抱太多幻想，又太重乡情，对刘氏效忠清廷、唯利是图的本质缺乏足够认识，故屡遭挫折。[①]

关于孙中山与王宠惠的关系。有人认为，王氏早年在孙中山的带动和影响下从事革命，是孙中山革命事业的重要追随者；辛亥革命时期二人在政治上联系最紧密，王氏成为孙中山在外交等方面的得力助手；袁世凯窃国后，王氏投身北洋政务，但他们仍保持了密切联系。[②]

### 三 孙中山与和谐社会建设

以"孙中山与和谐社会建设"为视角，是近年孙中山研究的一大亮点。论点集中体现于 2007 年 11 月在广东中山市举办的"孙中山思想与和谐社会"学术讨论会。

大多数学者从"和谐"的维度切入探究孙中山和谐社会的理论，强调祖国统一是孙中山为之而鞠躬尽瘁的夙愿，他开创民主时代，整合裂变国家，追赶时代潮流，为祖国统一不懈奋斗的精神，为世人所景仰。孙中山始终是全体中国人和世界华人无可争议的共同精神纽带，其统一中国的思想实践，对今天的统一大业启迪尤深。

孙中山的文化思想蕴含"调和"的时代价值。有学人认为，孙中山对于中国的文化问题发表了许多很有见地的论点，阐明了他对中国固有文化、西方文化以及创建新文化的主张：对中国固有文化，既不盲目否定，也不泥古、崇古；对于西方文化要吸收，但不能全盘照搬；赞扬新文化，主张文化创新。孙中山正确对待西方文化，不仅表现在论说上，而且体现于三民主义学说中。学者强调，孙中山十分重视对传统文化精神的内化，倡导恢复固有文化的精华和精神，提高民族自尊心和自信心。孙中山处理中西文化关系所表现的中西融贯与中西合璧的基本立场、态度和方法值得

---

① 参见孔祥吉《戊戌前后的孙中山与刘学询关系发微》，《广东社会科学》2005 年第 2 期。
② 参见刘宝东《王宠惠与孙中山》，《史学月刊》2002 年第 7 期。

效法。孙中山调和中西、取法乎上的文化观，反映了近代的历史特点，是一种比较合理的文化取向。

有学人对孙中山民生经济的"调和论"加以剖析，指出"调和"表现为：经济自由与经济计划并重、私有财产与公有财产并存、民营企业与国有企业并行、市场职能与政府调节并用、生产与分配并重、个体经济与总体经济兼顾、国民经济与国家经济配合等，诠释了孙中山经济思想的指导性与前瞻性。指出从孙中山的经济思想中，透过相关经济目标的整体调和，展现其对经济的"前瞻性、平衡性、有序性、和谐性、永续性"等层面的期许。有学人进而认为，孙氏一生主张调和，其武装斗争举措纯属被迫或不得已；还有学人强调，孙氏既主张阶级斗争，又强调阶级调和。其调和矛盾、缓冲斗争的思想取向，展现着和谐社会的意蕴。

有学者把握时代脉搏，从不同视角探讨孙中山思想对建设社会主义和谐社会的启迪。认为大同理想是孙中山的矢志目标，"三民主义"的大同情结，描绘了大同社会的美好蓝图。他一贯强调，国家利益由人民共享，如是，国利民福，人民才得享真正幸福，民生主义是要实现贫富机会平等，富者不能压制穷人，乃是"民有""民享""民治"的大同社会，即"天下为公"的高度和谐社会。

有学者从解读《建国方略》入手，指出孙中山倡行"互助"以达"大同"，揭示了人类进化的一般规律，表达了人类的最高理想。他赋"互助论"以新意，引申为"爱国""以德治国""博爱""服务""协调"等理念，不失为时下构建和谐社会的理论依据。

有学者指出，孙中山民主政治思想的闪光点是建设"四万万人做皇帝"的民权时代。民权社会就是民主社会，孙中山采撷"权能分治"作为民主政制建构，"权能分治"的精髓是造就一个全能政府，置"五权"分立，限制其权利，同时引入"道德"作"润滑剂"，以充分发挥"权能分治"的作用，消除人民与政府间的矛盾，建立一个以平等为基础的真正的和谐社会，从而实现"天下为公"的社会理想。

以往学人多将民族、民权、民生分划在"民族的""国民的""社会的"三个不同范畴中。因之，对孙中山的政治设计，多从政治角度察析，有嫌偏颇。事实上，孙中山早就萌生政治革命与社会革命"毕其功于一役",政治设计与社会建设的目标有机统一,互相影响。学人切入孙中山关于地方自治、革命程序、均权主义等关乎政体和程序的政治主张,考察其政治设计中的社会建设因素,揭示其思想的高瞻远瞩与现实取向。指出孙中山以社会建设为考量目标设计了政治模式,又致力社会改造,促进了人民觉醒,推动了民主政治的发展。

关于孙中山社会建设理论的评价,学人强调,孙中山提出以系统论证法为核心的社会建设理论,超前而富有现代意义。从理论形态层面阐释,其社会建设理论核心是系统辩证法,以"立"为价值取向,是构建和谐社会的方法论基础;从理论特征内涵分析,它海纳百川,融汇了东西方文化精华,是构建和谐社会重要的思想宝库;从理论的时代视角透视,它承前启后,继往开来,现代文明彰显。对构建和谐社会、促进中华民族伟大复兴具有恒久魅力和启迪作用。

还有学者探究孙中山三民主义思想和博爱、公仆精神的形成及其建设和谐社会的现实意义。涉及博爱观、宣誓观、公仆精神、政治制度、党魁集权、五权宪法、民权、进化观、社会建设、土地产权等。①

关于孙中山与和谐社会建设,有学人著述《孙中山社会建设思想研究》,对孙中山社会建设思想的理论建构、对传统社会的认知与改造、社会政治意识与社会变革、对福利社会的追求、宗教精神与对儒学的改造、大同理想与社会新秩序的构想等作了较系统的论述,阐明社会的文明、进步、和谐是一个动态建构的过程,是一个不断改革、重构、渐进的过程。在这些方面,孙中山的社会建设思想都有重大的当代意义。②还有学者从孙中山的民生主义理念中挖掘其和谐的文化内蕴,阐释他主张的四个和谐——和谐国际,借外国的资本主义建设中国的社会主义;协调区际,以发展交通,拉近优劣差距;调和阶级,促贫富共融,润滑民生;平等人际,倡互信互助,博爱天下,从不同的维度去拓展他的文化心理取向。强调孙氏虽然未作过"和谐社会"的专论,但诸如"天下为公""均富"

---

① 参见王杰《孙中山研究的新拓展——"孙中山思想与和谐社会"学术研讨会述要》,《广东社会科学》2008 年第 3 期。
② 参见林家有等《孙中山社会建设思想研究》,中山大学出版社 2009 年版。

"博爱""互助"等理论无疑具有普世意义，蕴含着追求和谐社会的思想元素。①

此间的孙中山研究呈现如是特征：第一，因循中国近代史研究范式的转换，由侧重宏观研究向微观研究和宏观与微观相结合的模式过渡；第二，逐步摆脱政治框架的束缚和主观因素的干扰，更加学术化，既以政治史、思想史为重心，又向经济史、文化史、社会史等层面扩展；第三，研究视域宽泛，思想、事功研究仍是重点，而孙中山与世界、孙中山思想与和谐社会等专题骤然升温，堪称热点；第四，一些前人较少涉足的"非主流"领域，如对守旧派、对立面等的研究，少了定性，多了剖析，并取得进展；第五，研究方法多样化，比较研究法、心理研究法、"动静模式"相结合，均得到了有益尝试；第六，史料发掘方面，在重视传统文献的基础上，拓宽了范围，档案、报刊、文史资料以及墨宝、照片等均有新的发现和新的成果。但也有不足之处，主要表现在：首先，热衷趋新，追赶"时尚"，大多标榜"新论""新见""新发现"等字眼的选题，实际上并无太多新的内容。其次，"比较研究"滥行，一些人赶时髦走捷径，拿无可比性的人物来与孙中山作硬性比较，难免显得牵强穿凿。再次，冷饭热炒、重复劳动的现象时隐时现，浮躁之风堪忧。最后，学术争鸣有步向式微之虞，缺乏应有的论战，旺盛的生命力将难以为继。

## 第六节　几点改进意见

1949—2009 年的孙中山研究，与近代史其他领域相比较，成果是喜人的。但也还存在着隐忧与不足，亟须我们去应对与拓展。

第一，需在理性的理解中拓展视角。庶几，方可寻找新的切入点，才有新的观点问世。

比如，我们拿"国情"这个概念介入孙中山研究，就应考虑从当时的

---

① 参见王杰《和谐共融：孙中山民生主义的文化引喻》，《广东社会科学》2009 年第 3 期。

社会环境、集团利害、社会心理等层面去拓宽思维，把孙中山置于当时社会的大范围和多层面去研究，即大至"环境"、中及"集团"、小到"心理"，通过层层解剖，去透视孙氏思想与实践的真貌。

又如，孙中山与军阀的关系，孙氏与军阀之"个体"和"群体"均有过节，与"南"和"北"的军阀都有过接触，早岁与晚年情景各异，顺势与逆境心态不同，"幻想"与"策略"表里交织。如何"理顺"孙氏与近代军阀的关系？倘能从"环境""集团"和"心理"去深探，所获当不会肤浅。谈到社会心理研究，章开沅教授较有心得，他认为，在戊戌变法、辛亥革命、中国共产党这三个不同时代的领导人中，存在着历史紧迫感和变革急性病相互伴随着出现的连续性。再进一步，就是探讨这样的社会心理产生的历史根源。领导者为了赢得群众，往往作出过高的许诺，民众则对这些许诺的实现也抱有过高的期望，这对领导者来说，便形成了强大的心理压力，他们据此容易采取超越现实许可范围的急进政策，急进政策容易失败，其结果必然是领导集团和意识形态的急遽更替，而新的领导集团和意识形态，又往往给民众以更多更高的许诺，并使民众对革命和新政权的期待提到更高、更紧迫的境地，而这种无形的心理压力，使新的领导者更趋向于采取超越现实的急进政策。

这种带负面效应的循环反复，就是中国革命和现代化屡屡受挫的社会心理根源。① 若从这一视角去审视孙氏的思想与实践，对一些难点、疑点的理解或许会少一些牵强附会。

第二，仍需在结合国情中尝试静动融贯的模式。以往孙中山研究的论作，静态研究（从史料到理论）的多，动态研究（从理论到现实）的少，静动融贯的研究模式不多见矣。弘扬孙氏之思想与精神，绝不是发思古之幽情，而是将20世纪的伟人伟业薪尽火传，继往开来。由此而展开，诸如孙中山身后政治流派之演变脉络趋向，即对胡汉民、戴季陶、周佛海、邵元冲、甘乃光、杨幼炯、崔书琴、叶青等人对孙中山三民主义学说的解释与影响，均不失为孙中山研究静动融贯模式的对象。近年来，尽管已有

---

① 参见章开沅《关于孙中山研究的思考》，《辛亥前后史事论丛续编》，华中师范大学出版社1996年版。

学人在此领域取得了一些研究成果，但仍有努力的空间。

第三，目光不应局限于孙中山生活的年代和他所试图解决的中国具体问题。这可从两个层面去理解。首先，孙氏毕生矢志以求和为之奋斗的独立、民主和富强，仍然是世界大多数要求民主进步的国家面临的主要课题，具有现实意义，即使是在发达国家，也应是继续崇奉的准则。独立的课题始终存在，而民主和富强是无止境的。所以，孙中山研究在时空两方面具有跨时代和跨国度性质。其次，孙中山既是中国人民的伟大儿子，又是世界性人物，且堪称世界巨人，他从来不把自己的思想和活动局限于中国和亚洲，而是与世界结合，足迹遍五洲，友人满天下，他把自己的活动融于一切被压迫民族和进步人类的斗争中。他融贯中西之思想，远比孔子思想合乎当今世界之潮流，产生于农耕社会的孔子思想于今仍可以与世界文化对话，那么孙中山的文明理念由"因袭"东方和"规抚"西方而"创获"，其"世界价值"比儒学更胜一筹，理应旗帜鲜明地登上国际学坛，与世界文化对话。

第四，需走细化与深化之路。历史研究首先要弄清楚"是什么"，方可发问"为什么"。因之，着手微观，"小题大做"，走细化研究的道路，既是基础，又是必然，这已成学者们的共识。我们还有很多"是什么"的工作要做，列举如下：

有论者指出：孙中山思想很丰富，很复杂，他到底接受过哪些人、哪些著作的影响？对此并没有多少具体细微的研究。他的思想也发生过一些变化，在某些方面也存在一定程度的内在矛盾。要把这些梳理清楚，还需要做大量的深入、细致的研究。①

又比如，要研究孙中山的联俄实践及其思想演变脉络，就应该仔细研究孙中山联俄的源头。孙中山于十月革命胜利不久，即产生了联俄念头，曾遣曹亚伯为首使，曹氏衔命乘海轮过地中海，经意大利、瑞士，历时一个多月辗转达德国。约1918年1月抵柏林。驻德两个月无法假道赴俄，旋返国复命。这本是一个细节，虽然目前尚难明晰曹氏受命的前因后果，

---

① 参见耿云志《孙中山研究可以更加深化和细化》，载林家有主编《孙中山研究》第1辑，广东人民出版社2006年版。

与德交涉的艰难险阻以及联俄失败的诸种因由，它却表明孙氏的联俄抉择与实际操作已提前至1917年与1918年之交。

孙中山研究，犹如一座宏大的学术殿堂，遗产无穷，探索不止。诚如孙中山留给后人的遗训："革命尚未成功，同志仍须努力。"

# 第十八章

# 辛亥革命史

辛亥革命一举推翻中国延续2000多年的皇权帝制，建立了亚洲第一个共和国，其影响不仅在国内极为深远，而且在亚、非等殖民地、半殖民地国家也有程度不等的传播。因此，1949—2009年的辛亥革命史研究，已经发展成为具有国际性的重要史学分支之一。就中国内地辛亥革命史的编撰出版而言，可以说其初始与辛亥革命几乎同年，已有百年的历史了。

1949年以前，以中国革命史命名的辛亥革命史书，以苏生编写的《中国革命史》问世最早，是武昌起义后不久（即辛亥阴历九月）出版的。此后出版的与此同名或名称相近的史书共约15种，其中1912年商务印书馆出版的郭孝成编的《中国革命纪事本末》，条理清楚，叙事比较确切扼要，为人们所熟悉和经常引用。

最早以辛亥革命史命名的史书，据个人所见，是1912年6月刊行的渤海寿民编的《辛亥革命始末记》，该书实际上不过是并非十分完备的剪报辑录，时间从辛亥八月二十日到同年十二月二十五日。其后贝华、高劳、郭真、左舜生等编写的《辛亥革命史》，大多出版于20世纪二三十年代，共约10种，左氏等著作已渐有学术性。

范围有所扩大的是中华民国史之类书籍，其中出版最早且较有参考价值的，是曾任清末直隶谘议局议员和民初国会参议员的谷钟秀编的《中华民国开国史》，由泰东图书局于1914年刊行。以大事记体裁编辑成书的，最早则是上海有正书局于1912年出版的天笑生编的《中华民国大事记》。以上两类书籍合计近20种。

至于有关孙中山的传记、年谱等书，1949年以前已出版四五十种之多，如果再加上各种文集、翰墨、资料、回忆录之类，更是不胜枚举。还有专门记述辛亥革命时期各个地区和各类事件、各种人物的史籍谱传，为数亦多，难以作比较完整的统计。

回顾早期辛亥革命史论著，出版于20世纪20年代以前者大多属于史事记述，往往流于资料罗列，粗疏浅薄。由于作者政见不同，则又难免党同伐异，甚至歪曲史实。如1924年刊行的尚秉和的《辛壬春秋》，叙事虽尚条理明晰，间有为外界所罕知者，但字里行间则充满对革命的仇恨与攻讦。

及至20世纪30年代，国民党政府已经建立全国统治，辛亥革命史基本上被纳入国民党党史范畴，为蒋介石集团宣扬其正统观念服务。许多史书削足适履，掩饰涂改，以致往事面目全非。不过，40年代中期以后出版的若干著作，则具有较多参考价值。如老同盟会会员且曾任稽勋局局长的冯自由撰述的《革命逸史》（商务印书馆1945—1947年版）、国民党元老且曾任中山大学校长的邹鲁撰写的《中国国民党史稿》（商务印书馆1944年版）、著名历史学者罗香林的学术专著《国父大学时代》（重庆独立出版社1945年版）等，或以资料搜罗丰富取胜，或以体例比较严谨见长，或则长期致力于若干史事的严密考订，均为当时及晚近历史学者所重视。但严格说起来，这些作者仍不免囿于党派成见，甚至带有某种官方色彩，从而限制了他们的学术成就。

对于辛亥革命史，马克思主义者历来给以高度重视。几乎从这次革命刚一爆发，列宁便对它和它的领导者给予很高的评价。20世纪20年代以后，毛泽东和中国老一辈无产阶级革命家，对辛亥革命也有一系列精辟论述。只是由于革命战争的频繁紧迫，为种种客观条件限制，以马克思主义为指导的辛亥革命史学术著作毕竟极少。1948年生活书店出版的黎澍的《辛亥革命与袁世凯》（1954年修订为《辛亥革命前后的中国政治》，由人民出版社出版），或许可以说是仅有的开创性成果。

总之，在1949年以前，除出版数量较多的有关辛亥革命史的文献资料外，对于这一领域的学术研究还很难令人满意。

## 第一节　初始阶段(1949—1966)

1949年以后,由于国家政权的更易,同时也由于本来就为数不多的几位辛亥革命史研究者迁居香港、台湾,内地的辛亥革命史研究更形冷落,所以不能像太平天国史研究和中国近代史分期问题那样入选争鸣热烈的历史学"五朵金花"。

直到1956年,政府隆重纪念孙中山诞辰90周年,毛泽东发表了闪耀着历史辩证法光辉的《纪念孙中山先生》一文,对孙中山和辛亥革命给予高度评价,其他老一辈无产阶级革命家也作了很多相关深刻论述。稍后,《民报》影印出版并作为"中国近代史资料丛刊"之一种的《辛亥革命》(共8册)的刊行,也为辛亥革命史研究者提供了方便。据不完全统计,从1956年下半年到1957年上半年,有关孙中山和辛亥革命史的文章已发表200余篇之多。不过这个短暂的热潮并不足以说明辛亥革命史研究已经踏上学术的坦途,因为其中很多作品属于报刊纪念性文字,缺乏必要的研究基础。而且,由于"大跃进""教育革命"之类运动的干扰,1958年至1960年顿形冷落,两三年之间发表的有关孙中山的应景文章不过10篇左右。

1961年以后,由于辛亥革命50周年纪念活动的促进,特别是"双百"方针重新得到贯彻,辛亥革命史研究又形活跃。在武昌举行的由中国史学会和湖北省哲学社会科学联合会主办的"纪念辛亥革命50周年学术讨论会",有吴玉章、范文澜等全国各地学者100余人参加,提交论文40余篇。这是以辛亥革命为主题的第一次全国性学术会议,所以大家非常重视,讨论也非常热烈[①],初步呈现出实事求是和自由争论的良好风气。刘大年的《辛亥革命与反满问题》、陈旭麓的《清末新军与辛亥革命》、李文海的《辛亥革命与会党》、徐崙的《张謇在辛亥革命中的政治活动》、

---

[①] 会上讨论得较多的为新军、会党、张謇的阶级属性、辛亥时期社会主要矛盾以及当时资产阶级与农民的关系等问题。

章开沅的《武昌起义与湖北革命运动》、隗瀛涛的《四川保路运动》等文，都得到人们的好评。会后由中华书局出版《辛亥革命五十周年纪念论文集》，收入会议内外论文32篇，近50万字，是1949年以来辛亥革命史研究的重要成果之一，至今仍然受到中外学者的重视。人民出版社印行的吴玉章《辛亥革命》一书，由于作者不仅是辛亥革命的重要当事人，而且具有很高的理论素养和丰富的社会阅历，他以娴熟的马克思主义观点深入地论述了辛亥革命的全过程，从而使此书的意义超越个人回忆录的范围，赢得了史学界的相当重视。此外，回忆录和各种文献资料的征集工作蔚然成风，也应当看作是这次纪念活动的重要成果。全国政协文史资料委员会编辑的6卷本（以后增补为8卷本）《辛亥革命回忆录》以及各省、市（还有一些县）有关单位编印的辛亥革命回忆录的资料选辑，还有《辛亥革命前十年间时论选集》的陆续出版，为研究者提供了大量很有价值的素材。

从20世纪60年代初期的形势来看，辛亥革命史研究本来可以，也完全应该有一个较大的突破，但是由于大家都已熟知的"左"倾思潮的干扰，紧接着便是"十年动乱"，使刚刚活跃起来的辛亥革命史研究横遭摧残。关于这方面的情况，过去论述已多，本文无须重复。其实，就连在1949年至1966年这17年，历史学者实际可以比较认真研究辛亥革命史的时间，充其量也不过四五个年头。因此，只能把"文化大革命"前的辛亥革命史研究看作初始阶段，不必太多苛求。

但是，这一阶段的辛亥革命史研究毕竟出现了新的气象，并且与1949年以前的旧史学区别开来。

1949年以前的辛亥革命史研究，单纯侧重于孤立的政治事件的叙述，并且有意无意地掩盖其阶级斗争的实质。1949年以后的研究，则强调了经济背景和阶级关系的探讨，并且把辛亥革命看作清末社会主要矛盾激化的产物。对于民族资本主义工业的研究，对于民族资产阶级性格的研究，对于资产阶级内部阶层区分的研究，对于农民问题的研究，对于资产阶级与农民关系的研究，对于一些重要历史人物和政治团体阶级属性的研究……正是由于把握了阶级斗争这条线索，人们才有可能透过辛亥革命时期种种看来迷离混沌的历史现象，特别是透过各种矛盾交错的意向，来探讨各种阶级、阶层不同的物质生活条件和生活状况，从而逐步获得若干带规律性的真切理解。

1949年以前的辛亥革命史研究，往往侧重少数知名人士的个人活动，很少甚至没有涉及人民群众的地位和作用。中华人民共和国成立后的研究比较注重人民群众的意愿和行动，为矫正旧史学根深蒂固的流弊，许多学者为群众斗争资料的发掘和整理研究，付出十分辛勤的劳动。对于辛亥革命时期抗捐抗税斗争、反对外国教会的斗争、抢米风潮、反清起义、拒法拒俄运动、抵制美货运动、收回利权运动、保路风潮和各地革命党人领导的反抗运动，乃至对新军、会党的专题研究等，都丰富了辛亥革命史的内容，并且有助于恢复历史的本来面目。

据不完全统计，1949年10月至1966年6月，中国内地共出版有关辛亥革命的书籍50余种，资料30余种，论文约500篇。通过10多年的艰难努力，辛亥革命史领域已形成一支虽然为数不多但却较为精干的研究队伍，为此后的学术发展奠定了初步基础。但毋庸讳言，1966年以前的辛亥革命史研究，从总体上来说又是不够成熟的，而且还存在明显的局限。以已出版的书籍而言，大多是中小型知识读物，具有学术深度者甚少。已发表的论文有一部分颇具学术价值，但又偏重人物研究，特别是偏重少数革命领袖人物政治思想及其实践。这样的学术研究，自然很难从总体上取得较大的突破。

这些局限的存在，除了由于辛亥革命史研究本身既往发育不够和我们多数研究者还比较年轻以外，"左"的干扰是一个更为重要的原因。极"左"思潮在1958年的所谓"史学革命"中已经甚嚣尘上，20世纪60年代初曾有短暂收敛，而通过1964年所谓"李秀成评价问题"等讨论又复抬头，并且采取比过去更为偏激的方式，把学术问题与政治问题完全混同起来。这种"左"倾幼稚病扩展的势头越来越大，到"文化大革命"期间终于形成一种思想体系，即以"立足于批"为指导原则，以所谓"资产阶级中心"论、"资产阶级决定"论、"资产阶级高明"论为三根大棒的一整套禁锢辛亥革命史乃至世界上一切资产阶级革命史研究的枷锁。

正是这种极"左"思潮的泛滥，加上"四人帮"出于政治需要而拼凑的"儒法路线斗争"框架，把辛亥革命的历史歪曲得面目全非，正常的学术研究被迫完全中断。

## 第二节 复苏与崛起(1976—1990)

"文化大革命"结束以后，就中国近现代史学科而言，辛亥革命史研究与太平天国史研究，是恢复较早而且发展较快的两个分支。由章开沅、林增平共同主编的多卷本《辛亥革命史》，早在1976年即已开始前期工作，1977年正式组建编写组，成员包括湖北、湖南、四川、贵州、河南等省学者。1978年底又成立了中南地区（包括湖南、湖北、广东、广西、河南5个省）辛亥革命史研究会，这个学术团体虽然规模不大，但由于得到京、津、沪等地众多学者的关心与支持，所以能够对全国辛亥革命史研究起一定推动作用。1979年11月，该会与中山大学、广东省史学会在广州联合举办"孙中山与辛亥革命学术讨论会"。会议收到论文84篇，到会代表145人，其中有美国、日本和中国香港地区学者4人，开中国内地举办辛亥革命国际性学术会议之先声。会议开得热烈活泼，所以人们深情地称之为"春天里的第一只燕子"。

辛亥革命史研究的复苏，首先是得益于内地的开放与改革，但经由开放而初步认知的外在世界，却给我们的辛亥革命史研究带来严峻的挑战。因为，正是在内地困顿于"十年浩劫"而无所作为的时候，北美、日本和中国香港、台湾地区的辛亥革命史研究却取得长足的进步，而在20世纪70年代后期竟成为国际史坛的热点之一，名家辈出，佳作纷呈，与史坛的多年沉寂形成鲜明对照。

但是这种挑战并没有使我们悲观失望，反而对我们的辛亥革命史研究起了明显的促进作用。一是鞭策我们奋起努力改变落后状态，迎头赶上世界范围的学术发展潮流。二是从海外辛亥革命史研究的科际整合（或称多学科相互渗透）趋势中得到启发，我们在研究方法方面开始有所变化。三是中外学者之间通过日益频繁的交流，逐步增进了相互理解与合作，共同把辛亥革命史研究发展成为一门国际性的显学。

中共十一届三中全会以后，中国正式进入改革开放的新时期，并且提倡解放思想与实事求是的新学风。历史学界和其他各种行业一样,人们备受压抑而又积蓄甚久的积极性,像埋藏在地下的丰饶泉水一样突然喷涌而出。辛亥革命史研究者并没有花费很多精力去批判"四人帮"的"左"倾思潮与影射史学,因为那些凭借暂时威权横行史学界的浅薄而又荒谬的大杂烩实在不值一驳。我们倒是对自己过去的学术工作进行更为认真的反思,力图在新的历史时期,通过切实的学术实践,寻求新的途径与进展。

进展是举世瞩目的。从 20 世纪 80 年代一开始,三种大型辛亥革命专著便相继出版。首先是上述章、林等五省学者集体编著的《辛亥革命史》(3 册,共 120 万字),由人民出版社于 1980—1981 年出版;接着便是李新主编的《中华民国史》第 1 编(上、下两册),由中华书局于 1981—1982 年出版;还有金冲及、胡绳武合著的《辛亥革命史稿》第 1 卷,由上海人民出版社于 1980 年出版。这三部书虽然大多正式撰著于"文化大革命"结束以后,但一般都有 10 余年以上的个人或集体的研究积累,因此能够显示各自的功力与特色之所在。相较而言,《辛亥革命史》对社会环境,特别是对资本主义经济发展与资产阶级状况着力较多,对保路运动等群众斗争论述之详尽也为旧时著作所不及,对辛亥革命前后各个阶级、阶层、政派的状况及相互关系,也能再现当时广阔而复杂的社会图景。所以,日本学者誉之为通论性的皇皇巨著。李新主编之书为中国社会科学院近代史研究所民国史研究室长期集体研究的成果,有陆续编辑出版的大事记、人物传、资料丛刊作为坚实基础。其第 1 编虽然是作为中华民国史之背景撰述,但论述精练、结构严谨,首尾连贯,也可独立视为辛亥革命通论性专著。金、胡是合作已达 20 余年的老搭档,相互之间的默契补益堪称上乘,《辛亥革命史稿》一书对以孙中山为代表的资产阶级革命派这一主线论述尤为着力,对知识界和社会思潮均有系统介绍,运用报刊等新闻资料较多也为特色。同时,由于全书出版较为滞后,能够吸收更多新的成果,所以颇有后来居上之势。

除这三本通论性大型著作以外,"文化大革命"后出版的各种辛亥革命专著仍以历史人物的研究占多数,据不完全统计,到 20 世纪 80 年代末此类专著已近 80 种。其中孙中山研究仍居领先地位,《孙中山年谱》(中华书局 1980 年版)、《孙中山论》(张磊著,广东人民出版社 1986 年版)

都是集体或个人长期勤奋工作的结晶,有关孙中山思想研究的专著多种,也有作者各自的独到见解与体系。对黄兴、秋瑾、宋教仁等革命人物的研究持续发展并逐步深入。其中毛注青所编《黄兴年谱》(湖南人民出版社1980年版),资料翔实,态度严谨,颇得中外学者好评。

章太炎研究的进展更为显著,至20世纪80年代末已出有关专著6本。汤志钧的《章太炎年谱长编》(中华书局1979年版),以及其他相关论著,如姜义华的《章太炎思想研究》(上海人民出版社1985年版),唐文权、罗福惠的《章太炎思想研究》(华中师范大学出版社1986年版)都是各具特色、具有长期积累的力作。对章太炎学术思想(包括哲学、佛学、史学、经学、诸子学、语言文字学)的深入探讨,丰富了辛亥革命史研究的内容,同时也促进了正在兴起的近代中国学术文化史研究。

张謇研究在20世纪80年代中期的兴起也颇引人注目。60年代初有关张謇的讨论主要限于政治层面,而争论焦点则是他的阶级属性,大多谈不上有多少深入研究。进入80年代以后,由于南通市和江苏省有关单位的重视,张謇研究蔚然成风,而且加强了与日本、北美、欧洲相关学者的交流。日本学者史实实证的谨严,西方学者视野的开阔与总体把握的准确,都给国内张謇研究以良好影响。1986年章开沅的《开拓者的足迹——张謇传稿》(中华书局版)的出版和1987年第一次张謇国际研讨会在南京的召开,标志着张謇研究进入学术规范的新阶段。《传稿》一书把张謇纳入社会群体转型研究,以及作者在其他论著中对社会环境、社会群体、社会心态研究的再三提倡,对辛亥革命史研究注入若干新鲜活力。

中国是一个幅员辽阔、人口众多的大国,区域研究是总体研究不可缺少的前提与基础。20世纪80年代以来,许多省、市的辛亥革命史研究都有不同程度的发展,《辛亥武昌首义史》《辛亥革命在湖北》《辛亥革命在湖南》《贵州辛亥革命》《辛亥革命在河南》《辛亥革命在山西》《辛亥革命在浙江》《辛亥革命在新疆》等新著相继出版。这些著述尽管篇幅不等,但大多对20世纪初年各省社会状况、革命团体的宣传活动和武装斗争、新政府的建立及其特点等,作了比较细致的叙述与论析,既说明辛亥革命是一场全国规模的政治运动,也展示革命在各地发展的特点与不平衡性,从而在不同程度上增进了人们对于辛亥革命的理解。

在区域研究中，隗瀛涛的《四川保路运动史》（四川人民出版社 1981 年版）也为历经长期潜心研究的力作。此书对川汉铁路资本积累（如"租股"）的特点、四川地主阶级不同程度的向资本主义转化、同盟会在四川的政治作用等方面，都提出比较深刻的新见解。因此，此书并未限于事件全过程的如实叙述，在对辛亥革命历史的解释方面也给读者提供某些启发。此外，林家有的《辛亥革命与少数民族》（河南出版社 1981 年版）一书，则填补了此前辛亥革命研究的一大空白。作者曾在中国社会科学院民族研究所工作 10 余年，"文化大革命"后应邀担任《辛亥革命史》各册有关少数民族部分的撰著，然后又在此基础上综合写成此书。作者广搜博采，以丰富的内容论述了包括满族人民在内的少数民族反抗清王朝的英勇斗争，从而更为有力地说明辛亥革命并非汉满之间的种族斗争。

在这一时期，辛亥革命研究者还为大批重要文献资料的编辑出版付出了辛勤劳动。重要人物文集有《孙中山全集》（11 卷本）和《黄兴集》《宋教仁集》《章太炎集》《蔡松坡集》《秦力山集》《陈天华集》《宁调元集》以及由章开沅、唐文权主编的"辛亥前后人物文集丛书"（1989 年以前已出雷铁崖、经元善、居正、吴禄贞等集）。重要档案文献有《临时政府公报》《中华民国档案资料汇编》《湖北军政府文献资料汇编》《武昌起义档案资料选编》《清末档案资料丛编》等。其他一些重要专题资料，如盛宣怀档案、张謇未刊函电的整理出版和《辛亥革命前十年间民变档案史料》《清末筹备立案档案史料》《清末海军史料》《拒俄运动史料》《萍浏醴起义资料汇编》，以及各省、市有关辛亥革命的文史资料也陆续印行。《日本外交文书选译——关于辛亥革命》《英国蓝皮书有关辛亥革命资料》等中译本也相继问世。《梁启超年谱长编》也获整理出版，《革命逸史》《武昌革命真史》等旧时重要著述与《申报》《大公报》《东方杂志》等报刊则经影印或重印。这些重要资料的公开出版，为辛亥革命研究提供极大方便，并促进了某些新课题的开拓。

以辛亥革命为主题的学术会议的频繁召开，也是这一时期独具的特色。以国内会议而言，1949—1978 年只在武昌举办过一次纪念辛亥革命 50 周年的学术讨论会，而自 1979 年以后则连绵不绝。除中南地区辛亥革命研究会自己的年会（中南五省轮流举办，并邀请京、津、沪少数学者参加）外，有前面已经提及的1979年11月广州"孙中山和辛亥革命学术讨论会"，1980年11月的长沙"辛亥革命史学术讨论会"（中南地区辛亥革命研究会与湖南省历史学会联合举办），1981年8月上海的"清末民初中国社会学术讨论会"（复旦大学举办，以辛亥革命为重点），1981年的长沙"纪念辛亥革命70周年青年研究工作者学术讨论会"（中南地区辛亥革命研究会与湖南省历史学会联合举办），1985年12月的昆明"护国起义70周年学术讨论会"（云南省社会科学院、中南地区辛亥革命研究会等联合举办），1986年9月的武昌"两湖地区纪念孙中山诞辰120周年暨辛亥革命75周年学术讨论会"（湖北省社联、中南地区辛亥革命研究会等主办）等。① 国际会议则有1981年武昌"纪念辛亥革命70周年国际学术研讨会"（中国史学会与湖北省社联主办），1984年广州"孙中山研究学术讨论会"（中山大学与中南地区辛亥革命史研究会联合举办），1985年3月涿县"孙中山研究述评国际学术讨论会"（孙中山研究学会主办），1986年11月中山"孙中山研究国际学术讨论会"（孙中山研究学会主办），1986年6月杭州"纪念章太炎逝世50周年学术讨论会"（中国史学会、浙江省政协等联合举办），1988年12月长沙"黄兴研究学术讨论会"（湖南省政协、湖南省社联等联合举办）。

以上这些学术会议，分布各地，规模不等，主题各异，均有自己的特色，呈现出全国范围辛亥革命史研究一片生机勃勃的新气象。在这些会议中，纪念辛亥革命70周年和孙中山研究两次国际学术讨论会，规模最大而且也最具水平。前者以"辛亥革命与资产阶级"为主题，与会学者有来自中国内地各省、市127人，来自美、加、日、英、法、澳等17个国家及中国香港地区44人。收到论文106篇，其中海外学者提交25篇。这是中国首次正式举办的研讨辛亥革命的国际会议，而由于各国知名研究者到会踊跃，也就成为一次名副其实的国际学术盛会。后者以"孙中山及其时代"为主题，与会者有来自中国内地学者109人，北美、欧、亚、澳等国

---

① 在此期间，全国各省、市尚有规模不等的学术会议，如地区性纪念辛亥革命70周年讨论会，纪念秋瑾、陶成章讨论会，蔡锷评价讨论会，纪念光复会80周年讨论会，纪念邹容诞辰100周年讨论会，纪念萍浏醴起义80周年讨论会，唐绍仪史料研讨会，纪念宋教仁诞辰105周年讨论会，纪念蒋翊武就义75周年座谈会，唐绍仪研讨会等，不及一一缕叙。

和中国香港地区学者 38 人。收到论文 76 篇,其中海外学者提交 30 余篇。出席此次会议的海外知名学者又有所增加(如苏联的齐赫文斯基、美国的韦慕廷),内地学者则以中青年学者的崛起引人瞩目,而会议论文质量从总体来说又有明显提高。通过这两次盛会,不仅加强了与海外史学界的交流,而且充分显示了中国辛亥革命史研究在"文化大革命"以后 10 年间的迅速发展,人才之盛,成果之多,举世瞩目。即使是一些过去长期对我们持有偏见的海外学者,也不能不改变自己的错误看法。此外,"孙中山研究述评国际学术讨论会"规模虽然不大(共 49 人,其中有海外学者 16 人),但由于到会者大多是研究有素的资深学者,而且带有学术全面回顾与前瞻意义,这种交流更具有全面性和深层次性。

我们还不断应邀参加国外举办的有关辛亥革命的研讨会。比较重要的有 1981 年 10 月下旬在东京举办的"纪念辛亥革命 70 周年国际学术会议",这是中国辛亥革命史研究者第一次组团(团长为胡绳)出国参加国际学术会议。接着是 1982 年 4 月北美亚洲学会在芝加哥举行第 34 届年会,特地为中国举办辛亥革命研讨会,邀请海峡两岸学者参加。大陆方面由胡绳率团参加,台湾方面则由秦孝仪领队,双方都派出强大的学者阵容。这是海峡两岸历史学者首次正式讨论辛亥革命史,因而引起海外众多媒体的密切关注。1985 年孙文研究会在东京和神户举办"孙中山研究日中国际学术讨论会",1986 年苏联科学院等在莫斯科举办"纪念伟大的中国革命民主主义者、苏联的朋友孙中山诞辰 120 周年学术讨论会",同年澳大利亚悉尼大学和亚洲学者协会分别在悉尼与新加坡举办"孙中山和辛亥革命研讨会",我们都曾组团或以个人身份应邀参加。此外,在这 10 余年间,中外辛亥革命研究者相互访问、讲学或合作研究也日渐增多,这更加大了交流的规模与深度。

对国外辛亥革命史佳作的译介,也是这个时期学术交流的一个重要部分。杨慎之从 20 世纪 70 年代末开始,连续翻译了美国学者薛君度的《黄兴与中国革命》(湖南人民出版社、生活·读书·新知三联书店香港分店 1980 年版)、周锡瑞的《改良与革命——辛亥革命在两湖》(中华书局 1982 年版)和韦慕廷的《壮志未酬的爱国者——孙中山》(中山大学出版社 1986 年版),都是西方影响较大的力作,而且译风严谨,文笔典雅而忠实原意，起了良好的先导作用。丘权政、符致兴翻译的史扶邻的《孙中山与中国革命的起源》（中国社会科学出版社1981年版），在研究方法和资料信息方面都增添了人们对海外辛亥革命史研究的关注。此外，中南地区辛亥革命史研究会等单位先后编印《辛亥革命研究会通讯》《国外辛亥革命史研究动态》之类不定期出版物，经常刊登对于海外有关论著的译文和评介，并及时介绍海外学者对中国辛亥革命史论著与学术会议的评论。及至20世纪80年代中期以后，中外学术交流渠道畅通，海外辛亥革命史书刊除通过图书进出口公司购阅外，还有中外学者之间的随时馈赠，这些都是前此未曾有过的优越条件。

正是由于以上这些主客观积极因素的不断增长，中国辛亥革命史研究呈现空前的繁荣。仅就论文数量而言，据不完全统计，1979年75篇，1980年176篇，1981年1224篇，1982年593篇，1983年432篇，1984年398篇，1985年420篇，1986年614篇，1987年672篇，1988年368篇，1989年350篇，总计为5300篇左右，为1949—1978年的10倍。[①]

问题不仅在于论文数量增长的迅猛，而且还在于许多论文体现了辛亥革命史研究在理论、方法以及资料发掘方面的改进与革新。下面择其要者略作介绍。

第一，在这5000多篇论文中，孙中山研究虽然仍占20%左右很大的比重，但已加强对过去所忽视的孙中山思想许多层面的探索，特别是对其人格、心理、领袖品质、文化结构的深入剖析。同时，对孙中山以外的其他人物，特别是对历史上曾经反对过孙中山的人物，也加强了系统而深入的研究。而对革命团体的研究也扩展到兴中会、同盟会以外的众多社团（包括立宪团体与立宪运动），并且大多力求作客观、公正的论述，这样就打破了长期存在的"孙中山中心"的陈旧框架，消除了正统主义史观的束缚。

第二，有关政治史、武装革命史、群众斗争史的文章，虽然仍有相当大的数量，但对经济、文化、教育、中外关系、风俗习惯、妇女状况等方面的

---

[①] 主要依据《辛亥革命史研究会通讯》所载历年论文目录，因此不可能十分齐全，其中也有些是学术性不强的纪念性文章。

研究已有明显增强。由于 20 世纪 80 年代"文化热"的兴起，以及人们对现代化理论与实践的日益关切，传统文化与现代化的关系问题也成为辛亥革命研究中的热点之一。社会思潮的研究已从过去专注于以三民主义为主旋律的民族民主潮流，扩展到国粹主义、无政府主义和早期社会主义的研究，逐渐加深了对于辛亥革命时期思想文化的多元性与复杂性的认识。

第三，辛亥革命的性质长期以毛泽东的有关论述为唯一依据，20 世纪 80 年代以后，人们才发现海内外历史学者的论析差异甚大，甚至相互对立。概略区分可以归纳为三种：一是资产阶级革命说（以中国内地学者和若干日本学者为代表），二是全民革命说（以中国台湾地区学者为代表），三是社会精英或绅士运动说（以西方学者为代表）。前两种论者都肯定这是一次具有伟大意义的革命，但革命主要动力则有资产阶级与全体民众之分；第三种意见强调新式社会精英的崛起和主导作用，甚至否定辛亥革命是一次社会革命。改革开放为中外学者、海峡两岸学者提供了直接对话的机会，不同观点的碰撞与论战不仅无可避免，而且对促进学术发展来说更是非常必要。正是通过不断的讨论与争辩，海内外学者加强了相互的沟通与理解。虽然在论点方面仍多存异，但在理论概念、研究方法和资料运用等方面，逐渐发现了相异产生的缘由。这样对话便有了沟通的基础，进而排除既往成见，日渐收相互切磋补益之效，这可以看作辛亥革命史国际学术交流的成功之处。

第四，辛亥革命性质问题的论战，促进了早期资产阶级的研究。1981 年武昌会议曾以此为主题，并出现了中外学者之间的激烈争论。会后，加拿大著名华裔学者陈志让教授为增进中外学者之间的相互交流，亲自把提交会议的 5 篇中国学者论文一丝不苟地译成英文，在美国《中国历史研究》杂志上作为专辑发表[1]，为西方学者直接了解中国学者的观点、方法与史实依据提供了方便。其间，1982 年 4 月在芝加哥会议上还出现过"张（玉法）章（开沅）之争"，即全民革命说与资产阶级革命说正面交锋。

---

[1] 这 5 篇论文是章开沅《辛亥革命与江浙资产阶级》、丁日初《辛亥革命前上海资本家阶级》、皮明庥《武昌首义中的武汉商会、商团》、邱捷《广东商人与辛亥革命》、黄逸平《辛亥革命对民族资本主义工业的推动作用》，陈志让译文均载 Chinese Studies in History（Spring-Summer, 1985）。

由于会上受到时间限制未能畅所欲言，加以会后许多台湾报刊攻讦性的歪曲报道，笔者便及时撰写《就辛亥革命性质问题答台北学者》长文，在《近代史研究》1983年第1期上发表，全面说明资产阶级革命说的大量史实依据与理论、方法的具体运用，使中国香港、台湾地区学者能够在较高的层次上直接了解我们的学术见解。经过这些争论与相互沟通，不少海外学者逐渐减少了对中国内地辛亥革命研究的学术偏见（甚至政治偏见），转而以比较客观友好的态度与我们进行学术交流乃至某些合作研究。早在20世纪80年代初，以王德昭、吴伦霓霞等为代表的香港辛亥革命研究者即已开始与内地学者频繁交流，及至80年代中期，以蒋永敬、张朋园、张玉法等为代表的阵容更盛的台湾辛亥革命研究群体，也逐步加强了对大陆的关注与交流。海峡两岸三地辛亥革命研究者的友好合作，使辛亥革命史研究呈现更为繁荣发达的态势。

## 第三节　持续发展（1991—1999）

毋庸讳言，中国辛亥革命史研究的发展势头，在20世纪80年代后期曾出现明显下降趋势，这从上述历史论文数量统计即可看出。主要原因有四：一是文化史研究热和现代化研究，吸引了部分辛亥革命史研究者，分散了他们的精力；二是辛亥革命史研究已经达到相当高度（所谓"学术高原"），如想进一步发展与重大突破，需要有一段时间的重新积累与探索；三是学者生活的清贫和其他的社会原因，驱使有些中青年学者往其他行业谋求发展；四是经费困难直接影响了相关论著、资料和学术刊物的及时出版。但情况并非完全令人悲观，下降趋势中仍然隐藏着不少积极因素：

第一，有些从80年代开始的大型学术工作仍在继续，如广东方面陈锡祺主编的《孙中山年谱长编》（共3卷，155万字，中华书局1991年版）和金冲及、胡绳武的《辛亥革命史稿》第2、3、4卷（全书共150余万字，上海人民出版社于1991年出齐），还有章开沅、林增平等受中华书局委托编辑的"中国近代史资料丛刊"《辛亥革命资料续编》（约300万字，以中、英、法、日档案为主，已编好但因经费问题未能及时出版）。

章开沅主编的"辛亥人物文集丛书",在90年代出版了桑兵、唐文权编的《戴季陶集》(100万字)、饶怀民的《刘揆一集》与虞和平的《周学熙集》。武汉学者集体编写的《辛亥革命辞典》(武汉出版社1991年版)的问世,亦为辛亥革命史研究重大成果之一。

第二,章开沅在1984年即已提出辛亥革命史研究必须"上下延伸和横向会通"[①],80年代后期情况正是悄悄地朝这个方面发展。历史从纵向而言是一个前后连续的运动过程,从横向来看则是一个完整的多层面的社会结构乃至国际结构。任何重大历史事件都不应孤立地就事论事,而必须放在历史过程中与社会系统内加以探讨,这样才会拥有广阔的研究空间与持续的学术生命。80年代中期以后,一批勤奋耕耘的辛亥革命史研究者的"转向",实际上是正在或将要把辛亥革命史研究引入一个新的境界。例如,素以研究章太炎见长的汤志钧,其新著《近代经学与政治》(中华书局1989年版),就体现了这种延伸与会通。这本书不仅是作者对于近代经学多年研究的总结,而且也从学术与政治关系的侧面,使人们增进了对于辛亥革命与章太炎等历史人物的理解。章开沅、罗福惠等从80年代中期开始转向文化思想史与中国近代化研究,并编辑出版"中外近代化比较研究丛书",但他们并没有完全离开辛亥革命史研究,而是从各自不同的角度把辛亥革命史研究引入文化史和现代化比较研究的道路,使之具有更为广阔的视野与更为深层的思考。

第三,作为这种延伸与会通更为明显的收获,是商会史与社会群体史研究的兴起。1982年章开沅在芝加哥会议上即已明确指出,商会档案是研究中国资产阶级不可缺少的重要文献资料,曾引起海内外许多学者的重视。此后,华中师范大学历史研究所(现改为中国近代史研究所)和苏州市档案馆,天津市社会科学院历史研究所和天津市工商业联合会,都投入大量人力,分别编辑出版了《苏州商会档案丛编》第1辑(117万字,华中师范大学出版社1991年版)和《天津商会档案汇编》(上、下卷,187万字,天津人民出版社1989年版)。与此相呼应的,则是海内外以中国商会为研究对象的博士学位论文的逐渐增多,大型学术研讨会的召开与商会

---

① 《辛亥革命史研究如何深入》,《近代史研究》1984年第5期。

史研究会的成立。商会史研究不仅有助于阐析清末民初资产阶级的实际状况、角色与作用，而且也为正在热烈讨论之中的"市民社会""公共空间"等重大问题提供了新的视角与视野。与此相伴随的则是各种社会群体研究的开展，如绅商群体、商人社团、学生群体、督抚群体、出版人群体，乃至日本的大陆浪人群体，等等。而作为此类研究结集的便是社科"九五"规划重点项目"近代官绅商学研究"，项目的主持者和参与者希望借此不仅为辛亥革命史研究开辟一块新的耕耘之地，而且还为解读近代中国历史提供一把新的钥匙。

第四，辛亥革命史研究队伍的世代更新正常进行。20世纪最后10多年，全球各地都出现了史坛世代更新现象，即令是辛亥革命史这个小小的领域也不例外。早在80年代中期，特别是纪念孙中山诞辰120周年的国际研讨会，一代意气风发的年轻学者群体崛起。进入90年代以后，无论在纪念辛亥革命80周年国际研讨会、纪念孙中山诞辰130周年国际研讨会上，还是在各种学术交流场合和重要论著的撰述方面，都可以看到中、新生代学者逐步取代长者原先的重要地位。这些新起学术骨干，大多在"文化大革命"后接受过系统的研究生教育，有较好的专业基础与方法训练，而且通过学术交流在理论与方法方面都有所创新，并且拥有比过去更多的资料与信息来源。他们的学位论文一般都经过长期积累与严格锤炼，因而大多能在某个侧面有所突破与创新，甚至为开辟新领域奠定初始的基础。其中，如马敏的《官商之间：社会剧变中的近代绅商》（天津人民出版社1995年版）、朱英的《转型时期的社会与国家——以近代中国商会为主体的历史透视》（华中师范大学出版社1997年版）、虞和平的《商会与中国早期现代化》（上海人民出版社1993年版）、桑兵的《晚清学堂学生与社会变迁》（台湾稻乡出版社1991年版）、乐正的《近代上海人社会心态（1860—1910）》（上海人民出版社1991年版）、赵军的《辛亥革命与大陆浪人》（中国大百科全书出版社1991年版）、何建明的《佛法观念的近代调适》（广东人民出版社1998年版）、邱捷的《孙中山领导的革命运动与清末民初的广东》（广东人民出版社1996年版），等等，都是具有不同程度开创性的奠基之作。正是由于涌现了这一批优秀的中青年学者，而且还有不少年长者仍在坚持研究工作，所以辛亥革命史研究才能在相当艰

## 第四节　新世纪之初的深化(2000—2009)

辛亥革命史研究经过中国几代学者半个多世纪的开掘、积淀与传承，取得系列标志性成果，跃升为具有国际性影响力的分支学科。在辛亥革命史研究成为"显学"之时，也逐渐进入学术研究的"平台期"，新史料的发掘、新论点的提出、固有思维模式的突破，均面临挑战。幸运的是，辛亥革命史研究在2000—2009年仍然能在较高的学术平台上在若干方面有一定推进。其动因：

一是固有的以辛亥革命史研究见长的学术团队与个人，仍以此为使命，坚忍执着。华中师范大学中国近代史研究所2000年推出《中国近代史上的官绅商学》（章开沅主编，湖北人民出版社2000年版），2001年又推出系列成果：章开沅和田彤《张謇与近代社会》、马敏《商人精神的嬗变——近代中国商人精神观念研究》、朱英《近代中国商人与社会》、严昌洪和许小青《癸卯年万岁——1903年革命思潮与革命运动》、罗福惠《辛亥革命时期的精英文化研究》（均为华中师范大学出版社2001年版）。2005年，章开沅、严昌洪主编《辛亥革命与中国政治发展》（华中师范大学出版社2005年版），从政治思想演变、民族国家认同、政党政治、制度建设、政权建设、宪政思想、外交方面，较为完整系统地勾勒出辛亥革命与中国政局的关系，彰显辛亥革命的历史地位与作用。该所还继续出版"辛亥人物文集丛书"《宗仰上人集》（沈潜编，华中师范大学出版社2000年版）、《张难先文集》（严昌洪、张铭玉等编，华中师范大学出版社2005年版）。武汉出版社2001年出版辛亥革命研究专家皮明庥专著《一位总督·一座城市·一场革命》。辛亥革命史研究会、武昌辛亥革命研究中心继续编刊《辛亥革命史丛刊》《辛亥革命研究动态》。中山大学出版社当年刊行该校历史系"孙中山与近代中国学术"系列丛书，主要包括桑兵《孙中山的活动与思想》、段云章《孙中山对国内情势的审视》、李吉奎《孙中山的生平及其事业》、周兴樑《孙中山与近代中国民主革命》、林家有《孙中山与近代中国的觉醒》。广东省社会科学院孙中山研究所同人结集出版《辛亥革命与中国民主进程》（北京燕山出版社2001年版）。俞辛焞《辛亥革命时期中日外交史》（天津人民出版社2000年版）、汪林茂《浙江辛亥革命史》（浙江大学出版社2001年版）、胡国枢《光复会与浙江辛亥革命》（杭州出版社2002年版）、桑兵《庚子勤王与晚清政局》（北京大学出版社2004年版）、吴剑杰《张之洞年谱长编》（上海交通大学出版社2009年版）、林家有等《孙中山社会建设思想研究》（中山大学出版社2009年版）也是精细之作。

值得欣慰的是，辛亥革命史论域仍然是博士论文的选题。以"辛亥革命"为题的论文即有《辛亥革命时期两湖地区的革命运动》（霍修勇，湖南师范大学，2002年）、《近代湖南资本主义发展与辛亥革命》（陈曦，湖南师范大学，2002年）、《辛亥革命前后的满族研究》（常书红，北京师范大学，2003年）、《江苏辛亥革命研究》（王佩良，湖南师范大学，2004年）、《辛亥革命时期的政党观念》（闻丽，复旦大学，2006年）、《辛亥革命与城市空间》（瞿骏，华东师范大学，2007年）。

二是辛亥革命系列学术纪念活动推动相关议题的持续讨论。辛亥革命90周年之际，2001年10月中旬，中国社会科学院、中国史学会、湖北省社会科学联合会、武昌辛亥革命研究中心共同主办"纪念辛亥革命九十周年"国际学术讨论会，国内外学者提交论文102篇，就辛亥时期的政局与政治集团、革命运动与起义、人物、中华民族认同、辛亥革命与国际社会、工商业活动、国家与社会、思想与文化、辛亥革命研究学术史等论题展开讨论。[①] 这是21世纪对辛亥革命研究的首次检阅。在此前后，一些省市相继召开各类级别学术会议。四川省社会科学院、成都市社会科学院、四川大学等联合举办"辛亥革命与中国现代化"学术研讨会。南开大学召开纪念辛亥革命90周年学术研讨会，在辛亥革命总体评价、天津与辛亥革命相关论题、辛亥革命对民初社会影响等方面展开讨论。香港浸会大学历史系等发起主办"辛亥革命、孙中山与廿一世纪中国"国际学术研讨会，论题包括历史评价、辛亥革命与近代中国政治社会变迁、华侨与对外

---

[①] 参见《"纪念辛亥革命九十周年"国际学术讨论会综述》，《近代史研究》2002年第1期。

关系。广东社会科学院等单位举办、中山大学孙中山研究所等单位承办的"辛亥革命与当代中国社会发展"学术讨论会,收到论文94篇,以"辛亥革命与近代社会变迁""孙中山的国家统一思想与祖国统一大业""辛亥人物与时俱进品格与当代中国社会发展"为论题。①

2004年,中山大学与广东革命博物馆联合举行"孙中山与世界"国际学术研讨会。2005年,安徽师范大学与安徽大学等举办"辛亥革命与长江中下游暨中国同盟会岳王会百年纪念"国际学术研讨会,与会代表除探讨同盟会、岳王会等团体外,还注重辛亥革命前后安徽政治、经济与社会的变动的考察。②

三是相关学术研究涉及辛亥革命史。华中师范大学中国近代史研究所于2005年、2006年、2007年、2008年分别召开"近代中国社会群体与经济组织"国际学术研讨会以及"中国道路:历史的探索与比较""晚清以降的经济与社会"和"近代中国社会群体与社会变迁"学术研讨会。中国人民大学清史研究所2005年、2006年、2007年召开"清代灾荒与中国社会"国际学术研讨会、"西学与清代文化"国际学术研讨会(与国家清史编纂委员会联合主办)、"清末民国社会调查与现代社会科学兴起"学术研讨会。2006年,中国社会科学院近代史研究所晚清政治史研究室与苏州大学社会学院联合发起,由国家清史委员会、上海社会科学院历史研究所等7家共同主办首届"晚清国家与社会"国际学术研讨会。武汉大学中国传统文化研究中心、中南财经政法大学经济史研究中心与江汉大学城市研究所于2009年9月联合召开"张之洞与中国近代化"国际学术研讨会。历次会议均有参会者以辛亥革命前后史实为论题。2000年、2006年、2009年由中国史学会等单位联合举办第三、第四、第五届张謇国际学术研讨会,对张謇与晚清政局均有探讨。

四是清史工程提供出版平台。清史工程自2002年8月启动,邀集千余素有专功之学者集体攻关,同时注重基础研究,成立文献组、档案组、编

---

① 参见山屈《"辛亥革命与当代中国社会发展"学术讨论会在中山市翠亨村举行》,《广东社会科学》2001年第6期。

② 参见马陵合《"辛亥革命与长江中下游"国际学术研讨会综述》,《安徽师范大学学报》2005年第5期。

译组、研究丛刊编委会、出版组，专款出版"文献丛刊""档案丛刊""编译丛刊""研究丛刊"四大系列图书，至2006年底，共出版4类丛刊40种380册。另有图录丛刊5种5册，清史论著目录2种2册，清史译丛5种5册。① 其中，与辛亥革命史相关的文献、研究成果得以相继面世。较有代表性的包括：《恽毓鼎澄斋日记》（史晓风整理，浙江古籍出版社2004年版）、《辛亥革命史资料新编》8卷（章开沅、罗福惠、严昌洪主编，湖北人民出版社2008年版）、《苏州商团档案汇编》2卷（华中师范大学中国近代史研究所与苏州市档案馆合编，成都巴蜀书社2007年版）、《庚子事变清宫档案汇编》18卷（中国第一历史档案馆编，中国人民大学出版社2003年版）、《清宫热河档案》18卷（中国第一历史档案馆、承德市文物园林局合编，中国档案出版社2003年版）、《清代中南海档案》30册（中国第一历史档案馆编，全国缩微复印中心2004年版）、《清代军机处电报档汇编》40册（中国第一历史档案馆编，中国人民大学出版社2005年版）、《张之洞全集》12卷（赵德馨主编，武汉出版社2008年版）、《奉天三十年（1883—1913）》（英国杜格尔德·克里斯蒂著，湖北人民出版社2007年版）、《罕为人知的中日结盟及其他》（孔祥吉、村田雄二郎著，巴蜀书社2004年版）、《张謇——中国早期现代化的前驱》（虞和平主编，吉林文史出版社2004年版）。

五是西方分析框架的"中国化"。"国家—社会"模式对近十几年来史学影响甚为深刻。自20世纪90年代中期以来，马敏、朱英等一些学者并未纠缠于该分析框架的内涵之争，而是着力于实证研究。在此影响下，大量相关研究都自觉不自觉地以此框架切入辛亥革命史相关研究，换言之，该分析框架已"内化"为学者的思维取向。关注清末新政的学者及邱捷、郭钦、李明、刘增合、王笛、李德英、许纪霖、程美宝、马向远等，均努力总结出有别于西方"国家—社会"两元对立的中国特征，探寻近代"市民社会"和"公共领域"的表征与实质。② 其中，像大众传媒、学会与学

---

① 参见许嘉俊、罗铮《国家清史编纂工程成果丰硕4年出书55种396册》，《文汇读书周报》2007年2月2日。
② 参见朱英《近代中国的"社会与国家"：研究回顾与思考》，《江苏社会科学》2006年第4期。

校而自成"公共领域"的论断，很好地接继商会研究的思路。桑兵从史实中爬梳出的"中等社会的自觉"为此分析模式提供疏证。①

世纪之初对原有研究的深化，主要表现在：

第一，史实考订。譬如，光绪死因之谜。光绪三十四年十月二十一日（1908年11月14日），时年38岁的光绪帝崩于中南海瀛台涵元殿。机缘巧合，光绪病危之时，慈禧病入膏肓，不到24小时，二十二日未刻（15日下午1点到3点之间）慈禧再毙。因戊戌维新，母子生变在先，光绪之死，中外便有传闻、揣测与评论，或谓慈禧加害，或谓李莲英相逼，或谓袁世凯谋杀，扑朔迷离。史学界对此考辨也多，自20世纪80年代以来，论文、书籍分别多达百篇、几十部之多，多根据脉案、药方，趋于认为光绪之死实为病患长期恶化结果，并非为慈禧所害，纯属自然死亡，两者相继而毙仅为巧合。② 在清史编纂委员会的支持下，"清光绪帝死因"课题组历时5年，运用多种科学检测手段，推论光绪系砒霜中毒死亡③，并由清史编纂委员会于2008年11月将结论公之于众。当然，如果能将光绪死期与慈禧之身体状况、死因、死期一并探明，将能进一步坐实慈禧毒毙光绪之论。不论光绪如何而死，或被何人所害，仅光绪之死的各种传言，足以反映晚清帝后矛盾、君臣矛盾、群臣矛盾及动荡的政朝。

第二，文献整理与编辑。《辛亥革命史资料新编》按文献类别分为8卷，计510万字，其中包括时人文集、人物年谱、传记、日记，浙江、江苏、吉林、云南四省档案，新加坡《中兴日报》《南洋总汇新报》选载，法国陆军部与外交部、日本外务省、英国外交部文献等稀见大量未刊文献。重要历史人物近臣日记，如恽毓鼎官起居注，王锡彤系袁世凯1909

---

① 参见桑兵《拒俄运动与中等社会的自觉》，《近代史研究》2004年第4期。
② 参见朱金甫《从清宫医案论光绪帝载湉之死》，《故宫博物院刊》1982年第3期；周文权《论慈禧那拉氏之死》，《故宫博物院刊》1985年第4期；马忠文《时人日记中的光绪、慈禧之死》，《广东社会科学》2006年第5期；叶赫那拉·根正《我所知道的慈禧太后》，金城出版社2005年版；屈维英《皇家医事：清朝宫廷医案揭密》，国际文化出版社公司2007年版；李荣国《清宫档案揭秘》，中国青年出版社2004年版。
③ 参见戴逸《光绪之死》，《清史研究》2008年第4期。

年后的幕僚，其《恽毓鼎澄斋日记》、《抑斋自述》（郑永福、吕美颐点注，河南大学出版社2001年版）公开发行，为观察晚清、民初政局，评价光绪帝、袁世凯提供绝佳视角。《李鸿章全集》39卷（顾廷龙、戴逸主编，安徽教育出版社2007年版），在吴汝纶《李文忠公全书》基础上，增加散佚北京、上海、安徽等地所藏文献，其中近三分之二系首次公开的史料。

第三，研究范式与辛亥革命的评价标准。不同的范式取决于不同的价值取向。革命与现代化两种范式各有拥趸，牵涉对清末新政与辛亥革命的总体评价。两种范式在2006年初发生一次典型意义的冲突。袁伟时发表《现代化与历史教科书》（《中国青年报·冰点周刊》2006年1月11日），反对义和团式的盲目爱国心态与情绪，提醒国人反思义和团式的"革命"，呼吁"走出把革命粗鄙化的文化心态"，主张将中国近代的"革命"放在现代化的世界进程中加以考量。现代化范式对辛亥革命史直接冲击，是否定辛亥革命的史实，过分渲染清末新政之功，甚至认为革命打断了新政所开启的近代化的进程。袁伟时认为辛亥革命"建树不多"，但承认"加速了思想观念的变革"，肯定"辛亥革命是新文化运动的真正起点"；强调"辛亥革命前夕的清王朝，正在向立宪政体转化；而号称民国的政府大都是专制政权"，"辛亥革命前夕的清政府比后来军阀统治时期的政府更容易向民主、法治体制过渡"[①]。张海鹏著文《反帝反封建是近代中国历史的主题》和《再论现代化与历史教科书》（《中国青年报·冰点周刊》2006年3月1日），回应袁文的示例的错误，强调史学研究不能脱离史实与历史场景，指出革命是历史的主题，也是现代化的前提。他坚持主张兼采两种范式所长："用'革命史范式'撰写中国近代史，局限于革命史的视角，可能对社会经济发展、社会变迁注意不够。如果在'革命史范式'主导下，兼采'现代化范式'的视角，注意从现代化理论的角度，更多关注社会经济的发展、更多关注社会变迁及其对于革命进程的反作用，就可以完善'革命史范式'的某些不足。反过来，如果不注意'革命史范式'的主导，纯粹以'现代化范式'分析、撰写中国近代史，就可能改铸、改写中

---

① 袁伟时：《辛亥革命的是是非非》，《二十一世纪》2001年第12号。

国近代史。"①

评价辛亥革命虽然曾经历过由革命史观到现代化史观的转变过程，但主流评价仍主张客观对待历史。郭世佑在《辛亥革命与清末"新政"的内在联系及其他》(《学术研究》2002 年第 9 期) 中指出，革命与新政是相互依存与制约的因果关系，互相提供历史条件；同时强调财政匮乏、政治威权与治理能力衰弱，注定新政与王朝统治失败；革命成功也非孙中山为首的革命派单方面努力的结果，即"1911 年的反满大合唱就是在革命的客观条件已经成熟而主观条件还不太成熟的情况下出现的"。张海鹏、李细珠所著《中国近代通史》第 5 卷《新政、立宪与辛亥革命 (1901—1912)》(江苏人民出版社 2006 年版)，也持此一观点。

第四，辛亥革命的性质。辛亥革命到底是一场什么性质的革命，与其主体、动力、目标与结果紧密相关。辛亥革命既有的"资产阶级革命"论断，已为学界同人所质疑。张宪文从革命动力、支持者与奋斗目标分析，指出"不应将辛亥革命完全定性为资产阶级革命"，辛亥革命的性质是民族民主革命。并且否定辛亥革命失败说，认为辛亥革命完成推翻清王朝专制统治、建立民主共和国的任务，"至于当时深刻存在的更为复杂的社会改造任务，绝非武昌起义一声枪响，或革命党人一朝一夕所能完成的"，不必过分苛求革命先行者们。②

与之相似，郭世佑提出："就辛亥革命的实质或性质而言，与其说它是资产阶级革命，还不如说是以反满为主题的国内民族革命与变君主政体为民主政体的政治革命的有机结合。"其立论根据：(1) "节制资本"的孙中山是否代表资产阶级有待释证；(2) 孙中山等革命领袖认同平等、人权者甚少；(3) 革命实际上是否有利于资产阶级参政需考订，如以同盟会骨干为主体的临时参议院 1912 年通过的《众议院议员选举法》中有若干条款不利于广大资本家参与民国政权；(4) 如果承认"新政"带有资本主义性质的改革，同时认为辛亥革命为资本主义发展开辟道路，那么，辛亥革命的革命性与必要性在哪里？这几点是对辛亥革命的资产阶级性质立

---

① 张海鹏：《20 世纪中国近代史学科体系问题的探索》，《近代史研究》2005 年第 1 期。
② 张宪文：《再论民国史研究中的几个重大问题》，《江海学刊》2008 年第 5 期。

论的全面思考。①

朱宗震以革命直接后果、革命成败评判辛亥革命，认为革命后社会基础并未发生根本改变，"从理论指导上说，辛亥革命是国民革命"，"但事实上，辛亥革命的实践，根本达不到国民革命，也就是资产阶级革命的水平"。辛亥革命的"本体"，"仍然是一个王朝更替的运动，但它在方向上，开始了建立现代国家的最初步的也因此是最粗放的探索"。②

丁友文等人总结已有研究，认为首先必须厘清"资产阶级"概念。如果从服膺西方资产阶级民主思想的广义层面理解，孙中山等人具有资产阶级属性；如果将"资产阶级"限定为商业与产业资本家，相对同期君主立宪运动来说，反清革命则缺乏这样的阶级基础。他们指出，革命派的阶级属性与革命运动的阶级属性当属既联系又区别的概念。"如果认为辛亥革命是资产阶级革命，不仅要说明革命的领导者和参与者所代表的阶级是资产阶级，还要说明作为被代表者广大资本家们是如何积极响应和参与这场革命斗争的……尽管孙中山等人在长期的准备和发动过程中也曾得到部分资本家的热情支持，但毕竟是少数，还缺乏应有的代表性。孙中山等人主要不是靠这一阶级基础的支持，而是靠自身长期斗争迎来反清高潮。只是当反清革命高潮已经到来时，成批的资本家们才姗姗来迟地靠拢革命队伍。"他们强调："一是革命党人是资产阶级的政治代言人，他们的思想和纲领是资产阶级的革命思想和纲领，他们的阶级属性是资产阶级。二是作为资产阶级主体和实体的资本家对辛亥革命从头到尾都支持得不够，辛亥革命的阶级基础显得十分薄弱。"其次，丁友文等认为孙中山的"节制资本"的民生主义纲领，不利于调动资本家的革命积极性。因此，断言孙中山代表资产阶级的中下层，断言辛亥革命是资产阶级革命，是缺乏说服力的。③

---

① 郭世佑：《辛亥革命的历史结局及其实质》，载日本孙文研究会编《辛亥革命的多元构造——辛亥革命90周年国际学术讨论会·神户》，日本汲古书院2003年版。
② 朱宗震：《大视野下清末民初变革》，新华出版社2009年版，第180、6页。
③ 丁友文、茶金学：《从资本家阶级在辛亥革命中的表现看辛亥革命的实质》，《江西社会科学》2001年第8期。

第五，清末新政研究成为史学、政治学与法学界共有论题，成果较为集中。代表性成果有关晓红《晚清学部研究》（广东教育出版社2000年版）、尚小明《留日学生与清末新政》（江西教育出版社2003年版）、李细珠《张之洞与清末新政研究》（上海书店出版社2003年版）、刘伟《晚清督抚政治：中央与地方关系研究》（湖北教育出版社2003年版）、赵云田《清末新政研究——20世纪初的中国边疆》（黑龙江教育出版社2004年版）、刘增合《鸦片税收与清末新政》（生活·读书·新知三联书店2005年版）、苏全有《清末邮传部研究》（中华书局2005年版）、张海林《端方与清末新政》（南京大学出版社2007年版）、李细珠和张海鹏《中国近代通史》第5卷《新政、立宪与辛亥革命（1901—1912）》。其中，有关宪政、法制改革比重较大。如马小泉《国家与社会：清末地方自治与宪政改革》（河南大学出版社2001年版）、赵晓华《晚清讼狱制度的社会考察》（中国人民大学出版社2001年版）、程燎原《清末法政人的世界》（法律出版社2003年版）、高旺《晚清中国的政治转型——以清末宪政改革为中心》（中国社会科学出版社2003年版）、卞修全《立宪思潮与清末法制改革》（中国社会科学出版社2003年版）、尤志安《清末刑事司法改革研究》（中国人民公安大学出版社2004年版）、沈晓敏《处常与求变：清末民初的浙江谘议局和省议会》（生活·读书·新知三联书店2005年版）、周松青《上海地方自治研究（1905—1927）》（上海社会科学院出版社2005年版）、陈煜《清末新政中的修订法律馆》（中国政法大学出版社2009年版）。上述研究多突出反映学者既承认新政与革命同时衍生、互动的史实，又认同将新政纳入政治革命范畴的价值取向。

## 第五节　回顾与前瞻

斗转星移，60年也不过是弹指一挥间。经过多少风风雨雨，曲折坎坷，辛亥革命史研究从小到大，从低到高，从弱到强，终于发展到现在这样的水平。其学气之旺，人才之盛，持续之久，均已为海内外史学界所认知。其之所以能够如此，主要是由于：

一是政府与社会的关心与支持。纪念辛亥革命和孙中山诞辰每10年分别举办一次大型学术盛会，两者之间正好相距5年。学术研究与体育运动相似，都需要多种形式与不同层次的激励机制，而5年的周期大体与史学研究的进展节奏相适应。但学者在争取政府与社会支持时，必须注意保持学术研究的独立品格与自身规范，不可自行混同于政治宣传或所谓"为经济演戏搭台"。辛亥革命史研究之所以能够日益提升学术品位并赢得海外学者的广泛好评，正是由于在这方面已经逐步形成优良传统。

二是注意对年轻学者的培养与扶植。学位制度的恢复，为选拔和培养较高层次的辛亥革命研究人员提供了良好的机遇。辛亥革命和孙中山青年研究者全国学术会议先后召开，并且邀集资深学者认真评选优秀论文和总结其得失，是激励年轻学人加速成长的有效方法。人们可以看到，现今活跃在辛亥革命研究前沿的学术骨干，很多都是当年青年研究会议的参与者与获奖者，当然我们在这些新生力量的身上也不难发现老一辈学者的心血与良好影响。此外，在社会上不拘一格地识拔与扶掖新人参与学术活动，也是辛亥革命研究队伍日渐壮大的原因之一。

三是得益于国际学术交流的不断加强。"文化大革命"以后，辛亥革命史研究较早接受外国资深学者来华进修（如1978年美国高慕柯教授在华中师范大学历史所做为期一年的访问学者），也较早应邀到国外进行学术交流（如章开沅、萧致治1979年先后到美国、日本讲学与访问），可以说是开风气之先。经过近40年的频繁交往，我们与东京辛亥革命研究会、京都大学人文科学研究所以及北美、西欧若干重要研究机构已经建立比较稳定的交流关系，人员与资料的流通持久不辍。特别是一些国际知名学者（如日本的野泽丰、岛田虔次，美国的韦慕廷、周锡瑞，法国的白吉尔、巴斯蒂，韩国的闵斗基等），与我们结下了深厚的友谊，而且这种学术纽带已逐步向中、新生代延伸。把世界的辛亥革命研究引入中国，把中国的辛亥革命研究引向世界，不断增强的国际化乃是推进辛亥革命研究不断向前发展的重要驱动力之一。

回顾辛亥革命研究发展历史，是为了继续推展其研究。严昌洪与马敏[①]、郭世佑[②]、张艳华与章慕荣[③]、李玉[④]、崔志海[⑤]、杜继东[⑥]、李细珠[⑦]、郭绍敏[⑧]等人在总结学术前沿的基础上，均提出有价值的思考。或主张厘清辛亥革命、民权主义内涵，或主张走向地方史，或主张加强与世界各国政治革命或改革的比较，或主张实证研究。其中，主张将政治史与社会史相结合的建议引起广泛兴趣，并得到认同。茅海建指出，政治史重"变"，社会史着力描述的却是社会结构与社会生活的"不变"（指变化不大，或某些变化只是表象而非实质）；强调两者都存在仅以若干地区、民众为观察点而不能全面反映史实之失；主张将两种研究融为一体，希望在弄清以下诸如此类的问题后再行探讨中国社会因素对政治革命的制约力："中国社会变了没有？""哪些变了，哪些没有变？""变化的那一部分究竟是一种表象的，还是一种实质的变化？"如此，才可能既探寻政治革命的西方资源，又可阐明社会结构与生活中的中国元素，真正把握近代中国的"变"与"不变"以及两者的相互关系与近代中国的整体走向。[⑨] 如此，有关辛亥革命的功绩、成败的争论，有关辛亥革命究竟是政治革命还是社会革命的争议，或许归于更为客观的评断。这是深入探讨辛亥革命史应该遵循的研究路径。当然，由于"政治"是社会生活的核心与主轴，有必要矫正过于强调所谓"下层日常生活"的社会史思维。这也是杨念群重提"政治史"研究的关键所在。[⑩]

那么，如何加强政治史与社会史的互动研究？辛亥革命无疑是中国政

---

① 《20世纪的辛亥革命史研究》，《历史研究》2000年第3期。
② 《五十年来大陆学者关于辛亥革命时期孙中山民族主义思想研究述评》，《东南学术》2000年第4期。
③ 《近二十年来辛亥革命研究综述》，《史学月刊》2001年第4期。
④ 《中国同盟会研究综述》，《江苏社会科学》2001年第6期。
⑤ 《国外清末新政研究专著述评》，《近代史研究》2003年第4期。
⑥ 《中国大陆地区孙中山与日本关系研究回顾》，《近代史研究》2005年第3期。
⑦ 《近五年来晚清政治史研究述评》，《社会科学管理与评论》2007年第4期。
⑧ 《局限与反思：近十年来国内清末宪政史研究述评》，周永坤主编《东吴法学》第16卷，中国法制出版社2008年版。
⑨ 参见茅海建《中国近代政治史面对的挑战及其思考》，《史林》2006年第6期。
⑩ 参见杨念群《为什么要重提"政治史"研究》，《历史研究》2004年第4期。

治的"断裂",然而,这一政治"断裂"是否也是士、农、工、商四民社会结构整体裂解、失序与满汉关系紧张的结果?所谓革命派与立宪派同属西方宪政范畴,学理上并无根本冲突,其区别应该是社会地位与社会身份的霄壤之别,那么,决定两派之间争斗的根源到底是什么?这都是我们需要进一步思索的问题。

其次,应加强宏观思考。"他山之石,可以攻玉。"加州学派,善于从区域入手,到较为宏观层面的推理,再到中外之间的比较与归纳,参验西方经验,凸显中国特征。由于中国社会各地区发展不平衡,革命进程与社会变革的不平衡,应该在继续加强各地区辛亥革命史研究基础上,进一步将各地革命加以比较,探究共性与个性;继续将辛亥革命与法、英革命加以比较,"复原"与合理解释近代中国的社会变革。史学研究离不开"小问题"的考辨、释疑,但要警惕将"小"问题上升为"大"问题而导致"假问题",将无足轻重的史实虚化为"历史大事"。我们可以思考这样几个问题:(1)从资产阶级革命派的主观动机与目标,从部分地区(如东南地区)以绅商为主体的特征而论,辛亥革命是一次资产阶级革命;但从实际参与者而论,从更多地区对革命大潮的因应而论,辛亥革命又是一场全民革命。如果考虑发达地区对落后地区有示范与先导作用,如果考虑资本主义与资产阶级是传统社会走向近代社会的标识,代表社会主流"话语",那么,是否能以发达地区资产阶级革命性涵盖落后地区?(2)革命派到底代表谁的利益?谁是革命的阶级基础?(3)依照"中等社会"的分析,资产阶级革命派作为一种新型社会集团,是否能离开其资本主义经济母体(资本家)而独立存在?(4)海外华侨的社会分层与内地资产阶级的政治属性。(5)辛亥革命与20世纪。阿尔文·托夫勒在《权力的转移》(中信出版社2006年版)中,将21世纪前的权力异动归之于暴力(政府)、资本与知识三重因素的角力,我们能否借鉴此模式深化中国主题?总之,我们需要不断提出新的辛亥革命史的解释框架。史学研究固然不是建构历史框架,但缺少理论探讨的研究则是苍白的。

再次,应在多维视野中诠释辛亥革命史。现代化、革命史、文化(器物—制度—观念形态)等范式均在不同时期深化着辛亥革命史的研究,分别产生一批有代表性的论著与论断,然而正如每种模式有其优长一样,每种模式均有其先天单一视角的缺陷。严诫以某种解说方式否定另一种解说模式的武断思维，片面拘执某一解说模式。有学者指出，现代化模式与它所批判的革命史叙事一样，"讲究抛弃细节，专讲历史趋势与走向，'人'在这种宏观研究中消失了"①。从宏观立论，史学是人学，约略包括形而上的宗教、哲学、思想与形而下的社会构成、体制、经济基础等基本面相，而将形上与形下扭结一体的则是人及其复杂的社会关系。辛亥革命史研究应该以"人"为主体，多链条地既揭示社会走向又展现"人"的活动。任何一种模式的解说，均非整个史实的表达。

同样，以文化视角观察历史，也可能产生有悖常理的结论。以文化视角立论，我们必须注意不同政派、社会阶层对文化因子的相同的认识，并不等同于政派、社会阶层具有共同的价值观，更不等同于它们之间的政治宽容与包容；反之亦然。勿刻意异中求同或同中求异，而远离似同实异或似异实同的史实。如果以此展示文化、思想复杂性则可，如果以此为由虚构史实则非。

最后，应"去熟悉化"，打破惯有思维定式。为什么外国学者常能在我们视为"常识"处推绎出独到见解？一方面应该是他有自己的解说工具与知识背景，但另一方面不容忽视的是源于他们对中国的"陌生"而不放弃对任何问题的溯源释解。比如，在满汉关系的释解方面，美国得州大学的路康乐教授为我们提供了一个范例。他并未将满人或满族作为一个既定概念探析辛亥革命时期的满汉关系，而是循"族群"（既是"种族"，也是由于文化、经济、社会、语言及政治等因素形成的人群间的区隔）演化，考察"满"作为一个"民族"的形成过程；指出早期满汉并非族类或政治地位，而是包括汉人在内的职业之别；直到19世纪末20世纪初民族国家概念传入后，"满"开始从一种职业身份转化为族群及与之相应的有政治地位之别的"满人"；强调革命派普遍使用"满人"，官方则用"旗人"代之。② 路康乐在一定程度上完成"谁是满，谁是汉？"及满汉畛域

---

① 杨念群：《〈新史学〉发表之后，21世纪我们能做什么》，《浙江学刊》2002年第2期。
② 参见王笛《路康乐著〈满与汉：清末民初的族群关系与政治权力，1861—1928〉》，《历史研究》2002年第4期。

的设问。当然，我们更想进一步了解满族以外民众对"满族"的称谓及其内在价值判断。路氏正是把我们"熟悉"的语词当作"陌生"话语加以深究而出新意。究其实质，路康乐的思路就是西方"语义"分析法，这种方法已经并正在为中国学者所采纳。这种方法可以帮助中国学者完成"去熟悉化"，从而不带或少带主观预设思考问题。

革命派领袖人物的研究同样需要"去熟悉化"，应将人物"回归"历史时态考察，而非"贴标签"，即全面描述历史人物的发展与成长历程。领袖人物研究已多，但不乏脱离历史时空的苛责论断。其实，即使是孙中山，同样起于"草莽"，而非天生伟人，同时，伟人也非"完人"；研究者不应以先验的"伟人"即"完人"心态美化孙中山。细密梳理领袖人物及其社会关系，分析其思想心路，应是最基本的研究方法。与此相应，我们也不能以西方成熟的政党模式绳墨中国革命政党，以西方资产阶级革命衡量辛亥革命。

辛亥革命史研究的60年是成果丰硕的60年。辛亥革命的功绩并不限于"第一枪"，更重要的是迈出民主政治的"第一步"。辛亥革命所确立的民主共和国与现代国家的基本原则（以人为本、以法治国、人民治国）直到今天仍然是社会进步的尺度与目标。我们相信未来会有更多自我期许的学者推出华彩篇章。

第十九章

# 北洋军阀史

北洋军阀是中国近代史上一个重要的政治军事集团。它源自1895年袁世凯奉清廷之命在天津小站编练的"新建陆军"。因其最初受北洋通商大臣及1901年继任此职的袁世凯节制，一直被后人称为北洋军。这是一支采用近代兵制和武器装备的新式武装力量。1911年武昌起义推翻清朝统治后，袁世凯倚仗这支武装力量，于1912年3月在北京登上中华民国临时大总统的宝座，开启了一个直至1928年才结束的长达16年的先后由袁世凯及与袁世凯同源同流的段祺瑞皖系、冯国璋直系军阀和与袁世凯不同源而后合流的张作霖奉系军阀掌控国家军政大权的"北洋军阀统治时期"，从而使北洋军阀史有了狭义和广义的双重含义。就狭义而言，它仅仅是袁世凯北洋军阀及与其同源同流的段祺瑞皖系和冯国璋、曹锟、吴佩孚直系军阀史而已，而广义的北洋军阀史则应涵括虽然不同源但却合流的张作霖奉系军阀和西南及其他地方军阀。

中华人民共和国成立后，由于北洋军阀多为人民革命的对象，在当时政治形势的影响下，北洋军阀史研究，一度是个不受重视的薄弱领域，在相当长的一段时间内被学者视为禁区，形成"旧著难找，新著很少"的局面。20世纪50年代，出版的专著仅有两种，一是陶菊隐的《北洋军阀统治时期史话》（生活·读书·新知三联书店1957年版），二是来新夏的《北洋军阀史略》（湖北人民出版社1957年版）。可喜的是陶菊隐一书，不仅披露了众多原始史料，而且叙事也相当翔实，因此，至今仍受到学界的重视，甚至成了某些人编纂所谓"北洋军阀史"著作的主要蓝本。有评论者指出："陶菊隐先生这部著作的珍贵，我以为最重要的一点即为客观叙述，而毫不'戏说'，务求'去伪存真'。这就给后人留下了真实的史料。"① 然而，奇怪的是"文化大革命"后期，一向少有人问津的北洋军阀史却又成了"四人帮"集团"批林批孔"的政治斗争工具，他们利用袁世凯、张勋复辟事件，大批林彪宣扬孔孟之道，与袁世凯、张勋一样也是为了"反革命复辟"。直到"四人帮"集团垮台、改革开放后的80年代以后，随着人们思想观念的不断解放和实事求是学术空气的日趋浓厚，北洋军阀史的研究才出现了前所未有的蓬勃发展趋势，涌现了无论在数量还是质量上都远远超过先前的大批研究论著。本章拟从广义的角度主要对1949—2009年的北洋军阀史研究作一简要的回顾和介绍。

## 第一节 对几个理论问题的探讨

关于军阀史的理论探讨，主要集中在以下几个问题上：

1. 何谓军阀？何谓北洋军阀？对于前者，李新的解释是：拥有私兵、据有地盘和实行武治，即直接的军事统治，其中是否实行武治是判别军阀与非军阀的最重要的标准。至于后者，他认为可概括为四个特点：一是采用外国兵制；二是财政来源已不完全依靠封建经济，其饷源大宗往往来自关税、盐税、铁路及轮船局等官办企业的收入和发行公债、举借外债；三是实行募兵制，兵源主要依靠招收破产农民或其他劳苦群众；四是不断分裂，乃至发展为各成一派、各据一方，连年混战。② 对于北洋军阀的特点，来新夏与李新的看法类似，但对以北洋军阀为代表的近代军阀的解释却不完全一致，他认为近代军阀是一个"以一定军事力量为支柱，以一定地域为依托，在'中体西用'思想指导下，以封建关系为纽带，以帝国主义为奥援，参与各项政治、军事及社会活动，罔顾公义，而以只图私利为行使

---

① 朱小平：《开卷有益的史话——读〈武夫当国——北洋军阀统治时期史话〉》，《博览群书》2007年第3期；《陶菊隐与北洋军阀》，《群言》2011年第9期。
② 参见李新《军阀论》，《史学月刊》1985年第1期；《北洋军阀的兴亡》，《史学月刊》1985年第3期。

权力之目的之个人和集团"①。还有学者提出，军阀的特点就是"利用政治特权掠夺了大量的土地"，"都是反动的武装政治集团"，"都以帝国主义作为他们的靠山"，"长期混战"②。另有学者将学界关于何谓军阀的代表性观点，归纳成以下几种：一是"军人领导绅士控制政权，不保卫国家主权的完整，自筹军饷，拥有防区或行政区"。二是"在以宪法为根据建立国家之前的国家政权及其军队都具有军阀性质"。三是"大凡政治权力建立在武力之上，使用这种权力的人物就是军阀"。四是"军阀不过是对军事敌人的辱骂词"。五是有私人的军队，占有相对稳定的地盘，实施直接的军事统治而不是文治。根据这些特征，又可区分为古代军阀和近代军阀，"近代军阀是半封建军阀，有资本主义因素"，且又可分为"北洋军阀和国民党新军阀。国民党新军阀的特点是封建主义现代化，法西斯主义中国化"。但是，这位学者并不赞成这些观点，他认为这些观点均难以准确解释军阀的含义，因为"中国近代军阀是半殖民地半封建中国社会的产物，军阀统治是封建地主阶级和买办资产阶级的联合专政，是反对中国民主主义革命的反动派。军阀统治是阶级的统治，各个军阀集团及其代表人物都是从属于统治阶级的。军阀统治的特点是军阀派系繁多，割据称雄和不断地进行战争，而军阀所进行的战争，无不打有帝国主义的烙印。从这一意义上说，中国近代军阀是帝国主义的忠实走狗"。③ 而张华腾则提出，宜以中性词"北洋集团"来表述袁世凯为首的北洋势力，认为这样可以更清楚地看出北洋集团发展演变的轨迹。"北洋集团崛起于清末新政，发展于民国初年，袁世凯称帝及其以后，北洋集团演变为北洋军阀。北洋集团孕育了北洋军阀，北洋军阀是北洋集团发展的最后阶段，也是北洋集团走向灭亡的阶段。"在他看来，"这样的表述也许更为科学"。④

2. 近代军阀政治的起源、上下时限及其成因。关于近代军阀政治的起

---

① 来新夏：《论近代军阀的定义》，《社会科学战线》1993年第2期。
② 徐桂梅：《军阀统治的特点及其对中国社会的危害》，《河北师范大学学报（哲学社会科学版）》1988年第2期。
③ 韩剑夫：《中国近代军阀史研究中的几个问题》，《广东社会科学》1988年第3期。
④ 张华腾：《北洋军阀词语探源——简论北洋军阀、北洋集团概念的使用》，《史林》2008年第3期。

源，罗尔纲认为，曾国藩创立湘军，不仅改变了清朝的兵制，在军队中形成了"兵为将有"的状况，也牵动了政局的演变，在地方上形成了"督抚专政"的局面，因此，近代军阀政治当起源于湘军。但李新持不同意见，他认为所谓军阀，最基本的条件是军队为个人所有，因此不能把曾国藩、左宗棠和胡林翼、李鸿章等人"作为中国近代军阀的开端"。他还认为就连辛亥革命前的袁世凯也不能称之为军阀，只有到了清帝退位，袁世凯窃夺全国政权之后，北洋军才完全为袁氏所私有。从这个意义上说，是"武昌起义促成了袁世凯北洋军阀的形成"。①

至于近代军阀史的上下限有学者归纳，20世纪80年代以来，学界有以下几种观点：一是"李鸿章、袁世凯、段祺瑞、冯国璋、吴佩孚……蒋介石都是军阀。这就是说，中国近代军阀史的上限始于李鸿章，下限终于蒋介石"。二是"1916年至1928年是中国军阀统治时期，也称为典型的军阀统治时期。对于1916年以前的袁世凯和1927年以后的国民党蒋介石是不是军阀，既不作肯定也不作否定"。三是"1937年抗日战争开始之后，中国就不存在军阀了，因为国民党蒋介石参加了抗日战争，国共两党实行了第二次合作，主张近代军阀史写至1936年。这就是说，1937年抗日战争开始便是中国近代军阀史的下限"。但该文作者认为："中国近代军阀史属于中国近代史这一历史范畴，但不可以把中国近代史与中国近代军阀史的上下限等同起来。""中国近代军阀史的上限是在辛亥革命失败后袁世凯建立的北洋军阀统治时开始，其下限是1949年国民党新军阀统治的结束。"②

关于军阀政治的形成，任恒俊认为受到了清末南北新军不同编练方式的影响。他指出，清末北洋新军基本保持一个系统，北洋军阀控制北京政权后，尽管派系林立乃至火并内讧，却"始终控制北京政权，以'中央'名义倒行逆施"，而南方新军在清末时即由各省自行编练，其"地域性特点和听命各省军事首领的状况孕育了割据军阀倾向潜滋暗长。反袁护国的战火保卫的民国招牌，再没有灌输多少革命意识，此后随着首领的蜕变迅

---

① 李新：《北洋军阀的兴亡》，《史学月刊》1988年第3期。
② 韩剑夫：《中国近代军阀史研究中的几个问题》，《广东社会科学》1988年第3期。

速地衍化成割据一方的军阀武装。"① 刘江船分析了文化方面的原因,他指出,就军阀上层而言,"儒家传统文化尤其是它的伦理道德观对宗派的产生起着极其重要的作用,而宗派又是军阀的基础。因而,可以说传统文化是形成中国近代军阀的一大思想根源"。对于普通士兵,"在经济观上……当兵去,足以养家糊口,有的甚至可以赚钱发财"。对于读书人而言,"在中国传统仕途被堵塞之后,一筹莫展的知识分子中很多人纷纷弃文从武,大批有识有志青年投笔从戎,于是形成了一股从军热。这些人或充任中下级军官或充任文职秘书幕僚等,成为军阀割据混战最有生命力的源源不断的人力基础,他们给任人唯亲的腐朽军阀注入了'新鲜血液',使军阀们得以苟延残喘割据下去,甚至有极少数一部分人上升为军阀"。军阀所奉行的"军阀主义","即指那种因军治政,以军代政、拥兵自重、扩军备战的哲学思想。这一哲学思想的精神实质是重兵观念和实用主义,一切行为的准则是是否有利于其军队和统治"。而这里的实用主义,"既盘踞一方,又唯利是图;既割据,又混战"。地方主义、对于"不变的利益"的追求,以及张宗昌样式的"三多主义",即"构成了军阀主义的有机内容,这一哲学思想是军阀分裂割据的一大原因"。② 高海燕、久玉林等人从地方主义和军事主义的角度,考察了军阀政治形成的原因。他们在承认"地方主义不一定会导致地方割据,军事主义也不一定走向军人政治"的同时,指出"督抚的集权化、士绅的政治化无疑会造成地方主义对中央集权的分割,并加剧整个社会的分散态势。这种分散态势在中央集权权威仍然存在时,还不会造成整个国家的分裂,一旦中央集权解体,这种地方主义便会成为左右局势的决定因素,并显示出分裂主义的政治内涵。军事主义与统治中国两千年之久的儒家传统相比,也缺乏足够的凝聚力和稳固性。因此这种力量虽可制造短暂的统一和集权,却绝不会持久。辛亥革命推翻了原有的统治权威,却未建立起相应的文人政治或政党政治,于是军事主义便成为一种首当其冲的选择。在特定的历史条件下,地方主义和军事主义便成为中国社会的决定因素,并最终聚合为一种新的政治形式——军阀割据。这

---

[1] 任恒俊:《新军差异与南北军阀的形成》,《文史哲》1990年第4期。
[2] 刘江船:《论民初军阀割据的文化原因》,《民国档案》1994年第3期。

里不排除各种合力因素的共同作用,但在各种合力因素中,地方主义与军事主义是分裂的主要作用力"①。王振羽、王翔宇从政治权力、经济结构和文化结构三个层面讨论了军阀政治产生的根源。②胡玉海则认为:"近代以来封建社会的王统政权、道统文化、族统社会的三维体系发生裂变,是近代军阀政治产生的根源;军阀政治经历了滋生、雏形和最后形成三个阶段,具有四点特征:一是拥兵自重,控制政治;二是利用民主政治形式实现军阀专制;三是个人及政治角色之间不受法律制度约束;四是中央权威弱化,军阀割据混战。"③黄璜从自然经济角度提出了自己的看法:"以小农经济相对独立的生产单元造成个体的分散,下层农民容易受到地方势力的左右。适应这种模式的生产关系导致了社会阶层的相对孤立和分化,这在客观上为军阀政治的产生提供了天然的条件。地方分离主义来源于宗法体制的相对独立性,农民的利益在社会动荡之际只能依靠地方势力的保护,他们提供的资源自然成为军阀们的战略资源。"④

3. 北洋军阀的阶级基础及其政权性质。对于北洋军阀史的上下时间断限,学界已有基本一致的认识,即始自清末小站练兵,终于1928年东三省的改旗易帜。但对北洋军阀的阶级基础的认识,学界则存在较大的分歧。彭明认为:"北洋军阀是地主阶级的代理人","最落后和最反动的生产关系的代表,它极力维护和巩固地主阶级对农民阶级的封建统治秩序"⑤,北洋军阀上台的直接后果就是封建势力的再度强化。来新夏鉴于北洋军阀执政期间资本主义经济有过一定的发展,中国的社会性质也有所变化,因而认为这一政权不仅是地主阶级的代表,在某一方面或某一阶段已带有资产阶级的色彩。⑥魏明通过对若干军阀官僚私人资本主义经济活动

---

① 高海燕:《地方主义·军事主义——近代中国军阀政治探源》,《史学集刊》1998年第3期(该文同时发表于《中州学刊》1998年第3期);久玉林:《中国近代军阀政治探源》,《学习与探索》1999年第1期。
② 参见王振羽、王翔宇《中国近代社会结构与军阀产生根源浅论》,《南京化工大学学报(哲学社会科学版)》2000年第4期。
③ 胡玉海:《近代中国军阀政治的形成及特征》,《社会科学辑刊》2003年第1期。
④ 黄璜:《中国自然经济与民国初期军阀割据的形成》,《传承》2009年第9期。
⑤ 彭明:《北洋军阀(研究提纲)》,《教学与研究》1980年第5期。
⑥ 参见来新夏《北洋军阀史研究中的几个问题》,《学术月刊》1982年第4期。

的考察，指出"军阀官僚中的一部分人基本上已与封建生产关系相脱离或转化"①，认为这是与以前的统治阶级很大的不同点，说明北洋军阀政权的性质也有所不同了。但来新夏更强调：北洋军阀的阶级基础是以地主资产阶级为基础的。"北洋军阀集团含有资产阶级性质这一点是可以被接受的，但有时间与阶段的问题。北洋军阀集团之带有资产阶级特性是在后来，大体说来是在第一次世界大战后期开始，所以不能把二者并列。北洋军阀的连年混战，对于资产阶级的利益有所伤害与触动。商人在混战中由于运输物资被扣、关卡勒索、市面不稳、币制混乱等而感到不便，甚至蒙受损失。所以北洋军阀集团究竟代表资产阶级多少利益是值得研究的。"因此，他认为"北洋军阀是以封建地主阶级为主要的社会基础"。②然而，也有学者对此提出质疑。潘敏从具体剖析北洋军阀推行的政策入手，考察了北洋军阀政权与地主阶级、资产阶级的关系，认为北洋军阀既不服务于地主阶级，也不维护资产阶级的利益，而是一种超越特定阶级利益的"波拿巴式政权"。从本质上说，北洋军阀政权与资产阶级、地主阶级仅"是一种相互利用的关系"。"从阶级基础这一个角度来说，北洋政府的迅速崩溃的最根本原因，或许就在于它的脆弱性，本身没有任何阶级基础的政治背景。"③唐学锋则认为将军阀割据的社会基础视为封建地主阶级的观点，"忽视了对近代中国社会结构演变的研究"。他指出19世纪末20世纪初，中国社会的大动荡，导致了土地所有权的演变，特别是辛亥革命后土地逐渐转移到军事起家的新兴的军阀官僚手中，传统的封建地主阶级日趋没落。新兴的军阀官僚"是社会的暴发户，他们的支持者和保护者不是没落的地主阶级，而是破产农民和无业游民"。因此，军阀割据的真正社会基础不是封建地主阶级，而是破产的农民和无业游民，"这是旧中国社会病态的反映"。④这一观点得到了刘进的支持。⑤

---

① 魏明：《论北洋军阀官僚的私人资本主义经济活动》，《近代史研究》1985年第2期。
② 来新夏：《略论民国军阀史的研究》，《学术月刊》1985年第1期。
③ 潘敏：《北洋军阀政府的政权性质再探讨》，《黄冈师专学报》1999年第1期。
④ 参见唐学锋《试论军阀割据的社会基础》，《西南民族学院学报（哲学社会科学版）》1990年第4期。
⑤ 参见刘进《农民与民初军阀割据》，《甘肃社会科学》1999年论文辑刊。

4. 北洋军阀集团的历史地位和作用。一种意见认为，北洋军阀集团是中国近代史上一个反动的军事政治集团，它在辛亥革命前后各 16 年的历史进程中是一个祸国殃民的丑恶角色，所以对它的历史地位和作用应予完全否定。黄志仁指出，北洋军阀不但"摧毁资产阶级民主制，推行专制独裁统治"，还破坏了"中国走现代化道路"。首先，它顽固推行媚外政策，疯狂出卖国家权益，极大地阻碍了民族经济的发展。其次，连年不息的军阀混战给国民经济带来了浩劫。再次，它横征暴敛，吞没了大量社会财富，严重地破坏了工农业的再生产。最后，它凭借反动政权，竭力维护封建买办的生产关系，严重束缚了社会生产力的发展。[1] 王明德认为："地盘是军阀生存的基础，对地盘利益的争夺构成了军阀活动的主要内容。军阀地盘的位置关系及其空间分布影响军阀势力的发展和彼此之间的关系，军阀间地盘利益冲突的不可调和性，是军阀政争的死结，导致彼此陷入一个难以自拔的战争泥潭，进而在战争中走向灭亡。"[2] 徐桂梅对北洋军阀给社会造成的危害进行了分析。[3] 王方中以大量史实，揭露了 20 世纪 20 年代发生的几次重要军阀战争给交通和工商业带来的直接破坏，指出军阀混战"使本来可以顺利发展的民族工商业走上了一条动荡不定、坎坷曲折的道路"[4]。黄国荡、王玥等人对北洋军阀统治时期各地军阀为捞取军费，在辖区内鼓励种植鸦片，祸害社会的罪行进行了揭露和批判。[5] 不少学者还就北洋军阀对地方经济的破坏进行了研究，如阮知对北洋军阀勒索下的湖北官钱局的败落进行了简要分析，王命能研究了周荫人在福建的统治历史，

---

[1] 黄志仁：《北洋军阀对资产阶级民主制的摧残》，《厦门大学学报（哲学社会科学版）》1979 年第 1 期；《北洋军阀破坏中国走现代化道路的史实》，《中国经济问题》1980 年第 5 期。

[2] 王明德：《试论民初军阀的地盘问题》，《台州学院学报（哲学社会科学版）》2005 年第 1 期。

[3] 参见徐桂梅《军阀统治的特点及其对中国社会的危害》，《河北师范大学学报（哲学社会科学版）》1988 年第 2 期。

[4] 王方中：《1920—1930 年间军阀混战对交通和工商业的破坏》，《近代史研究》1994 年第 5 期。

[5] 参见黄国荡《北洋军阀统治时期的福建烟祸》，《党史研究与教学》1999 年第 4 期；熊英、张帆《湖南军阀与鸦片贸易》，《太原师范专科学校学报》1999 年第 2 期；林星《福建地方军阀与鸦片》，《党史研究与教学》2000 年第 1 期；王玥《北京政府时期的军阀与烟毒泛滥》，《北京科技大学学报（社会科学版）》2002 年第 2 期。

张兆文注意到吴新田在陕南的黑暗统治,张晓辉研究了民初军阀混战给广东社会经济带来的伤害,任念文、李国林考察了北洋军阀各派对上海的争夺及其破坏活动,等等。①

但是,以来新夏为代表的另一部分学者则认为,不宜简单地完全否定北洋军阀集团的历史地位和作用,指出北洋军阀集团的历史作用主要表现在:(1)北洋军阀集团是维系晚清十余年统治的一个支柱;(2)北洋军阀集团是辛亥革命时期转移政权的主要军事力量;(3)北洋军阀集团所把持的北洋政府是辛亥革命后统治中华民国的政权代表(含对外的国家代表);(4)北洋军阀集团为由统一走向再统一的过渡做了铺路工作;(5)北洋军阀集团使中国的军制摆脱了旧有的落后陈旧的状态。② 郭剑林提出近代军阀对中国近代化的进程起了推动作用,认为主要是通过五个方面的"过渡"表现出这种作用,即从君主专制政治向军事分权政治过渡,从世袭政治权力向竞争政治权力过渡,从"以礼治国"向"中体西用"过渡,从封建经济向资本主义经济过渡,从封建军队向资本主义军队过渡。③ 另有学者强调,民初中国工矿业的发展,"长期以来史学界将之归结为第一次世界大战的影响,这不符合事实……我们决不能忽视北洋政府的政策导向这一重要内因"。具体可分析为:"一、解除了对民间兴办工业企业的限制;二、对工矿业者采取保护和奖励政策;三、对新办企业实行保息和补助政策;四、对民族工业产品及所有原料实行减免捐税政策;五、劝导创办实业,鼓励利用外资。"④ 然而,也有学者指出,当时社会经济的发展,并非全是政府行为所致。他认为:"20世纪初,中国社会环境的改变,政府的

---

① 参见阮知《北洋军阀的勒索与湖北官钱局的倒闭》,《江汉论坛》1982年第3期;王命能《北洋军阀周荫人在闽期间福建简况》,《福建党史月刊》1986年第2期;张兆文《北洋军阀吴新田在陕南的割据和陕西人民反吴斗争》,《汉中师院学报(哲学社会科学版)》1991年第4期;张晓辉《论民初军阀战乱对广州社会经济的影响》,《广东社会科学》1997年第6期;任念文、李国林《江浙军阀战争与上海特别市的发端》,《太原师范学院学报(社会科学版)》2003年第1期。

② 参见蒋世弟、吴振棣《中国近代史参考资料》,高等教育出版社1988年版,第68页;来新夏等《北洋军阀史》,南开大学出版社2000年版,第32—33页。

③ 参见郭剑林《中国近代军阀与中国近代化进程》,《学术研究》1991年第3期。

④ 苏全有、张建海:《北洋军阀统治时期的政府行为与工业发展》,《南华大学学报(社会科学版)》2001年第4期。

这种不完全作为，反而使各种社会因素更充分地调动起来，形成一种综合的社会力量，促进了这一时期的中国经济发展。"所谓"各种社会因素"，应包括辛亥革命的历史功绩、国际市场的新变化、北洋军阀政府的经济政策和实施、地方自治、民众爱国运动、人口迁徙，等等。① 应该说，这种看法远较将这时的中国经济发展单纯归功于北洋政府的政策导向更加全面一些。认为北洋军阀政府行为引起经济发展者，至少需要指出当经济发展受阻时政府行为的影响力所在，而不是空泛罗列一些法令法规作为点缀。因为有法可依与有法不依，在很多时候并不冲突。也有学者对地方军阀同样进行这种多层面的研究，如李庚靖就在剖析龙济光在广东的黑暗统治的同时，又指出他既要千方百计维护自己的地位，又要"做出符合社会潮流的反应"，进行了比较新式的矿业开采，"阶级的局限，使他扮演了一个复杂多变的角色"②。

5. 北洋军阀与帝国主义列强的关系。20世纪80年代以前，学界对这一问题的研究，多从北洋军阀与帝国主义列强相互勾结、狼狈为奸的角度立论，而且具有明显的程式化倾向，以致对它们间的关系作了帝国主义是北洋军阀的靠山、后台，而北洋军阀则是帝国主义的工具、走狗之类的简单描述；有的论者甚至把充当帝国主义在中国进行统治的工具视为北洋军阀的一大特点。事实上，军阀和帝国主义列强的关系错综复杂，变化多端。孙思白指出："为了弄清他们之间的关系，需要深入的挖掘资料……不然就会停留在表面的理解上，或是让一些问题晦而不明，近于空白。奉、皖两系的背后有当时日本政府的支持，是人所共知的；但日本伸手的地方不仅奉、皖。英、美支持直系，从报刊舆论上很显著，从实际具体的活动上又很隐蔽，而且英、美也并非不对其他派系插手。如英、美也借款给张作霖便是一例。距边疆、海口较远的内地中小军阀与外国侵略者之间的关系，更是不易搞清楚的问题。同时，从另一方面看，军阀有需要向外国侵略势力投靠求助的一面，又有利害矛盾的一面，笼而统之地称为帝国

---

① 徐占春：《北洋军阀统治时期中国经济发展原由初探》，《北京电子科技学院学报（哲学社会科学版）》2008年第1期。
② 李庚靖：《辛亥革命前后的龙济光》，《广西社会科学》1998年第5期。

主义'走狗'、'工具'不一定全合乎实际情况,其间关系往往是随时随地而有极多变化和复杂的内容,用一成不变的公式去硬套,往往是不恰当的。"①

随着研究的不断深入,这种有失简单化的方法和片面的结论逐渐得到纠正。不少论者注意到,卖国媚外并不是北洋军阀与帝国主义列强关系的全部内容。有的军阀派系的确是卖国求荣、甘奉帝国主义为主子的,如段祺瑞皖系军阀与日本帝国主义的关系即属于此种类型,不少论者以大量确凿的事实给予了充分的论证。②但也不能不看到,军阀与帝国主义列强又有利害矛盾的一面,同样有不少论者以具体史实证实了这一点。如俞辛焞在《日本对直奉战争的双重外交》(《南开学报》1982年第4期)一文中,具体分析了日本外务省和军部对直奉战争采取不同态度的原因及其后果,提出"实际上这是一种双重外交,或二元外交","外务省和军部互相配合,执行侵略政策",从一个侧面揭露了帝国主义侵华手段的诡诈多变。车维汉《张作霖与郑家屯事件》(《近代史研究》1992年第5期)一文论述了张作霖在郑家屯事件交涉中对日本的侵略行径所进行的抵制和斗争,并分析张在该事件交涉中对日采取强硬态度的原因是:(1)随着张作霖地位的不断提高,逐渐滋生了维护统治权威,摆脱日本控制的自主欲。(2)受全国反日声势的震慑和影响。(3)与同日本统治集团反对派的矛盾有关。而娄向哲《直系军阀政权与英美关系初探》(《天津师范大学学报》1986年第1期)一文则从财政、军火等的支持与援助几个方面,对1922年5月至1924年10月直系军阀把持北京政府期间与英美帝国主义的关系作了初步考察,认为英美对直系的支持并不明显,等等。

为此,来新夏发表《北洋军阀与日本:20世纪末中国学者的研究》(《学术月刊》2004年第8期)一文,通过对日本的对华政策的演变与北

---

① 孙思白:《试论军阀史的研究及相关的几个问题》,《贵州社会科学》1982年第6期。

② 参见章伯锋《皖系军阀与日本帝国主义的关系》,《历史研究》1982年第6期;裴长洪《西原借款与中国军阀的派系斗争》,《河北学刊》1983年第4期;庄鸿铸《试论段祺瑞与日本帝国主义的勾结》,《新疆大学学报(哲学社会科学版)》1983年第4期;章伯锋《皖系军阀与日本》,四川人民出版社1988年版。

洋军阀各派系的对外关系、日本对中国军阀几次大混战的介入、北洋军阀各重要人物与日本的关系等方面的阐述，进一步指出：所谓日本支持皖、奉系，英、美支持直系的完全程式化的对应关系，实际上并不存在。"日本对直系军阀之所以采取审慎态度，主要是顾及与英、美的关系，也不愿把直系军阀完全推向自己的对立面。""北洋军阀集团是中国半封建半殖民地社会的特殊现象。因此，它必然以封建势力与帝国主义列强为其依靠，即它除了努力强化其带有浓厚封建色彩的军事力量外，还需要求助于外国势力的支持。直、皖、奉三个主要派系都与英、美、日等国，或明或暗地进行不同形式和程度的勾结，而列强也为了最大限度地攫取在华利益，维护其势力范围，也以经济援助和政治干预等不同手段与北洋军阀各派系进行交易。由于历史的和地理的原因以及第一次世界大战西方列强无力东顾所留出的空当，致使北洋军阀集团与日本的关系尤为密切，而日本从各方面对中国政局的操纵与影响，也极为明显。"

## 第二节　关于袁世凯北洋建军及其统治时期的研究

袁世凯是北洋军阀的创始人，辛亥革命以后又以中华民国大总统身份执掌了北京中央政府的统治大权，将北洋军阀推向全盛时期。但是，好景不长，1916年6月就因其悍然称帝，遭到包括西南护国军在内的持不同立场的反对派的反对，而迅速结束了他的统治。对于这段历史，李宗一的《袁世凯传》（中华书局1980年版）、李新总编的《中华民国史》第2卷（1912—1916）（中华书局1981年版）、侯宜杰的《袁世凯一生》（河南人民出版社1982年版）等专著均有比较系统、全面而中肯的记述。而这一时期的专题研究则主要集中于以下几个方面：

1. 袁世凯北洋建军的过程及评价。来新夏指出，袁世凯北洋建军，大致经历了新建陆军、武卫右军、北洋常备军和北洋六镇四个阶段。但邓亦兵认为，北洋建军过程的划分不能仅依据军队名称而定，应体现出北洋军由一支一般意义上的清末新军（当时南方有自强军），一步步发展成为军事集团的阶段性特点。因此,认为袁世凯北洋建军实践应分为三个时期,一是新建陆军时期,二是武卫军及其先锋队时期,三是北洋陆军时期。① 关于袁世凯在北洋军阀形成过程中的作用,来新夏认为主要表现为组织人力、制定建军章则和善于抓住战机,而"这三件大事就是袁世凯为北洋军阀集团的形成发展所作的历史贡献"②。关于对袁世凯北洋军的评价,吴兆清提出,不能将北洋新军的军制改革与北洋军阀祸国殃民的罪行混为一谈,不能以北洋军阀的罪恶否定其以资本主义军事制度代替封建主义军事制度的进步意义;而承认北洋新军的军制改革在中国军事发展史上应有的地位,也并不就是否认北洋新军的反动性质和它在历史上的反动作用。这一看法大致得到了姜廷玉等人的赞同。③

2. 袁世凯代替孙中山成为中华民国临时大总统的原因。胡绳武提出,武昌起义前,袁已形成了自己的政治和军事势力。武昌起义后,袁以伪装欺骗了革命派、立宪派和清政府。革命派也没有提出一个彻底的反封建纲领,认不清革命的敌人和朋友。帝国主义明确表示支持袁世凯,使革命党人屈服于帝国主义的压力。④ 单宝则将这一历史结局,归结为以下四方面的原因:一是有北洋军做强大支柱,二是有帝国主义做后台老板,三是君主立宪派起了作用,四是袁世凯惯于玩弄阴谋手段。⑤ 但周彦、常宗虎却提出与此截然不同的看法。周彦认为是"孙中山主动让位于袁世凯"的。常宗虎则认为袁世凯所以能登上临时大总统的宝座,是因为:(1)南京临时政府从筹备组建就期盼着袁的反正归来;(2)资产阶级共和国性质的临时政府是一个根本不可能存在下去的政权,袁完全有能力将它置于死地,而无须"窃取";(3)资产阶级和帝国主义这两个当时中国社会发展变化的主要因素选择袁作为新政权的核心。据此认为,袁世凯的临时大总统职

---

① 参见来新夏《北洋军阀的来历》,《文史知识》1983 年第 1 期;邓亦兵《论袁世凯的建军实践》,《北方论丛》1988 年第 3 期。
② 来新夏:《略论民国军阀史的研究》,《学术月刊》1985 年第 1 期。
③ 参见吴兆清《袁世凯练新军改军制及其历史地位》,《历史档案》1987 年第 1 期;姜廷玉《略述袁世凯的军事教育思想及实践》,《历史教学》1990 年第 11 期。
④ 参见胡绳武《袁世凯为什么能窃取临时大总统的席位》,《文史知识》1984 年第 9 期。
⑤ 参见单宝《袁世凯窃取政权的原因》,《史学月刊》1984 年第 5 期。

位并非窃夺而来，而是历史机遇所赐，是资产阶级拱手让与的结果。①

3. 袁世凯与日本"二十一条"交涉。一直以来，学界视中日"二十一条"交涉为典型的"卖国外交"，并把它与袁世凯称帝联系起来，认为袁为换取日本对其帝制的支持而主动接受了"二十一条"。但罗志田指出，日本提出"二十一条"后，"在历时数月的谈判交涉期间，袁世凯政府一变过去秘密外交的方式，有意识地向英美使馆和北京的中外报界泄露日本的要求和谈判的内容"②，以寻求英美支持，这种政策获得相当的成功。吕慎华在考察袁世凯的外交策略后也指出：在谈判过程中，袁世凯确立了以拖延战术为主要谈判策略，配合撤换外交总长、与英美等密切关系国保持联系、新闻政策的运用、鼓动反日风潮、利用日本内部矛盾等数项辅助策略，采用多头并进方式，以加强中国政府抗拒"二十一条"要求的立场。总体而言，除期待中的国际共同干涉未能实现以外，袁世凯的交涉策略执行得相当成功。虽然以中日两国国力的差距与当时国际情势的不利，交涉结果中国仍不免损失利权，然袁世凯于谈判期间成功的策略运用已使中国的损失尽量减少，相对而言可视为有限的成功。③ 张国平、吴佩林则认为，"二十一条"是日本经过长期策划形成的，是日本侵略政策发展的必然结果，是日本趁机在华扩大侵略的产物。尽管袁世凯对此进行了抵制，但最终还是作出了让步。这种让步是袁在痛苦的两难选择中作出的理性抉择，与袁氏帝制野心无关。④ 祝曙光甚至认为袁政府与日本交涉"二十一条"期间，袁多次拍桌子发火，但内外环境决定了袁无法拒绝，只得"经此大难以后，大家务必认清此次接受日本要求为奇耻大辱，本卧薪尝胆之精神，做奋发有为之事业"⑤。持同样看法的还有马良玉，他认为袁世凯的接

---

① 参见周彦《南北议和与孙中山让位问题之我见》，《学习与探索》1991 年第 5 期；常宗虎《试论袁世凯取得临时大总统职位的是非》，《人文杂志》1992 年第 1 期。
② 罗志田：《乱世潜流：民族主义与民国政治》，上海古籍出版社 2001 年版，第 61 页。
③ 参见吕慎华《袁世凯的外交策略》，载金光耀等主编《北洋时期的中国外交》，复旦大学出版社 2006 年版，第 356 页。
④ 参见张国平、吴佩林：《重论中日"二十一条"交涉与袁世凯帝制野心的关系》，《长春师范学院学报（哲学社会科学版）》2003 年第 2 期。
⑤ 祝曙光：《袁世凯功过辨》，《学术争鸣》2004 年第 1 期。

受是一种妥协退让,是外交手段,不同于卖国,是一种审时度势的权宜之计。① 苏全有也撰文指出:袁世凯对于"二十一条"说帖,总体上认为不能接受,进行了相当的抵抗,并希望"西人掣制日本",但由于第一次世界大战期间列强无暇东顾,最终只能接受修改的"二十一条"。同时,他还指出,"二十一条"的出笼,日本既有侵华的打算,又有去袁的打算。② 宋开友认为,袁接受日本的无理要求是日本抓住第一次世界大战中中国无援的机会,利用中国国内政治分裂、袁急于巩固自身权力的弱点并加以武力威胁的结果。③

4. 袁世凯与中国经济近代化。苏全有等人对袁世凯的重农思想进行了考察。他们认为袁世凯将农业放在中国经济近代化的战略之首,主张向发达国家学习先进的农业经验,设立农务学堂,重视农业试验,使理论和实践在农业上得到较好的结合。金建、周霞等人也持类似看法。④ 朱英等人则重点考察了袁世凯的重商思想。朱英指出袁世凯在晚清时期重商保商思想已非常突出,就其实际影响而言,袁世凯的重商保商及其发展农业、工业的经济思想和主张,较之维新派思想家的有关理论还要显著。他还充分肯定了袁世凯在这期间的经济思想及其实施的有关措施。张步先等人认为发展工业是袁世凯经济思想中的核心内容,主要表现在四个方面:一是对外理性抗争;二是提倡国货,拒绝洋货,营造有利的工业发展氛围;三是引进外资,积累工业发展的资金;四是引进、推广机器,扶持民族工业发展。⑤ 苏全有等人还对袁世凯的财政及金融思想进行了考察,认为袁世凯在中国财政金融初步走向近代化方面做出了重要贡献。周霞指出:袁世凯利用职权整顿税收,一定程度上缓解了当时的财政危机;同时注意增加进

---

① 参见马良玉《袁世凯与"二十一条"》,《历史教学》2005 年第 2 期。
② 参见苏全有《袁世凯与二十一条新论》,《船山学刊》2005 年第 4 期。
③ 参见宋开友《袁世凯与日本对华"二十一条"谈判》,《江西社会科学》2005 年第 3 期。
④ 参见苏全有、朱选功《袁世凯与中国经济近代化——袁氏重农、重工、重商思想研究》,《河南师范大学学报(哲学社会科学版)》1994 年第 4 期;金建《袁世凯与民国初年的经济发展》,《安庆师范学院学报(社会科学版)》2003 年第 3 期;周霞《袁世凯的重农思想与政策措施探析》,《求实》2004 年第 1 期。
⑤ 参见朱英《袁世凯晚清经济思想及其政策措施》,《天津社会科学》1991 年第 2 期;张步先等《袁世凯与清末民初的工业发展》,《山西师大学报(社会科学版)》2002 年第 3 期。

口税,减轻出口税,加强国货竞争力,对近代中国商业和对外贸易的发展产生了一些促进作用。① 乔惠茹等人则着重考察了袁世凯的对外开放思想,认为全国的自开商埠几乎都受到袁世凯的影响。苏全有进一步指出,袁世凯的对外开放思想主要体现在两个方面:一是自开通商"特区",扩大开放范围;二是大胆引进外资,促进经济腾飞。他还十分注重侨资,从一定程度上可以说,这是中国最早具有近代化意义的对外开放思想。②

此外,还有学者注意到袁世凯晚清时期对中国交通事业发展的贡献与影响。大多数学者皆认为袁世凯督办修筑京张铁路,交涉收回关内外铁路及京汉铁路利权、与张之洞筹商津镇铁路与苏杭甬铁路借款合同,提拔新式人才等活动推动了中国近代交通的发展。如王炎提出,袁世凯在任直隶总督兼北洋大臣期间,利用显赫的地位,顺应时代潮流,先后主持收回多项路权,维护了国家主权;并上奏朝廷以回收后的关内外铁路盈余,"酌量提发,开办京张",主持工程事宜,一切亲为;推举贤能,提拔詹天佑等一批英才俊杰,建成了中国人自修的第一条铁路。袁世凯在督办回收铁路时还表现出很强的经济意识和管理意识,不仅要求联军交还铁路,而且要求完整交还其余附属设施,使整个线路及时投入营运,一举扭亏为赢。③ 但是,到了民国初年,由于袁世凯继续推行清季铁路"干线国有"政策,又与日本签订包含多项条款涉及铁路交通的丧权辱国的《民四条约》,学界对袁便多持批评否定态度了。宓汝成指出,袁世凯政府或武力威逼或封官许愿收买一些铁路公司的上层分子,从而达到国有的阴险目的;同时还实行取缔民办政策,杜绝民族资本参与铁路创业活动,为帝国主义攫取中国路权排除了障碍。刘启强也认为袁世凯不仅全部剥夺了各地绅商在清末所争得的铁路修筑权,而且使一度积累起来的相当数量的民间筑路资本重又分散,并以债券形式掠夺了民间资本,由此阻碍了中国铁路

---

① 参见苏全有等《论袁世凯的财政金融思想与实践》,《河南师范大学学报(哲学社会科学版)》1996年第1期;周霞《袁世凯的赋税思想与政策》,《广西社会科学》2002年第1期。

② 参见乔惠茹等《论袁世凯的自开商埠主张与实践》,《河南师范大学学报(哲学社会科学版)》1996年第5期;苏全有《论袁世凯的对外开放思想》,《河南师范大学学报(哲学社会科学版)》1998年第2期。

③ 参见王炎《袁世凯与近代铁路》,《社会科学研究》1992年第5期。

事业的发展。①

5. 袁世凯的阶级属性及评价问题。对于袁世凯的阶级属性，主要有两种意见：一种是众所周知的，认为他是"近代中国历史上大地主大买办阶级的一个极其重要的代表人物，一个伪装维新的封建专制主义者"②。另一种是尚无多少人响应与支持的，韩明提出，袁世凯与孙中山、张謇一样，同属于中国资产阶级的范畴，只是在半殖民地半封建的社会条件下，"转变成资产者"的道路不同而已。其根据是："他们有共同的时代背景——外国资本主义侵略造成的民族危机；他们有共同的追求目标——救亡图存，使中国富强。这就使他们互相之间存在着或粗或细的共同利益纽带。但他们向资产阶级转化的程度和时序迥然各异，各自的社会地位也千差万别，使他们走上互相冲突的政治道路。这是资产阶级内部各层次的矛盾的运动基础。"③

对于袁世凯的评价，郭剑林指出："在中国近代史上，袁世凯的名字可谓家喻户晓，几乎每一部研究中国近代历史的论著都一律骂倒。诸如：'嗜血成性的专制暴君'，'寡廉鲜耻的卖国贼'，'独夫民贼袁世凯是近代史上臭名昭著的反动政客'，等等，不一而足。究其根源，无非来自陈伯达解放前写的那本小册子——《窃国大盗袁世凯》。"为此，他提出："社会历史发展，有其客观性、阶段性和必然性，研究历史人物应当将其放到历史发展过程中来考察。袁世凯在清末民初这一特定历史条件下对中国政治、军事、经济、文化、外交、教育各方面的近代化进程所起的主体的积极作用还是应该肯定的。""作为清末民初这样一个特定时期的历史人物，袁世凯在某些方面确实起了消极作用，如复辟帝制等，笔者并不想随意拔高与美化，但亦不愿不负责任的一味指责与苛求，只是想在评价其功过是非时能够实事求是，不应以'窃国大盗'来盖棺论定。"④ 实际上，这也是改革开放后学界在历史人物评价问题上所持的共同态度，无论对袁世凯

---

① 参见宓汝成《帝国主义与中国铁路》，上海人民出版社1980年版，第224—227页；刘启强《矛盾角色的嬗变——袁世凯与20世纪初的中国铁路建设》，《保山师专学报》2004年第3期。
② 李宗一：《袁世凯传·前言》，中华书局1980年版，第1页。
③ 韩明：《孙中山让位于袁世凯原因新议》，《历史研究》1986年第5期。
④ 郭剑林：《关于袁世凯评价的几个问题》，《河北学刊》1994年第6期。

还是其他历史人物都不能离开实事求是的原则,并逐渐开始了这种历史性的转变。就袁世凯研究而言,20 世纪 80 年代以后可见一个明显的变化,这就是研究领域的扩大和深入,探讨的问题已不再仅仅限于政治、军事等方面,举凡袁世凯不同历史阶段的重要问题和具体细节均有专文予以具体论述和缜密的考证,不少学者开始将研究视野扩展到财政、经济、交通等领域,并取得了一定的突破。[①] 这种变化,为准确、全面评价袁世凯提供了一定的史实基础。不少论者对袁世凯在晚清新政及民初政治、经济等方面的作用给予了一定的肯定[②],对其外交上的"卖国"行为,如与日本签订丧权辱国的以日本"二十一条"为初稿的《民四条约》等,也如上所述试图从"弱国无外交"的角度,给予了较为合乎情理的解释。[③]

## 第三节 关于皖系军阀的研究

学界普遍认为,以段祺瑞为首的皖系军阀,主要由三部分人组成,一是北洋出身的段派军事将领,二是安福系和安福国会官僚政客集团,三是财政支柱新交通系。单宝认为,皖系军阀集团"是以封建宗法的社会关系建立起来的军事政治集团","热衷于扩充军队和抢夺地盘","很善于玩弄政治手腕","主要投靠日本帝国主义"[④]。黄征等人编著的《段祺瑞与皖系军阀》(河南人民出版社 1990 年版)一书,对皖系军阀的基本情况作了比较完整的介绍,而有关皖系军阀的专题研究则主要集中在以下几个方面:

1. 皖系军阀的形成。学者对这个问题的看法各异。有的认为袁世凯

---

① 参见沈家五《从农商部注册看北洋时期民族资本主义的发展》,《历史档案》1984 年第 4 期;刘桂五《"交通系"概述》,《社会科学战线》1982 年第 3 期;张学继《论袁世凯政府的工商业政策》,《中国经济史研究》1991 年第 1 期;朱宗震《袁世凯的币制改革》,《近代史研究》1989 年第 2 期。

② 参见侯宜杰、任恒俊《袁世凯"新政"评议》,《河北师院学报(哲学社会科学版)》1986 年第 3 期、1987 年第 1 期;另参阅沈家五、刘桂五、张学继、朱宗震等人的文章。

③ 参见张神根《对国内外袁世凯研究的分析与思考》,《史学月刊》1993 年第 3 期。

④ 单宝:《皖系军阀的兴衰和特点》,《历史教学》1984 年第 4 期。

1916年"洪宪"称帝失败后,北洋军阀即分裂为以段祺瑞为首的皖系和以冯国璋为首的直系两大军事集团。有的认为1917—1918年的冯、段之争,虽然具有造成分裂的派系冲突趋势,但从冯、段之争的全过程看,这种斗争仍属北洋军队体系分裂前,主要头目之间为争夺体系内首领地位而形成的界限不甚分明、组织不甚严密有序的派别之争。直、皖分庭抗礼实际开始于曹锟、吴佩孚时代,而不是北洋军队体系内派别力量的组合的直、皖系之争。[①] 而莫建来则从近代中国特定的社会历史背景、段祺瑞的个人因素以及清末民初各种势力之间的矛盾争斗三个方面,对皖系军阀的形成问题作了专门而较有深度的论述,揭示了皖系军阀的形成原因及其由胚胎而胎儿最终脱胎成为军阀派系势力的形成过程。[②] 周俊旗还对皖系军阀控制中央政权的主客观原因和过程及其政权特点进行了研究,认为皖系集团囊括了各种人才,控制了相当规模的军队和地盘,段祺瑞的个人因素,以及皖系在争夺中央政权中的有利的客观形势,使得皖系军阀集团在控制中央政权的竞争中"捷足先登"。尽管皖系集团对中央政权的控制力有限,"但北京政府毕竟以国家政权的面目出现,皖系因此可以享受中央政权的收入和国家政权的权威,影响中央政权的内外政策,使之对自己派系有利。皖系集团对外以国家法统的地位进行外交活动,争取了日本对自己的支持,对内找到各种借口发展自己的力量,这样,在发展自己的势力上优越于其他在野的派系"[③]。

2. 皖系军阀与日本的关系。学界比较一致的看法是:皖系军阀是日本一手扶植的亲日势力,其控制下的北京政府的对内对外政策完全服从于日本帝国主义的需要,使日本在中国攫取了大量政治上、经济上的侵略特权,故而支持皖系也一直是日本从寺内内阁直至原敬内阁一贯的对华方针。章伯锋从20世纪60年代便开始从事这一问题的研究,于内地改革开放后陆续发表了《皖系军阀与日本帝国主义的关系》(《历史研究》1982年第6期)、《直皖战争与日本》(《近代史研究》1987年第6期) 等多篇

---

[①] 参见丁长清《1917—1918年的冯段之争并非直皖之争》,《河北学刊》1994年第2期。
[②] 参见莫建来《论皖系军阀的形成》,《安徽史学》2006年第1期。
[③] 周俊旗:《试论皖系军阀控制中央政权的原因及其政权的特点》,《安徽史学》1989年第3期。

颇有研究力度的论文，并于1988年推出专著《皖系军阀与日本》（四川人民出版社）一书，全面深入分析了皖系军阀统治时期的段、日关系，涉及了这一历史过程中的许多重大事件，以确凿的事实为依据，令人信服地指出：皖系军阀的统治，主要依靠日本帝国主义的支持和援助。皖系军阀不顾民生凋敝，连年对南方发动战争，其庞大的军政费用支出，主要依赖新交通系所经手的对日借款。段祺瑞为了换取日本的实力援助，只要给钱，给军火武器，什么国家主权、民族利益，都可以廉价拍卖，从铁路、矿山、工厂到各种税收，都成了段祺瑞以各种名目对日借款的抵押和担保，其卖国的本领，远远超过他的前辈袁世凯，在北洋军阀各派系中，也是非常突出的。此外，裴长洪还对日本寺内内阁的对华政策以及西原借款与中国军阀派系斗争的关系进行了深入研究，指出："在第一次世界大战中，由于国际形势和日本国内经济力量的变化，日本统治阶级为了变本加厉地扩张在华政治、经济势力，一改传统的以军事恫吓、外交讹诈为主的对华策略，而代之以政治拉拢、经济渗透为主的对华策略。西原借款正是这种策略转变的产物。""在政治上，寺内内阁的策略是，通过以西原借款为中心的各种借款，支持亲日的皖系段祺瑞军阀势力，提供大量军费让段用于武力统一西南，并在北洋军阀内部制造矛盾，拉一派，打一派。企图利用段祺瑞这个忠顺的政治工具，在中国排除其他非亲日的政治势力，从而达到在政治上单独控制中国政府的目的。"裴长洪还"就西原借款在日皖勾结中的这种作用，剖析1917—1918年前后中国军阀派系斗争与日本帝国主义对华侵略扩张的密切联系"。[①]

3. 皖系军阀重要成员的活动。首先一个当然是地位仅次于袁世凯的北洋军阀二号人物、皖系军阀头号人物段祺瑞。莫建来对段祺瑞在北洋建军时期的主要活动给予了较为客观的评价，认为就中国军制摆脱过去落后而陈旧的状态而言，段祺瑞在督练北洋新军、主持各类军事学堂和厘定、编译各种练兵章制、操法、兵书等三方面的"作用及其在北洋建军史上的地位，诚然应予肯定。但如就主要因军队的私有化所造成的民

---

[①] 裴长洪：《西原借款与寺内内阁对华策略》，《历史研究》1982年第5期；《西原借款与中国军阀的派系斗争》，《河北学刊》1983年第4期。

初政治的动荡和社会的阢陧不安而言，段祺瑞也实难辞其咎"①。此外，他还考察了皖系军阀与研究系政客相互利用的结盟关系。对于段祺瑞反袁称帝时的评价，丁贤俊认为，尽管段祺瑞的共和观与革命党人并不完全一致，但他能冲破20年来与袁世凯结下的长僚关系和亲密私交，毅然反对"洪宪"帝制，对于一个在忠孝节义封建道德熏陶下成长起来的将领来说是难能可贵的。②李开弟则认为，段祺瑞与袁世凯的不合作，绝非有"共和"的思想基础，不过是一个一贯为谋取私利而反复无常的政治投机分子。③对于张勋复辟事件中的段祺瑞，胡晓认为总体上是"功远大于过，其粉碎复辟、捍卫民国的历史意义值得肯定和褒扬"。"其'再造共和'的硕勋是当之无愧的。"但他"重掌北京政权后，针对南方阵营'护法'旗帜下的北伐东进，出于维护北洋集团整体利益的考虑，对张勋复辟的善后处理是妥协的，不彻底的，对清室参与复辟的处置尤为姑息，这固然有现实政治和内外环境的因素，亦是其阶级立场和思想意识等所决定的"。④对段祺瑞执政时期所积极推行的参战问题，以往的研究者多简单地归结为"府院之争"，而未能给予应有的重视；有论者对此做了专门研究并提出了新的看法，认为"中国对德绝交和宣战是有理有利的"⑤，是顺应当时历史潮流、"出于现实和长远经济、政治利益"考虑而作出的"唯一必要的选择"⑥。

关于段祺瑞推行"武力统一"政策的原因，周俊旗认为一是"统一天下"是中国历史长河中最博大的政治目标之一，二是当时皖系控制的中央政权生存的需要。在段祺瑞看来，南方有与北京政权对立的军政府，虽其

---

① 莫建来：《试论段祺瑞在北洋建军中的作用》，《历史档案》1991年第1期；《皖系军阀与研究系关系探析》，《上海社会科学院学术季刊》1992年第1期。
② 参见丁贤俊《论段祺瑞三定共和》，《历史档案》1988年第3期。
③ 参见李开弟《段祺瑞"三造共和"述评》，《安徽史学》1986年第1期。
④ 胡晓：《段祺瑞与张勋复辟》，《江淮论坛》2003年第7期。蔡胜也在其文章中支持胡晓的段祺瑞并不支持张勋复辟的看法，参见蔡胜《段祺瑞与张勋复辟关系再探讨》，《西南交通大学学报（社会科学版）》2010年第6期。
⑤ 袁继成、王海林：《中国参加第一次世界大战和巴黎和会问题》，《近代史研究》1990年第6期。
⑥ 吕茂兵：《中国参加"一战"缘由新探》，《争鸣》1991年第1期。

势力在军事上弱于北方，但有相当的威胁力，加以南方六省幅员辽阔，物产丰富，人口众多，如不能及时控制这些地区，将后患无穷。① 关于段祺瑞未能在直皖战争中取胜的原因，王华斌认为，段祺瑞在政治上的孤立和军事上的失误，是其速败的两个重要原因。② 还有不少学者认为张作霖奉系军阀的参战助直也是重要原因。另有学者认为安福系才是皖系失败的真正祸首。"安福系代表皖系集团站在政治舞台的前沿，与直系集团展开了激烈的政治斗争，进一步激化了直皖两派之间的矛盾。同时安福系的罪恶行径又使得国人与直系集团把斗争的矛头直指皖系集团，从而加速了皖系败北的进程。"③ 朱之江则认为"皖军失败的根本原因"固然在其"政治上的狂妄和反动，不过直接导致失败的则主要在于军事上的原因"④。关于段祺瑞任职临时执政的主要原因，学界一般认为是当时政坛各种势力各种矛盾冲突调和的结果，但杨德才不同意这种仅从外部看问题的观点，认为主要是段祺瑞自身努力的结果。他从三方面论述了段祺瑞出山前的一系列幕后活动：一是捐弃前嫌，拉拢张作霖结成奉皖联盟；二是运动孙中山，建立反直三角同盟；三是想方设法策动冯玉祥倒直。⑤

此外，还有学者对皖系军阀的二号人物徐树铮及其他重要成员展开研究。廖大伟、奚鹏彪撰文指出："作为段祺瑞的心腹谋士，皖系的核心人物，徐树铮的所作所为与皖系的兴衰有着直接的极大的关联。从某种意义上说，皖系兴则在徐，败亦在徐。"⑥ 刘兰昌就徐树铮的西北筹边举措与北洋政争的关系进行了分析。⑦ 陈长河对曲同丰的研究投入了较多精力，发表多篇论文，论述了曲同丰的生平、实业活动以及他在直皖战争中被俘的

---

① 参见周俊旗《试论皖系军阀的武力统一政策》，《历史教学》1989年第12期。
② 参见王华斌《试论直皖战争直胜皖败的原因及其后果》，《学术月刊》1986年第1期。
③ 张绪忠：《直皖战争皖系败北原因新探》，《贵州师范大学学报（社会科学版）》2004年第3期。
④ 朱之江：《直皖战争中皖系败北的军事原因探析》，《军事历史研究》2001年第1期。
⑤ 参见杨德才《1924年段祺瑞出山的主要原因》，《安徽史学》1993年第1期。
⑥ 廖大伟、奚鹏彪：《徐树铮与皖系军阀的兴衰》，《史林》1994年第1期。
⑦ 参见刘兰昌《徐树铮西北筹边与军阀的派系政治》，《烟台师范学院学报（哲学社会科学版）》1991年第1期。

真相。① 此外，他还对皖系军阀干将吴光新在直皖战争中的活动进行了较为深入的考察。② 来新夏等人自20世纪80年代初提出吴光新的籍贯为安徽合肥以后，学界对此深信不疑，但吴元康则确证其籍贯为江苏宿迁而非安徽合肥。③ 与此同时，学界对倪嗣冲的研究也取得不少成果，苏全有指出："这些成果大致可分为两类：一、现代化范式制约下的相关研究，包括倪嗣冲主皖期间对安徽的治理、在近代实业上的投资和开发东北边区两个方面；二、史实重建趋向制约下的相关研究，涉及倪嗣冲与民初的政治军事、倪嗣冲纪念银币之争议、倪嗣冲在天津寓所之谜、倪嗣冲迁移蚌埠之谜四个方面。"当然，他也指出这一研究尚存在诸多不足。资料方面"主要是有关倪嗣冲的墓志铭、家传资料，文电资料、军事经历资料的挖掘需要强化"。研究方面"主要表现在：一、研究者的地域局限；二、受传统对北洋军阀祸国殃民的否定情结影响，评价缺乏客观性；三、研究内容有缺失，且缺乏横向的联系和比较"。④

## 第四节　关于直系军阀的研究

冯国璋直系军阀是袁世凯死后逐渐发展壮大的另一北洋嫡系军阀，其对民国政局的影响主要在直皖战争以后的曹锟、吴佩孚时期。公孙訇的《直系军阀始末》（《河北文史资料》第22辑，1987年）、《冯国璋年谱》（河北人民出版社1989年版），吕伟俊、王德刚的《冯国璋与直系军阀》（河南人民出版社1993年版），潘荣、孙新、魏又行的《冯国璋家族》（金城出版社2000年版），郑志廷、张秋山的《直系军阀史略》（人民出

---

① 陈长河曾发表一系列关于曲同丰的研究文章，如：《曲同丰的实业活动》，《民国春秋》2000年第3期；《皖系干将曲同丰》，《民国春秋》2001年第5期；《皖系干将曲同丰是怎样被俘的》；《直皖战争中的曲同丰》，《历史教学》1984年第11期。
② 参见陈长河《直皖战争期间的皖系骨干吴光新》，《安徽史学》2004年第3期。
③ 参见吴元康《皖系骨干吴光新籍贯考》，《安徽史学》1999年第1期。
④ 苏全有、何亚丽：《对倪嗣冲研究的回顾与反思》，《洛阳师范学院学报（哲学社会科学版）》2012年第1期。

版社2007年版）等著述，对直系军阀的发展脉络作了大致介绍。其中《直系军阀史略》一书，揭示了直系军阀产生的历史渊源，还首次论述了保定军事学堂培养的历届学生在直系军阀形成中的重要地位，突出了直系军阀的完整性与延续性，并客观评述了直系军阀的历史地位和作用，较具学术价值。学界对直系军阀所进行的专题研究，主要集中在以下几个方面：

1. 直系军阀在直奉战争中战败的原因。郭剑林从政治、军事、战略战术、财政等方面比较了两次直奉战争，分析了两次战争双方胜负的原因。[①] 苏全有、孙宏云则着重分析了第一次直奉战争直胜奉败的原因。[②] 郁慕湛认为："直系的垮台，不仅仅是它当时面临着的种种困难，更重要的是在'五四'运动以后，人民革命的思潮已开始影响到了军阀集团的内部，从而间接地冲击了军阀的统治。"[③] 实际说的是冯玉祥的前线倒戈、发动北京政变，使直系士气一蹶不振，迅速溃败。对于这种单纯的政治角度的分析，有研究者指出："冯玉祥北京政变，仅是直系失败的一个直接原因，其根本原因在于政治上的多行不义，不得人心，经济上的捉襟见肘，军事上的内部分裂。""由于政治、经济、军事诸方面原因，致使直系军阀以失败而告终。冯玉祥的前线倒戈和鲁晋军阀的落井下石加速了其失败的进程。"[④] 李军则认为"直系是在内部危机四伏，外部反直力量的共同打击下而走向失败的"。"首先，直系内部争权夺利，引起了激烈的矛盾斗争和分化，导致了内部的分崩离析。""第一次直奉战争后，直系内部因争权夺利，钩心斗角，最终导致矛盾斗争不断加深而出现分裂，大大削弱了直系自身的力量。在第二次直奉战争爆发前，其内部已危机四伏，说明不待外力打击，直系军阀的衰亡也必成趋势。""其次，财政危机和军队腐败也是造成直系在第二次直奉战争中失败的一个重要原因。""再次，吴佩孚经营

---

① 参见郭剑林《两次直奉战争之比较》，《历史档案》1987年第3期。
② 参见苏全有、孙宏云《论第一次直奉战争直胜奉败的原因》，《社会科学战线》1994年第5期。
③ 郁慕湛：《第二次直奉战争直系失败的政治因素》，《河北学刊》1987年第2期。
④ 王贵安：《第二次直奉战争直系失败原因之管见》，《山西师大学报（社会科学版）》1991年第1期。

的武力统一政策的破产,造成了有利于反直力量的客观形势。"就外部而言,"直系军阀残酷镇压工人运动和曹锟贿选总统的丑恶行径遭到全国各界的反对,直系成了国内最主要的敌人"。"孙中山、段祺瑞、张作霖三方反直三角同盟的形成是促成直系失败的主要外在因素。"英美在华势力的受挫和日本对于奉系的支持,又"为奉系赢得这场战争的胜利创造了条件"。① 娄向哲、来新夏还指出"'外债无源、内债难举'的财政崩溃的窘境"也是"第二次直奉战争中直系失败的一大重要原因"②。

2. 直系军阀与英美及其他列强的关系。章伯锋等人认为,直系军阀与英美的关系表现得若明若暗,较为隐蔽,不像日皖、日奉那样公开露骨,但英美支持直系以抵制日本在华侵略势力的扩张,却是不容争辩的事实。在直皖发生尖锐矛盾和斗争时乃至直皖战争直系战胜皖系后,英美积极支持吴佩孚,甚至视吴为其在中国的合适代理人,而直系也总是把英美视作自己的同盟者。直系统治北京政府财政拮据,英美曾积极谋求对其贷款,日本则极力反对,清楚反映了日本对英美所支持的直系军阀的敌视态度。③ 但是,郭剑林、苏全有认为"吴佩孚不是属英美派,不是英美代理人"④。王甲成、王建华则认为历史总是复杂的,"既不能简单而铁案性地认定英、美是曹、吴集团的后台,也不能认为曹、吴不是亲英美派"。"整体而言,曹、吴集团以英、美为奥援,同时也有矛盾,并且由于英、美为商业化高度垄断的资本主义国家,其侵华手段和日本不同,因而其与曹、吴的关系和日本对皖段、奉张的关系迥异,而呈现不明显的状态。"其实,英、美与曹、吴集团的关系经历了一个过程。"从英、美方面来说,经历了一个由寄予厚望积极支持曹、吴到失望而不愿支持的过程。从曹、吴方面来说,经历了一个乞求英、美援助大都没有成功的过程。"双方对彼此的选

---

① 李军:《第二次直奉战争中直系失败的原因》,《近代史研究》1985年第2期。
② 娄向哲:《直系军阀政权的财政破产及其倾覆》,《学术月刊》1984年第2期;来新夏:《略论民国军阀史的研究》,《学术月刊》1985年第1期。
③ 参见章伯锋、李宗一主编《北洋军阀(1912—1928)》第1卷,武汉出版社1990年版,前言第10—11页。
④ 郭剑林、苏全有:《吴佩孚是英美代理人吗?》,《河南师大学报(哲学社会科学版)》1994年第6期。

择以利益为导向，并不存在相对固化的特性。① 娄向哲指出："在北洋军阀统治时期，衡量帝国主义列强与军阀政权关系的重要尺度之一，是列强是否和在多大程度上给予军阀政府以财政支持。"尽管英美等西方列强曾给直系政权一定的零星借款，"但更多的是与其他列强一起向直系政权勒索债务、进行经济压榨"。英美等列强与直系政权的确"作过一些军火生意"，但同样也大量"卖给直系的大敌奉系"，"其他列强，如法国、意大利，也是既售军火给直系，也售军火给奉系"。因此，他认为："帝国主义列强，尤其是英美等国售军火给中国北洋各系军阀，在许多情况下是出于牟利意图，倾销其陈旧、剩余物资，其商业性质大大重于政治色彩。""当然，像日本以大量军火支持张作霖，其军部免费武装奉系成旅军队，在战争关键时机供奉系以急需弹药等作法是不能以单纯牟利做生意去解释的。"直系尽管对于英美的真实态度有所察觉，可仍寄望于英美的援助，"但是，落花有意，流水无情，如同在直系政权财政窘迫之时并没有得到英美'援助'一样，在决定直系命运的第二次直奉战争中，直系也没有从英美那里得到什么支持"。②

3. 曹锟及其相关活动。张洪祥、徐兴云、岳谦厚《布衣总统曹锟》（吉林文史出版社 1995 年版），岳谦厚、李庆刚、张玮《曹锟家族》（金城出版社 2000 年版），张祥斌《曹锟传》（吉林大学出版社 2010 年版）和周玉和、高乐才《曹锟全传》（黑龙江人民出版社 2001 年版）等书比较系统地介绍了曹锟及其家族的史事。专题研究方面主要集中于曹锟贿选及其对"二七"罢工的态度。郑志廷早在 1982 年就发表专文描述过曹锟贿选的过程。③ 对于曹锟的执政，有学者提出应给以"客观积极的评价"④。但侯强在对曹锟的"贿选宪法"进行专门研究后指出："以曹锟、吴佩孚为首的直系军阀，为确认和保护他们的利益，与其之前的各派军阀一样，

---

① 王甲成、王建华：《论直系军阀中的曹锟、吴佩孚集团》，《河北学刊》2003 年第 2 期。
② 娄向哲：《直系军阀政权与英美关系初探》，《天津师大学报（哲学社会科学版）》1986 年第 1 期。
③ 参见郑志廷《试谈曹锟贿选》，《河北大学学报（哲学社会科学版）》1982 年第 2 期。
④ 张欣：《从曹锟的执政活动看军阀政治的时代性》，《台州学院学报（哲学社会科学版）》2004 年第 2 期。

又祭起了资产阶级民主共和的旗号,照例进行了一些点缀性的法制变革。"曹锟政府所颁布的这部《中华民国宪法》即"贿选宪法","是我国这一时期军阀文化精神的产物和集中体现"。它带有历史的双重效应:"一方面直系军阀的制宪活动是对《临时约法》的又一次背叛,以致'贿选宪法'自公布之日起,即带上贿赂的阴影而备受非议;另一方面就'贿选宪法'本身而言,其又综合体现了西方近代宪政理论和宪政原则以及中华民国十年共和历史的政治实践和立法经验。从这个意义上说,处于社会急剧转型时期的直系军阀政府,在近代中国法制现代化过程中,其又确实充当了'历史的不自觉的工具'。"因此,他希望不要将其所谓"正面效应"予以扩大化的理解。① 关于曹锟对"二七"罢工的态度,苏全有认为,镇压此次罢工的"责任应该由曹锟、吴佩孚、萧耀南等军阀来承担,其中,曹锟乃幕后幕前的总指挥"②。

4. 吴佩孚及其洛派军阀集团。有关吴佩孚的传记,出版有蒋自强等人的《吴佩孚》(山东人民出版社1985年版)、章君榖的《吴佩孚传》(新华出版社1987年版)、郭剑林的《吴佩孚传》(北京图书馆出版社2006年版)等40多部。其中章君榖一书详尽介绍了吴佩孚的一生,在全面叙述吴佩孚的生活轨迹和行状思想的同时,重点介绍了吴的军事、政治、社会生活以及围绕这些活动的历史背景和人物,是研究、了解吴佩孚以及那个时代的重要著作。而郭剑林一书则以唯物史观为指导,以新的视角、新的观点分析研究了吴佩孚跌宕起伏的一生。

有关吴佩孚的专题论文,主要涉及以下问题:(1)吴佩孚在五四运动中的表现。郭剑林认为吴佩孚这时的言行,"对于达到'外争主权,内除国贼'的两大目标和促进五四运动的蓬勃兴起及深入发展,起到了'助推力'的作用"③。谭融认为,吴作为一个封建军阀,虽与皖系军阀之间存在权力之争,本人也具有个人野心,但仍不失为一个具有民族气节的军阀。④

---

① 侯强:《曹锟"贿选宪法"及其价值评价》,《重庆教育学院学报(哲学社会科学版)》2005年第1期。
② 苏全有:《曹锟与二七大罢工》,《史学月刊》2004年第9期。
③ 郭剑林:《五四时期的吴佩孚》,《学术月刊》1985年第11期。
④ 参见谭融《五四时期的吴佩孚》,《天津师大学报(哲学社会科学版)》1988年第5期。

对于五四运动之前吴佩孚提出"救国同盟条件"军事密约，离湘北上，由北洋军悍将一变为西南军阀的"盟友"这一举动，谢本书认为吴的目的是要"北以共同对付皖系军阀，南以排斥孙中山，镇压革命"①。（2）吴佩孚开府洛阳时期的活动。林全民从军队构成、地盘、财政和官僚群四个方面考察了吴佩孚洛派集团的形成和发展。② 郭剑林、苏全有分析了吴佩孚开府洛阳时期的幕府、练兵和外交活动，认为其"网络人才，致力练兵，颇多可资借鉴之处。至于他在对外关系上反抗帝国主义侵略行径，则不失为一爱国军人。但他在此期间反对工农运动和国民革命，镇压二七罢工，则是其历史上一个不能宽恕的历史污点和反动罪责"③。王甲成等人对曹、吴集团的形成以及该集团的特点进行了深入的分析，认为"曹、吴集团的崛起，使北洋军阀正式分化和决裂"。"曹、吴大肆搜刮、滥使武力，连年的内战不仅使自身处于财政破产、武力政策处处碰壁的境地，也使国家人民遭殃，经济凋敝，民不聊生。"④ 来新夏则认为吴佩孚在开府洛阳时期扶植亲信、遥控中央、操纵政局等举措，是为了实现"武力统一"的梦想，但由于"那时他的军事实力还未能达到一呼百应的程度，而且还有在北洋军阀集团中鼎足而立的奉系势力在障碍着他实现梦想"。因此，失败的结局是难以避免的。⑤ 蒋自强的研究反映了吴佩孚颇著声名的军事谋略才能。⑥ 关于吴佩孚在第二次直奉战争后东山再起的问题，宋镜明厘清了吴由联孙（传芳）反奉转向联奉反冯（玉祥）的过程。⑦ 郑志廷、李凤伟从外部因素、政治因素和经济因素三方面入手，深入分析了吴佩孚制造"二七"血案的原因，认为血案的发生，与苏俄、共产国际的政策转变有关，

---

① 谢本书：《吴佩孚与西南军阀的勾结》，《贵州社会科学》1983年第5期。
② 参见林全民《洛派军阀官僚集团的形成》，《军事历史研究》1994年第4期；《洛派军阀官僚集团的反动统治》，《军事历史研究》1995年第2期。
③ 郭剑林、苏全有：《洛阳时期的吴佩孚评析》，《史学月刊》1997年第5期。
④ 王甲成、王建华：《论直系军阀中的曹锟、吴佩孚集团》，《河北学刊》2003年第2期。
⑤ 来新夏：《论吴佩孚开府洛阳》，《江海学刊》2003年第1期。
⑥ 参见蒋自强《从第一次直奉战争看吴佩孚的军事谋略》，《军事历史研究》1987年第4期。
⑦ 参见宋镜明《论吴佩孚的再起与直奉联合对国民军的进攻》，《武汉大学学报（哲学社会科学版）》1986年第1期。

"但促使吴佩孚屠杀罢工工人的根本因素,还是京汉铁路大罢工直接危害了他的军饷的主要经济来源"①。(3)吴佩孚1927年入川后的活动。王安平、刘丽敏认为吴佩孚"是三次川乱的导火线和催化剂"②,对四川政局产生深远影响。(4)吴佩孚在抗日战争时期的表现。郭剑林、王红梅认为,吴佩孚在民族危机的历史关头和险恶的生存环境中,以对祖国、对人民的"忠义"二字作为自己人生哲学的要谛,"抵制住日敌的各种威逼利诱,始终坚持原则,以国家利益为重,拒当汉奸傀儡,这种气节是值得称颂的"③。另有学者对吴佩孚拒当汉奸的原因进行了深入剖析:一是由于他思想中的民族主义情结;二是全国日益高涨的抗日民族运动以及抗日民族统一战线国共双方对吴佩孚的忠告、劝诫,使他不敢冒天下之大不韪而入汉奸之门;三是由于日本和吴佩孚双方在其出山条件上存在的矛盾和差距。④(5)吴佩孚的死因。大多认为吴佩孚之死是日本人所为。⑤梁荣春进而指出:吴本是日本中意的对象,最后之所以死于日本人之手,是因他讨价还价引起不满而被杀一儆百。⑥但苏全有提出相左的看法,他认为吴佩孚并非日本人所杀,而是因病而亡,并认为无论是否为日本所杀,都不影响他拒当汉奸的晚节。⑦

5. 冯玉祥及其评价。有关冯玉祥的传记,出版有王华岑等人的《冯玉祥将军传奇》(黑龙江人民出版社1983年版)、郭绪印等人的《爱国将军冯玉祥》(河南人民出版社1987年版)、冯醒仁等人的《冯玉祥传》(安

---

① 郑志廷、李凤伟:《试论吴佩孚制造"二七惨案"的背景》,《历史教学》2003年第8期。
② 王安平、刘丽敏:《吴佩孚晚年寓居四川始末》,《四川师范学院学报(哲学社会科学版)》2001年第5期。
③ 郭剑林:《吴佩孚与抗日战争》,《社会科学战线》1992年第2期;王红梅:《论抗战时期的吴佩孚》,《河北大学成人教育学院学报(哲学社会科学版)》2004年第4期。
④ 参见张洪光《吴佩孚未做汉奸原因浅论》,《沧桑》2006年第5期。
⑤ 参见安国《日寇诱降与吴佩孚之死》,《文史精华》1997年第2期;苗体君《日本人是如何害死吴佩孚的》,《文史春秋》2003年第2期。上述看法与郭剑林所著《吴佩孚大传》(天津大学出版社1991年版)所持一致。
⑥ 参见梁荣春《"吴佩孚拒当汉奸保晚节"异议》,《学术论坛》1984年第2期。这一看法与吴根梁的观点——吴拒当汉奸保晚节(《日本土肥原机关的"吴佩孚工作"及其破产》,《近代史研究》1982年第3期)相左。
⑦ 参见苏全有《吴佩孚死因之谜》,《世纪》2003年第9期。

徽人民出版社 1998 年版)、余华心的《传奇将军冯玉祥》(学苑出版社 2009 年版)、刘敬忠的《冯玉祥的前半生——兼对其自传〈我的生活〉辨析》(人民出版社 2009 年版)、张传华的《民主斗士——冯玉祥传》(团结出版社 2000 年版)等 10 余部。其中大多以冯玉祥《我的生活》之类的自述为主要依据,唯有刘敬忠所著一书对《我的生活》的记述有所辨析,较具学术价值。

学界对冯玉祥一生的评价,总体而言,趋于一致,认为他是一个不断追求进步的爱国将领,也是中国共产党长期合作的朋友,但对其思想转变过程的认识却存在一定分歧。高德福等人认为,1925 年的"五卅"惨案是冯政治思想的转折点,他开始由一位军阀营垒中的爱国将领转变为革命将领。① 而刘敬忠则认为,"北京政变"以后相当长的一段时间内,冯玉祥并未完全跳出军阀的范畴,直到 1926 年 4—8 月南口大战时,在中国共产党的帮助教育下,才发生了根本性的变化,由仅仅维护本派系利益发展为以国民革命为目的。② 刘曼容更是认为直到这年 9 月冯玉祥五原誓师,才是"第一次重大的革命转变,即由一个北洋军阀中分化出来的将领,转而公开正式参加国共合作的国民革命"③。王宗华等人在《国民军史》一书中指出,1926 年上半年冯玉祥国民军攻占天津以后对直、奉军阀的"主和"活动,是政治上"动摇"及"妥协"的表现,但又认为主要还是分化敌人的"策略"。林凤升、吕书额则认为:"自 1926 年初至南口大战前,国民军对直奉两系军阀的主和活动,不管是假意和奉以争取时间,还是真心联直抗奉以保存实力,都是其企图能留在北洋军阀集团内的努力,都是其军阀本质的体现。"④ 对于冯玉祥和曹锟贿选的关系,研究者看法不一,多数人沿袭冯玉祥《我的生活》之说,认定他对曹锟贿选和吴佩孚的武力

---

① 参见高德福《冯玉祥与国民军》,《南开学报》1982 年第 2 期;熊建华《从〈民报〉看冯玉祥对"五卅"运动的态度》,《近代史研究》1986 年第 5 期;海振忠《从基督将军到三民主义信徒——冯玉祥在大革命时期的历史转变》,《北方论丛》1989 年第 1 期。

② 参见刘敬忠《冯玉祥与南口大战》,《历史教学》1984 年第 3 期。

③ 刘曼容:《试论冯玉祥由北洋军阀参加国民革命的转变》,《武汉大学学报(哲学社会科学版)》1988 年第 2 期。

④ 林凤升、吕书额:《试析国民军对直奉两系军阀的主和活动(1926 年初到南口大战前)》,《河北大学成人教育学院学报(哲学社会科学版)》2003 年第 4 期。

统一政策是"不满"的。① 刘敬忠则比较客观，认为"不能简单地得出'是'与'否'的结论。实际情况是，他部分地卷入了这件政治丑闻，而又没有支持具体的'贿选'"②。

6. 孙传芳及其对江浙的经营。仅孙氏传记就有吕伟俊、王德刚的《孙传芳》（山东大学出版社1996年版），何易、潘荣的《五省联帅——孙传芳》（兰州大学出版社1997年版），何德骞的《孙传芳真传》（辽宁古籍出版社1997年版）、王晓华的《北洋枭将孙传芳》（上海人民出版社2000年版），邵维国的《孙传芳全传》（黑龙江人民出版社2001年版），陈杰的《孙传芳传》（吉林大学出版社2010年版）等多部。经盛鸿对孙传芳与浙奉战争及其影响进行了专门研究。③ 傅幼玲认为："孙传芳在经营江浙期间，采取了一些顺应民心、安抚民众、推行民治的政治经济措施，既安定了社会秩序，又对本地区经济的恢复和发展有所裨益。但作为封建军阀，孙传芳思想保守僵化，自私狭隘，又缺乏军事远见和谋略，故难免出现联军内部矛盾重重、分崩离析的局面，更难抵挡北伐军锐利的攻势，其苦心经营年余的江浙地盘也最终尽数失去。"④ 王晓华则认为："孙传芳代表了腐朽、反动、没落的北洋军阀的利益，所谓'保境安民'，实质上是实行封建割据，对抗中国的统一和大革命的洪流。因此，在北伐军的英勇打击下，其失败就是必然的了。"⑤

7. 王占元、萧耀南对湖北的统治。孔祥征对王占元督鄂七年的种种暴行和湖北民众的驱王运动进行了研究。⑥ 对王占元被驱一事，学界存在两种认识倾向：一种认为"从表面看，这一事件是各方势力相互冲突，相互利用所引起的。以往的研究者也因此将驱王运动纳入湘鄂、川鄂战争中去考察，单从军阀混战的角度去分析，忽视了驱王运动的根本力量，

---

① 参见郭绪印、陈兴唐《爱国将军冯玉祥》，河南人民出版社1987年版，第64页。
② 刘敬忠：《冯玉祥与曹锟贿选》，《河北大学学报（哲学社会科学版）》1990年第1期。
③ 参见经盛鸿《孙传芳与浙奉战争》，《江苏社会科学》1992年第4期。
④ 傅幼玲：《孙传芳经营江浙论略》，《徐州师范大学学报（哲学社会科学版）》2004年第4期。
⑤ 王晓华：《孙传芳在北伐战争中失败原因初探》，《浙江学刊》1988年第6期。
⑥ 参见孔祥征《王占元督鄂与驱王运动》，《武汉大学学报（社会科学版）》1984年第4期。

使自己认识局限在暴政者的角逐与私争之中"。另一种则"不正视驱王运动的本身，而注重于'自治'这个口号，将湖北以驱王为目标的'鄂人治鄂'，同湖南、浙江等地的'自治'运动完全相提并论，说成是一次'西化'活动"。李崇义认为以上两种认识皆失之偏颇，他高度评价湖北驱王运动，认为这是民权革命战胜军阀的案例。"不能将这场运动看作是军阀为保全地方实力的混战，也不能视为是仿效西方'联邦自治'的'西化'运动。而是湖北各阶级联盟与军阀势力的一次抗争，结果赶走了王占元，打击了吴佩孚。驱王运动是中国国民党人与共产党人第一次合作，为革命统一战线的建立提供了经验。"[①] 朱丹、田子渝比较充分地揭露了直系军阀在湖北的统治及对当地经济的搜刮。[②] 此外，倪忠文主编的《北洋军阀统治湖北史》（湖北人民出版社1989年版）一书比较系统地论述了北洋军阀对湖北的统治。还有学者对统治湖北的萧耀南也进行了一定的研究。[③]

## 第五节　关于奉系军阀的研究

张作霖奉系军阀严格说来并不属于正统的袁世凯北洋军阀，但是由于它后来与北洋军阀合流，并通过与北洋皖系、直系军阀的争战，最后夺得了北京中央政府的统治权，因此，一直受到学界特别是东北地方史研究者的重视。关于奉系军阀的综合研究，主要有胡玉海主编的系列丛书《奉系军阀全书》（辽海出版社2001年版）和胡玉海、里蓉主编的《奉系军阀大事记》（辽宁民族出版社2005年版）等专著。前者由《奉系纵横》《奉系经济》《奉系军事》《奉系教育》《奉系对外关系》及《奉系人物》六书组成，属于拓荒之作，为后人奠定了一定的基础研究。后者着重记述了

---

① 李崇义：《王占元督鄂与驱王运动》，《湖北大学学报（哲学社会科学版）》1989年第1期。
② 参见朱丹、田子渝《直系军阀在湖北的经济搜刮》，《湖北社会科学》1988年第12期。
③ 参见田子渝《军阀萧耀南论略》，《湖北大学学报（哲学社会科学版）》1985年第3期；沈煌秋《萧耀南别传》，《武汉文史资料》2004年第4辑。

1894—1931 年张作霖的起家、统一东北、整军经武、逐鹿中原、问鼎北京政权以及皇姑屯被炸身亡,张学良子承父业、稳定东北政局、实行东北易帜,直至九一八事变奉系军阀的活动概貌。至于专题论文则多偏重于对奉系军阀后期活动的研究,主要集中在以下几个方面:

1. 奉系军阀的形成及特点。刘迎红分析了奉系军阀在关内的扩张过程,认为经历了三个时期:1918—1922 年是奉系军阀称兵入关,奉直共同把持北京政权时期;1922—1924 年是奉系军阀积蓄力量,组织同盟,待机入关时期;1925 年是奉系军阀势力扩张最嚣张的一年,同时也是张作霖关内扩张的强弩之末,走下坡路的开始,并指出"奉系军阀关内扩张的性质从总体上看,无疑是军阀混战"①。张伟认为奉系军阀是"在特殊的历史背景下形成"的,在政治理念、地理位置、发挥作用等方面均有其自身的特点,即"始终没有明确、统一的政治理念","具有得天独厚的地理区位优势","内部统治具有较强的稳定性和凝聚力",以及"能够保持统治区域内的社会稳定和经济发展"②。而胡玉海则主张奉系军阀集团"形成于民国初期"。他认为张作霖军事集团纳入北洋军阀系统、成了左右奉天政局最大的实力派、家兵家将组织体系的形成三个条件和特征,只是构成了张作霖向军阀演变的基础,还不是一个军阀。张作霖只有被登上民国大总统大位的袁世凯任命为北洋军二十七师师长以后,才"逐渐向军阀方面演变","由一个忠心耿耿为清廷效力的军人,到左右政局、排挤上司、与地方绅商结合、不听北京政府调遣的演变,表明他已经完成由军人到军阀的蜕变。张作霖出任奉天督军兼巡按使后,奉系军阀集团也最终形成了"。关于奉系军阀的特点,胡玉海除了补充"集团的核心领导人物多有'绿林'经历"一条以外,全盘接受了前述张伟总结的四个特点。③

2. 奉系军阀与日本的关系。中华人民共和国成立后,以张作霖为首的奉系军阀长期被学界一致认定为日本侵略中国的工具,张作霖为实现自己的政治野心,不惜出卖国家主权,投靠日本帝国主义。直到 20 世纪 80 年

---

① 刘迎红:《奉系军阀关内扩张简析》,《求是学刊》1991 年第 5 期。
② 张伟:《试论奉系军阀的特点》,《辽宁大学学报(哲学社会科学版)》2001 年第 3 期。
③ 胡玉海:《论奉系军阀》,《东北史地》2008 年第 2 期。

代国家进入改革开放时期才开始在此问题上出现分歧意见。少数学者仍坚持张作霖与日本相互勾结,互为利用。[①] 但是,多数学者认为这一看法过于片面,真实的情况是既有勾结利用的一面,又有矛盾冲突的一面。[②] 何应会明确提出:"张作霖与日本的关系是复杂的,既有屈辱的言行,也有维护国家主权的表现。"[③] 陈崇桥、胡玉海对奉系军阀与日本帝国主义的关系进行了分阶段研究,认为二者的关系应分为三个阶段,即从"不即不离"到勾结为主,再到矛盾激化。[④] 车维汉等著《奉系对外关系》(辽海出版社2001年版)一书更是全面介绍了奉系军阀与日本的关系。佟冬主编的《中国东北史》(吉林文史出版社1998年版)一书,还依据具体事例说明张作霖在勾结日本的同时,也对其贪得无厌的要求进行过抗争。胡玉海甚至认为奉系军阀"对日妥协乃是'生存'之策略,抗争才是其思想本质"[⑤]。关于奉系军阀的对日抗争,罗志田对奉系军阀末期的奉日关系提出了新的看法,认为这时的"奉系与日本的关系颇类似国民党与苏联的关系",奉系已深感有必要并实质性地逐渐向美国和英国靠拢,并曾试图接近俄国,因而引起了一些日本少壮军官的注意。罗志田认为,奉张在外交上的这种倾向,"对理解后来日本人对张作霖的暗杀是至为重要的"。[⑥] 这是一个很有新意的思路,遗憾的是迄今仍无人对此展开实证性的研究。左世元虽然就奉系军阀对济南惨案的态度做过专门研究,仍只是指出:"事实上,北京安国军政府对此次事件反应也非常强烈"[⑦],一度对日本暴行表达出强烈的不满,其主要是在高涨的民族主义情绪的影响下,奉系同日本帝国主义矛盾激化以及奉、蒋因各自利益相互妥协而最终导致的结果。

---

[①] 参见常城主编《张作霖》,辽宁人民出版社1980年版。
[②] 参见潘喜廷《张作霖与日本的关系》,《学术与探索》1980年第2期;白胡甫《张作霖传略》,《辽宁大学学报(哲学社会科学版)》1980年第3—4期。
[③] 何应会:《试论张作霖与日本的关系》,《黑龙江教育学院学报(哲学社会科学版)》2000年第4期。
[④] 参见陈崇桥、胡玉海《张作霖与日本》,《日本研究》1990年第1期。
[⑤] 胡玉海:《论奉系军阀》,《东北史地》2008年第2期。
[⑥] 罗志田:《济南事件与中美关系的转折》,《历史研究》1996年第2期。
[⑦] 左世元:《奉系军阀对济南惨案的态度及原因探析》,《江汉大学学报(人文科学版)》2008年第1期。

3. 奉系军阀的政治、军事、经济。在政治研究方面，丁雍年认为张作霖在镇压"宗社党"复辟、统一东北方面做出了贡献。[①] 但更多学者所关注的是奉系军阀与其他军阀的相互勾结与利用，以及在此过程中所采用的手段。莫建来撰文指出："直皖战争的爆发，是直皖两派军阀间长期存在并日趋激化的矛盾和纷争的必然结果。但奉系军阀的居中挑拨、推波助澜以及直接出兵参战，对直皖战争的发生及其结局无疑也产生了相当大的影响。"[②] 刘迎红也认为："张作霖施用政治权术和各种手段，充分利用皖系、直系间的矛盾，多次组织同盟，取得各方支持，孤立分化对手，战略上处于优势地位。"[③]

在军事研究方面，学者们除了关注奉系军阀的战争活动外，吕健还对奉系军阀军事力量迅速膨胀的原因进行了研究，认为奉系军阀"军事力量迅速膨胀的原因是多方面的，有张作霖个人的因素；也有他投靠日本，取得日本支持的因素；还有东北的地理和经济等方面的优势"[④]。高乐才、刘彬研究了奉系军阀的海军建设，认为"尽管东北海军在存在期间充当了奉系军阀统治东北和发动内战的军事工具，但在对外战争中也发挥了一定的积极作用，在近代中国海军史占有一定的地位"[⑤]。许超英关注的则是东北的空军发展。[⑥]

在经济研究方面，王德朋对奉系军阀的经济构成进行了研究，认为"奉系军阀经济力量的构成以五个部分为主：税收是奉系军阀经济力量的基础，奉系军阀从崛起到解体，一直在以不同的方式扩大征税的范围和幅度。金融业的迅速发展为奉系军阀提供了巨额利润；同时，也使东北三省的经济命脉牢固地掌握在奉系军阀手中。日益发达的工商业巩固了奉系军阀的经济基础，不断扩大的对外贸易既促进了东北同关内及世界有关国家

---

[①] 参见丁雍年《对张作霖的评价应实事求是》，《求是学刊》1982年第5期。
[②] 莫建来：《奉系军阀与直皖战争》，《学术月刊》1989年第3期。
[③] 刘迎红：《奉系军阀关内扩张简析》，《求是学刊》1991年第5期。
[④] 吕健：《试析奉系军阀军事力量迅速膨胀的原因》，《辽宁商务职业学院学报》2000年第3期。
[⑤] 高乐才、刘彬：《奉系军阀与东北海军的创建》，《东北师大学报（哲学社会科学版）》2006年第5期。
[⑥] 参见许超英《东北空军发展史略》，《军事历史研究》1988年第4期。

和地区的经济交流，又大大增强了奉系军阀的经济实力。大量发行的债券及种植鸦片，在很大程度上缓解了奉系军阀的经济困难"①。姚会元认为"奉票"在整个奉系军阀扩张过程中起到了重要作用。然而，奉票的发行业又犹如一把双刃剑，在后期，由于巨额的军费开支，奉系军阀不得不大量印刷奉票，以至于"奉票的急剧贬值在奉省造成了恶性通货膨胀，导致了经济全面萧条"②。董昕也对东三省的币制混乱问题及其成因进行了研究。③ 而胡学源认为边业银行对维持和巩固奉系军阀的统治起到了重要的作用。④

另有学者运用社会交往理论分析了奉系军阀的兴衰。⑤ 常江还对奉系军阀在东北推行的职业教育进行了研究，认为其以"实用"和"实利"为出发点的职业教育宗旨，颇具特色，且成绩不俗。⑥

4. 张作霖及其重要成员。张作霖作为奉系军阀的头号人物，自然成了学者们的重点研究对象。自 20 世纪 80 年代以来就先后出版了常城的《张作霖》（辽宁人民出版社 1980 年版）、陈崇桥、胡玉海、胡毓峥的《从草莽英雄到大元帅——张作霖》（辽宁人民出版社 1991 年版），徐立亭的《张作霖大传》（哈尔滨工业大学出版社 1994 年版），陈崇桥、耿丽华的《张作霖真传》（辽海出版社 1997 年版），徐彻、徐悦的《张作霖传》（国际文化出版公司 2010 年版），张祥斌的《张作霖传》（吉林大学出版社 2010 年版）等专著 10 余部。至于专题论文就更多了。这些论著，在张作霖的总体评价方面，出现了两种截然相反的观点。有的学者认为，张作霖的一生是反动的一生、祸国殃民的一生。理由是：其一，多年来投靠日本帝国主义，与日本相互勾结、利用；其二，连年穷兵黩武，混战不已，给人民带来深重的灾难；其三，在辛亥革命、五四运动、五卅运动和北伐战

---

① 王德朋、华正伟：《论奉系军阀经济力量的构成》，《辽宁大学学报（哲学社会科学版）》2000 年第 2 期。
② 姚会元：《奉系军阀统治时期的辽宁纸币发行》，《中国钱币》2002 年第 4 期。
③ 参见董昕《奉系时期东三省币制节略》，《东北史地》2004 年第 7 期。
④ 参见胡学源《奉系政治舞台的支柱边业银行及其钞票》，《中国钱币》2005 年第 2 期。
⑤ 参见陈紫微《社会交往与奉系军阀成长及消亡》，《哈尔滨学院学报》2007 年第 12 期。
⑥ 参见常江《实用实利的奉系职业教育》，《辽宁大学学报（哲学社会科学版）》2006 年第 6 期。

争中，犯下一系列反革命罪行，特别是疯狂镇压共产党人，绞杀李大钊，犯下了不可饶恕的滔天罪行。① 但是，更多的学者认为此论过于片面，丁雍年、陈崇桥等人指出，张作霖在东北与日本是互相利用。入关后，对日本多次提出的侵略要求，都没有承诺，不论动机如何，这种行为在客观上对中华民族是有利的。1925 年以后的东北铁路计划是张作霖想摆脱日本控制和干涉的行动，而皇姑屯事件是张作霖与日本之间矛盾激化的必然结果。张作霖统一东北后，整顿警政、税收，建立空军，重视人才，网罗文人等在军阀中是少见的，同时在安定社会秩序，镇压蒙匪和宗社党的复辟分裂活动，保卫祖国边疆等都做出过贡献。因此，对张作霖的评价也应该实事求是。② 车维汉指出，张作霖在郑家屯事件交涉中对日本提出的侵害中国东北主权的要求采取了抵制与抗争的态度，不论其主观动机如何，客观上是"有利于中国人民反抗侵略的正义事业的"③。王海晨也指出：张作霖面对日本要求在东北兑现"二十一条"的外交攻势，自始至终持"抵制态度"；对日本设领设警的要求也是坚决抵制的，而且采取了及时有效的措施④，等等。关于张作霖的死，大多认为是张作霖的对日抵制政策，导致其被关东军炸死，但徐玲不以为然，认为是日本内部"武力占领"派与"经济侵略"派之争，导致张作霖被关东军炸死，意谓张作霖签署新五路条约合同的妥协行为导致他被炸死。⑤ 潘喜廷还对 1899—1911 年张作霖经营辽西的概况进行了较为系统的研究，弥补了以往研究的不足。⑥ 陈崇桥分析了张作霖对待知识分子的态度。强调："一个封建军阀为了巩固其统治地位，却能做到'礼贤下士'、尊重人才，今天我们从事'四化'建设，需要更多的各种专门人才，更需要充分发挥知识分子的作用。张氏父

---

① 参见常城主编《张作霖》，辽宁人民出版社 1980 年版。
② 参见丁雍年《对张作霖的评价亦应实事求是》，《求是学刊》1982 年第 5 期；陈崇桥《关于张作霖的评价问题》，《社会科学战线》1988 年第 4 期。
③ 车维汉：《张作霖与郑家屯事件》，《近代史研究》1992 年第 5 期。
④ 参见王海晨《张作霖与"二十一条"交涉》，《历史研究》2002 年第 2 期；《从"满蒙交涉"看张作霖对日谋略》，《史学月刊》2004 年第 8 期。
⑤ 参见徐玲《从町野回忆录看张作霖之死》，《东北师大学报（哲学社会科学版）》1985 年第 1 期。
⑥ 参见潘喜廷《张作霖在辽西的发迹》，《东北地方史研究》1985 年第 1 期。

子的成败得失，对于我们无疑是有可供借鉴之处的。"①

学界对奉系军阀中向往进步，并试图摆脱封建营垒的郭松龄也较为关注。万家星认为他是一位进步的爱国将领，"反帝反封建的不屈战士"②。毛履平、高红霞撰文指出，日本的介入是郭松龄反奉失败的根本原因。③刘敬忠认为国民军的背盟行为也是"导致郭松龄败亡的重要原因之一"④。此外，周利成对北洋末期褚玉璞在天津的黑暗统治进行了较为全面的揭露。⑤ 其他奉系军阀重要成员如王永江、吴俊升、孙烈臣、汤玉麟、李景林、杨宇霆等，皆有学者进行研究，并取得了一定的进展。

## 第六节 关于西南、西北军阀的研究

西南军阀是北洋军阀统治时期，"独立"于北洋军阀以外，派系更为复杂，对当时全国政局影响最大的一个地方军阀集团。20 世纪 80 年代以来，学界在这一领域先后推出了谢本书、冯祖贻主编的《西南军阀史》第1—3 卷（贵州人民出版社 1991 年版）和贵州军阀史研究会编撰的《贵州军阀史》（贵州人民出版社 1987 年版）、肖波与马宣伟撰写的《四川军阀混战》（四川省社会科学院出版社 1986 年版）、匡珊吉等人主编的《四川军阀史》（四川人民出版社 1991 年版）等专著。前者记述了 1911—1949 年西南军阀（包括云南、广西、四川、贵州、广东、湖南六省区）从酝酿到发展直到尾声的全过程，分析了它们与北洋军阀、国民党新军阀的不同特点。后者各自介绍了贵州、四川两省军阀的兴衰概况。而有关西南军阀的专题研究则主要集中在以下几个问题上。

---

① 陈崇桥：《奉系军阀与知识分子》，《辽宁大学学报（哲学社会科学版）》1986 年第 3 期。
② 万家星：《为郭松龄辩》，《社会科学战线》1999 年第 3 期。
③ 参见毛履平《论郭松龄事变的性质及其失败的原因》，《学术月刊》1982 年第 5 期；高红霞：《郭松龄倒戈失败剖析》，《学术月刊》1987 年第 12 期。
④ 刘敬忠：《试析冯玉祥与郭松龄反奉的失败》，《河北建筑科技学院学报（社会科学版）》2005 年第 1 期。
⑤ 参见周利成《褚玉璞在天津罪行纪略》，《历史档案》1997 年第 3 期。

1. 西南军阀概念的界定和形成时间及分期。在中国近代史研究领域，虽早有学者提出"西南军阀"这一历史概念，但对其具体内涵却不曾深入阐释过。谢本书首次提出：西南军阀这个概念与"这些军阀所在省区处于中国的西南方或靠近西南方的省区直接有关。但是，应当注意的是，西南军阀并非'地域概念'，而首先是一个政治概念"。"辛亥革命以后，北洋军阀集团控制了北京中央政权和全国的大部分地区。1916年护国战争以后，在中国的南方和西南地区，北洋军阀的势力尚未达到或尚未完全达到的各省，主要是云南、四川、广西、贵州、广东、湖南六省区，逐渐形成了相对独立的分成许多派系的地方军阀。这些军阀由于不属于北洋军阀系统，而所在省区又基本上处于中国的西南地区，因而历史上称为西南军阀（有时又笼统地称为南方军阀），以区别于北洋军阀（有时又笼统地称为北方军阀）。""西南军阀在民国初年，以唐继尧为首的滇系和以陆荣廷为首的桂系，势力最大。这样又使六个省区大体上分为两类地区，滇系军阀唐继尧控制了云南、贵州两省，并力图向四川扩张；桂系军阀陆荣廷控制了广西、广东两省，湖南也在其势力影响之下。""护国战争结束以后，中国在事实上出现了北洋军阀与西南军阀两个最大的军阀派别。西南军阀作为一个政治军事集团，是特指民国初年出现的与北洋军阀相对而言的西南六省的地方军阀集团，而不是指任何时期中国西南地区出现的地方军阀。"[①]

关于西南军阀的形成时间，杨维骏提出："究竟西南军阀形成于何时，还是得根据史实，对辛亥革命后西南各省的情况作具体分析。"首先，"不能单看该省主政者本人的阶级立场、政治倾向，更主要地应该看该省是否已置于一个封建军阀集团的封建专制统治之下。因为封建专制统治的形成，不是取决于某一人的主观意志，而是封建复辟势力战败革命势力取得了对该地区绝对控制的结果"。其次，依据军阀形成的主要特征，"云南军阀史的上限定于护国战争之后，恐怕较为符合历史实际"；而四川军阀统治史的上限可定于"滇、川、黔军在四川大混战"时期；贵州有没有形成

---

[①] 谢本书：《简论西南军阀》，《历史教学》1987年第7期。10年后，丛曙光以大段相同的文字，题名为"西南军阀与北洋军阀之比较"，发表于《济南大学学报（哲学社会科学版）》1996年第3期。

封建军阀统治则"值得考虑";从"二次革命"至护国反袁,广西陆荣廷政权"似乎基本上是从属于袁世凯北洋军阀的地方政府,还难于说是割据一方的桂系军阀政权"。可见,"西南各省军阀史的上限未必划一,各省情况有所不同,我们只能通过对西南各省辛亥革命后的情况作具体分析,以是否建立封建割据的封建专制统治为准则,来研究和划分各省地方军阀统治史的上限"。① 而谢本书则持不同意见,认为1917年爆发的川滇黔成都巷战,是西南军阀形成的重要标志。理由是:第一,在北洋军阀势力尚未达到或完全达到的西南六省,"逐步形成了相对于北洋军阀的地方军阀集团"。第二,1917年发生在四川省会成都的川滇黔战争,即所谓"刘罗"和"刘戴"之战,乃是典型的军阀混战性质的战争。② 谢本书的看法得到不少学者的认同。

关于西南军阀史的分期,谢本书认为在北京政府时期,西南军阀史可初步分作两个阶段。"第一阶段,西南军阀的酝酿时期(1911—1916年)。这一阶段,只是酝酿,是说明西南军阀形成的背景。""第二阶段,西南军阀的形成及其发展时期(1917—1927年)。这是西南军阀的鼎盛时期,是西南军阀史研究的主要阶段,也是北洋军阀统治中国、军阀混战的重要阶段。"③

2. 西南军阀的特点。谢本书认为,相对于北洋军阀,西南军阀有其特殊性。第一,产生的具体历史条件不同。北洋军阀形成于清末,从一开始就是以镇压人民革命的反革命武装力量而登上历史舞台的。西南军阀则产生于民国初年,借助于护国的声威,在"护法"或"靖国"之类的旗号下进行扩张,因而能在一个时期蒙蔽一些善良的人们。第二,头面人物的经历很不一样,所起作用也不尽相同。"北洋军阀的头面人物,基本上是清末由行伍出身的反动军官,除了个别人以外,他们在人们的心目中,自然

---

① 杨维骏:《西南军阀史的上限》,载《西南军阀史研究丛刊》第1辑,四川人民出版社1982年版。
② 谢本书:《西南军阀形成的重要标志》,载《西南军阀史研究丛刊》第3辑,贵州人民出版社1985年版;李双璧:《试论一九一七年的川、滇、黔军阀混战》,《贵州文史丛刊》1984年第2期。
③ 谢本书:《简论西南军阀》,《历史教学》1987年第7期。

而然地属于反革命派。西南军阀的头面人物的经历要复杂得多，他们中的大部分人都参加过资产阶级领导的革命活动，其前半生多少是有功绩的。例如，唐继尧曾加入同盟会，参加云南辛亥起义，领导护国起义等。陆荣廷虽绿林出身，又为清廷招安，但据说也参加过同盟会，后来又参加护国起义。由于西南军阀头面人物的这些特点，使他们头上多了一层'革命'的光环，能够在一个时期，打着'革命'的旗号，经营军阀的事业。"第三，两者的权力不一样。"北洋军阀控制中央政权，对外投降，对内镇压，危害很大。西南军阀事实上是一批大大小小的土皇帝，内部派系林立，既无'团体'之称，又无统一机关可言。与北洋军阀既有对立，又有勾结。由于他们的势力范围在中国的南方，而南方在民国初年是中国革命的中心地区，为了打击当时革命的主要敌人——北洋军阀，革命派有时要争取、联合他们，这就使西南军阀处在一种比较特殊的地位。"第四，投靠帝国主义的情形和程度很不一样。"北洋军阀各主要派系，实力强，势力范围大，还控制中央政权，与帝国主义关系更密切、直接。西南军阀各派系比较分散，力量有限，与帝国主义的关系一般不密切，也比较间接；也有较小的军阀，在一定时期还发出反对帝国主义的呼声。"[①]

3. 国内外各方与西南军阀的关系。段云章、邱捷《孙中山与中国近代军阀》（四川人民出版社1990年版）一书，"以较为翔实的史料和深入的论证，考察研究了孙中山一生与近代军阀的错综复杂的关系"。任建树认为，中国共产党早期领袖陈独秀早年对军阀有过不切实际的幻想，但他"对军阀（自然包含西南军阀在内）的认识是和他本人的思想发展、转变同步前进的"。陈独秀深知西南军阀只是地方性军阀，难以影响全局。20世纪20年代，陈独秀有许多关于西南军阀及相关的联省自治问题的论述，"但他从不就事论事，孤立地谈论这个问题。在他看来反对西南军阀是反帝反封建全盘革命任务中的一个组成部分，因此他对西南军阀的揭露与斗争，总是从革命的全局着眼"。[②] 这一看法得到宋锐乔、倪少玉的支持。关

---

[①] 谢本书：《简论西南军阀》，《历史教学》1987年第7期。
[②] 任建树：《陈独秀与西南军阀》，《史林》1988年第2期；《陈独秀与西南军阀及其联省自治》，《安庆师范学院学报（哲学社会科学版）》1994年第1期。

于某些社会名流如章太炎与西南军阀的关系，冯祖贻指出："一九一四年以后，章太炎渐渐脱离政治，但其间也有变化，袁世凯死后，章捐弃前嫌再度与孙中山合作护法，反对北洋军阀，因而与西南军阀发生了关系。第一次护法失败，在五四运动革命潮流滚滚向前之际，章的政治态度从反对军阀割据转向拥护军阀割据，鼓吹'联省自治'，进而反对孙中山的革命三民主义。显而易见，一九一四年后章太炎的这一思想变化和他与西南军阀之间的纠葛有关。"① 关于皖系军阀与西南军阀的关系，陈长河认为，西南军阀在直皖战争中的"联直制皖"策略仅是一种权宜之计，其与直系的"合作"是"出于各有所求，形势使然。但以彼此利害关系，在'合作'中又充满矛盾"②，也证明西南军阀在本质上与北洋军阀没有区别。关于日本与西南军阀的关系，陈正卿指出：日本在扶植东北奉系军阀张作霖的同时，也曾"加紧引诱拉拢西南军阀唐继尧、陆荣廷"。"五四运动前后，日本对唐继尧的拉拢勾结，对中国政局产生了相当影响。首先，它阻碍了这一运动和新文化在西南地区发展。""唐继尧与日本勾结也进一步威胁着孙中山的护法事业"，"加速了西南滇黔川战争的爆发"。"从上述日本与唐继尧的勾结过程来看，日本也确实达到了它的罪恶目的。虽然它内部军阀、财阀派别不一，但在执行分头操纵中国南北军阀阴谋时，其策略倒是相互串通基本一致的。"③

4. 西南军阀对五四运动及鸦片贸易的态度。对于1919年的南北议和，学界一般认为"它是由帝国主义导演的一场南北军阀'分赃以肥私'的政治争夺"。但夏石斌认为，由于各派军阀所处的地位不同，"不仅有'分赃以肥私'的共性，而且又存在对中国历史发展有不同作用的个性"。西南军阀"由于特定的地位，特定的环境"，在这场斗争中也"起了某种积极作用，这就是西南军阀的双重性"。④ 谢本书更明确指出，五四运动发生

---

① 冯祖贻：《略论章太炎与西南军阀》，《贵州社会科学》1985年第9期。
② 陈长河：《西南军阀与1920年直皖战争》，《军事历史研究》2003年第1期；谢本书：《吴佩孚与西南军阀的勾结》，《贵州社会科学》1983年第5期。
③ 陈正卿：《"五四"运动前后日本拉拢西南军阀述论》，《档案与史学》1994年第3期。
④ 夏石斌：《从一九一九年"南北议和"看西南军阀》，《吉首大学学报（社会科学版）》1989年第4期。

后，西南军阀"基本上采取了有条件的支持态度"，"尽管这种支持是有条件的和有限制的，而这种支持本身，客观上有利于运动的发展"①。至于对鸦片贸易的态度，高言弘指出，"鸦片税收，既然是军阀财政的主要来源"，因此，西南军阀对鸦片种植是鼓励的，并"为了控制和扩展鸦片烟的产销地区"②，和战时起。

5. 四川军阀的形成及其社会危害。张建基认为四川"防区制的确定，标志着川系军阀之形成"③。王友平认为"防区制是一种割据争雄，武人专制，旨在掠夺，破坏极大的地方军阀割据统治形式……实为一种恶劣的武装割据现象"④。赵清认为袍哥是四川军阀的重要来源。⑤ 龙岱等人认为鸦片税收是四川军阀最主要的财政来源和支柱。⑥ 唐学锋、傅曾阳等人分析了四川军阀长期混战的原因，他们指出：军阀混战越剧烈，社会经济遭到破坏程度越大，农民破产和城市人口失业的就越多，而军队的兵源就不断扩大。兵越多，又助长了军阀进行混战的野心。这种恶性循环是造成近代军阀割据的重要原因。而这种恶性循环又与四川封闭的地理环境，自然经济的存在，人口的迅速增加，知识分子寻找出路等因素有关。吃粮从军，军事起家，便成了四川军阀混战次数特别多，位居全国榜首的重要原因。⑦ 另有学者认为，吴佩孚鼎力支持杨森也加剧了四川军阀间的混战。⑧ 涂鸣皋对四川军阀的形成、割据混战及混战根源与社会危害进行了深入分析。⑨ 沈涛揭露了四川军阀对

---

① 谢本书：《西南军阀与五四运动》，《学术月刊》1989年第5期。
② 高言弘：《西南军阀与鸦片贸易》，《学术论坛》1982年第2期。
③ 张建基：《川系军阀的形成》，《军事历史研究》2003年第3期。
④ 王友平：《四川军阀割据中防区制的特点》，《天府新论》1999年第2期。
⑤ 参见赵清《重视对袍哥、土匪和军阀史的研究》，《四川大学学报（哲学社会科学版）》1990年第2期。
⑥ 参见龙岱《四川军阀时期的烟祸》，《西南民族学院学报（社会科学版）》1986年第6期；林寿荣、龙岱《四川军阀与鸦片烟》，《四川大学学报（哲学社会科学版）》1984年第3期。
⑦ 参见唐学锋《四川军阀混战频繁之原因》，《西南师范大学学报（哲学社会科学版）》1990年第2期；傅曾阳《试析四川军阀长期混战之因》，《四川师范大学学报（哲学社会科学版）》1998年第8期。
⑧ 参见赖悦《吴、杨勾结与四川军阀混战》，《惠州大学学报（社会科学版）》1994年第2期。
⑨ 参见涂鸣皋《关于四川军阀割据混战的几个问题》，《西南师范大学学报（人文社会科学版）》1980年第1期。

于自贡盐场的劫掠。① 张杰"从社会史的角度,以民国川省军阀、土匪、袍哥三位一体的事实,以及他们相互勾结的背景、条件、过程、心态及其影响",论述了"民国年间四川社会,军阀混战、袍哥横行、土匪猖獗,是相当引人注目的三大社会问题。他们的活动与整个民国四川史相始终,其势力和影响波及经济、文化、行政各个领域"②。杨光彦、潘洵指出,四川军阀给四川社会造成了严重危害。"从1917年到1935年,军阀割据持续长达18年之久。为争权夺利,各派军阀之间混战不已,大小战事400余次。为筹措战争经费和满足个人挥霍,各派军阀不惜竭泽而渔:骇人听闻的田赋附加和预征;毒害川民、布祸全国的鸦片种植;滥发滥铸纸币劣币;巧立名目征收各种苛捐杂税,等等。造成农业萎缩、工业衰退、商业萧条,人民群众在饥饿死亡线上挣扎,把'天府之国'变成了'人间地狱'。"③

6. 贵州军阀及刘显世的评价问题。有学者对贵州军阀统治时期的财政窘况进行了研究。④ 熊宗仁则对贵州军阀混战进行了较为深入的探讨。⑤ 关于贵州军阀与北洋军阀的关系,有学者认为贵州军阀曾与北洋对峙乃至分庭抗礼。⑥ 何长凤则认为贵州军阀对于北洋军阀始终处于依附地位。"没有发生过与之'分庭抗礼',更没有出现过搞'军事割据'、闹'独立王国'的情况。"要说有的话,也"只是在兴义系军阀政府统治时期,'旧派'势力依附北洋军阀政府反对南方临时政府和军政府,或者成为北洋军阀反对南方军阀的附庸。'新派'势力则是依附、支持南方临时政府和军政府,参与南方军阀(含西南军阀)反对北洋军阀的战争"⑦。李双璧考察了贵

---

① 参见沈涛《从档案看四川军阀对自贡盐场的劫掠》,《四川档案》2001年第5期。
② 张杰:《民国川省土匪、袍哥与军阀的关系》,《江苏社会科学》1991年第3期。
③ 杨光彦、潘洵:《爱国主义传统与四川军阀的两次转变》,《西南师范大学学报(哲学社会科学版)》1996年第1期。
④ 参见孙德灏《军阀统治时期贵州财政发展概述》,《贵州大学学报(哲学社会科学版)》1993年第1期。
⑤ 参见熊宗仁《贵州军阀统治形态走向成熟的三部曲》,《贵州社会科学》2001年第3期。
⑥ 参见贵州军阀史研究会、贵州社会科学院历史研究所《贵州军阀史》,贵州人民出版社1987年版。
⑦ 何长凤:《贵州军阀政府的依附性——兼评"对峙"、"分庭抗礼"论》,《贵州师范大学学报(社会科学版)》2001年第3期。

州兴义系军阀的形成及其社会基础,认为它是"一个代表封建地主阶级、资产阶级上层利益的反动势力","在政治上极其保守,拒绝任何形式的改革,在经济上横征暴敛,陷贵州人民于水火之中,成为阻碍贵州社会进步的绊脚石"①。龚晓林则认为"兴义军阀具有武治地方社会的割据性、利权掠夺的争夺性、传统封建关系的伦理取向性、对外关系的非帝国主义依附性、行为准则的随己性等特点"②。

范同寿对贵州军阀桐梓系周西成集团在20世纪20年代的崛起及其在西南军阀派系中的纵横捭阖活动进行了研究,较为客观地指出:"以周西成为首的贵州桐梓系军阀集团之所以能在短短的几年中迅速崛起,除了其本身善于投机取巧、纵横捭阖这一主观因素外,很大程度上还在于一九二三至一九二五年间,川黔两省乃至全国政治、军事形势的演变。"其实力扩张的原因,与"桐梓系军队本身的一些特点,例如官兵中除上下级关系外,尤为注重封建宗法式的同乡、戚族关系,在同等条件下,军队的战斗力较其他军阀队伍为强等等因素"不无关系。"不过,那种过份强调周西成'干练'及桐梓系军队'善战'的看法,却是不可取的。可以断言,如果没有一九二三年以后川、滇、黔军阀的大混战,没有南方大革命运动蓬勃兴起对北洋军阀的遏制,以周西成为首的这支小小地方军阀派系,决不可能如此快地跻进西南军阀的行列,当然更谈不上建立起桐梓系集团对贵州为期十年的统治。"③

关于刘显世的评价问题,熊宗仁研究刘氏的生平事迹后指出:刘显世"除了反映军阀的本质和主流的一面之外,还有在某些历史转折关头或重大历史事变中与时代潮流俱进,在历史前进的合力中加入他的一分力量的非本质、非主流的另一面。这两面的有机结合,才是历史上的刘显世其人。""刘显世一生的形象除了作为封建军阀这条主线之外,还有一些似乎违背形式逻辑但却符合历史逻辑的行动,往往把反动与进步、逆潮流与顺时势统一于一身。"④对于刘显世在护国战争中的地位和作用,学界一度普

---

① 李双璧:《贵州兴义系军阀的形成及其社会基础》,《贵州文史丛刊》1983年第2期。
② 龚晓林:《论兴义军阀及其特点》,《凯里学院学报》2010年第4期。
③ 范同寿:《浅谈贵州桐梓系军阀的实力扩充》,《贵州文史丛刊》1984年第3期。
④ 熊宗仁:《论贵州军阀的开山祖刘显世》,《贵州文史丛刊》1987年第2期。

遍持全面否定的态度，认为他参加护国战争，纯属"被迫"，是"反革命投机家"。① 但曾业英对此提出质疑，认为"刘显世于云南护国起义以前，虽投过帝制赞成票，但并不足以说明他就是袁世凯帝制派"。"完全否定刘显世在护国战争中的地位和作用是不公正的，不仅与事实不符，且理论上也说不通。"② 另有学者从湖湘文化的影响力方面分析其生平，考察其在贵州近代化方面做出的努力，给予了正面的评价。③

7. 旧桂系军阀的兴衰。莫杰剖析了以陆荣廷为首的旧桂系军阀集团的出现、演化和覆灭，认为旧桂系的基本特点是：首领人物的素质，决定了他们拿不出像样的维护统治的精神支柱，只能乞灵于封建迷信和"江湖义气"。他们赖以维持内部团结的纽带，是拜把关系和裙带关系。他们的主要社会基础是乡村的豪绅阶级，所遵奉的是封闭型的地方主义。其统治方式为封建把头的家长制封建统治，"属于地主阶级的军阀官僚的统治"。"不仅英、美帝国主义扶植旧桂系军阀，而且日本帝国主义也扶植旧桂系军阀。"④ 黄宗炎则分析了护国战争与旧桂系兴亡的关系。⑤ 熊宗仁就旧桂系据粤的缘由进行了研究，认为"除了陆荣廷等政治暴发户赤裸裸的财富欲、权势欲和膨胀了的占山为王的绿林习气等主观因素外"，还有桂、粤两省财政的贫富悬殊、陆荣廷借护国战争之机，以及两广联治的历史政治传统和北京政府的无奈认可等深刻原因，以及"适逢的历史机遇和传统的思想观念"方面的客观原因。⑥ 罗婧则进一步结合旧桂系的军政活动，将其发展战略概括为"立足广西，参与南北对抗"⑦，并分析了采取这一发展

---

① 参见顾大全《刘显世与袁世凯——评刘显世参加护国运动》（载西南军阀史研究会编《西南军阀史研究丛刊》第1辑）、《贵州护国起义》（《贵州文史丛刊》1985年第4期）、《护国战争与贵州》（贵州人民出版社1985年版）等。谢本书等《护国运动史》（贵州人民出版社1984年版）也持同样观点。
② 曾业英：《刘显世与护国战争》，《近代史研究》1988年第3期。
③ 参见袁运隆《湖湘文化视域下的刘显世》，《贵州文史丛刊》2010年第2期。
④ 莫杰：《陆荣廷军阀政权的出现和覆灭》，《学术论坛》1980年第4期；《陆荣廷上台和旧桂系军阀的特点》，《学术论坛》1980年第1期；《军阀的基本特征和新旧桂系的比较研究》，《学术论坛》1985年第8期。
⑤ 参见黄宗炎《护国战争与旧桂系的兴亡》，《学术论坛》1988年第3期。
⑥ 熊宗仁：《也论桂系据粤之由来》，《广州研究》1986年第7期。
⑦ 罗婧：《浅析陆荣廷政治战略对新桂系的影响》，《学术论坛》1995年第6期。

战略的原因。周中坚、黄卷超还注意到陆荣廷旧桂系军阀在广西现代化过程中的贡献。① 袁少芬则介绍了岑春煊在旧桂系崛起时代的作用及破坏护法运动的表现。② 林小群、傅玉能从社会政治学的角度,"对在桂系集团崛起中起关键作用的桂系核心集团组织结构及内部联系"③ 进行了个案探究,以追寻旧桂系集团迅速崛起及最终迅速彻底瓦解的原因。

8. 陈炯明粤系军阀的特点。有学者指出,概括地说,该系军阀的特点是:"(一)粤系军阀代表人物陈炯明是从革命党人蜕化过来的","可以称之为过渡类型的军阀。"(二)粤系军阀的军队,是以封建依存关系和反动政治关系结合起来维系的。由若干小系统组成大系统的军队,是一支比较典型的军阀军队。它开创了历史上臭名昭著的团防武装——城乡地主买办阶级武装。(三)粤系军阀具有明显的买办性。陈炯明始终得到广东的地主买办、资产阶级的支持,而这些地主买办资产阶级的后台便是帝国主义。陈炯明的叛变是帝国主义收买政策的结果。(四)所有军阀都是地方主义者,但粤系军阀在这一点上表现特别突出,所以有人称之为'地域主义'。"④

9. 唐继尧评价问题。学界对唐继尧的研究,主要集中在以下四个方面:一是在护国、护法运动中的表现;二是治理云南的施政措施;三是与云南近代化的关系;四是与国内外政局的关系。学者们对此有褒有贬。以唐继尧对护国战争的贡献而言,有全面肯定的,认为此时的唐继尧尚未蜕变为军阀,还是资产阶级革命党人,他担任了护国运动的全面领导。唐继尧作为辛亥云南起义的主要策划人和参加者,是有重要历史功绩的,在云南也是有实力的,不能把推翻"洪宪"帝制的功劳都归于蔡锷。⑤ 也有全

---

① 参见周中坚《广西近代化进程中的老桂系时期(1912—1924)》,《东南亚纵横》2008年第3期;黄卷超《试论旧桂系首领陆荣廷执政治桂贡献》,《广西地方志》2007年第5期。
② 参见袁少芬《旧桂系军阀元老岑春煊》,《广西民族学院学报(哲学社会科学版)》1980年第1期。
③ 林小群、傅玉能:《试论旧桂系核心集团成员关系及组织结构》,《史学月刊》1997年第3期。
④ 韩剑夫:《论粤系军阀的特点》,《广州研究》1986年第7期。
⑤ 参见夏光辅《护国运动的领导问题》,《昆明师范学院学报(哲学社会科学版)》1980年第5期;陈忠《蔡锷与唐继尧谁是护国运动首功》,《贵州文史天地》2001年第1期。

面否定的，认为护国战争的"原动力来自孙中山领导的中华革命党，如果没有唐继尧的破坏和屠杀，云南反袁工作早就发动起来了"。这位学者还引用其他学者20世纪60年代的话说："从1912—1927年唐继尧的言行看来……在'护国'战争中，他仅在客观上起一些作用而已。从主流来看问题，显然唐继尧不是什么正面的人物。"① 多年来，云南学界对唐继尧的评价问题展开了热烈讨论，有关情况可参阅杨淳惠《1980年以来唐继尧研究综述》（《文山学院学报》2012年第5期）一文。

西北军阀主要指盘踞于甘青宁地区的马氏军阀集团和新疆军阀杨增新。对于马氏军阀集团的研究，主要集中在以下两个方面：

一是马氏军阀集团的产生及长期存在的原因。吴忠礼就马氏军阀集团的兴衰进行了一般的探讨。② 周立人认为该军阀集团起源于清末陕甘回民起义中的回军乃至庚子国变时期的董福祥甘军，具体而言，它"产生于十九世纪末二十世纪初，形成于二十世纪二十年代，到了三十年代'三马'掌权时，他们利用新军阀混战的机会，使军事力量得到了迅速的发展，遂成为西北的地方割据势力"③。薛正昌认为，董福祥与西北马家军阀集团的孕育与形成有着直接的关系。④ 许宪隆等人就辛亥革命前后诸马集团在政治上的多次转变及其动因进行了研究。⑤ 田旺杰"从地理环境、宗教、社会历史背景和内在改革机制等方面剖析了青海军阀长期存在的原因"，认为"青海回族军阀存在近半个世纪，它的成功在于具有较强的适应性和应变能力，适应了社会发展的历史需求，并能根据社会的实际需要，做出符合社会需求的举动。但是他们的一举一动是在矛盾中艰难地发展，因为他们本身的局限性不情愿也决不会完全按社会和青海人民的意愿所为，只是

---

① 李开林：《说点老实话》，《评唐继尧护国》，云南民族出版社2006年版，第12—13页。
② 参见吴忠礼《甘、宁、青回族军阀述略》，《宁夏大学学报（社会科学版）》1982年第4期。
③ 周立人：《"三马"军阀集团的形成及其统治特点》，《温州师专学报（社会科学版）》1986年第2期。
④ 参见薛正昌《中日甲午之战与河湟起义间的董福祥》，《固原师专学报》1989年第4期。
⑤ 参见许宪隆、韦甜《论辛亥革命前后西北诸马军阀的角色转换》，《民族研究》2002年第2期。

局部的适应"①。李庆勇等人从伊斯兰门宦教派的角度考察了它们在西北马氏军阀集团形成中的作用。② 刘进则指出:"当历史和人为形成的民族对立依然未能消解时,回族民众在一定程度上把诸马势力视为维护本民族利益的依靠,这是西北诸马军阀能长久生存的原因之一。"③

二是马氏军阀集团的特点及影响。作为回族地方割据势力的马氏军阀集团,其势力曾扩展到西北数省,对这几个省的政治、经济和文化都产生过颇大的影响。马氏军阀集团中个别实权人物的势力范围还一度跃出西北进入绥远诸地。王劲指出这个集团的主要特点是:具有特别浓厚的封建性,其统治建立在传统的农牧业结合的封建经济基础之上,靠家族主义纽带维系内部;附庸下的独立,自身条件制约他们不能与"中央"公开抗衡;力图与宗教保持密切联系,以政权控制宗教。④ 其社会影响,吴忠礼等人指出,回族军阀势力的崛起,实际上是近代以来回族求生存求发展的根本权益的体现,其军阀统治在给当地带来黑暗落后的同时,也为国家民族起到一定作用。从国家主权角度看,"它的出现,及时填补了辛亥革命后西北某些地区(主要是宁夏、青海和甘肃河西走廊地区)产生的权力真空,使这些地区得到了及时有效的管制,从而排除了帝国主义分子借这一地区民族问题而干涉中国内政的可能性,也使某些帝国主义分子和分裂分子的阴谋无法得逞"。"由于回族军阀的民族特点,使得回族穆斯林群众的生存权利和生活习惯较之以往受到了一定程度上的尊重。"⑤ 霍维洮也认为西北回族军阀"曲折地体现了回族社会的历史要求,与这一民族社会紧密结合,标志着西北回族社会发展的新阶段。同时,它处于多民族社会环境和近代化过程之中,作出了适应环境和时代需要的各种努力,因而协调了各种社会关系,但它终于不能从

---

① 田旺杰:《民国时期青海军阀长期存在的原因探析》,《青海民族研究》2004 年第 4 期。
② 参见李庆勇、王建斌《伊斯兰门宦教派与近代西北回族军阀的形成》,《青海民族研究》2006 年第 1 期。
③ 刘进:《晚清民初中央权威衰落与诸马军阀崛起述论》,《兰州学刊》2009 年第 8 期。
④ 参见王劲、苏培新《试论西北诸马军阀的几个特点》,《兰州大学学报(社会科学版)》1995 年第 4 期。
⑤ 吴忠礼等:《论西北回族军阀产生的社会历史条件》,《宁夏社会科学》1988 年第 4 期。

民族运动向社会变革转化而败亡"①。许宪隆对马氏军阀集团与西北穆斯林社会早期"现代化运动"的关系进行了较为深入的研究。② 赵维玺则考察了青海回族军阀的缘起与发展及其在近代化过程中的局限。③ 牛敬忠等人认为马福祥在绥远一面"鼓励民间种植鸦片、军政人员贩卖鸦片","导致绥远地区鸦片的泛滥",一面又"重视地方教育事业,在教育、军事、行政诸领域任用地方人士",因而对马福祥的所作所为"不应简单地加以否定"④。

关于新疆军阀杨增新的研究,主要有彭武麟、段金生等人的论著。他们都从维护边疆稳定方面对杨增新治理新疆的理念与实践给予了肯定。段金生指出,杨增新主政新疆期间,"中国正经历着晚清到民国的社会剧变,他坚持弃绝战乱、保境安民的坚定信念,实行具有个性特征的各项治新措施,使得新疆在他统治时期保持了社会的相对稳定。这从统一的多民族国家发展的大局来看,杨增新在这一时期所起到的历史作用会越来越被人们所重视"⑤。

## 第七节 值得重视的几个问题

1949—2009 年间,北洋军阀史研究经历了一些曲折。在头一个长达 30 年的岁月里,少有学者从事这方面的研究,也几乎没有什么经得起历史检验的研究成果问世。直到 20 世纪 70 年代末国家改革开放以后,才终于打破这种尴尬的局面,使这一领域的研究进入了一个持续 30 年的成果累

---

① 霍维洮:《西北回族军阀论略》(上、下),《宁夏大学学报(人文社会科学版)》2000 年第 2 期、2001 年第 5 期。

② 参见许宪隆《诸马军阀集团与西北穆斯林社会》,宁夏人民出版社 2001 年版。

③ 参见赵维玺《关于青海回族军阀的两个问题》,《西北第二民族学院学报》2006 年第 1 期。

④ 牛敬忠、付丽娜:《北洋军阀统治时期的绥远都统马福祥》,《内蒙古师范大学学报(哲学社会科学版)》2007 年第 6 期。

⑤ 彭武麟:《简论杨增新治新思想与策略》,《民族史研究》第 1 辑,1999 年 11 月;段金生:《调适与冲突:杨增新思想与治新实践研究》,云南人民出版社 2010 年版。

累的大发展时期。但是，这些成果的取得，并不意味着北洋军阀史研究已经完美无缺，可以继续按部就班沿着这一现成轨迹走下去，无须再作任何改进了。事实上，为更好推进这一研究领域的健康发展，也还有一些不能忽视的问题，主要是：

1. 模仿有余，创新不足。改革开放以来的北洋军阀史研究有个明显特点，就是突出北洋军阀与中国近代化的研究，充分肯定北洋军阀在实现中国近代化方面所起的作用。有学者指出："无论军阀们怎样思考，他们是无法改变中国走向现代化的进步潮流的。为了生存，他们不得不依然打着'民主'、'共和'、'自由'、'地方自治'等具资产阶级性质的招牌，并在一定区域内实施一些现代化实验，并力图把这些措施推向全国。代表中央政府的北洋军阀、桂系军阀、广东的陈炯明、山西的阎锡山等，他们在教育、工商、军事、城市建设等方面都实施了一系列现代化措施，并取得了一定成绩。"为此，这位学者认为："军阀割据时期与封建专制时代相比，社会进步与文明的因素增多了，开放性与现代性也增多了，政府的现代行为也增多了。从这个角度看，军阀政治相对于封建专制政治是一种进步。它是从封建专制到资产阶级民主政治的一种特殊过渡形式。"①

为什么这时会有这么多学者趋向于研究北洋军阀对中国近代化的贡献呢？不外两个原因：一是内部的，改革开放后断然否定了"以阶级斗争为纲"的国策，确立了以现代化为目标的经济建设的中心地位，有所谓现实的需要。二是外部的，即海外史学理论和方法的影响。美国兰比尔·沃拉不是说过吗？军阀割据"没有使中国经济的现代工业得到什么发展，但是它没有阻止向城市化发展的倾向，特别是通商口岸的发展。商业和工业继续扩大，中小学和大学数量增加，杂志和报纸数量激增……本世纪头30年，中国的对外贸易额增加了350%……中国越来越多地进口原棉、机械、煤油、纸、电话和电报设备以及科学仪器。这反映出工业化和近代化的倾向……工业尽管受到军阀的干扰，从1912年到1929年的年增长速度，仍

---

① 李岱恩：《中国早期现代化与民初军阀割据》，《西南师范大学学报（哲学社会科学版）》1997年第6期。

然达到13.8%"①。不是也有不少西方学者通过自己的研究实践，向中国学者提供过众多依据这一理论和方法解读北洋军阀史的著述吗？不少学者不加分析地全盘接受了他们的理论和方法及实践，自以为这就是"创新"了。

诚然，科学是无国界的，为提高中国历史科学的研究水平，借鉴一些有助于正确解读包括北洋军阀史在内的中国历史的海外史学理论和方法，是必须的，也是无可厚非的，关键在于必须结合中国历史实际，有自己的创造，不能只知一味模仿。简单的模仿，不是创新。模仿得再惟妙惟肖，也只是赝品，不能登大雅之堂。何况不少学者的研究还仅仅停留在记述某一北洋军阀派系或个人的所谓"近代化"思想、政策等表面现象上，并未对其何以产生这些思想、何以出台这些政策，这些思想和政策在其全部思想和政策中占多大比重、实践效果如何、与其对"近代化"的破坏相比较孰重孰轻等问题进行深入的研究。更有学者为突出北洋军阀的这种"贡献"，干脆回避其对中国"近代化"所造成的巨大破坏，以彰显其正面性。还有学者在评述北洋军阀的军事、政治活动时，也是完全照搬海外学者对军阀政治的分析理论与框架，认为北洋军阀的"纷争和割据是在认同一个国家的原则下进行的。认同国家的思想既有历史传统力量的引导，又有现代民族主义的激发"。着力强调北洋军阀的军事、政治活动对国家民族认同的重要意义，而对其为一己私利争战不已的图谋则不置一词。这样的研究，纯属东施效颦，与创新风马牛不相及，对推进北洋军阀史研究的深入发展作用有限。

2. 重复之作，屡见不鲜。主要表现在以下三个方面：

一是选题重复。以袁世凯研究为例，自1980年李宗一的《袁世凯传》出版以后，又出版过为数众多的相同选题的著作。李宗一相当重视史料发掘工作，所著《袁世凯传》一书，可谓一部以丰富史料记述袁世凯一生的开山之作。但是，此后出版的同类著作，除个别例外，绝大多数大同小异，既没有什么新史料，也没有什么新的看法。然而，令人不解的是，就是这

---

① ［美］兰比尔·沃拉：《中国：前现代化的阵痛》，廖七一等译，辽宁人民出版社1989年版，第181—182页。

样的重复之作，却还有书评盛赞其论叙如何周详，刻画如何入微。又如，20世纪80年代，不少学者在国家改革开放、思想解放大好形势的鼓舞下，实事求是地对北洋军阀在中国近代化方面的贡献问题进行过一些新的探索，提出过一些新的看法。从此，这一选题便成了北洋军阀史研究者的热门选题，乃至迄今仍有不少学者不厌其烦地做着这方面的研究，但研究的结果却少有不同，无非是学界已耳熟能详的那句老话：某人在中国近代化方面做出了一定贡献，不宜随意否定。当然，历史研究是永无止境的，同一选题的研究必然会伴随着时代的进程永远延续下去。我们无须也不应该对此说三道四。但是，如果这种同一选题的研究，不能对前人的研究有所深化，有所创新，那就只能说是学术研究所不取的低水平的重复了。

二是研究思路和结论的雷同。此类事例不少，这里仅举数例，以见一斑。如有关皖系军阀与研究系的关系问题，早在1992年就有学者刊发专文讨论过，并指出："皖系军阀与研究系在互相利用的基础上携手结盟。段皖对研究系利其虚声以点缀北洋门面，实较其他崇奉武力的军阀技高一筹；研究系欲借武夫之力以求在内阁中名'段'实'梁'，实现政党政治的目的，无异与虎谋皮。一旦失去利用价值，二者又分道扬镳。研究系在遭摒弃后对段皖大肆攻讦，这虽加速了军阀衰亡的进程，但对北洋之时频繁的政争和南北长期对立，又负有不可推卸的责任。这一切展示了一幕近代军阀政治的历史活剧。"① 可是，事隔六七年之后，竟又有人刊文大讲护国战争之后梁启超与"段皖在互相利用的基础上携手结盟，皖系对研究系利用其虚声以点缀北洋门面；研究系欲借武夫之力以求改造国会，实现其政党政治的理想。一旦失去利用价值，二者又分道扬镳。梁启超从拥段到反段的活动，对当时的政局变化产生了巨大影响，在近代中国再次导演了一幕联系军阀实现其宪政理想的历史活剧"②。后者除了将前者标题中的"研究系"改为"梁启超"及两者前后顺序颠倒一下之外，其研究思路和结论，甚至结论部分的文字皆与前者并无甚不同。又如，关于张学良东北易帜的过程，早在1991年就有学者刊文提出，张学良东北易帜经历了京津易帜、热河易帜、滦东易帜、东

---

① 莫建来：《皖系军阀与研究系关系探析》，《上海社会科学院学术季刊》1992年第1期。
② 潘日波：《梁启超与皖系军阀关系述论》，《赣南师范学院学报》1999年第4期。

三省易帜等"四个步骤"。①且不论此文的研究思路和结论是否如有的学者指出的那样并不符合历史实际②，令人意想不到的是，九年之后竟在学术刊物上出现了一篇研究思路和结论与此完全一致的论作，更加匪夷所思的是该文竟在标题上特地标明是关于这一问题的"新释"。③再如，2003年即已有学者刊文指出："近代以来封建社会的王统政权、道统文化、族统社会的三维体系发生裂变，是近代军阀政治产生的根源；军阀政治经历了滋生、雏形和最后形成三个阶段，具有四点特征：一是拥兵自重，控制政治；二是利用民主政治形式实现军阀专制；三是个人及政治角色之间不受法律制度约束；四是中央权威弱化，军阀割据混战。"④可是，到了2008年却又有人以"学界对军阀政治的讨论多集中于军事和政治，而对传统三维社会的裂变与军阀政治的关系以及军阀政治的特点阐述相对较少"为由，再次发表专文讨论这一问题，而其结论却几乎完全照搬前者的论断，所不同的仅仅是将前者归纳的军阀政治特征，由四个虚化成大同小异的七个而已："一是拥兵自雄干预政治的称霸性。二是政治行为的投机性和无原则性。三是利权的攫取性与排他性。四是政治伦理取向的封建性。五是政治面目的虚伪性。六是对外关系中的严重依附性。七是军阀政权更迭的频繁性。"⑤可见，在北洋军阀史的研究中，研究思路和结论的雷同并不是个别现象。

　　三是重复发表。首先要说明的是，这里所指重复发表，并非那些应不同主题要求而收录在不同论文集中的同题论文，而主要是指当下各种学术报刊发表的论文（姑且不论其是否篇篇皆称得上是"论文"）。稍微留心一下当下的学术报刊，便不难发现存在这么几种奇特现象：一是同一篇论文，今天以作者甲的名义发表，明天又以作者乙的名义发表；二是一篇论文发表后，多年后又原封不动地以原作者的名义再次出现在另一报刊上；

---

① 参见丛广玉《张学良"东北易帜"辨析》，《辽宁教育学院学报（社会科学版）》1991年第2期。
② 参见曾业英《论1928年的东北易帜》，《历史研究》2003年第2期。又见曾业英《古调新弹——民国史事及其他》，社会科学文献出版社2010年版，第392—436页。
③ 参见钱进《张学良与东北易帜新释》，《民国档案》2000年第4期。
④ 胡玉海：《近代中国军阀政治的形成及特征》，《社会科学辑刊》2003年第1期。
⑤ 袁文伟：《近代三维社会变迁与军阀政治的崛起》，《晋阳学刊》2008年第6期。

三是多年后再次出现在另一报刊上的论文，标题固然有所变化，但内容却照旧；四是一篇论文同时发表在多个刊物上。何以同一篇论文会以不同作者的名义发表于不同的学术报刊，究竟谁是真正的作者，当事人这样做是怎么想的，目的何在，外人难以猜测，只有当事人自己清楚。然而，不管当事人怎样想，无论问题出在哪里，这种现象总不能说是好现象，因为它既浪费了大量报刊资源，也辜负了读者的信任和期望，实际是一种对读者不负责任的损人不利己的行为。

3. 引用史料，很少甚至不辨真伪。北洋军阀史的史料蕴藏极为丰富，除了北洋军阀自身留下的档案文献，当时各类报刊对北洋军阀的报道、评论，以及有关当事人的回忆外，还留存有20世纪二三十年代由当时各方人士记述出版的大批北洋军阀史事著述。如汪克明编撰的《直皖直奉大战实记》（上海和平书局），张一麐编辑的《直皖战史》（上海和平书局），吴下琴鹤仙馆编辑、南都天禄旧主校正的《吴佩孚讨逆演义》（上海民强书局），濑江浊物的《吴佩孚正传》（上海中央国史编辑社），广文编辑所编辑的《吴佩孚全传》（上海世界书局），《中国之华盛顿——吴佩孚政史》（上海民强书局），戎马书生编辑的《直奉战争记》（北京文蔚书局），《直奉大战史》（上海竞智图书馆编印），王小隐的《直奉大秘密》（上海中国第一书局），上海宏文图书馆编印的《直奉大战记》（上海和平书局），上海竞智图书馆编印的《吴佩孚大战奉军史》，中外新闻社编辑的《吴佩孚全史》（上海世界书局），无聊子编辑的《现代之吴佩孚》（上海共和书局）、《第二次奉直大战记》（上海共和书局），南海胤子的《安福祸国记》（北京神州国光社），梁河间的《直皖战争全史》（上海和平书局），信史编辑社编辑发行的《段祺瑞秘史》，温世霖的《段氏卖国记》（著者自刊），中央新闻社编辑印行的《徐树铮秘史》，张一麐的《直皖秘史》（上海世界书局），费保彦的《善后会议史》（北京寰宇印刷局），冯玉祥的《冯玉祥自传》（1929年抄本）及《我的生活》（华英书局版）[①]，

---

[①] 在冯玉祥的回忆录中，经由冯氏旧部余华心整理的《冯玉祥自传》（军事科学出版社1988年版），远不如《我的生活》受到出版者和读者的重视，无论是解放军文艺出版社出版的《冯玉祥自传》（2002年版），还是世界知识出版社出版的《冯玉祥自传》（2006年版），其中有关冯氏1930年前的经历均采自《我的生活》。

等等。

　　这些著述均为当时人甚至当事人的记述，与其他各类史料一样自然是今天研究北洋军阀史的重要参考资料。但由于其编著者的身份、地位不同，它们所记述的史事却并不完全相同，不但详略不一，还有你记我不记，甚至你否定我肯定的完全对立的记载。如吴下琴鹤仙馆编辑、南都天禄旧主校正的《吴佩孚讨逆演义》就是为吴佩孚"背书"的，濑江浊物的《吴佩孚正传》也对吴佩孚多有溢美之词，上海民强书局出版的《中国之华盛顿——吴佩孚政史》更是从书名上便让人一目了然看到了它的极端捧吴立场，而倾向于皖系军阀的一些著述则对此持完全相反的态度和立场。因此，对于北洋军阀史研究者来说，史料蕴藏丰富固然是件好事，但也由此带来了一个更加繁难的史料辨伪任务。倘若对这些因立场、认识不同而记载各异的史料不加分析，明辨是非，确定真伪，仅仅以言之有据，拒绝杜撰，而各是其是，各非其非，各取所需，各执所见为满足的话，是绝对不可能向读者贡献真正体现客观、公正价值观的真实的北洋军阀史研究论著的。诚如来新夏所说："当时派系对立，为了制造舆论声气，相互攻讦诋毁，时有发生。通电声讨，洋洋洒洒，对己则正义在我，对人则非义在彼，危言耸听，攻及人身，吴佩孚的通电，大多类此。而以'秘史'、'丑史'、'祸国史'等等为题的小册子更多敌意宣传。设以此种资料为据，往往与历史实际有异，甚至并非实有其事。"[①]

　　可是，综观当今的北洋军阀史研究领域，虽然成果无数，不说论文，光以"北洋军阀史"之类命名的专著及相关人物传记就难以统计出个准确的数字，但若细察内容，则似乎大多数都基本上是在前人著述基础上加减而成的，除了多了些"与时俱进"的新概念外，少有事实上的差别。举两个较为典型的例子，一是吴佩孚的。有人发表了一篇《吴佩孚——一个被认为更有希望统治中国的军阀》(《文史天地》2010年第1期) 的文章，其实这只是一篇未对史料进行任何辨析，也未对吴佩孚一生做综合研究，仅仅依据预设观点东拼西凑一些可为其"增光"的史料而成的普通文章。但却得到了好评，有人在同期杂志上发表读后感，自称"第一次对吴佩孚

---

[①] 来新夏：《略论民国军阀史的研究》，《学术月刊》1985年第1期。

其人其事获得了一个较为全面和完整的印象。也可以说,重新读到和认识了一个更为真实的吴佩孚"。第二个例子是冯玉祥的。20世纪60年代以后,有关冯玉祥的论著层出无穷,光传记就有10余部之多。由于这些传记在纪事方面大多没有对史料进行必要的去伪存真的辨析,而是直接采用冯玉祥《我的生活》之类著述中的记载,因而常常出现一些与史实有出入甚至完全相悖的记述。可见,不少北洋军阀史研究者的史料辨伪意识似乎还是比较淡薄的。当然,也有个别例外,如刘敬忠就曾撰写《冯玉祥的前半生——兼对其自传〈我的生活〉辨析》(人民出版社2009年版)一书,对冯玉祥《我的生活》中的一些不实之词进行了一定的辨析和考证,为后人的进一步讨论提供了基础。就此而言,刘敬忠此书可说是在北洋军阀史领域,进行了一次实不多见的历史文献学方面的研究尝试。

4. 个案研究盛行,整体研究严重缺失。改革开放以来的北洋军阀史研究的另一个显著特点,是研究领域的不断扩大和个案研究愈来愈受到重视。研究者已不再专注于政权争夺和军事混战这一主体领域和抽象的宏大叙事,而扩大到了经济、社会、思想、文化、城市、乡村、工矿企业、交通运输等研究领域和种种具体的个案问题,并由此引出了一系列认识上的变化。这一变化为我们更加完整和深入地了解与认识这段历史的全貌,提供了一定的可能性,当然也是北洋军阀史研究的一种进步。不过,倘若细察其中实况,似乎也不是毫无可议之处。如,随着研究领域的扩大,政治、军事领域的研究日趋萎缩。又如,随着具体个案研究的盛行,宏观研究几无人问津。再如,研究的问题愈来愈具体,愈来愈细化,而引出的结论却大得可观,动辄曰北洋军阀为什么做出了"重要贡献"。有人甚至认为北洋军阀时期中国经济的相对繁荣,主要是由两方面力量推动完成的,一部分是中国民族资本家的积极参与,另一部分则是在朝在野的北洋军阀政客的投入。还有北洋军阀时期思想如何"宽松",言论如何"自由",等等。

的确,对历史研究而言,多角度多侧面地扩大研究领域,将一个个具体问题的细节考察清楚是必需的,非此不能对历史做出较为符合或接近历史真实的认识。不是说远眺高山"横看成岭侧成峰"吗?不是说"一滴水可以见太阳"吗?不是说廓清历史细节是历史研究的基础吗?以小见大,见微知著，的确是一种行之有效的分析、认识问题的方法。但是，凡事总是相互联系和制约的，历史问题更是如此，不管它们有少个角度，多少个侧面，有多么具体，多么细小，从来就不可能是孤立存在的，总是和其他事物相互联系又相互制约的。不将它们联系起来做整体的综合研究，仅仅研究个别领域，个别问题，个别细节，是难以揭示历史真相和本质的。就此所得出的结论，在这个领域，这个问题，这个细节的范围内，可能是正确的，能成立的，但就整体而言，很可能是站不住脚的，不能成立的。以北洋军阀在中国近代化中的作用为例，仅仅依据其某种经济思想和政策，或在某一经济建设中的某种作为，而不对其向列强出卖了多少实际权益、所发动的军阀战争给中国近代化造成了多大破坏和损失等等问题做比较研究，就断定其为中国近代化做出了多大贡献，显然是失之片面的。可见，光有孤立的各个领域具体问题的研究是不够的，唯有同时进行综合的整体性研究，才能求得历史的真解，否则就只能是瞎子摸象，虽然摸清了大象的各个部位，却仍然不知大象究竟像什么。其实，这也不是什么新发现，罗志田等有识之士多年前就提出了这个问题，遗憾的是并未引起学界的足够重视，以致迄今仍无明显改变而已。

那么，这种现象是怎样产生的？长此以往将会出现什么后果呢？杨天宏针对中国近代史研究中缺失系统性研究所说的一段话，应该说同样适用于北洋军阀史研究。他认为这种现象的产生"与这些年来日渐兴起的以'解构'为特征的研究理论与方法不无关系。近年来，具有后现代色彩的'解构主义'充斥盛行，对一切事物都要下一番'解构'的功夫。'解构主义'将结构的'中心性'颠覆为'差异性'的意义链，对以追求整体性或系统性为特征的'结构主义'是一种理论挑战。这一'主义'对历史研究可能的贡献在于蔑视权威及已经建构的学术秩序，且因解析法的精密应用导致研究局部的细致深入，缺陷在于容易导致史学研究的'无形化'，即导致研究客体整体形态的支离破碎，以至消失。而一旦历史人物和事件在形态上消失，'解构'则成了类似庖丁解牛的操作技巧表演，虽于牛的肌肤腠理掌握精确，达到出神入化、杀百牛不折一刃的神奇境地，却留下了'未见全牛'的遗憾。历史研究若被做成只分解'牛'的内在结构，不探究'牛'的身体面貌，系统性完备周至的原则也就随之落空。这些年来，学术专著做得越来越精深细密，而通史性的著作却越来越缺少综合性与系统性，究其原因，与研究方法选择上的偏执有直接关系"。杨天宏指出："近代新史学兴起以来形成的实证主义史学传统以及新中国成立头30年形成的马克思主义史学传统，却因此而统统丢失。"①

总之，人类历史是科学，既然是科学，就应按照科学本身的规律对待，这就是实事求是的精神。"在历史科学中，专靠一些公式是办不了什么事的。"② 要想继续推动北洋军阀史研究大步前进，就必须对以上各方面的问题有所改进，将实事求是精神贯彻到底。

---

① 杨天宏：《系统性的缺失：中国近代史研究现状之忧》，《近代史研究》2010年第2期。
② 马克思：《政治经济学的形而上学》(《哲学的贫困》第二章)(1847年上半年)，《马克思恩格斯选集》第1卷，人民出版社1966年版，第123页。

# 第二十章

# 中共党史

首先应当说明，本章是在《50年来中共党史研究评述》一文的基础上修改而成的，因此基本内容仍不离前文，仍旧只是就与中国共产党自身历史有关的研究状况表达笔者个人的一些看法。同时，也不打算系统介绍反映这些年来中共党史进展的各种成果，只准备就笔者观感所及，集中讨论与1949—2009年间中共党史研究的学术发展有重要关系的某些问题。虽然又过去了10年之久，但是，中共党史研究中存在的问题似乎仍未改变或解决，因此，笔者原来的目的仍有其现实的意义，希望借此机会能够让所有熟悉和不熟悉中共党史研究的读者，多少了解一点此一研究不同于其他历史学研究的关键所在，和它走向学术化的那种不为一般人所知的艰辛。如果多数读者读后终于明白中共党史研究的现状何以未能尽如人意，知道它的发展很大程度上取决于它的学术化程度有无可能进一步提高，我的目的也就达到了。

## 第一节 30年的曲折与徘徊

就学术研究而言，中共党史研究在1949—2009年间的前30年，究竟多大程度上具有学术研究的价值，笔者以为颇值得怀疑，可说是有"研究"而少"学术"。为什么？这与笔者对"学术"二字的理解有关。何谓学术？梁启超解释说："学也者，观察事物而发明其真理也；术也者，取所发明之真理而致诸用者也。"① 如何观察事物才可得"真理"并以为用？则非有独立治学与实事求是二条件不可。换言之，学术研究最重要的一个特征，就是其独立性与科学性。没有"正其谊而不谋其利，明其道却不计其功"的精神，即没有学术之存在。陈乐民有云：要求真学问，就必须能够并敢于"为学术而学术"，即"纯然地去采寻事之然和所以然。设若不是这样，在研究问题时或者随俗趋势，或者依凭一己好恶，或者存有事功之心，或者求'保险'、'稳妥'，于是便时然亦然，时非亦非，时作'违心之论'，那便是为学之大忌，学人所不当为"。② "纯然地去求事之然和所以然"，可谓道出了学术研究之真谛。"纯然"，就是不为外力所左右，不受利禄所影响，且不因感情所蒙蔽，决不为亲者、贤者、尊者乃至王者讳，也不因疏、劣、卑、贫而彰其恶；既不曲意暴露，也不存心护短，严格保持一种客观的、实事求是的科学态度。具体到中共党史研究来说，就是要在搜集、验证和研究史料的过程中，在分析和说明历史人物和事件的过程中，要尽可能全面地占有扎实的史料，坚持具体问题具体分析，把人和事放到当时特定的条件和环境当中，用发展的眼光，从历史的大背景来认识，既不能从今人的标准来衡量，更不能对人对事取双重标准，或简单地以一己一派的感情好恶先入为主地断定历史上的是非曲直，并用以支配自己对史料的选择和对事实结果的分析。

毛泽东对党的历史的认识虽然始终受到其政治判断的影响，但从来都是强调一切要从实际出发，主张凡事都要实事求是的。他明确提出，"马克思主义的历史观不是主观主义，应该找出历史事件的实质和它的客观原因"，强调对中共党史必须进行客观的研究，研究"必须是科学的，不是主观主义"的③。如何才能做到客观的而非主观的？借用叶圣陶一句比较形象些的话来说，就是要站在这东西的外面，而去爬剔、分析、检察这东西的意思。自陷于是非之中，听凭主观情感左右自己的价值判断，虽然也可以研究，也可以有"成就"，却很难有真正意义上的学术研究，更不大

---

① 梁启超：《饮冰室合集》第3册，中华书局1989年影印版，第12页。
② 转引自段吉福编《中国现代学术文化随笔》，四川人民出版社1998年版，第24—25页。
③ 毛泽东：《如何研究中共党史》（1942年3月30日），《毛泽东文集》第2卷，人民出版社1993年版，第406页。

容易取得学术成就。

以中华人民共和国成立后最早出版的有系统的中共党史著作《中国共产党的三十年》为例。它原本是毛泽东的政治秘书、时任中央宣传部副部长和新闻出版署署长的胡乔木，于1951年上半年为刘少奇起草的一篇在纪念中国共产党诞生30周年大会上的报告。因其较1944年中共六届七中全会通过的《关于若干历史问题的决议》更完整地总结了30年来党内的功过是非，深为毛泽东所欣赏，故毛阅后当即指定改以胡乔木名义迅速发表。在这本高度评价毛泽东为"伟大的革命天才"的简明中共党史读本当中，我们可以清楚地看出，中共党史自中华人民共和国成立后就已成为歌颂毛泽东战无不胜的正确路线和他在各方面丰功伟绩的一种极为重要的政治宣传形式，与学术研究已没有多少共通之处了。其突出的特点在于，第一，宣传共产党的丰功伟绩；第二，强调毛泽东一贯正确，而党的光荣、正确、伟大均来自毛泽东的正确指导和他坚持不懈地同各种错误路线、错误倾向进行斗争；第三，以毛泽东的著作解读中共历史。①

在中华人民共和国成立伊始就由中共宣传部门最主要的负责人来发表这样一部中共党史著作，虽然多少有点事出偶然，却也是事出有因。几乎所有了解中共党史的人都知道，毛泽东历来对斯大林评价不高，却高度重视斯大林亲自主持编写的《联共（布）党史简明教程》，自延安整风时起，该书就被评价为"马列主义的百科全书"，并被列在党的高级干部必读书之榜首。该书最突出的特点其实就是两点：一是大兴斯大林个人崇拜之风；二是以路线斗争为线索，诠释党的历史。而该书最令人瞩目之处还在于其高度权威性，凡权力所及之处，一切事关党的历史的解释，都只能以此书为准，不能有第二种说法。

毛泽东欣赏斯大林的这种做法，在延安整风时显然是基于统一全党思想的考虑。因为从克服党内对莫斯科权威的迷信的角度，当时确实存在着树立毛泽东权威的必要性问题，怎么树？一个最简单的办法，就是历数党

---

① 《关于若干历史问题的决议》（1945年4月20日）对毛泽东功绩的肯定只讲到了抗战开始之前。参见《毛泽东选集》（竖排合订本），人民出版社1964年版，第955—999页；胡乔木《中国共产党的三十年》，《胡乔木文集》第2卷，人民出版社1993年版，第7—76页；叶永烈《胡乔木》，中共中央党校出版社1993年版，第104—106页。

的历史，根本解决应该以谁为正统的问题。中共六届七中全会通过的《关于若干历史问题的决议》，就是仿照斯大林的《联共（布）党史简明教程》的方法，通过正确与错误两条路线斗争的历史对比，来树立毛泽东的绝对权威和正统地位。[①] 在1949年以后，当中共取得如同苏共一样一统天下的执政党地位之后，进一步模仿斯大林的做法，写出一部更系统的类似《联共（布）党史简明教程》那样的中共党史教科书，自然也就是天经地义的事情了。毛泽东也讲过，"历史是胜利者书写的"[②]。经过铁与血的战斗才成为执政党的中国共产党，自然要突出宣传自己的胜利，并希望用自己的一贯为民造福的业绩来换取人民的长久拥护，这并不难以理解。问题在于，《联共（布）党史简明教程》乃集粉饰、歪曲，甚至伪造历史之大成，以其为楷模，中共党史焉能跳出其沉浮的怪圈？

正是由于得到毛泽东的肯定，胡乔木的这个小册子一出来，很快就成为以后有数的几种不同版本的中共党史著作的范本。在此之前，胡华的《中国新民主主义革命史》一度令人瞩目，其书乃由吴玉章耳提面命，继承了张闻天延安时期所著《中国现代革命运动史》的史论结合的写法。[③] 但胡乔木书出来后，中共党史基本上就进入以论代史的时代了。受教育部门委托，何干之主编的最典型的以论代史的《中国现代革命史讲义》（北京高等教育出版社1955年版），从此成为最主要的教材。新讲义的特点是"以乔木同志的书为经，以伯达同志的书为纬"，同时参照毛泽东的著作和党报各个时期的社论。[④] 此后的中共党史读本无一例外地也是如此办理。当然，随后出版的这些中共党史著作，特别是稍晚些受到20世纪50年代中后期那种政治气氛影响的著作，在对毛泽东的颂扬和对路线斗争的强调方面，经常不受胡书的局限。特别是涉及那些所谓"错误路线"的代表

---

① 前引《关于若干历史问题的决议》。
② 转引自邵燕祥为朱正著《1957年的夏季——从百家争鸣到两家争鸣》一书所作序，见朱正《1957年的夏季》，河南人民出版社1998年版，第6页。
③ 参见中国现代革命史研究会编《中国现代革命运动史》，延安解放社1937年版；胡华《中国新民主主义革命史讲义》（高等教育出版社1995年版），新华书店1950年版。
④ 由于陈伯达也是毛泽东的秘书，因此当时陈伯达的书和文章也具有同样的指导意义。一度也被史学界奉为经典的陈著有《窃国大盗袁世凯》《人民公敌蒋介石》《中国四大家族》，以及《关于十年内战》《读〈湖南农民运动考察报告〉》《斯大林论中国革命》等。

时，不少书批判否定之不遗余力，更是胜过胡书许多。① 但它们不过是进一步夸大和凸显了胡书政治宣传的一面而已，并非是因为有了更个性化的深入研究。

与此同时，从 20 世纪 50 年代初起，宣传、教育部门等就陆续作出规定，强调要"通过党史宣传与教育，帮助人们了解党的历史经验，认识中国近现代社会历史发展的规律，懂得'没有共产党就没有新中国'和'只有社会主义才能救中国'的真理，系统地了解毛泽东思想的科学体系，学会运用马克思主义的立场、观点、方法观察问题、解决问题，增强识别和抵制各种错误思潮的能力"②。于是，中共党史很快就以"政治理论课"的形式进入了各高等院校和专科学校的课堂，并由此带上了更加鲜明的政治色彩。先是规定学习毛泽东的有关文章，然后是规定学习中国革命史，之后则规定直接学习中共党史。对党史的学习，逐渐普及各行各业。中共党史自此在形式上也彻底脱离了历史学的范畴，以至二三十年之后，即当内地普通学者已经多少可以从个人的角度，而非从组织的角度独立地对中共党史进行研究之后，不少人干脆搞不清它究竟是属于理论宣传呢，还是也可以算作一门学问；如果它也应该具有科学的性质，可以算是一门学问，那么它究竟是应当属于政治学呢，还是应当属于历史学？

把中共党史研究等同于政治宣传和政治教育，所造成的最大隐患，就是伴随着中共路线及政策的变换，以及随之而来的党内斗争的起伏与发展，中共党史不可避免地会出现"时然亦然，时非亦非"的怪现象。这种情况在 20 世纪 50 年代后期即开始清楚地表现出来。从批判历史上的两条军事路线，到批判彭德怀的右倾投降，人物臧否备受影响。50 年代末 60 年代初北京市委主持编写的新的中共党史讲义，干脆提出"一根红线"的观点，不从中共上海发起组织开始讲党史，要从韶山冲开始讲，不要说陈独秀不能讲，就连李大钊也不能多讲，否则就有"抬李压毛"之嫌。进入 60 年代中期，特别是"文化大革命"爆发以后，这种现象更是恶性发展，

---

① 如：缪楚黄：《中国共产党简要历史》，学习杂志社 1956 年版；王实等：《中国共产党历史简编》，上海人民出版社 1958 年版；徐元冬等：《中国共产党历史讲话》，中国青年出版社 1962 年版。

② 张静如、唐曼珍主编：《中共党史学史》，中国人民大学出版社 1990 年版，第 141 页。

除了毛泽东以外，几乎所有在毛泽东之前或与毛泽东同时代的中共领导人，在中共党史书中或者被隐去姓名、事迹，或者都成了反革命小丑，共产党历史上的每一项成功，不管有无事实依据，统统记在了毛泽东的头上。所谓中共党史成了个人崇拜史，成了毛泽东与一次又一次错误路线斗争的历史，毛泽东的名字在一本二三百页的书中能够出现数百次之多。不仅如此，中共党史还成了一种政治晴雨表，谁在台上就捧谁，谁下台就骂谁。党史教科书翻来覆去地改写。林彪成为毛泽东的接班人，中共党史的作者就大书特书，居然连朱德与毛泽东在井冈山会师也改成了林彪与毛泽东在井冈山会师。林彪叛逃摔死，中共党史的作者马上就大批特批，把林彪从头到尾都说成是野心家、阴谋家，连同林彪过去的战功也一笔抹杀。[①] 类似的现象不一而足。如果说开粉饰、伪造历史之先的《联共（布）党史简明教程》，在斯大林在世时一以贯之，多少还能给人一种虚假的真实感的话，中共党史在毛泽东在世时就已经是翻天覆地，让人无所适从了。在这里，历史真的成了一个任人打扮的小姑娘。

政治也者，时与势之术也。时过境迁，势去道移。由于政治本身必须应时应势而变，政治宣传的内容通常都只具有时效性。不是宣传不重要，问题是简单地把中共党史同需要应时而变的政治宣传等同起来，难免因其过分具有宣传意味或变来变去而严重贬损其自身的价值。《联共（布）党史简明教程》之成为世人笑柄，"文化大革命"中中共党史被人涂来改去的可悲命运，都再清楚不过地显示出将历史问题简单地政治化绝不是一种好的做法。因为人们不能不怀疑，是不是凡是公开宣传的中共党史就一定不会太真实？20世纪80年代书肆坊摊上畅销的各种粗制滥造的"揭秘"史学的流行，最典型地反映了人们的这种心理。

中共十一届三中全会以后，民国史研究等其他相近的历史研究天地被打开，"中国现代史＝中国革命史＝中共党史＝党内十次路线斗争史"的状况被打破，甚至不久后高校中共党史课程也被取消，改为中国革命史课程，结果是许多中共党史教师纷纷"跳槽"。事实证明，那些基础扎实又

---

[①] 参见《学习中共党史参考提纲（内部讨论稿）》，1970年；广东省高等院校政治理论课编写组《中国共产党两条路线斗争史讲义》，1974年。

较早改了行的研究同仁，多数都取得了较好的成绩，不少人成为某个方面的学术带头人。这里面的原因很简单，即使改革开放了，中共党史很多年也还没有脱离政治化的束缚，不仅学生没有多少学问好学，教师也实在没有多少问题可以研究和发挥。很少有人通过深入研究史料，对中共历史上的重要事件和问题，实事求是地得出自己的解释和观点。这里面除了有高校的中共党史教师不大容易看到较为系统的党史资料这一客观原因以外，更重要的原因其实还是中共党史与现实政治的联系过于密切。

尽管开始了改革开放的进程，中共党史的教学却仍旧属于政治理论课的范畴。不仅是教中共党史的教师，就是从事中共党史研究的学者，在相当一段时间里面，最牢靠的"学问"还是熟读四卷本的《毛泽东选集》，因为至少1949年以前所有中共党史重大问题的解释，几乎都可以从那里面找到说法。记得20世纪80年代中期有的党史界权威对《毛泽东选集》之熟悉，竟到了能够倒背如流的程度，随口就能说出毛泽东的哪句话在哪一页哪一行。不过，也正因为如此，如果有哪位教师讲中共党史，只是试图依照《毛泽东选集》中的观点，按照自己的理解加以发挥的话，都有可能受到他们的尖锐批评，理由很简单："难道你比毛泽东还高明？"

在经历了同"两个凡是"观点的胜利斗争[①]，召开了具有历史意义的中共十一届三中全会，确立了实事求是的思想政治路线之后，中共党史学界在相当一段时间里仍然存在毛泽东的话"一句顶一万句"的现象，多少有些令人匪夷所思。其实，中共十一届三中全会以后的中共党史界与全党和全国各行各业一样，已经开始了思想解放的进程。那些坚持必须照《毛泽东选集》的观点研究和宣讲中共党史的党史界权威们，在公开的文章和讲话里也是反对"一句顶一万句"的观点的。他们明确讲，过去"假党史"的表现之一，就是"把领袖描写成'先知先觉'"，"说什么领袖的话句句是真理，一句顶一万句"。只是，在他们看来，"假党史"只是指特定

---

① "两个凡是"即是："凡是毛主席作出的决策，我们都坚决维护；凡是毛主席的指示，我们都始终不渝地遵循。"这一观点最初是根据当时的中共中央领导人华国锋的指示，提出于1977年2月7日《人民日报》《解放军报》和《红旗》杂志两报一刊的社论中的。1978年5月，胡耀邦在主持中央党校工作期间，指导发表了《实践是检验真理的唯一标准》一文，对"两个凡是"提出针锋相对的批评。此一争论在邓小平等人的支持下取得了胜利。

的"文化大革命"而言的，批评"一句顶一万句"不等于说那些已成定论的中共党史问题有必要另出新的说法，毕竟一个学者、教师不可能比毛主席、党中央更高明吧！

20世纪80年代前半期，在中共党史仍旧属于"政治理论课"，即仍旧属于党的政治宣传和政治教育工作内容的情况下，不要说让党史教师和党史研究工作者完全改变唯上唯书的习惯不容易，就是让上级主管部门承认"宣传有纪律，研究无禁区"，同意将中共党史的宣传与研究分开，事实上都很困难。关于要由中共中央党史研究室编写官定"正本"，以统一党史宣传和教学口径的说法，就是在这段时间里提出来的。

不过，值得注意的是，随着全党、全国都开始了思想解放的进程，中共党史研究崇尚实事求是，走向学术化，也是一个发展的大趋势。记得关于编定"正本"的说法刚一出来，虽然仍有相当多的人认为必要，却有不少从事中共党史研究和教学的人员在各种场合表示异议。他们认为，在提倡思想解放，强调实事求是的大好形势下，中共党史研究正在开始破除迷信、解放思想的过程中，有大量的历史问题需要重新研究和探讨，这个时候急忙"定于一尊"，不可避免地会阻碍今后中共党史研究的深入和实事求是精神的贯彻，不利于中共党史研究学术化的进程。毫无疑问，之所以会有这样的意见产生出来，就是因为在中共党史研究的问题上，自1979年以来，已经开始出现了一些走向学术化的新气象。

## 第二节　拨乱反正的艰难尝试

历史研究本身既不是为谁找说法，也不是为谁讨公道。所谓"拨乱反正"，不过是特殊历史条件下历史研究一种附带的功效罢了，它并不是历史研究本身应有之义。但20世纪80年代的中共党史研究却可以说基本上处于一种"拨乱反正"的阶段。好在这种"拨乱反正"对中共党史研究学术化的推进，是具有相当积极作用的。这是因为，不管人们怎样理解这四个字，这时的所谓"拨乱反正"，实际上并不仅仅是针对"文化大革命"中那些胡编乱造的"两条路线斗争史"而来的，它在很大程度上也是针对中华人民共和国成立以来中共党史研究中所存在的种种背离实事求是精神的错误倾向而来的。比如研究者们不仅为刘少奇、瞿秋白、彭德怀等大批在"文化大革命"中备受冤屈的党史人物鸣不平，而且也提到了大量"文化大革命"以前就久已存在的问题，像写五四运动要不要肯定陈独秀的功绩；写中共一大的代表可不可以写张国焘、周佛海、陈公博等人的名字，写广东农民讲习所是否也应该讲到毛泽东主办的第六届以前的几期及其主办人，以及讲中国共产党的历史发展能否只谈毛泽东一个人的作用，如此等等。[①] 不过，主要从拨乱反正的角度来研究人物及其历史，难免会较多地侧重于政治评价。而过多地从政治评价的角度来研究人物，必然存在着掌握政治标准或宽或严和不易避免掺杂感情因素等问题，研究时容易太多地纠缠于"左"右对错的争辩，或者忽略研究者应持的客观平实的学术态度，或者因政治本身的局限而使研究无法深入。中共十一届三中全会以后讨论最热烈的陈独秀问题，就反映出这种情况。

关于陈独秀早期作用的评价，胡乔木在《中国共产党的三十年》中是这样说的："党的第一次代表大会选举陈独秀担任中央的领导工作。陈独秀并不是好的马克思主义者。陈独秀在'五四'运动以前和'五四'运动中间以中国急进的民主派著名；当马克思主义传入中国以后，他成了有很大影响的社会主义宣传者和党的发起者。"[②]

胡乔木在这里讲了两层意思：第一层意思是对一个事实的认定，即陈独秀在中共一大即被推举担任中央的领导工作。第二层意思却是囿于长期以来关于陈独秀"右倾投降"导致中共在大革命失败的观点，着意在政治上对陈独秀的早期作用加以限定，即强调陈"五四"时只是"急进的民主派"，虽然后来成了有很大影响的社会主义宣传者和党的发起者，但"并不是好的马克思主义者"。仿佛这样就可以证明，陈独秀后来为什么会走到"右倾投降"的地步。

这样一种典型的穿靴戴帽的方式，与后来盛行的"出身论"有一脉相

---

[①] 这时这一类文章中比较重要的有：蒋杰：《百团大战的探讨》，《近代史研究》1979年第1期；陈铁健：《瞿秋白与〈多余的话〉》，《历史研究》1979年第3期；苏克尘：《历史的见证："和平民主新阶段"的前前后后》，《近代史研究》1980年第3期，等等。

[②] 《胡乔木文集》第2卷，人民出版社1993年版，第11页。

承的关系，就是凡是在中共历史上犯了这样或那样"错误"的人，不论其是否有贡献于这个党，都必须与党的正确路线划清界限，并且要追根溯源，断定其所犯错误并非偶然，一定有这样或那样的思想根源、社会根源甚至阶级根源。陈独秀大概是中共党史中这一逻辑的最早的一位受害者了。胡乔木的这个说法延续了几十年，并且陈从"不是好的马克思主义者"，最后干脆变成了"从来没有成为一个马克思列宁主义者"，只"是一个资产阶级的激进民主派"。陈之当选中共领导工作，也被说成是因为党在初创时期"缺乏经验"和过于"幼稚"。而为了避免人们由此推导出其他结论来，"文化大革命"中的党史著作中还要特别补上一句，说是"这丝毫也无损于党的伟大、光荣、正确。党正是在逐步清洗自己队伍里的机会主义分子的斗争过程中巩固和发展起来的"。①

有关陈独秀的政治评价问题，严格说来不是历史学范围内学术研究必须讨论的课题，但这种人物的政治评价严重妨碍正常学术讨论的展开，却是显而易见的。因此，当中共十一届三中全会明确提出实事求是的思想路线之后，中共党史学界中很快就有人提出了新的看法。1979年2月，中共党史学界即就此召开讨论会，会上虽然有人仍坚持认为陈独秀不仅不是好的马克思主义者，而且根本就不是马克思主义者，只是一个资产阶级激进民主派，但已有不少人提出，陈独秀在"五四"后期，即建党前后"观察社会问题的方法基本上是马克思主义的"了，他"已经从具有初步共产主义思想的知识分子发展成为我国初期的马克思主义者了"②。而尤为引人注目的是，会后内地几十种社会科学杂志和学报，都不约而同地就此发表了研究论文。③ 除了极个别的文章坚持陈从来不是马克思主义者以外，几乎所有文章都持同一口径，即肯定"五四"后期建党前后的陈独秀已经"初

---

① 徐元冬等：《中国共产党历史讲话》，中国青年出版社1962年版，第22页；北京师范大学政教系：《中国共产党历史讲义》上册，1976年，第14页。

② 《中国新民主主义革命史研究会举办陈独秀等人物评价讨论会》，《党史研究资料》1979年第1期。

③ 据统计，自1979年初至1980年7月止，全国报刊发表的评论陈独秀的文章就有100余篇，评论"五四"及建党前后者就有80余篇。参见王洪模《近年来评论陈独秀简况》，《党史研究》1980年第5期。

步接受马克思主义",成了马克思主义者。① 几乎在同一个时期,各期刊如此集中地发表如此多的有着几乎同样观点的为陈独秀鸣不平的文章,这在中华人民共和国的历史上是前所未有的,它清楚地反映出当时的大多数中共党史学者是多么渴望能够给陈独秀这样的历史人物一个公道的说法。

然而,同中共党史中其他一些更敏感的问题相比,围绕着陈独秀早期作用的评价问题所展开的这场讨论,对推进中共党史学术化的进程影响并不明显。这是因为,上述说法看似较新,却未必与胡乔木的看法有多大的抵触。因为这时几乎所有为陈独秀鸣不平的文章都异口同声地重复着胡乔木关于陈"不是好的马克思主义者"的说法,以便表示自己的观点并没有脱出权威的轨道。而事实上,从后来公布的胡乔木文稿的写作过程显示,胡在最初起草《中国共产党的三十年》时,原本也没有否定陈是马克思主义者,而且肯定陈当时已是"最有影响的马克思主义宣传者和党的发起者"了。后来仅仅是因为考虑到"最有影响的马克思主义宣传者"与"不是好的马克思主义者"这一说法易生歧异,才在毛泽东的赞同下,把那个"最"字取消,并且把"马克思主义宣传者"换成了"社会主义宣传者"这种语义含混的用词。② 这也就是说,包括毛泽东在内,"最高权威"未必认为陈独秀在创建共产党的时候,以及在成为党的领导人以后,还是所谓"资产阶级激进民主派"。因此,虽然肯定陈独秀是马克思主义者也属于拨乱反正,但这在当时确实也很难说在学术上有多大的突破。

在陈独秀问题上的"雷区",最主要的是他的所谓"右倾投降主义"

---

① 如:胡宁邦:《略谈陈独秀在五四运动和建党时期的作用》,《武汉师范学院学报》1979年第1期;朱玉湘、吕伟俊:《陈独秀在五四时期的历史地位》,《文史哲》1979年第2期;晓然:《五四时期陈独秀思想的探讨》,《上海师范大学学报》1979年第2期;陈世英:《对五四时期的陈独秀的几点认识》,《北京师范学院学报》1979年第2期;李恺玲:《陈独秀与文学革命》,《武汉师范学院学报》1979年第2期;杨荣华:《试论五四时期陈独秀的马克思主义思想》,《安徽大学学报》1979年第3期;冯建辉:《建党初期的陈独秀》,《历史研究》1979年第4期;丁守和:《陈独秀和〈新青年〉》,《历史研究》1979年第5期;林茂生等:《略谈陈独秀》,《历史教学》1979年第5期,等等。这时唯一坚持陈独秀不是马克思主义者的文章,大概就是沙健孙的《五四后期的陈独秀是不是马克思主义者?》(《北京大学学报》1979年第3期)一文了。对于沙健孙的观点,邓野在《试论五四后期陈独秀世界观的转变》(《近代史研究》1980年第4期)一文中全面地阐述了不同意见。

② 《建国以来毛泽东文稿》第2册,中央文献出版社1988年版,第366页。

问题。因为，关于这个问题，无论在《关于若干历史问题的决议》当中，还是在《毛泽东选集》当中，都有过很尖锐的批判。《决议》中明确讲：1924—1927年中国大革命的失败，除了当时的同盟者国民党叛变、当时帝国主义和国民党联合的力量过于强大以外，"特别是由于在这次革命的最后一个时期内（约有半年时间），党内以陈独秀为代表的右倾思想，发展为投降主义路线，在党的领导机关中占了统治地位，拒绝执行共产国际和斯大林同志的许多英明指示，拒绝接受毛泽东同志和其他同志的正确意见，以至于当国民党叛变革命，向人民突然袭击的时候，党和人民不能组织有效的抵抗，这次革命终于失败了"①。什么是共产国际和斯大林的英明指示呢？这主要是指1927年那个主张马上大规模武装工农的所谓"五月紧急指示"。而毛泽东等同志的正确意见，则主要是指毛泽东等人当时强调两湖农民运动"好得很"，否认农民运动（也包括工人运动）"过火"的文章。

突破《决议》和《毛选》的说法，在20世纪80年代还是一个非常敏感的问题。但是，即使在80年代初，一些学者已经在尝试着这样做了。陈独秀是否应该像《决议》和《毛选》中所说的那样承担大革命失败的主要责任呢？向青1979年即在自己的文章中表示了异议。他显然不同意关于陈独秀因违背共产国际和斯大林同志的英明指示而导致革命失败的说法，认为这是对当时的情况"没有历史地科学地加以分析"。他强调，那个时候中国共产党是共产国际的下级支部之一，共产国际代表则是共产国际在中国的化身，中共中央按照共产国际及其代表的指示工作是共产国际章程所规定的。所谓陈独秀的错误，其实从一开始就不是违背了共产国际的指示和纪律的问题，而是执行了共产国际的指示的问题。因此，他提出："我们在党史上所说的'陈独秀右倾机会主义路线'，不仅把共产国际的错误加在了陈独秀的头上，而且把共产国际驻中国的代表、国民党内的苏联顾问——魏金斯基、鲍罗廷、罗易等等所做的错事也都一古脑儿加在了陈独秀的头上。"② 中华人民共和国初年就曾接连出版过有关解放战争和

---

① 转引自《毛泽东选集》，第956—957页。
② 向青：《陈独秀右倾机会主义路线和共产国际关于中国革命的政策》，载王树棣等编《陈独秀评论选编》（下），河南人民出版社1982年版，第137—151页。

中华人民共和国成立方面中共党史著作的廖盖隆，次年也表明了同样的观点。他指出，过去所说的陈独秀领导的中共中央多次应该反击国民党右派而没有反击，其实是和共产国际把主要希望寄托于蒋介石、汪精卫的指导方针，和共产国际代表以及苏联顾问的主张有关的。特别是大革命进入后期，即1927年上半年以后，形势变化很快，情况错综复杂，莫斯科在几千公里之外遥控指挥中国革命，要及时地正确地指导实际斗争是不可能的。即使这时有些指示是对的，也来得太晚了。"例如共产国际曾建议我们党武装工农，但是革命都快失败了才来建立武装，怎么来得及呢？"①

1980年，革命博物馆主办的《党史研究资料》第5期发表了刘少奇1937年2月26日的一封信，题为"关于大革命历史教训中的一个问题"，其中突出谈到了1927年上半年工人运动中的"左"倾错误问题。除了举例说明这种"左"倾的种种严重现象以外，特别说明这些"左"的事情造成了严重的后果，不仅严重破坏了统一战线，使党和工会陷于孤立，而且使"我们最亲近的人离开了我们，在反对党的方针与号召上去进行暴动"，加速了革命的失败。这封信的发表，显然促使一些学者开始对所谓陈独秀右倾错误之一是压制工农运动，拒绝毛泽东等同志正确意见，指责工农运动"过火"的说法，提出了质疑。郭绪印在1980年发表文章，明确认为，过去胡华主编的《中国革命史讲义》等高等学校中共党史教材中关于"陈独秀机会主义者一贯否认农民在革命中的作用，反对农民的革命斗争"的说法，是缺乏根据的。他同时列举大量事实说明，陈独秀指出农民运动中存在大量"过火"行为，"是尊重客观实际的"，并非像一些教科书所写的那样，是"站在地主资产阶级立场上对农民运动的污蔑"。他并且由此得出结论称，正是总是把如实地汇报情况，提出意见，动辄扣上什么"阶级立场"、什么"污蔑"之类的大帽子，使共产党的"左"倾"过火"现象得不到及时纠正，以致"左"倾错误一次比一次更加严重。"为了从历史上总结出可贵的经验和教训，找出规律性的问题，首先就必须尊重历史事实。那么对于陈独秀所说的农民运动有'过火'行为这句话，难道不应

---

① 廖盖隆：《在全国政协第三次文史资料工作会议上的报告》（1980年12月4日），《党史探索》，中共中央党校出版社1983年版，第372页。

实事求是的予以重新评价吗？"①

对《决议》和《毛选》的这种突破，之所以没有遇到特别的"关照"，一个重要原因大概是论者都没有否认陈独秀存有"右倾错误"。在承认这个基本认识的前提下，说明共产国际也有错误，工农运动也有"过火"表现，相对来讲这个突破就只是局部的。相比较而言，富田事变问题的重新探讨和结论的改正，则是这时对《毛选》中已有历史结论的一个更有典型性的突破了。

富田事变长期以来被说成是江西苏区内部暗藏的反共组织 AB 团策动的一场反革命事变。通常所说的经过是：1930 年 12 月上旬，红一方面军总政治部秘书长兼肃反委员会主任李韶九，奉总前委书记毛泽东之命率红十二军一连士兵，前往省行委所在地吉安富田去抓 AB 团分子。后红二十军一七四团政委刘敌带部队将被捕的上百名 AB 团分子抢回，并杀害了拥护毛泽东的干部群众上百人，喊出了"打倒毛泽东"的口号。这一事变很快被平息。《毛选》据此多次提及这个 AB 团，并讲到 AB 团在富田、东固一带对群众影响很大，导致群众与红军对立。注释中更明确讲："AB 团是当时国民党潜伏在红色区域内的反革命特务组织。"②

然而，1979 年底，《江西大学学报》登出戴向青的《略论富田事变的性质及其历史教训》一文，对富田事变的性质做了完全不同的说明，明确认为这场事变并非反革命事变，对事变参与者的镇压是严重的肃反扩大化。随后戴向青又写出《富田事变考》，对所谓富田事变领导人杀害上百名拥护毛泽东的干部和群众的说法进行了具体的考证，说明此说纯属子虚。根据戴向青的深入调查与研究，证实所谓富田事变完全是一起冤假错案。实际情况是，因当时担任总前委的毛泽东与江西省行动委员会及省苏维埃领导人之间一直在土地分配等问题上存在矛盾，加上与毛持同一立场和认识的毛妻贺子珍、妹夫刘士奇又被开除党籍，毛误信省行委内有所谓 AB 团的谣言，于 1930 年 12 月 3 日派李韶九带部队去抓省行委的领导人，李又用逼供信的手段逼出一连串假口供，逮捕的范围进一步扩大。刘敌得

---

① 郭绪印：《重评陈独秀对农民运动的态度》，《上海师范学院学报》1980 年第 4 期。
② 参见《毛泽东选集》，第 204、211、236 页。

知此情况后，率独立营将被捕人员救出，并认定此事为毛泽东所为，故在次日的士兵大会上，喊出了"打倒毛泽东，拥护朱（德）、彭（德怀）、黄（公略）"的口号。省行委派常委段良弼前往上海向中央诉说事变详情及与毛泽东之间的分歧，段将报告送到并与博古等谈话后即不知下落。而中共六届四中全会后新组成的中央政治局却作出决议，将富田事变定性为AB团领导的反革命暴动，并派任弼时、王稼祥、顾作霖组成中央代表团赴中央苏区。中央代表团1931年4月中旬到苏区后，即将认定富田事变为党内矛盾的代理书记项英免职，代之以毛泽东。结果便发生了一系列镇压行动。先是原省行委及参与事变的刘敌等红二十军干部如数逮捕处决，三个月后更将红二十军调至于都平头寨，把近800名排以上军官全部杀害。而后开展的所谓"肃反"工作中，更有7万人被冠以所谓AB团分子的名义而遭杀害。①

在中共早期历史上，这大概是最骇人听闻的一起大冤案了。其实，毛泽东本人对此也不是毫无认识。还在1956年，当斯大林问题披露以后，毛本人也几度从教训的角度提到过富田事变和延安时期的抢救运动，承认当时搞逼供信制造了许多假口供。言外之意，这一事件确有冤情。只不过，事情过去多年，毛不认为有公开纠正的必要罢了。中共十一届三中全会后重提此事，并没有引起太多的争议。相反，从江西省到中共中央，许多从苏区出来的老干部都明确表态支持。但即便如此，甚至经过了许多年的调查，1989年平反文件已经起草完毕，最后仍不了了之。只是在1991年新版的《毛选》和《中国共产党历史》（上卷）中，对此有了一个与过去不同的说法。《毛选》新写的注释文虽然改变了过去的说法，但新的说法仍旧显得不十分确定。称："从一九三〇年五月起，赣西南开展了肃AB团的斗争。斗争不断扩大，严重混淆了敌我矛盾。"文中对于这个肃AB团的斗争究竟对还是不对，态度含混，给人的印象好像只是斗争扩大化才发生了混淆敌我矛盾的问题。而《中国共产党历史》（上卷）则比较全面地汲收了戴向青等人的研究成果，并肯定"肃清'AB团'和'社会民主党'的斗争，是严重臆测和逼供信的产物，混淆了敌我，造成了许多冤、

---

① 参见戴向青、罗惠兰《AB团与富田事变》，河南人民出版社1994年版。

假、错案"。

20世纪80年代的中共党史研究有一个重要特点，就是凡是关系到对重要历史问题的突破，势必要得到一些"老同志"的支持。因为，中共党史上的这种突破，经常并不完全是一个学术上的问题，往往会涉及方方面面。富田事变问题就反映出这种情况。但富田事变毕竟过去了五六十年，受害一方的当事人在位的几乎没有，换到其他一些问题上，情况就复杂多了。比如，西路军问题，虽然也有许多"老同志"支持，但由于中共中央过去就这个问题有过专门的决定，又有大批当事人在位，虽然无所谓"平反"问题，解决起来还是相当艰难。

西路军问题的核心是"张国焘逃跑路线"的问题。由于张国焘于1935年10月在红军长征途中坚持退往西康，并另立中央，因此被指为退却逃跑路线。按照《毛选》中的说法，"红军第四方面军的西路军在黄河以西的失败，是这个路线的最后的破产"。《毛选》并且在注释中具体解释说："1936年秋季，红四方面军与红二方面军会合后，从西康东北部出发，作北上的转移。张国焘这时候仍然坚持反党，坚持他一贯的退却主义和取消主义。同年十月，红二、四方面军到达甘肃后，张国焘命令红四方面军的前锋部队二万余人，组织西路军，渡黄河向青海西进。西路军一九三六年十二月在战争中受到打击而基本失败，至一九三七年三月完全失败。"①

对于上述说法，《党史研究》杂志1982年第1期发表署名严实的文章，首先就所谓张国焘擅自将红四方面军组成西路军，并令其渡过黄河向青海西进这一史实做出考证。文章指出，西路军的组成是在渡过黄河之后，而非在此之前；渡河后是向甘肃西部河西走廊，而非青海；红四方面军西渡黄河也并非是张国焘"擅自决定"，而是根据中共中央宁夏战役计划，按照毛泽东等人的电报指示行事的。② 这一考证已清楚显示《毛选》的说法在史实方面存在明显的错误。

1983年，参加徐向前回忆录整理工作的丛进接连发表文章，进一步对《毛选》有关内容提出质疑。文章指出："上述断语和注释，是多年来党史

---

① 《毛泽东选集》，第192、234—235页。
② 参见严实《关于西路军的几个史实问题的研究》，《党史研究》1982年第1期。

界论述西路军问题的依据，也是一些革命回忆录的基本口径。有些党史著作和文章并有所发挥……至今，全国各高等院校的中共党史讲义的说法也大致如此。"但不仅上述不是事实，而且西路军本身的任务也是中共中央所赋予的，不能说是"按张国焘的错误命令沿甘肃走廊西进"。文章特别就《毛选》中提到上述断语的《中国革命战争的战略问题》一文的成文时间表示怀疑。因为，此文标明成文于1936年12月，但文中对张国焘路线的批判和有关西路军失败的结论，都明显地与成文时间不符。与丛进文章同时发表的竹郁的文章《把历史的内容还给历史——西路军问题初探》，则比较全面讨论了西路军问题的来龙去脉。文章从三个方面提出了自己的看法：第一，"打通国际路线"是中共中央的战略方针，与张国焘的逃跑路线无关；第二，红四方面军西渡是根据中共中央"打通国际路线"的战略方针，按照宁夏战役计划所采取的作战行动，并非执行张国焘的"西进计划"；第三，西路军的失败除敌我力量相差悬殊、环境困难等客观原因以外，还有一个非常重要的原因，那就是西安事变后它担负着牵制配合河东中央红军作战及国共谈判的任务。西路军未能及时突向新疆，而是在条件极端不利的河西走廊浴血鏖战，创造完全无法实现的根据地，是服从中共中央全局部署的一种结果，并非按照张国焘的命令行事。①

但是，丛进、竹郁的文章，以及随后发表在《历史研究》（1987年第2期）上陈铁健的《论西路军》一文，显然受到了有关方面的"关照"，不仅受到了批评，而且《历史研究》从此不得再刊登有关中共党史方面的文章。在20世纪80年代的中共党史研究当中，这是最引人注目的一次政治干预。② 其实，这种干预是否必要，着实令人怀疑。因为很快从共产国际与中共关系的研究当中也发掘出大量新的史实，证实所谓

---

① 竹郁：《把历史的内容还给历史》，丛进：《对"毛选"中关于西路军的一个断语和一条注释的辨疑》，皆载《党史研究资料》1983年第9期。

② 刊登竹郁、丛进等文章的这一期《党史研究资料》未及全部送到读者手中即被收回。由中共中央党史研究室主办的《党史通讯》于1987年第6期受命为此发表了一篇编辑部文章，强调"对中央已经明确结论的重大历史问题，有的报刊未经中央授权，未向中央请示，即擅自发表文章，提出原则性的不同意见，引争势必会妨碍党内团结的争论。这种作法显然是不妥当的。"要求对这类有争议的重大问题，如果研究取得有价值的成果，"应当在党内向上报告，使党中央及时了解这些情况，以便在适当时机采取适当的方法去加以解决"。

"打通国际路线"以及西路军在河西走廊的失败,都与中共中央接取苏联军事援助的整个战略部署密切相关,与张国焘"逃跑路线"没有多少关联。[①] 不仅如此,几年之后,即1991年《毛泽东选集》再版时,这样的观点实际上也还是被接受了。在新版的《毛选》当中,尽管毛文中的说法难以改动,改写的注释却对西路军给予了全然不同的评价。新的注释称,红军三个方面军在甘肃会师后,"十月下旬,四方面军一部奉中央军委指示西渡黄河,执行宁夏战役计划。十一月上旬根据中共中央和中央军委的决定,过河部队称西路军。他们在极端困难的条件下孤军奋战四个月,歼敌二万余人,终因敌众我寡,于一九三七年三月失败"[②]。新的注释肯定西路军执行的是中央军委交给的任务,与张国焘路线无关,这在事实上就否定了毛文中关于"西路军在黄河以西的失败,是这个路线的最后的破产"的说法。

## 第三节 对传统研究模式的重要突破

把历史研究与许多现实问题联系起来,是困扰20世纪80年代中共党史研究的一个重要现象。只不过,并不是所有这一类的问题都被定为研究禁区。这个时候有些禁区是明文限定的,比如有关西安事变问题的研究,就有很长一段时间被严格限制,据说是因为张学良当时在台湾地区还未完全恢复自由,怕对张不利。而有的问题是深入研究之后引起某些方面的重视才被定为禁区的,比如有关20世纪30年代中央特科问题的研究,中共十一届三中全会后一度广泛征集史料,后来却被禁止发表深入的研究成果,据说是担心有负面影响。不过也有另一类与现实联系也很密切,并无禁令的问题,研究起来也备受困扰。比如围绕着皖南事变问题发生的争论,就是一个很典型的例子。

皖南事变发生于1941年1月,新四军军部总共7000人被国民党军围

---

[①] 参见杨奎松《中国红军打通国际路线战略方针的演变》,《中共党史研究》1988年增刊。
[②] 《毛泽东选集》第1卷,人民出版社1991年版,第241页。

歼，军长叶挺被俘，政委项英等被叛徒杀害，这是中共在抗战中最惨重的一次失败。事变刚刚结束，许多情况尚未来得及调查和汇集，中共中央当即就通过了一项决议，严厉批评新四军政委项英自抗战开始以来就与中共中央存在着政治原则和军事方针上的分歧，"对国民党的反共政策从来就没有领导过斗争，精神上早已做了国民党的俘虏，并使皖南部队失去精神准备"。"对于中央的指示，一贯的阳奉阴违，一切迁就国民党"，"此次皖南部队北移，本可避免损失，乃项、袁（国平）先则犹豫动摇，继则自寻绝路，投入蒋介石反共军之包围罗网"。决议认为项英不仅"犯了右倾机会主义错误"，而且像张国焘一样犯了不服从中央的组织错误。[①] 再以后，随着延安整风将王明树为右倾投降主义的党内代表，项英则进一步被定性为王明路线的主要追随者。

中共十一届三中全会以后，围绕着如何认识项英错误，以及如何看待皖南事变的问题，很快就出现了不同的意见。最具戏剧性的是，作家黎汝清大胆介入，并尖锐批评党史工作者把一潭清水搅浑了，不仅断言项英要对皖南新四军失败负全部责任，而且抛出一个项英的"三山计划"来，说历史不仅要研究资料，而且要研究心理，史学界过去不仅不研究心理，就连资料的研究都是各取所需，不少根本就搞错了。他认为，项英选择南下茂林根本就是抗拒中央关于要他到江北敌后去与陈毅部汇合的方针，打算拉上部队南进到国民党后方大山里去的冒险计划。[②] 此说一出，更是引起中共党史界大哗。

所谓中共党史学者把清水搅浑的说法自然是极而言之，但研究皖南事变的党史工作者在资料引用上容易各取所需，感情的倾向性影响研究的客观性，却是时有发生的事情。一个十分明显的现象是，当年在江南项英领导下和在江北陈毅、刘少奇领导下的许多新四军干部都直接或间接地参加到争论中来，或者对争论的一方给予支持。结果是把一个历史问题搞成壁垒分明的样子，甚至你有你的阵地、我有我的阵地，研究者不沾皖南事变

---

[①] 《中央关于项袁错误的决定》（1941年1月），载《中共中央文件选集》第13卷，中共中央党校出版社1991年版，第31—33页。

[②] 参见黎汝清《皖南事变》，解放军文艺出版社1987年版，第768—792页。

问题则已,沾则往往会弄成一方称道,而另一方驳斥的复杂局面。①

类似皖南事变这样的情况,在中共党史上自然远不止这一个。西北局的历史问题、东北抗联的历史问题,等等,都与皖南事变的问题没有什么两样。任何一篇涉及这些问题的研究文章,都可能引起一场"官司"。于是,也就有了"历史问题宜粗不宜细"的官方说法。就这种事情看起来,似乎也有一些道理。因为这些历史上的恩恩怨怨,经常涉及许多在世者的利益。由此不难看出,完全无视中共党史研究的特殊性,几乎是不可能的。这种特殊性主要有二,一是它是当前中国执政党的历史,二是它距离今人太近,一个说法的改变都可能触动很多方面。也正因为如此,现实环境对学术的影响也就很难完全避免。

自改革开放以来,中共党史研究的最为突出的成就,就是学者们在许多基本史实的研究上取得了引人注目的进展。中华人民共和国成立后30多年间,注重宣传中共党史,却连中共党史上的有些基本的史实都没有弄清楚。包括早期共产主义小组的组成情况;俄共代表维经斯基来华及活动的情形;中共一大的召开时间、代表人数;共产国际代表马林来华工作的情况及国共"党内合作"政策提出的经过;苏联顾问鲍罗廷来华及其与国共两党的关系;第一次全国劳动大会召开的时间及经过;"三·二〇"事变发生的原委;上海三次工人武装起义的经过;共产国际第七次扩大执委会决议对中国革命的影响;所谓十万农军围长沙的问题;"八七"会议的情况;十一月紧急会议的情况;南昌起义、秋收起义、广州起义的情况;赣南会议的情况;宁都会议的召开时间和内容;遵义会议的召开时间及会后传达的内容……几乎所有中共党史上的重要史实,大都是在改革开放以后10年左右的时间里才基本上弄清楚的。用"丰硕"两个字来形容改革开放后中共党史研究在史实研究方面的收获,无论如何都是不过分的。而中共党史学术化的进程很大程度上就是靠这些深入的史实研究来推动的。

关于历史研究应该是以论代史,还是论从史出,在20世纪80年代曾经引起过一些讨论。但是,正如自改革开放以来争论了将近10年时间的

---

① 当然,可以争论总还是有些好处。比如项英的铜像就可以在家乡竖起来了,而皖南新四军军部的纪念碑也可以立了。这些在过去是不可能的。

中共党史学科的性质问题一样，再争论也无法否认它存在的基础是历史学，而不是什么"政治理论"。任何一种有关中共党史的议论，不论必要与否，显然都离不开以史实为基础。因此，当大量新的史实被披露出来之后，以往那种"穿靴戴帽"式的以议论为中心的研究方法，就变得越发让人打一个问号了。

比如以往对王明"右倾机会主义"的批判，差不多从共产国际七大前后就算起了。有的文章甚至连1935年的《八一宣言》也给捎上了。[①] 凡是王明发表的主张联合国民党的言论，统统以妥协投降视之。为了强调毛泽东的独立自主，对王明和共产国际的一切主张都要戴上"右倾"的帽子，因而任何认为中共中央从"抗日反蒋"方针到"逼蒋抗日"方针的政策转变，受到过共产国际影响的说法都不能接受。至于1937年共产国际总书记季米特洛夫提议派王明等人回国，就更是被一些人怀疑是要夺毛泽东权的重要政治步骤而严加斥责。[②] 对此，有学者于1987年在《党史研究》上接连发表两篇文章，从史实上对于相关的一些说法一一加以辨正。此后，1988年出版的《共产国际和中国革命》一书，更系统地对共产国际和王明在20世纪30年代中国共产党抗日民族统一战线政策形成过程中的作用做了正面的说明。不仅如此，书中对一般党史著作中所谓毛泽东1937年底1938年初坚决抵制了共产国际的错误主张的说法，依据史实重新做了说明。根据书中的说明可以看出，不仅中共中央在联合蒋介石抗日等政策方针上曾经受到过共产国际政策的影响，王明回国后毛泽东一度也是基本上接受了王明传达的共产国际的主张的。也正因为如此，毛泽东才得到了共产国际在政治上的肯定，季米特洛夫也才会在注意到王明有争权嫌疑时，主动提议由毛泽东来做中共领袖。中共六届六中全会关于进一步加强与国民党合作的决议，以及毛泽东在会上高度评价国民党是抗日战争与抗日民族统一战线的"领导与基干"的报告，也清楚地反映了毛泽东这时对

---

[①] 姚寅虎、杨圣清《简评〈八一宣言〉》（《党史研究》1983年第2期）一文指出："现在对这个宣言的认识并不完全一致。"

[②] 向青：《共产国际与中国革命关系论文集》，上海人民出版社1985年版，第39—46页，等等。

共产国际的主张绝不是持简单抵制的态度。①

把历史人物脸谱化,并采取双重标准,是中共党史研究中一种相当普遍的现象。就像我们在过去的电影中经常可以看到的那样,"好人""坏人"一目了然。只不过,在中共党史的论著当中,人们不是通过那些刻意丑化的形体和语言来表现"坏人",而是通过大量具有贬损或批判意味的政治术语(即所谓"帽子")和作者"无限上纲"的归纳法来描写他们。说"好人",一切都好,即使有严重错误,也要再三肯定动机好;说"坏人",一切都坏,即使动机未必不好,也一定要按照"动机效果统一论"将其动机解释成居心不良。党内斗争如此,国共斗争也是如此。中苏关系恶化后,涉及毛泽东与共产国际和苏联关系的写法同样如此,好像不如此就不足以显示其党性原则和阶级立场。殊不知,在历史研究上采取这样一种态度,只能是越研究越背离实事求是的原则,越研究离历史真实越远。

## 第四节 20 世纪 90 年代的学术进展与问题

20 世纪 80 年代中共党史研究的几乎所有学术上的进展和局限,除了上面提到的影响因素以外,还有一个最核心的因素,那就是档案文献史料的开放与刊布的问题。80 年代,许多研究能够取得进展,许多史实能够得以发现,都和这段时间的档案相对开放有着极为密切的联系。

80 年代前半期,中国的改革开放曾经极大地冲击了中国的档案学界和档案保管部门,促成了《中华人民共和国档案法》的诞生。在这方面,中共中央党史工作领导小组,尤其是副组长、主管中共党史正本写作工作的胡乔木对推动中央档案馆的档案开放工作,一度起了很重要的作用。在 80 年代中期,一向戒备森严,从不向普通中共党史研究者开放,更不要说对外开放的中共中央档案馆,那个时候根据新的规定开始接待一些得到中央一级相关部

---

① 参见杨奎松《三十年代共产国际、苏联与中国革命关系若干史实辨析》(《党史研究》1987 年第 2 期)、《抗日战争时期共产国际、苏联与中国共产党关系中的几个问题》(《党史研究》1987 年第 6 期);杨云若、杨奎松《共产国际和中国革命》,上海人民出版社 1988 年版,第 327—469 页。

门批准的研究者到它那里查阅档案了。尽管这个时候有机会前去查阅档案的，大多数还都是根据单位所派任务拿着正式批件前往的中央、部队及各省市中共党史研究机构的研究者，他们查阅的范围也受到他们任务范围的严格限制，但是，由于不少高等院校的教师受邀加入到这样的写作任务中来，因而使他们有了近距离接近中共历史档案的机会。这个年代的许多新的研究成果，特别是在史实研究上有所突破的文章和著作，如前述有关富田事变的研究、西路军问题的研究、皖南事变的研究，包括许多重要的中共历史人物，如张闻天生平等的研究，显然都是得益于当时的这种情况。

除了中央档案馆及其相应的一些地方档案馆的部分开放以外，在此期间一般研究者往往还可以通过以下几种渠道看到过去所看不到的许多档案史料。

一是各种中共党史研究机构和相关教学单位。比如1980年成立的中央文献研究室、中央党史研究室和中央党史资料征集委员会，以及中共中央党校的党史教研室，解放军政治学院的党史教研室，以及中国人民大学的中共党史系等。由于这些机构和单位本身所从事的就是中共历史研究或资料征集工作，因此，它们除了有权从中共中央档案馆得到一些所需的基本研究资料以外，还往往保存有自己从各个方面得到的一些独特的档案文献史料。改革开放后，因为上述中央一级研究机构大都刚刚成立起来，不得不从高校教师当中吸收或借用人才，因而其所藏资料往往也便利了这些教师的教学和研究工作。也正是基于当年教学与研究的需要，解放军政治学院党史教研室和中国人民大学中共党史系先后将它们所搜集的各个不同时期的中共历史文献，包括相关的一些背景资料，编辑印刷为成套的中共党史教学参考资料。这些基本资料对当年的中共党史研究的进展，起了很重要的推动作用。

二是各种中共党史研究机构的定期刊物。由于最初的中共党史研究严重缺乏档案史料，因此，《党史研究》从1979年由中共中央党校党史教研室创办开始，就尝试着刊布各种历史文献资料。以后陆续出现的各种中共党史刊物，也都一度在这方面进行过相应的努力。而20世纪80年代对中共党史学界来说最有帮助的，还是中央文献研究室主办的《文献和研究》。因为它的主办单位本身就具有文献研究的性质，又直接与中央档案馆合作，因而其文献刊布的条件自然要好得多。在 80 年代，它也确实公布了许多很有价值的中共历史档案史料。

三是各种专题出版物。20 世纪 80 年代最早大批出版中共党史文献史料的，是人民出版社。它从组织出版早期共产国际派驻中国代表、苏联顾问的相关资料和回忆录（包括内部出版王明、李德、弗拉基米洛夫等人的回忆录）开始，逐渐到成批出版中共不同时期历史事件的文献史料，从新民学会、中共一大，一直到中共历次暴动和各个苏区的相关史料，总括为"中国现代革命史料丛刊"，前后出版了 20 余种。受其影响，其他许多出版社，包括各地出版机构，也都一度推出过极具专题性的相关史料。比较有名的是中共党史资料出版社推出的一套"中国共产党历史资料丛书"，前后也有二三十种。有些甚至就是直接出自中央和各地档案馆的档案史料。如中共中央党校出版社出版的《皖南事变（资料选辑）》[1]、档案出版社出版的《中共中央抗日民族统一战线文件选编》[2]、上海人民出版社出版的《上海三次工人武装起义》和《上海工会联合会》[3]，以及重庆出版社出版的《南方局党史资料》[4]，等等。如此之多的文献史料和回忆史料的出版，包括诸如《谢觉哉日记》[5] 这样重要的领导人的日记能够出版，自然会对推动中共党史研究作用不小。[6]

但是，这个年代的文献史料的开放也有很大的局限性。一方面是史料刊布基本上都是经过各有关部门严格审定的，因而选编者筛选资料的主观性和倾向性极大；另一方面是许多重要的文献史料往往经过了编辑者的删节，甚至是改动。在这方面，中央文献研究室这段时间编辑出版的一些中共领导人的选集，不仅从当前的政治正确出发选材，而且还会像过去那样不加说明地依据当前的政治正确和文通字顺的标准，来删改加工这些领导

---

[1] 中央档案馆编：《皖南事变（资料选辑）》，中共中央党校出版社 1982 年版。
[2] 《中共中央抗日民族统一战线文件选编》（上、中、下），档案出版社 1986 年版。
[3] 上海市档案馆编：《上海三次工人武装起义》，上海人民出版社 1983 年版；上海市档案馆编：《上海工会联合会》，上海人民出版社 1989 年版。
[4] 《南方局党史资料》（1—6），重庆出版社 1986 年版。
[5] 《谢觉哉日记》（上、下），人民出版社 1984 年版。
[6] 陈永发《红太阳下的罂粟花》（《新史学》第 1 卷第 4 期，1990 年）等，就研究并借助了该日记中的相关记载。

人当年的报告、讲演和电报，多数中共党史研究者又不辨真伪，拿来就用，其所造成的历史误读，自然最为后来人所诟病。

需要指出的是，大量历史档案史料，包括历史回忆的开放，甚至是出版，不论其如何筛选，还是会对原来的研究成果产生极大的冲击，并为后来的研究者提供了许多新的研究领域。一个很重要的现象就是，进入20世纪90年代以后，大多数中共党史研究者变得客观多了。尽管他们中多数人仍旧很少受到过史学训练，但中共党史不属于政治理论，而属于历史学的大局已定，中共党史研究者不可避免地开始大量接触史学研究的方法与规范，因此不少著作文章的写法明显地减少了许多武断的定论，而多了几分依据史实的分析。包括1991年出版的，中共中央党史研究室着重于宣传目的编写的党史读本，虽然依旧公式化地给陈独秀、王明等人戴上一顶顶"××主义"的政治帽子，但对问题的分析已经注意避免简单化了。比如，谈到王明的问题，书中至少没有了关于王明要把政权和军队让给蒋介石之类让人莫名其妙的结论。它们分析王明的问题时只是强调：第一，王明当时相信抗日必须依靠国民党，因此"眼中只有国民党，好像为了抗日，就只能一切听从国民党，唯恐得罪国民党就会造成破裂，于是只强调团结不讲斗争"。第二，王明把共产国际的指示神圣化，而当时"共产国际和苏联的一些领导人对蒋介石的抗日积极性估计过高，对他的反共立场估计不足，这就对王明这样的人起了强烈的影响"。[①] 这个分析虽然不足以解释该书仍要将王明问题定性为"右倾投降主义"的理由，并且也不足以让读者了解王明当时的真实想法，但它起码让人觉得比较合乎情理了。

把1991年出版的《中国共产党历史》上卷，以及新版《毛泽东选集》注释，同以往的中共党史读本和第一版《毛泽东选集》加以对照，可以很清楚地看出20世纪80年代中共党史研究所取得的一些重要的进步。引人注目的进步主要表现在两个方面，一个是在新的史实的研究方面，一个是在历史人物的评价方面。新的《中国共产党历史》已经成为一部内容丰富

---

[①] 胡绳主编，中共中央党史研究室著：《中国共产党的七十年》，中共党史出版社1991年版，第163—164页；中共中央党史研究室：《中国共产党历史》上卷，人民出版社1991年版，第522页。

的以史实叙述为主的著作，不再是过去那种"政治理论"读物了。而对历史人物的评价，包括《毛泽东选集》在内，也特别强调了"客观和准确"的问题，即使不得不做政治评价，也力求语言平实，大量删去了诸如"早年投机革命"或"是蒋介石反革命的忠实走狗"之类明显带有丑化意味的政治断语。[①] 而对于学术界来说，进入90年代以后中共党史研究最为重要的一个进步在于，80年代编写《中国共产党历史》时提出的"正本"的概念，这时已经不复存在了。包括80年代中共党史界经常可以听到的，关于一切教学与研究都不应违反《关于若干历史问题的决议》的说法，进入90年代以后也很少能够听到了。尽管，由中共中央党史研究室编写《中国共产党历史》仍旧是一种"组织行为"，其目的也在宣传介绍，不属于学术研究范畴，但不坚持"定于一尊"，不人为地设定一个禁止前进的界限，即使这种"组织行为"存在某种缺陷或不足，都不致妨碍学术研究的继续和深入。从中共党史研究的学术发展的角度看，这不能不是一个值得提及的情况。

进入20世纪90年代以后，中共党史研究的一个十分显著的现象，就是低水平的重复性研究明显增多了。这在很大程度上是与中共党史研究队伍人数过多，而学术水平不高，往往找不到适合的课题或做不出有学术水准的论文这一情况有关。在这种情况下，历史学研究者推出的一些中共党史研究的著作，自然就比较容易引人注目了。如1999年杨奎松的《毛泽东与莫斯科的恩恩怨怨》（江西人民出版社1999年版；香港三联书店2000年版）和2000年高华的《红太阳是怎样升起的》（香港中文大学出版社2000年版），一经推出，就在中国内地和海外引起相当关注。这两本书都着眼于讨论毛泽东的政治成长经历，只不过，高华的书更多地着眼于毛泽东通过延安整风取得权力的经过情形，而杨奎松则试图解构毛泽东与莫斯科关系当中盛为流传的种种神话。杨奎松的书推出后多次重印并再版，几年销售数万册，至今每年还有几千册的销量。高华的书尽管出在中国香港地区，但仍对内地学界产生了很大的冲击，也是几度加印。

---

[①] 参见《毛泽东选集一至四卷第二版编辑纪实》，中央文献出版社1991年版，第106—113页。

由于20世纪90年代中共党史研究的学术水准相应提高，也影响到官办党史研究机构的研究水平有了很大的提升。这里面最为引人注意的就是金冲及主编的《周恩来传》。① 其1989年出版的《周恩来传（1898—1949）》，从学术研究的标准来看，就存在着相当多的史实错误，鉴于所有这些错误绝大部分都发生在周恩来生平的背景说明和相关事件说明方面，它清楚地反映出中央文献研究室的编撰者对整个中华民国史以及中国国民党史不仅不熟悉，而且不重视。② 作为一种"组织行为"和官修传记，这种问题原本可以忽略不计。但由于金冲及有着史学研究的长期训练，因而在随后出版周恩来传续卷时，明显地用学术标准加强了对具体编撰者的质量要求。经过补充修订进一步于2003年推出的《周恩来传（1898—1976）》，在质量上就有了很大的提升。作为一本官修领袖传记，能够运用大量常人难以见到的档案文献史料，在写法上、分析上，以及史料引证和注释上，都能够做到基本上严谨可靠，这足以显示出90年代中共党史研究的学术水平已经有了明显的提高。

由于篇幅等原因，这里无法列举那些可以反映20世纪90年代中国内地中共党史研究学术进展的典型例子。但需要指出的是，无论是毛泽东生平研究、毛泽东思想研究、中共与苏联和共产国际关系研究、中共对国民党的策略研究、陈独秀研究等方面，都出现了一些具有个性化的、能够反映学者独立治学、独立思考的"不同的声音"。③ 80年代的一些研究禁区已经被突破。如80年代末出版的肖延中的《历史巨人的诞生——"毛泽东现象"的意识起源及中国近代政治文化的发展》（国际文化出版公司1988年版），90年代出版的王观泉的《一个人和一个时代——瞿秋白传》、何友良的《中国苏维埃区域社会变动史》（当代中国出版社1996年版）、戴向青和罗惠兰的《AB团与富田事变始末》（河南人民出版社1994年版）、牛军的《从延安走向世界——中国共产党对外关系的起源》（福建人民出版社1992年版）等，都值得重视。当然，如果从史学的标准来要求，

---

① 金冲及主编：《周恩来传（1898—1949）》上卷，人民出版社、中央文献出版社1989年版；金冲及主编：《周恩来传（1898—1976）》，中央文献出版社1998年版。
② 参见邱路《对〈周恩来传〉若干史实的考辨》，《党的文献》1990年第4期。
③ 参见茅海建《不同的声音——读〈中间地带的革命〉》，《近代史研究》1995年第1期。

上列书中多数也都还有种种不尽如人意之处。在这方面做得更好些的似乎是研究中共党史的某些论文，如章百家的《抗日战争结束前后中国共产党对美国政策的演变》（《中共党史研究》1991年第1期），沈志华的《中苏结盟与苏联对新疆政策的变化》（《党史研究资料》1999年第2期，另节略后刊载于《近代史研究》1999年第3期），杨奎松的《向忠发是怎样一个总书记?》（《近代史研究》1992年第1期）、《"江浙同乡会"事件始末》（《近代史研究》1992年第3—5期）、《毛泽东为什么放弃新民主主义?》（《近代史研究》1997年第4期）、《陈独秀与共产国际——兼谈陈独秀的"右倾"问题》（《近代史研究》1999年第2期）等，都是笔者视野所及在学术研究上比较规范且有相当新意的成果。

当然，即使进入20世纪90年代，中共党史研究的学术水平在整体上仍不能同中国古代史和近代史研究的水平相比，这是一个客观存在的事实。自然，这里可能有笔者眼界不广和细心不够的缘故，但在翻阅了90年代几乎全部《中共党史研究》《党史研究资料》《中共党史资料》《近代史研究》以及大部分《中国现代史》报刊复印资料，查阅了中央党校图书馆和近代史研究所图书馆的有关藏书目录，并调阅了某些著作之后，笔者自信在这方面的缺漏不会在总体上影响笔者判断的正确性。

那么，什么样的中共党史著作文章才算是真正具有学术水准呢？在笔者看来，首先当然看有无新意，其次还要看是否具备两方面的素养，一是史家的功力，一是史家的眼光。不能给人们提供重要的新的史实和观点的研究，只是修修补补，或讲些抽象的"意义"，题目再大，写得再好，也是炒冷饭，谈不上学术价值。这一点，相信中共党史界的学人一般不会有太多的异议。问题是仅仅强调新意还不够，中共党史研究既然被公认是历史学的一个分支，衡量学术水准高低自然不能离开对研究者史学训练及素养的判断。① 对此，不少中共党史研究者似乎不屑一顾。因

---

① 有关历史研究的方法问题，中共党史学界中人也曾有所提倡。如何东《中国现代史史料学》，求实出版社1987年版；陈明显《中国现代史料学概论》，中国人民大学党史系1987年印行；张注洪《中国现代革命史史料学》，中共党史资料出版社1987年版。另外近代史学界荣孟源先生著《史料与历史科学》中也曾涉及中共党史研究方面的问题。王仲清主编《中共党史学概论》（浙江人民出版社1991年版）对此也有专章论述。

为他们仍旧相信弄清历史事实很容易，关键是要有马克思主义理论作指导。因此，似乎很少有中共党史学界中人谈史学素养如何重要，大家谈得更多的都是如何把中共党史的研究上升到理论的层次上来。胡绳就讲："历史事实的真象是需要弄清楚的，不弄清楚就谈不上进行科学的研究……但弄清事实只是历史研究的开始。历史研究工作者如果没有哲学的修养，没有经济学的修养，不学会运用历史唯物主义，就不能进行认真的科学的历史研究工作。"① 这反映出中共党史学界对史学训练远不如对理论训练重视。

不错，中共党史研究者大都有较好的理论素养和分析能力。没有这样一种素养和能力，对中共自身的意识形态语境都弄不明白，不可能从事中共党史研究。但是，中共党史既然是一种历史，并且是处于极端复杂环境中的一种历史，弄清"历史事实的真象"就绝不是一件轻而易举的事情，它需要专门的知识和素养。而我们过去许许多多中共党史的著作文章之所以总是经不起时间的考验，一个重要的原因，也是它们往往只是凭借着几条自认为最有意义的史料就敢于高谈阔论，轻率地上升到理论的高度去分析、归纳甚至演绎，去讨论什么必然性和规律性。殊不知，弄清事实固然是历史研究的"开始"，但历史研究的一切结论却都是建立在这个"开始"之上的。要想弄清事实，就必须具备史学的一般素养，比如占有史料要全面，运用取舍要合理，引证要准确，注释要规范，等等。

正因为如此，每当笔者看到那些通篇没有多少引文注释、不熟悉史料考订和注释规则的中共党史论文和著作时，总是不免为中共党史研究感到某种悲哀。毫无疑问，改革开放后 30 年间中共党史研究在学术进展上之所以仍然不尽如人意，除了其他种种原因以外，一茬接一茬的党史教师和研究人员不是史学科班出身，又未能自觉加强史学训练和素养，《中共党史研究》等权威刊物不注重学术标准，使不合规范的文章有市场、有影响，是造成低水平研究持续不断的极为关键的两大原因。笔者

---

① 胡绳：《谈党史研究工作》，《党史通讯》1984 年第 1 期。大致相同的观点还可见邢贲思《对中共党史研究的几点意见》，《中共党史研究》1992 年第 1 期，等等。

之所以自认为以上所举的著作文章，尚可代表20世纪90年代中共党史研究的学术进展，一个重要考虑就是它们中多数所反映出来的作者的史学意识比笔者所看到的一般中共党史的著作文章要好些。比如史学科班出身的金冲及虽然身为中央文献研究室副主任，他主编的《周恩来传》却相当注重关键史料的考订工作和引文注释。其1997年出版的《周恩来传》上卷（即新版1—2卷）830余页，注释规范且超过1500条。而通常登在《中共党史研究》等刊物上的文章，将近1500字一页还经常是平均一页一条注释都达不到，在史料考订与注释规范方面的问题就更多了。简单地引用《毛选》等著作中的话来作为自己立论的依据，将他人研究成果中的注释直接抄来而不注明转抄出处者，比比皆是。这种"研究"不要说不合乎基本的史学规范，就是从历史学的角度来看，其文章著作的可靠性也大可怀疑。

弄清史实之不简单，关键还在于研究者是否有一双治史的眼睛，这就涉及史学界所再三强调的态度要客观，视野要开阔，史料诠释要合乎"当时之实事"等标准了。前引胡绳那段话的次序颠倒一下，其实恰恰应当是对史家视野的一种要求。即应当说："历史研究工作者如果没有哲学的修养，如果没有经济学的修养，如果……"恐怕很多时候连史实都未必弄得清楚。近年来，学术界大力推崇王国维、陈寅恪、钱钟书等人的成就，也正是基于他们具有"中"学"西"学融会贯通的学术素养。当然，对历史学家来说，最重要的还是能否保持一种客观的实事求是的研究态度。而要做到这一点，在中共党史学界又恰恰最难。甚至"客观"两个字长期以来在中共党史研究问题上就受到非难，当年大批判盛行时曾有过一顶政治帽子，就叫作"资产阶级客观主义"。20世纪80年代前半期，这顶帽子还常常出现在一些人的嘴里。自80年代后半期以来，强调"客观"地研究中共党史在政治上已经不再犯忌，但这不等于当你改变一种陈说、提出一种新观点时，肯定没有人会追究你的"政治倾向"或"政治导向"问题。由此可见，即使在中共党史研究学界，也仍有人固守陈说，不允许有任何不同的声音出现。任何个性化的研究，弄得不好，还是有被人扣帽子、打棍子的危险。中共党史研究学术进展缓慢且艰难，这应该是最重要的原因之一了。

## 第五节　21世纪初年的新现象新趋势

自21世纪起，也就是中华人民共和国成立50年以后的中共党史研究，出现了一些十分重要的现象与趋势。

首先值得注意的是史料方面的发掘与利用。如涉及1949年以前中共党史的历史文献，这些年得到了前所未有的发掘和公开。这里最值得一提的就是《共产国际、联共（布）与中国革命档案资料丛书》的编辑出版①，以及各省与中央档案馆合编的地方革命历史档案资料汇编陆续从"内部"变成了"公开"的研究资料。②

《共产国际、联共（布）与中国革命档案资料丛书》从1995年开始出中文版，到2012年最后出齐，它的最大价值在于，此前中国方面出版的在研究中共中央历史决策经过方面最具权威性的《中共中央文件选编》，仅仅提供了一些中共中央不同历史阶段已形成的最基本的政治决议和政策指示，却没有提供任何形成这些政治决议和政策指示背后的动因资料和过程文献。而这套资料中来自俄国档案的部分，则恰恰提供了20世纪20—40年代相当一段时间里，影响中共中央决策的许多关键性的背景情况。因此，它对研究中共高层人事、政策变动的历史，自然具有很重要的价值。

各地革命历史档案资料汇编多数在20世纪80年代和90年代即已编成，它们的最大特点在于其地方性和事务性。毫无疑问，这些历史文献则是研究中共中央与地方关系，尤其是地方党，包括各省和各个早期根据地内部发生的种种历史问题与历史事件，以及研究中共地方史，特别是深入探讨中共基层组织历史状况的十分重要的第一手资料。就整体研究中共的历史而言，它们对已经出版的《中共中央文件选编》也具有极为重要的补

---

① 《共产国际、联共（布）与中国革命档案资料丛书》总计21卷，分别由北京图书馆出版社、中央文献出版社和中共党史出版社分批出版。

② 各省革命历史档案资料汇编自20世纪80年代陆续开始由中共中央档案馆与各地档案馆分头编辑，内部少量印刷且编号保存。已知全国除西藏、新疆、青海等极少数省区没有见到编成的档案集外，其他各省区几乎都有少则五六卷，多则数十上百卷的这类档案汇编。

充参考作用。尤其是有些省份出版的史料数量很大；有的不仅有内部本，还有公开本，相互间还有许多不重合的内容。① 如此大量反映基层情况的这类文献史料的出版，对研究者来说极为有益。不过，在过去的许多年里，它们基本上不向内地学者开放，印数极少，还有专门编号。十分吊诡的是，正是这些有编号的严格保密的内部资料，大量流传到了海外，中国台港澳地区、日本、美国的许多大学都收集有数种或十数种。因此，最先利用到它们的，自然是海外的中共党史研究学者。这种情况直到越来越多的内地高校研究中国现代史的历史学教师有机会到海外进行学术交流，才开始逐渐改变。2000年前后内地部分历史学研究者已经开始对这些资料给予高度重视，大量从海外和内地民间渠道购买、复制，甚或制成电子文本，一些研究者也开始着手利用这些资料进行中共基层党史的研究了。

其次特别值得注意的是，和改革开放后各界高度关注官方党史正本写作出版的情况相反，2000年以后官方的党史正本不再受人关注了，影响到政府各党史专门机关的中共党史研究开始一蹶不振。在此期间，虽然仍有中共党史研究者依托诸如《联共（布）、共产国际与中国革命档案资料丛书》等重要史料，发表和出版一些新的论著，但是，由于其依旧不能如史学研究那样严谨科学，又不能力持客观立场而在观点及史实重建方面有所突破，结果这类看起来并不差的研究题材，却全然引不起读者的兴趣，更不要说赢得学术界的关注了。这种情况甚至也影响到了一些其实有相当内容或质量的研究成果。如当时还是中共党史学会会长的龚育之先后推出了《党史札记》（浙江人民出版社2002年版）、《党史札记二编》（浙江人民出版社2004年版）、《党史札记末编》（中共党史出版社2008年版），以他的经历及研究功力，本应得到各方的重视，结果也很不理想。再如时任华东师范大学教授周一平编撰的《中共党史文献学》（华东师范大学出版社2002年版），照理也是一本既有功力，又能够给予中共党史研究者很大帮助的学术工具书，但即使在中共党史学界也未能引起足够的重视。

---

① 如山东省档案馆编辑出版的革命历史档案资料，就有公开和内部两种。公开本名为《山东革命历史档案资料选编》（山东人民出版社1982年版），加目录卷共24辑；内部版名为《山东革命历史档案汇编》，共8辑。

与此形成鲜明对比的是，这一时期不少非官方的，甚至是海外的相关著作，却表现出了很强的吸引力。

这里首先需要提到的，是中国台湾地区"中央研究院"近代史研究所学者陈永发的《中国共产革命七十年》（台湾联经出版社1998年初版、2001年修订版）①。该书分上下两卷，全面讨论了中共自1921年建党以来的历史，是台湾地区自王健民的《中国共产党史稿》（1—3）（香港中文图书供应社1974—1975年版）和司马璐的《中共党史暨史料选粹》（1—12）（香港自联出版社1979年版）以后，第一部有关中共党史的通史性著作。陈永发几乎是台湾地区当今唯一的中共党史研究专家，过去所著《制造革命》《延安的阴影》以及《红太阳下的罂粟花》等，不仅在美国得过奖项，而且其研究一向较为深入，因此，他的这本书一经推出，即数度印刷，广受海外读者的重视。这和几乎同一时间内地一些中共党史学者为纪念中华人民共和国成立50周年而集体推出的各种大部头中共通史著作，在内地几乎乏人问津的情况，形成了极大的反差。尽管以陈永发以往研究的范围，想要做好这样一部通史，许多地方都显得过于吃力，其中史实上的错误和解读有欠准确的地方不在少数②，但是，他的研究所提供的某些思路，对内地的研究者还是会有所触动，也因此成了许多关心中共党史的年轻学生的必读书之一。

除了陈永发的《中国共产革命七十年》以外，台湾地区陈耀煌所著《共产党、菁英、农民——鄂豫皖苏区革命（1922—1932）》一书，第一次系统利用地方革命历史文件汇集，从微观的角度考察鄂豫皖苏区本地干部和外来干部关系的影响，也在相当程度上填补了中共党史研究在这方面的空白。当然，这些著作到底不能在大陆发行，因此，其影响力相对而言还比较有限。与此相对照，日本学者石川祯浩的中共党史研究专著，却因为被译成中文，并成功地在内地出版，给了中共党史学界更多的刺激。

石川的这本书名叫《中国共产党成立史》③，和几年前在内地出版的中

---

① 陈书出版于20世纪90年代末，但为大陆学界了解并在大陆发生影响，则在2000年以后。
② 参见杨奎松《评〈中国共产革命七十年〉》，《近代史研究》1999年第3期。
③ 石川祯浩：《中国共产党成立史》，袁广泉译，中国社会科学出版社2005年版。

共党史研究者邵维正的《中国共产党创建史》（解放军出版社1991年版）一书，研究的内容完全相同。但是，两者所得出的结论却相差甚远。邵书可谓集数十年国内中共创立史研究之大成，洋洋洒洒数十万言，高屋建瓴地考察了从近代鸦片战争到五四运动前后中国社会的方方面面，结果却只是在进一步印证传统中共党史就中共建党问题已有的各种结论，中心观点只是在证明："五四运动时期，马克思主义在中国广泛传播"，"奠定了思想基础"，"中国工人运动有了迅猛的发展"，"奠定了阶级基础"，加上早期共产主义知识分子的桥梁作用，三者结合，中国共产党的产生既是"客观需要"，也是"必然结果"。石川的研究却从微观入手，细密地考察种种内地传统说法用以支撑其观点的各个关键史实，作出了全然不同的判断。他通过对照研究多方面的史料，对相关史实详加考据，不仅否定了在中国内地的中共党史学界中长期流行的"南陈北李""相约建党"说①，而且从根本上否定了所谓"三结合"说。他得出的研究结论是，中国共产党在1920—1921年的迅速形成，既不是得益于马克思主义的深入传播，也不是因为中国当时有了怎样迅猛的工人运动，而是由于当时得到了来自俄国布尔什维克方面的有效推动和帮助。石川祯浩和邵维正在史实研究中最大的不同，就是邵基本上仍旧局限于已有的各种中文史料，观点上先入为主，不怀疑、不考据，而石川则除了广泛利用中文史料外，还大量利用了日文、俄文和英文的相关史料，同时基于对当时条件下中国所谓早期共产主义者马克思主义认识水平的大胆怀疑，很容易地发现了从李大钊传播马克思主义的文章，到《共产党》月刊中的思想理论资料，一直到中共一大的党纲，几乎都是生吞活剥地搬用日本、俄国和美国各种相关文献而已。据此，他进一步考察当时俄国共产党在中国、日本和朝鲜几乎同一时间帮助三国共产党成立的情况，就很清楚地看出了俄国共产党在中共成立问题上所起的重要推动作用。他因此怀疑，许多中国的中共党史研究工作者长期

---

① 他首先考察出此说源自1927年5月高一涵在李大钊追悼会上的一段演词。进而对照高先后各种回忆文字，发现高历次回忆都再未提及他有听到陈、李商谈建党事宜的事情。再考察高演词中所述陈独秀与李大钊在前往河北乐亭途中谈论组织共产党一事时的行踪，发现高当时正在日本，进而认定高不可能亲耳听到陈、李在去乐亭途中进行的交谈，由此认定高1927年5月演词中的说法并不准确，他后来回忆中的不同说法当更为可靠。

以来还没有掌握基本的史学研究方法，更不懂得学术研究必须于不疑处有疑，以至于研究数十年而毫无进步。不论石川的研究还存在着怎样的不足，他的这一研究结论及其对中国内地中共党史研究工作者的这种直率批评，能够被译成中文并通过审查在中国内地发表，还是极大地体现了这一时期中共党史学界前所未有的开放态度。虽然，对石川的观点和批评，仍有内地部分中共党史研究者表示了强烈的不满，但多数学者还是公开表示了对其研究成果的高度肯定。①

另外一本在2005年出版的研究中共党史的专著，即何方的《党史笔记——从遵义会议到延安整风》（香港利文出版社），也在近几年得到了不少关注中共党史问题的读者的重视。何方曾经做过前中共总书记张闻天的秘书，改革开放后又长期参与整理研究张闻天的生平资料，因此出于"要给张闻天拨乱反正"的动机，作者为张闻天做了全面的辩护。尽管在这一点上作者的倾向性或多或少地影响了其历史判断的客观性和准确性，但该书对自张闻天1931年回国后，一直到中共七大期间中共高层人事关系及政治斗争的内幕，都有很详细的研究与讨论。尤其是对延安整风的幕后情况，特别是对张闻天在运动中的困难处境和所以说违心话、做违心事，都有具体史实的披露。该书还用了不少篇幅讨论自20世纪90年代以来几种在中共党史研究中最为引人注目的著作中存在的问题。如作者就明确认为，1994年出版的《胡乔木回忆毛泽东》与2001年出版的《杨尚昆回忆录》中存在误读甚至是曲解史实的问题。从他的讨论中也可以很清楚地看出，许多在事实上由写作班子帮助完成的所谓个人"回忆"，或者回忆人自己不能真实地说明历史，或者记录人无法真实地记录回忆人的说法。而作者对高华的《红太阳是怎样升起的》及对王若水《新发现的毛泽东》②的讨论，则反映出作者与高华和王若水等人在解读历史和认识问题方面的

---

① 参见占善钦《一部精心考证的创新之作——石川祯浩〈中国共产党成立史〉评介》，《中共党史研究》2006年第4期；李丹阳、刘建一《新视野下的中国共产主义运动起源研究》，《近代史研究》2006年第5期；田子渝《〈中国共产党成立史〉是非的三个问题》，《党史研究与教学》2007年第1期。

② 何方在撰写此书时，似未能读到王若水《新发现的毛泽东》（香港明报出版社2002年版）一书，但曾读到王同名长文。

极为不同的视角和立场。他以张闻天身边人和历史亲历者的角色进行历史反思,也是本书最大的特色之一。

和台湾、香港地区这一阶段日趋活跃的中共党史研究相比,内地这一阶段有关 1949 年以前的中共党史研究,多少显得有些沉闷。史料出版方面的进展并没有对史实研究产生很明显的推动作用,有关中共与莫斯科关系问题最具突破性的研究成果,就是杨奎松的《共产国际为中共提供财政援助的历史考察》(《党史研究资料》2004 年第 1—2 期)一文了。这篇文章第一次依据大量确凿的历史文献考察出,中国共产党从建党之日起,一直到 20 世纪 30 年代初,作为共产国际下属支部,每年提出预算,然后按月从莫斯科领取活动经费,进行各种活动,包括支付作为职业革命家的各级干部的生活费用。随着中国共产党人数日益增多,这种开销也日渐庞大。直至 30 年代中期中共中央退入农村苏区,城市工作基本瘫痪,这种情况才逐渐得以改变。而此后莫斯科对中国共产党仍旧保持着经济上的援助,只是由于中国共产党已经取得了军队和根据地等获取经济来源的重要手段,因而在共产国际存续期间,这种援助改为根据中共中央的书面申请,报经由联共(布)中央政治局批准和拨款的方式了。

不过,相对于一向偏重于政治、军事、思想史的中共党史研究而言,今天对中共历史的研究明显地越来越开始偏向于社会史方面的话题了。以黄宗智主编的《中国乡村研究》杂志为代表,许多学者把目光投向了作为中共革命基础的乡村和农民问题。像黄宗智的《中国革命中的农村阶级斗争——从土改到文革时期的表达性现实与客观性现实》[1]、刘昶的《在江南干革命:共产党与江南农村(1927—1945)》[2]、李放春的《北方土改中的"翻身"与"生产"——中国革命现代性的一个话语——历史矛盾溯考》[3],就是这方面研究的代表作。在当下,不少高校的硕、博士研究生,

---

[1] 黄宗智:《中国革命中的农村阶级斗争——从土改到文革时期的表达性现实与客观性现实》,载《中国乡村研究》第 2 辑,商务印书馆 2003 年版,第 66—95 页。

[2] 刘昶:《在江南干革命:共产党与江南农村(1927—1945)》,载《中国乡村研究》第 1 辑,商务印书馆 2003 年版,第 112—137 页。

[3] 李放春的《北方土改中的"翻身"与"生产"——中国革命现代性的一个话语——历史矛盾溯考》,载《中国乡村研究》第 3 辑,社会科学文献出版社 2005 年版,第 231—292 页。

也往往会选择这方面的课题来做自己的论文。而一些过去比较关注中共历史，或中国革命史研究的教师，也不约而同地重视起对革命期间中国农村和农民更微观一些的考察和研究来了。如魏宏运主编的《二十世纪三四十年代太行山地区社会调查与研究》（人民出版社2003年版）和姜义华主持下推出的"革命与乡村"丛书[①]等，就主要是推动学生所进行的研究工作。

需要了解的是，传统的中共党史研究的一个极大的弊病，就是眼睛向上，不是路线斗争史，就是英明领导史，在所有正统的中共党史教材中，几乎看不到下层的民众与具体的社会。胡绳担任中共党史研究室主任时，曾不止一次地发出过呼吁，希望能够改变这种研究和写作模式，结果却并不见效。在中国内地，领此种风气之先的，是美国华裔教授黄宗智。

黄宗智于20世纪90年代末就来到中国内地，开始把西方社会史研究的一些方法和他对中国乡村问题的关注，传授给一些高校学生。几年时间下来，其影响可谓立竿见影。当然，具体深入一个个社区、乡村，考察基层社会中的干部和民众与革命的关系，常常不可避免地呈现出与传统的中共党史宣传有极大反差的情况。像黄道炫的《逃跑与回流：苏区群众对中共施政方针的回应》（《社会科学研究》2005年第6期）、《苏区时期的"赤白对立"——阶级革命中的非阶级现象》（《史学月刊》2005年第11期）、《洗脸——1946—1948年农村土改中的干部整改》（《历史研究》2007年第4期），就是很好的例子。而且，许多新的研究思路和方法，往往还带有后现代解构主义的色彩，如此，它对传统的革命史观的冲击就更是难以阻挡了。因此，这种新的研究趋向，一方面可以说极大地推动中共党史的学术性发展，另一方面却又对传统的中共党史研究构成了严重的挑战。

## 第六节　关于当代中共党史研究的简略回顾

如果说研究1949年以前的中共党史难，那么，研究中华人民共和国

---

① 该丛书由上海社会科学院出版社于2006年出版，共5种，有黄琨的《从暴动到乡村割据（1927—1929）》、王友明的《解放区土地改革研究（1941—1948）》、陈益元的《建国初期农村基层政权建设研究：1949—1957——以湖南省醴陵县为个案》等。

成立以后的中共党史照理就更难了，因为越是接近现实，其政治敏感度自然越高，禁区更多。但令人称奇的是，十几年二十年来，这一研究反倒开展得蓬蓬勃勃。而且，正是因为改革开放，提出了一个让世人几乎无法回避的历史问题：毛泽东时代到底出了什么问题，为什么必须进行如此根本性的大改革？尽管对于这个问题的讨论，因为事情涉及对许多历史问题的评价，常常起而又止，且限制多多，但自1978年以来，人们一遇到对改革开放的评价问题，就难免会一次又一次地自发地就此展开讨论。

改革开放后第一波围绕着这方面问题展开的讨论，发生在1980—1981年。当时中共中央决定起草《关于建国以来党的若干历史问题的决议》，由胡乔木主持。进而又发动党政军学各界高层4000人讨论初稿，直到1981年6月27日中共十一届六中全会通过为止。这一波讨论虽然大多集中在内部，但影响所及，极大地激发了人们关心和讨论中华人民共和国成立后中共党史的热情。从当时讨论的情况来看，整个讨论是比较民主的。基于不得不改革开放的现实，相当多的人尖锐批评中华人民共和国成立后毛泽东的种种作为，不少人对《决议》稿仍旧把毛泽东思想与毛泽东的思想加以区别，强调毛泽东思想只有正确没有错误，毛泽东的思想才有错误的说法，表示难于理解。对30年间的历史，大家基本肯定的也只有两段：一是经济恢复时期，即1949年10月以后到1952年；一是经济调整时期，即1961—1965年。对邓小平关于1957年以前毛泽东的领导还是正确的，1957年的反右派斗争还要肯定的说法也提出了不同意见，认为凡是用政治运动的方法来解决社会问题，包括1957年以前所进行的"三反""五反"和反右运动，都是错误的。一些人并且提出："一化三改"（即实现社会主义工业化及对农业、手工业、资本主义工商业的社会主义改造）搞急了，社会主义搞早了，从1955年毛泽东开始加快农业合作化的步伐，1956年提出反冒进之后，整个政策实际上就已经"左"倾了。

基于对以往错误的反思，主持文件起草的胡乔木最初也表示过与多数与会者相同的意见。比如，他明确讲，不能说从1949年中华人民共和国成立之日起就开始了社会主义革命，实际上直到1957年完成社会主义改造都是新民主主义阶段，而且公私合营等等是搞快了，另外许多运动本来是不必要搞的，包括新中国成立初的知识分子思想改造运动、反胡风的斗争，等等，

1957年的反右派运动也完全可以不发生,"关键是出在大鸣大放上"。而他最重要的说法是:"党的历史传统就潜伏了发生文化大革命的可能性。"再加上跟着列宁的《共产主义运动中的左派幼稚病》里的说法宣传领袖专政,结果民主没有了,毛泽东一切都学斯大林,要绝对权威。"南宁会议奠定了毛主席在中央的特殊地位","在一定范围内把一个社会主义国家变成一个专制主义国家,把一个无产阶级政党变成一个专制主义的党"。"毛主席自己反对教条主义,但是他又把对他的学说的教条主义发展到了顶点。"①

坦率地说,要在如此短的时间里,集中一批"秀才",起草一个文件,对长达30年的复杂历史问题做出结论,即使有4000人参加了两三周的讨论,也会有太多难以解决的问题和困难。但这毕竟不是历史研究,而是要形成中国共产党的一种政治上的集体宣言。在"文化大革命"已经搞乱了一切,人们的思想处于极度混乱的情况下,邓小平相信这样做有助于恢复党的形象和统一人们的认识。因此,包括对毛泽东的错误,最初的讨论稿也是尽量少讲,因为照邓小平的说法,是"文化大革命"结束以来"讲得太重了",这不利于党和国家的形象。不难看出,起草《决议》包含有很强的政治目的性。邓小平讲得很明白,第一,要肯定毛泽东的功绩还是主要的;第二,要肯定党在30年中的成绩,特别是"文化大革命"前10年的成绩还是主要的。②虽然,《决议》最后在一定程度上吸收了部分讨论参加者的意见,但对多数意见,包括起草人的许多看法,事实上也很难吸收进去。很明显,《决议》的目的是力图恢复党的正面形象,这与史学研究专以弄清史实为目的的出发点,是有区别的。期望一个《决议》一劳永逸地澄清和解决中华人民共和国成立以后中共党史上发生的各种问题,也不现实。

第二波中华人民共和国成立后中共党史的大讨论发生在20世纪80年代

---

① 《胡乔木对起草〈关于建国以来党的若干历史问题的决议〉中的讲话》(1980年7月4、5、8、18日),邓小平:《对起草〈关于建国以来党的若干历史问题的决议〉的意见》(1980年3月—1981年6月),中共中央文献研究室编《关于建国以来党的若干历史问题的决议注释本》,人民出版社1983年版,第76—77页。

② 参见邓小平《对起草〈关于建国以来党的若干历史问题的决议〉的意见》(1980年3月—1981年6月),中共中央文献研究室编《关于建国以来党的若干历史问题的决议注释本》,第73—97页。

后期。当时曾出版过一批代表着那个时候中华人民共和国成立后的中共党史研究最高水平的著作。其中尤以庞松、王东的《滑轨与嬗变——新民主主义社会阶段备忘录》、戴知贤的《文坛三公案》、谢春涛的《大跃进狂澜》、丛进的《曲折发展的岁月》等著作①令人瞩目。而格外能够表现出当时学者们的独立治学精神的是，从著名经济学家薛暮桥，到年轻一代的党史学者庞松等，都开始突破1981年《决议》的说法，对中国为什么会在生产资料所有制以及生产关系方面出现重大的历史反复，提出了新的思考。

《决议》认为，1949年到1956年从新民主主义到社会主义的转变，是在党领导下"有步骤地实现"的，1952年提出以"一化三改"为目标的过渡时期总路线"反映了历史的必然性"，"是完全正确的"。而随后的事实也证明，这一阶段"党确定的指导方针和基本政策是正确的，取得的胜利是辉煌的"，"促进了工农业和整个国民经济的发展"。缺点和偏差是："在一九五五年夏季以后，农业合作化以及对手工业和个体商业的改造要求过急，工作过粗，改变过快，形式也过于简单划一，以致在长期间遗留了一些问题。"②

但是，《决议》中的解释明显地不能解答许多人的疑问，即如果说当初废弃新民主主义多种经济成分并存的经济体制，实现对农业、手工业和工商业的社会主义所有制改造，"反映了历史的必然"，"完全正确"，那么20多年后有什么必要再搞经济体制改革，重新将已经实现了"一大二公"的社会主义单一所有制，退回到多种经济成分并存的体制上去？如果说单一所有制结构的建立"促进了工农业和整个国民经济的发展"，那么为什么20多年来整个国家的经济发展远远落后于资本主义发达国家，甚至远远落后于本来与中国处于大致相同水平上的亚洲其他一些国家和地区的经济发展？为什么到1978年中华人民共和国成立后近30年人均消费粮

---

① 庞松、王东：《滑轨与嬗变——新民主主义社会阶段备忘录》，河南人民出版社1990年版；戴知贤：《文坛三公案》，河南人民出版社1990年版；谢春涛：《大跃进狂澜》，河南人民出版社1990年版；丛进：《曲折发展的岁月》，河南人民出版社1989年版；王年一：《大动乱的年代》，河南人民出版社1988年版。同时出版的虽非历史学著作，但具有相同的揭示历史真相作用的纪实文学作品还有李辉的《胡风集团冤案始末》（人民日报出版社1989年版）等书。

② 《关于建国以来党的若干历史问题的决议》，1981年6月27日。

食的水平还不及解放初,为什么几亿农民尚未解决基本的温饱问题,而且当年一些曾经是革命根据地的地区,人民的生活甚至不如新中国成立前?①

对此,薛暮桥在1988年即公开提出了自己的看法。他指出:应当看到,社会主义总路线提得太早了,在生产力十分落后的中国,应当有一个较长的新民主主义时期,不宜匆忙消灭个体经济和资本主义的私营企业。而且社会主义改造原定15年完成,结果四五年就搞完了,把资本主义经济和绝大部分个体经济统统消灭了,这显然是错误的。因为,衡量一种经济成分有无存在的必要,应当看它是否有利于生产力的发展。而20世纪50年代的中国,资本主义所能容纳的生产力远没有完全发挥出来,无论在城市,还是在农村,它当时都是有利于社会生产力发展的。②

1989年,庞松等在《滑轨与嬗变——新民主主义社会阶段备忘录》一书中,更是列举大量数字和文献资料,进一步从更深层次做出分析,认为新中国在经过了新民主主义社会的充分发展之后,再转入社会主义社会,才是最正确的一种选择。"骤然而至的经济结构大变革虽然确立了社会主义公有制的绝对优势,但同时也使中国广大城乡主要从事商品生产经营的私人经济绝大部分被消灭;组织起来的农民进行商品流通交换活动受到越来越大的限制而趋于萎缩;全社会的生产经营活动在排斥市场调节作用的前提下,愈来愈多地被纳入到国家计划的单一轨道;曾经在多种经济成分并存的环境下比较活跃的商品经济的发展,长时期受到不合理的遏制;中国政治民主化的进程因缺乏相应的商品经济的条件而陷于停滞状态。所有这些长期困扰的问题,实际上是由新民主主义社会的滑轨与嬗变所带来的,它超出了社会主义改造后期'要求过急、工作过粗、改变过快、形式过于简单划一'一类概括,具有不容忽视的更为严重的性质,即它对于社会生产力发展的内在阻滞作用,事实上超过了使国民经济维持一时增长的表层作用;它渗透于整个社

---

① 在讨论《决议》的过程中,一些人提到他们刚刚考察过的陕甘宁边区和辽宁的朝阳、河北的承德等地区,称那里的群众在战争年代与我们同甘共苦,现在许多公社的人民"衣不遮体""一贫如洗"。他们问:"我们党怎样领导这件大事的?为什么竟使群众遭受这样困苦达20年之久,而不能改进?"为什么"相当多的队甚至比合作社之前、比建国前的陕甘宁边区更加贫困了"?

② 薛暮桥:《从新民主主义到社会主义初级阶段》,《理论动态》第802期,1988年10月20日。

会生活领域的多方面影响和惯性力，在社会主义改造基本完成以后不仅没有消失，反而愈益发展，并在一浪接一浪的'反右派'运动、'大跃进'运动、人民公社化运动、'反右倾机会主义'运动、'四清'运动中一再顽强地显示出来，直至发展到'文化大革命'的极端。"①

不难想象，在1989年如此鲜明地对《决议》的说法提出不同的观点，难免会受到某种压力。只是，这种压力并非是来自公开的辩驳和争论，更多却是来自内部的批评。尤其庞松又是中共中央党史研究室的研究人员，胡乔木又有过"党内在这样重大的原则问题上不能'百家争鸣'，以免动摇党心军心民心"的严厉说法②，其结果可想而知。

第三波的讨论发生在20世纪90年代末。首先是"文化大革命"史以及反右运动史研究在某种程度上解禁引人注目。多年来，尽管"文化大革命"史和反右运动史的研究受到整个社会的强烈关注，这种研究即使从政治角度考虑也对党和国家的建设有益，但官方始终考虑到形象问题和恩怨问题，严格控制这方面的研究和出版。80年代只出版过两部有关"文化大革命"史的书，其中只有一部算是史学著作，还是借助于丛书得以出版的。③ 关于反右运动史的著作则一部没有，就连研究的论文也很少见到。终于，到1996年前后，经过严格的审查之后，金春明的《文化大革命史稿》（四川人民出版社1995年版）、席宣和金春明的《"文化大革命"简史》（中共党史出版社1996年版）得到了出版许可。1998年，朱正的《1957年的夏季——从百家争鸣到两家争鸣》（河南人民出版社1957年版）也在历经反复之后，成为公开出版的第一部全面研究和介绍反右运动历史的重要史学著作。④ 甚至，随着中共十一届三中全会召开20周年的到

---

① 庞松等：《滑轨与嬗变——新民主主义社会阶段备忘录》，第296、318—319页。
② 胡乔木：《关于〈历史决议〉的几点说明》（1981年5月19日），《胡乔木文集》第2卷，人民出版社1993年版，第158页。
③ 参见王年一《大动乱的年代》；高皋、严加其著《"文化大革命"十年史》（天津人民出版社1986年版）严格说不能算是史学著作。这时研究"文化大革命"史的学者，为出版"文化大革命"史著作，只好与海外出版界联系。如"文化大革命"辞典等就是送到海外去出版的。
④ 涉及"文化大革命"史方面的写得较好的一本书，1993年中国青年出版社还出版过一部丛书中的一种：郑谦、韩钢著《毛泽东之路——晚年岁月》。关于反右运动史1998年得到批准出版的还有叶永烈的一部纪实文学作品：《反右运动始末》（青海人民出版社1998年版）。

来，大批反映改革开放决策内幕的书籍相继出版，其中透露了大量当年高层讨论经过的文献档案。如此近距离的大批档案资料得以开放，这在中共党史研究上是前所未有的。

第三波讨论最能够反映出中共党史研究对中华人民共和国成立后这一段的学术研究进展的，仍旧比较多地集中在新民主主义向社会主义转变这个问题上。再度鼓起研究者勇气的，似乎是1995年公开发表的毛泽东在中共七大会议上的讲话。因为毛泽东在讲话中再三强调："我们不要怕发展资本主义"，俄国的民粹派"'左'得要命，要更快地搞社会主义，不发展资本主义，结果呢，他们变成了反革命。布尔什维克不是这样。他们肯定俄国要发展资本主义，认为这对无产阶级是有利的"。中国的情况更是如此，绝不能想象从封建经济直接发展到社会主义，必须要"广泛地发展资本主义"。新民主主义就是这样一种资本主义，"这种资本主义有它的生命力，还有革命性"，因为它是那种帮助我们走向社会主义的"革命的、有用的"资本主义。①

冲破"凡是"派的思想禁锢已经21年，但对于中共党史研究来说，有时不靠"本本"撑腰还真不行。毕竟，胡乔木明确讲过，那些关于"中国应补上资本主义这一课"之类的说法都属"谬论"之列②，如果没有更高权威的话，比如新发现的毛泽东的这些话做根据，要想批评毛泽东受到民粹主义思想影响，重提"补上资本主义这一课"这几个字，会艰难得多。③

值得注意的是，这次的讨论发起者不再是一般的中共党史研究人员，而是中共中央党史研究室的负责人。而这次的反对者也不能采取10年前的办法，在内部批评压制，只好公开在会议上和刊物上进行辩驳了。

---

① 《毛泽东在七大报告和讲话集》，中央文献出版社1995年版，第126—127、189—190页。

② 胡乔木：《关于〈历史决议〉的几点说明》（1981年5月19日），《胡乔木文集》第2卷，人民出版社1993年版，第158页。

③ 最早十分委婉地提到毛泽东在三大改造问题上有没有受到民粹主义思想影响问题的，是石仲泉。但这是在中共中央党史研究室召开的批评国外学者所谓"毛泽东思想具有民粹主义倾向"座谈会上的发言，因此其发言基调自然只能是否定"毛泽东思想具有民粹主义倾向"这个观点的。参见石仲泉《关于国外毛泽东研究的民粹主义问题》，《中共党史研究》1992年第6期。

1996年，中央党史研究室龚育之副主任最先开始发挥毛泽东的这些思想，断言新中国从新民主主义向社会主义的转变过快过早了，中国"需要资本主义的广大发展"。随后，胡绳主任公开发表谈话和文章进一步明确提出："社会主义改造的飞速完成，是符合实际的要求呢，还是主要依靠政权力量人为地促成？"我们今天确实应该从生产力的角度衡量一下。实际上，"拿1949年—1953年和1945年相比，资本主义恐怕并不是更多一点，而是更少一点"，甚至比1936年都少。中国革命在资本主义不是太多，而是太少的情况下取得胜利，"不具备全面地实现社会主义社会的条件和可能"。因此，按1949年《共同纲领》的规定，"在一个相当长的时期内"适当地发展资本主义，是唯一正确的发展道路。过快过急地过渡到社会主义，实际上是不顾生产力发展水平而盲目追求社会主义生产关系的提高，结果"是倒向民粹主义，而离开了马克思主义"。不仅如此，"这种提高不但不是真正的提高，而且只会对生产力的发展和社会的进步起阻碍作用"。①

有关中华人民共和国成立初有无必要急于从新民主主义过渡到社会主义，这种过渡或转变究竟推动了中国的前进，还是阻碍了中国的前进，我们应该从中吸取什么样的教训这个问题，毫无疑问是自改革开放以来社会上和学者中间问得最多的一个问题。中央党史研究室负责人带头打破禁区讨论这个问题，足以说明来自社会的呼声之高。尽管总是有少数人对讨论这样的问题表示极端反感②，生怕这种讨论会动摇人们继续坚持社会主义制度的信心，但从20世纪70年代末80年代初、80年代末和90年代末人们三度顽强地重提这个问题的情况可以清楚地看出，在现实提出了类似的问题之后，要阻止人们进行必要的理性思考，不仅十分不智，而且也难以办到。尤其是，当学者们在思考、在争辩的时候，无论对错，他们充其量也不过是在表达他们个人的一种思想、一种观点罢了。过分担心学者们的科学思考会动摇社会上人们这样或那样的信心，更是给人以杞人忧天的感觉。如果我们的制度真的脆

---

① 参见郑惠《胡绳访谈录》，《百年潮》1997年第1期；胡绳《毛泽东的新民主主义论再评价》，《中共党史研究》1999年第3期。
② 参见《中流》1999年第5期。

弱到连不同的思想观点都难以承受的地步，那倒是真要好好思考一下了。因为那绝对不是学者们的勇气出了问题，而是制度本身出了大毛病。

## 第七节　中外学者的不同研究取向

虽然关于1949年以后的中共党史研究的学术进展道路一直曲曲折折，时起时伏，但由于社会关心程度高，再加上文献档案和报刊资料保存完整、"文化大革命"中流散出去的高层资料又多，许多老同志还留有日记或笔记，因此研究难度反比1949年以前的中共党史要小，故不时有重要成果问世。许多鲜为人知的决策内情和重要事件内幕一波又一波地被披露出来，引起众多亲身经历了那个时代的读者的强烈关注。甚至在国人的研究还受到相当限制的时候，美国哈佛大学政治学教授麦克法夸尔早早就推出了他的两册《文化大革命的起源》，并且成功地译成中文在中国内地出版了。①

促成中国共产党建立中华人民共和国以及20世纪50年代诸多史实的研究的一个重要条件，就是各种文献和回忆史料极为丰富。包括保密程度最高的中共中央的决策与指示，自改革开放以来就有不少重要的史料可供利用了。这里最有必要提到的，就是和1949年以前中共党史研究的基本文献史料《中共中央文件选编》具有相同价值的《建国以来毛泽东文稿》《建国以来刘少奇文稿》和《建国以来周恩来文稿》，以及《建国以来重要文件选编》《中华人民共和国经济档案资料选编》等。这些基本文献档案史料的编辑出版，对于研究中国共产党建立中华人民共和国和50年代的历史，具有非同寻常的价值。尽管像《建国以来毛泽东文稿》中的历史文献仍有不加说明被编辑删节的情况，利用时需要有所小心，但是，因为中华人民共和国成立后的这类资料不像中华人民共和国成立前革命时期散失焚毁的厉害，同时还有《毛泽东选集》和各种版本的《毛泽东思想万岁》等可以作为参考，研究中共高层的资料条件甚至比研究1949年以前的条件还要好许多。

---

① 麦克法夸尔：《文化大革命的起源》第一、二卷，该书翻译组译，河北人民出版社1989年版。

进一步有助于学者接触更多未公开的档案史料的,是中央文献研究室编辑的《毛泽东年谱》和其他诸多领导人的年谱(尤其是修订版的年谱),以及《毛泽东传(1949—1976)》《周恩来传》《刘少奇传》《陈云传》,等等。其他中共党政军领导人也出版有自己的,或由自己口述,经过写作班子代为执笔的各种回忆录。这些回忆录的作者,或其写作班子,很多也得到批准前往相关的档案馆,查阅了不少档案史料,因此,经由这些年谱、传记和回忆录所透露出来的片段的档案文献,也往往能够对学者的学术研究产生某些有益的帮助。

比如,长期做过中共中央统战部部长的李维汉,就率先出版过《回忆与研究》(上、下)(中央党史资料出版社 1986 年版)一书,借助于相关档案记录,比较系统地介绍过中华人民共和国成立初期中共中央种种决策和冲突情况。此后,长期担任过毛泽东俄文翻译的师哲的《在历史巨人的身边》回忆录,借助于本人的回忆和整理者在中央文献研究室就近查阅补充档案文献的便利,也在相当程度上"还原"了一些中华人民共和国成立初期毛泽东与苏联交往过程中的重要情况。尤其是中华人民共和国成立后长期在中共党内参与领导经济工作的薄一波出版的《若干重大决策与事件的回顾》(上、下)(中共中央党校出版社 1991 年版)一书,在这方面披露出来的档案文献和背景资料更为丰富,故此书出版近 20 年,仍旧是研究中国共产党建立中华人民共和国历史的学者非读且非引述不可的重要参考书。

自然,也并不是只有涉及中共中央领导人一级的人物的回忆史料等,才能够提供出有助于研究新中国历史的相关史料。一些曾经在相关机构工作过的中高级干部的回忆、书信、日记,也同样具有十分重要的价值。其中最有名的像曾经做过毛泽东秘书的李锐的各种日记、笔记,甚至是书信,就极具史料价值,并成为研究新中国条件下中共党史的必读之物。① 其他像吴冷西的《十年论战——中苏关系回忆录(1956—1966)》(上、下)(中央文献出版社 1999 年版),韦君宜的《思痛录》(北京十月文艺

---

① 参见李锐《庐山会议实录》(春秋出版社 1989 年版)、《大跃进亲历记》(上海远东出版社 1996 年版)、《李锐日记》(1—3)(溪流出版社 2008 年版);李南央编《父母昨日书——李锐、范元甄通信录》,广东人民出版社 2008 年版。

出版社1998年版)、何方的《从延安一路走来的反思》(香港明报出版社2007年版)、陈铁健整理的《流逝的岁月——李新回忆录》(山西人民出版社2008年版)等,都或者因为作者依据大量工作笔记,提供了重要的历史资料,或者因为作者通过亲身经历,讲出了历史真相和真心的感受,引起了众多学者,乃至普通读者的极大兴趣。

而在历史学界高度关注社会史研究的情况下,另外几类史料在今天甚至更为注重社会史研究的学者所关注。一类是一些普通知识分子的日记,如陈敏之和丁东编的《顾准日记》、宋云彬的《红尘冷眼——一个文化名人笔下的三十年》(山西人民出版社2002年版)、《吴宓日记续编》(生活·读书·新知三联书店2006年版)以及冯亦代的《悔余日录》(河南人民出版社2000年版)等。这些历经运动,难得保存下来的日记,因为如实记录下来许多鲜为人知的人生经历和思想状态,为后来人了解他们在中共领导下的真实境遇和感受提供了极其宝贵的资料。一类是更普通的人或单位的史料,如李辉编《杜高档案》(中国文联出版公司2004年版)、华东师范大学中国当代史研究中心编《河北冀县门庄公社门庄大队档案》(东方出版中心2009年版)等。前者提供了一般人很难看到的在中共干部人事管理体制下保存在个人档案中的种种隐秘内容;后者提供了一个生产队在政治运动过程中实行阶级斗争的具体记录。一类则是许多普通人的回忆录。如吴文勉的《风雨人生》(中国文史出版社2003年版),李蕴晖的《追寻》(甘肃人民出版社2002年版),国亚的《一个普通中国人的家族史》(中国广播出版社2005年版),等等。高华曾通过对15个小人物的回忆录的内容分析,专门讨论中共新政权在不同的地方,对不同的人群,是如何实行社会统合的这个问题。① 实际上,这些小人物回忆录中透露出来的社会基层人群生活工作及其各种命运的信息,也是极为丰富的。

与此同时,因为距今才不过几十年的时间,许多当年的历史文献也大量留存了下来。像中华人民共和国成立前后中国共产党发动的土地改革运动的相关史料,无论是政策指示,还是调查资料,仅在各个图书馆中就不

---

① 参见高华《新中国五十年代初如何社会统合——十五个"小人物"的回忆录研究》,《领导者》第17期,2007年8月。

难发现成册的这类史料不下数十种。其他像镇反、三反、五反、肃反、反右、思想改造等政治运动的各种政策指示、法律规定，或宣传资料，也同样多得不可胜数。而更让中华人民共和国成立后的中共党史的研究变得方便起来的，还有各地档案馆可以利用。根据《中华人民共和国档案法》"自形成之日起满三十年向社会开放"的解密规定，多年以来绝大多数地方从省到县的各级档案馆，就已经在陆续对外开放1949年以来的各种档案文献了。除了根据中央档案局的相关规定，涉及政治运动等一些较为敏感的档案资料一般不提供查阅外，其他不少档案资料通常都对外开放。许多高校学生就利用这些开放档案做研究论文。

　　有如此多的史料，自然也就会催生出相当数量的研究成果。在借助于各种资料讲述中共建立中华人民共和国后的种种历史问题方面，罗平汉的著作大概最具代表性。查罗平汉近几年出版的相关著作就有十几种之多，从《土地改革运动史》（福建人民出版社2005年版）、《农业合作化史》（福建人民出版社2004年版）、《票证年代——统购统销史》（福建人民出版社2008年版）、《大锅饭——公共食堂始末》（广西人民出版社2001年版）、《农村人民公社史》（福建人民出版社2006年版）、《大迁徙——1961—1963年的城镇人口精简》、《村民自治史》（福建人民出版社2006年版），到《1958—1962年的中国知识界》（人民出版社2008年版）、《墙上春秋——大字报的兴衰》（福建出版社2003年版）、《文革前夜的中国》（人民出版社2008年版）等。罗平汉在不到10年的时间里，平均每年推出1.5部二三十万字的著述，其速度之快，足以令历史学界瞠目结舌。但是，罗所谈话题，又并不陈旧，著述中也均有一些新史料和新史实，可见其实际上是充分借助了各种新旧史料之便利。

　　当然，以罗平汉的著述方式，很难有条件做深入的考据和研究，也很少可能像东夫，像张永东，像谢泳等学者那样去思考农民问题和知识分子问题。[①] 但这并不等于说，只要做得慢一些，这种研究就一定能做得好一

---

① 参见东夫《麦苗青菜花黄——大饥荒川西纪事》，田园书屋2008年版；张永东《一九四九年后中国农村制度变革史》，自由文化出版社2008年版；谢泳《中国现代知识分子的困境》，秀威资讯科技2008年版。

些，或做得更深入一些，更微观一些。

比较2004年中国内地学者郭德宏等编辑的《中华人民共和国专题史稿（1949—1956）》和2007年美国毕克伟等编著的《胜利的困境——中华人民共和国的早年岁月》，可以很清楚地看出美国历史学者和中国内地的中共党史学者在研究倾向上的明显不同。

中国学者的论文显然还是政治史当家，而且几乎全部眼睛向上。其主要篇目有《新中国建国方略的形成和确立》《中华人民共和国政治体制的建立》《建国后的新区土地改革运动》《"三反"、"五反"运动》《建国初期知识分子思想改造运动》《抗美援朝战争若干重大决策始末》《计划经济体制的形成和确立》《建国初期党内的几次争论和高饶事件》《中华人民共和国宪法的制定和人民代表大会制度的确立》《新中国外交方针的形成和实施》《中苏友好互助同盟条约谈判中的利益冲突及其解决》《和平共处五项原则的提出及其初步实践》《中苏关系的演变》《建国初期的思想文化批判和意识形态体制的建立》《建国初期的经济格局和国民经济的恢复》《建国初期的工商业调整》《国家工业化建设和过渡时期总路线》《第一个五年计划和国家工业化建设》，《计划经济体制的形成和确立》等。

而美国年轻一代历史学研究者的论文却更多地关注到了整个社会，包括社会底层、社会文化、女性研究、身体研究，运用了社会学的和人类学的研究方法，不少研究者都比较重视使用人类学研究的田野调查方法。我们几乎找不到他们直接讨论共产党方针政策和制度体制形成问题的文章。如《清理：上海的新秩序》《国家的主人：人民共和国早期的上海工人》《新民主主义和上海私人慈善业的终结》《从反共到反美：西南的内战和朝鲜战争》《老大哥在看着：地方的中苏关系与新大连的形成》《第一课：1950年中国人类进化的教学》《创建新中国第一所标准的大学》《鳄鱼鸟：20世纪50年代早期的相声》《像革命者那样演戏——1949—1952年间的石挥、文华影业公司与民营制片》《接生的故事：20世纪50年代的乡村产婆》，等等。

美国年轻一代历史学者的研究侧重点，一方面体现了美国历史学研究者这些年来越来越多地结合了社会学、人类学的研究方法，越来越多地关注于人和社会的研究,另一方面也反映出欧美史学研究越来越多地转向非政治化的倾向。当今的美国高校里面,用政治学的方法研究中国问题逐渐成为一种过时的现象。太多从政治臧否的角度来研究中国现当代史的著作,越来越不受学者和学生们的重视。不仅如此,一股新的研究风气还在蔓延。这就是,因为以往的中国当代史研究过多着眼于政治性的批判与反思,如今从学术创新的角度,不少年轻学者和学生转而开始努力去发现那些过去被人们所忽略掉的种种值得肯定和表现的东西。

在今天评价究竟哪种方法和哪种角度更适合于用来研究中国现当代历史或中共党史,恐怕都未必是适宜的。1949年以后中国历史的研究还正在一个成长期,有太多新的东西涌现出来,因而也必须经过一定时间的沉淀,才有可能形成一轮自然的淘汰与选择。

但可以肯定的一点是,无论非政治化的研究倾向发展到何种程度,至少在中国内地,这样的倾向短时期内还不会成为学术研究的主流。中国今天研究中共党史的问题,最主要还是两方面的:一是政治开放程度的问题;二是档案开放程度的问题。在关键性档案未向公众开放的情况下,注定会影响到许许多多的研究。因为很少有人对利用中国现在开放的反映中共高层决策经过的文献档案及回忆史料来做历史研究,会有足够的信心。如果从这个意义上来看中外学者之间的研究倾向,我们或许也可以认为,两者研究倾向对比的这种巨大差距,并不就等于说美国学者真的完全不关心新中国的政治与中共政策自身的问题了。比如,同为美国历史学研究者的高峥在其专著《共产党接管杭州:城市和干部的改变》一书中,就同时关注了政治(中共接管)和社会(城市居民生存状态变动)这两个层面的互动关系。[1] 加拿大学者周杰荣(Jeremy Brown)关于新中国之初贵州一些农民因被逼征粮投身国民党人领导的武装反抗中国共产党,被打败后收编送上朝鲜战场又参加反抗美国作战的一个案例研究,在某种程度上反映的也是一个政治性质的问题。

注意到这种情况,我们有理由相信,中国自己的历史学研究者在这方

---

[1] *The Communist Takeover of Hangzhou: The Transformation of City and Cadre, 1949—1954*, Honolulu: University of Hawaii Press, 2004.

面仍旧有着欧美学者所不能比拟的优长之处。比如，和上述周杰荣的文章相比，中国学者王海光的《征粮、民变与"匪乱"——以中共建政初期的贵州为中心》一文的研究，就显得要深入和全面一些。周杰荣敏锐地注意到新政权之初进占西南地区时因征粮激起的广泛反抗的情况，但其依据的核心史料基本上只是来自抗美援朝战争中被俘的几名贵州籍的志愿军士兵的口供，因而文章对中共接管贵州初期的情况和对反抗者的兴起及其实际状况的了解，都不够全面和深入。在这方面，王海光的资料优势就极为明显，因而他对贵州征粮与"匪乱"互动关系的解读，也就显得更加入情入理了。①

就目前内地史学界在中国当代史研究方面的发展趋向看，更加注重微观社会和底层社会研究的风气必定会越来越兴盛。实际上，一些学者运用经济学、社会学、人类学等学科知识和方法于历史研究，也已取得了初步的成绩。他们的努力，包括他们所培养的学生的努力，都注定会在不久的将来影响到1949年以后的中共党史研究。

总而言之，改革开放30年之后，中共党史研究的政治环境比30年前确实要宽松得多了。以言定罪的现象基本上已不复存在，因为提出了不同的观点而受到"整肃"（开除、批斗、降职等）的情况也不大能够见到了；甚至即使是发表了被官方认为是有"严重问题"的研究成果，通常被处罚的也是出版机关，而不是直接追究研究者的责任了。这种情况毫无疑问对包括中共党史研究在内的整个学术发展都是比较有利的。但必须指出的是，因为过于担心所谓"合法性"危机而阻止许多类别档案的开放，因为不加区别地对一切有关领导人生平思想和所谓重大党史题材的论著实行出版审查制度，因为关怀现实导致发生所谓"政治倾向"问题，或因为学术观点上的所谓"错误"而受到不公正待遇之类的情况依旧存在，从而不可避免地影响了众多研究者的研究取向，更在相当程度上限制了中共党史研究的学术发展，使许多历史问题至今无法深入研究和探讨。这也是迄今

---

① 参见杰瑞米·布朗《从反抗共产党人到反抗美国——中国西南地区的内战与朝鲜战争》、王海光《征粮、民变与"匪乱"——以中共建政初期的贵州为中心》，载《中国当代史研究》第1辑，九州出版社2009年版，第177—236页。

为止内地的中共党史研究状况依旧不容乐观的最重要原因之一。

好在历史每天都在向前延伸,无论如何曲折,它也总是要前进的。1949—2009年间中共党史研究的进展和变化已经清楚地说明了这一点;中共党史学界"前赴后继"三度顽强地提出新中国之初"转变"问题也可以证明这一点。

第二十一章

# 抗日战争史[*]

抗日战争是中国近代历史中仅有的以中华民族的完全胜利而告结束的民族解放战争。战争期间，在政府与人民、各政治派别、各民族、国内人民与海外同胞之间建立了密切的合作关系，表现出近代以来前所未有的民族凝聚力。日本侵略给中华民族带来了空前的灾难，国家和人民遭受的损失比近代以来任何一次外敌入侵所造成的损失都要惨重。战争结束后，中国国内政治力量的对比以及中国在国际社会中所处的地位发生了很大改变，并最后促成中国近代历史因中华人民共和国的建立而告结束。抗日战争史在中国近代历史中有着重要的地位。中华人民共和国成立以来，抗日战争史研究取得了长足的进展，本章择要选取几个问题，简介如下。

## 第一节 战时国共关系

中国抗日战争能够取得最后胜利，国共两党合作是重要的原因之一。同时，国共两党关系随着战争局势的发展和各自力量的消长而产生了十分复杂的变化，这些变化又对抗日战争的进程产生了重要影响。因此，抗日战争时期的国共关系，是抗日战争史研究中的一个重要课题，一直受到学术界的重视。

---

[*] 本章介绍的学术观点和引用的统计数据，主要来源于《抗日战争研究》1999—2009年各相关述评文章，谨此说明。

20世纪50年代至70年代末，有关抗日战争时期国共关系的论述，仅见于中共党史著作和革命史著作之中。这些著述所反映的有关这一问题的历史认识相当一致，并无学术观点上的差异。撮其要，主要有以下几点：（1）共产党历经"抗日反蒋""逼蒋抗日"和"联蒋抗日"的策略变化，正确处理了民族矛盾与阶级矛盾的关系，从而导致第二次国共合作的形成；（2）国民党停止"剿共"政策，外部是共产党与人民的压力，内部是由于日本的侵略而激化的亲英美派集团与亲日派集团之间的矛盾；（3）国共两党一直存在着"抗日、团结、进步"与"妥协、分裂、倒退"之间的斗争；（4）共产党坚持独立自主发展人民力量的原则，国民党也一直没有停止反共活动；（5）抗日战争后期，围绕战后中国政权的性质问题，国共两党的斗争日益激化，终于导致战后两党分裂。以上观点的理论依据和史料依据，主要是毛泽东著作和公开的中共党史史料。这些观点构成的抗日战争时期国共关系研究的基本框架，明显地把共产党的革命策略放在了首位，很大程度上排斥了国共两党合作抗日的一面。

1980年，邓小平提出"我们和国民党有过两次合作的历史"。联系到他对第三次国共合作的展望，应该说他对抗日战争时期两党合作的历史是持肯定态度的。随着1985年纪念抗日战争胜利40周年开始的抗日战争史研究热潮的出现，第二次国共合作的历史引起人们的关注，到1990年为止，明显形成了一个研究国共合作史的高潮。几年时间，涉及抗日战争时期国共两党关系研究的学术论文，发表百篇以上，并连续出版了几部国共合作史著作。这些著述与以往的研究明显不同，主要是利用了更多的史料。如未曾公开的《中共中央文件汇编》《毛泽东著作汇编》以及中共中央档案馆和全国政协保管的史料等。比较突出的基于史料发掘而形成的研究成果，可以西安事变研究为例，李海文的《西安事变前国共两党接触和谈判的历史过程》（《文献和研究》第7—8期）以及李坤的《略述第二次国共合作的形成》（《党史研究》1985年第8期），即利用中共中央档案馆保存的中共档案及其他中共党史资料，第一次披露了国共两党在1936年秘密接触的一些细节，使人们对两党谈判始末在史实方面有了新的认识。其后，杨奎松《关于1936年国共两党秘密接触经过的几个问题》（《近代史研究》1990年第1期），又对前述文章进行了补订，基本上弄清了双方谈判的人物、联络渠道、谈判经过与时间、谈判内容与双方条件等。另外，其他相关课题研究成果也对国共关系研究起到了促进作用。如在中美关系研究中，资中筠的《美国对华政策的缘起》（重庆出版社1987年版）和牛军的《从赫尔利到马歇尔——美国调处国共矛盾始末》（福建人民出版社1989年版），利用《美国外交文件》《中华民国重要史料初编》和中共中央文件，对抗日战争后期美国调处国共矛盾的原因、经过及失败的结局，做了比较翔实的描述。

然而，1980年以后10年间的研究，主要成绩还仅在于开拓了一个新的研究局面，而具有较高学术价值的研究成果并不多见。究其原因，除档案开放尚不充分以外，学者比较热衷于强调国共两党合作的一面，却往往忽略了两党冲突的一面，也是一个重要原因。这虽然与20世纪50年代至70年代主要强调国共两党斗争的一面形成极大反差，也说明研究中存在一个相同的方法问题。

20世纪90年代以后，有更多的史料被发掘出来，国共关系研究取得了新进展。如杨奎松的《西安事变新探——张学良与中共关系之研究》（台北东大图书公司1995年版），对1936年国共两党秘密谈判期间张学良与共产党的关系，披露了不少鲜为人知的史实，同时对若干问题的具体细节进行了考证，纠正了过去研究中的缺失。该书的重要观点是：在延安会谈中，是共产党影响了张学良，而不是张学良影响了共产党；在西安事变之前，张也一度抱着反蒋态度，预备联苏、联共实现西北大联合，自成局面，与蒋翻脸并不惜动武。针对该书引据刘鼎所言张曾在1936年表示"一二月内定有变动"，有人提出这个变动并非预谋政变。[①] 另外，还有人对共产党在西安事变中对蒋态度的变化进行了研究，认为共产党的"和平方针"是在12月17日周恩来到西安之后才提出的，之前，共产党大多数人的意见是"审蒋"和"以西安为中心来领导全国"[②]。而关于共产党态

---

[①] 参见蒋永敬《西安事变前张学良所谓"一二月内定有变动"何指?》，《近代史研究》1996年第1期。

[②] 张伟：《"审蒋"无法和平解决西安事变》，《抗日战争研究》1997年第2期。

度的转变，有人提出张闻天起到无可替代的关键作用。[①] 也有人注意到国共两党以外人物对西安事变产生的影响，如罗健的《西安事变前后的黎天才》（《抗日战争研究》2000年第3期），该文披露了一段鲜为人知的史实，展现了一位几乎被人们淡忘却在西安事变中确实起过重要作用的人物。作者依据两岸公开的史料和黎天才、罗章龙、吴成方等人的未刊文稿，论述了前共产党人、"中央非常委员会"重要成员黎天才在西安事变前后对张学良产生的重要影响，认为张的"兵谏"与黎的影响有关，而张对黎也特别倚重，事变后的张杨"八项通电"，即由黎起草并最后完成，而张护送蒋回南京，黎也是知情人。另外，文章还披露了黎与共产党北方特科和"北方非委"的关系，以及黎与罗章龙在西安事变前的秘密联络等情况。这些，为人们研究西安事变，提供了应该特别引起重视的线索。与西安事变的历史背景相关，关于九一八事变至七七事变之间中国政局变化的研究，以往多以蒋介石国民党的"攘外必先安内"政策、共产党的抗日民族统一战线政策为研究中心，荣维木的《九一八事变与中国的政局》（《抗日战争研究》2001年第4期），从另外的视角提出九一八事变至七七事变之间中国政局的特性是：分裂的现实与统一的趋向并存。关于分裂问题，他认为仅从蒋介石的"攘外必先安内"政策来分析是不全面的，还必须具体分析国共两党之间、国民党内部不同派别之间的利害关系，而各种反蒋口号的提出，首先是与这种利害关系联系在一起的，而不是与抗日联系在一起的。关于统一问题，他认为西安事变只是一个结果，而造成这个结果的原因除了共产党政策的制定与实施外，日本利用和制造中国分裂以扩大侵略的阴谋的败露、美英苏从不同方面对中国施加影响与压力、国内舆情的影响与压力，等等，也是造成这个结果的重要原因。

除西安事变研究外，其他研究的水平也有明显提升。如马仲廉的《国共两党军队协同作战之典型一役——忻口战役之研究》（《抗日战争研究》1996年第1期），开了国共两党军事合作战例研究的先例。又如习五一的《抗战前期国共两党共建一个"大党"的谈判》（《抗日战争研究》1996

---

[①] 参见徐波《张闻天在抗日民族统一战线策略形成过程中的领导作用》，《抗日战争研究》1997年第2期。

年第 1 期）、杨奎松的《皖南事变前后毛泽东的形势估计和策略变动》（《抗日战争研究》1993 年第 3 期）、《国民党走向皖南事变之经过》（《抗日战争研究》2002 年第 4 期）和《皖南事变的发生、善后与结果》（《近代史研究》2003 年第 3 期），李良志的《皖南事变前夕中央对委员长估计的失误》（《党史研究资料》1994 年第 4 期），汤宇兵的《1939 年秋—1940 年夏国民党的南调命令及其影响》（《安徽史学》2004 年第 6 期），邓野的《皖南事变之后国共两党的政治较量》（《近代史研究》2008 年第 5 期），金冲及的《抗战后期中国政局的重要动向——论 1944 年大后方人心巨变和"联合政府"主张的提出》（《抗日战争研究》1995 年增刊）等文章，从不同角度审视了抗日战争时期国共两党关系的演变，提出了与以往不同的见解。另外，这一时期涉及国共关系史的学术著作也出版了多种，其中比较有影响的是李良志的《渡尽劫波兄弟在——战时国共谈判实录》（广西师范大学出版社 1993 年版）、杨奎松的《失去的机会？——战时国共谈判实录》（广西师范大学出版社 1992 年版）、马齐彬主编的《国共两党关系史》（中共中央党校出版社 1995 年版）、毛磊和范小芳主编的《国共两党谈判通史》（兰州大学出版社 1996 年版）、黄修荣的《国共关系七十年》（广东教育出版社 1998 年版）、田克勤的《国共关系论纲》（东北师范大学出版社 1992 年版）、王功安等主编的《国共两党关系概论》（武汉出版社 1996 年版）、黄修荣的《国共关系史》（共三册）（广东教育出版社 2002 年版）等。尽管这些著述难免还存在着不同的缺陷，但它们毕竟把抗日战争时期国共两党关系的研究推向了一个新的阶段。

## 第二节　敌后战场

敌后战场一般也称"解放区战场"，后一种称谓来源于中共七大时毛泽东的《论联合政府》政治报告和朱德的《论解放区战场》军事报告。虽然已有学者提出国民党军队也曾活动于敌后战场，但这种观点还很难为多数人所接受。而从军事战略角度看，敌后战场当指日军正面推进线之后方的抗日战场。这里不对敌后战场作概念上的界定，仅按一般习惯，把共产党领导的抗日战场视为敌后战场，对其研究状况做一评述。

中华人民共和国成立以来，对敌后战场的研究是抗日战争研究的一个重头戏。甚至可以认为，在20世纪80年代以前，内地的抗日战争研究实际上就是敌后战场的研究。因此，与抗日战争其他方面的研究相比，这个方面的研究一直受到学界关注，著述也比较丰富。除各种版本的中共党史和革命史著述都涉及敌后战场方面的内容外，研究专著也出版不少，如叶蠖生的《人民的胜利》（工人出版社1956年版）、吴天骥的《平型关大战》（江苏人民出版社1956年版）、河北省军区政治部编写的《冀中抗日战争简史》（河北人民出版社1958年版）、齐武的《一个根据地的成长——抗日战争和解放战争时期的晋冀鲁豫边区概况》（人民出版社1957年版），以及中国人民解放军内部出版发行的《八路军一二〇师及晋绥根据地战史》《一二九师及晋冀鲁豫根据地战史》《晋察冀军区战史》《山东军区战史》《冀热辽军区战史》《新四军战史》，等等。这些著作除述及具体战役战斗和根据地建设方面有所不同外，在基本研究观点方面是一致的，即敌后战场是抗日战争的主要战场，它抗击了日军多数和几乎全部伪军，对抗日战争的最后胜利起了决定作用；敌后战场坚持全面抗战路线，采取游击战略，实行人民战争；敌后战场包括对日、伪、顽的斗争；人民抗日力量在敌后战场不断发展壮大，为抗日战争结束后建立新中国积蓄了革命力量，等等。应当说，这些研究取得了一些成绩，但是，由于比较强调共产党独立自主的政策及其与国民党的政治军事斗争，对敌后战场与正面战场的关系以及两个战场之间的战略战役配合，则研究得不够充分。另外，受政治因素影响，对一些人物和事件也不能予以客观评价。

中共十一届三中全会以后，对敌后战场的研究上了一个新台阶，后30年的研究成果大大超过前30年的数量和水平。

在史料方面，出版的文献史料有《中共中央文件选集》18集（中共中央党校出版社1991年版，内有5集是抗日战争时期的文件），还有中共党、政、军高层人物如毛、刘、周、朱、邓、任、彭、徐、叶、陈、粟等人的选集、军事文集，以及八路军、新四军、东北抗日联军、山西新军、东江纵队等军队和各抗日根据地的史料丛书。回忆录史料主要有军队将帅如彭德怀、聂荣臻、徐向前、杨成武、陈再道、肖克、杨得志、黄克诚、许世友等人的回忆录以及各文史资料所载相关口碑。另外，一些人物年谱和传记，也是敌后战场研究可资利用的史料。

这一时期出版的研究专著主要有王淇主编的《砥柱中流——抗战中的解放区战场》、刘家国的《浴血奋战——抗日英雄八路军》、田玄的《铁军纵横——华中抗战的新四军》、乐思平的《鏖战华北——震惊中外的百团大战》（均为广西师范大学出版社1995年版），以及王辅一的《新四军简史》（中共党史出版社1997年版），等等，以及抗日部队战史和敌后根据地史多种。其他抗日战争通史类的著作中，敌后战场研究也占有很大比例。如比较常见的张宪文的《中国抗日战争史》（南京大学出版社2001年版），樊吉厚、李茂盛、岳谦厚的《华北抗日战争史》（山西人民出版社2005年版），王秀鑫、郭德宏主编的《中华民族抗日战争史》（中共党史出版社2005年版），何理的《中国人民抗日战争史》（上海人民出版社2005年版），萧一平、郭德宏主编的《中国抗日战争全史》（四川人民出版社2005年版），等等，均以大量笔墨论述了敌后战场。近年出版的这一时期关于敌后战场研究的论文，据不完全统计在500篇以上，内容涉及敌后战场的开辟和发展、敌后战场的战略方针、敌后战场的作用和历史地位、敌后战场与正面战场的关系、战役和人物的分析评价，等等。这些研究与以往的不同可以概括为：范围渐宽、认识渐深、争鸣渐多。

关于敌后战场的战略方针问题，过去一般认为"独立自主的山地游击战"或"基本的是游击战，但不放松有利条件下的运动战"是在1937年8月中共洛川会议上提出的。现有人提出这个战略方针的形成有一个过程，早在1935年瓦窑堡会议上即已提出。[①] 也有人不同意，认为1937年7月，共产党的战略方针仍然是为着南京政府战略部署的需要而以正规战为主，直到召开共产党六届六中全会，游击战战略方针才为全党接受，而在此前，中共党内存在着很大的意见分歧。[②] 关于共产党从内战到抗战的军事

---

① 马齐彬、赵丽江：《抗日战争初期中共领导的人民军队的战略转变》，《抗日民主根据地与敌后游击战争》，中共党史出版社1986年版。
② 参见杨奎松《抗日战争爆发后中国共产党对日军事方针的演变》，《近代史研究》1988年第2期。

战略转变，过去的研究比较侧重毛泽东在其中起的作用，而徐波、沈卫则提出："中国红军由国内战争到抗日战争的战略性转变，自红军长征到达陕北至抗战初期，历时两年有余，涉及诸多复杂问题。在这一巨大转变的过程中，时任中共总负责人的张闻天运筹主持，率领中共领袖集团及时提出转变任务，调整军事机制，把握军事发展方向，抉择合宜方略，并为日益迫切的大规模民族战争确立了军事战略方针的斟酌原则和理论，对这一历史性转变的实现做出了重大贡献。"① 与此问题相关的是中国抗日战争有无总的战略方针问题，过去认为国民党在片面抗战路线指导下只有"速胜论"，现在则一般都承认持久战略是国共两党和全国大多数人的共识。当然，共产党的持久战略与国民党的持久消耗战略到底有多大差别，现在尚有不同意见。

关于敌后战场形成的时间问题，过去一般都根据毛泽东的说法，认为中国抗日战争，一开始就分为两个战场。现有人提出，抗日战争开始时中国只有一个战场，即国民党正面战场，而中国分为两个战场的最早时间只能在1938年以后。② 这种看法主要立足于敌后战场战略作用的表现方面，即抗日战略相持阶段到来后，敌后战场的独立战略作用才比较明显地发挥出来。这里涉及一个中国抗日战争主战场的问题，刘庭华的《关于国民党正面战场的历史地位》（《抗日战争研究》2006年第2期），具体分析了1939年至1940年国民党正面战场战役的规模、作战效果、战绩及其对共产党的政策，认为1938年至1940年，中国战场的军事形势是由战略防御向战略相持过渡的阶段，还不是完全的相持阶段。日军的军事进攻重点仍然放在国民党正面战场，国民党军队整体作战还比较积极努力。关于敌后战场产生的原因，有人提出：（1）抗战开始时即已确定的国共两党的分割指挥；（2）战局的演变及国共两党对战地的不同选择；（3）中日战争的基本特点决定了中共军队不能在正面进行正规战，而只能在敌后进行游击战。③

---

① 《张闻天与中国从内战到抗战的战略转变》，《抗日战争研究》2001年第4期。
② 参见刘庭华《中国抗日战争研究中的几个问题》，《史学月刊》1987年第3期；陈文渊《抗日战争史研究中的几个问题》，《军事史林》1987年第3期。
③ 参见徐焰《抗日战争中两个战场的形成及其相互关系》，《近代史研究》1986年第4期。

关于敌后战场与正面战场的关系，过去由于对正面战场的贬斥，很少进行这方面的研究。现在多数人认为，两个战场之间有着互相依存、互相协同、互相配合的关系，缺少哪个战场，中国抗战都无法坚持。有人总结：正面战场和敌后战场，都是在总的持久战方针的指导下的整体战争的组成部分，它们之间既有战略上的配合，也有战役战斗上的配合，抗战前期是战役战斗的配合；中、后期则是战略上的配合。① 还有文章对两个战场相互配合的具体史实进行了阐述。

关于敌后战场的地位和作用，意见分歧较大。有人明确提出："在中国战场上，对日作战的主要战线就是正面战场。"② 这些人主要是从日军侵华战略和中国抗日的作战规模方面考察问题，认为即使是在战略相持阶段，日军也没有完全放弃正面进攻，在正面战场发生过多次重大战役，其规模远远超出敌后战场。持不同意见者则认为，战略相持阶段到来后，敌后战场的积极作战成为延缓日军正面推进的一个重要因素，日军的主要作战目标被迫转向推进线的后方，因此敌后战场上升为中国抗日的主战场。而敌后战场的作用也不能以作战规模的大小而论，而应看实际效果。有人统计，在8年抗战中，日军伤亡133万人，其中有52万人是在敌后战场被歼的，占全部被歼人数的40%；如以作战军队的人数比例来看，敌后战场军队人均歼敌数是正面战场军队人均歼敌数的2倍。③

关于敌后战场有无战略反攻阶段，有两种对立的意见。否定者认为，实施战略反攻的重要条件是在敌我力量对比中我方大体取得优势。而在事实上，直到日本投降前不久，敌强我弱的力量对比状况并无改变，因此也就不存在战略反攻，而只有战役战斗的进攻。而日本投降后敌后战场的大规模反攻作战，实际上是国共两党之间争夺抗战胜利果实的斗争，不能算是抗日战争的战略反攻。④ 肯定者则认为，敌我力量对比中的强弱

---

① 参见何理《中国抗日战争是整体的民族战争》，1999年1月在东京"中日军事史国际研讨会"上的发言。
② 马振犊：《血染的辉煌——抗战正面战场写实》，广西师范大学出版社1993年版。
③ 参见张廷贵《从若干材料看我军在抗战中的主力军作用》，《军事历史》总第17期。
④ 参见王桧林《抗日战争有无战略反攻阶段》，载《中外学者论抗日根据地——南开大学第二届中国抗日根据地国际学术讨论会论文集》，档案出版社1993年版。

不是绝对的，中国抗日战争是世界反法西斯战争的一个组成部分，而从 1943 年以后的形势来看，日本在世界范围与包括中国在内的盟国力量对比已经处于劣势，后来即使是在中国战场，日军的优势也是相对的，在一些地区中国已经取得了局部的优势，因此，中国实施战略反攻是顺理成章的事情。[1]

一些学者还对具体的战役战斗进行了研究。比较引人注意的是关于百团大战的研究。在彭德怀冤案形成至昭雪的过程中，对百团大战先后出现过全盘否定到"失大于得""得失各半""得大于失"等不同认识，现在则出现全盘肯定的趋向。如有人认为，百团大战并不存在"引火烧身"的问题，无论有无百团大战，日军在"以战养战"的战略目标下都要对华北实行"扫荡"，而百团大战前形成了八路军扩军高潮，军、政、民组织在战役中得到了巩固和提高，抗日官兵在作战中得到了锻炼，这些恰恰为后来战胜严重困难奠定了基础。[2] 又如丁则勤提出："建国以来许多版本的中共党史、中国革命史以及中国现代史教材或专著，采取把百团大战和治安强化运动分开的写法，把太平洋战争爆发作为治安强化运动的背景，这样的写法是值得商榷的。"他认为："在百团大战前夕，华北日军并非任何有价值的情报都没有得到，但主要是由于对中共力量认识的不足，完全未做准备，因而遭到了大规模的突然袭击，陷入被动挨打的局面。"百团大战之后，受到强烈打击的日军"加深了对中共力量的认识，全方位调整了在华北的反共政策：一度加强在华北的兵力；制定'肃正建设三年计划'；加强对中共的情报工作；加强伪政权与武装；制造封锁墙和千里无人区；利用伪新民会宣传反共，开展了五次强化治安运动和对华北各根据地空前规模的残酷'扫荡'"。"这对中国抗战局面和中共政策的制订均发生了重要影响。"[3] 其他如对平型关战斗歼敌人数的考证、对皖南事变发生原因的分析等，也有新的研究。

---

[1] 参见贺新城《论中国抗战的战略反攻》，载《纪念抗日战争胜利 50 周年学术讨论会论文集》中卷，中共党史出版社 1996 年版。

[2] 参见舒舜元《对"百团大战"的评价何以大起大落》，《炎黄春秋》1997 年第 11 期。

[3] 《论百团大战后日本对华北的政策》，《抗日战争研究》2000 年第 2 期。

## 第三节 正面战场

所谓正面战场，是指在日军侵华推进线上中日两国军队交战的战场。它主要位于中日两国正面军事对峙的大中城市附近、交通点线两侧和其他战略要地。由于在这个战场作战的中国军队主要是国民党的军队，因此一般也称其为国民党正面战场。它与共产党领导的敌后战场共同构成了中国的抗日战场。

中华人民共和国成立以后，海峡两岸严重政治对立，不能不影响人们对抗日战争历史的认识。在相当长的一个时期内，与台湾地区国民党当局极力贬低共产党在抗日战争中的作用形成鲜明对照的是，大陆在强调共产党为中国抗日战争的领导者的同时，对于国民党军队的对日作战历史也采取了淡化的态度。因此，从20世纪50年代开始直至中共十一届三中全会提出实事求是、解放思想的方针之前，史学界对国民党军队正面战场的研究是很不充分的。在一些关于抗日战争的著述中，大多强调国民党的片面抗战路线和军队的溃败，仅对一些官兵的英勇抗战稍有肯定。

20世纪80年代以后，尤其是1985年纪念抗日战争胜利40周年时出现抗日主战场的争论以后，对于正面战场的研究开始热起来。首先是史料出版，文献史料有荣孟源、孙彩霞编辑的《中国国民党历次代表大会及中央全会资料选编》（光明日报出版社1985年版）、中国第二历史档案馆编辑的《抗日战争正面战场》（江苏古籍出版社1987年版）和《抗日战争时期国民党军机密作战日记》（档案出版社1995年版），以及扩大重编的《抗日战争正面战场》（凤凰出版社2005年版）等；专题史料有中共中央党校党史教研室编辑的《卢沟桥事变与平津抗战》（1985年印行）、上海社会科学院历史研究所编辑的《八一三抗日史料选编》（上海人民出版社1986年版）、武汉市档案馆等编辑的《武汉抗战史料选编》（1985年印行）等。口碑史料有全国政协文史资料编辑委员会编辑的《原国民党将领抗日战争亲历记》（包括七七事变、淞沪抗战、南京保卫战、徐州会战、武汉会战、中原抗战、晋绥抗战、湖南会战、闽浙赣抗战、粤桂黔滇抗战、远征印缅抗战等数种)。另外,台湾地区出版的《中华民国重要史料初编:对日抗战时期》《抗日御侮》《革命文献》等史料也经常被研究者利用。与80年代以前相比,可资研究者利用的史料丰富多了。

关于正面战场的通论性著作有郭雄的《抗日战争时期国民党正面战场重要战役介绍》(四川人民出版社1985年版,2005年再版)、陈小功的《抗日战争中的正面战场》(解放军出版社1987年版)、张宪文主编的《抗日战争的正面战场》(河南人民出版社1987年版)、马振犊的《血染的辉煌——抗日正面战场写实》(广西师范大学出版社1993年版)、郭汝瑰和黄玉章主编的《中国抗日战争正面战场作战记》(江苏人民出版社2002年版)。关于具体战役个案研究的有广西师范大学出版社1996年后陆续出版的《炮火下的觉醒——卢沟桥事变》(荣维木)、《大捷——台儿庄战役实录》(林治波、赵国璋)、《兵火奇观——武汉保卫战》(敖文蔚)、《铁血远征——中国远征军印缅抗战》(田玄)。还有罗玉明的《抗日战争时期的湖南战场》(学林出版社2002年版)等。需要说明的是,笔者并不主张把七七事变以前的局部抗战也划归正面战场的研究范围,因为义勇军、抗联、察哈尔同盟军的抗战并非由国民党领导指挥,而"一二八"淞沪抗战、长城抗战、绥远抗战虽然由国民党直接领导和指挥,但在日本尚未实行全面侵华战略和国民党尚未实行全面抗日战略的情况下,这些战役还不具备正面攻防的战略意义。

对正面战场的研究,主要集中于以下几个问题:

一是全面抗战爆发前国民政府有无抗日战略准备。20世纪80年代以前,一致认为国民党在西安事变以前一直坚持对外妥协、对内"剿共"的方针,直到七七事变并无抗日战略准备。此后则有了意见分歧,有的坚持认为:"在抗战前的长时期内,国民党执行'攘外必先安内'的反动政策,对抗战几乎没有做任何战争准备。"[①] 有的则认为在九一八事变后不久,国民党即已着手抗日的准备工作,如划分国防区并制订和实施修筑国防工事计划,成立国防设计委员会,对军队实力、战略资源、军工生产、交通运输、后勤补给等情况进行调查并寻求解决办法,着手对军队进行整编、进

---

[①] 陈小功:《抗日战争中国民党军队的战略防御》,《文献与研究》1985年第5期。

行军事演习,等等。① 黄道炫《蒋介石"攘外必先安内"方针研究》(《抗日战争研究》2000年第2期),通过对"攘外必先安内"方针的提出、抵抗与妥协的关系、"安内"的内涵、"安内"的方式以及"攘外"与"安内"之间重心的变化等问题的分析,认为蒋介石提出的这一方针,"有违背大众意愿,消极抵抗的一面,也有权衡整体国力,在当时形势下有不得已的隐衷;有对内镇压和武力反共的迫切要求,也有最后关头准备起而抵抗的决心。是当时内外交困局面下,国民党和蒋介石应付时局的一种无奈的抉择"。杨天石《卢沟桥事变前蒋介石的对日谋略——以蒋氏日记为中心所做的考察》(《近代史研究》2001年第2期),提出蒋介石因中日两国国力、军力相差悬殊,"总是尽可能避免决战,并且力图以'和平'作为推迟战争的手段……一方面对日忍让、妥协,一方面则广结盟国,调整政策,安定内部,建设'国防据点',经营西南根据地,准备抗战"。对于蒋介石此时所进行的"剿共"战争,该文提出这是在为"准备抗战"而"经营西南根据地"的过程中所采取的"以'剿共'为抗日之掩护"的措施。

二是关于国民党的战略方针问题。过去仅强调国民党片面抗战,对其战略方针并无研究。现在则一般认为国民党的战略方针是"持久消耗战",它的基本内容是"以空间换时间、积小胜为大胜"。有人提出,早在1932年国民党四届二中全会决议中,就写明对日"长期抵抗",不久蒋介石更明确提出:"长期的抗战,愈能持久,愈是有利。"直至1937年8月国防会议,正式提出了"持久消耗战"战略方针。关于国民党的"持久消耗战"与共产党的"持久战"的异同,现在尚有争论。认为不同者强调,两个战略的指导路线有本质区别,在片面抗战路线指导下的"持久消耗战"只能是节节抵抗、节节后退,因而是消极的战略;认为相同者则强调,两个战略所依据的是同一客观条件,想要达到的战略目的也是一致的,因而它们"并不存在根本性的原则区别",并且这正是两党军事合作的基础。②

---

① 参见马振犊《血染的辉煌——抗战正面战场写实》;陈谦平《试论抗战前国民党政府的国防建设》,《南京大学学报》1987年第1期。
② 陈先初:《关于国民党初期抗战几个问题的再探讨》,《求索》1994年第4期。

还有人对国共两党战略的异同进行了具体分析。①

三是国民党是否开展过敌后游击战。有人提出国民党为了实现持久消耗的战略目的，也曾提出过抗日游击战的方针。关于这一方针的形成时间有这样几种意见：（1）1938年底的南岳军事会议提出"正面阵地防御战转变为敌后游击战"②；（2）1937年冬由白崇禧在武汉军事会议提出，蒋介石采取并通令实施③；（3）国民党制订1937年度国防作战计划时就提出了"采游击战术，以牵制敌军，并扰其后方"④；（4）1935年蒋百里即已提出在将来的抗日战争中"开展广泛的游击战"⑤。持上述观点者一般都肯定国民党实施过游击战。还有人研究国民党敌后游击战的实施问题，如罗玉明认为："从游击战来看，设立了冀察、鲁苏两个游击区，配置了12个步兵师1个骑兵师约20万兵力，另外在第一、第五、第九、第三战区设立了7个游击区，配置了大量国民党正规部队，总计国民党在敌后开展游击战争的兵力约在50万人以上。这些游击化了的正规军在敌后建立根据地，配合国民党正面战场作战，牵制了大量日军，极大地威胁着日军的后方基地和补给线。"⑥也有人对共产党游击战和国民党游击战进行过比较研究。如杨奎松的《抗战期间国共两党的敌后游击战》（《抗日战争研究》2006年第2期）提出：整个抗日战争时期，国共两党在游击战问题上都进行过尝试和努力。国民党的敌后游击战主要带有配合正面战场作战的性质，是一种正规战的辅助战法。共产党的游击战则具有独立自主的战略意义和价值。双方敌后作战的最大区别，一是战法上，二是兵民关系上。正是由于战法太过僵硬，再加上缺少民众的支持与配合，国民党的敌后游击部队不仅难与日军长期周旋，而且无力与共产党的敌后武装争夺控制权。相反的意见则认为：在抗战初期，国民党并不重视游击战，也未曾计划在

---

① 参见黄道炫《国共两党持久战略思想之比较研究》，《抗日战争研究》1996年第3期。
② 戚厚杰：《国民党敌后游击战初探》，《军事历史研究》1990年第1期。
③ 参见韩信夫《试论国民党的抗日游击战》，《民国档案》1990年第3期；刘赤《评抗战时期国民党的敌后游击战》，《广西师范学院学报》1992年第4期。
④ 唐利国：《关于国民党抗日游击战的几个问题》，《抗日战争研究》1997年第1期。
⑤ 马振犊：《血染的辉煌——抗战正面战场写实》。
⑥ 《第一次南岳会议述论》，《怀化师专学报》2000年第1期。

敌后部署游击战，少数部队在敌后开展游击战，也是违抗蒋介石的命令而与共产党合作的结果，这些部队后来都参加了八路军；武汉失守后，国民党才开始重视敌后游击战，并成立了冀察战区和苏鲁战区，但这样做的目的一是使正规军作战得到游击战的支援和配合，一是限制和破坏共产党敌后根据地的发展。这些部队后来有相当部分投敌成了伪军，其余的则撤退到国统区，还有一些游杂部队，活动范围狭小，很少抗日作战，因此并不存在一个国民党的敌后游击战场。①

四是正面战场何时开始消极抗战。过去的观点一般都把1938年广州、武汉的失守和1939年国民党五届五中全会作为国民党由积极抗战转向消极抗战、积极反共的时间标志。20世纪80年代以后有人提出，1938年11月至1940年夏，是中国抗日战场由战略防御向战略相持过渡的阶段，日军的进攻重点仍然放在正面战场，国民党也尚未消极抗战。在这期间，正面战场曾发生过南昌、随枣、长沙、桂南、枣宜等较大规模的会战，另外国民党还出动总兵力的半数发起过"冬季攻势"，两年时间伤亡官兵百余万，歼敌26万余。而在1941年太平洋战争爆发后，国民党把胜利的希望完全寄托在美英盟军方面，开始消极抗战。②还有人认为，国民党五五全会虽然提出反共方针，但与消极抗战并无必然联系。③也有人提出，国民党的消极抗战不是始于广州、武汉的失守，也不是始于太平洋战争的爆发，而是始于1940年正面战场冬季攻势的失败。④

五是关于正面战场战役的个案研究。关于日本有意发动卢沟桥事变以发动全面侵华战争，以及在平津作战时利用谈判实施"缓兵之计"，多数学者没有不同意见。近年有人对日本的"缓兵之计"何以奏效进行了研究，认为冀察当局在现地谈判中未能与南京政府采取一致态度，对日本驻屯军做了极大妥协，是导致失利的一个重要因素。⑤对于国民政府在事变

---

① 参见肖一平《略论中国抗日战争的特点》，《科学社会主义》1997年第4期。
② 参见刘庭华《抗日战争时期的国民党正面战场》，《历史教学》1986年第7期。
③ 参见江于夫《武汉失守到太平洋战争前国民党抗战问题再探》，《史学月刊》1992年第3期。
④ 参见张设华《国民党消极抗战起于何时》，《抗日战争研究》1997年第4期。
⑤ 参见荣维木《论卢沟桥事变期间的"现地交涉"》，《民国档案》1998年第4期。

中的态度，有人认为也不是一意主战，其深层原因是担心对日开战削弱军力而为苏联和中共提供机会，故以"应战姿态而求免战结果是蒋介石处理卢沟桥事件的一个重要指导思想"①。

对于淞沪会战，关于国民政府的战略意图与会战关系的争论最为突出。有人提出，淞沪会战经国民政府事先筹划，意图将日军主攻方向由华北引向华东，变日军沿平汉路自北而南的俯攻为沿长江由东向西的仰攻，从而打破日军将中国军队压制在平汉线以东逐一歼灭的企图，这一战略意图的实现对中国抗战具有重要意义。② 有人则认为，"中国无意把战争引向淞沪地区自伐肺俯，自损资源，以改变敌进攻方向"③；不仅国民政府事先并无主动诱使日军改变作战方向的战略构想，而且会战的结果也没有改变日军的进攻方向，事实上，日军向西进攻武汉，是在1938年5月的徐州会战以后④。也有人认为，淞沪会战并非"自伐肺腑"，而是先发制敌。会战开始后中国不断增加兵力、扩大沪战，一个目的是使日军不能沿平汉线南下直趋武汉，这已经包含了改变日军进攻方向之意。⑤ 还有人依据日本史料提出，由进攻上海而进入长江，溯长江西上武汉，是日本的既定战略，而沿平汉线南下案实际上是不成立的，因此淞沪会战不存在改变日军作战方向的问题。⑥

关于武汉会战，针对中国军队部署不当、消极应付、处于被动地位的观点，有人比较了中日双方作战方案与会战结果，认为："中国方面充分汲取了历次作战的经验教训，利用武汉周边的地形地利，实施了正确的作战指导，极大地限制了日军的作战主动权。反观日军方面，在中国的制约下，一再更改作战方案，被迫采取最不利的作战方式……预定目的未能实现。两相比较，中国的作战指导是成功的，而日军则是失败的。"⑦

---

① 王建朗：《卢沟桥事件后国民政府的和战抉择》，《近代史研究》1998年第5期。
② 参见马振犊《血染的辉煌——抗战正面战场写实》。
③ 军事科学院军事历史研究部编：《中国抗日战争史》中卷，解放军出版社1991年版。
④ 参见余子道《论抗战初期正面战场作战重心之转移》，《抗日战争研究》1992年第3期。
⑤ 参见张振鹍《淞沪抗战：中国的主动进攻与日军主要作战方向的改变》，《抗日战争研究》1996年第3期。
⑥ 参见徐勇《日本侵华既定战略进攻方向考察》，《抗日战争研究》1996年第3期。
⑦ 于国红：《浅析武汉会战中日双方作战指导之得失》，《抗日战争研究》1999年第2期。

关于中国远征军作战，以往研究在一些史实描述方面存在异议，其中关于第一次缅甸战役失败的原因更是"聚讼不已的话题"。黄道炫的《缅甸战役蒋介石、史迪威的失败责任》（《抗日战争研究》2001年第2期），比较全面地探讨了这个问题。明确提出："史迪威在缅甸战役指导中，过多地强调进攻，没有注意到战场的实际情况，造成中国军队分割使用，疲于奔命，处处为英军堵洞的恶果。其在战略指导及具体指挥上的错误使其应负主要责任。蒋介石虽对缅甸作战有一些正确设想，对史迪威的错误指导也作过一些抵制，但在战役中、后段，因惧怕开罪美国，放弃指导责任，迁就史迪威的错误指挥，也有一定责任。"他的结论是通过对大量史料的分析而得出的，因而比以往的研究有了明显进展。此外，他还对远征军兵力数字及伤亡情况进行了比较细致的考证，认为总兵力7万出头、伤亡3万多。这比以往通常说的总兵力10万人、伤亡6万人有较大差距。

关于湖南会战，王奇生的《湖南会战：中国军队对日军"一号作战"的回应》（《抗日战争研究》2004年第3期），认为湖南会战是1944年"一号作战"中交战时间最长，国民政府军队抵抗最为顽强的一次战役，并对战役的战略决策机制、情报信息系统、官兵素质、后勤补给、兵役军纪等情况作了深入分析，指出湖南会战"军令部对敌情的判断及其部署明显存有缺陷"，"各部队之间步调不齐，协同能力差"，国军战斗力薄弱等，都是战役失败的原因。该文突破了以往多以政治视角，而不是军事视角对该战役进行描述的常态。

关于正面战场海军与空军的作战，是20世纪90年代以来开始的新的研究课题，研究内容涉及了战争时期的历次空战及中国空军与苏、美援华航空队合作的情况，海军从淞沪会战开始直到战略相持阶段后期的作战情况。惜限于资料，普遍缺乏深度。

## 第四节 沦陷区和伪政权

沦陷区和伪政权研究，是抗日战争史研究中的一个重要内容，新中国成立以后就引起研究者的重视。据统计，从20世纪50年代至"文化大革命"前的 17 年中，有关沦陷区和伪政权的研究著述包括论文 40 余篇、专著五六部；其他列有相关内容的著述 10 余部。这些著述涉及了沦陷区日伪的统治政策及其罪行、日本对沦陷区的经济掠夺和经济统制。从整体来看，这时的研究还处于一般史实的描述及资料整理阶段。"文化大革命"期间，研究中断。80 年代以后，沦陷区和伪政权研究得以恢复并取得很大进展。据统计，至 20 世纪末止，共发表论文 500 余篇，出版学术专著 60 余部、资料集 30 余种，并翻译出版国外相关著作、史料和回忆录 10 余种。最近 10 年，又有大量论著问世。

关于汪精卫伪政权的资料书籍，蔡德金、李惠贤编写的《汪精卫伪国民政府纪事》（中国社会科学出版社 1982 年版）是较早出版的一部。余子道、黄美真主持选编的大型资料丛书《汪伪政权史料选编》（已出版《汪精卫集团投敌》、《汪精卫国民政府成立》，上海人民出版社 1984 年版；《汪精卫国民政府"清乡"运动》，上海人民出版社 1985 年版），内容相当丰富。另有中国第二历史档案馆选编的《汪伪国民政府公报》（江苏古籍出版社 1992 年版）和《汪伪政府行政院会议记录》（档案出版社 1992 年版）、南京市档案馆选编的《审讯汪伪汉奸笔录》（江苏古籍出版社 1992 年版）。中央档案馆编《日本帝国主义侵华档案资料选编》资料丛书中也有"汪伪政权"专卷（中华书局 2004 年版）。人物史料则有蔡德金编注的《周佛海日记》（中国社会科学出版社 1986 年版）、公安部档案馆编注的《周佛海狱中日记》（中国文史出版社 1991 年版）、蔡德金和王升编著的《汪精卫生平纪事》（中国文史出版社 1993 年版），黄美真选编的《伪廷影录》（中国文史出版社 1991 年版）。关于汪精卫伪政权的研究著作主要有蔡德金的《历史的怪胎——汪精卫国民政府》（广西师范大学出版社 1993 年版）、余子道等的《汪精卫汉奸政权的兴亡》（复旦大学出版社 1987 年版）、余子道和曹振威等的《汪伪政权全史》（上下册）（上海人民出版社 2006 年版）。这三部著作比较全面地论述了汪伪政权形成、演变至覆灭的过程以及它的性质和对中国抗日战争的影响。专题研究著作主要有黄美真、张云的《汪精卫叛国投敌记》，黄友岚的《抗日战争时期的"和平"运动》（解放军出版社 1988 年版），蔡德金、尚岳的《魔窟——汪伪特工总部七十六号》（中国文史出版社 1986 年版），张生的《日伪关系研究：以华东地区为中心》（南京出版社2003年版），蔡德金的遗著《讨逆集》（兰州大学出版社2005年版）等。另有大批论文对汪伪政权的政治、军事、经济、文化、思想等分别进行研究。比较引人注意的研究热点是汪伪集团叛国投敌的原因。一般认为，客观原因包括抗战的失利、日本的诱降、国际援华的不到位、蒋介石的两面政策，等等；主观原因则包括汪的民族投降主义思想、反共立场、高度膨胀的权力欲，等等。也有人认为，汪蒋不和与他们之间的权力之争是一个重要原因。还有少数人认为，在中国抗战失利情况下妥协图存和妄求偏安，也是汪等投敌的一个重要原因。另有文章论及汪伪集团内部的权力斗争和汪日矛盾问题。

关于伪满政权，史料方面有孙邦等人主编的《伪满史料丛书》（吉林人民出版社1993年版），吉林大学和吉林社会科学院合编的多卷本《满铁史资料》（中华书局1987年版），中央档案馆编的《伪满洲国的统治与内幕：伪满官员供述》（中华书局2000年版）等。研究著述主要有姜念东等的《伪满洲国史》（吉林人民出版社1980年版），这是关于伪满政权的第一部通论性专著。其后，又有解学诗的《历史的毒瘤——伪满政权兴亡》（广西师范大学出版社1993年版）和《伪满洲国史新编》（人民出版社1995年版，2007年再版），两书吸收了许多新的研究成果，论述更为翔实。其他专著还有车霁虹的《伪满基层政权研究》（黑龙江人民出版社2000年版），王胜今的《伪满时期中国东北地区移民研究：兼论日本帝国主义实施的移民侵略》（中国社会科学出版社2005版），刘晶辉的《民族、性别与阶层——伪满时期的"王道政治"》（社会科学文献出版社2004版），李淑娟的《日伪统治下的东北农村（1931—1945）》（当代中国出版社2005年版），解学诗、（日）松村高夫主编的《满铁与中国劳工》（社会科学文献出版社2003年版），王希亮的《东北沦陷区殖民教育史》（黑龙江人民出版社2008年版），等等。

关于华北沦陷区，史料方面有北京市档案馆选编的《日伪在北京的五次治安强化运动》、《日伪北京新民会》（北京燕山出版社1987年版），居之芬主编的《日本对华北经济的掠夺和统制》（北京出版社1995年版）等。相关的研究著作有卢明辉的《蒙古"自治运动"始末》（中华书局1980年版）。该书对德王为首的部分蒙古上层统治者勾结日本侵略者，分裂祖国的活动，以及关东军导演的伪蒙古联合自治政府、伪察南联合自治政府和伪晋北联合自治政府合流成立伪蒙疆联合委员会与伪蒙疆联合自治政府的过程，作了详细的论述。张洪祥等编著的《冀东日伪政权》（档案出版社1992年版），对日本导演的华北自治运动和殷汝耕的伪冀东防共自治政府进行了较为系统的研究。郭贵儒、张同乐等的《华北伪政权史稿：从"临时政府"到"华北政务委员会"》（社会科学文献出版社2007年版），刘敬忠的《华北日伪政权研究》（人民出版社2007年版），更在前人研究基础上对某些历史细节有所考订。此外，费正等人的《抗战时期的伪政权》（河南人民出版社1993年版），也涉及伪蒙疆政府、伪维新政府、伪临时政府的内容。

关于沦陷区的经济，在伪满洲国，研究者比较注意殖民地形态的形成过程及其特征。一般认为，日本在东北建立了比较完整的殖民地经济体系，这一体系从九一八事变后开始建立，至1935年前后初步形成，其后不断深化。日本在东北的投资规模和掠夺物资的数额超过了其他任何一个沦陷区，反映出当时东北已经沦为日本的完全殖民地。关于日本投资产业的种类、掠夺资源的方式、统制政策的具体内容、强掠奴役中国劳工以及移民情况，等等，均有文章论及。对于东北的殖民地经济形态，有人提出，直到日本统制经济垮台前，封建经济依然是殖民地农村经济的重要组成部分，为日本所利用。[1] 还有人对东北民族资本进行了深入分析，认为1937年以前，以轻纺各业为主的民族资本受到的影响还不大，以后则普遍衰落。[2] 关于伪满的经济，一般认为它在"日满一体的计划经济"中处于附庸地位。也有人提出，到抗日战争后期，伪满的资本总额已超过日本在东北的投资，但这一资本不是通常说的官僚资本或国家垄断资本，而是一种殖民地型的资本。日本在东北的人力资源掠夺是经济掠夺的一个重要组成部分，刘萍的《伪满"勤劳奉公法"出台及其与协和会的关系》（《抗日战争研究》2006年第1期），具体考察了日本在东北掠夺战略资源的一

---

[1] 参见孔经纬《新编中国东北地区经济史》，吉林教育出版社1994年版。
[2] 参见许涤新、吴承明主编《新民主主义革命时期的中国资本主义》，人民出版社1993年版。

个重要方式，即"勤劳奉公运动"。

关于其他沦陷区的经济，研究内容主要涉及日本投资情况、与日资合作的私人资本的性质、与东北经济殖民地程度的比较、日本在不同时期的不同经济政策，等等。关于华北沦陷区的经济，有人对日伪的金融控制和掠夺进行了深入分析，提出"中联银行"通过独占货币发行权、实施通货膨胀政策、统制汇兑等方式对华北沦陷区进行金融掠夺，造成了华北民众贫困化、民族工业衰败、农村经济破产等严重后果。[①] 还以日伪史料为主，对华北沦陷区的农村经济进行了深入考察，指出日伪是该地区农村经济破产的罪魁祸首。[②] 也有人通过对日本对华北沦陷区粮食的掠夺与统制的考察，认为这种掠夺极大地破坏了华北农村经济。[③] 关于华中沦陷区的经济，有人认为，汪伪统制经济既是日本统制经济的附属品，也继承了中国半殖民地半封建经济的基本特征，即运用政权力量干预经济，控制金融、交通、资源和重要工业原料，依附帝国主义势力，牺牲民族资本，等等。[④] 还有人对汪伪政权粮食政策的制订、实施和失败的结局进行了研究，从一个具体方面揭示汪日勾结中相互依赖又明争暗斗的复杂关系。[⑤] 也有人利用大量档案史料，考证战时江南地区农村蚕业、林业、棉业、渔业和手工业遭受破坏的状况及受害农民的惨状，认为战争打断了江南农村的现代化进程，阻断了江南农村的改良和社会发展。[⑥]

关于沦陷区的文化，主要集中在对日伪教育、新闻出版、"东亚联盟运动"和"新国民运动"等问题的研究。其中对日伪教育的研究较其他问题相对充分一些。研究者通过对不同沦陷区教育机构、教育体制、大中小学课程内容、留学制度等的考察，指出沦陷区实行的是殖民地奴化教育政策，目的是为日本的侵华培养奴才，消弭沦陷区人民的抗日意志。

但在沦陷区文学研究方面则出现了较大的争论。张泉在《沦陷区文学

---

① 参见曾业英《日本对华北沦陷区的金融控制与掠夺》，《抗日战争研究》1994年第1期。
② 参见曾业英《日伪统治下的华北农村经济》，《近代史研究》1998年第3期。
③ 参见王士花《华北沦陷区粮食的生产与流通》，《史学月刊》2006年第11期。
④ 参见程洪刚《汪伪统制经济述论》，《汪伪政权史研究论集》，复旦大学出版社1987年版。
⑤ 参见刘志英《汪伪政府粮政述评》，《抗日战争研究》1999年第1期。
⑥ 参见马俊亚《抗战时期江南农村经济的衰变》，《抗日战争研究》2003年第4期。

研究应当坚持历史的原则——谈沦陷区文学评价中的史实准确与政治正确问题》（《抗日战争研究》2002年第1期）一文中提出："史实是评说沦陷区文学的唯一前提；判断和结论在政治上是否正确，取决于史料的确凿与否。"为此，他认为"沦陷区似乎没有文学或只有汉奸文学的感觉"是以往研究存在"差错"的结果。"差错之一：'笔部队'是中国沦陷区文学的重要组成部分"；"差错之二：'皇民文学'是中国沦陷区文学的重要组成部分"。因此，他提出，把为侵略战争服务的日本作家组成的"笔部队"作品划分到中国沦陷区文学，混淆了民族界限；"皇民文学"是台湾地区"皇民化运动"的伴生物，"台湾是日本的领土，台湾人是日本过渡公民"，而大陆沦陷区文学并不包括这些内容。此外，他还提出沦陷区作家政治评判的依据问题，认为把张爱玲"塑造成'文化汉奸'或'附敌附伪的作家'，也形成了大量史实差错"。张泉的看法引起了比较强烈的反对意见，但作为学术探讨，不同意见的交锋是正常的也是必要的。

汉奸人物也是一个研究热点。黄美真等人撰写的《汪伪十汉奸》（上海人民出版社1986年版），辑录了汪精卫、陈公博、周佛海、褚民谊、陈璧君、罗君强、王克敏、王揖唐、梁鸿志、李士群等人的传记。其他有蔡德金的《汪精卫评传》（四川人民出版社1988年版）、《汪伪二号人物陈公博》（河南人民出版社1993年版）、《朝秦暮楚的周佛海》（河南人民出版社1992年版），闻少华的《汪精卫传》（吉林文史出版社1988年版，修订后改由团结出版社2006年重新出版）、《周佛海评传》（武汉出版社1990年版）、《陈公博传》（东方出版社1994年版），李理等人的《汪精卫评传》（武汉出版社1988年版），程舒伟的《汪精卫和陈璧君》（吉林文史出版社1988年版），等等。

关于汉奸问题的研究，也有人向传统伦理道德提出了挑战。潘敏的《日伪时期江苏县镇"维持会"研究》（《抗日战争研究》2002年第3期），不是从道德审判的角度研究一般被称为汉奸组织的维持会，而是对其产生的社会条件，参加者的不同类型、实际作用，特别是它与日本人的矛盾进行分析。该文考察江苏省22个县的维持会之后得出结论说："维持会中的上层人物基本上是地方头面人物，或者说是有势力、有影响力之人，但他们进入维持会动机复杂"，"某些人是出于自保或安境保民而进入维持会；另外一些人是不得已而与日本人'合作'"；"当然也有一些人死心塌地替日本人做事"。"正因为参与其中之人动机复杂，才使维持会中的中国人与日本人矛盾迭起。中国人显然的弱势地位迫使一些人只能采取退避的方式消极抵抗。一些地方的维持会几经易人，其资源汲取能力越来越强，而维持秩序的职能却越来越弱，甚至成为社会的乱源。"

其他如沦陷区的经济问题，也有人研究日本殖民掠夺之外是否也有推动生产发展的作用。且不说这些看法能否成立，但可以将此类问题提出来讨论，不能不说是内地学术研究的一大进步。

通过对沦陷区和伪政权的研究，学者们取得了几点主要共识：一是认为日本在沦陷区的统治带有一体化的特征，其在沦陷区所建立的殖民统治秩序，是军事进攻之后的必然结果。把中国变成日本的完全殖民地是日本发动侵华战争的最终目的。二是在沦陷区扶植汉奸集团和傀儡政权，即"以华制华"是日本的一项基本政策。尽管各伪政权在不同程度上都自称有"独立自治"的权利，但事实上无一不是日本的附庸。而日本则对不同傀儡政权采取"分而治之"的政策，为当地日军侵华军事服务。三是认为"经济统制"是日本在沦陷区的基本经济政策，实施这一政策是为了掠夺中国的财富资源，以达"以战养战"的目的，而所谓的"日、满、华一体化"和对沦陷区的工业、农业及其他产业的开发，也完全以掠夺为唯一目的。所谓"沦陷区人民生活水平高于其他地区的观点"，毫无事实根据。

## 第五节　战时外交

抗日战争是世界反法西斯战争的重要组成部分。中国的抗日需要外援，而中国战场又牵动全局，这就决定了战争期间中国的外交活动不仅十分频繁，而且非常重要。因此，战时外交成了抗日战争史研究中的重要内容。但是，20世纪50年代至70年代末，对以国民政府为主体的战时外交的研究却很薄弱。一些零星的研究，仅仅论及蒋介石对日妥协和英美对日绥靖问题，而对战时外交的其他许多重要问题则未予重视。

20世纪80年代以后，战时外交研究作为抗日战争史研究中的重要组成部分，逐渐引起学者们的重视，研究规模、深入程度皆超出了近代中外关系研究中的其他任何阶段。仅就专著而言，已出版的综合性专著有陶文钊、杨奎松、王建朗的《抗日战争时期中国对外关系》（中共党史出版社1995年版），王建朗的《抗战初期的远东国际关系》（台湾东大图书公司1996年版）；以双边关系为研究对象的有王淇主编的《从中立到结盟——抗日战争时期美国对华政策》、任东来的《争吵不休的伙伴——美援与中美抗日同盟》、王真的《动荡中的同盟——抗日战争时期的中苏关系》、李嘉谷的《合作与冲突——1931—1945年的中苏关系》、曹振威的《侵略与自卫——全面抗战时的中日关系》、马振犊和戚如高的《友乎？敌乎？德国与中国抗战》（以上专著皆被列入广西师范大学出版社推出的"抗日战争史丛书"，于1993—1996年出版）、徐蓝的《英国与中日战争（1931—1941）》（北京师范学院出版社1991年版）、李世安的《太平洋战争时期的中英关系》（中国社会科学出版社1994年版）等。专题性的著作有黄友岚的《抗日战争时期的"和平工作"》（解放军出版社1988年版）、徐万民的《战争生命线——国际交通与八年抗战》、王真的《没有硝烟的战线——抗战时期的中共外交》（以上两书均为广西师范大学出版社1995年版）、项立岭的《转折的一年——赫尔利使华与美国对华政策》（重庆出版社1988年版）、牛军的《从赫尔利到马歇尔——美国调处国共矛盾始末》（福建人民出版社1988年版）和《从延安走向世界——中国共产党对外关系的起源》（福建人民出版社1992年版）、王建朗的《中国废除不平等条约的历程》（江西人民出版社2000版）、陈雁的《抗日战争时期中国外交制度研究》（复旦大学出版社2002年版）、陈仁霞的《中德日三角关系研究（1936—1938）》（生活·读书·新知三联书店2003年版）等。另外，还有大量有关战时外交的学术论文发表。

关于战时外交的研究，主要集中在以下几个方面。

## 一 中日关系

从日本发动全面侵华战争开始，敌对的中日两国之间不复存在正常的外交关系。但中日两国是如何进入战争状态的，以及战争期间中日之间的秘密交涉，仍属战时外交的研究范畴。

卢沟桥事变是日本发动全面侵华战争的起点,但日本一些人一直认为事变的发生是"偶然"的,事变之前日本"完全没有进行日华全面战争的计划和准备"。中国学者则认为日本以侵略扩张为目的的"大陆政策",决定了它必然发动全面侵华战争。关于卢沟桥事变起因,过去一般认为事变之前日本的"佐藤外交"是施放和平烟幕,现有人依据日文资料指出,在1937年6月,日本决策者即已决定"侧重对华自主积极的推进,对佐藤外交之后退色彩予以修正",而在事变发生的前一天,日本内阁在"首先对华一击"上取得了一致意见,剩下的问题只是选择时间和地点来制造借口予以实施。① 又有人对与事变起因相关的"不法射击"和"士兵失踪"等问题进行了比较详细的考证,指出日方编造的二十九军士兵打响第一枪、中国共产党派人居中放枪、日军士兵失踪等战争起因说法的荒谬性,并根据日本资料,论证事变绝非"偶发",而是日本华北驻屯军、日本驻平津特务机关及日本侵华激进派共同策划的阴谋。日本军队是真正的肇事者。② 还有人认为,事变发生后中国政府虽然做了万不得已时起而抵抗的准备,但还是希望能求得事件的和平解决,并准备做出一定的妥协,可日本的贪得无厌把国民政府逼上了奋起抗战的道路。从把冲突扩大为战争的角度来说,日本挑起战争的责任也是不可逃脱的。③ 也有人对卢沟桥事变后中日两国外交交涉的两种途径进行了分析,认为日本在现地交涉和南京交涉中采取了迥异的策略,目的是分裂华北,为大规模的战争做准备。④ 另外,还有人对卢沟桥事变后中日两国在战争状态下却没有相互宣战的原因进行了分析。

关于战争期间中日双方的秘密交涉,论者过去一般是从国民政府和蒋介石准备妥协投降的方面加以阐述。近年出现一些认识上的分歧。如有人认为,国民政府与日本的秘密交涉是对抗战的动摇,因为中日之间的"和平交涉"不是国际法一般意义上的"媾和",在日本方面交涉的性质是政

---

① 臧运祜:《卢沟桥事变前夕日本对华政策的演变》,《抗日战争研究》1998年第1期。
② 曲家源:《卢沟桥事变起因考论:兼与日本有关学者商榷》,中国华侨出版社1992年版。
③ 参见王建朗《抗战初期的日本外交综论》《卢沟桥事变后国民政府的战和抉择》,《近代史研究》1992年第1期、1998年第5期。
④ 参见荣维木《炮火下的觉醒——卢沟桥事变》,广西师范大学出版社1996年版。

治诱降，目的是剥夺中国的国家主权，把中国变成日本的独占殖民地。蒋介石每当军事上严重失利、日本施弄诱降策略时，便发生谋求妥协的政治动摇。只是在1941年初美国采取积极的援华政策之后，国民政府才不再轻易俯就日本。①"近些年来某些论点肯定蒋介石以'恢复七七事变以前的原状'为条件对日妥协为'恰当'、'有基本原则'的说法是站不住脚的。"②另一些人却认为，妥协并不等于投降，为了结束战争而进行交涉并做出一定妥协并没有错，关键在于妥协的条件是什么。蒋介石在交涉中始终坚持恢复七七事变前的状态，反对日本的防共驻兵，是有基本原则的。③在分歧意见之外也有一致的认识，即在中日交涉中双方各有意图，日本是想不战而胜，从中国抽兵北进或南进；蒋介石的策略目的，或为延缓日军进攻，或为阻止汪精卫成立伪政权，或为向英美施压以求得更多援助。④

另外，也有人具体考证中日秘密交涉个案，如杨天石的《"桐工作"辨析》（《历史研究》2005年第2期），主要利用了日本防卫厅防卫研究所的档案资料和台湾"国史馆"的"蒋中正总统档案—特交档—和平酝酿"，对发生在1940年的日本与国民政府的"和平"谈判即"桐工作"进行了较为深入的考证。认为这次谈判就中方来说，不过是军统特务为刺取情报而采取的权谋，其派出身份，出示的蒋介石亲笔文件和许多中方意见都是假的；蒋介石最初以"先行解决汪逆"为谈判条件，其后逐渐认识到日方的"欺诱"，主张"严拒"，同时下令审查参与谈判的军统人员，但为了阻挠日本对汪伪政权的外交承认，并没有立即关闭和日本秘密谈判之门。该文对于澄清以往关于"桐工作"研究中由于史料的差异而形成错讹，较有价值。

## 二 中德关系

在以往的研究中，德日两个法西斯国家被认为从一开始就狼狈为奸，

---

① 参见沈予《论抗日战争时期日蒋的"和平交涉"》，《历史研究》1993年第2期。
② 沈予：《抗日战争前期蒋介石对日议和问题再探讨》，《抗日战争研究》2000年第3期。
③ 参见蔡德金《如何评价卢沟桥事变爆发后蒋介石的对日交涉》，《抗日战争研究》1996年第3期。
④ 参见杨天石《抗战前期日本"民间人士"和蒋介石集团的秘密谈判》，《历史研究》1990年第1期；汪熙《太平洋战争与中国》，《复旦学报》1992年第4期；杨奎松《蒋介石抗日态度之研究——以抗战前期中日秘密交涉为例》，《抗日战争研究》2000年第4期。

德国协助日本破坏中国的抗战。现在不少人提出，日本发动侵华战争并不符合德国的战略利益，因为它担心日本陷入中国战场从而失去对苏联的钳制作用，并可能把中国推向苏联一边。"陶德曼调停"就是在这样的背景下产生的。在这一调停中，德国希望中日双方都做出妥协，达成停战，而并非站在日本的立场迫使中国投降。[①] 还有人提出，在抗战之初德国曾在中日间保持中立态度，并继续向中国输出军事物资，其军事顾问继续在中国军队中发挥作用。"陶德曼调停"失败后，德国外交政策完全倒向日本，但中德之间的易货贸易仍在暗中进行。直到1941年德国宣布承认汪伪政权，国民政府才宣布与德国断交。太平洋战争爆发后，中国对德宣战。[②] 但也有人认为，从九一八事变起直至中日战争全面爆发，德日两国都把德日关系置于它们同中国的关系之上，包括陶德曼调停在内，德国说服中国屈服日本的意图十分明确，其中并不存在中日双方妥协的期望。[③]

### 三　中苏关系

关于《中苏互不侵犯条约》，以往一般认为中国是单方面的受惠国。现有人提出，中国仅希望签署"中苏互助条约"，对"互不侵犯条约"并无兴趣，只是苏联施以不签此约就不向中国提供军事援助的压力后，中国才同意订立这一条约。作为条约的附加条件，中国承诺不与第三国签订"共同防共协定"，这就缓解了苏联对日本联华制苏的担忧。所以，这一条约对苏联也是有利的。[④]

---

[①] 参见杨玉文、杨玉生《中日战争初期纳粹德国"调停"活动内幕及其结局》，《近代史研究》1988年第1期；王建朗《陶德曼调停中一些问题的再探讨》，《中共党史研究》1989年第4期。

[②] 参见易豪精《从"蜜月"到断交——抗战爆发前后中德外交关系的演变》，《中共党史研究》1995年第5期；陈方孟《论中日战争初期德国的对华政策》，《抗日战争研究》1996年第2期。

[③] 参见陈仁霞《德国召回在华军事顾问始末——中德日三角关系背景下的历史考察》，《抗日战争研究》2004年第2期；《陶德曼调停新论》，《历史研究》2003年第6期。

[④] 参见王建朗《抗战初期的远东国际关系》，台湾东大图书公司1995年版；孙艳玲《抗战前期中国争取同苏联订立互助条约始末——兼析〈中苏互不侵犯条约〉的签订》，《抗日战争研究》2006年第1期。

关于苏联对中国的物资援助，学者们一致予以肯定。但关于苏联向中国提供物资援助的数额及使用情况，过去一直有多种说法。有学者对此进行了认真的考证，澄清了过去在这个问题上的若干讹误，得出了比较准确的结论。① 还有人指出，苏联也因援助中国而深获其利，因为中国的抗战大大减轻了日本对苏联的压力。② 也有人提出，苏联对中国2.5亿美元的援助，后来中国都以战略物资进行了补偿。

关于《苏日中立条约》，有学者认为它分化了日德关系，保证了苏联在远东的安全，使之能够集中力量准备对德作战，这对世界反法西斯战争的全局具有意义。但苏日互相保证尊重所谓"满洲国"和"蒙古人民共和国"的领土完整和不可侵犯，是对中国领土主权的侵犯。③ 另有人认为，该约反映了苏联促使日本南下的意图，它既满足了日本占有中国东北的要求，又切断了日本经外蒙进犯苏联的通道，因而它是苏联为自身利益而牺牲中国的绥靖主义产物。④ 李嘉谷的《"苏日中立条约"签订的国际背景及其对中苏关系的影响》(《世界历史》2002年第4期)，除继续表明《苏日中立条约》所附"宣言"侵犯了中国领土主权而理应遭到中国抗议外，还认为国民政府对该条约的评论是十分慎重的，蒋介石甚至认为："是以苏日条约，就整个局势而论，对于我国抗战，与其谓有害，无宁谓其有益矣！"这是因为就日本来说，签订该条约主要是针对美英的。因此，作者认为"《苏日中立条约》促使美英在远东采取强硬政策，并积极援助中国的抗日战争"。这种从与以往不同角度评价《苏日中立条约》对中国影响的研究，值得人们思考。

关于《中苏友好同盟条约》，相当长的时期内，学术界对其持肯定态度。新的研究则认为，此约既有苏联协助中国对日作战的一面，也有苏联恢复沙俄在日俄战争中失去的权益的一面，不应全面肯定。它的积极因素是，苏联红军根据条约精神对日宣战，加速了战争结束的进程，并且在一

---

① 参见李嘉谷《抗日战争时期苏联对华贷款与军火物资援助》，《近代史研究》1988年第4期。
② 参见齐世荣《中国抗日战争与国际关系（1931—1941）》，《世界历史》1987年第4期。
③ 参见李嘉谷《中苏关系史研究二题》，《抗日战争研究》1995年第1期。
④ 参见厉声《苏日中立条约试析》，《苏联历史问题》1985年第2期。

定程度上遏制了美国势力。消极因素则是将雅尔塔协定合法化，反映了苏联的民族利己主义。对于中国革命，这一条约也产生了双重影响。① 也有人明确指出这是一个不平等条约，其中有关旅顺、大连、东北铁路和外蒙古的内容，都严重侵害了中国的主权。②

### 四 中国与英、美的关系

关于远东慕尼黑与英美的绥靖政策。一般认为抗战前期英美对待中日的政策具有双重性，一是对日妥协，一是援华制日。随着时间的推移，援华制日，逐渐成为主流。而在对日妥协这点上是否存在过远东慕尼黑阴谋，则有不同看法。传统的认识是，英美等国在绥靖政策主导下，确实存在过出卖中国的远东慕尼黑阴谋，拟议中的"太平洋会议"即是证据。近年有人提出不同意见，认为英美在远东对日本作出的妥协，无论在动机、程度还是后果上都不能和在欧洲的慕尼黑阴谋相提并论，而"太平洋会议"是由国民政府而不是由美英积极推动的，其目的是联合英美制日，因此不能把它说成是出卖中国的慕尼黑式的会议。③

关于英美新约。1943年，英美同意与中国在废除不平等条约的基础上签订新约，一些学者对此予以充分肯定，认为尽管此后在实际上中国并未取得与英美完全平等的地位，但就法理而言，中国已经摆脱了屈辱地位。新约的订立，是包括中国共产党在内的全体中国人民奋勇抗战的结果，因此，肯定新约并不是对国民政府的褒扬，而是对中国全体军民抗日业绩的肯定。④ 还有学者对废约谈判进行了详细考察，指出美英政府在对华谈判中的态度有所不同，这是此后中英关系冷淡，中美关系亲密的主要原因之

---

① 参见王真《动荡中的同盟——抗战时期的中苏关系》。
② 参见刘存宽《重新评价1945年〈中苏友好同盟条约〉》，载《抗日战争研究》编辑部编《抗日战争胜利五十周年纪念集》；张振鹍《评〈中国近代不平等条约选编与介绍〉》，《近代史研究》1999年第3期。
③ 参见王建朗《太平洋会议是怎么回事——关于远东慕尼黑的考察之一》，《抗日战争研究》1996年第3期；《试评太平洋战争爆发前的英美对日妥协倾向——关于远东慕尼黑的考察之二》，《抗日战争研究》1998年第1期。
④ 参见王建朗《中国废除不平等条约的历史考察》，《历史研究》1987年第5期。

一。① 也有人进一步分析美英在废约问题上表现不同,不仅在于美英在华利益和两国体制的差异,更深层次的原因是两国对战后世界的勾画,对中国角色的期待和定位有着不同的认识。② 有争议的问题是,有人认为新约收回国家主权,应被视为中国摆脱半殖民地状态的标志。③ 异议者则认为,新约并不标志着中国已经摆脱半殖民地地位,因为新约废除的主要是政治特权,并未废除所有的特权,而且在新约签订后,英美并未真正以平等态度对待中国,雅尔塔会议便是明证。④

关于美国在抗战后期的扶蒋抑共政策。过去一般认为,美国在抗日战争后期卷入中国内政,实行的是扶蒋反共政策。现有人通过对史迪威事件的研究,提出美国以战胜日本为首要目的,曾企图增强和发挥共产党部队的抗日作用,并主张国民党实行改革和加强国共合作;而蒋介石则一心保存实力,准备战后与共产党争战,不愿积极抗战,这是史蒋分歧的根本原因。⑤ 关于赫尔利访问延安时接受中国共产党的五点建议,过去曾认为是一个骗局。现在多数人认为,赫尔利是认真的,因为赫尔利调处国共矛盾的目的,是要使中国共产党武装置于国民政府的控制之下,避免中国的内战。赫尔利后来变卦,转而支持蒋介石的三点反建议则另有原因。一是在国共矛盾不可调和的情况下,他的使命是无条件地支持蒋介石;二是他对国共两党分歧的要害缺乏了解。赫尔利是奉命行事,但在扶蒋抑共方面,他有时比美国政府的政策走得更远,并对美国政策的转变起了推波助澜的作用。⑥ 赵人坤则认为,影响美国对华政策制定的因素是美国的整体世界战略、远东国际关系格局、中国国内政治形势。"抗战胜利前后的美国对华政策是促进国共合作,组成以蒋介石为首的联合政府。这一政策实施的

---

① 参见吴景平《中美平等新约谈判述评》,《抗日战争研究》1994 年第 2 期。
② 参见王建朗《英美战时废约政策之异同与协调》,《抗日战争研究》2003 年第 3 期。
③ 参见陶文钊《中美关系史讨论会综述》,《近代史研究》1988 年第 6 期。
④ 参见王淇《1943 年〈中美平等新约〉签订的历史背景及其意义评析》,《中共党史研究》1989 年第 4 期。
⑤ 参见魏楚雄《论史迪威事件及其原因》,《近代史研究》1985 年第 1 期。
⑥ 参见陶文钊《赫尔利使华与美国政府扶蒋反共政策的确定》,《近代史研究》1987 年第 2 期。

时间是1944年春至1946年3月。"①

关于中国共产党战时对美政策问题。于化民的《短暂的合作：抗战后期中共与美国关系解析》（《抗日战争研究》2007年第3期），比较深入地研究了战争后期中国共产党与美国的关系。作者利用大量中美两国的资料，论述了美军观察组访问延安如何开启中国共产党与美国合作关系、中国共产党对史迪威指挥权的支持、中国共产党配合美军登陆的战略设计、罗斯福对华政策的实质、赫尔利在国共纷争中所起的作用以及美国军事战略变化对其与中国共产党合作的影响，等等。他认为：战争后期，美国出于对日反攻作战的需要，排除了蒋介石的干扰，谋求与中国共产党建立合作关系，而中国共产党对此予以积极的回应，这主要表现在对史迪威的支持与配合美军登陆政策的制定与实施方面。但是，美国的长期战略目标是使中国成为一个由蒋介石主导的亲美国家，用以对抗苏联在远东的扩张企图。因此，尽管罗斯福主张在国共之间采取一种相对灵活的政策，但赫尔利却坚持无条件支持蒋介石的立场。结果是中国共产党与美国的合作并未达到双方预期的目的，而对抗必然代替合作。同样是研究中国共产党与美国的关系，刘中刚、孟俭红则在《抗战后期中共对美援的争取》（《抗日战争研究》2007年第1期）一文中，从一个具体方面考察了中国共产党与美国合作关系的过程与结果。该文翔实描述了中国共产党从1942年开始至1945年中共七大以后结束的争取美援的全部历史过程，认为中国共产党争取美援失败主要有三个原因，即意识形态的差异、共同利益的逐渐丧失、蒋介石的阻挠。但是通过此举，中国共产党也有所收获，即向美国和世界展示了敌后抗日的业绩，逐渐认识到美国对华政策的本质，积累了对美外交经验，并吸引了一些对中国共产党友好的美国人士。

关于战时美国援华战略与实施问题。阮家新的《抗战时期驻华美军部署及作战概况——兼谈中国战区在美国战略棋盘上的地位》（《抗日战争研究》2007年第3期），比较翔实地叙述了战时美军在华部署及其变化，并且客观地评价了美军援华的作用以及美国援华的战略考虑。洪小夏的《抗日战争时期中美合作所论析》（《抗日战争研究》2007年第3期），比较客

---

① 《二战结束前后美国对华政策问题再探讨》，《抗日战争研究》2008年第3期。

观地描述了中美合作所成立的背景、过程与组织机构,认为该机构的主要职能是培训敌后游击干部,并组建中美联合游击队,而非反共。

关于中英之间有关香港问题的交涉。有人指出,在中英新约谈判时,英国顽固坚持殖民主义态度,不肯与中方讨论交回新界租借地问题。国民政府的态度一度比较坚决,但最终做出退让,致使中英新约得以成立。[①] 至抗战结束时,国民政府没有认真做好收回香港的准备,使英国重新占领了中国香港地区。有人分析出现这种结果的主要原因是:英国人顽固地坚持其旧殖民主义的立场;美国的态度发生了变化;国民政府缺乏自立自强的精神,实行"反共优先"的政策。[②] 丁兆东的《中国访英团述评》(《抗日战争研究》2008年第1期),内容涉及1943年底国民政府派遣中国访英团(又称报聘团)访英的曲折过程,其中披露的国民政府访英计划,也涉及香港问题、九龙问题、西藏问题和印度问题,等等。

关于美、英与中国西藏问题。张值荣、渠怀重《抗战前后中美英西藏问题的交涉》(《抗日战争研究》2007年第1期)一文指出:"西藏很早就受到西方的觊觎。与美国相比,老牌殖民帝国英国更早涉入西藏问题,早在20世纪初英国就确立了在西藏势力范围的优势。因此,当太平洋战争爆发后美国发现西藏的地缘战略重要性时,势必与英国在西藏的利益发生冲突。"作者认为,由于战时中国与盟国的战略伙伴关系,并且与香港问题联系起来,英国虽然"并不承认自己有承认中国对西藏宗主权的义务",但却主张维持西藏的现状,美国的政策则是:"就战争全局而言,中国政府的态度对美国和各盟国都具有极大的重要性。"因此,美国认为其"和西藏当局的任何关系中……应该避免无意之中和无缘无故地触怒中国政府"。尽管如此,无论是英国还是美国,在战时都与西藏分裂势力有着程度不同的联系。而在战后,美英两国虽然都有插手西藏的企图,但美国却更为积极,它的"以藏制华",与其全球冷战战略需要有密切关系。另外,蒋耘的《宋子文与战时西藏问题交涉》(《民国档案》2008年第1期),叙

---

① 参见刘存宽《1942年关于香港新界问题的中英交涉》,《抗日战争研究》1991年第1期;李世安《1943年中英废除不平等条约的谈判和香港问题》,《历史研究》1993年第5期;陶文钊《太平洋战争期间的香港问题》,《历史研究》1994年第5期。

② 参见刘存宽《英国重占香港与中英受降之争》,《抗日战争研究》1992年第2期。

述了1943年中英间关于西藏危机交涉的过程，强调宋子文成功地维护了中国对西藏的主权。

### 五　中法、中韩关系

罗敏的《抗战时期的中国国民党与越南独立运动》(《抗日战争研究》2000年第4期)，论述了抗战时期国民党的援越政策经历了由秘密收容逐渐过渡到公开扶植，由局部的、应急性的援助过渡到全面的、有组织的援助的过程。同时还分析认为，因受对法关系的影响、中国援越机构之间的分歧、越南革命同盟会内部的矛盾等因素的影响，中国援越工作的实际成效并不显著。表明中国政府虽对越南独立运动深表同情，但本国利益的最大化是其最终依归。刘卫东的《论抗战前期法国关于中国借道越南运输的政策》(《近代史研究》2001年第2期)，探讨了抗日战争前期法国对华政策，认为中国根据中法有关条约向法国提出借道越南运输战略物资的请求，但法国却无视中国要求，原因之一是法国自身利益的需要，之二是奉行与英、美平行政策的产物，因而成为抗战时期西方列强对日绥靖的表现之一，制约和影响了中国抗战能力的发挥；但是，由于法国在借道政策的执行过程中对中国抱有一定程度的同情，使中国过境越南的运输在实际上一直没有中断，这种"禁而不止"的政策特征又使其带有较强的有限援华色彩，在客观效果上对中国抗战产生了一定的积极影响。黄庆华《抗日战争时期及战后初期的中法关系》(《抗日战争研究》2008年第3期)一文，通过对蒋介石与戴高乐及其法国临时政府合作关系的建立、中国收容法国在越南的败军、法国交还广州湾租借地、宋子文拜访戴高乐、国民党越北交防并撤军等事件的考察，翔实叙述了战时中法关系的演变过程。作者认为，由于战时中法两国不仅同是受法西斯侵略的国家，并且战时两国都曾出现与日本合作的伪政权，因此两国间呈现了比较复杂的关系，即战时任何一个阶段的中法关系，都是在相互利用的基础上建立和发展起来的。

关于中韩关系，杨天石《蒋介石与韩国独立运动》(《抗日战争研究》2000年第4期)一文，从蒋介石20世纪三四十年代促进在华韩国抗日力量的团结、支持朝鲜义勇队与韩国光复军、确定先于他国首先承认韩国临时政府的原则、推动韩国临时政府的改组、在开罗会议上倡言保证韩国战后独立、反对国际共管与南北分割而继续支持韩国临时政府等方面，论述了蒋与国民党给予韩国独立运动的政治、经济、军事、外交、道义等方面的援助。

除上述国民政府的战时外交活动外，还有学者对国民政府的外交制度问题展开了研究。如陈雁的《蒋介石与战时外交制度》（《民国档案》2002年第1期）、刘贵福的《九一八事变后特种外交委员会的对日外交谋划》（《抗日战争研究》2002年第2期），都属这类研究。

## 第六节 战时经济

抗日战争时期的中国经济，是在极为特殊的条件下运行的，它与中国抗战的进程及胜负结局有着密切的联系，因而也是抗日战争史研究中的一项重要内容。

早在20世纪50年代，作为中国近代经济史研究的一个部分，抗日战争时期的经济研究就已经开始。70年代末以后逐渐受到重视，出版、发表了大量研究资料、专著和论文。其中"国统区"的经济研究尤受学者青睐，取得的成果也最多。光专著就先后出版有周天豹和凌承学主编的《抗日战争时期西南经济发展概述》（西南师范大学出版社1988年版）、李平生的《烽火映方舟——抗战时期大后方经济》（广西师范大学出版社1996年版）、黄立人的《抗战时期大后方经济史研究》（中国档案出版社1998年版）、孙宝根的《抗战时期国民政府缉私研究（1931—1945）》（中国档案出版社2006年版）等多部。一些以民国经济史为研究对象的论著也少不了这方面的内容。更有大量论文发表。

对战时国统区经济的基本评价，从20世纪50年代至70年代末，一般少有人注意战时国统区经济相对日本的侵略而具有民族性的一面。因此，在总体评价上，对战时国统区经济多持否定态度。其中的主要观点是，以"四大家族"为代表的中国官僚买办资本在战时急剧膨胀，国民政府的经济统制政策主要是为了聚敛民财为官僚资本服务，这是造成战时通货膨胀、民不聊生的重要原因，其结果破坏了生产力的发展，妨碍了中国的抗日战争。80年代以后，一些学者开始注意从战时状态下中国经济与反侵略密切相关的大背景考察问题，对国民政府的战时经济政策给予比较客观的评价。如有人提出，国民政府在抗战初期的经济政策，总体上顺应了全国抗战的潮流，是符合人民利益的，它的实施促进了西南经济的发展，并有利于摆脱抗战初期的被动局面。[①] 关于统制经济，虽然有些学者仍持基本否定态度，但研究方法却与过去简单地套用现成理论框架不同，已比较注意对统制政策制定的背景、类别、内容、实施情况等进行深入分析。另有一些学者对统制政策持基本肯定的态度，认为它的制订与实施是反侵略战争的需要，在经济统制政策下，不仅公营企业得到了发展，部分民营企业也得到了发展。如在矿业方面，统制政策主要是由国民政府资源委员会中的专家制订的，在战争的特殊环境下，它的制订是被迫的，同时也是合理的；在战时由国家控制生产和流通、分配，有利于减少风险和阻力，促进矿业发展。[②] 再如黄岭峻的《30—40年代中国思想界的"计划经济"思潮》（《近代史研究》2000年第2期），与以往关于战时国民政府经济统制政策的制订实施与利害分析的研究不同，主要是从经济模式思想方面，探讨了在抗战相持阶段来临之际，国民党关于如何学习苏联"计划经济"的讨论之出现的原因，以及"统制"与"私有"观点之间的争论和"计划经济"赖以实现的政治条件。又如关于统制政策得失的研究，过去一般认为1942年后出现的严重经济衰退是统制政策造成的，现在有人提出，这种经济衰退是战争条件的变化引起的，与统制政策并无关系。[③]

除战时统制政策外，也有人注意到对国民政府的具体社会经济政策进行研究。如对于赣南新建设的研究，何友良的《蒋经国"建设新赣南"思想简论》（《抗日战争研究》2002年第2期），以蒋经国在赣南的"新政"主张与实践为研究对象，对影响一时的赣南"新政"进行了比较深入的剖析。文章提出，以"五有"（人人有工作、有饭吃、有衣穿、有屋住、有书读）为目标的赣南社会改革，在战时国统区十分罕见。而蒋经国的"新

---

① 参见王同起《抗战初期国民政府经济体制与政策的调整》，《历史教学》1998年第9期。
② 参见唐凌《论抗战时期国民政府的矿业政策》，《抗日战争研究》1993年第4期。
③ 参见陈雷、戴建兵《统制经济与抗日战争》，《抗日战争研究》2007年第2期。

政"思想渊源,事实上并非完全"落在苏联的模式里",其中还有孙中山的三民主义、蒋介石的三民主义、古代政治家的经验、现代资产阶级的政治学说,当然也包括了苏联社会主义的思想成果。从实践来看,这种社会改革确实取得了一些成效,但由于他的改革目标与战时环境、社会条件,尤其是国民党的体制和统治现实之间存在着深刻矛盾,最终还是难以实现。相关的研究还有温锐、游海华的《抗日战争时期赣闽粤边区的第一次现代化浪潮》(《抗日战争研究》2004年第4期)、黎志辉的《蒋经国"赣南新政"时期的社会动员》(《抗日战争研究》2004年第4期)。

关于国统区的农业经济,研究也在深入。过去一般认为田赋征实、垄断购销等战时农业政策是导致后方农业经济危机的一个重要原因。除仍有人坚持认为国民政府此时的农业政策消极影响大以外,也有人认为国民政府通过调整农业机构、增加投入、推广新技术、鼓励垦荒、兴修水利等措施,对后方的农业发展发生过积极作用。还有人认为,这些政策的实施,再加上工业内迁等因素的影响,后方农产品产量曾有较大增长,商品经济也有发展。① 李在全、游海华的《抗日战争时期的乡村建设运动——以平教会为中心的考察》(《抗日战争研究》2008年第3期)一文,考察了抗战时期平教会在湖南、四川等地开展的乡村建设活动,审视了这些活动如何与地方社会、经济、文化和政治产生互动与影响,并探讨了抗战时期民间团体与政府的关系与相互影响,最后指出:"如果摆脱'革命'与'改良'这样两元对立、非此即彼的话语分析,我们会发现民国时期的乡村建设的大方向和实践内容是符合农村现代化规律和历史潮流的。"

关于国民政府的战时货币金融体制和外债的研究。过去一般认为,国民政府高度垄断的货币金融体制,是造成战时恶性通货膨胀的重要原因。现有人考察这一体制形成的原因、运作情况及结果,认为它尽管存在着许多弊端,却对抗战起到物质保证作用,并且把中国金融货币制度推进到资本主义时代。② 关于国民政府战时外债情况,实证研究的成绩最为突出。有人详细考证战时外债种类、债权国国别、外债数额、动用情况、本息偿

---

① 参见周天豹、凌承学《抗日战争时期西南经济发展概述》。
② 参见董长芝《论国民政府抗战时期的金融体制》,《抗日战争研究》1997年第4期。

付等情况后提出,"中国举借和使用外债的必要性、合理性应基本予以肯定"。"中国没有因外债问题而导致国家主权新的重大损失,中国在外债问题上所处的地位,也要优于其他任何时期。这些都与中国抗战在世界反法西斯战争中所处的重要地位以及中外关系新格局的形成,有着密切的联系"。[①] 其他相关研究还有潘国旗的《第三次全国财政会议与抗战后期国民政府财政经济政策的调整》、金正贤的《论国民政府的法币价值稳定政策及其在抗战中的作用》(以上两文均见《抗日战争研究》2004 年第 4 期)、张天政的《"八一三"时期的上海银行公会》(《抗日战争研究》2004 年第 2 期)、王红曼的《四联总处与西南区域金融网络》(《中国社会经济史研究》2004 年第 4 期),等等。

中国共产党领导下的根据地经济是战时经济研究的又一重点。在史料方面,从 20 世纪 80 年代以后,陆续出版了陕甘宁、晋察冀、晋冀鲁豫、山东、安徽、华中、东江等抗日根据地的财政经济史料集多种。专著主要有许毅主编的《中央革命根据地财政经济史长编》(人民出版社 1982 年版),朱绍南、杨辉远、陆文培的《淮北抗日根据地财政经济史稿》(安徽人民出版社 1985 年版),魏宏运主编的《晋察冀抗日根据地财政经济史稿》(档案出版社 1985 年版),应兆麟主编的《皖江抗日根据地财政经史稿》(安徽人民出版社 1985 年版),星光、张扬主编的《抗日战争时期陕甘宁边区财政经济史稿》(西北大学出版社 1988 年版),赵秀山主编的《抗日战争时期晋冀鲁豫边区财政经济史》(中国财政经济出版社 1995 年版),谢忠厚的《新民主主义社会雏形:彭真关于晋察冀抗日根据地建设的思想与实践》(人民出版社 2002 年版),李茂盛的《华北抗日根据地经济研究》(中央文献出版社 2003 年版),陈廷煊的《抗日根据地经济史》(社会科学文献出版社 2007 年版),等等。另外,新出版的一些新民主主义经济通史论著中,也有相当篇幅是记述抗日根据地经济的。至于研究论文,30 年间不下数百篇。这些研究,涉及中国共产党的经济政策、土地改革、减租减息、财政税收、金融货币、大生产运动、工商交通各行业等内容。

---

① 吴景平:《抗战时期的中国外债问题》,《抗日战争研究》1997 年第 1 期。

土地改革和减租减息，一直是根据地经济研究的主要内容。一般认为，土地改革是中国共产党领导的新民主主义革命的内容之一，但在抗日战争时期，中国共产党的土地政策却是革命与改良相结合，是抗日民族统一战线总政策的一个组成部分。[①] 也有人认为，根据地的土地变革，表现在农村土地关系和阶级结构的变化以及某些地方的封建土地所有问题的解决。[②] 还有人认为，减租减息虽然有着历史局限性，但这样的"让步"政策，加强了根据地的物质基础和群众基础。[③] 关于中共土地政策（减租减息）转变的时间，一般认为是以全面抗战爆发为标志，龚大明的《关于抗战时期中共土地政策的两个问题》（《贵州工业大学学报》2004年第2期），通过考证认为1935年12月6日，中共中央做出《关于改变对富农策略的决定》是土地政策转变的开始，而1942年1月28日中共中央下发的《关于抗日根据地土地政策的决定》及其附件是土地政策正式形成的标志。李伯林的《减租减息与淮北抗日根据地乡村社会的变迁》（《抗日战争研究》2006年第2期），具体考察了淮北根据地减租减息运动对农村社会产生的影响：减租减息使土地分散到中、贫农手中；阶级结构呈现出由两极向中间流入的态势；乡村生活特别是贫下中农的生活得到改善，农民的参政意识由此增强。这种变迁深刻影响着中国乡村社会的历史走向。

关于税收和人民负担问题，一般认为，在服从抗日需要的前提下，根据地的税收政策以合理负担为基本原则，且税种少、税率低，照顾了多数群众的利益。也有人认为，在实行合理负担政策时，有些地区出现了"左"的偏向，这主要表现在税收累进率过高，影响了抗日各阶层之间的团结，不利于统一战线的巩固。中共中央发现问题后进行了纠正，做到钱多多出、钱少少出、赤贫免征，使税收负担面明显扩大。有的地区还把统一累进税改为农业累进税和工商累进税，实行不同算法，使负

---

① 参见肖一平、郭德宏《抗日战争时期的减租减息》，《近代史研究》1981年第4期。
② 参见温锐《略论晋察冀边区的土地变革运动》，载《第二届中国抗日根据地史国际学术讨论会论文集》，档案出版社1993年版。
③ 参见郭绪印《抗日战争时期中国共产党领导的减租减息运动》，《历史教学问题》1981年第3期。

担更加合理。① 还有一种意见认为，根据地人民负担过重引起群众对政府的不满，而缓解这种矛盾则是开展大生产运动的一个重要原因。

关于货币金融，一般认为根据地的政策是成功的。有人认为，根据地的政策是"发行与巩固边币，保护法币，打击伪钞，肃清杂钞"②。对于边币发行流通对调剂农村经济、扶植生产、发展贸易、繁荣市场等增强抗日经济力量的作用，一般均持肯定态度。关于边币与法币的关系、边币与伪币的斗争，也有人进行研究。与货币金融相关的还有根据地的农贷研究。李金铮的《论1938—1949年华北抗日根据地、解放区的农贷》（《近代史研究》2000年第4期），首次比较系统地介绍了华北根据地农贷政策的制定、农贷的组织系统、农贷的对象与用途、农贷的利率与清偿等情况，并对农贷的绩效与偏向作了客观分析，指出农贷政策的贯彻和执行，对根据地经济的恢复发展起到一定促进作用，但在实践中也发生了贷款平均分散、一些贫苦农民贷款少或没有贷上、干部徇私舞弊、贷款未用于生产、贷款不及时和有贷无还等错误和偏向。

关于工商贸易，其农村集市贸易和对敌贸易战方面的研究引人注目。有人以晋冀鲁豫根据地为例，详细介绍了农村集市贸易的由来和发展，提出它是根据地建设中不可缺少的一个方面，起到刺激根据地生产、提供军需、调剂人民物资联系、战胜伪币、支持抗日货币、促进根据地经济繁荣的重要作用。③ 也有人分析根据地对外贸易政策的演变过程，认为初期的对敌经济绝交造成走私盛行的消极后果，之后实行统一关税保护制、统一进出口管理、以货易货、有出有进等管理办法，逐步扭转了被动局面。④ 李建国的《陕甘宁边区的食盐运销及对边区的影响》（《抗日战争研究》2004年第3期），论证了抗战时期，为克服经济困难，打破国民党当局对

---

① 参见星光《敌后抗日根据地的农村负担政策》，《抗日民主根据地建设与敌后游击战争》，中共党史资料出版社1986年版。
② 王同兴：《抗日战争和解放战争时期革命根据地的金融建设》，《中共党史研究》1990年第3期。
③ 参见魏宏运《论晋冀鲁豫抗日根据地的集市贸易》，《抗日战争研究》1997年第1期。
④ 参见杜晓《太行抗日根据地的财经建设》，《抗日民主根据地与敌后游击战争》，中共党史资料出版社1987年版。

边区的经济封锁，陕甘宁边区政府发起大规模食盐运销活动，对当时边区的贸易、财政、金融以及军政机关和边区人民生活都产生了巨大的影响，对边区社会经济的发展起到积极作用。陈志杰的《抗战时期陕甘宁边区公营商业的构成与经营》（《抗日战争研究》2004年第2期），考察了陕甘宁边区公营商业的构成、经营状况，指出公营商业虽然数量不多，但能力较强，在承担政府要求的保障供给、稳定市场等方面起了关键作用。皖南事变后，公营商业由供给型转为经营型，虽然在实际运作中存在不少问题，但其经营方式、手段得以进一步丰富，也获得了可观的经济效果，客观上为克服经济、财政困难发挥了更大的作用。

此外，关于各根据地的大生产运动、工合运动、公营企业与私营企业、家庭手工业、难民安置、社会保障等问题，也均有人研究。其中比较系统深入的研究有黄正林的《抗战时期陕甘宁边区的经济政策与经济立法》（《近代史研究》2001年第1期）、《抗战时期陕甘宁边区农业劳动力资源的整合》（《中国农史》2004年第1期），闫庆生、黄正林的《抗战时期陕甘宁边区的农村经济研究》（《近代史研究》2001年第3期）。

## 第七节　战时思想文化

中国近代每次剧烈的社会变动，都成为思想文化发展的重要动因，抗日战争也不例外。而战时思想文化的发展变化又与战争的实际进程密切相关，并在一定程度上影响战争的进程。因此，战时思想文化研究也成了抗日战争史研究中的重要内容。

中华人民共和国成立后，对于抗日战争时期的思想文化研究，主要集中在新民主主义思想文化方面，但如同抗日战争史中其他问题的研究一样也是不充分的。据统计，20世纪80年代以前，出版的相关史料仅有中国现代史资料编辑委员会1957年翻印的原由延安时事问题研究会编辑的《抗战中的中国文化教育》、北京大学政治系编印的《抗日战争时期的整风运动参考资料》（1962年版）、张鼎的《抗战前线的文化兵工厂——回忆新四军的印刷所》（上海人民出版社1958年版）；文章38篇，其中多数还是史事介绍和回忆性文章；研究专著竟告阙如（据荣天琳主编的《中国现代史论文著作目录索引》中《抗日战争时期文化、史料类》的统计，北京大学出版社1986年版）。可以说，真正的学术研究尚未开始。直到80年代以后，关于抗日战争时期思想文化的研究才逐渐繁荣起来。

关于知识分子群体在抗日战争中的作为的研究，过去没有引起足够重视，只是到了最近20年，才有学者系统研究他们在抗战时期的种种活动及其在抗战中的影响。有人提出，从九一八事变开始，中国最先觉悟的知识分子就站在了抗日救国的前列。在整个抗日战争时期，以知识分子为主体的抗日群众团体、传播抗日救亡思想的图书报刊文艺作品，数量之多、影响之大，超出了近代中国其他任何一个时期。同时，尽管知识分子群体中包含了不同阶级属性的人群，他们有各自的思想政治倾向和文化流派观点，对社会政治和学术问题历来存在着争论，但在要不要抗日、要不要救国的问题上，却基本上没有什么分歧和争论。无论是共产党领导的解放区，还是在国民党统治区或沦陷区，都有知识分子群体开展抗日救亡活动，表现了中国知识分子抗敌救国的坚强品质。[①] 也有人对抗日战争时期知识分子的主要代表人物进行了研究，如关于胡适，过去的研究一般都强调他避战求和的政治主张，而对他从主和到拥护抗战的思想转变却没有论及。现有人提出，1937年9月胡适奉命赴美做抗日宣传前夕，即已明告"低调俱乐部"诸人，他的态度全变了。后来还成了奔走抗日的外交使节。认为日本灭亡中国的野心，蒋介石政权的脆弱，无力担起议和的责任，国际上又无支持和平的切实保障，是促使胡适产生"和比战难百倍"见解的客观原因，而主观方面则不能忽略他内心的爱国憎日心理。胡适的低调主张，是一个学者的理智判断，以为妥协可以争取时间，避免过早应战而导致惨败不可收拾。如因此而判定他是亲日、媚日，未免失于偏颇。[②] 有人对胡适在抗战时期关于中日现代化问题的思考进行了研究，认为胡适依据文化冲突的理论及规律模式，归纳了中日两国两种截然不同的现代化反应类型，即散发渗透型与中央控制型，由此预言中国必然战胜日

---

① 参见李侃《抗日战争与知识分子》，《抗日战争研究》1993年第1期。
② 参见耿云志《七七事变后胡适对日态度的转变》，《抗日战争研究》1992年第1期。

本的前途。① 也有人通过对钱穆、张其昀、萨孟武等人思想的分析，重新检讨抗日战争时期的"民族文化优越论"，认为他们所倡导的古文化精华，实际上是借鉴西方现代化的模式，结合抗战现实需要，对中国古代文化形态的重塑。②

关于中国文化教育重心的转移。多年来，抗战期间高校的内迁问题引起了研究者的极大兴趣。普遍认为战时高校内迁打破了中国文化发展的不平衡性，不仅有力推动了抗日救亡运动的发展，而且为中国文化、中国教育在西南内地的发展做出了历史性的贡献。有人提出，高校内迁的结果是，改变了战前中国教育布局的不合理性，保存了中华民族最精要的资本，促进了抗战事业的进行和胜利，有助于后方经济建设和中国现代化事业，促进了贫瘠落后地区教育的现代化。关于战时大学教育恢复与发展过程中的各种原因，有学者研究后指出：国民政府对高等教育的重视，以及颁布的一些合理政策，如救济学生、增设学校、充实设施等，对战时高等教育的发展起了一定的促进和推动作用。③ 另有学者对沿江沿海文化科研机构的内迁进行了研究，指出这种内迁对西南地区经济文化的发展以至中国抗战，都产生了积极影响。④

关于战时思想流派的研究。以中国民族文化复兴为口号，战时出现过不同思想派别间的论争。这方面的研究也取得了一定的进展。如关于战国策派，过去少有研究，只是笼统地认为它是一种反民主的法西斯理论，是为国民党的政治独裁提供理论依据的，而对这一思想流派产生的社会文化背景并无认真考察。近年来，有人对战国策派的思想渊源和政治主张进行了具体分析，认为战国策派与国民党当局之间不可能是亲密无间的，他们

---

① 参见陆发春《抗战时期胡适对中日现代化进程的历史反思》，《抗日战争研究》2006年第3期。

② 参见马勇《笔谈抗日战争与中国的现代化》，《抗日战争研究》2006年第3期。

③ 参见余子侠《抗战时期高校内迁及其历史意义》，《近代史研究》1995年第6期；余子侠《抗战时期教会高校的迁变》，侯德础、张勤《高校内迁与战时西南的科技文化事业》，徐国利《关于"抗战时期高校内迁"的几个问题》，金以林《战时大学教育的恢复和发展》，均载《抗日战争研究》1998年第2期。

④ 参见张瑾、张新华《抗日战争时期大后方科技进步述评》，《抗日战争研究》1993年第4期；黄立人《论抗战时期的大后方工业科技》，《抗日战争研究》1996年第1期。

反对传统文化,但目的是扫除他们认为的存在于儒家道德中的假仁假义,提倡尚武风气,从而抗战到底。这种非理性的民族主义存在着难以治愈的硬伤,即从个人本位的哲学出发,想得出以国家为本位的结论,从一开始就陷入一种二律背反的矛盾之中。①还有人提出,"历史警醒意识"是战国策派在理论方面最有价值的贡献。"历史警醒意识"并不是单纯地号召人们不要忘记历史,更重要的是要求人们必须有足够的能力去驾驭历史。基于此种认识,战国策派严厉批判古史辨派只知从古书中寻找历史的学院派倾向,号召民众尤其是青年不要逃避现实,躲在古书里,而要勇敢地投入抗战洪流中。②又如对陈立夫的唯生论和蒋介石的力行哲学的研究,有人提出,唯生论本质上就是唯心论,但它并不是一种纯粹的哲学主张,而是通过宣扬唯心主义世界观在政治实践中维护国民党的一党独裁统治。至于蒋介石的所谓力行哲学,有人指出它没有多少学理上的创造,不过是由王阳明的"知行合一"说与孙中山的"知难行易"说杂凑出来的,与唯生论一样,在本质上仍是唯心论。③另外,对于传统文化学派、东方文化学派人物思想的个案研究也取得了相当的成果,如王鉴平的《冯友兰哲学思想研究》(四川人民出版社1988年版)、马勇的《梁漱溟评传》(安徽人民出版社1991年版)、郑大华的《张君劢传》(中华书局1997年版)等。陈独秀独立于各思想流派之外,在抗战时期提出过一些独到的思想主张,对此也有人进行了研究。如有人认为,他在抗战时期与国共两党及托派的政治主张均有很大分歧,总起来讲,在抗战初期他主要立足于国内状况去考察民主问题;在生命的最后几年,主要通过对苏联社会主义和国际共产主义运动的经验的分析,去考察人类社会的民主问题,提出了以民主为核心的政治体制的重建设想。④相关研究还有范书林的《论陈独秀晚年的政治思想》(《东岳论丛》2006年第4期),鞠北平、蒋立场的《陈独秀晚年

---

① 参见黄岭峻《试论抗战时期两种非理性的民族主义思潮——保守主义与"战国策派"》,《抗日战争研究》1995年第2期。
② 参见雷戈《论"战国策派"的历史警醒意识》,《武陵学刊》1998年第5期。
③ 参见刘大年、白介夫主编《中国复兴枢纽》,北京出版社1997年版。
④ 参见赵国忠《90年代陈独秀研究的新进展》,《安庆师院学报》1998年第4期;史远香《陈独秀抗战主张述评》,《抗日战争研究》1998年第2期。

民主思想探源》(《兰州学刊》2008年第2期),王燕的《陈独秀晚年对苏共若干问题的认识与反思》(《东岳论丛》2008第3期),等等,这些研究大多肯定了陈独秀的晚年思想。

关于抗战文艺研究。就广义而言,抗战文艺研究既包括文艺作品的研究,也包括文艺创作的政策、思想等背景状况的研究。而文艺作品的研究,无论按其小说、散文、诗歌、音乐、电影、戏剧等形式分类,还是按解放区、国统区、沦陷区作品分类,内容均十分庞杂,难以一一介绍,有兴趣者可参阅章绍嗣《抗战文艺60年回眸》、李仲明《抗战时期沦陷区文学研究述略》两文(均见《抗日战争研究》1998年第4期)。这里仅就有关抗战文艺创作的政策、思想等背景状况的研究略作介绍。

关于国民政府的文艺政策。有人提出,国民政府在抗战时期的文艺政策从总体上说是顽固地推行文化专制主义,但在抗战的不同阶段也有所不同:一是1937年7月至1938年6月,国民政府的文艺政策在抗战爆发的大背景下有过一段时间的暂时放松;二是1938年7月至1940年底,国民政府开始采取一些防范措施,控制进步文艺,只是出于对抗日民族统一战线这面招牌的顾虑,未敢推行赤裸裸的文化专制主义政策;三是1941年初至抗战胜利,由于国共摩擦的加剧,国民党为配合政治上军事上的反共高潮,开始推行赤裸裸的专制主义的文化政策。①

关于桂林文化城问题。20世纪60年代初,《广西日报》副刊开辟"文化城忆旧"专栏,为桂林文化城的研究提供了一些有价值的资料。"文化大革命"期间,文化城的研究成为禁区。80年代,桂林文化城的研究步入正轨,陆续出版了一批回忆录、专题资料和学术著作,发表了大量研究论文。关于桂林文化城的建立与发展,许多人认为共产党人特别是周恩来起了很大的推动作用。② 也有人认为,桂林文化城的形成,是桂系领导人实行开明政策的结果。关于桂林文化城的贡献,多数人认为桂林抗战文化发展了"五四"以来的新文化,把国统区抗日文化运动推向了一个新阶

---

① 参见张强《国民党抗战时期的文艺政策》,《民国档案》1991年第2期。
② 参见曹裕文《抗日战争初期周恩来在桂林的贡献》,《广西党校学报》1990年第5期;魏华龄《抗日时期文艺界抗敌桂林分会》,《广西文史资料》1982年第15期。

段，在那里涌现出的一大批有影响的文艺作品，在中国现代文化史上留下了光辉的篇章。①另外，还出版有桂林抗战文化研究专著数种，如邓群的《中国共产党与桂林抗战文化》（广西人民出版社2005年版）、魏华龄的《一个独特的历史现象：桂林抗战文化》（漓江出版社2008年版）等。除桂林文化城外，还有人以区域划分，对台湾、昆明、延安、上海、贵阳、山东等地的战时文学发展状况进行了研究。

关于新民主主义文化思想的研究。这一研究在很大程度上是对具有反映意识形态特点的关于中国文化发展方向认识方面的研究，因此，新中国成立以来一直很受重视。不过，现在也有人提出不同的观点。如有人从东方文化复兴的角度，具体分析新民主主义文化思想与新儒学派、西化自由派的关系，认为毛泽东的"民族的科学的大众的文化"的著名论断，"隐含着对东方文化以民族为本位的民族精神与以西化自由派科学民主为用的时代精神，也隐含着共产党人以人民为体的民本思想和政治倾向，是一种综合性的文化整合与创造"；"新民主主义文化是中国的马克思主义旗帜，应该说它对新儒学派与西化自由派的观点尽管有反驳，然而其体系深处还是有着许多互相联系而共同形成了以新儒学派、西化自由派及马克思主义三大思潮为代表的现代人文基础"②。还有人提出，在共产党人内部，关于新民主主义文化的思想认识也有明显歧见。张闻天在毛泽东提出的"民族的、科学的、大众的"文化方向之外，还提出了"民主的"方向。对于"民主的"这一点，张闻天解释即反封建、反专制、反独裁、反压迫人民自由的思想习惯，主张民主自由的思想习惯与制度，主张民主自由、民主政治、民主生活与民主作风。毛泽东未提"民主的"，而只是在解释"大众的"时说，"这种新民主主义的文化是大众的，因而即是民主的"。认为以"大众的"来包括文化发展的民主方向，道理上说不通，表明在中国文化发展方向问题上，毛泽东和张闻天存在着重要分歧。③

---

① 参见魏华龄《近十几年桂林抗战文化研究述评》，《抗日战争研究》1994年第3期。
② 皇甫晓涛：《抗战前后文化思潮与"东方文化复兴"的历史主题发展》，《吉林大学学报》1997年第6期。
③ 曾彦修：《文化发展方向要不要强调民主——延安时期毛泽东、张闻天在这个问题上的歧见》，《炎黄春秋》1998年第7期。

另外，也有人对中国共产党抗战时期的思想走向进行研究，如王桧林的《中国共产党在抗日战争时期的两种趋向：融入世界与转向民族传统》（《抗日战争研究》2001年第1期），比较宏观地分析了中国共产党战时的两个并存的重要思想的发展趋向。他提出："在世界进入资本主义化进程的时候，中国还是一个落后的封建国家，中国要生存下去就必须学习西方，这就产生了一个融入世界的问题。中西文化接触后，在吸收西方先进文化的同时，也出现了割裂中国文化传统、过分否定中国传统文化价值的现象；但是一因中国文化传统深厚，二因传统文化有其实效性，这就产生了转向民族传统的问题。近代以来这两种趋向一直存在，而抗日战争期间更有突出的表现。抗日战争时期中国共产党对于上面两种趋向做了顺应的变化。中共本来只是在共产国际划定的范围内活动，对帝国主义国家采取坚决对立的立场，这时则积极与美英打交道，认为'中国已紧密地与世界连成一体'。中共长期激烈地反传统，甚至声称'五四''被埋葬在历史坟墓里'了。这时转为主张批判地继承中国传统文化，提倡'马克思主义中国化'、'民族形式'、'中国作风与中国气派'。这些是中共党史上的重大变化"，而"这种变化对中国有着极大的意义"。

## 第八节　日军侵华政策与战争遗留问题

在抗日战争史研究中，日本侵华政策的演变及其实施，日军的罪行、暴行，战后的审判与战争遗留问题等重大问题，也引起了学者们的极大关注。

关于日本侵华政策，严格说来应属于日本近代史或中日关系史的研究范畴，但它与中国抗日战争又有着密切联系，也是抗日战争史研究的对象之一。资料方面，最早出版的是上海复旦大学历史系编辑的《日本军国主义侵华资料长编》（上海人民出版社1978年版）。从20世纪70年代末起，由中国社会科学院近代史研究所民国史研究室编辑、中华书局陆续印行的《中华民国资料丛稿》中，翻译了一批主要源于日本防卫厅防卫研究所战史室整理的史料，其中包括《中国事变陆军作战》《华北治安战》《河南作战》《湖南作战》《广西作战》，等等。之后，天津政协编译委员会又摘译了日本防卫厅防卫研究所战史室编纂的《大本营陆军部》，另名为《日本帝国主义侵华资料长编》（四川人民出版社1987年版）。在此前后，参加过侵华战争并在不同层次上参与过侵华政策制定的原日本官员的回忆录，也被翻译成中文，其中有重光葵的《侵华内幕》（解放军出版社1987年版）、《土肥原秘录》（中华书局1980年版）、《今井武夫回忆录》（中国文史出版社1987年版）。另外就是井上清的《日本军国主义》（商务印书馆1985年版）、藤原彰的《日本近代史》（商务印书馆1983年版）、服部卓四郎的《大东亚战争全史》（商务印书馆1984年版）、森松俊夫的《日军大本营》（军事科学出版社1985年版）、信夫清三郎的《日本外交史》（商务印书馆1980年版），等等。这些翻译过来的史料和专著，为中国学者研究日本侵华战略提供了一些方便。内地对日本侵华战略的系统研究，有徐勇的《征服之梦——日本侵华战略》（广西师范大学出版社1993年版）、臧运祜的《七七事变前的日本对华政策》（社会科学文献出版社2000年版）、史桂芳的《"东亚联盟论"研究》（首都师范大学出版社2001年版）、关捷的《日本侵华政策与机构》（社会科学文献出版社2002年版）、沈予的《日本大陆政策史（1868—1945）》（社会科学文献出版社2005年版）、林庆元和杨齐福的《"大东亚共荣圈"源流》（社会科学文献出版社2006年版）、米庆余的《近代日本的东亚战略和政策》（人民出版社2006年版）等。这些研究，对于日本近代以来侵华政策的缘起和演变，都有基本的勾勒。一般来说，中国学者之间并无观点分歧，而在日本侵华政策是否有一以贯之的特征问题上，与日本学者的分歧却比较明显。

关于日军罪行、暴行的研究，从20世纪80年代开始，到90年代形成高潮。由于这种研究主要是揭露与考证史实，故在出版的著作中难以区分哪些是史料性图书、哪些是研究专著。已经出版的图书主要有：南京大屠杀史料编辑委员会编辑的《侵华日军南京大屠杀史料》（江苏古籍出版社1985年版）、《侵华日军南京大屠杀暴行照片集》（江苏古籍出版社1985年版）、《侵华日军南京大屠杀档案》（江苏古籍出版社1987年版）、中央档案馆和中国第二历史档案馆编辑的《日本帝国主义侵华档案选编——南京大屠杀》（中华书局1995年版）、朱成山的《侵华日军南京大屠杀幸存者证言集》(江苏古籍出版社1994年版)、南京大屠杀遇难同胞纪念馆编辑的《侵华日军南京大屠杀外籍人士证言集》(江苏古籍出版社1998年版)、章开沅的《南京大屠杀的历史见证》(湖北人民出版社1995年版)、中国第二历史档案馆等编辑的《侵华日军南京大屠杀图集》(江苏古籍出版社1997年版)、中国人民抗日战争纪念馆编辑的《日军侵华暴行》(北京出版社1995年版)、章伯锋等主编的《血证——侵华日军暴行日志》(成都出版社1995年版)、军事科学院编辑的《凶残的兽蹄——日军暴行录》(解放军出版社1994年版)、中央党史研究室编辑的《日军侵华暴行纪实》(中共党史出版社1994年版)、北京档案馆编辑的《日本侵华罪行实证》(人民出版社1995年版)、李秉新编辑的《侵华日军暴行总录》(河北人民出版社1995年版)、符和积主编的《铁蹄下的腥风血雨——日军侵琼暴行实录》(海南出版社1995年版)、郭成周等编辑的《侵华日军细菌战纪实》(北京燕山出版社1997年版)、韩晓编辑的《侵华日军细菌部队罪证图片集》、纪道庄等编辑的《侵华日军的毒气战》(北京出版社1995年版)、步平等编辑的《化学战》和《阳光下的罪恶——侵华日军毒气战实录》(黑龙江人民出版社1999年版),以及与日军南京大屠杀有关的译著《拉贝日记》(江苏人民出版社、江苏教育出版社1997年版)和《东史郎日记》(江苏教育出版社1999年版)等。2000—2009年,相关著述更是层出不穷,如章开沅的《从耶鲁到东京:为南京大屠杀取证》(广东人民出版社2003年版),陈先初的《人道的颠覆:日军侵湘暴行研究》(社会科学文献出版社2004年版),中共河北省委党史研究室编的《长城线上千里无人区》(中央编译出版社2005年版),中央档案馆、中国第二历史档案馆、河北省社会科学院编的《日本侵略华北罪行档案》(河北人民出版社2005年版),张宪文、吕晶编的《南京大屠杀真相》(江苏人民出版社2007年版),张宪文主编的《南京大屠杀史料集》(江苏人民出版社2005年出版1—29集,2007年出版30—55集),等等。《南京大屠杀史料集》的内容涵盖四大类型:一是加害方日本方面的史料;二是受害方中国方面的史料;三是第三方欧美国家等方面的史料;四是战后远东国际军事法庭和中国军事法庭方面的史料。这些史料,多数是首次在内地披露,利用价值极高。

关于战争遗留问题，并不仅仅是个学术问题，实际是国家之间的大是大非问题，没有日本对中国的侵略，当然也就不存在什么战争遗留问题了。因此，20世纪90年代以后，战争遗留问题开始成为抗日战争史研究中的一项新内容。战争遗留问题主要包括钓鱼列岛的主权归属问题、中国劳工和慰安妇受害事实、日军施用生化武器侵害和遗害中国问题、香港军票问题、中国民间战争受害赔偿问题，等等。战争遗留问题虽然是个新的研究领域，研究时间也不算长，而且还有某种非学术性因素的干扰，但在众多学者和社会热心人士的积极努力下，还是取得了相当可观的成绩。限于篇幅，这里仅择要介绍有关钓鱼列岛主权归属和慰安妇两个问题的研究概况。

关于钓鱼列岛主权归属问题的研究。钓鱼列岛自古以来就是中国的固有领土，由于清政府的腐败无能，1895年后被日本武力窃占。1945年日本在第二次世界大战中战败投降，该列岛受美国托管。1971年美国结束托管，将该列岛作为琉球群岛的一部分，私相授受于日本管理。中华人民共和国成立以后，中国政府多次申明对该列岛拥有主权。20世纪90年代，有学者以大量文献资料论证：早在15世纪以前，中国就已经发现了钓鱼岛并为之命名。以后几个世纪，在日本图籍中不仅沿用了中国对钓鱼岛及附近岛屿的命名，而且明确将其划在中国海域之内。还有数种明清文献资料证明：钓鱼列岛列入中国版图之后，曾先后划归中国福建和台湾海防区域。虽然日本在甲午战争后吞并了钓鱼列岛，但按照《开罗宣言》和《波茨坦公告》，日本理应将其交还给中国。[1] 还有人以日本文献，论证日本在中日甲午战后实际占领钓鱼列岛之前，朝野人士的共识是："钓鱼列屿系台湾附近清国所属岛屿。"[2] 近年出版的相关图书，则有鞠德源的《日本国窃土源流：钓鱼列屿主权辨》（首都师范大学出版社2001年版）和《钓鱼岛正名：钓鱼岛列屿的历史主权及国际法渊源》（昆仑出版社2006年版）、郑海麟的《钓鱼岛列屿之历史与法理研究》（中华书局2007年版），等等。

---

[1] 参见吕一燃《历史资料证明：钓鱼列岛的主权属于中国》，《抗日战争研究》1997年第4期。
[2] 吴天颖：《日本觊觎我钓鱼列屿的历史考析——再质奥原敏雄教授》，《抗日战争研究》1998年第2期。

关于慰安妇问题的研究。中国学者的研究，相对于日本、韩国学者，起步较晚。出版的研究著作，主要有苏智良撰写的《慰安妇研究》（上海书店出版社1999年版）、《日军性奴隶：中国"慰安妇"真相》（人民出版社2000年版），以及由他主编的《滔天罪孽：二战时期的日军"慰安妇"制度》（学林出版社2000年版），还有陈庆港的《血痛：26个慰安妇的控诉》（北京出版社2005年版），陈丽菲、苏智良的《追索：朝鲜"慰安妇"朴永心和她的姐妹们》（广东人民出版社2005年版），苏智良、陈丽菲、姚霏的《上海日军慰安所实录》（上海三联书店2005年版），等等。论文方面，有学者对日军实行慰安妇制度的动机和成因做了比较深入的研究，提出慰安妇制度绝不是商业行为，而是日军以进行侵略战争为目的的决策；中国慰安妇来源于抢夺、俘虏、诱骗和强征妓女；在36万至41万慰安妇中，大多数是朝鲜和中国妇女。[1] 史料方面，有人披露了日军在天津强征慰安妇的一组档案资料，内容涉及日军设立强征中国慰安妇的机构、向伪政府下达征集慰安妇的命令、强征人数、管理办法等。[2] 有人对日军设在上海和南京的一些慰安妇所进行了实地考察，还有人对山西盂县幸存的当年受害妇女进行了访问调查。这些工作，推动了研究的深入。

## 第九节 未来展望

中国近代史，以往一度以五四运动为界，其后便不属于近代史范围，而称为中国现代史了。这是以民族民主革命为研究分期的划分标准，近代史属于旧民主主义革命史，现代史属于新民主主义革命史。在这样的研究分期划分下，抗日战争史作为中国现代史中的革命史或中共党史的组成部分，固然受到重视，却难免存在研究上的某种局限。20世纪70年代末至80年代初，中华民国史开始成为研究"热门"，抗日战争史研究作为民国

---

[1] 参见苏智良《关于日军慰安妇制度的几点辨析》，《抗日战争研究》1997年第3期。
[2] 参见王凯捷、杨厚供稿《日军在天津强征中国妇女充当慰安妇的档案史料》，《近代史资料》总第94号。

史研究的一个组成部分，无论是在视角还是内容，甚至方法方面，都发生了很大的变化。而到了90年代之后，由于中日现实关系明显受到历史问题的影响，也由于中国迫切需要建构民族复兴理论以加快现代化建设的步伐，抗日战争史的研究逐渐成为近代史研究中的一个独立部分，研究视角与内容又有了新的变化。

就视角而言，抗日战争史的研究，总的说来不外两大视角，一是日本的侵略，二是中国的抵抗。抗日战争作为中国民族民主革命的重大事件，它的发生、发展过程与结果，确曾极大地改变中国的历史走向，中国共产党不仅在战争中发展壮大起来，并且在战后不长的时间内就战胜了国民党的专制、独裁，建立了新中国。因此，在民族民主革命研究分期的条件下，中国共产党在抗战时期的活动便必然成为观察与记述的中心和重点。而当民国史研究兴起后，这种情况便发生了变化，对于抗日战争的观察和记述渐渐超越了国共党派斗争的视角，在很大程度上促成了抗日战争史研究的深入。受国家以经济建设为中心的现代化建设需要的影响，研究视角又有所变化。一些学者开始更多地审视抗日战争对中国现代化进程的影响。袁成毅的《现代化视野中的抗日战争》(《史林》2005年第1期)、荣维木的《怎样以现代化的视角解读抗日战争》(《史学月刊》2005年第4期)、虞和平的《中国抗日战争与中国文艺的现代化进程》(《抗日战争研究》2005年第4期)、丁贤勇的《近代战争与新式交通发展：以浙江抗日战争为中心》(《抗日战争研究》2007年第3期)等文所阐述的无不是这方面的思考。也有学者就如何建立抗日战争史研究的跨国合作，达成跨越国境的共同认识提出了自己的见解，认为建立跨越国境历史认识其实并不仅仅表现在学术研究层面，而可深入政治层面与民众感情层面，历史研究者必须意识到解决这两个层面的历史认识问题的重要性。[①]

随着研究视角的扩大，研究内容当然也就丰富多了。受研究视角的影响，以往的研究多数时候主要集中在政治、军事方面，虽然诸如经济、外交、社会等方面也有所涉及，但相对政治、军事而言，实际仍处于从属地位。而1979—2009年间，尤其是后10年，情况有了很大不同。政治、军

---

[①] 参见步平《笔谈"抗日战争与中日关系史研究"》，《抗日战争研究》2009年第1期。

事研究已明显减少，其他方面的研究在明显增长。即使是政治、军事研究，所研究的内容和认识也大不相同了。抗日战争作为一个历史时段，它对中国各方面的影响都成了学者的研究对象，而且开辟了一些新的研究方向，如前所述关于战争遗留等问题，就是20世纪90年代以后开始成为研究热门课题的。

抗日战争史研究的这些新变化，有助于研究的深入发展。但是，要想取得抗日战争史研究更大更多的成就，全面提升抗日战争史研究的科学性，仅仅满足于此种变化是不够的，个人以为，尚需在以下三个方面做出新的努力。

一是要坚持和正确运用马克思主义唯物主义历史观，坚决排除先入为主的唯心主义怪想。像以往那样片面夸大共产党及八路军、新四军在抗日战争中的地位和作用，抹杀蒋介石及国民党军队的地位和作用，不分青红皂白地将"汉奸"问题无限扩大化，以为但凡留在沦陷区的知识分子都是"汉奸"，沦陷区的文学、艺术都是为日本侵华服务的，通通贴上"汉奸"文学、艺术的标签，等等，必然有违历史事实，为真正的历史科学所不取。但是，近今出现的一味贬损、抹杀共产党及八路军、新四军在抗日战争中的地位和作用，夸大蒋介石及国民党军队的地位和作用，甚至把蒋介石的"剿共"也看作是为抗日而做的准备，千方百计为出卖国家、民族利益的汉奸辩解，甚至完全否定汉奸的存在，连汪精卫也认为不应"被视为汉奸"的倾向，应该说也不是实事求是的科学态度，同样是一种违背历史实际的片面性，与以往的片面性毫无差别，必须坚决抛弃。而要做到这一点，唯有坚持和正确运用马克思主义唯物主义历史观才有可能。

二是要正确处理实证研究与理论研究的关系。历史研究的任务是什么？首要的任务当然是准确地把握历史事实，其次就是在了解真实历史事实的前提下发现历史的基本规律。实证性研究是为了弄清基本的史实，而理论研究是为了寻找历史的基本规律，表面似有先后之别，实际是一个不能分割的完整的研究过程。视角的扩大，史料的发掘，方法的更新，为准确把握历史事实创造了条件。若干年来，实证性研究大为加强，有关史实辨证的成果相对丰富，无疑是一个十分可喜的现象。但是，如果我们的研究仅仅停滞在此，而不去研究历史发展的基本规律，那就只走了历史研究进程的一半，也忽略了历史研究的根本意义。个人不太赞成"一切历史都是史料学"的说法，而比较倾向于"一切历史都是思想史"的观点，就是从这一根本任务出发的。以往那种"以论代史"的所谓研究固然不可取，今日抗日战争史研究中一定程度存在的重史而略论的倾向同样也是不可取的。因为它与不少学者评说的日本史学界的"碎化历史"和"历史无构造"倾向，有着异曲同工之处。

三是要正确处理历史研究与现实政治的关系。历史研究有为现实政治服务的一面，这是毫无疑问的，古今中外，莫不如此。所谓"一切历史都是当代史"，就是这个意思。1949—2009年抗日战争史研究的演变历程，其实也反映了这一点。但是，历史经验同时也告诉我们，历史研究还有学术性的一面。历史研究虽与现实政治密不可分，却有一个限度问题，超过了这个限度，就违反了科学性。所谓科学性，就是要尊重历史实际，既不能曲解、改铸历史，也不能对历史事实熟视无睹，更不能故意隐瞒历史真相。如果出现这种现象，不仅会阻碍学术研究的深入，间接地也会削弱它为现实政治服务的功能。比如，两个战场作用与关系的研究，中国抗日战争与世界反法西斯战争关系的研究，中国战争损失的研究，战争遗留问题的研究，其本身就存在很大的政治性，这种研究如果超出了历史研究特性所能允许的限度，就往往会陷入难以自圆其说的困境。这是需要引起人们特别注意的，否则，历史研究反而不能实现为现实政治服务的功能。

# 第二十二章

# 人 物 研 究

历史是由人创造的,历史研究从来就是以人物研究为重心为主题的。在新中国诞生后,中国近代史研究发生了天翻地覆的变化,许多重要历史人物的评价发生颠覆性的改变:或走下神坛,步入凡间;或祛除"妖魔化",恢复其本来面目;过去"革命话语"中的反面,乃至反动的人物,纷纷被重新评价,有的甚至被重新塑造成近代中国的圣人、完人,比如曾国藩。这些变化有其合理性,也有某些非理性因素。

全面评述1949—2009年近代历史人物研究的成就与问题,当然不是本章有限的篇幅所能完成的,而只是囿于个人阅读,在尽可能兼顾各方面基本状态的同时,有所选择地略加评述,挂一漏万,势所难免。

如同整个近代史学科一样,近代中国历史人物的研究总是随着中国政治生活的变动而改变着自己的形态和评估体系。大体说来,以1979年为标志分为前后各30年两大阶段[①],前一个阶段"以阶级斗争为纲"的主张对近代人物的研究有着深刻影响,而后一个阶段,先是"去阶级斗争化",继则多元化、多样化,"去政治化",许多近代政治人物的研究越来越倾向于个性人格,甚至根本不再提及阶级分析和阶级立场。

两个大的历史阶段当然还可以细分。比如第一阶段至少可以分为中华人民共和国成立后17年和"文化大革命"10年;第二个阶段也至少可以分为两个时期,一是1979—1989年,1989年春夏之交的政治风波是改革

---

① 1978年底,中共十一届三中全会召开,标志着新时期的开始,学术界所受到的影响略微滞后。

开放30年历史中一个重要转折,此后20年与先前10年虽然没有本质区别,但苏联东欧政治剧变的深刻影响,市场经济的剧烈冲击,在在影响着学术界的走向,影响着对近代百年人物研究的进程。

## 第一节　价值体系的重建与实践

1949年10月中华人民共和国成立以后,近代中国历史人物研究与历史学的其他领域一样,确立了马克思主义的历史唯物主义和辩证唯物主义的支配地位,建立了新的价值评估体系。在此价值体系下,旧史学盛行的以帝王将相为主体的英雄史观遭到否定和摒弃,近代中国历史人物研究的面貌发生了前所未有的变化。

按照历史唯物主义观点,代表社会历史前进方向的是人民群众,因此人民群众在近代中国历史上的活动和作用开始受到研究者的重视。如鸦片战争时期三元里以及东南沿海人民群众的抗英斗争、太平天国时期各族人民的反清斗争、辛亥革命时期各地所发生的"民变"、"五四"时期的青年学生运动、第一次国共合作时期的工农运动、抗日战争时期各族人民的抗日斗争、解放战争时期人民群众的支前运动等,都成为那时一些新派学者津津乐道的研究对象,一部近代史已不再是单纯的统治阶级帝王将相、英雄豪杰的奋斗史、争权史,而是人民群众反对帝国主义、封建主义和官僚买办资本主义三座大山的历史。

人民群众成了历史的主角,历朝历代被视为叛逆、流寇、盗贼等的那些人被1949年之后的新史学奉为历史发展的动力和主力,正统史学家强加给他们的那些诬蔑不实之词被彻底清除,马克思主义新史学认为这些所谓的叛逆、流寇、匪首、盗贼等,其实就是农民起义的领袖,就是资产阶级反清革命家、思想家、社会改革家,他们的历史地位不容否定,他们的历史贡献值得仔细研究和表彰,他们反抗外国侵略和封建压迫的光辉业绩得到了应有的肯定,他们为挽救民族危亡和推动社会进步与发展的献身精神得到了应有的尊重和赞扬,从这个意义上说,马克思主义新史学的确是将被正统史学家颠倒的历史重新颠倒过来了。

然而，由于人们刚刚开始学习和运用马克思主义唯物史观，形而上学和形式主义的东西在所难免。许多研究者虽然真诚希望运用马克思主义的观点分析问题和研究问题，但在研究实践中似乎依然重复着中国共产党在民主革命时期所进行的工作，所要论证的依然是"革命无罪，造反有理"，不知道中国共产党已经从一个革命者转变为执政者，不知道怎样研究历朝历代统治方略、统治思想，对于近代中国统治阶级中的历史人物，依然延续"革命话语"叙事模式，继续持一种基本否定的态度，没有及时将革命时期的历史研究转变到建设时期的历史研究上来。

马克思主义新史学在1949年之后没有发生转变的原因很复杂，并不单单是学术本身的规律，政治领导人的爱好、思想倾向也决定了这个转变的艰难甚至不可能，而研究者本身特别是马克思主义新史学的领导人基本上还是从延安从重庆来的那一代，他们与政治领导人的思想有一个互动，领导人的思想倾向影响着他们的史学研究，而他们的史学研究实际上也影响着政治领导人的判断。1949年之后近代中国历史特别是近代中国人物研究中的"左"倾思潮并不都是政治领导人的出题，其实很多内容是研究者特别是史学研究领导者组织者自发进行的，只是预设的结论与政治领导人的判断相同而已。于是，近代中国人物研究的重点不是那些统治者，更不是那些稳重偏右的统治阶层中的人物，而是那些政治异端、思想异端，是那些从来不被正统史家看上的造反者。这从当时一些主要成果的研究范围和重点中可以比较明显地看到：1949—1965年的近代人物研究的重点主要在于那些"正面"的历史人物，如鸦片战争前后的龚自珍、林则徐和魏源，太平天国运动中的洪秀全、洪仁玕，戊戌维新运动中的康有为、梁启超、谭嗣同等维新派，辛亥革命中的孙中山、黄兴等革命派，五四新文化运动中的早期马克思主义者，以及中国共产党的领袖人物等，而对于历史上的那些"反面"、反动人物，如清王朝统治集团中的道光帝、慈禧太后、光绪帝以及琦善、曾国藩、李鸿章、袁世凯与北洋军阀统治集团、蒋介石，以及那些国民党统治集团中的历史人物，除了一些批判性的宣传性作品外，相对来说缺少具有学术理性的研究成果。据不完全统计，1949—1965年撰写的林则徐以及与林则徐相关的传记性著作有12种，而同时期关于曾国藩的只有1种，还是范文澜在1949年之前写作，1951年修订重印的《汉奸刽子手曾国藩的一生》。① 由此可以概见此时期近代史学界的学术兴趣,可以知道近代人物研究的一般趋势与倾向。

1949年之后的史学界对历代农民起义有着特别浓厚的兴趣,太平天国和义和团运动的主要人物尤其是太平天国的领导者洪秀全等更是近代中国史学界竭力歌颂的对象。相对于太平天国、辛亥革命的历史人物来说,洋务运动的历史人物研究在那时比较寂寞,因为马克思主义史学界长期以来对洋务运动持基本否定的态度,以为洋务运动只是挽救了清王朝,并没有将中国带上一条新路。基于这样一种价值判断,洋务运动中涌现出来的实业家和思想家在那时很少有人专门从事研究,据不完全统计,1949—1965年发表的关于马建忠的论文3篇,王韬的4篇,冯桂芬的14篇,陈炽的1篇,郑观应的9篇,而同时期关于太平天国领袖石达开的论文就有25篇,秋瑾的43篇,至于领袖级的洪秀全、孙中山,以及引起当代政治领袖兴致的李秀成等人的研究论文均有数百篇。② 由此可见当时近代中国史学界的研究重点之所在。

至于那些反面、反派,特别是反动的历史人物,那时不仅参与研究的学者少,而且结论在研究之前,大致只是延续1949年之后的"革命话语",往往以点代面,以偏概全,概念化、片面性极强。像曾国藩研究,仍以范文澜的成果最为著名,影响最大,但他无视曾国藩在近代中国政治风云变幻中的种种作为、贡献,仅仅以曾国藩镇压太平天国一事就将其界定为罪不容赦的刽子手,是遗臭万年的千古罪人。范文澜在延安时代的这个研究显然具有强烈的时代意义,具有借古讽今,影射蒋介石集团对内独裁专制、对外投降卖国的意思。所以说这部著作与其说是学术论著,不如说是一篇政治宣言。所以从学术立场观察,范文澜这篇文章的某些结论是经不起检验和推敲的。比如范文澜反复强调曾国藩服务于清廷,断定他是"出卖民族的汉奸",这种观点已远远超出时代要求的范围,具有苛求古人的倾向。范文澜说:"那拉氏、肃顺二人是当时满洲皇族里最有'政治头

---

① 据复旦大学历史系资料室《中国近代史论著目录(1949—1979)》一书的统计,上海人民出版社1980年版。

② 据徐立亭、熊炜《中国近代史论文资料索引(1949—1979)》一书的统计,中华书局1983年版。

脑'的，他们知道为了挽救满清的统治不能依靠满人而要依靠汉奸。"① 这个基本前提如果可以成立，包括左宗棠、张之洞、陈宝箴、黄遵宪等在内的汉族大臣都成了汉奸，晚清史就变成一部满汉斗争史。这显然不是历史唯物主义，是以后来的理念去苛求古人。或许正是因为这样的所谓研究道理太少，太过武断，所以到1979年之后的反弹也就最剧烈，简直是一个上天，一个入地，所谓天壤之别，用在曾国藩等历史人物评价变迁上可能最合适。

1949—1966年的近代历史人物研究的实际成果虽说不算太多，但关于历史人物研究的理论探讨却有很大的进展。广大史学工作者甚至包括那些久已成名的史学家都开始尝试运用马克思主义唯物史观来研究历史、评价人物。比较一致的看法是，马克思主义唯物史观是评价历史人物的总原则，但是否还需要一些具体的共同标准？否则就仁者见仁，智者见智了。有学者认为，评价历史人物不必先设定一些固定限制，或者一定要拟定出一个万世不变的公式性标准。任何时代具体的社会生活都是异常复杂的，想以一个固定公式加以概括，是马克思主义唯物辩证法所不能允许的，事实上也是根本不可能的。这种观点虽然遵从马克思主义原则，但显然不期望将马克思主义唯物史观作为教条来运用。

也有学者认为，评价历史人物应该有统一的、固定的共同标准，而不能随政治需要而随意变换标准。表扬或批评某个历史人物，或某些历史人物的某些方面，这和当前政治任务是相关的，但是各个历史人物所应得的评价绝不会随着政治任务的变化而变化。那种认为对历史人物的评价没有什么客观标准，说好说坏只是由于某种政治需要的看法，在这些马克思主义史学家看来，显然是错误的。②

与当时政治生活中一切以阶级分析作为万能工具相对应，学术界在讨论怎样评价历史人物时，自然要受这种观点的影响。比较通行的观点认为，在阶级社会中，任何个人都是一定阶级关系和阶级利益的代表者，任何个人的活动，都受到他们所属的那个阶级和社会阶级斗争形势的制约与

---

① 《范文澜历史论文选集》，中国社会科学出版社1979年版，第167页。
② 参见《有关历史人物的评价问题》，《历史研究》1964年第3期。

规定。因此研究和评价历史人物，应该而且必须对他们进行阶级分析。

有的学者认为，判断历史人物的阶级属性，出身、家庭无疑是应该着重考察的一个方面，但不是主要的或者说决定一切的方面。阶级分析不是唯成分论，不能以阶级成分作为评价历史人物的唯一标准，否则，便极容易否定中国历史上一切卓越的历史人物，造成民族虚无主义，不利于社会进步与发展。因为在中国传统社会，几乎只有统治阶级的子弟才有接受教育的机会，中国历史上对社会进步有过积极贡献的政治家、军事家、文学家等差不多都属于剥削阶级。[1]

就理论而言，人们都承认历史人物有其时代和阶级局限，但在研究中究竟如何看待和分析这些局限性，则又是一个有争议的问题。有学者指出，只有把历史人物的活动放到全部历史发展的进程中进行考察，不仅跟前代比，也要跟后代比，才能作出比较全面公正的评价。判断历史人物的历史功绩，一般是指历史人物提供了前辈所没有提供的东西；而分析其局限性，则一般是指历史人物没有做到他们的后辈所能够做到的事情。指出某些历史人物的活动比他们的前辈提供了新东西，实际上已经站在较高的境界来评价那些前辈的活动的不足和局限。因此评价这些历史人物的局限和不足，又必须和他们的后辈所提供的新东西进行比较，否则便很难看明白他们的贡献和不足。

在怎样处理历史人物的政治活动与他们个人的道德品质、政治操守以及私生活之间的关系问题上，有学者认为，评价历史人物应从政治措施、政治作用出发，而不应该从私生活方面出发，也就是应以政治作为衡量历史人物的价值尺度。个人生活、作风等问题虽然对评价这些历史人物可以产生一定的影响，但这种影响毕竟是次要的、个别的，不是评价他们历史功绩的唯一标准。还有学者认为，评价历史人物当然应该以他们的政治实践为价值尺度，但这并不排斥对这些历史人物个人品质和个性的研究与估计。历史人物个人品质和个性是从属性的东西，必须结合历史人物的社会地位、阶级性来进行考察。当然也应该注意回避中国传统道德观对评价历

---

[1] 参见吴晗《论历史人物评价》，《人民日报》1962年3月23日。

史人物的消极影响，比如忠君思想、儒家伦理等。①

"文化大革命"前的近代历史人物研究虽然不尽如人意，但无论是理论探讨还是实际评价，都仍有一定学术意味和学术价值。只是到了"文化大革命"的十年间，历史学突然成为显学，成为政治的帮衬，终于完全走上了以现实政治为中心，与学术全然无关的歧途。

## 第二节　从拨乱反正到初步繁荣

1976年是中国政治历史转折年，毛泽东等领导人相继去世，持续十年之久的所谓"文化大革命"终于结束，近代历史人物研究与当时所有的事情一样，开始步入正轨。学术界开始尝试着突破传统意识形态的束缚，尤其是极"左"思潮的影响，纠正形而上学和教条化、简单化的偏向，力求用完整、准确的马克思主义历史观研究历史人物。学术空气日趋活跃，研究工作不断有新的进展，比较有学术价值的成果也开始增多。

历史人物评价的理论问题，是历史人物研究的指南。因此，史学界在批判"四人帮"影射史学的同时，迅即在历史人物研究的理论问题上展开争鸣。

鉴于先前的教训，史学界对"以阶级斗争为纲"的思想观念进行了反思，比较一致的看法是，对历史人物进行阶级属性的分析是完全必要的，但以往运用阶级分析方法时往往存在着形而上学的倾向，更多的是用贴阶级标签的简单办法代替具体而深入的阶级分析。其具体表现可以归纳为：一是把历史人物的阶级性与历史性对立起来，实际上形成了"以瑜掩瑕"或"以瑕掩瑜"的现象，从而把历史人物的评价推向两个极端；二是把阶级分析简单化，其主要的表现就是过去的研究只是关注正面人物、进步人物、革命人物，或者是对反面人物、反派人物、反动人物进行批判，而缺少对中间阶级、阶层的分析和研究。对一个社会来说，居于社会中间状态的才是最大多数，才是社会的主体。

---

① 参见吴泽、谢天佑《关于历史人物评价的若干理论问题》，《学术月刊》1960年第1期。

随着政治体制上的松动，随着对外开放、对内改革进程的加快，与思想界隔绝数十年的西方思想文化在20世纪80年代几乎像潮水般涌向中国，西方的史学方法与史学思想也开始影响中国史学界。在西方史学思想影响下，有的研究者主张在研究历史人物时，不仅要注意分析他们成长的时代和各种政治条件，研究他们在政治、经济、文化各个领域中所做的大事，而且还应当注意运用在西方史学中已经证明是有意义的一些现代科学方法，诸如弗洛伊德的精神分析方法、现代遗传学的方法和理念、现代人才学、历史心理学的理论等，主张用多学科或跨学科的研究去探讨历史人物的不同特点，如个人性格、素质、威信、心理等。在西方史学观念看来，历史事变中领导人物的个人性格往往会起决定性作用，个人能够在一定程度上加速或延缓历史进程，局部改变历史发展的面目。①

在过去的研究中，历史人物的个人性格几乎不被重视，人们习惯通过阶级的分析去判断历史人物活动价值与意义。在80年代思想解放的影响下，有研究者开始意识到个人性格才是构成历史复杂性的关键，因此应当具体剖析历史人物个人生活，探讨其个人生活所形成的性格特点以及对历史进程的潜在影响。历史人物的思想、观点可以对历史进程发生重大作用；他们的知识水平和政治能力是阶级力量对比的一个因素；他们的威望在历史进程中也会起到某些微妙作用；甚至历史人物的年龄变化、心理特征，以及其他诸如疾病等因素也都可能成为在一定程度上改变历史面貌的因素之一。② 一个健康的政治家和一个病夫在治理国家上肯定会有所不同，一个注意私德的政治家肯定要比那些不注意私德的政客更稳重。因此评价历史人物，不仅要看其阶级性，更重要的还要看个人素质。一个人的个人素质，是由许多条件构成的，如经济条件、政治条件、家庭教养、传统道德观念和知识文化素质等，而并不仅仅是其政治出身，同样阶级出身的人可以有不同的政治选择，历史的复杂性、丰富性就是因为历史人物性格各异，做派不同。③

---

① 参见史苏苑《关于历史人物评价五题》，《史学月刊》1982年第5期。
② 参见余志森《研究历史人物不可忽视个人特点》，《文汇报》1984年10月15日。
③ 参见简修炜《关于历史人物评价的几个理论问题》，《史学月刊》1987年第3期。

相对于人类历史长河,个体生命不过百年,但是对于一个重要的历史人物来说,这漫长而又短暂的百年,可能在很多情况下并不是一成不变的,所以历史人物的研究应当重视其不同阶段,要注意区分其思想的早中晚,注意其成长过程的"不同阶段",而不是笼统地谈论历史人物有几分好、几分坏,要根据历史人物一生大节,根据其活动的不同性质,结合历史大势及具体时间、地点、条件等,逐段评论历史人物的功过是非。有的人物早期激进而晚年没落或保守,有的人物或许正相反。[①]

确实,从历史研究的实践来说,任何一个历史人物,不管他多么伟大,其思想都不可能是一成不变的,都应该有一个发展变化的过程。研究历史人物,就应当把历史人物思想发展的过程,分析得比较细致一些,得出的结论才能符合或接近历史的实际。[②]

在"文化大革命"期间乃至"文化大革命"之前的17年,甚至再早些的延安时代,马克思主义史学家在谈到历史发展动力问题时,基本上都是在复述斯大林的说法,以为只有人民群众才是历史的创造者。到了20世纪80年代初期,黎澍对这种传统观点提出质疑,他认为,斯大林的这种观点现在看来可能是对马克思主义的曲解,因为马克思、恩格斯、列宁等经典作家提的是"人们自己创造自己的历史",显然认为所有的人都在创造自己的历史,并且每次都强调不能随心所欲地创造"一切历史"。在黎澍看来,论证人民群众是历史创造者的理由,无非是说"人民群众是物质财富的生产者",另一个理由是"人民群众是精神财富的创造者",根据是,人民群众的社会实践是一切科学文化艺术的源泉。黎澍认为,前一说不确切,后一说依然根据不足,逻辑也成问题。这样的论证实际是把源泉看作创造,代替精神财富的创造,从而否定了一切高级的科学文化艺术作品的真正创造者——科学家、思想家、文艺家等的贡献。

在黎澍看来,如果一般地说"人民群众是历史的主人",似乎所有历史都是人民群众当主角,显然与事实不符。研究政治史、军事史、教育史、艺术史、宗教史等,是不能离开帝王将相和剥削阶级上层人物的活动

---

① 参见降大任《评价历史人物宜用"阶段论"》,《光明日报》1983年6月29日。
② 参见彭明《如何评价历史人物》,《历史教学》1980年第6期。

的。他们或高明或愚蠢的决策，或正义或非正义的行动，或推动或阻碍历史进步等，在不同领域起着各自不同的作用。所以不能说所有历史全是劳动人民创造的，人民群众是历史的主人。事实上，在历史上劳动群众是作为被剥削阶级和被压迫者而活动的，他们总是被排斥在政治生活之外，只有大规模反抗残暴统治的政治斗争高涨时，劳动群众才短暂地成为政治舞台上的主角，一旦事件平息，社会归于平静，劳动群众又成为沉默的大多数。这种看法显然较过去抽象肯定人民群众是历史的主人更加细致化，对统治者被统治者历史作用的评价更加公允公正。

由于逐步克服了以阶级斗争作为研究历史人物唯一主线的缺陷，20世纪80年代开始的近代历史人物研究在许多方面取得了明显进步。如关于太平天国领导人的研究，人们已不再用僵化的理论一味颂扬，而是对这些历史人物进行历史的、全面的考察，具体问题具体分析，在肯定太平天国革命性的同时，也看到其历史的阶级的局限。对于1856年发生的"天京事变"，人们不再把它归于阶级斗争在革命队伍内部的表现，是钻进农民起义队伍的阶级异己分子韦昌辉发动的反革命政变，或者是两条路线的斗争，而是从社会经济基础和农民阶级局限性方面加以分析，承认太平天国政权逐渐封建化和伴随着这种封建化而来的思想蜕化，导致太平天国领导集团的内讧，而这种内讧并不牵涉政治路线、战略方针，完全是领导集团内部争权夺利。对于石达开、李秀成，也不再简单地扣上叛徒的帽子了事，而是给予恰如其分的历史分析。

80年代的近代中国历史人物研究的一个主要特色是研究领域的扩大，许多过去不被人们注意和研究的历史人物，都开始有人进行专门的研究。如对鸦片战争前后历史人物的研究，过去几乎一直局限于林则徐、龚自珍、魏源等少数人，这时，研究者的视野已开始注意到姚莹、道光帝、琦善等人的活动。甲午战争、中法战争中的历史人物评价在这些年也开始有所变化，对刘步蟾、丁汝昌、刘永福、刘铭传等人开始出现颇有新意的研究。至80年代中期，曾国藩、左宗棠、李鸿章、康有为、梁启超、章太炎、胡适、罗家伦、傅斯年、顾颉刚，乃至林纾、辜鸿铭、梁漱溟、熊十力、周作人等都有专人从事研究，并逐步得出比较合乎历史实际的评价。

对于李鸿章，许多学者提出要在承认李确有"误国"之处的同时，充分肯定他在推动中国近代化方面的贡献,逐步将一个反派人物向正面人物转变。[①] 这显然与当时的对外开放、大规模开始经济建设的政治现实密切相关,至少是现实政治对研究者的潜在影响。同样的道理,对于洋务运动中其他历史人物,不仅研究成果日趋增加,而且研究者都能以一种所谓"理解的同情",在指出其阶级的历史的局限性之外,充分肯定和承认他们在中国现代化历程中的作用,这为后来兴起的"现代化史"研究以及"现代化史观"的建构提供了资料,奠定了基础。当时比较有影响的成果主要有夏东元的《盛宣怀传》《郑观应传》和汪敬虞的《唐廷枢研究》等。

对于胡适,研究者在新的历史条件下开始改变20世纪50年代对胡适的政治批判,在充分估计胡适思想局限性的同时,更注意到他在现代中国政治、思想、文化等各个领域中的深刻影响,先后出版的几部传记、论集基本上将胡适在现代中国的实际地位勾勒出来了。比较一致的观点是,胡适在开辟一个思想解放伟大时代中,在探寻中国古代文明的来龙去脉、弘扬中华民族优秀文化中,在普及和提高中国现代学术水平过程中,都做出了许多贡献,不愧为"前空千古,下开百世"的文化巨匠。

当然,这时的胡适研究还不可能真正重建一个完整的历史真实,不可能确认胡适在中国近代学术谱系中的地位。这是意识形态深刻影响的残留,许多研究者在承认、感叹胡适伟大一面的同时,依然不忘指出他作为典型的资产阶级知识分子,身上集中体现了中国资产阶级先天性弱点,即软弱性和妥协性。他在政治上坚持改良主义,在反帝反封建等根本政治问题上,总是采取温和态度。他一生我行我素,不赶时髦,甘当不识时务的落伍者。他这种自由主义思想和行为最遭物议,也最使人失望。胡适不分是非的和平主义思想,越到后来,越远离人民大众,终于从杜威走向蒋介石,最终被革命洪流所淹没。在这些研究者看来,这是胡适的悲剧,但是并不能由此认为胡适在政治思想方面一无是处。他提倡个性解放、妇女解放,主张思想自由、教育救国,反映了中国人民摆脱贫穷落后的强烈愿望,也体现了那一代中国知识分子难能可贵的世界眼光和社会责任感。

与胡适的情况相类似,早在20世纪20年代即已享有盛名的梁漱溟,

---

[①] 参见《李鸿章与中国近代化》,安徽人民出版社1989年版。

也在80年代受到研究者的追捧和重视。不仅他的那些观点独特的著作得以出版或重印，而且关于他的研究成果也在那时相继问世。研究者比较研究了梁漱溟与毛泽东对于中国农民问题的看法，重新估价梁漱溟所致力的乡村建设运动。比较一致的看法是，梁漱溟与毛泽东是两个观点迥异的人，但他们又有一个共同点，即敏锐洞察到了中国的根本问题是农民问题，只有解放和改造农民才能解放和改造旧中国。至于在如何解放和改造农民这一问题上，这两位同龄人却分道扬镳了。毛泽东主张用革命的、暴力的、剥夺的、阶级对抗的方式；而梁漱溟则以"中国的圣雄甘地"自我期许，主张用和平的、建设的、改良的、教育的方式去拯救农村，建设农村。研究者无法摆脱时代局限，许多人依然认同主流意识形态对梁漱溟的判断，认为其主导的乡村建设运动从根本上说不过是一种文化改造、改良运动，因此它在阶级对抗的旧中国必然失败，中国农村的未来，中国农民的未来，可能还有其他路径。

对于戊戌维新运动中的历史人物，学者们普遍认为，康有为、梁启超、谭嗣同、严复等人虽然没有提出推翻清政府的政治主张，但他们反对卖国投降，要求实行君主立宪，发展资本主义，实际上就是要革腐朽的卖国的封建专制政府的命。他们倡导和发动的戊戌维新运动是近代中国的资产阶级在尚未完全成熟之前所参与的一次大规模的改良运动，是近代中国不成熟的资产阶级夺取政权的初步尝试。维新与守旧的斗争实质上是中国新兴资产阶级与封建顽固势力之间的阶级斗争，维新的目标就是要把半殖民地半封建的中国变为独立的、民主的、资本主义的中国，维新运动点燃了爱国、民主的火炬，召唤着一代志士仁人为救国救民的真理而献身，是辛亥革命的一次预演，具有明显的反封建主义性质，是近代中国一次规模巨大的思想启蒙和思想解放运动。它不仅使整个社会风气为之一变，而且为此后的资产阶级新文化的发生发展提供了思想理论依据。20世纪中国的真正起点正是1898年的戊戌维新运动。① 对于严复，这时的研究者开始注意其思想前中后三期的不同。对于过去一味指责严复晚年思想复古倒退，也有学者从中国传统文化再估计的立场辨析其思想价值。

---

① 参见《广东史学界部分同志座谈戊戌维新与康梁的研究》，《学术研究》1982年第3期。

至于辛亥革命中的历史人物，除了孙中山的研究继续取得进步外，其他做出过重大贡献的人物也开始受到学术界的重视。学者们普遍认为，宋教仁为推翻清朝的黑暗统治和建立资产阶级民主共和国奋斗了一生，然而长期以来却受到不公正的评价。事实上，当1912年孙中山、黄兴先后交出政权、军权，从事实业救国，袁世凯接任中华民国大总统之后，民初政治实际上逐步走上政党政治、议会政治的道路。此时，宋教仁积极改组同盟会，组建国民党，希望通过竞选、通过选举成为议会中第一大党，并由第一大党组建责任内阁，以此约束大总统的权力，防止个人独裁，从而有效地控制住辛亥革命所建立的资产阶级政权。宋教仁的政治活动在民国初年无疑是有意义的，是合乎历史潮流的，过去一味指责他是"议会迷"，显然不太合乎民国初年中国政治实际。至于宋教仁在改组后的国民党政纲中放弃民生主义，以及拉拢一批官僚政客入党等问题，有学者认为这是放弃革命原则的妥协表现，较之同盟会来说是一种倒退。

对于中国共产党的著名历史人物，如李大钊、邓中夏、方志敏、周恩来、朱德、邓小平、董必武等，80年代的研究成果也比较多，出版了不少年谱、专著、传记，澄清了一些原先较为模糊的历史问题。尤其是由中共中央文献研究室主持编写的毛泽东、周恩来、刘少奇、朱德等人的年谱、传记，利用大量一般研究者难有机会阅读使用的档案资料，既丰富了中共党史研究的内容，也为历史人物研究开辟了新的资料来源。

80年代，史学界对许多先前蒙受冤屈的中国共产党著名历史人物甚至是领袖人物做了大量研究工作，像陈独秀、瞿秋白、刘少奇、张闻天、王稼祥、李立三、项英、叶挺、彭德怀等，经过史学工作者的努力，恢复了名誉，恢复了历史真相，为重构中共党史叙事模式提供了基础，准备了条件。

关于陈独秀，在过去几十年里几乎是研究禁区，即便与政治毫无瓜葛的新文化运动，他在其中的贡献也被严重低估。甚至到了80年代后期，建立新文化运动纪念馆时，在与此相对应的纪念浮雕上，突出了许多新文化运动中的学生辈人物，却无视历史事实，没有展现陈独秀的形象。由此可以概见陈独秀研究的艰难。

陈独秀研究的困难，主要还在对其后期的政治活动及思想的评估。而这些思想与活动在 80 年代还不太容易被人们所接受。许多档案无法看到，而苏联和共产国际的相关文件也无法使用。尽管如此，学术界一些有心人依然潜心于陈独秀的研究，尽可能本着历史唯物主义的原则，为他恢复历史本来面目。比如大革命失败问题，新的研究改变了过去把一切责任归于陈独秀的观点，指出他的错误可能更多地来自共产国际和苏联，他只是这种错误路线的执行者，甚至在很多时候，他本人也非常反对共产国际的一些指示。

在陈独秀托派问题上，有学者认为，应该把陈独秀转向托派之后与中共党内的分歧视为革命阵营内部在如何推翻国民党政治统治上的意见分歧，而不应该定为反革命性质，因为陈独秀始终没有放弃反帝反国民党独裁统治的立场，他还多次拒绝国民党的反共拉拢，保持了革命者的气节。

对于陈独秀晚年的民主思想，许多学者给予很高评价，认为他之所以在晚年抛弃斯大林主义的无产阶级专政模式，是因为他已理智地认识到这种模式严重损害了人民的根本利益。陈独秀在"五四"时期提出的"民主"与"科学"两大口号，更是受到学者们的高度推崇。[1]

在中国共产党早期领袖中，蒙受屈辱的不独陈独秀，接替陈的瞿秋白其实也在很长时间蒙受不白之冤。随着思想解放运动的深入，学术界对瞿秋白的思想与政治活动进行重新研究，得出了与先前完全不同的结论。丁守和的《瞿秋白思想研究》（四川人民出版社 1985 年版）一书从各个方面系统研究了瞿秋白的贡献，指出瞿秋白最早论述中国革命必须分为两步走；最先宣传马克思主义的科学宇宙观和方法论，并强调它的实践性；最早提出马克思主义和中国革命实践相结合；最早提出无产阶级在民主革命中的领导权问题；最早重视农民问题；最早重视武装斗争和创造革命军队；最早提出发动游击战争，建立革命根据地；最早支持毛泽东发动农民运动。如果说丁守和的研究重点在于剖析瞿秋白的思想贡献，而陈铁健的《瞿秋白传》（上海人民出版社 1986 年版）则更多地从辩诬层面揭示瞿秋白文人从政的内在苦闷与心曲，尤其是对《多余的话》的分析，不仅在学术上为这篇有争议的文献寻找到一个合理的解释，而且为中央专案组重评

---

[1] 参见唐宝林《近十年对陈独秀的评价》，《群言》1989 年第 9 期。

瞿秋白提供了学术基础。

近代中国是世界的一部分,在近代中国所发生的重大事件,差不多都能找到国际背景,因此对于近代以来那些来华的外国人,在改革开放之前的中国近代史学界,除了个别历史人物外,几乎都予以否定。改革开放后,人们的观念发生了很大变化,对近代来华的外国人也能够比较心平气和地重新评估他们对中国近代历史的贡献,对于他们的历史地位给予恰如其分的估计。像李提摩太、古德诺、端纳、马歇尔、史迪威、赫尔利、司徒雷登等,都有不少论文或专著论述他们的生平与活动。

共产国际是影响近代中国历史发展的一个重要因素,不仅中国共产党的历史与共产国际有关,即便是国民党的发展也与共产国际有着极为密切的联系。80年代以来,鲍罗廷、维经斯基、马林等人在中国的活动都曾引起人们的兴趣,有专人进行研究。

中国革命得到国际社会的大力支持,许多有正义感的外国人都成为中国人民的好朋友,像史沫特莱、斯诺、斯特朗、路易·艾黎等,都曾在中国革命重要关头发挥过积极作用,所以他们的业绩一直受到中国学术界的重视,改革开放之后更建立一些专门机构搜集整理他们的文献,以便对他们进行更加深入的研究。

此外,对于曾是中国共产党重要领导人的王明、张国焘、林彪、陈伯达等人的研究也在80年代取得许多重要成果,从根本上改变了过去那种说好一切都好、说坏一切都坏的形而上学倾向,比较实事求是地评价了他们在中国革命史上的贡献。

比如王明,由于以往过分强调党内两条路线的斗争,王明给人的印象似乎只是错误路线的代表,似乎终其一生也没有给党和人民做过一件好事。80年代中共党史研究的重大成果之一,可以说是在对王明研究上有了新的进展或者说突破。有学者根据充分的史料认为王明在抗战时期确有右倾错误,但也做过许多有益工作,起草了一系列重要宣言和指示,对中国共产党从"反蒋抗日"到"联蒋抗日"政策的转变以及抗日民族统一战线的形成,起了一定的促进作用。对于王明在武汉时期及长江局的工作,有学者认为也应该根据实事求是的原则进行研究,肯定他对南方党和新四军的工作提出过有益的建议。至于王明在抗日民族统一战线中的右倾错误,许多学者认为只是认识问题，并不一定要上升到"右倾投降主义路线"，因为王明始终主张积极抗日，对党的感情也是深厚而无须怀疑的。①

对于林彪，许多研究者都认为应该用历史唯物主义的观点给以实事求是的评价，不能用"倒算账"的办法将其历史一笔抹杀，要坚持两点论，一是肯定他在"文化大革命"中犯有不可饶恕的罪行，二是不能因为第一点而随意贬斥他以前所做过的事情。应该充分承认林彪是中国共产党历史上一员战将，为中国革命胜利确实做过许多贡献。

至于国民党方面的一些领袖人物，在80年代也开始受到学术界的重视。首先是蒋介石家族的人物传记的出版呈现活跃之势。这些著作对蒋介石一生的历史做了较为全面、完整的叙述，并把这个复杂的历史人物置于近代中国诸多国内外矛盾冲突的大背景下，历史地客观地考察其言行，评价也相对来说比较公允。

关于国民党人与社会主义在中国的传播，这本是一个很有学术价值的题目，但是多年来并没有引起学术界重视。事实上，当社会主义理论在中国得到广泛传播时，中国国民党人是这一时期宣传社会主义的一支重要方面军，他们为中国人民全面深入了解这个学说提供了不少有价值的材料。国民党领袖人物或骨干成员如胡汉民、戴季陶、李烈钧、龙云、陈英士、林云陔、朱执信、商震、宋哲元、张治中等，都是当时中国思想界谈论马克思主义十分活跃的人物。他们主编的《建设》《星期评论》《觉悟》等都是当时宣传社会主义和马克思主义的重要阵地。但是过去出版的一些研究中国社会主义、马克思主义传播史的论著碍于意识形态，对于国民党人在这方面的贡献或一笔带过，或极力贬低，或干脆避而不谈。改革开放后，学术界有多篇论著专门探讨这个问题，不仅使国民党人对社会主义在中国的传播所作的贡献得到恰当说明，而且使社会主义、马克思主义在中国传播的路线、环节及重要关节更加明晰。

对于历史上曾经对中国共产党比较友好或对中华民族做出过重大贡献的国民党左派、民主党派及无党派人士、实业界领袖等，改革开放之后的

---

① 参见黄烨、舒励《中国现代史学术讨论会综述》，《内蒙古师大学报》1988年第4期；瞿超《抗日战争时期共产国际与中国革命关系讨论观点综述》，《社科信息》（江苏）1988年第9期。

研究也比较充分。像于右任、廖仲恺、何香凝、宋庆龄、李宗仁、邓演达、蔡元培、陈友仁、彭泽民、张学良、杨虎城、黄炎培、晏阳初、阎宝航等，或为他们编辑出版文集，或为他们出版传记年谱等。

即便是那些对中国共产党不太友好的国民党人，如宋美龄、孔祥熙、何应钦、宋子文、胡宗南、陈布雷等，甚至一些帮会中人物如黄金荣、杜月笙、张啸林等，在新时期的历史研究中也都得到足够的重视。有不少论文或传记论述他们的活动情形及应有地位，尽量祛除"妖魔化"，恰如其分地恢复他们在历史上的本来面目。

在思想文化史方面，改革开放以后的研究，已远远突破先前只研究一些主要的正面历史人物，而将许多次要或反面的历史人物弃而不理的倾向，人们的视野越来越开阔，关注的历史人物也越来越多。尤其是过去没有或很少研究的历史人物，或者带有灰色、黑色的历史人物如曾国藩、郭嵩焘、王国维、刘师培、黄侃等，都开始为研究者所重视。对于历史上因反对过鲁迅或其他进步人士而一度被误解或遭受委屈的文化历史人物，新时期中国史学界也做过不少实事求是的研究工作，像林语堂因曾与鲁迅论战过，多年来得不到公正评价，80年代开始有文章表彰林语堂不仅是一个"热烈的爱国者"，而且在文学发展史上占有相当重要的地位。

至于曾经与陈独秀等《新青年》派进行过激烈论争的杜亚泉，在过去几十年更是被一概否定，几乎非专业的近代史工作者已经没有多少人知道杜的情况。80年代开始有学者郑重介绍杜亚泉在传播西方自然科学方面的成就，比较公平地分析他在五四新文化运动中的地位和作用，以为杜之所以在文化问题上沦为落伍者，主要的原因在于他在传播西方科学知识时，只讲科学知识，没有讲科学方法、科学精神、科学态度，不理解或者说不知道西方科学的宇宙观、社会观、人生观，科学的思想方式、工作方式和生活方式，所以造成他与陈独秀等《新青年》派的分野。至于杜亚泉对中国传统文化的推崇，更有学者以为非常值得重视和检讨，暗示杜亚泉的这一思想看到五四新文化运动中全盘反传统的理论漏洞，是对现代中国激进主义的修正。

历史人物传记的写作，向来为学者所重视。改革开放后在综合性传记写作方面获得重大突破，学术界利用集体力量，编辑出版了一批有价值的综合传记，如《清代人物传稿》《民国人物传》《民国高级将领列传》《黄埔军校名人传略》《中共党史人物传》《革命烈士传》，以及各种名录、历史人物大辞典等，应该说各有不同参考价值。

在单个的历史人物传记写作方面，这期间的成果也很值得重视。其中一个最重要的现象是人们开始用新的方法、新的视角尝试传记写作。这些传记作品大都能够注意将传主的思想与实践放在特定的社会历史环境中加以考察，摆脱了以往评论历史人物的简单模式，而采取实事求是、刻意追求公正的态度，多角度多层次地剖析历史人物的方法，力求忠实于历史人物的本来面目。即使是对那些基本否定的历史人物，研究者也能坚持具体分析，尽量肯定其值得肯定的方面。对于那些有着重大争议的历史人物，学术界适时展开有益讨论和争鸣。如蔡锷的功过、宋教仁对民国初年政治的影响、梁启超在护国运动中的作用及其功过、虞洽卿的阶级属性等，都曾引起不少学者的讨论。

## 第三节　繁荣中的问题

1989年春夏之交的政治风波将改革开放后30年间的历史分成前后两个阶段，此后的政治发展、社会进步、经济成长等不能不深刻影响到中国学术界，影响到近代中国历史人物的研究与评价。

就总体而言，此后20年近代历史人物的研究面较先前10多年更加广泛，深度也是前所未有的。许多过去不曾被学者关注的历史人物已经引起学术界的足够重视，历史人物传记的出版也远比过去丰富多彩。

在20世纪80年代，现代化的研究逐渐成为近代史研究领域中一道亮丽的风景线，进入90年代，便开始出现一些从现代化立场上重估近代中国历史人物的论文和专著，于是许多历史人物的评判与先前有重大差异，善待先人的学术理念逐渐成为研究者普遍遵循的原则，尽管也因此而出现研究谁而爱谁而推崇谁这样的学术偏差，对一些有争议、负面的历史人物不愿再进行阶级分析，不愿再提及其负面、消极乃至反动的东西。这显然也不是真正的科学态度。

如果从现代化的角度重观近代中国的历史，许多问题似乎都值得提出来重新研究。正是在这样一种学术背景下，在近代中国历史人物的研究与评价方面，分歧越来越大。

关于近代早期的历史人物，争议最大的莫过于鸦片战争中的历史人物。诸如鸦片战争前清政府内部是否存在严禁派与弛禁派？究竟是不是林则徐促使道光皇帝下令严禁鸦片贸易？琦善是不是卖国贼，他有没有陷害过林则徐？关天培之死与虎门战败是不是琦善的过错？尤其是在关于林则徐的评价问题上，研究者们更是莫衷一是，各执己见。

作为近代早期历史人物，林则徐身上具有明显的两面性。他一方面主张对外抵抗，反对侵略，但是另一方面正如蒋廷黻早在20世纪30年代就指出过的那样，林则徐"总不肯公开提倡改革"①。因此从这个意义上说，一贯沿用的坏人当道、好人遭厄的"忠奸模式"并不能有效解释鸦片战争的必然失败，否则就是让奸臣们承担了本应由中国旧体制承担的责任。新的研究充分证明，林则徐的选择可能并不是中国的唯一选项。鸦片战争的真正意义可能在于，这场战争终于用火与剑的形式震惊国人，落后必然挨打，只是经济的落后、军事的落后，都不可怕，真正可怕的是政治上落后，教育上落后，观念上落后，所以中国要想摆脱落后挨打的历史宿命，就必须振作起来，顺应世界潮流，学习人类文明中的一切长处，不再故步自封，不再自我老大，不再天朝上国，而是充分世界化，充分近代化，与世界潮流同进退。

近代中国的特殊情况在于，中国总是被侵略，因此从道义上看，中国总是站在正义的一边，而西方列强总是非正义的侵略者。晚清以来的官绅阶层和20世纪的一些知识分子，便往往以此为理由把肯定西方和检讨本国弱点或错误的言论视为大逆不道。出现这种思想的背景主要在于，评价者忘记了近代中国所面临的任务，除了反对侵略，争取国家主权的独立完整外，还有一个如何使中国尽快走向现代化的任务。而中国如欲走向现代化，就要学习外来的先进文化，就要反对本国的专制主义意识形态和旧的政治、经济体制。因此，近代中国的有识之士正是从这个立场上，总是先

---

① 蒋廷黻：《中国近代史》，岳麓书社1987年版，第26页。

走一步地看到这一点，总是在反对西方侵略的同时，也充分肯定西方的先进文化和制度，对本国的文化传统不遗余力地进行攻击。历史已经证明，他们的攻击与渴望总是正确的，但又总是不合时宜的，因而在其生前和死后的一段时间里，总是要受到人们这样那样的非议。正是从这种观点来观察，这些人在近代中国历史上被诬为"汉奸""买办"或者"卖国贼"，等等，其中一个最重要的原因，就是近代国人太容易陷入狭隘民族主义的误区。

与指责这些传统的正面人物、英雄人物相呼应，过去被视为反面、反动的一些近代中国历史人物开始走红。早在20世纪80年代中期，冯友兰在重新思考近代中国哲学的历史时，最先提出对曾国藩及太平天国进行重新研究，至长篇小说《曾国藩》出版，以翻案为主要特征的近代历史人物研究达到登峰造极的状态。先前所确立的许多观念都发生了根本性的颠覆，许多认识发生根本变化，原来镇压太平天国的刽子手曾国藩逐步重新登上神坛，成了人们顶礼膜拜的圣人；原来被歌颂的农民领袖洪秀全，则成了腐败、无耻的化身，冯友兰甚至断言，幸亏太平天国没有获取最后的胜利，不然的话，中国必将重回中世纪。

与鸦片战争、太平天国的历史人物研究相比，1989年之后关于戊戌维新运动的研究，由于中国现实政治变动所引发的思考，学者们在内心深处比较倾向于认同稳健的政治改良，而批评维新派某些过于激进的主张。在"告别革命"、认同改良等思潮影响下，研究者试图从各个角度论证维新运动是中国人全面追求现代化的最初尝试，是中国政治近代化的先导，加速了中国经济近代化的进程，成为中国文化教育近代化的真正开端，并有力地推动了中国军事的近代化。甚至可以说，戊戌维新是一场政治体制的革命，是中国从传统中华秩序向近代国民国家体制转变的最初尝试。①

鉴于对戊戌维新运动总体评价的变动，研究者在对戊戌历史人物的研究与评价方面也有不少新意，研究面较过去几十年有很大拓展。除了康有为、梁启超、谭嗣同、严复等人的研究进一步丰富、深入外，对光绪帝、慈禧太后，以及其他维新志士、帝党、后党、洋务派、顽固派，如翁同

---

① 参见王晓秋《戊戌维新一百周年国际学术讨论会综述》，《历史研究》1998年第6期。

龢、张荫桓、张之洞、黄遵宪、张元济、刘光第、张謇等人的研究都有一些新进展，基本上肯定他们在维新变法期间的贡献和作用。

在对康有为的评价上，研究者已不再泛泛谈论康有为的贡献与局限，而是着力于探讨康有为思想主张的细节。比如有的学者认为康有为的主要贡献在于提出了行政权力、议政权力分立的政治见解，提出设立总揽变法全局的议政机构制度局或懋勤殿，试图对传统君主专制政体进行改造，从而使维新运动在政治内涵上显然有别于先前几十年的洋务运动，具有政治体制变革的意味。对于原来研究所认定的康有为落后保守的一面，如利用孔子鼓吹变法、尊君权抑民权、主张以孔教为国教等，都有学者提出不同意见，大多也能自圆其说，成一家之言。

至于梁启超的研究，在过去20年先后出版了几本传记，这些传记特色各异，详略不一，但基本上都能对梁启超持一种同情理解的立场，在很大程度上纠正了过去对梁启超的批评，更多地肯定他对中国近代化、对中国学术向现代转型、对于近代中国政治变动所作出的积极贡献。梁启超先前改良主义者的形象有所改观，在近代中国历史上越来越像一个正面人物。即便是其政治思想前后不一，变动不居，也有学者为之辩解，认为其与时俱进，顺应潮流。

严复是近代中国最著名的启蒙思想家，但其晚年则比较多地留恋中国传统，甚至在某种程度上赞成帝制复辟。如何评价严复的这些变化与思想，几十年来一直困扰着中国学术界。20世纪90年代以来严复故里和北京大学等单位连续举办过几次讨论会，对于推动严复研究有不小的帮助。大多数学者都充分注意和肯定严复在传播西学、认识西方、批判中国传统方面的贡献。但在解读严复思想内涵方面有两个不容忽视的倾向，一是有学者借机宣扬新权威主义，一些非专业研究者将严复定性为中国近代权威主义先驱，以为严复的思想遗产主要是其坚守政府主导的政治变革，崇尚权威；与此相反，信仰自由主义的非专业研究者则视严复为中国自由主义开山者，甚至有学者认为严复对自由主义采取一种工具主义态度，在思想倾向上更接近新自由主义而远离古典自由主义。在对严复晚年思想与政治主张和政治行为的评估上，研究者的分歧一直比较大，有的认为严复晚年实际上已经边缘化，对思想、政治的影响力已经不大，有的认为严复的思想并不存在前后期的明显分野，只是前后的侧重点不同而已。

至于谭嗣同，一直没有人否认他是近代中国冲破封建罗网的闯将和积极推行变法维新的勇士，他的仁学思想也一直受到学术界重视。正是谭嗣同与梁启超等人构成近代中国真正意义上的第一代青年文化精英。他们对传统主流文化的挑战，不仅对1898年维新运动，而且对此后辛亥革命、五四运动都具有直接影响力。但是，随着中国思想界对近代中国政治激进主义思潮的批评日益增多，开始有学者指责谭嗣同是近代中国政治激进主义和全盘西化的思想先驱，直接开启了近代中国一波又一波的激进主义政治思潮，对中国政治生态变化起到非常大的负面作用。

90年代以来的学术界在对于戊戌时期的后党及顽固派的研究上，更多地肯定他们思想、行为的积极方面，甚至认同他们对维新措施的批评、阻挠的积极意义，强调作为当时中国实际上的最高负责人，慈禧太后如果不是真诚支持变法维新，就不可能有1898年的变法运动，帝党与后党之间的冲突说到底并不是政策层面的冲突，而是政治主导权的冲突。所以说慈禧太后出来阻止了以光绪帝为首的政治激进主义变革，并不意味着中国政治就此后退，适度的后退、让步是为了大踏步地前进，因此在清政府镇压戊戌维新运动之后仅仅两年时间，就掀起了一场范围更广的政治变革运动，拉开了晚清政治变革的序幕。

对于端方、袁世凯等人在戊戌维新期间的表现，有的研究者也做了重新研究，提出一些新的观点。研究者认为，袁世凯曾是变法运动的积极支持者，他在变法关键时刻之所以背叛维新派有着许多复杂原因，其中最主要的一点是他与维新派在政策层面发生分歧。他在一定程度上开始认识到如果按照维新派的主张行事，给中国带来的只是混乱而不是发展。但是，他与康有为在戊戌期间的密切交往，直接影响着戊戌维新的政治格局，是维新成败中不可忽视的一个重要因素。对于袁世凯是否告密以及背叛维新派的问题，学术界的研究取向是日趋否定。有的学者对照袁世凯的《戊戌纪略》与梁启超的《戊戌政变记》，以为仅就此事而言，袁世凯的记载更真实可靠，据此可解开这个历史之谜。研究者证明杨崇伊奏请训政密折后，慈禧太后即已决定回宫。因此，戊戌政变之发生，并不始于袁世凯告密，而是另有原因。

说到端方，传统观点一般是把他划为后党，但新的说法则认为端方属于帝党，他曾积极支持、参与变法，但又与维新派没有密切联系，政变后未受到重惩反而得以重用，是因为他得到荣禄和李莲英的庇护，并通过进呈《劝善歌》而讨得慈禧太后的欢心。端方是晚清政治格局中的一颗新星，他在后来的政治变革中发挥过许多别人无法替代的积极作用。

至于李鸿章，始终是晚清政治人物研究的重点，大约从2003年播出电视剧《走向共和》之后，慈禧太后、李鸿章、袁世凯似乎逐渐成了晚清政治史上的正面人物，共同推动着晚清政治的进步。而翁同龢、康有为等人则逐渐成为负面人物，具有迂腐、守旧、自私、颟顸等特征。有学者论证李鸿章几乎像曾国藩一样，是近代中国的道德完人，宣称其一生所作所为虽是凭直觉办事，但无不中规中矩，成为晚清政治场上忍辱负重的形象。即便其签订《马关条约》，也被一些学者曲为辩护，以为只是奉命办事，即便没有李鸿章，也会有张鸿章、赵鸿章出面签字。这些观念或许有其道理，但总使人在感情上有抵触的地方。

对于中共历史人物，1989年之后比较严肃的研究成果依然很多，但由于某种原因，关于毛泽东及其他领袖人物的研究也出现了情绪化的两极现象：一极是以点代面、以偏概全，完全否定毛泽东在中国近代历史上的地位和作用的倾向；一极是不改既往，继续一味歌颂和神化的倾向。后一种倾向又助长了所谓"毛泽东热"的兴起与持久不衰，甚至有专门的网站完全以"文化大革命"口吻歌颂毛泽东。这虽然不属于严格意义上的学术研究，但这种民间思潮为毛泽东真正成为内地学者科学研究的对象设置了困难，真正意义上的毛泽东研究还有待将来。不过，在20年间，关于毛泽东的文献编辑还是取得了很大进步，毛泽东的著作大致都有了比较完善的版本。毛泽东年谱长编之类著作的出版，也使他的活动线索有了比较清晰的勾勒，使中共历史上的许多重要问题有了进一步讨论的可能。

至于陈独秀的研究，一直是吸引众多学者的课题之一。研究者根据苏联解体后公布的共产国际文献，不仅充分肯定陈独秀在马克思主义传播和中国共产党建立时期的积极贡献，而且对所谓陈独秀晚年的错误也有了新的认识，特别是陈独秀的所谓"二次革命论"，所谓右倾投降主义，所谓托派问题，以及中国革命与共产国际，与苏联之间的关联等，都有了新的认识，新的结论。① 这些认识和结论，为进一步研究相关问题提供了讨论基础。

如果说进入改革开放的80年代是中国当代历史上一个"思考的时代"，那么经过1989年政治风波，人们在政治上恪守"不争论"的原则同时，也对思想学术的发展产生非常重要的影响。大致上说，20年间，确乎如一些研究者所说的那样，是一个"思想家淡出，学问家凸显"的时代，学术风尚已不再以谈论思想新奇为高，而以学术功底为尚。这一学术转轨在近代中国历史人物的研究方面也有所体现，此前学术界津津乐道的陈独秀、胡适、梁漱溟等思想家类型的历史人物，已被王国维、陈寅恪、陈垣、顾颉刚、傅斯年、吴宓、钱钟书等所谓"国学大师"所取代。于是乎连带所及，那些素来对中国传统很不敬或有时不敬的如严复、蔡元培、胡适，特别是鲁迅等人，也都被一些追逐时尚的研究者简单冠上了"国学大师"名号。这个思潮与主流意识形态在1989年之后刻意弘扬传统文化，弘扬爱国主义可能有很重要的关联。

与这些"国学大师"的情况不同，自由主义知识分子在20世纪中国曾经起过巨大启蒙作用，其思想转变和成员分化也在20世纪中国政治斗争中起过积极和消极双重作用。尤其是在20世纪40年代中期随着国民党政权日益腐败和不得人心，这批自由主义知识分子开始朝激进主义方向转变。如何看待这批自由主义知识分子的转变，在80年代之前并不存在问题，人们几乎一致认定这种转变的进步意义。然而到了90年代之后，不断有研究者对这种转变提出质疑，以为像闻一多、吴晗等人从自由主义立场向左转并不单纯意味着他们在政治上的进步追求，国民党的腐败使他们丧失了对现政权的基本信心，而共产党对国民党一党独裁政治理念的批判，也使这批自由主义者产生了一种信心。所以他们的转变并不能单纯地归结为一种非理性的盲目的浪漫主义激情，实际上还是应该放到当时的历史背景中寻找具体原因。

有研究者在反省知识分子在过去百年中国政治进程中的作用时，有一

---

① 参见唐宝林《把陈独秀当作正面历史人物来写——参加中共中央党史研究室著〈中国共产党历史〉修改稿（大革命部分）讨论会侧记》，《陈独秀研究动态》第6期，1999年5月。

种很深的自责倾向，以为近代知识分子实际上并没有完成从传统士大夫向现代知识分子的转变，知识分子虽然在专业上分工越来越细，但脱离了专业，知识分子依然觉得像传统士大夫一样无所不知无所不能，于是"文人误国"几乎成为过去百年中国知识分子无法逃避的责任。当他们躲进小楼从事象牙塔学问时，他们是清醒的，是理性的，但是当他们走出小楼，投身政治时，知识分子的理性似乎突然消失，代之以一种喷薄而出的激情，其选择的失误是不言而喻的。

在许多研究者看来，现代知识分子应该谨守自己的专业范围和职业操守，画地为牢，将政治交给政治家，尊重政治本身的专业特征，坚守专业领域从事创造性的工作，不应该也不可能介入现实政治，因为专业知识分子一旦放弃自己的专业而从事现实政治，便自然失去智者的尊严和高明，而沦为芸芸众生般的平庸。

如果说赞扬文化保守主义还只是一个比较纯正的学术问题，那么20年间对周作人、汪精卫等人的研究和表述，有的虽然"雷人"，虽然轰动，但其实缺少相应的学术含量，缺失知人论世的起码原则。

应该说，在短短30年间，周作人研究确实有了长足进展，除了资料建设外，更有不少有价值的专著，对周作人社会思想、文艺理论、创作成就、翻译成就等进行研究，取得一些重要进展。然而随着研究进展，也出现了一些不协调的声音，甚至有些非专业研究者不惜曲解事实，为周作人进行辩解和翻案。在拿周作人与乃兄鲁迅进行比较研究时，许多研究者肆意抬周贬鲁，评价失衡，甚至不惜拿鲁迅充当"祭旗的牺牲"。有研究者认为，周作人的散文闲适淡雅，没有人间烟火气，读之令人心旷神怡，是散文中的上品。与周作人比较，鲁迅的散文则显得太直率，太直面人生，火药味未免显得太浓，只能算散文中的中品或下品。有研究者指出，周作人的文艺思想比鲁迅高明，鲁迅只知道"为人生""揭出病苦"，"普罗气"太重，而周作人"人的文学"、平民文学则真正体现了现代知识分子对人类命运的终极关怀。就翻译成就而论，有的研究者认为，周作人的翻译成就比鲁迅大得多。在谈到周、鲁的历史地位时，也有研究者认为，就总体而言，周作人在五四新文化运动中的地位，远比鲁迅高。至于"二周失和"，许多新派研究者貌似公允，大讲"清官难断家务事"，其实在字里行间却已断案，参照弗洛伊德的性心理学，暗示鲁迅对其弟媳不无垂涎，结果打翻了周作人的"醋坛子"，兄弟二人彻底翻脸。

在谈到周作人为什么当汉奸这一重大历史问题时，有的研究者不顾历史事实，曲意辩解：有说迫不得已，情有可原的；有说一念之差，偶尔失足的；还有说并非投降日寇，而是中国共产党让他留在北平，深入敌人心脏从事地下工作的。更可笑的是，有的研究者竟然说，周作人即使当汉奸后，依然是一个高尚的人道主义者，而且即使他不当汉奸，也会有别人去当。与其让别人当，还不如让周作人当。显然，这些论点已有失学者的基本理性，这种观念即便到了世界大同，也很难获得认同。毕竟具体的历史阶段和父母之邦无法超越，做人总是要坚守最起码的道德底线。如果周作人在抗战时期的政治选择可以容忍，值得推广，哪里还有抗战的胜利，还有正义、非正义之分？

在 20 年间，近代中国历史人物研究中还有一个更值得注意的倾向，是日本的"侵略有理论"以及与之相呼应的"汉奸有理论"，对中国学术界的渗透与影响。某些貌似的学者公然为汪精卫的卖国理论与卖国实践翻案，为汪记"曲线救国论"招魂。他们甚至提出要重估汪伪政权的历史功过，要彻底摆脱国共两党原来对汪伪政权的观点，声称汪精卫的南京国民政府是重庆国民政府的补充，它代表了广大"灰色地带"人民的利益，而不是代表日本法西斯的利益。与此同时，一些歪曲历史，美化汪精卫、陈璧君、周作人等人的论著、文艺作品纷纷出笼。在沦陷区和汪伪统治区活跃的作家张爱玲、梅娘、苏青、胡兰成等人的作品一度畅销，成为 20 年间非常奇怪的一种文化现象。

这些问题之所以发生，背景极为复杂，其中一个最值得注意的迹象是这些历史人物的亲属及近代中国历史人物所在地政府或团体的介入，使历史人物研究带有更多的感情色彩。许多本来并不难解决的问题成为旷日持久的争论焦点，许多本不该翻案的问题也重新翻案，使问题越来越繁杂。方伯谦、严复等人的研究都存在这些问题。近代中国历史人物的后人和所在地的政府或团体希望对这些历史人物评价高一些，这是可以理解的。因此一些纪念性讨论会多说好话，也是人之常情。但是，科学研究毕竟是一种科学，如果历史学不尊重科学，不尊重事实，就只能沦为一种"史学广告",为亲者讳,为贤者讳,为尊者讳,那确实是学术的堕落和悲哀。

某些研究者,由于知识背景和能力的限制,无法从宏观上把握所研究的对象在整个历史发展进程中所处的实际地位,而是过多地介入感情。甚至可以说,许多研究者研究谁,就爱上谁,不仅自己不能从被研究者的身上疏离出来,进行分析,有点批判意识,有些过分武断者甚至不许别人对他的研究对象说一个不字。这显然不是科学的态度和精神。

30年间,近代中国历史人物研究中所出现的过分翻案倾向,使原本可以接受的结论变成摇摆不定的问题。如果说在1978年之后最初10年的近代历史人物研究中的翻案还带有拨乱反正意义的话,那么1989年之后20年的某些翻案文章,则更多地带有搅浑水的意味,带有黑格尔所说的"正反合"的意思,以否定之否定的研究方法作为学术创新的捷径,就必然丧失最起码的学术良知和价值标准了。

# 第二十三章

# 近代史资料的整理与出版

中华人民共和国成立以来，中国近代史研究发展很快，取得了丰硕的成果。其原因除了中国近代史是一部中华民族与帝国主义、封建主义抗争的历史，是一部振兴中华、高扬爱国主义的历史，历来得到社会各界和历史研究者的特别关注和重视外，更主要的是有组织有计划的大规模史料发掘整理与出版工作为其奠定了坚实的研究基础，发挥了重要的保障作用。

无论是过去的历史学家，还是当代的历史学家，都把发掘、占有史料看作历史科学得以生存和发展的根本条件。傅斯年曾经说过：史料即史学。这话强调史料对史学的功用，未必全面，但是指出史料的重要性还是有其合理成分的。总之，凡从事历史研究者必须尽可能充分地占有史料，去伪存真，由表及里，才能考察历史的进程，探寻历史的发展规律。如果缺乏可靠的史料，就不可能进行实事求是的研究，建立真正的历史科学。

## 第一节 20 世纪下半叶的编辑出版概况和特点

中国近代史资料，内容相当广泛，涉及政治、军事、经济、外交、文化、思想、教育、社会、民俗诸多方面，形式多样，有公文档案、函电、奏议、文集、日记、报刊、当事人回忆录、碑传以及外文资料，还有近代修撰的地方志书，等等，数量非常庞大，可谓汗牛充栋，浩如烟海。

在中华人民共和国成立以前，公文档案非一般人所能看到，即使文集、奏议这类资料，因多系私人刻版刊印，印数极少，流传不广，历史研究者很难利用这些档案文献资料。故宫博物院收藏清代档案 900 余万件,但是从 1925—1949 年的 20 多年间,除在《文献丛刊》和《史料旬刊》上刊载过部分近代史资料外,整理出版的近代资料专集只有《筹办夷务始末》《清光绪朝中日交涉史料》《清季外交史料》《清光绪朝中法交涉史料》《清宣统朝中日交涉史料》《清季教案史料》等七八种。中华人民共和国成立以后,中国近代史的研究工作,得到中共中央和政府的高度重视,发掘整理中国近代史资料的任务随即提上了历史研究者的工作日程。20 世纪下半叶的近代史资料出版概况和特点,大体可归纳为以下六大方面。

第一,编辑出版了一套奠定近代史研究基础的"资料丛刊"。20 世纪 50 年代初,在中国史学会的倡导和支持下,史学研究者开始了大规模的近代史资料的搜集整理和编辑出版工作。论其规模与影响,首推中国史学会主编的"中国近代史资料丛刊"。[①] 这部丛刊由北京等地高等院校及科研机构的专家学者分工协作,通力编纂,先后出版了《鸦片战争》《太平天国》《第二次鸦片战争》《回民起义》《捻军》《洋务运动》《中法战争》《中日战争》《戊戌变法》《义和团》《辛亥革命》11 种专题资料,共计 68 册,2758 万字。同时,中国科学院近代史研究所主编的《近代史资料》期刊也于 1954 年创刊问世。45 年来,该刊出版 100 期,编辑出版专刊资料 22 种,总计 2700 多万字。"丛刊"、期刊的出版,为海内外学者的研究和教学工作提供了极大方便,因而受到他们的高度重视。据一位美国学者说,他们利用这套"丛刊",培养了数百名汉学博士。其影响与作用,由此可见一斑。

与此同时,由一批经济史学家编辑的近代经济史资料也陆续面世,影响较大的有 4 种丛刊或丛编。第一种是中国科学院经济研究所主编的"中国近代经济史参考资料丛刊",包括《中国近代经济资料选辑》《中国近代工业史资料》《中国近代农业史资料》《中国近代手工业史资料》《中国近代对外贸易史资料》《中国近代铁路史资料》《中国近代航运史资料》《中国近代外债史统计资料》《旧中国公债史资料》。第二种是中国近经

---

[①] 本章所引述的重点资料集的编者、出版单位、出版年月,在《中国档案文献辞典》一书中均有著录。

济史资料丛刊编辑委员会主编的"帝国主义与中国海关资料丛编",共10种,如《中国海关与滇缅问题》《中国海关与英德续借款》《中国海关与义和团》等。第三种是中国科学院经济研究所等单位主编的"中国资本主义工商业史料丛刊",包括《北京瑞蚨祥》《上海民族橡胶工业》《上海市棉布商业》《上海民族机器工业》《上海民族火柴工业》《上海民族毛纺织工业》《永安纺织印染公司》《旧中国机制面粉工业统计资料》等。第四种是"上海资本主义典型企业史料"丛书,包括南洋兄弟烟草公司、荣家企业、刘鸿生企业等专题资料集。这些丛刊、丛编都是经过专家学者认真选辑,具有相当参考价值的近代经济史资料,从而促进了近代经济史研究的深入发展。据统计,迄今已编纂成书的经济史资料书已达40余种。

正当中国近代史学科呈现蓬勃生机之际,所谓的"文化大革命"爆发了,近代史资料的编辑和整理工作也因此停滞了整整10年。1978年以后,经过拨乱反正,近代史资料的整理和出版工作得到迅速恢复和发展,累计出版资料书籍有上千种。其中列为"中国近代史资料丛刊"第12种的《北洋军阀》和第13种的《抗日战争》引起了学术界的关注。从鸦片战争到辛亥革命的11种专题资料,也由中华书局等出版社主持编辑续集,现已出版《鸦片战争档案史料》和《中日战争》等多种续集。经过近代史研究者50年的辛勤努力,终于建立了比较完整的中国近代史资料体系。

第二,出版了一批以地域为中心的专题资料。上述"资料丛刊"尽管涵盖清政府档案、官修书籍、私家著述、地方史志及外文资料,但是这些资料偏重于反映重大事件的过程和全国政治、经济、军事、中外关系等方面的情况,对地域性较强的专题关注不够。地方性专题史料的整理和出版,弥补了这方面的不足。兹举数例如次。

有关鸦片战争的地方专题资料,有广东文史研究馆编辑的《三元里人民抗英斗争史料》、福建师范大学历史系编辑的《鸦片战争在闽台史料选编》、上海科学院历史研究所筹备委员会编辑的《鸦片战争末期英军在长江下游的罪行》和阿英编辑的《鸦片战争文学集》等。此外,时人记载鸦片战争的著述很多,或记载禁烟运动和抗英斗争,或记载英国侵略军窜犯各地的罪行,或记载《江宁条约》的缔结和战后情况,虽然详略不一,但都是纂著者亲见亲闻的史实,具有相当大的参考价值。在众多的时人著述中，为大家熟知而又经常引用的是梁廷枏的《夷氛闻记》、魏源的《道光洋艘征抚记》，以及张集馨的《道咸宦海见闻录》等。

太平天国、义和团、辛亥革命是20世纪50年代至80年代近代史研究领域中几个较为热门的专题，无论是内地档案资料的搜集，还是外文资料的翻译的规模，皆远超其他专题。

太平天国运动时期或稍后，时人著述太平天国事迹的书籍很多，粗略统计，约在千种以上，而其中多数是记一时一地的。这些私家著述或分散各地，或湮没在故纸堆中，极不容易见到。为便于研究者参考和利用，太平天国博物馆编辑出版了《太平天国史料丛编简辑》，共6册，汇集《粤寇起事纪实》等46种资料。此外，还有静吾和仲丁编辑的《吴煦档案中的太平天国史料》、上海社会科学院历史研究所编辑的《小刀会起义史料汇编》和张守常编辑的《太平军北伐史料选辑》，等等。有关义和团运动的，有齐鲁出版社出版的"义和团资料丛编"5种，包括《山东义和团案卷》《山东义和团调查资料选辑》《山东教案史料》和《天津义和团调查》等。辛亥革命运动的资料出版更多。较早出版者为戴执礼编的《四川保路运动资料》、隗瀛涛主编的《四川辛亥革命资料》、《近代史资料》编辑部编的《云南贵州辛亥革命资料》。嗣后，湖北、江苏、广东、浙江、上海等地学术团体也编辑出版了辛亥革命在本地区的综合资料，史料价值较高的有《云南辛亥革命资料》《辛亥革命在上海史料选辑》《辛亥革命浙江史料选辑》《辛亥革命江苏地区资料》《广东辛亥革命资料》《辛亥革命在广西》和《华侨与辛亥革命》等。就迄今所能见到的武昌首义资料集而言，内容最为丰富的是《武昌首义档案资料选编》。本书由政协湖北省委员会暨武汉市委员会、湖北省博物馆、武汉市档案馆、中国社会科学院近代史研究所等单位共同负责编辑整理工作，全部材料均出自湖北实录馆遗留下来的档案和文稿。《武昌首义档案资料选编》共分3卷4编，约210万字。所选录的资料大多数是未刊手稿，而撰述者都是亲身参加辛亥首义的人士。1986年，辛亥革命武昌起义纪念馆等单位合编的《湖北军政府文献资料汇编》，汇录文献档案928件，58万余字，时间自1901年10月至1912年4月。所汇资料，多数摘录于《民立报》《中华民国公报》《时报》，以及曹亚伯的《武昌革命真史》、胡石庵的《湖北革命实见记》、李廉芳的《辛亥武昌散记》等报刊书籍，少数是辛亥革命武昌起义纪念馆提供的未刊藏品。除此之外，还有两种专题资料汇编是值得引起重视的，一种是《辛亥首义回忆录》，一种是《辛亥革命在湖北史料选辑》。在20世纪50年代初，居住在武汉三镇的辛亥首义老人尚有700余人，湖北省政协动员他们撰写亲身经历和见闻。他们投寄了大量稿件，并捐赠大批革命文物。编委会从中选出有代表性的文稿，按照历史事件发生的先后次序编成《辛亥首义回忆录》4辑，在1957—1961年陆续出版。这是中国第一部辛亥革命回忆录。《辛亥革命在湖北史料选辑》，由武汉大学历史系中国近代史教研室编辑出版，选录胡石庵的《湖北革命实见记》、胡祖舜的《六十谈往》、居正的《辛亥札记》等史料价值颇高而不易见到的私家记述，计58万余字。系统而又全面地反映辛亥革命在江苏有关情况的资料，首推扬州师范学院历史系编辑的《辛亥革命江苏地区史料》。此书的资料征集工作始于1958年，经3年努力，得50余万言。其中以罕见的史籍居多，其次是亲历者的回忆录及地方报刊资料。在辛亥革命出版物中，此书是内地唯一利用实地调查资料编成的集子，也是研究江苏辛亥革命历史必备的参考资料。广东是资产阶级革命党人活动最为活跃的地区。有关广东光复的资料极为丰富，重要的回忆录和采访录均收在《广东辛亥革命史料》和《纪念辛亥革命七十周年史料专辑》中。两书撰稿人均属辛亥亲历者，他们从不同的侧面记载了庚子惠州三洲田起义、庚戌广东新军起义、辛亥三月十九日文州起义的情况，以及江门、新会、顺德、佛山、东江、惠州、博罗、紫金、潮汕、大埔、永定、上杭、梅州、钦县、化州、阳江、肇庆、韶州、连州等地的光复经过。从甲午战争失败至武昌起义前的17年中，台湾人民支持和参加了反清斗争，并在辛亥革命影响下，掀起了驱日复台的爱国运动高潮。这些可歌可泣的事迹，散见于其他专题性资料中。如章伯锋主编的《辛亥革命资料类编》，就收录了珍贵史料《罗福星革命集》。有关边陲地区辛亥革命的情况，可供参阅的专题资料有：政协广西文史资料研究委员会编的《辛亥革命在广西》，广西民族历史调查组编的《广西辛亥革命资料》，《西藏研究》编辑部编的《民元藏事电稿》《藏乱始末见闻记》，政协内蒙古自治区文史资料研究委员会编的《内蒙古辛亥革命史料》等。这些资料均有较高的参考价值。

第三，重点出版了一批有关五四运动的资料。第一次世界大战后，中国以战胜国的身份参加巴黎和会，但山东问题交涉失败，帝国主义的侵逼，引起中国人民的愤怒和反抗，直接导致五四运动的爆发。关于帝国主义侵略中国的资料，以外交关系文书为主，包括条约、换文、协定、合同、照会、通牒及备忘录等。这方面的资料，已出版的有3种：（1）《中外旧约章汇编》，内容包括1840—1949年清政府、北洋政府、国民党政府对外签订的各类条约、协定、合同等；（2）《中外条约汇编》，内容包括1840—1935年清政府、北洋政府、国民党政府同各国订立的条约、协定、合同等；（3）《第一次世界大战以来帝国主义侵华文件选辑》，内容包括1914—1949年间北洋政府、国民党政府同各国签订的条约。国人引为奇耻大辱的日本对华"二十一条"和《巴黎和会对山东问题的决议案》等都包括在内。涉及巴黎和会黑幕的资料，当推在五四运动60周年纪念之际，由中国社会科学院近代史研究所《近代史资料》编辑室主编的《秘籍录存》。这部资料集为原任大总统的徐世昌退出政界多年以后主持编纂的一部未刊稿本。其中"巴黎和会"篇，汇集了1918年9月16日至1920年11月5日北京政府秘书厅归档的重要电报380余件。其中许多电文属第一次公布，有较高的史料价值。

五四运动时期和稍后，时人记述五四运动事迹的书籍较多，中国社会科学院近代史研究所《近代史资料》编辑室编辑的《五四爱国运动资料》共收录7种记述五四运动的出版物，即《青岛潮》《学界风潮记》《上海罢市实录》《民潮七日记》《上海罢市救亡史》《章宗祥》《陆宗舆》；1种档案，即《上海公共租界工部局警务处档案》；1种报刊资料辑录，即《五四——六三爱国运动大事目录》。这本资料集于1979年重印出版时又增加了7篇资料和几十幅珍贵图片，其中有周恩来编写的《警厅拘留记》和《检厅日录》，还有《五四》《五四运动纪实》《五四爱国运动北京资料选录》《北京大学平民教育讲演团》《五四运动在天津》《天津抵制日货的经过》《东游挥汗录》等。档案资料，中国第二历史档案馆汇辑成册的有3种：（1）《中国现代政治史资料汇编》一书中有关五四运动的资料10卷；（2）《中华民国史档案资料汇编》收录有五四运动前的档案资料，涉及政治、军事、外交、财政、文化；（3）"中华民国史档案资料丛刊"中有中国社会科学院近代史研究所和中国第二历史档案馆合编的《五四爱国运动档案资料》，共收档案400余件，包括北洋政府国务院、财政部、内务部、陆军部、步军统领衙门、督办边防事务档案处、京畿卫戍总司令部、筹备国会事务局等机构的旧档，还有国立中央大学、云南省政府秘书处、交通银行等单位的档案。外文翻译资料比较少，目前可供参考者，只有上海复旦大学历史系编辑的《中国近代对外关系史资料》。该书下卷首章为五四运动，其中的重要文件是从《日本外交年表和主要文书》和《美国外交文件》中辑录翻译过来的。

北京是五四运动的发源地，记载北京情况的资料也最多，主要有下列数种：（1）《五四》，由蔡晓舟、杨景工同编，于1919年7月出版，是最早叙述五四运动经过的一本书。（2）《五四运动纪实》，是五四运动参加者匡互生于1925年后写的回忆录，最先登载在《立达季刊》上，1933年印成单行本发行。（3）《五四爱国运动北京资料选录》，北京大学校史资料室编，资料录自《每周评论》和《晨报》。（4）《五四运动与北京高师》，北京师范大学校史资料室编，收录记事和回忆录34篇、人物传略21篇、社团刊物资料45篇。北京高师和北京大学是挑头发起天安门集会的两所学校，以往的记载只提北京大学的作用，而很少提到北京高师的作用。李大钊、钱玄同、缪伯英、周予同、杨明轩、陈荩民的回忆和传记，以及介绍工学会、北京工读互助团、女子工读互助团、女权运动同盟会、平民教育社和《史地丛刊》《北京女师半月刊》《五七日刊》等社团和期刊的文章中，可以看出北京高师在五四运动中是与北京大学齐名的学校，所起的作用是很突出的。

记述五四运动在全国各地的资料也相当丰富。天津历史博物馆和南开大学历史系于1979年编辑的《五四运动在天津》，汇集了当时天津的报刊如《益世报》《大公报》《天津学生联合会报》《南开日刊》《觉悟》等所登载的文件和记事，还收录了邓颖超、刘清扬等人的21篇回忆文章。时任天津学生联合会代表的周恩来撰写的《警厅拘留记》和《检厅日录》值得特别重视。《近代史资料》编辑室编的《五四爱国运动》全文刊登了这两篇重要文献。五四运动在上海的资料卷帙浩繁。1949年以后整理的《上海公共租界工部局警务处档案》，汇录1919年5月到7月的档案88件。中国科学院上海历史研究所编的《五四运动在上海史料选辑》，1960年出版，1979年再版，共计57万余字。所录资料大部分来自《民国日报》《申报》《时事新报》《新闻报》《大陆报》等报纸，小部分来自外国档案和报纸。张影辉、孔祥征编的《五四运动在武汉》，再现了武汉以及鄂省人民的斗争事迹。所收资料，主要来源于当时的《汉口新闻报》《大汉报》《新湖北》以及《武汉星期评论》，主要内容系记述1919年5月学生运动兴起到1920年武汉建立共产主义小组期间的史实。由湖南省哲学社会科学研究所现代史研究室编的《五四时期湖南人民革命斗争史料选编》，反映了湖南人民的斗争概况。胡信本编的《五四运动在山东资料选辑》，择要辑录1897年德国借口巨野教案侵占胶澳至1920年山东建立共产主义小组期间的有关资料，反映了山东人民爱国救亡、求生存的斗争实况。河南省地方志编纂委员会总编室编辑的《五四运动在河南》，比较翔实地反映了五四爱国运动在河南开展的情况。五四运动在重庆的资料，现在出版的只有中共重庆市委党史工作委员会编辑的《五四爱国运动在重庆》，所选资料有历史文献、报刊资料、档案以及回忆录等。

关于五四运动前后新文化运动的资料，主要有张允侯等编的《五四时期的社团》，共收录新民学会、互助社、利群书社、少年中国学会、国民杂志社等32个社团的资料。中共中央马恩列斯著作编译局研究室编的《五四时期期刊介绍》，共3集，对五四运动时期出版的160余种期刊作了比较系统的介绍，是研究新文化运动和共产主义思想传播的入门参考书。另外，由中国社会科学院近代史研究所编的《五四运动文选》，收有陈独秀、易白沙、李大钊、胡适、吴虞、刘半农、王敬轩、钱玄同、鲁迅、蔡元培、林琴南等人的相关文章，为研究新民主主义文化的发展，提供了比较系统的资料。全国妇联妇运史研究室编的《五四时期妇女问题文选》，则由当时的《新青年》《少年中国》《解放与改造》《觉悟》《妇女杂志》《新妇女》《劳动与妇女》《新潮》《女界钟》《少年世界》《每周评论》等期刊的有关妇女运动的文章组成，表明随着五四运动的发展，中国妇女也在日益觉醒。

第四，出版了大批独具特色的文史资料和地方史志资料。1960年，在周恩来的倡导下，全国政协主办的《文史资料选辑》正式创刊。在1983

年第四次全国文史资料工作会议开幕式上，杨成武总结说："据统计，全国参加提供史料的达 6 万人次，征集到资料 4 亿多字，全国有 166 个单位编辑出版《文史资料选辑》等著作，向社会提供了 1 亿字左右资料。"此后，各地文史资料的出版又有新的发展，据 1990 年统计，全国县级以上政协文史资料委员会及其文史办公室，编印文史资料集共 2300 多种，计 1.3 万多册，约收文稿 30 万篇，总字数近 2 亿。

各地文史资料选辑的文稿，大多数是亲历、亲见、亲闻者自撰和口述，部分为调查访问记，少数为历史档案、报刊、史志书稿等文献的摘登。这些文稿从不同角度记录了中国近代历史上政治、军事、外交、经济、文化、社会、地理诸方面的情况和重大事件的始末，以及形形色色的人物的活动情况。尽管其中部分文稿或因撰稿人记忆有误，或因某种缘故未能秉笔直书，造成失真的局限性，但从总体上看，仍然不失为珍贵的第一手资料，是值得史学工作者关注的新史源。由李永璞主编的《中国近现代史料介绍与研究丛书·全国各级政协文史资料篇目索引》（共 5 册），介绍篇目 30 余万条，分列政治军事外交篇、经济篇、文化篇、社会篇、地理篇、人物篇计 6 大类，每类又下分若干级子目，最多至六级子目，非常便于检索使用。此外，《中国史志类内部书刊名录（1949—1988）》和《全国各级政协文史资料名录（1960—1990）》专门介绍每一种文史资料丛刊、丛书和专辑的名称、编印单位、开本版型、发刊范围、刊印期年和已出版数量，展示了各地文史资料的概貌。

续修地方志是中国的历史传统，代代相承，绵延不辍。在 20 世纪 50 年代，编修社会主义新方志的项目，两度列入国家社会科学规划。1979 年以后，编修新方志的工作在全国迅速展开，经过数万人的辛苦耕耘，取得了令人瞩目的成绩。据 1998 年统计，全国各省、市、县志书已出版 4000 余部，尚有 1000 余部正在审定、印刷、出版的过程中。新方志是储量巨大的信息资料库，国内外学术界许多学者利用新方志资料取得了有价值的学术研究成果。

第五，各档案收藏机构纷纷编辑出版有关近代史的档案资料。档案资料对历史研究有着特殊的意义，但在 20 世纪 80 年代以前，利用政府文献档案编辑出版的资料集，无论种类还是数量均与学术界的需求差距较大，此后国家及地方档案馆投入大量人力物力，编辑出版了众多所藏档案史料书刊，便利了学术界的利用和研究。

中国第一历史档案馆编辑出版的近代史资料中，影响较大的有4种：《鸦片战争档案史料》《清政府镇压太平天国档案史料》《戊戌变法档案史料》和《清末筹备立宪档案史料》。这些资料，均从上谕档、剿捕档、录副奏折以及照会、函札中选出，其中有些档案资料为过去已刊资料所不载。有些资料不仅记事翔实，而且还匡正了已刊资料的谬误。例如，《清政府镇压太平天国档案史料》就纠正了《钦定剿平粤匪方略》中的许多舛误。中国第二历史档案馆主编的两种规模较大的史料，颇受学界推重。其一是《中华民国史档案资料汇编》，最初出版《辛亥革命》和《南京临时政府》两辑，从第三辑开始按北洋政府、国民党政府两个时期的政治、军事、经济、财政金融、工矿业、农商等分册编辑，现共出版4辑20册。其二是"中华民国史档案资料丛刊"，是根据该馆所藏历史档案，按照重要的历史事件、历史问题、历史人物及企事业机构，分专题编辑成书，已经出版《北洋军阀统治时期的兵变》《直皖战争》等专题。

各省市地区档案馆等机构也利用藏档汇编了颇有研究价值的资料集。已面世的有上海图书馆主编的《盛宣怀档案资料选辑》、广东档案馆编的《民国时期广东省政府档案史料选编》14册、中国第二历史档案馆和中国社会科学院近代史研究所编译的《中国海关密档》等。东北地区档案馆从满铁档案中已选译出版《满铁资料》和《九一八事变前后日本与中国东北——满铁秘档选编》。吉林省社会科学院历史研究所与东北地区档案馆合作编辑出版的《日本帝国主义侵华档案资料选编》，分为九一八事变、华北事变、伪满和汪伪政权、东北历次大惨案、伪满警宪法西斯统治、华北大扫荡、细菌战、经济掠夺等卷，已经陆续出版问世。天津市社会科学院、档案馆、工商联等单位合编的《天津商会档案汇编（1903—1911）》以及华中师范大学历史研究所与苏州市档案馆合编的《苏州商会档案丛编（1905—1911）》两书，颇具特色。天津、苏州、北京、上海、南京、武汉、广州、重庆的商会组织，号称清末八大商会，然而各地商会的档案，历经朝代更迭和连年战乱，流失几尽，只有天津和苏州商会的档案得以侥幸保存下来，弥足珍贵。

社会上存有历史档案的一些单位和个人，或者将档案整理成专书出版，或者投稿于刊物。20世纪八九十年代，全国以公布档案史料为主的刊物，似雨后春笋，纷纷行世。中国第一历史档案馆、中国第二历史档案馆率先创办《历史档案》和《民国档案》期刊，嗣后各省档案馆也陆续创办了这类刊物，例如《档案与历史》和《北京档案史料》等，共有20多种，每年公布的档案在200万字以上。

与此同时，各级科研院所图书馆也把收藏的档案和稿本付梓出版，如北京大学图书馆馆藏稿本丛书已影印出版23册，其中有不少为清末和民国时期的史料。中国社会科学院近代史研究所编的《近代稗海》已出版14辑，刊载74种近代史资料，多为稿本或流传较少的印本。

第六，大力开展海外近代史资料的搜集和出版工作。自鸦片战争以来，中国一直是列强侵略宰割的对象。研究中国近代史，首先必须研究各个时期的中外关系史，因此搜集、开发、利用与研究海外资料就显得格外重要了。关于鸦片战争，英国是元凶，该国议会文件、外交文书、私人著述和报刊资料中有大量涉及这次战争内幕的重要资料。对于这些资料，过去一直没有引起足够重视，翻译不多，较重要者有广东文史研究馆编译的《鸦片战争史料选译》和《鸦片战争与林则徐史料选辑》、中国科学院上海历史研究所筹备委员会编的《鸦片战争末期英军在长江下游侵略的罪行》和《近代史资料》上发表的《英国鸦片贩子策划鸦片战争的幕后活动》等数种。而保存在美国的这方面的资料，则无人进行系统的搜集、翻译和利用。第二次鸦片战争期间，英国曾从中国抢走大批档案，其中数量最大的是两广总督衙门的公私档案，现藏于英国国家档案馆内。日本学者佐佐木正哉依据该馆所藏中文档案，编成《鸦片战争研究（资料篇）》，收入琦善与义律在广州交涉期间逐日往来的照会。这些档案的发现，不仅弥补了中国已刊史料的不足，而且还为弄清一些历史事件的真相，提供了有说服力的证据。其中最为突出的例证即是"穿鼻草约"纯属义律伪造。

太平天国失败以后，清朝统治者不准民间收藏太平天国印书，几将太平天国文献荡尽，因此，自20世纪二三十年代起，太平天国历史的研究者无不重视海外太平天国资料的搜集工作。1983年，王庆成在英国访学期间，搜得若干太平天国文献和其他中、英文史料，其中最重要的是发现太平天国的两种印书，即《天父圣旨》和《天兄圣旨》。这两种印书涉及金田起义和太平天国历史上重要的或有趣的史事。长期以来，学界对萧朝贵的身世，以及究竟有无洪宣娇其人，存在不同的看法。《天兄圣旨》发现以后，这些问题一一得到了澄清。改革开放以来，还从各国档案馆以及在华外交官和传教士的私家著述中发现了众多有关太平天国的史料，这些资料已分别刊载在《近代史资料》《太平天国文献史料集》《太平天国史译丛》《太平天国学刊》等书刊中。

有关义和团的外文著作，大多出于在华的外交官、传教士、商人、侵略军军官及新闻记者之手，有百余种，据粗略统计，已译成中文的有数十种，如《庚子使馆被围记》《瓦德西拳乱笔记》《八国联军志》《庚子中外战纪》《俄国在远东》《维特伯爵回忆录》等。1980年天津社会科学院历史研究所编译的《八国联军在天津》中，辑录了《华北作战记》《中国与联军》《在华一年纪》《京津随军记》《天津——插图本史纲》《天津海关一八九二年至一九〇一年十年调查报告书》和《美军在华解围远征记》7种。这些著述，主要记载1900年6月至8月天津及其周围地区的战斗情况。1954年王崇武依据英国档案馆藏中国事务文件，译成《英国档案馆所藏有关义和团运动的资料选辑》。1980年，胡滨译成《英国蓝皮书有关义和团运动资料选辑》，起自1899年山东卜克斯教案，止于1901年签订《辛丑条约》。该书所选译的资料，绝大多数是当时英国公使、领事、武官、教士向英国政府提交的报告和往来文件。

辛亥革命是中国乃至世界历史上的一件大事。中国近代经济会刊编辑委员会利用外贸部海关总署所藏旧海关档案资料编译有《中国海关与辛亥革命》一书，内容涉及中央到地方的政局动态、商贸行情变化和社会生活等各个方面，大至政局内幕，小至物价变动，都有所记述。邹念之编译的《日本外交文书选译——关于辛亥革命》是考察日本政府对辛亥革命的态度和立场的重要文件，从中可看到日本政府在不同态势下所采取的不同政策。关于英国政府的对华政策，可参考胡滨编译的《英国蓝皮书有关辛亥革命资料选辑》。孙瑞芹编译的《德国外交文件有关中国交涉史料选译》和张蓉初编译的《红档杂志有关中国交涉史料选译》，是考察德、俄两国政府对辛亥革命的态度和立场的极为重要的资料。

第一次世界大战后，德国公开了 1871—1914 年的外交档案，并汇成 54 卷正式出版。1960 年，孙瑞芹译出其中与中国有直接关系的资料，编成《德国外交文件有关中国交涉史料选译》一书，分 3 卷，上起 1894 年中日战争，下至 1914 年第一次世界大战爆发，其中第二卷是关于义和团运动的资料。

1922—1941 年，苏联公布一批帝俄时代的外交档案，发表于《红色档案》杂志。1957 年，张蓉初从中译出中俄交涉史料，题名《红档杂志有关中国交涉史料选译》。全书分为中日战争文件、德国侵占胶州湾、俄帝国主义在远东的最初步骤、关于收买李鸿章和张荫桓、义和团起义、库罗巴特金日记、辛亥革命 7 篇，大多为义和团运动相关资料。1980 年，吉林省社会科学院历史研究所选择沙俄总参谋部军事档案馆 1902 年作为机要保密资料保存的一部分奏折和电报，编译成《俄军在华军事行动资料》一书，记载了 1900—1901 年俄国在华的军事活动情况。

而朱士嘉则以内地中文档案为主，编译成《十九世纪美国侵华档案史料选辑》一书。

## 第二节　几个热门课题的资料发掘概况

改革开放以来，内地近代史学界逐渐形成若干个新的或大或小、或宽或窄的热门研究课题，如中华民国史、北洋军阀史、抗日战争史、文化变迁史、城市发展史、秘密会社和政党史、灾荒史、近代思潮与学术史、商会史、区域经济史和近代人物研究，等等。这些热门课题从萌动到发展，原因是多方面的，但毋庸置疑，与资料的整理与出版有着密不可分的关系，甚至可说是最为重要的原因。因此，有必要在此就 20 世纪下半叶几个主要的热门课题的资料发掘情况，作一专门介绍。

一是北洋军阀史和中华民国史。北洋军阀的历史，1949 年以前研究的人不多，加之天灾人祸，战乱频仍，档案资料流失严重，搜集整理有一定难度。早在 20 世纪 50 年代，中国史学会计划编辑出版"中国近代史料丛刊"时，即包括这一专题。嗣后，《鸦片战争》等 11 种专题资料相继出版，而北洋军阀专题资料由于种种客观原因，时编时停，迟迟未能问世。直至 1980 年以后，从事民国史研究的学者日渐增多，史料与论著才陆续出版。在档案文献资料方面，先后出版了《白朗起义》《直皖战争》《北洋军阀统治时期的兵变》《善后会议》《护国文献》《护国运动资料选编》《蔡松坡集》《梁启超年谱长编》《民初政争与二次革命》《奉系军阀密电、密信》等。1986 年陈振江主编的"北洋军阀史料"系列资料集出版，包括《北洋新军史料》《北洋陆军史料》《北洋军阀天津档案史料选编》。1989 年来新夏主编的《北洋军阀》出版。1991 年中国第二历史档案馆先后编辑出版《中华民国史档案资料汇编》20 册，其中第三辑 16 册，全部是北京政府时期的资料，第四辑 2 册为广州军政府资料，均是按政治、军事、财政、经济、外交等分类，按档案文件的时间顺序编辑。该馆还影印出版了北京政府时期全套《政府公报》。这些均为研究北洋军阀史的基本史料。在此期间，章伯锋主编的 6 卷本《北洋军阀（1912—1928）》大型综合资料集也与读者见面。上述各书收录了清政府的档案史料，比较系统地反映出北洋军阀的源起与发展，对研究北洋军阀军事政治集团的形成，提供了极有价值的第一手资料。

章伯锋主编的《北洋军阀（1912—1928）》一书，被列为中国史学会主编的"中国近代史资料丛刊"的第 12 种。第 1 卷主要介绍北洋军阀的军事沿革、军队与军费，以及民初政党等，其中有不少是首次刊出的原始资料与稿本。第 2 卷反映袁世凯独裁统治的建立及其败亡。民初一些重大对外交涉事件，如善后大借款、中俄蒙古问题交涉、日本侵略山东、"二十一条"交涉等专题的资料，均选自中国外交文电和日、俄、美等国外交文书。关于洪宪帝制和护国战争，收录了中国社会科学院近代史研究所收藏的袁世凯政府的帝制文电和张国淦存稿，很多资料为他书所未载。第 3 卷是皖系军阀统治时期的专题资料。本卷从《日本外交文书》、日本外务省档案缩微胶卷及日文资料中，选译了数十万字的资料，涉及日皖勾结、西原借款、中日军事协定、直皖矛盾、南北议和、直皖战争等专题，为研究这一时期的日皖关系，提供了第一手资料。第 4 卷是曹锟、吴佩孚直系军阀统治时期的专题资料。本卷分列直皖战后的北方政局、直系势力的扩张、奉皖孙（中山）反直三角同盟的形成、两次直奉战争、江浙战争、直系军阀的财政与军费、直系与英美的关系等专题。所收史料包括北京政府文电、未刊稿本，外交文件选译，当事人回忆录，专著及报刊通讯报道等。第5卷是奉系军阀与北洋军阀最后覆灭的专题资料，重点在于1925年以后奉系、直系、国民军各派之间的混战和直奉系及孙传芳五省联军的最后覆灭。这一时期日本的对华侵略、日奉关系、皇姑屯事件、东北易帜等也均列有专题，收录了日本对华政策文件、皇姑屯事件策划者河本大作的回忆录，以及奉系军阀的密电密函。这些资料均有较高的参考价值。第6卷是北洋军阀统治时期大事要录和北洋军政人物简志，所收内容可与前5卷互为补充，其人物简志共收460余人，活跃在民国初年政治舞台上的重要人物多收录在内。

除上述各种"丛刊""汇编"外，内地各省市《文史资料选辑》中也有大量北洋军阀史资料，多为当事人、知情人或北洋军政要员的故旧亲友执笔撰写的文章，内容丰富，体裁多样，为研究北洋军阀史提供了一批档案史籍所不载的资料，极为珍贵。全国政协编《文史资料选辑》刊出者，内容涵盖袁世凯独裁统治与洪宪帝制、段祺瑞与皖系军阀、吴佩孚和曹锟与直系军阀、张作霖和张学良与奉系、新旧交通系和政学系、民初的国会与政党，以及军政人物生平事迹，等等。而各省市县的文史资料则详于本地区大小军阀及重要历史事件、人物的史料发掘、搜集与整理，例如，西南军阀的活动，在四川、云南、贵州、广东、广西、湖南等省区《文史资料选辑》中，均有大量的刊载。这些材料弥补了档案文献史料之不足，为发掘和保存北洋军阀史、民国史资料，做出了极为可贵的贡献。

中华民国史涵盖"北洋军阀"专题，因习惯上一般将民国初年北洋军阀的统治作为民国史上一个时期单独划开，因而以下所述民国史资料，基本不包括北洋军阀这一内容。已出版的民国史资料，重要的有"中华民国史资料丛稿"。这套资料由中国社会科学院近代史研究所民国史研究室主编，中华书局出版，包括：1911—1949年大事记；人物传记23辑；民国人物传14卷；特刊7辑，如孙中山年谱、民主党派史料、黄炎培日记、民国会门武装等；专题资料21种，如阎锡山与山西省银行、农民银行、张学良与西安事变、九三学社、中国致公党、中国青年党、救国会、胡适任驻美大使往来电稿、长城抗战、台儿庄会战等；翻译外文资料17种，其中英文资料有马歇尔出使中国报告书、史迪威资料、民国名人传记词典等，日文资料有"日本战史丛书"，包括河南会战、湖南会战、广西会战、长沙作战、香港作战、缅甸作战、中国事变陆军作战史、中国事变海军作战史、满洲事变作战经过概要、土肥原秘录、东北抗日联军、昭和二十年（1945）的中国派遣军等。这批资料的出版，受到国内外史学界的普遍关注和重视。海峡彼岸的同行，对大陆史学界开展民国史研究感到"震惊"，促使有关当局出版了一批民国史的资料与论著。大陆学者和出版部门也在这段时间里推出了许多民国史的论著与资料书，对民国史的研究与教学工作起了有力的推动作用。

二是近代社会文化变迁史。20世纪80年代的"文化热"最引人注目。对于这一新的领域，收集整理资料是当务之急。虽然哲学史资料、文学史资料、教育史资料、出版史资料、思想史资料，以及近代人物的各种文集、选集、全集等已经出版了很多，可供研究者参考和借鉴，但就学科发展而言仍然是远远不够的。《中国近代思想和文化史集刊》、"中国近代思想文化史资料丛刊"、重版的《中国地方志民俗资料汇编》、《中华民国史档案资料汇编·文化卷》，以及重新影印出版的近代报刊等，大大弥补了这方面的不足。由刘志琴主编的《近代中国社会文化变迁录》使人耳目一新。这部书以编年为经，以本末为纬，以史实为体，充分利用当时的报刊、档案、文集、外文期刊和译著，以及各类资料汇编，广搜博采，务求翔实可靠，不仅系统记述了近代中国社会文化变迁的走向，还起到了工具书的检索作用。

三是近代人物研究。中共十一届三中全会以后，近代人物资料的整理出版工作取得了突出的成绩。近代人物的文集、全集、选集、日记、传记、年谱和未刊函札，已成为近代史资料的一个重要组成部分。中华书局出版的"中国近代人物文集丛书""中国近代人物日记丛书"，江苏古籍出版社出版的"民国名人日记丛书"，以及各地出版社先后出版的曾国藩、左宗棠、李鸿章、薛福成、曾纪泽、康有为、谭嗣同、梁启超、郑观应、唐才常、孙中山、黄兴、宋教仁、廖仲恺、朱执信、蔡元培、王国维、章太炎、柳亚子、秋瑾、熊希龄、蔡锷、翁同龢、郭嵩焘、王文韶、李星沅、王韬、张謇、邵元冲、蒋作宾、吴虞、周佛海、白坚武、袁世凯等人的文集或日记，为深入了解和研究这些重要人物在各个重大历史时期与事件中的活动和思想，提供了系统的资料，拓宽了近代史研究的深度与广度。

在近代人物资料的整理出版方面，有关孙中山的资料最多最丰富。其次是黄兴、廖仲恺、朱执信、章太炎、宋教仁、陶成章等人的资料。1949年以后出版了两种版本的孙中山文集。一种是1956年为纪念孙中山诞辰90周年出版的《孙中山选集》，一种是1981年辛亥革命70周年出版的《孙中山全集》。《孙中山全集》由广东省社会科学院历史研究所、中国社会科学院近代史研究所民国史研究室、中山大学历史系孙中山研究室合编，历经数年时间付梓出版。本书广泛搜求资料，比台湾地区1973年出版的《国父全集》多出100余万字。有关孙中山思想及活动的资料，还有三种出版物应当引起重视。其一，黄彦等人编辑的《孙中山藏档选编（辛亥革命前后）》，收录翠亨村中山故居藏档508件，多数是未刊文献，至为珍贵。其二，政协广东省文史资料研究委员会编的《孙中山史料专辑》。其三，政协广东省文史资料研究委员会编的《孙中山与辛亥革命史料专辑》。今人所编《孙中山年谱》有两种，一部由魏宏运编纂，另一部由广东省社会科学院历史研究所编纂。后者比前者详细具体，也比较准确。画册方面有文物出版社出版的《纪念孙中山》，刊登300多幅反映孙中山生平的照片。此外，中国新闻社编发的《辛亥革命七十周年》和姚迁等编辑的《中山陵》，均是以孙中山为中心的图片集。黄兴是与孙中山齐名的资产阶级民主革命家。由湖南省社会科学院历史研究所编的《黄兴集》，汇集文章、讲演、函电、公牍、诗词等600余篇，较台北出版的《黄克强先生全集》更加完善。

有关廖仲恺的资料，最早汇编成册的是1926年出版的《廖仲恺集》，极不完备。广东省社会科学院历史研究所吸收前人成果，并从《星期评论》、上海《民国日报》等杂志史籍中补充了一批材料，编成《廖仲恺集》。后来在再版时又增补了60多篇著述，成为一部完备的全集。朱执信是资产阶级民主革命派的著名理论家和活动家，一生撰写了许多理论文章，阐发孙中山的三民主义，均汇集在《朱执信集》中。此书比1912年建设社编的《朱执信集》两卷本及1926年邵元冲编的《朱执信文钞》的内容要丰富得多。

有关章太炎的资料，有汤志钧编的《章太炎政论选集》和《章太炎年谱长编》。选集收录政治论文、演说以及宣言、电报、书简、诗歌等257篇，《年谱长编》则是所见年谱中的出类拔萃之作。有关宋教仁的资料，有陈旭麓主编的《宋教仁集》，由《我之历史》《宋渔父·第1集》《宋渔父先生文集》《渔父先生雄辩集》《宋渔父初集》《宋渔父林颂亭书牍》和《二十世纪之支那》《民报》《醒狮》《民立报》《亚细亚日报》《民视报》《临时政府公报》《政府公报》，以及博物馆、图书馆的藏品整理汇编而成。

陶成章是光复会的缔造者和领导人之一。过去对他的功过评说极不公允，现已成为引人注目的研究对象。由湖南省哲学社会科学研究所编的《陶成章信札》，为考察光复会和同盟会合而又分的内幕，以及陶成章生平事迹，提供了参考价值颇高的第一手资料。刘斯翰注释的《柳亚子诗集》，郑逸梅编的《南社丛谈》，杨天石、刘彦成编的《南社》，蔡元培晚年秘书高叔平编的《蔡元培选集》和《蔡元培年谱》，曾业英编的《蔡松坡集》，中华书局上海编辑所编的《秋瑾集》和《秋瑾史迹》，以及最近汤志钧等合编的《章太炎全集》等，都是研究辛亥风云人物的重要资料。

四是抗日战争史。抗日战争是100多年以来中国人民第一次取得完全胜利的民族革命战争。1945年抗日战争结束后，一些学者即开始对其历史进行研究，但因诸种原因，未能形成气候。1949年以后，抗日战争史的研究也甚为薄弱，当时所能见到的资料，只有翻印延安时期的"抗战的中国"丛书、《陕甘宁边区参议会文献汇辑》，还有《星火燎原》一类的回忆录。虽然取得了一定的成绩，但若与抗日战争在中国近代历史上和世界反法西斯战争中所占有的特殊地位相比较还是远远不够的。原因之一是资料的搜集和整理、大批外文资料的翻译和利用、口述资料的抢救等方面，均落后于研究的需要。因此，抗日战争史资料的系统搜集和整理，成为当务之急。下面将改革开放至20世纪末这一课题的资料出版情况作一简要介绍。

有关日本侵华和日军暴行的资料，系统完整的大型资料集有中央档案馆等编的《日本帝国主义侵华档案资料选编》，现已出版《九一八事变》

《东北大讨伐》《细菌战和毒气战》《东北历次大惨案》《东北经济掠夺》等卷，以及复旦大学历史系编的《日本帝国主义对外侵略史料选编（1931—1945）》。专题资料集有辽宁省档案馆等编的《九一八事变档案资料精编》和《九一八事变前后的日本与中国——满铁秘档选编》，南开大学马列教研室编的《华北事变资料选编》，中国第二历史档案馆编的《侵华日军南京大屠杀档案》，章伯锋、庄建平主编的《侵华日军暴行实录》和《侵华日军暴行日志》，解放军军事科学院编的《日本侵略军在中国的暴行》，江苏人民出版社和江苏教育出版社翻译出版的《拉贝日记》和《东史郎日记》等，此外还有中国社会科学院近代史研究所翻译的《中国事变陆军作战史》，天津市编译中心摘译的《日本军国主义侵华资料长编》等。

有关国民党战场的资料，中国第二历史档案馆利用馆藏文书档案，编印了《抗日战争正面战场》上下卷，浙江省中国国民党历史研究组编印了《抗日战争时期国民党战场史料选编》，全国政协文史资料委员会编印了"原国民党将领抗日战争亲历记"丛书。此外，各地还出版了地域性专题抗战资料，例如，中共中央党校编的《卢沟桥事变和平津抗战》、上海社会科学院历史研究所编的《八一三抗日史料选编》，以及四川省政府参事室编的《川军抗战亲历记》等。在1997年纪念中国人民抗日战争爆发60周年之际，四川大学出版社出版了由章伯锋、庄建平主编的近千万字的《抗日战争》史料集。这是一部综合性的资料汇编，列为中国史学会主编的"中国近代史资料丛刊"第13种。全书涉及抗日战争时期政治、军事、经济、对外关系、日伪政权与沦陷区等方面，所收资料包括文献档案、政府公报、专著、回忆录、各地文史刊物中的"三亲"史料，以及美、英、日、苏、德、法等国的外交文件。全书共分7卷，依次为《绪论——九一八至七七》《抗日战争时期的正面战场和敌后战场》《抗战时期的国内政治》《抗战时期中国的对外关系》《抗战时期国民政府与大后方的经济》《日伪政权与沦陷区》《日军暴行日志》。该书具有三个鲜明特色：

第一，全方位展现了抗日战争的历史。近些年来，国内外出版了多种有关抗日战争的资料集，但是还没有一部全面、系统地反映抗日战争的综合性资料集。《抗日战争》以"展现抗日战争是中华民族全民族的抗战，抗战胜利是全中国人民在中国共产党倡导的抗日民族统一战线方针路线指引下浴血奋战取得的伟大民族胜利"为指导思想和编辑原则，从政治、经济、军事、外交、文化等方面，着眼于基本史料，对日本全面武装侵华政策的形成、日本侵华战争的全面展开、日本侵略军在中国的残酷暴行，以及中国人民抗日民族统一战线的形成、中华民族全民族抗战的爆发、抗日战争中敌后战场和正面战场中国军民的重要战斗、抗日战争的伟大胜利等方面，给予了全方位的展现。

第二，注重科学性。抗日战争是中国各民族人民共同反抗日本侵略的民族战争，其重点尤在对敌军事方面。在八年抗战中，形成了国民政府领导下的正面战场和共产党领导下的敌后战场，两个战场互相支持、互相依存，均为夺取抗日战争的最后胜利做出了巨大的贡献。在该书军事卷中，编者以较大的篇幅，公正、全面、客观地反映了正面战场的对敌作战和敌后战场的抗日游击战争。关于正面战场，编者广泛收录了海内外业已刊布的档案资料、国民党抗战将领的回忆录、台湾地区"国防部"史政局编纂的《抗日战史》等。关于敌后战场，编者参考和利用了已出版的50余种各抗日根据地的资料选编、汇编、回忆录、文献档案以及《中共中央文件选集》等，对共产党领导的敌后抗日根据地的创立、形成与发展，以及敌后战场在抗日战争中所发挥的巨大作用，进行了详尽的介绍。日军方面的材料，则主要选译日本出版的战史资料、档案、大本营等决策机关的会议记录等原始文件，以及日军将领的日记、回忆录等，对日本在侵华战争之各个阶段的战略决策、战役部署等方面作了全面揭露。

编者对新资料的刻意关注和充分选录、选译，更使本书的科学性得到了很好的体现。这一点，在外交卷中尤有突出表现。抗战期间的中国外交，与此前近100年的屈辱外交相比，已有很大的不同。由于内地对抗战时期的外交的外文资料翻译出版甚少，战时对外关系史的研究较其他专题显得薄弱。因此，该卷重点利用外文资料，除选录部分内地已经翻译出版的英、美、德、法等国的外交文件外，又利用中国社会科学院近代史研究所收藏的缩微胶卷和原件复印件，翻译公布了近100万字的英、美等国家档案馆的未刊档案，其中有美国国家档案馆总馆藏《美国参谋长联席会议档案》《陆军部作战计划处档案》《二次大战中缅印战场档案》，以及美国罗斯福图书馆藏《地图室档案》、陆军部藏1973年解密文件《延安观察组——迪克西使团》缩微胶卷,还有英国公共档案馆丘园新馆藏《外交部档案》《首相府档案》《内阁档案》等,所有这些资料皆系首次在国内翻译公布。

第三,层次分明,重点突出,脉络清晰。翻开此书,即便是对抗日战争无所研究的人,也能对中华民族这一段悲壮历史有一全面的了解。

此外,该书还有很多可取之处,诸如所录资料出处的详细注明、每卷资料的前言综述、每一组专题资料的编者说明、易见资料的存目备查、"三亲"史实的合理利用、参考文献的开列等,都显示出编者严谨认真的治学态度和精雕细琢的编辑技能。

有关中国共产党领导的军队和敌后抗战的史料,常为研究者引用的综合性史料集是中国人民解放军资料丛书和抗日根据地战史以及经济史资料,如由军队系统编纂的《八路军》和《新四军》资料丛书,地方中共党史研究机构与档案馆、科研院所合作编辑出版的陕甘宁、晋察冀、冀热辽、冀鲁豫、鄂豫边区、豫皖苏、华中,以及苏北、苏中、皖江、淮南、山东等抗日根据地的资料选编和财政经济史资料选编。此外,各地编辑当地的抗日战争史料极多,如东北地区档案馆等编的《东北抗日联军史料》、中共北京市委党史研究委员会编的《北京地区抗战史料》、广东省党史研究会编的《琼崖抗日斗争史料选编》和《广东华侨港澳同胞回乡服务团史料》,等等,均具有较高的史料价值。

有关日伪政权与沦陷区的资料。抗日战争时期,日本侵略者先后扶植成立了伪满洲国、伪蒙古联合自治政府、伪北京临时政府、伪南京维新政府,供其驱使。关于伪满洲国和汪伪南京政府,已经出版了孙邦主编的"伪满史料丛书"和余子道、黄美真主编的"汪伪政权史资料选编"等系统资料丛书或专题资料多种。

有关抗日民族统一战线的资料。已出版的有中共中央统战部、中央档案馆编的《中共中央抗日民族统一战线文件》,重庆市政协文史资料委员会编的《抗战时期国共合作纪实》,以及西安事变、皖南事变等多种专题史料。这些资料选自档案文献或回忆录,均有较高的史料价值。

随着抗日战争研究领域的拓展,有关日本掠夺劳工、日本对中国经济的掠夺和统制、日本强征中国妇女充当慰安妇,以及日本实施鸦片毒害政策等战争遗留问题的多种专题资料也已出版，用铁铸的事实，更加充分地揭露了日本在华的侵略罪行。

以上所述，只是20世纪下半叶近代史资料编辑出版的简略概况。虽然成绩不小，然而也应看到，近代中国的历史是丰富多彩的，如果全面审视一下其间编辑出版的资料，便不难发现仍不能完全反映近代中国社会的全貌，某些重要专题的资料发掘和编纂工作仍有待加强，例如，近代文化、近代伦理、近代科技、近代灾荒、近代禁烟禁毒、近代社会生活、近代货币、近代思潮、近代学术、近代秘密会社和会党、近代农村、近代城市、近代法制，等等。

## 第三节　21世纪初年的编辑出版概况及问题

21世纪最初10年，为推进中国近代史研究，历史研究者遵循中国史学重视资料建设的优良传统，汲取中华人民共和国成立以来中国近代史分支学科的成功经验，继续大力坚持资料的发掘、整理工作，编纂、出版了大量近代史资料。现依我们所见，将其间问世的近代史资料，依其不同内容，归纳为以下几大类，简介如下。

一是涵盖政治、经济、军事、思想文化各方面内容的综合性资料。主要有中国第一历史档案馆编的《道光朝上谕档》《咸丰朝上谕档》《同治朝上谕档》《光绪朝上谕档》《宣统朝上谕档》《光绪帝起居注》《宣统帝起居注》和《清代军机处电报档汇编》（影印本），全国图书馆缩微复制中心编印的《清季（未刊）收发文本电文辑录》（影印本）以及《清同治朝政务档案》《清内务府档案文献续编》《大总统府秘书厅公函》《抗日战争时期中国国情史料汇编》《新民通信社稿》《民国时期中国六省农村调查资料》《台湾史料汇编》《日本统治时期台湾省五十一年来统计提要》《民国时期台湾省行政长官公署施政报告》，中国边疆史地研究中心、辽宁省档案馆、吉林省档案馆、黑龙江省档案馆编的《东北边疆档案选辑》（清代、民国），中国第一历史档案馆、中国边疆史地研究中心、吉林省延吉档案馆编的《珲春副都统衙门档》，中国第二历史档案馆编的《汪伪中央政治委员会暨最高国防会议会议录》和《中国国民党中央执行委员会常务委员会会议录》，王晓莉、贾仲益主编的涉及贵州、四川、广东、广西、西藏、甘肃、新疆、内蒙古等众多地区的《中国边疆地区社会调查报告集成》46种，广西师范大学出版社组织整理和编辑的《美国政府解密档案（中国关系）·美国驻广州领事馆领事报告（1790—1906）》和《美国政府解密档案（中国关系）·中美往来照会集（1846—1931）》，国家图书馆古籍馆编的《国家图书馆藏近代统计资料丛刊》（影印本）107种、《国家图书馆藏清代民国调查报告丛刊》（影印本）80种，沈志华编的总计34卷36册2000多万字的《苏联历史档案选编》，武汉地方志编纂委员会办公室编的《武汉国民政府史料》，吉林省图书馆特藏部编的《伪满洲国史料》，武汉市档案馆、江汉大学城市研究所编的《武汉沦陷时期档案史料丛编》，等等。

二是专为研究经济、中外关系、历史事件、边疆问题、日本侵华、抗日战争、法制等专题而编辑的资料。

在经济方面，主要有中国社会科学院经济研究所编的《清代道光至宣统的粮价表》，中国第二历史档案馆编的《全国经济委员会会议录》《行政院经济会议、国家总动员会议会议录》《四联总处会议录》，全国图书馆文献缩微复制中心编印的《中国早期博览会资料汇编》《清末民初铁路档案汇编》《清光绪筹办各省荒政档案》《清末民初涉外矿务档案汇编》《清末通商贸易档案汇编》《清末民初通商口岸档案汇编》《清末民初外国在华商号洋行档案汇编》《清光绪二十二省财政说明书》《中国近代粮政史料》《民国时期物价生活费工资史料汇编》《民国劳工劳务史料选编》《民国时期市政建设史料选编》《民国初年全国工商会议报告》《国民政府实业部工业施政概况》《抗战时期敌伪经济情报》《民国时期两广工商经济特辑》《民国时期各省市经济建设一览》《民国时期陕西实业考察》《日伪时期东三省经济实况揽要》《民国时期台湾经济史文献选编》《民国与伪满时期东北经济史料丛书》《晚清民国对外商事贸易统计资料》《战后天津商情变动统计资料》《民国时期上海证券与资本市场概览》《民国时期中国内外债史料详编》，海关总署《旧中国海关总税务司署通令选编》编译委员会编的《旧中国海关总税务司署通令选编（1861—1949年）》，美国凯瑟琳·F. 布鲁纳等编、中国傅曾仁等译的《步入中国清廷仕途——赫德日记》，章开沅主编的《苏州商团档案汇编》，马敏等主编的《苏州商会档案丛编》，宓汝成编的《中华民国铁路史资料（1912—1949）》，黄鉴晖编的《山西票号史料》（增订本），杨世源主编的《西北农民银行史料》，上海市工商业联合会编的《上海总商会议事录》，北京图书馆出版社编印的《清末民国财政史料辑刊》，等等。

在中外关系方面，主要有中国第一历史档案馆编的《清代中国与东南亚各国关系档案史料汇编》菲律宾卷以及《清代外务部中外关系档案史料丛编》之中英关系卷、中西关系卷、中葡关系卷，权赫秀编的《近代中韩关系史料选编》，邢永福等编的《清代中琉关系五编》《清代中琉关系档案六编》《清代中哈关系档案汇编》，全国图书馆文献缩微复制中心编印的《国家图书馆藏清代孤本外交档案续编》《国家图书馆藏民国孤本外交档案续编》《稀见清咸丰军事外交谕令密件》《外交部收发电稿》《外交文牍》《清外务部收发文依类存稿》《晚清外交会晤并外务密启档案汇编》《清末民初出使外洋外务密档》《民国外交部国际联盟交通议事密档》《清末中俄东三省铁路电线交涉档案》《晚清船务船运交涉档案》《清末外务部日俄战争议和档案》《近代邮电交涉档案汇编》《清末民初外国在华银行交涉档案》《民国广州武汉时期革命外交文献》《近代中国参加之国际公约汇编》《民国外交档案文献汇览》《抗战前期国际联合会文献》，陶文钊等主编的《美国对华政策文件集》，等等。

在历史事件方面，主要有中国第一历史档案馆、福建师范大学历史系编的《中国近代史资料丛刊续编》之一《清末教案·英国议会文件选译》第6册，倪瑞英译的《八国联军占领实录：天津临时政府会议纪要》，罗尔纲、王庆成主编的《中国近代史资料丛刊续编·太平天国》，章开沅等编的《辛亥革命史资料新编》（共8册），文闻编的《"围剿"中央苏区作战秘档》，全国图书馆缩微复制中心编印的《鸦片战事奏档》《稀见中英鸦片战争密奏》《中日甲午战争奏稿》《日清战史讲授录》《光绪中法战争奏稿函电》《清嘉咸同三朝平定农民起义奏稿手札》《督蜀电存》《民国外交部第一次世界大战档案汇编》，中国第二历史档案馆编的《台湾光复档案文献史料》，上海社会科学院历史研究所编的《五卅运动史料》第3卷，周天度、孙彩霞编的《救国会史料集》，北京图书馆出版社影印室编辑的《清末民初宪政史料辑印》，等等。

在边疆问题方面，主要有卢秀璋主编的《清末民初藏事资料选编（1877—1919）》，刘丽楣等编的《民国时期西藏及藏区经济开发建设档案选编》，赵心愚等编的《清季民国康区藏族文献辑要》和《康区藏族社会珍稀资料辑要》（上下册），张羽新等编的《清朝治理新疆方略汇编》，全国图书馆缩微复制中心编印的《西藏奏议川藏奏底合编》《曹（鸿勋）中丞抚黔奏电稿》《清代新疆地区涉外档案汇编》《清末边境界务档案》《清光绪经营新疆会议折奏》《清季西北函电折奏八种》《晚清桂黔要事函电密奏》《晚清民初西藏事务密档》《清季筹藏奏牍》《民国东北县治纪要》以及《民国西南边陲史料丛书》广西、四川、康藏、云贵、综合卷，中国边疆史地研究中心、辽宁省档案馆、吉林省档案馆、黑龙江省档案馆编的《东北边疆档案选辑》（清代、民国），等等。

在日本侵华方面，主要有全国图书馆缩微复制中心出版的《清光绪日军纷扰东三省各处档案》《东北日占区万宝山事件与韩人排华惨案》，黑龙江、吉林省档案馆编的《东北日本移民档案》，辽宁省档案馆编的《满铁调查报告》（4辑98册），天津图书馆编的《天津日本租界居留民团资料》，吉林省档案馆、广西师范大学出版社合编的《日本关东宪兵队报告集》，张宪文主编的《南京大屠杀史料集》，吴绪成等编的《侵华日军在湖北暴行史料》，居之芬等编的《日本掠夺华北强制劳工档案史料集》，上海市档案馆编的《日本在华中经济掠夺史料（1937—1945）》，中央档案馆整理的《日本侵华战犯笔供》（影印本），等等。

抗日战争方面，有全国图书馆缩微复制中心编印的《十九路军抗日血战图文史料》《近代中国外谍与内奸史料汇编》《国民政府战后处理日伪敌产文献汇编》《中国战区日本投降文献汇编》，四川省档案馆编的《川魂：四川抗战档案史料选编》，等等。

在法制方面，主要有中国第二历史档案馆编的《国民政府立法院会议录》，全国图书馆缩微复制中心编印的《民国时期劳动问题与劳动法令汇编》《国民政府行政法令大全》《民国律师文献史料汇编》《国民政府司法例规全编》《清末民初华洋诉讼例案汇编》《国民政府岁计法令汇编》《民国时期地方自治实施方案法规汇编》，徐秀丽编的《中国近代乡村自治法规选编》，等等。

其他方面，主要有全国图书馆缩微复制中心编印的《中国近代教育史料汇编》民国卷以及《中国西部开发文献》《中国近代哲学思想史料选编》《近代中国人口史料汇览》《民国时期监狱文献史料》《民国园艺资料汇编》《民国茶文献史料汇编》，赵嘉珠主编的《中国会道门史料集成》，辽宁省档案馆编的《中国近代社会生活档案》，陈元晖主编的《中国近代教育史资料汇编》，等等。

三是人物专集。主要有辽宁省档案馆编的《辽宁省档案馆珍藏张学良档案》，程焕文等辑注的《邹鲁未刊稿》，上海图书馆编的《上海图书馆庋藏居正先生文献集录》，谢持著《谢持日记未刊稿》，谢幼臣整理的《居正日记书信未刊稿》，陈红民辑注的《胡汉民未刊往来函电稿》，美国 Ferdinand Dagenais 主编的《傅兰雅档案》，周文玖选编的《朱希祖文存》，岳麓书社出版的《魏源全集》和《曾国荃全集》，顾廷龙、戴逸主编的《李鸿章全集》，赵德馨主编、吴剑杰和周秀鸾等点校的《张之洞全集》，商务印书馆出版的《张元济全集》，上海科技教育出版社出版的《竺可桢全集》，许纪霖等编的《杜亚泉文存》，汪叔子、张求会编的《陈宝箴集》，朱正编的《丁文江集》，湖南教育出版社出版的《杨昌济集》和《范源濂集》，湖南人民出版社出版的刘晴波修订版《杨度集》、曾业英修订版《蔡锷集》、刘泱泱修订版《黄兴集》、刘晴波等编补的《陈天华集》，等等。

四是旧报刊。主要有全国图书馆缩微复制中心影印出版的《京话日报》《北洋周刊》《清末官报汇编》《八路军军政杂志》《国民革命军总司令部公报》《国民政府军事委员会公报》，以及计收晚清珍稀期刊65种的《晚清珍稀期刊汇编》和《晚清珍稀期刊续编》，计收1897—1947年出版的农学期刊15种的《中国早期农学期刊汇编》，计收1937年七七事变后国共两党出版的宣传抗日的期刊44种的《抗日战争期刊汇编》，计收1899—1948年记录中外时论、政治要闻、经济动态、国际瞭望、教育、军事等内容的期刊11种的《民国时事文献汇编》，计收研究民国边疆、民族问题的期刊12种的《民国边事文献汇编》，计收中国共产党早期宣传马列主义、建立革命统一战线等内容的期刊6种的《中国共产党早期刊物汇编》，计收集邮期刊10余种的《民国时期集邮期刊汇粹》，计收漫画期刊15种的《民国漫画期刊集粹》，分综合、北京、上海、天津、港粤5卷计收录画报96种的《民国画报汇编》，计收1921—1948年间电影早期刊物22种的《中国早期电影画报》，计收北京、上海、天津、四川、广西、南京等地戏剧类刊物22种的《中国早期戏剧画刊》，计收1908—1947年的国学类刊物18种的《中国早期国学期刊汇编》，计收1901—1909年的白话报27种的《中国早期白话报汇编》，计收《故宫周刊》《新潮》《经济统计月志》《实业金融》《大众》《南风》《教育益闻录》《京兆通俗周刊》《再生》《青年界》《每周情报》《进展月刊》《制言》《吾友》《励志》《时与潮》《我存杂志》《中原》《时代精神》《希望月刊》等民国期刊近30种的《民国珍稀期刊》，计收北京、天津、上海、广州、重庆、浙江、江苏、广东、广西、云南、贵州、东北、西北、福建、江西、湖南、湖北、山东、甘肃、河南、安徽、山西、四川、河北等24卷1800余种各类刊物的《民国珍稀短刊断刊》；线装书局影印出版的计收20多种具有代表性的女性期刊的《中国近现代女性期刊汇编》（148册）；湖南电子音像出版社影印出版的《长沙日报》《湖南通俗日报》《湖南大公报》《国民日报》《国民政报》《观察日报》《大刚报》《湘乡民报》；湖南师范大学出版社影印出版的《船山学报》《湘江评论》《新湖南》《新时代》《游学译编》以及湖南《体育周报》、湖南《实业杂志》，等等。

纵观上述整理出版的近代史资料，不难发现以下几个明显特点：（1）就资料类型而言，主要是两大类，一是各种档案资料，二是当年出版的旧报刊。（2）就资料形成和收藏者而言，既有政府形成、收藏的资料，也有私人形成、收藏的资料；既有正统政权形成、收藏的资料，也有非正统或伪政权形成、收藏的资料；既有本国政府形成、收藏的资料，也有外国政府形成、收藏的资料。（3）就收藏与公布资料者的级别而言，绝大多数来自国家、省部级档案馆和国家图书馆，以及少数几个大城市的图书馆。（4）就出版方式而言，大多采用较为便捷的影印方式，而较少采用由编者整理加工的付梓方式。（5）就资料出版宗旨而言，已逐渐转入学术研究的正常轨道，不再一味固守所谓"政治挂帅"的原则，不论是"正面"

或"反面""革命"或"反革命"的资料，只要有研究需要和价值，均可提供使用或出版。

诸如此类近代史资料的大量公布，固然为中国近代史研究提供了很大方便。但是，若要更好满足研究者的需要，似乎也还有几个问题值得一提。

第一，要进一步扩大资料搜集、发掘范围。除了仍需如前所述，加强近代文化、近代伦理、近代科技、近代灾荒、近代禁烟禁毒、近代社会生活、近代货币、近代思潮、近代学术、近代秘密会社和会党、近代农村、近代城市、近代法制等重要专题资料的发掘和编纂工作外，还需进一步扩大资料的搜集范围。近期整理出版的近代史资料，基本源自中国第一、第二两家国家历史档案馆、国家图书馆及几个省级档案馆与个别大城市的图书馆，而未及地县级档案馆和中小图书馆。其实，已有不少研究者在搜集资料的过程中，深切体会到有些资料踏破铁鞋无觅处，未能在大档案馆、图书馆发现，却在某个不起眼的小档案馆、图书馆里找到了。因此，除了继续发掘这些单位的宝藏外，似也应眼睛向下，重视采集地县级档案馆和中小图书馆的资料；甚至可考虑趁国家经济形势大好之机，找个权威机构牵头，联合其他相关机构，逐步对全国各地大小档案馆、图书馆、博物馆收藏的近代史资料，进行一次全面的拉网式调查，然后组织全国各地的专家学者分工合作，对所获资料有计划、有步骤地加以整理、出版。

第二，要汲取范文澜当年选择若干重大历史事件，以专题形式编辑《中国近代史资料丛刊》的经验，大力整理出版政治、经济、文化、人物等各方面的专题资料。近来所刊近代史资料，虽如上述，也有不少所谓"专题资料"，但除人物专集外，相对而言，大多只是粗线条的"大"专题，并未细化成严格意义上的专题资料。中国近代史专题无数。仅以1911年后38年的民国史为例，据中国社会科学院近代史研究所民国史研究室早期评估，有影响的大小专题就近600个[①]，如加上此前的60年，为数就更多了。因此，除了继续整理出版难以分割的综合性资料外，似应更加重视整理出版细化的专题资料，以为研究者提供更加快捷的服务。

---

[①] 参见《中华民国史专题资料选题》（未刊稿），1979年2月编印。

第三，要在资料出版方面采取影印原件与重新整理并重的方式。如上所说，近期出版的近代史资料，似以影印原件者居多。这是一种"短平快"方式，一定程度上反映了出版行业正快速走向市场化。当然，影印方式并非不可取，我也没有反对影印出版的意思。因为影印出版，不仅可以保证资料的准确性，而且还有文物观赏价值，有选择地出版若干也未尝不可。何况有些资料还唯有影印一法可行，如复制旧报刊，总不能再按现代释文重新排印一次吧。但是，就方便研究者使用而言，则除了旧报刊这类整体复制的资料不能不采用影印方式外，其他包括原始档案在内的大部分资料似乎还是以现代释文重新整理后再加出版为好。

第四，整理出版的资料务求准确。此前问世的经过编者整理的近代史资料，总体说来，质量是好的，为研究者提供了很大便利。但也毋庸讳言，其中确有少数质量较差甚至低劣的。主要表现为对资料原文的误判、误断、擅改、妄加，由此造成文义大变，或不知所云，或全然相反，给研究者带来了不应有的正确解读资料的重重障碍。早在 2000 年，就有学者撰文公开指出过这一点。[①] 遗憾的是多年过去了，这一现象似乎仍不同程度地存在于今日的资料整理出版之中。形成这一现象的原因是多方面的，一一穷究，似大可不必了，时代使然也。只是须知，既然彼此都有一个繁荣中国近代史研究的共同心愿，那么，为研究者提供准确的资料，就不是任何个人的私事，而是一种谁都无法推卸的公众责任了，我们没有理由不为此而努力。

---

[①] 参见吴剑杰《近代史籍史料的整理应当务求准确——以三种资料书为例》，《近代史研究》2000 年第 4 期。

第二十四章

# 海外中国近代史研究著作的译介

自海通以还，新学渐兴，域外学术书籍译介遂成近代中国"输入学理，再造文明"（胡适语）之重要途径；而对外国学者中国史研究著述的译介，不仅有益于学术的繁荣发展，更有助于我们在一定程度上克服因"身在此山"而形成的某些局限。但国外中国史研究林林总总，洋洋大观，几十年来对其译介虽多，终也只能是"取一瓢饮"，因此这种译介的态度和选择标准本身小而言之实际又是学术变迁的反映，大而言之甚至可说是时代、社会变化的一种折射，成为值得研究的对象。本章不拟对1949—2009年海外中国近代史研究著作译介的丰硕成果做全面研究述论，更非具体的书评书介，仅想对这种译介在不同时期的主要特点、对内地中国近代史研究的主要影响和意义等试作初步研究概述。

## 第一节 "立足于批"

1949年中华人民共和国的成立并不仅仅是一种政权的更迭，更是从经济基础、社会结构到上层建筑深刻而全面的巨变，马克思列宁主义上升为国家意识形态。马克思主义基本原理认为，经济基础决定上层建筑，但上层建筑反过来又会影响经济基础，因此一种全面的社会变动要求一种全新的意识形态与之相应。学术属上层建筑，所以对旧有的学术进行"改造"就势所必至了。由于对中国近代历史的认识与中国革命关系重大，所以中国近代史研究中的马克思主义学派在中国共产党夺取政权的革命战争年代就已相对成熟；但在原先的高等院校的知识分子中，这一时期占统治地位的一直是种种非马克思主义学派。这样，以前者改造后者，对资产阶级学术思想进行批判，自然成为这一领域的中心任务，对海外中国近代史研究著作的译介，自然也不可能离开这一中心任务。

对此意图，当时出版的所有海外中国近代史研究著作译介几乎都有明确的说明。《中华帝国对外关系史》的《中译本序言》谈到之所以翻译此书一是因为该书的资料"有不小的利用价值"，但"更重要的一个理由"是因为它"一向被中外资产阶级学者奉为圭臬之作"，现在"不要忘记这些谬论在很长的一个时期中，曾经严重地毒害了中国的思想界。应该说在殖民主义理论的作品中，这部书是占着非常重要的地位的，因而也就是反对殖民主义者所应该注意阅读的东西"。[①] 丹涅特的《美国人在东亚》（商务印书馆1959年版）、莱特的《中国关税沿革史》（商务印书馆1958年版）、约瑟夫的《列强对华外交》（商务印书馆1959年版）、威罗贝的《外人在华特权和利益》（生活·读书·新知三联书店1957年版）、伯尔考维茨的《中国通与英国外交部》（商务印书馆1960年版）的译者前言或后记，都毫无例外地郑重声明了这一点。

在当时百废俱兴的历史条件下，就数量而言，翻译出版的海外中国近代史研究著作并不算多。但从学术研究的角度看，20世纪50年代组织选译的绝大多数著作的确代表了国外有关学术研究的一流水平，选书之精当与译品质量之高至今仍令人钦佩，此皆说明选译者眼光的不凡、学识的深厚与态度的严肃认真。例如，直到现在《中华帝国对外关系史》仍是被内地中外关系研究者引征最频繁的著作之一；《外人在华特权和利益》一书在整体上仍未被超越，等等。更有意义的是，当时代环境发生变化后，这些译著的学术性便立即显示出来，为一些相关学科在新时期的迅速发展打下一定基础。

更值得注意的是，20世纪50年代初期对苏"一边倒"，各学科都在自

---

[①] 邵循正：《中译本序言》，载［美］马士《中华帝国对外关系史》第1卷，张汇文等译，生活·读书·新知三联书店1957年版，第1—2页。该书第2卷、第3卷均为张汇文等译，分别由生活·读书·新知三联书店1958年、商务印书馆1960年出版。

身建设方面竞相翻译出版"苏联老大哥"的有关著作作为"教科书",并奉为"典范"时,有关研究中国近代史的著作却翻译出版极少,更无被视为"典范"之作。这也从一个方面说明在中国近代史学科中中国的马克思列宁主义学派当时即已相对成熟,已基本形成了自己的理论体系、框架和方法,无须像其他不少学科那样匆忙照搬苏联的"教科书"。

随着内地政治形势的变化和发展,"阶级斗争"愈演愈烈,对外国资产阶级学者的分析、批判言辞也日趋激烈,这种"译介"更明确被提到"了解敌情""兴无灭资""反帝反修"的程度。《外国资产阶级是怎样看待中国历史的——资本主义国家反动学者研究中国近代历史的论著选译》第1、2卷(商务印书馆1961年版)和《外国资产阶级对于中国现代史的看法》(商务印书馆1963年版)近120万字,选译了从19世纪末叶以来,尤其是近几十年来仍有影响的英、美、法、德、日等国数十位资产阶级学者对中国近代社会性质、近代经济及文化问题、中外关系、农民战争、边疆危机、中国革命、国共斗争等各方面有代表性的论述。在长达万言的序言中,选编者对近百年来外国资产阶级学者的中国研究状况进行了高度的概括,对各种观点进行了严厉的政治批判,并进一步申明了编译的目的:"我们选译这些资料,即是为了了解敌情和提供反面教材进行兴无灭资的斗争。我们从这些资料里可以进一步认清学术思想领域内,外国资产阶级学者的真面目,认识帝国主义通过文化侵略毒化中国人民的罪恶活动,借以激发我们民族自尊心和爱国主义思想,积极参加反对帝国主义和现代修正主义的斗争,并且从斗争中清除资产阶级历史学在中国史学界的流毒和影响,壮大历史科学队伍,团结一切爱国的历史科学工作者,共同建设社会主义和共产主义的新文化。"[①]

十年"文化大革命"特别是它的中后期,有关俄苏研究中国近代史的著作在一片荒芜的学术园地中突然"一花独放",翻译出版了一大批。这种"一花独放",完全是由于"反修"斗争和中苏边境冲突的需要。齐赫

---

① 中国科学院近代史研究所资料编译组编译:《外国资产阶级是怎样看待中国历史的——资本主义国家反动学者研究中国近代历史的论著选译》第1卷,商务印书馆1961年版,第10—14页。

文斯基主编的《中国近代史》的中译本出版说明写道："本书炮制者以极其卑劣无耻的手法，全面、系统地伪造近代中国历史"，"恶毒诽谤攻击中国人民的伟大革命斗争和中国共产党的马列主义正确路线"。这篇不到5000字的"说明"充满了"恬不知耻""疯狂攻击"或"秉承其主子的意旨"这样一些几近谩骂的文字，并认定这部书的目的是"妄图否定毛主席关于中国近代史的一系列科学论断，否定毛主席为中国革命制定的马列主义正确路线"，"变中国为苏修社会帝国主义的殖民地"。①当时的"时代精神"可说尽在其中。而有关中俄边境著述的译介更多，由于这些译著以资料、回忆录为主且限于本章篇幅，恕不细述。但是这些翻译为后来的中俄关系史研究打下了较为深厚的基础。

另外值得一提的是，由于中美关系在1971年开始解冻，费正清的名著《美国与中国》也在"供有关部门研究中美关系时批判和参考之用"的名义下，由商务印书馆组织翻译出版。

## 第二节 百花齐放

"文化大革命"结束后，随着改革开放的新时期的开始，沉寂已久的学术研究工作开始复苏，由于较长时期的自我封闭，学界对国外学术研究的了解尤其必要、急迫。这种形势，为海外中国近代史研究译介的繁荣发展提供了客观条件，而开风气之先且成效最著的则为中国社会科学院近代史研究所在国门初启的1980年创办的不定期刊物《国外中国近代史研究》。

该刊编者在创刊号中明确表示其"目的在于及时介绍外国研究中国近代史的情况，了解外国研究中国近代史的动态，沟通中外学术交流"。承认"近年来，在中国近代史这个学术领域内，国外的研究工作发展较快"，"一些我们还未涉及的问题，国外也有了较深入的研究；国外还不时对我

---

① [苏]齐赫文斯基主编：《中国近代史》上、下册，北京师范大学历史系、北京大学历史系、北京大学俄语系翻译小组译，生活·读书·新知三联书店1974年版，第1—6页。

国近代史研究上的某些观点提出不同意见，进行商榷或争论。凡此种种，都需要我们及时了解，以改变闭目塞听的状况，活跃学术空气，促进研究工作的发展"。"所收文章主要看其是否有新观点、新资料，或新进展，至于内容与观点正确与否，则不一定要求。"[①] 从"了解敌情""反面教材"到"沟通中外学术交流"、彼此平等地"进行商榷或争论"，承认自己多有不足、曾经"闭目塞听"，这种转变是巨大的、根本性的。这篇《编者的话》虽只短短400多字，但却从一个侧面反映出新时代的新精神，也说明所谓新时期确非虚言泛论，而是实实在在地发生了方方面面巨大的新变化。后人或许很难想象，这种平实如常的语言所说的本是最平常不过的道理，然而实际却是那样"不平常"，因为它是那样来之不易。这种态度，可说是新时期译介的代表。从1980年创刊到1995年终刊，《国外中国近代史研究》15年来共出版27辑，发表了400余篇近800万字的译作。其中有国外学术期刊的论文翻译，也有著作摘译，文种涉及英、日、俄、法、德等诸多语种，以较快的速度，较为全面地向内地学术界介绍了外部世界的有关信息，对学术研究起了重要作用。对学术发展如此重要的刊物却因种种原因不得不于1995年停刊，学界至今仍为其惋惜。另外，由中共中央党史研究室主办的《国外中共党史研究动态》从1990年创刊到1996年停刊，共出刊42期，也曾是了解国外有关学术发展的一个重要窗口。

改革开放之后的30年间，有关译介越来越多，越来越快，其中影响较大的译丛有：

中国社会科学出版社从1987年起出版"中国近代史研究译丛"，陆续出版的有美国学者魏斐德的《大门口的陌生人——1839—1861年间华南的社会动乱》、孔飞力的《中华帝国晚期的叛乱及其敌人——1796—1864年的军事化与社会结构》、费维恺的《中国早期工业化——盛宣怀（1844—1916）和官督商办企业》、陈锦江的《清末现代企业与官商关系》、施坚雅的《中国农村的市场和社会结构》、英国学者杨国伦的《英国对华政策（1895—1902）》、日本学者滨下武志的《近代中国的国际契机——朝贡贸

---

[①] 《编者的话》，《国外中国近代史研究》第1辑，中国社会科学出版社1980年版。

易体系与近代亚洲经济圈》。

江苏人民出版社从1988年起陆续出版的"海外中国研究丛书"中与近代中国有关的译著有美国学者费正清和赖肖尔的《中国：传统与变革》、罗兹曼主编的《中国的现代化》、格里德的《胡适与中国的文艺复兴——中国革命中的自由主义（1917—1950）》、郭颖颐的《中国现代思潮中的唯科学主义（1900—1950）》、史华兹的《寻求富强：严复与西方》、柯文的《在传统与现代性之间：王韬与晚清改革》、墨子刻的《摆脱困境——新儒学与中国政治文化的演进》、周锡瑞的《义和团运动的起源》、杜赞奇的《文化、权力与国家——1900—1942年的华北农村》、艾恺的《最后的儒家——梁漱溟与中国现代化的两难》、张灏的《梁启超与中国思想的过渡（1890—1907）》、任达的《新政革命与日本——中国，1898—1912》、周策纵的《五四运动：现代中国的思想革命》、萧公权的《近代中国与新世界：康有为变法与大同思想研究》。

山西人民出版社1989年出版的"五四与现代中国"丛书收有译著《五四：文化的阐释与评价——西方学者论五四》，美国学者施瓦支（舒衡哲）的《中国的启蒙运动——知识分子与五四遗产》、张灏的《危机中的中国知识分子》、纪文勋的《现代中国的思想遗产——民主主义与权威主义》，日本学者近藤邦康的《救亡与传统》。

其他译著更是难以胜数，对不同专业领域都有相当的影响。

通论性的主要有费正清编的《剑桥中国晚清史》上下卷（中国社会科学出版社1985年版）、《剑桥中华民国史》上下卷（中国社会科学出版社1994年版）。另外，费氏的《美国与中国》不断重印，《费正清集》（天津人民出版社1992年版）、《伟大的中国革命（1800—1985）》（国际文化出版公司1989年版）、《费正清自传》（天津人民出版社1994年版）和《费正清看中国》（上海人民出版社1995年版）等都已翻译出版。还有美国学者石约翰的《中国革命的历史透视》（东方出版中心1998年版）、史景迁的《天安门：知识分子与中国革命》（中央编译出版社1998年版）、柯文的《在中国发现历史——中国中心观在美国的兴起》（中华书局1989年版），以及日本学者沟口雄三的《日本人视野中的中国学》（中国人民大学出版社1996年版）等。

经济史方面主要有美国学者郝延平的《中国近代商业革命》（上海人民出版社 1991 年版）、《十九世纪的中国买办——东西间桥梁》（上海人民出版社 1988 年版），刘广京的《英美航运势力在华的竞争（1862—1874）》（上海社会科学院出版社 1988 年版），日本学者中村哲的《近代东亚经济的发展和世界市场》（商务印书馆 1994 年版），美国学者珀金斯的《中国农业的发展——1368—1968》（上海译文出版社 1984 年版），黄宗智的《华北的小农经济与社会变迁》（中华书局 1986 年版）、《长江三角洲小农家庭与乡村发展》（中华书局 1992 年版）、《中国农村的过密化与现代化》（上海社会科学院出版社 1992 年版），杨格的《近百年来上海政治经济史（1842—1937）》，法国学者白吉尔的《中国资产阶级的黄金时代（1911—1937）》（上海人民出版社 1994 年版）等。

政治、军事、社会史方面的译著主要有美国学者周锡瑞的《改良与革命——辛亥革命在两湖》（中华书局 1982 年版）、易劳逸的《蒋介石与蒋经国》（中国青年出版社 1989 年版）、胡素珊的《中国的内战》（中国青年出版社 1997 年版）、齐锡生的《中国的军阀政治（1916—1928）》（中国人民大学出版社 1991 年版）、小科布尔的《江浙财阀与国民政府（1927—1937）》（南开大学出版社 1987 年版）、鲍威尔的《中国军事力量的兴起（1895—1912）》（中国社会科学出版社 1979 年版）、施坚雅的《中国封建社会晚期城市研究》（吉林教育出版社 1991 年版），英国学者贝思飞的《民国时期的土匪》（中国青年出版社 1992 年版），加拿大学者陈志让的《军绅政权——近代中国的军阀时期》（生活·读书·新知三联书店 1980 年版），苏联学者卡尔图诺娃的《加伦在中国，1924—1927》（中国社会科学出版社 1983 年版）、切列潘诺夫的《中国国民革命军的北伐》（中国社会科学出版社 1981 年版）、贾比才等的《中国革命与苏联顾问》（中国社会科学出版社 1981 年版）、论文集《共产国际与中国革命——苏联学者论文选译》（四川人民出版社 1987 年版）等。

有关中外关系史的译著主要有英国学者季南的《英国对华外交（1880—1885）》（商务印书馆 1984 年版），美国学者李约翰的《清帝逊位与列强（1908—1912）》（中华书局 1982 年版）、威维尔的《美国与中国：财政和外交研究（1906—1913）》（社会科学文献出版社 1990 年版）、柯里的《伍德罗·威尔逊与远东政策（1913—1921）》（社会科学文献出版社1994年版）、塔奇曼的《史迪威与美国在华经验（1911—1945）》（商务印书馆1985年版）、菲斯的《中国的纠葛——从珍珠港事变到马歇尔使华美国在中国的努力》（北京大学出版社1989年版）、科尔的《炮舰与海军陆战队——美国海军在中国（1925—1928）》（重庆出版社1986年版）、沙勒的《美国十字军在中国（1938—1945）》（商务印书馆1982年版）、柯伟林的《蒋介石政府与纳粹德国》（中国青年出版社1994年版）、包瑞德的《美军观察组在延安》（解放军出版社1984年版）、凯恩的《美国政治中的"院外援华集团"》（商务印书馆1984年版）、孔华润的《美国对中国的反应：中美关系的历史剖析》（复旦大学出版社1989年版）、谢伟思的《美国对华政策：1944—1945〈美亚文件〉和美中关系中的若干问题》（中国社会科学出版社1989年版），日本学者藤村道生的《日清战争》（上海译文出版社1981年版），苏联学者鲍里索夫等的《苏中关系》（生活·读书·新知三联书店1982年版）等。

思想文化史方面的译著主要有美国学者伯纳尔的《一九〇七年以前中国的社会主义思潮》（福建人民出版社1985年版）、林毓生的《中国意识的危机——"五四"时期激烈的反传统主义》（贵州人民出版社1988年版）、卢茨的《中国教会大学史》（浙江教育出版社1988年版），日本学者实藤惠秀的《中国人留学日本史》（生活·读书·新知三联书店1983年版），法国学者卫青心的《法国对华传教政策——清末五口通商和传教自由（1842—1856）》（中国社会科学出版社1991年版）等。

人物研究方面的译著主要有美国学者德雷克的《徐继畬及其〈瀛寰志略〉》（文津出版社1990年版）、史扶邻的《孙中山与中国革命的起源》（中国社会科学出版社1980年版）、薛君度的《黄兴与中国革命》（湖南人民出版社1980年版）、麦柯马克的《张作霖在东北》（吉林文史出版社1988年版），日本学者松本一男的《张学良》（中国青年出版社1994年版），苏联学者普里马科夫的《冯玉祥与国民军》（中国社会科学出版社1982年版），英国学者施拉姆的《毛泽东》（红旗出版社1987年版），美国学者特里尔的《毛泽东传》（河北人民出版社1989年版）、迈斯纳的《李大钊与中国马克思主义的起源》（中共党史资料出版社1989年版）、周明之的《胡适与中国现代知识分子的选择》（四川人民出版社1991年版）、弗思的《丁文江——科学与中国新文化》（湖南科学技术出版社1987年版）等。

这期间的海外中国近代史研究著作译介对内地有关研究的影响、促进是多方面的。当然，学术的变化、各种新观点的产生总体而言自有更为深刻的社会与学术自身的背景和原因，这种译介只是其中因素之一。但由于本章的任务只是分析这种译介的作用，不必对其他背景与原因作深入探讨与详细论述，故祈读者勿因此而以为笔者认为新时期的种种新观点完全是这种译介外在作用的结果；同样，对各种新观点本身的具体分析、深入研究和评判也不是本章的任务。故本章也仅限于客观论述译介对各种新观点的影响和作用。大体而言，这种影响有以下几个方面：

新时期中国近代史研究中一个引人注目，也引起激烈争论的观点是从现代化（本章中"现代化"与"近代化"二词意义相同，根据行文需要选择使用）的角度，而不仅仅或主要不是从阶级斗争、民族斗争的角度来看待中国近代史。"海外中国研究"丛书的总序明确表示："故步自封，不跳出自家的文化圈子，透过强烈的反差去思量自身，中华文明将难以找到进入其现代形态的入口。""收入本丛书的译著，大多从各自的不同角度、不同领域接触到中国现代化的问题。"在很长的一个时期内，以费正清为代表的"西方冲击—中国反应"模式是西方中国近代史研究中占主导地位的学派。这一模式认为"传统"与"现代"互相对立，中国近代的历史尤其是现代化史的动力完全来自外部的刺激和挑战，因此"19世纪之前使得中国如此伟大的东西，恰恰被证明也就是后来严重地阻碍着中国实现现代化转换的东西"。"中国作为'中央之国'，其自我独立的政治和文化运转体系，以长期未受到外来挑战而闻名于世"，但也因此"直到现代挑战不可避免地降落到它的大门口之时，都未能领悟到这种挑战的性质"，因而错过了现代化的时机。[①] 新观点也正是从这一角度出发，从中国近代自身的政治、经济、文化等方面探讨现代化受挫的原因；同时对西方的侵略带

---

[①] ［美］罗兹曼主编：《中国的现代化》，国家社会科学基金"比较现代化"课题组译，江苏人民出版社1988年版，第669页。

来的不同（广义的）文化的"碰撞"以及这种"碰撞"引起的中国社会的变化等作了不同以往的结论。在现代化理论框架中，洋务运动自然成为"中国早期工业化"的一个重要阶段，而兴办洋务的最初动机则无足轻重，也因此才会在20世纪80年代形成洋务运动研究热。同样，一些研究者对民国时期尤其是抗战前的经济状况也做了更为客观的研究。

近代中国的"市民社会"、国家与社会的关系、公共领域等是近些年美国学界的一个研究热点，并有激烈的争论，而近年中国的有关研究，如对晚清商会、自治社团或组织、地方精英、公共机构等方面的研究成果甚丰，明显受此影响与启发。甚至对近代中国"市民社会"这种观念提出质疑、反对意见的，其基本"理论资源"也还是来自美国学界的不同观点，也见其影响之深。

由于主要的不是从阶级斗争或民族斗争而是从中西文化冲突、互补（在近代中国实际上几乎是西方文化向中国文化的单向流动）的角度出发，不少研究者更侧重于买办、租界在东西方文化交流中的作用与意义。同样，传教士、教会学校在中国现代化过程中所起的积极作用，主要是传播近代科学文化知识，近年也得到更多的强调与重视。文化与社会的关系或者文化背后的社会意义，是近些年来在西方兴起的一种新的学术观点、方法和思潮，《义和团运动的起源》和《文化、权力与国家——1900—1942年的华北农村》便是这种新范式在中国近代史研究领域的代表作。前者对19世纪山东省的社会、经济结构作了区域性分析，尤其是用文化人类学的方法对鲁西北地区的民间文化，如社戏、话本、宗教、庙会、集市、尚武传统、中西文化冲突的历史等做了细致的研究。在此基础上，作者认为义和团运动的爆发是鲁西北的社会经济结构与文化传统之间由多种原因"互动"的结果。后者力图打通历史学与社会学的间隔，从大众文化的角度，提出了"权力的文化网络"等新概念，以华北农村为例，详细论证了国家权力是如何通过种种渠道，诸如商业团体、庙会组织、宗教、神话等深入社会底层的，如"龙王庙"的实际意义是掌管水资源的分配，乡绅关注"关帝庙"将其既作为国家的守护神又作为地方的保护者。这两本书对近年来内地的有关研究产生了明显的影响，如传统文化与义和团的关系，庙会的社会文化意义、功能都受到研究者的重视。

在中外关系史研究中，一些研究者认为中国被纳入近代国际体系的过程当然是国家主权受侵犯的过程，是被殖民的过程，但同时也是近代中国"睁眼看世界"、破除"华夏中心"的过程，是外交近代化，即近代外交观念、制度产生和发展的过程。几十年前的"侵华史"已渐为现在更加中性的"中外关系史"所取代，虽只一名之兴替，却也可略窥学术之变化，表明研究的"理论预设"今昔已有所不同。

在思想史研究方面，以前未获研究的"唯科学主义"开始被研究者注意，对自由主义及其代表人物的研究更加客观，已从政治批判转入学术研究，这反映出译介的影响。《中国的启蒙运动——知识分子与五四遗产》一书中对"启蒙"与"救亡"关系的探讨，使中国思想、学术界深受启发。从20世纪70年代后期起，美国的中国史研究中"传统"与"现代"互相对立的模式渐为新的现代化理论所取代，即"现代"从"传统"中发展而来，应更加注重承继、利用种种传统资源。《中国意识的危机——"五四"时期激烈的反传统主义》一书更侧重对近代中国，尤其是"五四"时期"激烈""全面"反传统思想的负面作用进行分析，在80年代中后期"文化热""激烈反传统"思潮再度产生的背景下，该书的翻译出版确引人注目，作者可能也未想到，该书实际为90年代因种种原因而异军突起的"文化保守主义"作了重要的理论铺垫。

在人物研究方面，《孙中山与中国革命的起源》将孙中山个人与社会环境紧密结合起来考察，突破了以往人们讥称的"孙中心"框框。《黄兴与中国革命》一书对以往注意不够的黄兴与辛亥革命的关系做了细致的研究，引起了有益的探讨，促进了有关研究的深化。而且，以上两书均在国门初启时翻译出版，当时也更引人注目。《李大钊与中国马克思主义的起源》一书对李大钊思想与民粹主义的关系做了深刻的研究和分析，启发了关于民粹主义对中国共产党其他领导人思想影响的研究，这种研究直到现在仍引起热烈的争论。相对于内地的人物研究以前主要集中于政治人物，国外对文化人物的研究一直比较重视，如对梁漱溟、丁文江、钱穆、洪业等都有研究专著，这些专著的译介对内地有关研究有着明显的推动作用。

## 第三节　日趋繁荣

1998年以来，随着中国近代史研究的长足发展，海外中国近代史研究著作的译介也呈日趋繁荣之势。

江苏人民出版社继续出版"海外中国研究丛书"，为中国近代史研究学界了解国外的学术成就做出了重要贡献。这套丛书已经成为这一领域的佼佼者，拥有很高的知名度，具备了一定的品牌效应，其中的部分精品已多次再版。1998年以来，这套丛书中的中国近代史论著主要有：艾尔曼的《经学、政治和宗族：中华帝国晚期常州今文学派研究》（1998年版）、王国斌的《转变的中国——历史变迁与欧洲经验的局限》（1998年版）、冯客的《近代中国之种族观念》（1999年版）、马若孟的《中国农民经济》（1999年版）、萧邦奇的《血路：革命中国中的沈定一（玄庐）传奇》（1999年版）、柯文的《历史三调：作为事件、经历和神话的义和团》（2000年版）、杨懋春的《一个中国村庄：山东台头》（2001年版）、安敏成的《现实主义的限制：革命时代的中国小说》（2001年版）、裴宜理的《上海罢工：中国工人政治研究》（2001年版）、贺萧的《危险的愉悦——20世纪上海的娼妓问题与现代性》（2003年版）、余英时的《中国思想传统的现代诠释》（2003年版）、彭慕兰的《大分流：欧洲、中国及现代世界经济的发展》（2004年版）、朱爱岚的《中国北方村落的社会性别与权力》（2004年版）、赫大维的《先贤的民主——杜威、孔子与中国民主之希望》（2004年版）、岛田虔次的《中国近代思维的挫折》（2005年版）、拉铁摩尔的《中国的亚洲内陆边疆》（2005年版）、德里克的《革命与历史：中国马克思主义历史学的起源，1919—1937》（2005年版）、滨下武志的《中国近代经济史研究：清末海关财政与通商口岸市场圈》（2006年版）、白馥兰的《技术与性别：晚期帝制中国的权力经纬》（2006年版）、佐藤慎一的《近代中国的知识分子与文明》（2006年版）、柯伟林的《德国与中华民国》（2006年版）、韩敏的《回应革命与改革：皖北李村的社会变迁与延续》（2007年版）、张英进的《中国现代文学与电影中的城市》

(2007年版)、史书美的《现代的诱惑：书写半殖民地中国的现代主义(1917—1937)》(2007年版)、罗芙芸的《卫生的现代性：中国通商口岸卫生与疾病的含义》(2007年版)、冯客的《近代中国的犯罪、惩罚与监狱》(2008年版)、王冠华的《寻求正义：1905—1906年的抵制美货运动》(2008年版)、易劳逸的《毁灭的种子：战争与革命中的国民党中国(1937—1949)》(2009年版)、顾琳的《中国的经济革命：20世纪的乡村工业》(2009年版)、高彦颐的《缠足》(2009年版)、胡缨的《翻译的传说：中国新女性的形成(1898—1918)》(2009年版)。

中国社会科学出版社的"中国近代史研究译丛"继续出版了如下几种专著：芮玛丽的《同治中兴：中国保守主义的最后抵抗》(2002年版)、K.E.福尔索姆的《朋友·客人·同事：晚清的幕府制度》(2002年版)、R.J.史密斯的《19世纪的中国常胜军：外国雇佣兵与清帝国官员》(2003年版)、谢爱伦的《被监押的帝国主义——英法在华企业的命运》(2004年版)、久保亨的《走向自立之路：两次世界大战之间中国的关税通货政策和经济发展》(2004年版)。

21世纪以来面世的具有重大影响的译丛是国家清史编纂委员会自2004年开始出版的"编译丛刊"，其"总序"对丛刊的出版做了这样的说明："在编纂清史时要有世界眼光，这已是广大史学工作者的共识。不仅要把清史放到世界历史的范畴中去分析、研究和评价，既要着眼中国历史的发展，又要联系世界历史的发展进程，而且还要放眼世界，博采众长，搜集和积累世界各国人士关于清代中国的大量记载，汲取外国清史研究的有益成果，为我所用。正是从这一基本认识出发"，国家清史编纂委员会决定编辑出版"编译丛刊"。这套丛书中有不少涉及晚清史的论著，主要有安文思的《中国新史》(大象出版社2004年版)、李明的《中国近事报道(1687—1692)》(大象出版社2004年版)、赫德的《这些从秦国来：中国问题论集》(天津古籍出版社2005年版)、余凯思的《在"模范殖民地"胶州湾的统治与抵抗：1897—1914年中国与德国的相互作用》(山东大学出版社2005年版)、罗威廉的《汉口：一个中国城市的商业与社会(1796—1889)》(中国人民大学出版社2005年版)、李提摩太的《亲历晚清四十五年：李提摩太在华回忆录》(天津人民出版社2005年版)、杜格尔德·克里斯蒂的《奉天三十年（1883—1913）——杜格尔德·克里斯蒂的经历与回忆》（湖北人民出版社 2007 年版）、佐藤公彦的《义和团的起源及其运动》（中国社会科学出版社 2007 年版）、安冈昭男的《明治前期日中关系史研究》（福建人民出版社 2007 年版）、尼古拉·阿多拉茨基的《东正教在华两百年史》（广东人民出版社 2007 年版）、何伟亚的《英国的课业：19 世纪中国的帝国主义教程》（社会科学文献出版社 2007 年版）、托米·本特森等的《压力下的生活：1700—1900 年欧洲与亚洲的死亡率和生活水平》（社会科学文献出版社 2007 年版）、威廉·埃德加·盖洛的《中国十八省府》（山东画报出版社 2008 年版）和《扬子江上的美国人》（山东画报出版社 2008 年版）、罗威廉的《汉口：一个中国城市的冲突和社区（1796—1895）》（中国人民大学出版社 2008 年版）、森田明的《清代水利与区域社会》（山东画报出版社 2008 年版）、王业键的《清代田赋刍论（1750—1911）》（人民出版社 2008 年版）、罗友枝的《清代宫廷社会史》（中国人民大学出版社 2009 年版）。

与此同时，国家清史编纂委员会编译组还于 2004 年创办《清史译丛》杂志，其办刊宗旨是根据清史编纂工程进度的需要，向编纂委员会及下属研究人员以编辑或翻译的形式，提供各类急需和重要的外文研究资料，包括相关文献档案和研究成果的目录、摘要、摘译或全译等内容，为清史纂修的主体工程服务。《清史译丛》主要内容包括：（1）与清代有关的外文文献资料的介绍和选译；（2）国外清史研究重要学术论文的摘要或全译；（3）国外清史研究的重要学术著作的介绍、书评或选译；（4）国外清史研究的学术动态，包括研究机构、人才、会议或研究综述等内容。主要栏目有"专题研究""论著及文献选择""学术综述""名家访谈""海外专稿""理论争鸣""论点摘编""新书书评"等。至 2008 年 1 月，《清史译丛》已出版至第 7 辑。《清史译丛》所登论文和信息大部分涉及中国近代史，在一定程度上弥补了《国外中国近代史研究》杂志停刊给学术界造成的缺憾。

经过改革开放后 30 年的播种和积累，内地学术界对抗日战争史的研究进入收获季节，相关成果极其丰富，与此相应，域外相关资料和论著的翻译出版数量也大为增加。

## 第二十四章 海外中国近代史研究著作的译介

日军在华暴行可谓罄竹难书，关于日军暴行的研究一直是中国学术界和社会上关注的一个重大课题。近些年来，内地学者在搜集整理历史资料、记录幸存受害者证言的同时，也翻译出版了不少外文资料和论著。在这方面，德国人约翰·拉贝的《拉贝日记》（江苏人民出版社1997年版）和美国华裔作家张纯如的《南京暴行——被遗忘的南京大屠杀》（东方出版社1998年版）起到了先导性作用。前者是时任南京安全区主席的拉贝对他所看到的南京大屠杀的真实记录，因为前者是日本的盟国——德国的公民，且是纳粹党党员，所以他的日记具有不可替代的可信度。张纯如的著作对南京大屠杀做了全面回顾，改变了所有英语国家都没有详细记载南京大屠杀这一历史事件的状况。哈佛大学历史系主任柯伟林在该书序言里指出，它是"第一本充分研究南京大屠杀的英文著作"。此书的翻译出版在中国内地及华人世界里都引起了很大的震动。

此后，关于南京大屠杀和日军其他暴行的翻译作品相继问世，主要有《东史郎日记》（江苏教育出版社1999年版）、《魏特琳日记》（江苏人民出版社2000年版）、田野正彰的《战争罪责：一个日本学者关于侵华士兵的社会调查》（广西师范大学出版社2000年版）、哈里斯的《死亡工厂：美国掩盖的日本细菌战犯罪》（上海人民出版社2000年版）、东中野修道的《南京大屠杀的彻底检证》（新华出版社2000年版）、本多胜一的《南京大屠杀始末采访录》（北岳文艺出版社2001年版）、松村俊夫的《南京屠杀疑问》（新华出版社2001年版）、井上晴树的《旅顺大屠杀》（大连出版社2001年版）、森村诚一的《恶魔的饱食：日本细菌战部队揭密》（学苑出版社2003年版）、丹·温的《日本在中国的超级大屠杀》（北京大学出版社2005年版）、水野明的《日本军队对海南岛的侵占与暴政》（南海出版公司2005年版），等等。

由于历史和现实的原因，中日关系是当今中国面临的重要双边关系之一，关于中日关系史的研究自然是近代中外关系史研究中的热点之一，这方面的翻译著作主要有莫嘉度的《从广州透视战争：葡萄牙驻广州总领事莫嘉度关于中日战争的报告》（上海社会科学院出版社2000年版）、本村英夫的《战败前夕》（江苏古籍出版社2001年版）、江口圭一的《日本帝国主义史研究：以侵华战争为中心》（世界知识出版社2002年版）、高家龙的《大公司与关系网：中国境内的西方、日本和华商大企业（1880—1937）》（上海社会科学院出版社2002年版）、赫伯特·比克斯的《真相：裕仁天皇与侵华战争》（新华出版社2004年版）、加藤克子的《日中战争中悲哀的军队：搜寻父亲记忆的旅行》（中国广播电视出版社2004年版）、水中春喜的《"建国大学"的幻影》（昆仑出版社2004年版）、柯博文的《走向"最后关头"：中国民族国家构建中的日本因素》（社会科学文献出版社2004年版）、依田憙家的《日中两国近代化比较研究》（上海远东出版社2004年版）、竹内实的《日中关系研究》（中国文联出版公司2004年版）、中塚明的《还历史的本来面目：日清战争是怎样发生的》（天津古籍出版社2004年版），等等。

另外一些著作涉及抗日战争时期的其他内容，主要有陈纳德的《飞虎将军陈纳德回忆录》（浙江文艺出版社1998年版）、詹姆斯·贝特兰的《在战争的阴影下：贝特兰在抗日战争中的经历》（中国和平出版社2001年版）、依田憙家的《日本帝国主义研究》（上海远东出版社2004年版）和《近代日本的历史问题》（上海远东出版社2004年版）、野田正彰的《战争与罪责》（昆仑出版社2004年版）、威廉·凯宁的《飞越驼峰》（辽宁教育出版社2005年版）、前田哲男的《从重庆通往伦敦、东京、广岛的道路：二战时期的战略大轰炸》（中华书局2007年版），等等。

人物研究专著的翻译出版也是此一时期的一个亮点，受到关注的不仅有毛泽东等著名政治人物，其他领域的一些重要人物也进入了翻译者和出版者的视野。

翻译出版最多的仍是毛泽东研究专著，其中最引人注目的是中国人民大学出版社从2005年开始陆续出版的"国外毛泽东研究译丛"：斯图尔特·施拉姆的《毛泽东的思想》、杨炳章的《从革命到政治：长征与毛泽东的崛起》、斯塔尔的《毛泽东的政治哲学》、莫里斯·迈斯纳的《马克思主义、毛泽东主义与乌托邦主义》、魏斐德的《历史与意志：毛泽东思想的哲学透视》、沃马克的《毛泽东政治思想的基础：1917—1935》、史华慈的《中国的共产主义与毛泽东的崛起》、特里尔的《毛泽东传》（最新版全译本）。

其他的还有：迪克·威尔逊的《毛泽东》（中央文献出版社2000年

版)、埃德加·斯诺笔录的《毛泽东自传》(青岛出版社 2003 年版)、菲力普·肖特的《毛泽东传》(中国青年出版社 2004 年版)、近藤邦康的《毛泽东:革命者与建设者》(中国青年出版社 2004 年版)、尼·特·费德林等的《毛泽东与斯大林、赫鲁晓夫交往录》(东方出版社 2004 年版)、李中的《追寻毛泽东的革命轨迹:一个韩国人眼中的毛泽东》(人民出版社 2006 年版),等等。

中国共产党其他领袖人物的传记有迪克·威尔逊的《周恩来》(中央文献出版社 2000 年版)、大卫·贝奇曼的《陈云》(中央文献出版社 2001 年版)。国民党领导人的传记有陶涵的《蒋经国传》(新华出版社 2002 年版)。

晚清人物有:庞百腾的《沈葆桢评传:中国近代化的尝试》(上海古籍出版社 2000 年版)、凯瑟琳·卡尔的《禁苑黄昏:一个美国女画师眼中的西太后》(百家出版社 2001 年版)、史景迁的《"天国之子"和他的世俗王朝:洪秀全与太平天国》(上海远东出版社 2001 年版)、汤森的《马礼逊:中华传教士的先驱》(大象出版社 2002 年版)、德龄的《慈禧后宫实录》(学林出版社 2002 年版)、I. T. 赫德兰的《一个美国人眼中的晚清宫廷》(百花文艺出版社 2002 年版)、费正清等编的《步入中国清廷仕途:赫德日记(1854—1863)》(中国海关出版社 2003 年版)、何德兰的《慈禧与光绪:中国宫廷中的生存游戏》(中华书局 2004 年版),等等。

民国人物有:波兹德涅耶娃的《鲁迅评传》(湖南教育出版社 2000 年版)、卜利德的《一个中国人的文学观:周作人的文艺思想》(复旦大学出版社 2001 年版)、齐藤孝治的《聂耳:闪光的生涯》(上海音乐出版社 2003 年版)、魏斐德的《间谍王:戴笠与中国特工》(团结出版社 2004 年版)、周明之的《胡适与中国现代知识分子的选择》(广西师范大学出版社 2005 年版)、金介甫的《沈从文传》(国际文化出版公司 2005 年版)、费侠莉的《丁文江:科学与中国新文化》(新星出版社 2006 年版)、丁淑芳的《丁玲和她的母亲:人文心理学研究》(厦门大学出版社 2006 年版)、施耐德的《真理与历史:傅斯年、陈寅恪的史学思想与民族认同》(社会科学文献出版社 2008 年版)。

值得称道的还有地方史研究论著的翻译出版。这方面首推上海古籍出版社2003—2004年出版的"上海史研究译丛",与中国近代史有关的有:小浜正子的《近代上海的公共性与国家》、刘建辉的《魔都上海:日本知识人的"近代"体验》、安克强的《上海妓女:19—20世纪中国的卖淫与性》、魏斐德的《上海歹土:战时恐怖活动与城市犯罪》、安克强的《1927—1937年的上海》、梁元生的《上海道台研究:转变中之联系人物(1843—1890)》、魏斐德的《上海警察:1927—1937》、韩起澜的《苏北人在上海:1850—1980》。

除此之外,尚有武汉和香港的地方史。武汉方面,除前述国家清史编纂委员会"编译丛刊"出版的罗威廉的两本专著外,武汉出版社还出版了麦金农的《武汉,1938——战争、难民与现代中国的形成》(2008年版),中央编译出版社则出版了弗兰克·韦尔什的《香港史》(2007年版)。

还有一些译著未包括在上述译丛或专题中,现分别介绍如下:

通论性的专著主要有:费正清的《中国:传统与变迁》(世界知识出版社2002年版)、E.A. 罗丝的《病痛时代:19—20世纪之交的中国》(中央编译出版社2005年版)、何天爵的《真正的中国佬》(中华书局2006年版)、E.A. 罗丝的《变化中的中国人》(中华书局2006年版)、阿瑟·亨德森·史密斯的《中国人的人性》(中国和平出版社2006年版)、徐中约的《中国近代史:中国的奋斗(1600—2000)》(世界图书出版公司北京公司2008年版),等等。

关于近代中国革命史,主要有:费正清的《伟大的中国革命:1800—1985年》(世界知识出版社2000年版)、马克·赛尔登的《革命中的中国:延安道路》(社会科学文献出版社2002年版)、三谷孝的《秘密结社与中国革命》(中国社会科学出版社2002年版)、大卫·古德曼的《中国革命中的太行山抗日根据地社会变迁》(中央文献出版社2003年版)、海伦·福斯特的《红都延安采访实录》(中国社会出版社2004年版)、奥托·布莱恩的《中国纪事》(东方出版社2004年版)、石川祯浩的《中国共产党成立史》(中国社会科学出版社2006年版)、德里克的《中国革命中的无政府主义》(广西师范大学出版社2006年版)、方德万的《中国的民族主义和战争(1925—1945)》(生活·读书·新知三联书店2007年版)、裴宜理的《华北的叛乱者与革命者(1845—1945)》(商务印书馆

2007年版)。

关于政治史和军事史,主要有:松本真澄的《中国民族政策之研究:以清末至1945年的"民族论"为中心》(民族出版社2003年版)、伯纳·布立赛的《1860:圆明园大劫难》(浙江古籍出版社2005年版)、绿蒂的《北京的陷落》(山东友谊出版社2005年版)、李怀印的《华北村治:晚清和民国时期的国家与乡村》(中华书局2008年版)。

关于经济史,主要有:高加龙的《中国的大企业——烟草工业中的中外竞争(1890—1930)》(商务印书馆2001年版)、白凯的《长江下游地区的地租、赋税与农民的反抗斗争:1840—1950》(上海书店出版社2005年版)。

关于中外关系史,主要有:M.G.马森的《西方的中华帝国观:1840—1876》(时事出版社1999年版)、约·罗伯茨编的《十九世纪西方人眼中的中国》(时事出版社1999年版)、柯文与默尔·戈德曼主编的《费正清的中国世界:同时代人的回忆》(东方出版中心2000年版)、何伟亚的《怀柔远人:马嘎尔尼使华的中英礼仪冲突》(社会科学文献出版社2002年版)、多米尼克·士风·李的《晚清华洋录:美国传教士、满大人和李家的故事》(上海人民出版社2004年版)、卡萝尔·卡特的《延安使命:1944—1947美军观察组延安963天》(世界知识出版社2004年版)、孔秉德、尹晓煌主编的《美籍华人与中美关系》(新华出版社2004年版)、缪里尔·德特里的《法国—中国:两个世界的碰撞》(上海译文出版社2004年版)、特拉维斯·黑尼斯三世和弗兰克·萨奈罗的《鸦片战争:一个帝国的沉迷和另一个帝国的堕落》(生活·读书·新知三联书店2005年版)、邢军的《革命之火的洗礼:美国社会福音和中国基督教青年会》(上海古籍出版社2006年版)、高斯坦主编的《中国与犹太—以色列关系100年》(中国社会科学出版社2006年版)、M.G.马森的《西方的中国及中国人观念》(中华书局2006年版)、维克托·乌索夫的《苏联情报机关在中国:20世纪20年代》(解放军出版社2007年版)、孟德卫的《1500—1800:中西方的伟大相遇》(新星出版社2007年版)、徐国琦的《中国与大战:寻求新的国家认同与国际化》(上海三联书店2008年版)。

关于社会史,主要有:刘易斯·查尔斯·阿灵顿的《古都旧景:65年前外国人眼中的老北京》（经济科学出版社1999年版）、施坚雅主编的《中华帝国晚期的城市》（中华书局2000年版）、莫里斯·弗里德曼的《中国东南的宗族组织》（上海人民出版社2000年版）、李中清和王丰的《人类的四分之一：马尔萨斯的神话与中国的现实（1700—2000）》（生活·读书·新知三联书店2000年版）、罗梅君的《北京的生育、婚姻和丧葬：19世纪至当代的民间文化和上层文化》（中华书局2001年版）、冈田宏二的《中国华南民族社会史研究》（民族出版社2002年版）、布赖恩·马丁的《上海青帮》（上海三联书店2002年版）、张信的《二十世纪初期中国社会之演变：国家与河南地方精英（1900—1937）》（中华书局2004年版）、彭慕兰的《腹地的构建：华北内地的国家、社会与经济，1853—1937》（社会科学文献出版社2005年版）、林达·约翰逊主编的《帝国晚期的江南城市》（上海人民出版社2005年版）、白凯的《中国的妇女与财产（960—1949）》（上海书店出版社2007年版）、吉尔伯特·威尔士和亨利·诺曼的《龙旗下的臣民：近代中国礼俗与社会》（光明日报出版社2000年版）。

关于文化史，主要有：戴仁的《上海商务印书馆：1897—1949》（商务印书馆2000年版）、杰罗姆·B.格里德尔的《知识分子与现代中国》（南开大学出版社2002年版）、榎本泰子的《乐人之都上海：西洋音乐在近代中国的发轫》（上海音乐出版社2003年版）、韩南的《中国近代小说的兴起》（上海教育出版社2004年版）、何凯立的《基督教在华出版事业（1912—1949）》（四川大学出版社2004年版）、王德威的《被压抑的现代性：晚清小说新论》（北京大学出版社2005年版）、樽本照雄的《清末小说研究集稿》（齐鲁书社2007年版）、李欧梵的《上海摩登：一种新都市文化在中国（1930—1945）》（上海三联书店2008年版）、J.K.施赖奥克的《近代中国人的宗教信仰：安庆的寺庙及其崇拜》（安徽大学出版社2008年版）。

此一时期的国外近代史研究译介，品种多，涉及的国家多。据笔者不完全统计，1998年以来翻译出版的中国近代史外文论著数量达200余种，与此前50年的数量大体相当。除选自美、英、法、德、俄、日等国家的书籍以外，还有葡萄牙、新西兰、澳大利亚、韩国、以色列、荷兰、加拿大等国的作品。如此之多的数量和国别,应可反映翻译出版的繁荣状况,而翻译出版的繁荣又从另外一个侧面证明,随着中国改革开放的不断深化和经济实力的不断增强,中国近代史学科的学术研究和中外近代史学界的相互交流已进入一个前所未有的快速发展阶段。

此一时期的中国近代史学界,在进一步吸收和学习国外学者研究问题的理论和方法的同时,也对这些观点给予更加深入的思考。如果说"文化大革命"以前是"立足于批",改革开放后的头20年主要是接受和模仿的话,21世纪头10年近代史学界对海外学者的观点所抱持的态度已趋于理性,不再盲目地批判或接受,而是在结合中国历史的实际情况进行认真反思后提出商榷或驳议。从世界的角度来看,外国学者关于中国近代史研究的理论与模式的积极意义在于,促使中国学者更加重视建立理论框架和意识到实证研究方面的"缺口"。在经历了20世纪90年代相对扎实的实证性研究阶段后,中国学者意识到需要对一贯拿来就用的西方理论展开自觉而清醒的批判与反思。下面试举几个典型事例加以说明。

第一,对"中国中心观"的批评。1970年之前,三大模式主导着美国的中国近代史研究,即冲击—反应模式、现代化(或传统—现代)模式和帝国主义(或帝国主义—革命)模式。后来,柯文对此提出挑战,他的《在中国发现历史——中国中心观在美国的兴起》一书乃是他试图摆脱"西方中心观"的影响,努力确立"中国中心观"的奠基之作。他在前三章中分别探讨了上述三种模式或研究取向所表现的"西方中心观"的偏见,对"西方中心观"提出批评,反对把"帝国主义""冲击—反应"甚至"近代的"等概念当作囊括一切的思想框架,来研究中国近代的历史。在此基础上,他提出了"中国中心观",认为传统中国有自己独特的历史样态和展开过程,其社会内部结构产生的各种巨大力量会不断地为自身的发展开辟前进的道路,所以,研究者应该努力尝试从中国历史的观点出发——密切注意中国历史的轨迹和中国人对自身问题的看法,而不仅仅从西方历史的观点出发,去理解中国历史。柯文的观点给中国近代史学界的启发意义是毋庸置疑的,对20世纪90年代以来的中国近代史研究产生了重大影响。正如夏明方所言:"1990年代以来,在大陆学术界占主导地位的中国近代史研究范式,开始遭到舶自美国汉学界之'中国中心观'潮流日益强劲的挑战和冲击。"① 进入 21 世纪以后,学者们开始对"中国中心观"的缺陷和内在矛盾提出批评,其中以夏明方的批评最为全面和深入。

夏明方把柯文"中国中心观"的三大核心内容概括为"柯文三论",即"在历史变化动力上的'去冲击论',在历史变化方向上的'去近代(化)论'以及在历史变化主体上的'去帝国主义论'"。柯文的理论既顺应了欧美思想界日渐兴起的反欧洲中心论的潮流,"又在很大程度上给那些不愿意正视或刻意回避乃至忘却近代中国落后挨打之惨痛现实的中国学者一些心灵上的慰藉,因而一经传到国内,便引起越来越广泛的影响"。但是,在夏明方看来,柯文采取的实际上是"一种类似于拔河比赛的策略":你说是"西方冲击",我偏要寻找中国历史的内在动力;你坚持传统与现代的二元对立,我则抹去两者之间的差异;你认为帝国主义发挥了决定性的作用,不管是好是坏,我就是要淡化帝国主义的影响力。"如此针锋相对,势必矫枉过正,从一个极端走向另一个极端,以致在激发人们历史想象力的同时,又严重束缚了人们的思想。"夏明方批评说,这种模式在中国的流行,尽管是"对教条化的马克思主义历史观的进一步反动,但其结果看来既非唯物史观的复原,亦非真正中国气派和本土特色的新范式的确立,而是逐渐走上了另一种新教条主义的道路"。②

罗志田则指出:"在中国发现历史"一语近年在中国颇流行,但不少接受者像李大钊所说,待之如"通货",虽不断流通传播,却很少认真审视作者之原意,以至于其"形象"有些模糊失真。那一取向本是针对西方(特别是美国)的中国研究,不一定特别适合于中国大陆的"学情"。至少中国学界对近代史的研究,向来注重本国内容而忽视"冲击"中国的外国因素。"既然西潮早已成为今人面对的近代中国'传统'之一部分,既然我们过去的研究也未曾离开'从西方借用来的词汇、概念和分析框架',或不如提倡去揭示'在中国发生的历史',即将'在中国发现历史'落实

---

① 夏明方:《一部没有"近代"的中国近代史——从"柯文三论"看"中国中心观"的内在逻辑及其困境》,《近代史研究》2007 年第 1 期。
② 同上。

到'发现在中国的历史'。"①

第二,对施坚雅模式的反思。在反对"西方中心观"的学术氛围中,美国学术界产生了大量以中国社会史为中心的研究成果,而政治、外交史的研究则受到一定程度的冷落。有的外国学者解剖中国社会经济变迁状况,提出了分析传统农耕社会向现代工业社会转化的中国经济的种种理论。施坚雅根据集市体系理论和区域体系理论对中国的乡村社会与中国的城市化进行研究,在吸收中心地学说、城市空间网络学说、等级—规模学说及许多相关研究成果的基础上提出的施坚雅模式,当属于这一系列。施坚雅模式在近代市场史、城市史和人口史方面,均对中国近代史的研究产生了重大影响。正如任放指出的,施坚雅运用"中心地理论"和"巨区理论","把不同的基层市场视为层级性的连续体,将农村集市网络概括为'市场共同体'说以及地理学的正六边形结构"②。这一理论不但在国际学术界大为流行,被研究区域社会经济的学者广泛运用,而且中国学者受到的启发也很大,直接导致了一批颇有分量的研究成果的问世。③不过,中国学者在具体的研究过程中,也逐渐发现施坚雅理论中的缺陷与内在矛盾,并以实证研究为基础提出批评。其中,最受中国学者诟病的要数他的六边形区域市场理论。不少人认为,这一理论是施氏根据其对成都平原的研究推论出来的,或者这个推论本身就有问题。有些人认为,这一理论只适用于成都平原,施氏却要把它推广到全中国,因而产生了错误。还有一些人认为,施氏是把欧洲的模型移植到了中国。王庆成利用晚清华北数十州县的方志资料,对晚清时期华北的集市和集市圈做了较详尽的研究,对施坚雅关于中国乡村市场和社会结构的理论、公式提出了质疑。④此文被史建云誉为"极少数能够站在同等高度与施坚雅对话的论文之一"⑤。比较

---

① 罗志田:《发现在中国的历史——关于中国近代史研究的一点反思》,《北京大学学报》2004年第5期。
② 任放:《施坚雅模式与中国近代史研究》,《近代史研究》2004年第4期。
③ 例如:王笛:《跨出封闭的世界——长江上游区域社会研究(1644—1911)》,中华书局1993年版;单强:《江南区域市场研究》,人民出版社1999年版。
④ 参见王庆成《晚清华北的集市和集市圈》,《近代史研究》2004年第4期。
⑤ 史建云:《对施坚雅市场理论的若干思考》,《近代史研究》2004年第4期。

中外学者的相关研究可看出，由于外国学者难以充分占用和利用中国的第一手资料，而主要是将其模式或理论建立在较烦琐的理论推衍或逻辑推理上，所以难免受到实证研究的挑战。不过，即使是在理性层面，其理论来源及模式或理论本身也值得质疑，所以那些模式或理论与中国历史的实际情况肯定是有偏差的。《近代史研究》2004年发表王庆成、史建云、任放和黄正林的四篇论文，除了提倡国内外学者间的对话外，其实也是对一些学者认为西方人文社会科学对中国人文社会科学存在"文化霸权"观点的一种回应。中国学者对施坚雅的理论或模式与中国历史的契合度进行的分析，即中外历史学者在近代史领域进行"同等高度"的对话，提出了一个值得我们深思的问题，那就是如何将产生于国外的具有一定普遍意义的分析模式、理论框架应用于中国实际。

第三，关于《大分流》的讨论。20世纪80年代以来，受到新经济史学的长期浸染，国外（尤其是美国）研究中国经济史的学者开始广泛运用新经济史学的理论和方法研究中国经济史。其中，以近年来在中国经济史研究中崛起并成为主导力量的美国加州大学为代表，形成了加州学派。加州学派，也称尔湾学派，成员主要有王国斌、李中清、弗兰克、戈德斯通、彭慕兰等人，中国学者李伯重因为在加州访学和讲学时间较长，学术理念不谋而合，也被一些人视为加州学派人物。这个学派的特点，用彭慕兰自己的话说，他们的研究形成了一个"对中国史和世界史进行学术再评价的更广泛的潮流"。他们尽管对很多问题有争议，但都认为18世纪的中国比前辈学者认为的更繁荣。这一学派成员的主要著作，如：李中清和王丰的《人类的四分之一：马尔萨斯的神话与中国的现实》、王国斌的《转变的中国——历史变迁与欧洲经验的局限》、弗兰克的《白银资本：重视经济全球化中的东方》、彭慕兰的《大分流》等，都以其全新的视角、方法与成果产生了很大影响。

在这些论著中，对中国学界影响最大的是彭慕兰的《大分流》。为了解决为什么工业革命发生在西欧，西欧有什么独特的内生优势导致了工业革命这个问题，彭慕兰收集了形形色色的西欧中心论观点，将它们分门别类，逐项进行区域性的比较分析，最后得出了一个标新立异的结论：18世纪以前，东西方走在一条大致相同的发展道路上，西方并没有任何明显的、完全为西方自己独有的内生优势；18世纪末19世纪初，历史来到了一个岔路口，东西方之间开始逐渐背离，分道扬镳，距离越来越大。造成这种背离的主要原因有两个：一是美洲新大陆的开发，一是英国煤矿优越的地理位置。

彭氏此书一经出版，即引起广泛关注和讨论。美国学者黄宗智和中国学者王家范等人都撰写论文，对彭氏观点提出批评。[①] 本书译者史建云在深入思考后，也对彭氏理论提出了批评。史建云认为，彭慕兰的逻辑是存在问题的。他论证的方式，表面上看起来颇有道理，实则不然。他是这样做的：把西欧中心论的种种因素拿出来进行比较，凡是其他地方也有的，就不能算是西欧独有的内生优势，因而不是西欧能够独自优先现代化的原因。他的逻辑是，如果你具备的条件我也具备，这个条件就不是你独有，你成功了我失败了，这个条件就不是成功的决定性条件。假如英格兰的所有优势，江南也都具备，这种逻辑自然可以成立。但问题在于，他的比较并不限于英格兰和江南。他的比较方法是，首先拿江南与英格兰比较，假如英格兰的某个先进因素江南不具备，就与日本比较，日本也不具备，就去看印度、东南亚甚至非洲。拿英格兰与全世界这样比较，英格兰就一项内生优势也没有了。

在史建云看来，现代化是一个系统工程，是许多因素综合作用的结果。也就是说，18世纪的英国具备了最多的优势、最多的促进现代化的条件，江南略次于英国，日本更少，印度、非洲等只具备一两项。即使英国一个自己独有的内生因素都没有，它的现代化仍然是顺理成章的。江南所不具备的那些优势很可能并不重要，单独看没有什么决定性可言，但与其他因素组合在一起，就构成了英格兰的真正的优势。换句话说，我们可以把英国具备了最多的条件这件事本身，视为英国独有的内生优势。[②]

---

[①] 参见黄宗智《发展还是内卷？18世纪英国与中国——评彭慕兰〈大分岔：中国、欧洲与近代世界经济的形成〉》，《历史研究》2002年第4期；王家范《〈大分岔〉与中国历史重估》(《文汇报·学林》2003年2月9日)、《中国社会经济史面临的挑战——回应〈大分流〉的"问题意识"》(《史林》2004年第4期)。

[②] 参见史建云《彭慕兰〈大分流〉一书在中外学术界的反响——在近代史研究所文化史研究室信息沙龙上的演讲》，近代中国研究网（http://jds.cass.cn/）。

第四,对后现代主义史学思潮的评议。后现代主义是一个处于不断变动的难以把握的概念,渗透到当代社会的方方面面,如自然科学、哲学、人文社会科学等诸多领域,它并非一种意识形态,而是一种"状态"。什么是后现代主义呢?要把握后现代主义的含义,我们有必要首先了解什么是现代主义。所谓现代主义,就是最好的方法、最佳的途径。现代性的规定特性是:(1)对科学和技术的压倒一切的信仰和信任;(2)推崇技术的正面效果;(3)认为发展是必然的,是现代思维所希望的。

从形式上讲,后现代主义是一股源自现代主义但又怀疑甚至反叛现代主义的思潮;从内容上看,后现代主义是一种源于工业文明、对工业文明的负面效应的思考与回答,是对现代化过程中出现的剥夺人的主体性、感觉丰富性的死板僵化、机械划一的整体性、中心、同一性等的批判与解构,也是对西方传统哲学的本质主义、基础主义、"形而上学的在场"和"逻各斯中心主义"等的批判与解构;从实质上说,后现代主义是对西方传统哲学和西方现代社会的纠正与反叛,其要旨在于放弃现代性的基本前提及其规范内容,最极端的情况是整个地排斥现代性观点。如果现代主义是寻求永恒真理,那么后现代主义就是对这些永恒真理的怀疑;如果现代主义是寻求知识的明确表征,那么后现代主义则认为知识的状态随着社会进入后工业时代以及文化进入后现代时代而改变着。总之,后现代主义的规定特性是对现代主义规定特性的排斥,并代之以:(1)信仰多元化;(2)全方位地审视技术所带来的结果;(3)审视发展是否总是必然的,"技术发展"可能根本就不是发展。

后现代主义思潮被引入历史研究领域后,形成后现代主义史学思潮,这种思潮以全面批评乃至颠覆现代史学为宗旨,其具体表现主要是:否定西方现代历史学所追求的历史的"真实性""客观性""趋势性""科学性""规律性"及其所奉行的西方中心论、西方民族国家史、整体史、精英史、男性史等,把其中史学界所基本认同的历史的基本属性统称为"预设"或"先入之见",认为真正的历史是不能认知的,把现代历史学对这些主要内容的研究和叙述称为"宏大叙事"。它注重研究非中心、非精英、非理性的历史,也就是要研究多元的、多样的、非西方的、边缘的、普通的、下层的、生活的、女性的、枝节的、突发的、偶然的历史,即所谓的

"微小叙事";还主张采用叙事式的写作方式,构建历史的情节和场景,进而主张情节想象和反事实研究。①

柯文的《历史三调:作为事件、经历和神话的义和团》就是一本深受后现代主义影响的著作。此书的主旨并不是研究义和团运动本身,而是以这个运动为载体,全面阐发柯文本人关于历史和历史研究的一些思考。历史是什么?到底应该如何看待历史?人们亲身经历的历史、历史学家笔下的历史和神话化的历史三者之间存在什么样的互动关系?此书以义和团运动为例,对上述问题进行了探讨和解释:第一部分是历史学家笔下的历史,以叙事为主;第二部分考察直接参与义和团运动的中外各类人物当时的想法、感受和行为,指出他们对正在发生之事的看法与后来重塑历史的历史学家的看法大为不同;第三部分评述在20世纪中国产生的关于义和团(包括红灯照)的种种神话。柯文认为,就上述三条认识历史的不同途径而言,经历和神话对普通读者具有更大的说服力和影响力。柯文在绪论中指出:"历史学家重塑的历史实际上根本不同于人们经历的历史。不论历史学家能够选择和实际选择的史料多么接近真实,多么接近人们的实际经历,他们最终写出来的史书在某些方面肯定有别于真实的历史。"(第10页)历史的"不确定性、不完整性和短暂性对历史学家产生了强烈的吸引力。他们利用搜集到的证据和自己的所有想象力,努力去理解和解释历史。最终的结果是,历史学家的解释既非原原本本地复原历史,亦非对历史学家作为历史叙述者的价值观和愿望的简单体现。(当然,这种情况经常发生。但是,当这种情况出现时,我们面对的就不是历史而是神话了)"(第12页)。因此,"历史学家在重塑历史时,必须在现在与过去之间找到某种平衡,撷取二者当中特别重要的内涵,在寻找平衡的过程中不断地调整自己的观念"(第12页)。他的这些看法对中国史学工作者无疑具有重要的启发意义。但是,他书中的后现代主义倾向也值得我们加以重视。后现代理论的代表人物海登·怀特就曾说过,"所有历史著作的内容,发明出来的不亚于发现出来的",并直言"史书与小说并无多大区别"。在他看来,"文本不可能反映真实的过去,任何史书,既无所谓真相,自毋须辩证文本真

---

① 参见虞和平《中国近代史研究篇》,《中国社会科学院院报》2007年6月26日。

伪，无庸客观史事佐证，但求论述之一致、连贯与明白而已"。①

对史学研究中的这种后现代主义思潮，中国学术界不乏批评的声音，如虞和平就直言："它在思想本质上是一种反科学的历史虚无主义，在具体内容和写作上虽有反对西方中心主义和丰富史学研究的正面作用，但也有碎化、伪化史学的负面作用。"② 曾业英在详细考证蔡锷与小凤仙交往的相关史事后指出，"历史研究不能盲目随'后现代'理论起舞，应高度重视史料辨伪和史事考证工作"。"那种不加区分地否定史料的可信性，否定历史求真的可能性，否定历史知识的客观性，断言可以不必考证史料真伪和史事虚实，甚至企图将历史学家从学术纪律中'解放'出来，彻底颠覆史学传统方法和主流价值的反历史、反真相、反客观的倾向，就不是以求真为要务的历史研究者所认同和接受的了。"③

上述反思、讨论和批评，表达了中国学者要建立真正的中国气派和本土特色的新范式的思想倾向，表明进入21世纪以来中国学者在与外国学者进行学术对话时的心态，与改革开放初期相比，已经成熟并深刻了许多。

总而言之，60年间海外中国近代史研究著作的译介与中华人民共和国的历史一样走过了曲折发展的过程，现在确可说是百花齐放，日趋繁荣。但在这种繁荣之下却仍有不能忽视的隐忧，即译作的质量有每况愈下之势，一些错译、误译反而起了学术的"误导"作用，倘若长此以往，会使人对所有译介的准确性产生怀疑，终将使这种学术发展必不可少的译介本身受到严重损害。提高译作质量，是译介者的当务之急。当然，每个研究者都必须面对的挑战是，在如此多样化的译作面前如何能真正撷其精华而不是食洋不化，机械照搬。而这，却是更加艰难，也更加重要的。

---

① 转引自汪荣祖《后现代思潮下中国现代史学走向》，载《"中央研究院"近代史研究所集刊》第56期，2007年6月，第165页。
② 虞和平：《中国近代史研究篇》，《中国社会科学院院报》2007年6月26日。
③ 曾业英：《蔡锷与小凤仙——兼谈史料辨伪和史事考证问题》，《近代史研究》2009年第1期。

# 第二十五章

# 2009—2019 年的中国近代史研究[*]

众所周知,自 20 世纪 70 年代末国家改革开放以来,中国近代史研究进入了一个空前繁荣的发展时期。2009—2019 年的中国近代史研究,不但卓有成效地延续了这一发展态势,在政治、经济、思想、文化和社会等各个领域又取得了丰硕的研究成果,还呈现了若干新的特点,如加强了对历史虚无主义思潮的批判和台湾地区历史的研究。现将这一阶段的研究概况,择要介绍如下。

需要说明的是,由于研究者兴趣不同,选题各异,成果数量自然彼此悬殊。而有的内容,如资料的整理与出版,海外研究著作的译介,随着科技的进步,也已不难查寻。因此,本章不再沿用先前的体例,依次按 24 节逐一补充其内容。而是根据实际情况,将有些成果并入相关部分,如太平天国并入了"晚清政治史",妇女史并入了"社会史"。此外,限于篇幅和个人识见,成果介绍,挂一漏万,也在所难免。不妥之处,恭请方家指正。

## 第一节 史学理论、方法与学术讨论

史学理论与方法问题,一直是包括中国近代史研究者在内的史学界十

---

[*] 本章参考了王建朗 2009—2011、2015—2017 年的"中国近代史研究综述"(《近代史研究》2013 年第 3 期、2016 年第 4 期、2017 年第 6 期、2018 年第 4 期),以及唐仕春的《中国近代社会史研究扫描:2014》(《河北学刊》2015 年第 5 期)、李婕等人的《2014 年中华民国史研究综述》(《民国研究》2015 年秋季号)和邱志红的《2017 年国内晚清政治史研究述评》(《北京教育学院学报》2018 年第 4 期)等文,谨致谢忱。

分重视的问题。最近10年来，学者们除了继续肯定可以，也有必要借鉴当代西方某些有价值的史学理论与方法外，还特别强调有远见的研究者更应该重视以马克思主义的理论与方法为指导，绝不能对形形色色攻击唯物史观的思潮视而不见。他们围绕如何准确理解和发展马克思主义的唯物史观、马克思主义的唯物史观在中国的传播、中国马克思主义史学的建立等问题进行了研究，并对多年来越演越烈的否定中国革命的历史虚无主义思潮进行了批判。与此同时，相较于以往，学界相互切磋，平等、率直的学术讨论风气也越来越浓。

## 一 关于如何准确理解和发展唯物史观问题

鉴于有些原来相信唯物史观的历史研究者现在却不怎么相信了，即使相信也不是把它当作分析历史进程的有力工具，而只把它当作空洞的标签，有的甚至根本不认为它是科学真理，而采取不屑一顾的排斥态度，有学者认为出现这种现象的主要原因，是我们以往讲的唯物史观理论存在不彻底性而不能服人的缺陷。因此，在捍卫唯物史观的科学体系和基本原理的同时，应注意发现和弥补以往唯物史观理论在运用上的不足，并结合新的实践，对这一理论进行丰富和发展。有学者提出，唯物史观的传统解释体系是在特定的历史背景下，为适应特定的历史需要而形成的，在某些方面不免存在不准确、偏颇和简单化的理解。这就要"回到马克思，准确解读原著，对唯物史观重新做出解释，并依此对重大历史和现实问题做出解析"。这是"恢复唯物史观活力及影响力的关键所在"。另有学者进一步提出，应从三方面着手坚持和发展唯物史观。第一，进一步营造研读马克思主义原著的理论氛围；第二，运用唯物史观进一步总结、阐释中国史学的理论；第三，在唯物史观指导下，从中国历史和中国史学的实际出发提出问题、分析问题、获得新的结论。还有学者强调面对各种新的史学理论和方法，发展唯物史观应持开放的学术气度，积极吸收其合理成分和优秀成果，在兼容并蓄中体现自身的优势，而不是置身于世界史学潮流之外。[1]

---

[1] 吴英：《重新解读唯物史观的紧迫性与可能性》，瞿林东：《在唯物史观指导下，推动中国史学走向新的发展》，张越：《20世纪中国史学中的唯物史观史学》，《史学理论研究》2015年第1期。

也有学者认为建构唯物史观的历史阐释学,必须在坚持历史事实的客观性与先在性的前提下,注意克服历史评价的主观性、相对性和多元性的羁绊,寻求人类建立共同历史价值观、书写人类共同历史的可能。① 而对于阶级斗争理论在唯物史观中的地位,学者之间的认识则并不完全一致。有学者考察"以阶级斗争为纲"的理论源流及其历史实践后认为,生产力、生产关系与阶级斗争、无产阶级革命等概念在马克思主义唯物史观里面有着必然的联系,阶级斗争学说确是唯物史观的核心内容。因而人为地将阶级斗争从唯物史观中"摘"出去,只是改革开放之初理论上的一种权宜之计。至于"两类矛盾说",实际属于"以阶级斗争为纲"的理论体系,与中国特色社会主义理论体系是不同的,因而认为应该停止使用这个旧的理论范畴。②

## 二 关于唯物史观在中国的传播

马克思主义在近代中国的接受和传播,以往的研究基本上集中在作为披坚执锐的革命指导理论方面,这期间则多侧重于其作为覃思精研的严密思想体系方面,而且产生了不少新的成果。如有学者认为,吴恩裕青年学生时期接触到了马克思主义,后来经由清华大学至英国深造,在拉斯基门下继续研究唯物史观,归国后出版了这方面影响广泛的著作,可谓是唯物史观传播史上一个党外的重要代表人物。这从一个侧面反映了学院派知识分子与中国人译介、研究和传播唯物史观这一历史过程间的关联性。有学者认为国民党三民主义理论家叶青自赴法勤工俭学到被国民党逮捕之前,运用多种途径获得的马克思主义理论,分析和宣传世界革命、中国革命和中国共产党的革命,对革命的发展是有利的。当然,他对马克思主义的认识也只是一种实用性的理解、把握和运用,并没有形成独立的理论体系。③

---

① 涂成林:《历史阐释中的历史事实和历史评价问题——基于马克思唯物史观的基本理论和方法》,《中国社会科学》2017年第8期。
② 王也扬:《"以阶级斗争为纲"理论考》,《近代史研究》2011年第1期;《"两类矛盾说"理论探析》,《史学月刊》2011年第10期。
③ 尹媛萍:《学院派知识分子与唯物史观的党外传播——以吴恩裕为例》,《近代史研究》2016年第3期;尹涛:《叶青早期对马克思主义的宣传》,《史学月刊》2016年第12期。

还有学者认为唯物史观作为第一次世界大战后的"新思潮"进入中国,随即踏上其徘徊于"物""心"之间的理论妥协之旅。原有的"经济定命论"思路,一再使人陷入物质与人力的互斥困局;而俄国革命却以显著的事实证明了革命意志突破物质局限的强大力量。就理论本身而言,唯物史观理性、物质化的推演逻辑,最终指向一个蕴含强烈情感刺激的两极对立社会,暗示着以冲突换革新的有为心态。① 另有学者认为民国时期的顾颉刚在学术上并不排斥唯物史观。他早在20世纪20年代就对运用唯物史观的史学著述表示赞赏;30年代初又表达了接受唯物史观的意愿,此后更在其古史研究中对唯物史观有所体现。他虽对社会史的论战有所批评,但其批评主要是针对有论者将唯物史观"定于一尊"和"公式化"表现的弊端而已。② 也有学者认为,是李大钊率先在中国传播马克思主义唯物史观,并做出了三大贡献:一是在北大等校开设"唯物史观研究"等课程,为中国共产党领导的革命事业培养了第一代熟悉马克思主义唯物史观的骨干人才;二是将唯物史观当作一种真理,用以指导研究中国历史文化和道德重建问题;三是运用唯物史观探索中国发展路径,把中国引向社会主义道路。有学者考察唯物史观在近代中国的流变后认为,唯物史观作为马克思主义学说的基础和主干于20世纪的"五四"时期传入中国,在时人心目中既是一种历史观,又是一种人生观和社会观。20年代辩证唯物论开始风行,唯物史观退居派生地位。30年代被等同于社会形态理论,随即发展为辩证唯物论之下的历史唯物论,构成中国马克思主义史学方法论的基本内容。1938年出现"历史唯物论的中国化"呼声,对立统一的辩证法最终将唯物史观导向阶级斗争学说。③

## 三 关于中国马克思主义史学的建立

这方面的研究成果,相当丰富。有学者指出,20世纪30年代中国涌

---

① 王雪楠:《"物"、"心"之辩:中国知识界的"唯物史观"解读变迁(1918—1923)》,《党史研究与教学》2016年第2期。
② 李政君:《民国时期顾颉刚对唯物史观的态度》,《人文杂志》2016年第5期。
③ 王宪明、杨琥:《李大钊传播马克思主义唯物史观的贡献》,《学术交流》2016年第7期;陈峰:《"唯物史观"在近代中国的流变》,《近代史研究》2018年第5期。

现出了一批用马克思主义历史观和方法论从事中国历史研究的史学家。他们创作了一批马克思主义史学著作，初步构建了中国马克思主义史学研究谱系。其具体表现为：确立了唯物主义的历史观，并以此作为回应和解决中国社会现实问题的指导思想，探索并运用了马克思主义史学研究方法，开辟和拓展了诸多史学研究的新领域，细化和剖析了中国历史研究的范畴和问题。[1] 另有学者通过考察中国马克思主义史学思想的发展，指出中国马克思主义史学具有本土的学术根脉与源流，是对晚清新史学的超越与扬弃。既与中国革命史息息相关，也与国际共产主义运动血脉相通，还与马克思主义中国化历程紧密相连，是具有中国特色的科学学术形态。它实现了唯物史观与中国历史的结合，第一次让中国历史显示出其内在的规律性，前所未有地探讨、研究、提出了一系列理论命题，极大地丰富、深化了历史认识，为马克思主义中国化做出了巨大的理论贡献，为中国史学引入了科学的思想方法与研究方法。也有学者通过对中国社会史论战过程的研究，指出中国马克思主义史学在20世纪30年代的中国社会史论战中便已形成了学术共同体。他们一方面从理论上阐发唯物史观的基本原理，另一方面则将唯物史观运用于研究实践中，使马克思主义史学在与各种反马克思主义思潮流派的论争中实现了革命性和科学性的统一。还有学者认为中国马克思主义史学自创立以来，逐渐形成了以下两个方面的独特品格：一是以求真为目的，探寻历史的真相，强调实事求是和具体分析，体现了历史研究的科学属性；二是注重发挥史学的经世致用功能，强调史学为现实服务，体现了历史研究的实用属性。实事求是与经世致用、求真与致用、科学性与现实性，构成了中国马克思主义史学的双重品格。[2]

此外，也有学者研究一些著名历史学家在建立中国马克思主义史学方面所做出的贡献。如有学者分析傅衣凌对唯物史观的体认、接受与应用，

---

[1] 吕惠东、丁俊萍：《1930年代中国马克思主义史学研究谱系初步形成探析》，杨凤城主编《中共历史与理论研究》2016年第1辑，社会科学文献出版社2016年版。

[2] 李红岩：《中国马克思主义史学思想概说》，《史学理论研究》2016年第1期；朱慈恩：《中国社会史论战中的马克思主义史学——基于学术共同体的考察》，《厦门大学学报》2017年第5期；左玉河：《求真与致用：中国马克思主义史学的双重品格》，《中共党史研究》2016年第5期。

指出他在中国社会形态的演化，中国社会新旧因素的并存，中国社会的阶级斗争、社会矛盾、农民战争与佃农抗租斗争，历史人物评价，中国商业史以及海洋贸易史等多个方面的研究中，坚持"论从史出""实事求是"的治史路径，以及书斋文献与实地社会调查相结合的治史方法，实现了对马克思主义唯物史观由"体认"而"自觉"而"升华"的根本性转变。另有学者研究范文澜与中国通史的编纂，指出他是同时代史家中并不多见的穷半生之功，潜心于中国通史的撰著者。他的《中国通史简编》，运用马克思主义理论观点系统叙述中国历史，同时又体现出浓厚的民族特色，并恰到好处地平衡了"求真"与"致用"的关系，开创了一个全新的中国通史体系。荣孟源在运用唯物史观从事中国近代史研究方面也多有建树。[①]等等。

## 四 对历史虚无主义思潮的批判

改革开放以来，随着国内外环境的深刻变化，社会上时隐时现地出现了一股对国家历史、民族文化，特别是对中国革命和社会主义建设的历史采取轻蔑，甚至完全否定的历史虚无主义态度，引起了众多关心国家、民族命运的历史研究者的重视和忧虑。

学者们首先从政治上对历史虚无主义的根源、表现及其危害进行了深入的分析和批判。如有学者指出："在近代中国，历史虚无主义是同'全盘西化'论相呼应而出现的一种错误思潮。在新的历史条件下重新泛起的历史虚无主义思潮，也带有自身的特点：'告别革命'论既是这种思潮的集中表现，又是它不加隐讳的真实目的；以'学术研究'的面目出现，作翻案文章；有着明确的政治诉求。它的主要表现：颂扬改良，否定革命的历史进步性；宣扬民族虚无主义；颂扬侵略有功，否定中国人民反侵略的救亡斗争；颠倒对历史人物功过是非的评价；否定共产党领导的人民革命和社会主义建设的历史成就。历史虚无主义思潮影响面大，危害至深。"

---

① 王日根：《由"体认""自觉"而"升华"——傅衣凌治史对唯物史观的践行》，《近代史研究》2017 年第 5 期；赵庆云：《范文澜与中国通史撰著》（《史学理论研究》2017 年第 3 期）、《勤勉治学、潜心筑础——荣孟源与中国近代史研究》（《近代史研究》2017 年第 5 期）。

也有学者指出:"历史虚无主义打着'学术反思'的旗号,借'还原历史'、'重写历史'之名,否定党史、歪曲国史,这种历史观无视历史现象的内在联系和因果关系,无视历史规律,不仅对我国的历史学研究造成危害,而且通过大众传媒对广大干部群众思想造成干扰,在'举什么旗、走什么路、朝着什么目标前进'等重大问题上造成困惑,对此,我们必须旗帜鲜明地加以反对。"还有学者指出,历史虚无主义思潮不仅在史学领域弥漫,还向文学、影视、网络传媒流传,而且打着反历史虚无主义的旗号,以"理论化""学术化"的新姿态出现,从虚无中华传统文化、虚无近现代以来中国历史发展道路的历史观,直接走向虚无马克思主义、虚无20世纪以来的社会主义道路、虚无当代中国主流意识形态的历史观。[①]

此外,学者们还从学术上批判历史虚无主义背离了马克思主义的唯物史观。如有学者认为,当今历史虚无主义在我国政治思想领域和学界泛起,虽有诸多表现形式,但有一点是共同的,即都建立在历史唯心主义的理论基础上。而正是在这个立场上,历史虚无主义和后现代思潮的历史观有了共同语言。有学者认为,近年来历史虚无主义的蔓延,与大量非历史专业者进入历史写作有关。历史研究应有大视野、是非观,不能以个人好恶评价历史。有学者强调,人们尽可以对近代中国历史发展的多面相见智见仁,却不应否定国人坚持反帝反封建的伟大斗争构成了中国近代历史发展主线这一基本的历史认知。现在有人固执地否定国共斗争最终的胜负具有历史的必然性,而将问题归结为所谓"不光彩"的"权诈",这是一种不愿直面历史的自欺欺人。[②] 也有学者指出,只有坚持实事求是,以史实取信于人,以史识凝聚人心,以史学教育人民,以史观正本清源,才能从根本上清除历史虚无主义观点的消极影响。还有学者指出,历史虚无主义的表现形式,除了人们通常所说的"虚无化"真实历史的形式外,还有一

---

[①] 梁柱:《历史虚无主义思潮的泛起、特点及其主要表现》,《马克思主义研究》2013年第10期;中国社会科学院中国特色社会主义理论体系研究中心(田居俭执笔):《旗帜鲜明反对历史虚无主义》,《求是》杂志2013年第19期;卜宪群:《历史唯物主义与历史虚无主义琐谈》,《历史研究》2015年第3期。

[②] 于沛:《后现代主义历史观和历史虚无主义》,郑师渠:《当下历史虚无主义之我见》,武力:《唯物史观视角下的历史虚无主义辨正》,《历史研究》2015年第3期。

种将虚假历史"真实化"的形式。这两种形式，看似绝对相反，但其性质和作用却是一致的，都是为了混淆是非，否定历史。它们对历史研究和国家与社会皆有害无益，必须严加抵制和反对。当然，也不能把历史研究中的失误和不同见解不加分析地一概视为历史虚无主义。对历史虚无主义"虚无化"和"真实化"了的历史，逐个进行"还原"真相的实证研究，是抵制历史虚无主义最有效的方法。另有学者通过对马克思创建唯物史观的初衷、对唯物史观通过实证研究揭示人类社会发展规律，以及对唯物史观在不断变化的现实中接受检验并发展自己等问题的考察，提出唯物史观是一门真正的实证科学，同时又具有历史哲学的品格，是抵御各种错误思潮的强大思想武器。①

### 五 关于平等、率直的学术讨论风气

学术讨论是推进学术研究，繁荣学术的有效途径。为推动历史研究的发展，毛泽东主席早在中华人民共和国成立之初，就亲自为即将创刊的《历史研究》提出了"百家争鸣"的方针，后来又在最高国务会议上正式宣布，在艺术和科学领域要"百花齐放，百家争鸣"。但是，或许是对昔日的政治批判心有余悸，生怕言多必失，惹火烧身，或许是碍于当今盛行的"情面"至上，自求多福的思想影响，一段时间以来平等、率直的学术讨论风气在史学界并不浓厚，相对于文学、哲学、经济等学界，可说是比较沉寂和滞后的。可喜的是最近 10 年来，这种现象也有了明显的改变。

以下数例，或可为证。如有学者认为辛亥武昌起义后，傣族同盟会员刀安仁被南京临时政府逮捕入狱，是"蒙不白之冤"，而有学者率直提出，辛亥腾越起义成功后出任新建革命政权军都督府都督的不是刀安仁，而是发动和领导这次起义的张文光。刀安仁在腾越"自称都督"不足一个月，期间也无所谓对民主革命的"重要贡献"。蔡锷向南京临时政府状告他唆

---

① 周良书：《中国共产党反对"历史虚无主义"的历史考察》，《中国高校社会科学》2017 年第 2 期；曾业英：《对历史虚无主义问题的一点思考》，《团结报》2017 年 3 月 2 日；吴英：《唯物史观——一门真正的实证科学》，《史学集刊》2017 年第 6 期。

使永康刀上达"肇乱",鼓动土司闹分裂,谈不上"诬告陷害"。历史研究应以事实为依据,不能因为刀安仁是傣族,便罔顾事实,凭空塑造其"高大上"的形象。① 有学者探讨晚清海关洋税的分成制度,提出"分成扣款促成外籍税务司全面介入中国关税的征收,在关权受损的同时,也使清廷得以'以税司之报告,核监督之账目',基本解决了关税征收过程中存在的信息不对称问题;而'按税课之盈绌,坐扣经费之多寡'的经费提取原则,在将海关经费纳入正式经费系列的同时,也在一定程度上改变了关税分配过程中存在的'激励不兼容'状况"。也有学者不认可,表示该文撇开海关制度系统,讨论洋税分成的重要作用存在问题的错置,而其认为洋税分成对解决中央地方信息不对称,以及激励机制不兼容的作用也存在误读。但前者随即又回应称,后者的批评多不能坐实,不仅材料误读一说不能成立,因为关税分成制与预算体制下的分税制并非同一概念,而且所谓问题错置一说也不能成立,对分成制不能作简单否定。两位学者为此展开了一场平等、率直的学术讨论。② 也有学者对流传颇广的蒋介石"放水"长征说进行了辨析。认为或许蒋介石的某些决策在客观上有利于红军突围,但其主观上从无"放水"之意。尽管蒋介石后来借"追剿"红军之机,统一了西南,但却不能倒果为因地反推他当初便纵共"西窜"。在蒋介石的内心,"追剿"始终是首要任务,并深以未竟全功为憾,解决西南问题只是其聊以自慰的一个收获而已。这位作者还认为,蒋介石之所以未派更多中央军参加"追剿",是由各种复杂因素造成的。在这个决策过程中,虽然不乏蒋介石的工于心计及其与地方实力派的相互博弈,但仍不宜简单断言其为有意"放水"。另有学者指出,关于蒋介石在第五次"围剿"期间,以削弱南、西两线防御,并以强化或迟滞北、东两路的推进,有目的地压迫、诱导,促使中央红军依其预定计划、时间和方向,突围西

---

① 曹成章:《民主革命先驱刀安仁》,中国社会科学出版社2010年版;曾业英:《傣族同盟会员刀安仁"蒙不白之冤"吗?》《孙中山、黄兴"营救"过刀安仁吗?——兼评曹成章著〈民主革命先驱刀安仁〉》,《近代史研究》2015年第2期、2016年第1期。
② 陈勇:《晚清海关洋税的分成制度探析》,《近代史研究》2012年第2期;王瑞成:《何为"洋税分成":〈晚清海关洋税的分成制度探析〉一文辨正》,陈勇:《洋税为何分成:对〈何为"洋税分成"〉一文的回应》,《中国经济史研究》2016年第2期。

去，现在恐难以找到任何史实上的证据。① 还有学者认为尚小明的《宋案重审》（社会科学文献出版社 2018 年版）一书，"在历史事件层面创获最大，作为刑事案件则仍有深入分析的空间，同时对转型视野中的考察有一定启发。尽管'宋案'经著者'再审'，仍有一些细节值得进一步推敲，但不论是在资料的搜集和综合运用上，还是在案情的梳理上，都有实质性的创新。著者提玄钩沉，意在探讨宋案这幕政治悲剧之因果，据此可凸显近代政法转型之复杂和艰巨"。② 等等。

## 第二节　晚清政治史

近 10 年的晚清政治史研究，呈现出两大特点：一是研究重心依然沿着 20 世纪 90 年代后形成的轨迹前行，偏重于研究清朝的统治；二是不少先前学界比较关注、研究成果相对丰富的课题，也不乏新的创获。

关于清朝统治方面的研究，这一时期先后出版了茅海建的《戊戌变法的另面："张之洞档案"阅读笔记》（上海古籍出版社 2014 年版）、潘崇的《清末五大臣出洋考察研究》（中国社会科学出版社 2014 年版）、史新恒的《清末提法使研究》（社会科学文献出版社 2014 年版）、彤新春的《晚清中国道路》（社会科学文献出版社 2014 年版）、王开玺的《晚清政治史：数千年未有之变局》（东方出版社 2016 年版）、定宜庄与邱源媛合著的《近畿五百里——清代畿辅地区的旗地与庄头》（中国社会科学出版社 2016 年版）、韩策的《科举改制与最后的进士》（社会科学文献出版社 2017 年版）、马平安的《慈禧与晚清六十年》（新世纪出版社 2017 年版）等新著。而专题论文所研究的问题，则主要集中在以下几个方面：

---

① 卢毅：《蒋介石"放水"长征说辨正》（《历史研究》2016 年第 4 期），《关于蒋介石"放水"长征说的再辨析》（《中共中央党校学报》2017 年第 1 期）；杨奎松：《对蒋介石"放水长征路"一说若干史实的考析》，《史林》2017 年第 1 期。

② 李启成：《事件、刑案与中国近代转型》，《近代史研究》2019 年第 1 期。

一是有关清政府统治政策的研究。有学者探讨清政府的治藏政策。[①]有学者从旗人书院的角度，论述晚清变革对旗人书院的课程设置、授课内容等方面的影响。[②]也有学者对1907年设立的礼学馆修订礼仪制度以及介入法律修订事务的过程和结果进行探讨和反思，指出礼学馆旨在修订符合宪政要求的礼仪制度，但礼学馆与修订法律馆几经争议、妥协，最后拟出的是暂时保留礼教内容的新法律。[③]另有学者探讨督办政务处与清末新政的关系，认为督办政务处是清政府在新政期间新设的重要机构，在预备立宪中发挥了关键作用。[④]还有学者重新审视晚清科举制由"改"而"废"的过程及其社会影响，指出科举制在选拔人才方面实际具有人文与经世训练并重的双重职能，科举制的废除，导致传统社会由"学"选"官"路径的终结，士绅社会由此消亡，中国式的"代议"现象也在乡村中消失殆尽。[⑤]也有学者从官僚选拔角度，对清代科举取士、铨选举官这两种文官选举制度在选举方法、规则、标准等方面的联系与区别，以及清初至晚清时期的变化轨迹进行细致的考察与辨析，指出清代铨选多途并进，相互渗透，加以终清一代满汉复职的官制设置，使得科举取士只是汉人选官渠道之一途，科甲出身者对官场的实际影响受限。[⑥]

二是关于满汉关系的研究。有清一朝，满汉关系是影响社会发展进程的重要问题，其演变不仅决定了清朝的兴衰，而且对中华民国的历史走向产生了深远影响。除了中国社会科学院近代史研究所政治史研究室主编的《清代满汉关系研究》（社会科学文献出版社2011年版）一书，收录有涉

---

[①] 孙宏年：《清朝末期达赖、班禅关系与治藏政策研究》，《中国边史地研究》2009年第1期；许广智、赵君：《试论清末驻藏大臣对近代西藏政局的影响》，《西藏大学学报》2009年第3期；徐君：《从"固川保藏"到"筹边援藏"：晚清西南边防意识之形成——以丁宝桢督川十年（1876—1886）为例》，《中国边疆史地研究》2009年第2期。

[②] 顾建娣：《清代的旗人书院》，《近代史研究》2015年第6期。

[③] 李俊领：《礼治与宪政：清末礼学馆的设立及其时局因应》，《近代史研究》2017年第3期。

[④] 赵虎：《政务处与辛丑回銮前的新政举措》，《清史研究》2017年第1期；《清末督办政务处与各方关系述论》，《近代史学刊》2017年第1期；《仿行内阁：清末会议政务处述论》，《西北大学学报》2017年第3期。

[⑤] 杨念群：《痛打"时文鬼"——科举废止百年后的省思》，《清史研究》2017年第1期。

[⑥] 关晓红：《清代取士选官辨异》，《学术研究》2017年第11期。

及清代不同时期的满汉关系的 41 篇论文外，另有学者回溯沧州驻防史，指出研究晚清满汉关系史要追溯到清初，不可草率立论。① 也有学者考察 1907 年慈禧太后化除满汉畛域懿旨出台的背景，官绅奏议讨论的问题与应对之策，以及清廷满汉政策的新变化。② 还有学者梳理清末 nation（民族）、nationalism（民族主义）、nation-state（民族国家）等概念，从英语世界传入中国后，出现了"满族""旗族"等称谓，旧有的"满洲"一词也被赋予新的含义。这些词汇的内涵与外延处于杂乱无序的混用状态。指出"满族""旗族"分别来自清初的"满洲"和"八旗"，在清末民初并行于世。"旗族"因八旗组织覆灭而消亡，"满族"虽然沿用至今，但在不同历史时段含义不同，不可一概而论。③ 有学者考察负笈东瀛的汪荣宝参与肃亲王善耆等亲贵重臣的立宪筹谋及运作，指出亲贵大臣与留学生小臣的结合实为光宣之交一大政象，并提示清廷在决策与行政中用人取向与知识资源的转变。④

三是关于晚清制度的研究。晚清制度研究涉及诸多领域。在官制方面，一些学者对咸同两朝盛行的捐纳和保举选官任用制度的背景、状况及其利弊得失等进行了探讨。⑤ 另有学者对总理衙门章京考试的要求、程序、内容、效果、特点及其 40 年间的演变等所做的考论，有助于揭示晚清时期"隐持"外交权力的庞大中层官员的来源和素质。⑥ 在财政制度方面，有学者考察清代中期关于漕粮加赋的三次政策辩论，指出咸丰以降打开了原来恪守的不加赋的祖制的缺口，这种改变揭示了太平军兴前后中国社会

---

① 张建：《清代沧州驻防的设立、本土化与覆灭》，《吉林师范大学学报》2016 年第 6 期。
② 李细珠：《清末预备立宪时期的平满汉畛域思想与满汉政策的新变化——以光绪三十三年之满汉问题奏议为中心的探讨》，《民族研究》2011 年第 3 期。
③ 定宜庄：《清末民初的"满洲""旗族"和"满族"》，《清华大学学报》2016 年第 2 期。
④ 韩策：《宣统二年汪荣宝与亲贵大臣的立宪筹谋及运作》，《广东社会科学》2016 年第 5 期。
⑤ 杨国强：《捐纳、保举与晚清的吏治失范》，《社会科学》2009 年第 5 期；刘伟：《清末州县官选任制度的变革》，《社会科学》2009 年第 5 期；赵晓华：《晚清的赈捐制度》，《史学月刊》2009 年第 12 期；欧阳跃峰、关成刚：《邪恶之花未必只结罪恶之果——晚清社会转型之际捐纳的客观作用》，《安徽师范大学学报》2009 年第 1 期。
⑥ 李文杰：《晚清总理衙门的章京考试——兼论科举制度下外交官的选任》，《近代史研究》2011 年第 2 期。

的巨变。① 在司法制度方面，有学者对清代独子兼祧制度、清代地方民事纠纷的解决方式和途径、妇女地位等进行了专题性探讨。② 另有学者考察中国首批司法官的产生、基本结构和特点，指出清末司法官群体呈现"新人不新"，"旧人不旧"的面貌，其中不少人还成为革命者。③ 还有学者考察清中后期县衙的堂审记录"叙供"文书和诉讼实践中"违式"递呈后指出，州县司法档案中的堂审记录实际上呈现出不同的文种，明及清初常见的形式为"招状"，清中后期演化为"叙供"。这种书写结构的变化，显示了地方司法责任渐趋明确化、规范化的特征。"遵用状式"是清代县衙维护地方诉讼秩序的一项基本规定，但在诉讼实践中，"违式"呈状的现象时有发生，且成为诉讼者的一种诉讼策略，而地方官府对此类"不遵用状式"递呈的受理，反映了他们原则性与灵活性相结合的理讼观。④

四是有关晚清政治人物的研究。这方面的研究，主要集中于光绪帝、慈禧太后及其重臣张之洞、载沣、奕劻、荣禄等人。对光绪和慈禧太后，有学者探析了光绪亲政前的习批奏折。指出他亲政前5年，就开始用朱笔批示奏折。但这些朱批并无行政效力，是他在翁同龢、孙家鼐等帝师的指导下，为成年后亲政进行的所谓"习批折"的政务训练。⑤ 还有学者系统梳理了庚子后清廷上谕中有关"母子一心"提法的背景与臣工反应，以及慈禧、光绪二人为实现"母子一心"政治默契所做的努力。指出在内忧外患的政治背景下实现皇权利益的最大化，是"母子一心"的根本目的。⑥ 对张之洞，有学者考察甲午战争后张之洞在湖广总督任上聘用的日本军

---

① 晏爱红：《清代中期关于漕粮加赋的三次政策辩论》，《史林》2010年第5期。
② 孔潮丽：《清代独子兼祧制度述论》，《史学月刊》2009年第12期；吴佩林：《清代地方民事纠纷何以闹上衙门——以清代四川南部县衙档案为中心》，《史林》2010年第4期；程郁：《由清刑律中有关妾的条法看妇女地位的复杂性》，《史林》2010年第6期。
③ 李在全：《制度变革与身份转型——清末新式司法官群体的组合、结构及问题》，《近代史研究》2015年第5期。
④ 吴佩林：《清代中后期州县衙门"叙供"的文书制作——以〈南部档案〉为中心》，《历史研究》2017年第5期；吴佩林、吴东：《清代州县司法中的"遵式状式"研究》，《苏州大学学报》2017年第3期。
⑤ 李文杰：《光绪帝亲政前的习批奏折探析》，《近代史研究》2015年第6期。
⑥ 刘强、李文儒：《浅论庚子之变后的"母子一心"》，《中国社会科学院研究生院学报》2017年第3期。

人，认为整体而言是张之洞为推进近代化建设而引进的外国人才，但本质上是日本对华扩张的得力工具。① 还有学者从庚子西狩、东南互保的权力格局中探讨张百熙等朝臣与刘坤一、张之洞等东南督抚就乡试展期问题的明争暗斗，以及士绅舆论的反应。认为此次论争既反映了庚子乱后当局协调稳定与变革的两难处境，又显示了新政伊始主张渐改与急改的不同趋向，同时说明清廷决策受到东南督抚严重限制，刘坤一、张之洞坚持乡试展期的举动实为东南互保的延续。② 对于载沣，有学者对他"庚子国变"后的驱袁（世凯）事件进行了再研究，认为此举是少壮派满洲王公集权的必然后果，而他驱袁后，并未真正实现集权，反而招来朝野对其能力的质疑。③ 另有学者指出，正是载沣开启了宣统朝亲贵用事的格局，而此格局的开启，实与御史赵炳麟关系甚深，贻祸匪浅。但民国成立，赵炳麟隐瞒他首倡亲贵用事的记录，其丑行遂难为人知。④ 还有学者考察载沣娶妻背后的政治联姻行为，认为其婚变丛生，既是戊戌政变和庚子事变的共同产物，更是清末后党专权的结果。⑤ 对于奕劻，有学者考察其庚辛中外议和中的活动和作用，指出其临危受命，在惩凶、赔款等条款上有所争取，尤其是在中俄专约问题上更是力陈己见。庚辛议和，成了奕劻政治生涯的新起点。⑥ 对于荣禄，有学者将其一生置于晚清倏忽晦明的政治变动中加以考察，指出甲午战后，淮系失势，荣禄等满洲亲贵趁势揽权，却又难以应对内外困局，最终导致庚子之祸。从戊戌至庚子的政治走向看，荣禄有其立场与抱负，不是纯粹的顽固派。⑦ 此外，也有学者对满族少壮亲贵在清末立宪中的心理与思想进行研究，认为他们突破了旧体制与专制思维的束

---

① 陶祺谌：《甲午战争后张之洞聘用日本军人考》，《历史档案》2015 年第 3 期。
② 韩策：《东南互保之余波：朝臣与督抚关于辛丑乡试展期的论争》，《近代史研究》2017 年第 2 期。
③ 周增光：《失败的集权与立威——载沣驱袁事件再研究》，《北京社会科学》2016 年第 10 期。
④ 樊学庆：《赵炳麟与宣统朝亲贵用事政治格局的出现》，《学术研究》2016 年第 3 期。
⑤ 张海荣：《政治联姻的背后——载沣娶妻与荣禄嫁女》，《近代史研究》2017 年第 3 期。
⑥ 朱英、唐论：《奕劻与庚辛议和》，《史学集刊》2017 年第 5 期。
⑦ 马忠文：《荣禄与晚清政局》，社会科学文献出版社 2016 年版。

缚,却又极端利己,最终满盘皆输。①

至于先前学界比较关注,研究成果相对丰富的课题所取得的新创获,则主要集中在甲午战争、太平天国运动和辛亥革命等课题的研究方面。

甲午战争是一个研究成果比较丰富的领域。有学者对甲午战争的赔款问题进行了再研究,认为日本实际支出的战费总数不超过1.25亿日元,而清政府的实际支付折换成日元,却达3.5836亿;日本从中国掠夺的资金高达2.3336亿日元,是当时日本全国年度财政总收入的3倍。还有学者考察美国与中日甲午战争的关系,认为美国虽然在甲午战争中声称中立,实际却偏袒日本方面。② 2014年甲午战争120周年期间,更是涌现了一大批甲午战争的研究资料和论著。中国第一历史档案馆、海峡两岸出版交流中心汇编的50册《清宫甲午战争档案汇编》(线装书局)、吉辰的专著《昂贵的和平:中日马关议和研究》(生活·读书·新知三联书店)便是这方面的代表作。前者收录档案4500余件,后者则真实地记录了中日马关议和的全过程。在论文方面,有学者梳理甲午战争爆发前后日本社会各界的中国认识,指出日本发动侵华战争,并不是抹杀其侵华的战争本质的所谓以国运"相赌"。③ 有学者考察甲午战争期间香港社会各界的反应。也有学者揭露甲午战后日本对苏沪杭地区的觊觎、侵略图谋。对于钓鱼岛问题,有学者论证所谓古贺辰四郎1884年登岛开发,以及1885年提出开发申请均系伪造事实,指出当今日本政府购买钓鱼岛的非法性。④ 此后,甲午战争继续受到学界的关注。如有学者考察赫德在甲午战争中的作用,认为赫德积极参与了清政府的备战,帮助清政府筹措战争借款、购买军火,支持洋员参战,并为清政府提供了各种战况与情报。在中国连连失利的情况下,倡议英国调停。日本拒绝调停后,又一面建议清政府继续抵抗,一面更为积极地支持中日议和。也有学者深入研究甲午战争时期的

---

① 孙燕京:《清末立宪中少壮亲贵的政治心态》,《史学月刊》2016年第7期。
② 蒋立文:《甲午战争赔款数额问题再探讨》,《历史研究》2010年第3期;崔志海:《美国政府与中日甲午战争》,《历史研究》2011年第2期。
③ 李永晶:《甲午战争与日本的世界认识》,《学术月刊》2014年第7期。
④ 刘江永:《古贺辰四郎最早开发钓鱼岛伪证之研究——兼论日本政府购买钓鱼岛的非法性》,《清华大学学报(哲学社会科学版)》2014年第4期。

"重庆"号事件,认为清政府通过搜查英国轮船"重庆"号,破获了一起重大的日本间谍案。① 等等。

关于太平天国运动,专著有刘晨的《萧朝贵研究》(九州出版社 2014 年版),理性评价了萧朝贵在太平天国政治和宗教中的地位及其对太平天国的历史贡献,填补了萧朝贵研究的空白。论文方面,有学者一改以往多从拜上帝会信仰上帝为独一真神、反对偶像崇拜角度,解释太平天国毁庙事件的性质和渊源的传统思路,转而依据实地调查及各类官私文献从地方历史背景进行新的解读,指出太平天国的发生、发展有其更为复杂的地方历史背景。有学者考察太平天国时期山东团练的兴办及致乱之由后指出,引发团练与官府间激烈冲突的原因,除绅民自身利益的诉求和反抗官府盘剥的动机外,清廷的团费自筹与"督办团练大臣"政策、官僚制度对州县官的制约也是诱发原因。② 还有学者从太平天国反满的纲领性文件、攻占南京后对旗人的屠戮以及后期反满政策的转变等方面考察了太平天国的反满问题。③ 有学者研究太平天国运动对清廷财政制度的影响,以及太平天国战时曾国藩的饷盐借销经营。有学者考察太平天国丞相官职的演变,认为太平天国的丞相官职大体分为虚衔和实职两大类,各类丞相在前后期的演变情形,符合中国历代丞相制度的基本规律。后期太平天国的官职已丧失了基本功能,偏离了设官建制的原初动机;太平天国无论是作为一个政权,还是作为一场运动,其失败都具有历史必然性。还有学者探讨以往尚无专著专文的太平天国统治区的民变问题,指出民变的抗争矛头大多指向太平天国的经济政略。"广泛而频繁地引发激变四野的民众反抗,也是政治权力控制地方社会不当的直接反映……在某种程度上宣告了太平天国在社会控制层面的失败,预示着'天国'陨落的命运。"④

---

① 张志勇:《赫德与中日甲午战争》,《安徽史学》2016 年第 2 期;戴东阳:《"重庆"号事件考实》,《北京社会科学》2016 年第 2 期。
② 唐晓涛:《神明的正统性与社、庙组织的地域性——拜上帝会毁庙事件的社会史考察》;崔岷:《靖乱适所以致乱:咸同之际东的团练之乱》,《近代史研究》2011 年第 3 期。
③ 姜涛:《关于太平天国的"反满"问题》,《清史研究》2011 年第 2 期。
④ 朱从兵:《丞相的虚实之分与太平天国的失败》,《暨南学报》2015 年第 3 期;刘晨:《太平天国统治区的民变与政府应对研究》,《近代史研究》2019 年第 2 期。

关于辛亥革命，主要是围绕其爆发 100 周年和 105 周年的纪念活动而展开研究的。首先，有关"辛亥记忆"的成果十分丰富。《政府、党派的辛亥革命纪念》《民间社会对辛亥革命的记忆与诠释》《纪念空间与辛亥革命百年记忆》《历史学者对辛亥革命的研究与诠释》等文，对民国以来各政府、各党派、各社会阶层及学界对辛亥革命的诠释，以及铸造历史记忆的各种形式作了迄今最为系统的考察。① 此外，还取得了不少坚持实事求是的研究新成果。有学者指出，辛亥革命"开启了中国各族人民从族类、王朝认同到现代民族国家认同的根本转变是中华民族历史融合的新起点；辛亥革命开辟了中国历史上实现民族融合、建设现代民族国家的新阶段"。有学者认为辛亥时期中国知识界的民族国家认同观念并非一致，以孙中山为首的革命派和以梁启超为代表的立宪派在关于满汉关系问题上的看法和见解各有正确和谬误之处。② 也有学者认为视《清帝退位诏书》以"禅让"方式，实现了"主权转移"，促成了"五族共和"的看法错漏甚多，从根本上说，是无视辛亥革命在推翻帝制，创建民国过程中的决定性作用，既乖法理，又违事实，碍难成立。③ 有学者考察旗籍议员争取参政权及其在谘议局中的席位等问题后指出，在某些省份，旗籍议员才是真正左右政局的关键者，他们的积极作为对清末民初的中国社会是一种进步的力量。还有学者对保皇会在加拿大的创建人、诞生地、分会总数、会员构成和主要活动等做了订正和补充。④ 另有学者讨论了辛亥前 10 年间"汉奸"一词的转义与泛用。认为时势变化引起汉奸判断尺度的差异，不但造成各地光复政权之间的裂痕，而且使得领袖与基层出现严重分歧。随着五族共和的实现，

---

① 罗福惠、朱英主编：《辛亥革命的百年与诠释》，华中师范大学出版社 2011 年版。
② 罗福惠：《辛亥革命与中华民族共同体精神的演进》，李良玉：《民族融合的新起点：纪念辛亥革命 100 周年》等，《史学月刊》2011 年第 4 期；崔志海：《辛亥时期思想界关于满汉关系问题论争的再考察——以〈民报〉和〈新民丛报〉为中心》，《史林》2011 年第 4 期；李帆：《辛亥革命时期的"夷夏之辨"和民族国家认同》，《史学月刊》2011 年第 4 期。
③ 杨天宏：《清帝逊位与"五族共和"——关于中华民国主权承续的"合法性"问题》，《近代史研究》2014 年第 2 期。
④ 吕柏良：《清末谘议局中的旗籍议员》，《清史研究》2014 年第 1 期；陈忠平：《保皇会在加拿大的创立、发展及跨国活动（1899—1905）——基于北美新见史料的考证》，《近代史研究》2015 年第 2 期。

"满奴""汉奸"的指称总体上趋于减少,"汉奸"一词逐渐回到卖国求荣的原意。这位学者还通过对袁世凯《请速定大计折》的详细考辨,揭示了袁世凯与清廷、拥清势力之间围绕清帝退位问题的博弈。[①] 等等。

## 第三节 民国政治史

由于民国史研究起步晚,多有无研究者或少有研究者涉足的课题,即使有研究者涉足的课题也因特定历史条件下形成的阶级斗争绝对化的片面性而大有发挥空间;加上学术研究的自由度大为改善,资料又丰富且易于搜寻,不但有海量的报刊可查,还有日渐公开的海内外档案可寻,创新难度自然相对较小,随便找个选题,一锄头下去,都可能挖出个"金元宝"。因此,民国史研究,迄今仍是学者们的热门选择,从而成了成果最为丰硕的一个研究领域。总体而言,这一时期的民国政治史研究成果,基本以专题研究为主。

关于民国初年的政治,专著方面出版有王建华的《夭折的合法反对:民初政党政治研究》(江苏人民出版社 2011 年版)和熊秋良的《移植与嬗变:民国北京政府时期国会选举制度研究》(江苏人民出版社 2011 年版)。前者以 1912—1913 年间合法政党的生成与实践为线索,分析了政党应对现代国家建设的困境及其对制度成长的影响。后者以第一、二届国会选举为考察对象,通过对选举思想的演进、二次国会选举的法律文本的解读、选举动员与民众的参与、投票行为、选举舞弊现象、选举诉讼、政党与选举的关系等方面的研究,既揭示了国人选举观念的嬗变,也反思了中国近代的早期选举制度。论文方面,有学者考察民初国会存废之争与民国政制的走向后指出,对代议"然否"的质疑产生于这一制度建立之前,而在国会政制实践逾十年之后,质疑之声再起,且很快由"然否"转向"存废",其

---

[①] 桑兵:《辛亥前十年间汉奸指称的转义与泛用》,《社会科学战线》2017 年第 1 期;《辛亥时期的惩办汉奸与南北统一》,《广东社会科学》2017 年第 2 期;《袁世凯〈请速定大计折〉与清帝退位》,《近代史研究》2017 年第 6 期。

结果是在未明确否定国会制度的情况下取消了现存国会。在这一过程中，被认为体现直接民主的"国民会议"主张被提出。然而南京国民政府成立之初的政制设计与实践证明，直接民主在实际运作中难免因"僭代"而发生畸变，结果走向民主政治的反面。① 也有学者关注地方的政治博弈，通过分析民国初年广东地方精英对广东军政府社会改造的抵制，指出地方精英的抵制并非完全出于知识新旧之争，实则是对革命党人政治排挤的一种反抗。革命党人防范"旧"精英，排挤新知识阶层，使变革缺少社会基础，广东军政府推动社会变革的艰难局面典型地反映了辛亥革命社会基础之薄弱与策略之失误。② 另有学者在考察司法官群体变动的基础上指出，清朝到民国的"承续性非常明显"，不过"某些隐性的'革命'悄然发生"。类似事务官的司法领域"除了关注'承续'与'断裂'面相外，尚需留意'专业'和'层级'因素"。③ 有学者关注民国初年孙中山对牵涉个人名誉事件的因应之策，认为他对名誉事件的反应刚柔兼备，其背后有不同的目标和条件。还有学者针对近年学界越拉越高的"捧袁贬孙"倾向，指出其所谓袁世凯是辛亥革命的"共和元勋"的理由不能成立，不但犯了方法上割断历史、自相矛盾的常识性错误，也无真实可靠的事实为依据。④

关于北洋军阀政府，有学者重新考察善后会议后，认为善后会议并不是旨在对抗国民会议，在各军阀之间进行"政治分赃"的会议，而是企图通过会议协商方式，谋求国家统一的艰难尝试。其性质偏重战争善后问题解决，与涉及国体建设的国民会议并不构成冲突。但是，它的人员构成及企图由善后会议制定国民代表会议组织条例的做法，激起国民党方面的抵制，同时参会的地方实力派的目的也各不相同。因此，企图通过这次会议，实现国内"和平统一"，只能是空想。还有学者对以往通常把南方护

---

① 杨天宏：《民初国会存废之争与民国政制走向》，《近代史研究》2015 年第 5 期。
② 何文平：《知识冲突还是政治反抗——广东地方精英对民初革命党人社会改造的抵制》，《社会科学研究》2009 年第 4 期。
③ 李在全：《民国初年司法官群体的分流与重组——兼论辛亥鼎革后的人事嬗变》，《近代史研究》2016 年第 5 期。
④ 赵立彬：《民国初年孙中山对名誉事件的反应》，《广东社会科学》2017 年第 1 期；曾业英：《袁世凯是辛亥革命的"共和元勋"吗？》，《河北学刊》第 37 卷第 3 期，2017 年 5 月。

法军政府的改组及孙中山大元帅职位被取消,视为西南武力派压迫并战胜护法国会的典型事例提出了不同看法。认为在护法国会、武力派内部及国会与武力派的不同派系之间实际存在错综复杂的关系。正是在这种复杂的关系中,貌似弱势的国会议员才有可能利用各种矛盾,推行自己的主张,因而将西南武力派纳入军政府,将西南统一机构的建立和选举纳入法律轨道,恰恰是军政府改组的成功之处。① 北洋军阀统治时期,军人干政是常态,但内阁作为政府的最高行政机构,仍是军阀竞相角逐的对象。有学者考察内阁阁员群体的社会结构和社会网络后指出,地域、同学、亲属等等关系都是影响内阁群体构成的重要因素。这表明中国在由封建王朝向近代国家转变的过程中,传统社会关系对现实政治仍具有深刻影响。另有学者考察1919年11月至1920年5月靳云鹏第一次组阁的相关史实后指出,从政党政治与院会关系来看,安福系在院会关系中处于优势地位有其制度原因,但因"军绅政权"的制约,院会之争无法长期停留在宪政轨道上解决,最后还是演变为直皖战争。② 有学者通过1924年6月杨增新斩杀马福兴父子这一震动全疆的事件,探讨北洋军阀统治时期中央与地方的关系。指出杨增新之所以能长期控制新疆,在于其能游走于中央与地方、回汉等各种政治力量之间。北洋军阀虽然屡屡对其表示不满,却也无可奈何。有学者从"政治区域化"的视角考察从护国运动到1927年后作为政治区域团体的"西南"产生与分解的过程,认为政治区域化是民国政局的一个重要内容,西南军阀即是这一政治区域化的产物。又有学者从媒介与政治的角度探讨吴佩孚如何实现从"北洋师长"到"政治领袖"的身份转型,指出除拥有的军力因素外,还与其借助大众媒介的宣传造势有关。③ 对北洋

---

① 杨天宏:《北洋政府和平统一中国的尝试——善后会议再研究》,《近代史研究》2009年第5期;谭群玉:《制度转型下国会议员与武力派的政治角力——以1918年军政府改组为中心》,《近代史研究》2009年第2期。

② 鲁卫东:《军阀与内阁——北洋军阀统治时期内阁阁员群体构成与分析(1916—1928)》,《史学集刊》2009年第2期;严泉:《靳云鹏与皖系北京政府时期的院会关系》,《史林》2015年第5期。

③ 闫存庭:《从"马福兴案"看地方军阀与北洋政府的博弈》,《新疆大学学报》2016年第2期;段金生:《试论西南军阀地域范围流变(1916—1927)》,《史林》2015年第4期;马建标:《媒介、主义与政争:五四前后吴佩孚的崛起与权势转移》,《安徽史学》2017年第4期。

军阀统治时期的司法问题,有学者分析了"清室优待条件"的法律性质和违约责任,并对"罗文干案"进行系统研究,指出尽管"罗案"一直被学界视为是政治陷害,史料却表明"告诉初始阶段虽不尽规范,但国务会议声请再议罗案经法院裁定及法界公断程序合法",反而是维护"司法独立"的抗争;该案的政治及外交因素的作用不可忽略。① 还有学者指出北京地方法院存在重故事轻证据的审判倾向。湖北督军王占元指派亲信暂代省高审厅厅长,以武力胁迫原代理厅长交出厅印,不仅是对司法独立原则的粗暴践踏,也是对中央权力的肆意挑衅。虽然总统徐世昌有意维护中央与地方的和谐,司法部也希望能协调湖北军政当局的关系,但是"随着军阀势力的不断膨胀,身处武人政治与外国强权夹缝中的司法独立,也只能如浮油一般漂浮在中国社会的表层,且境遇每况愈下"②。也有学者反思北洋军阀统治的研究现状,认为应打破北洋军阀观念的局限,尽可能完整系统地呈现北京政府时期的历史全过程和各个层面,力求回归历史本位。③

关于南京国民政府,由于所涉及的领域广泛,成果丰富,限于篇幅,难以在此一一介绍,仅就蒋介石研究、中央与地方的关系、国民党内部派系、国共关系,以及这一时期新拓展的一些研究领域等热点问题的主要成果,择要做一简介。

在蒋介石研究方面,主要有汪朝光主编的《蒋介石的人际网络》(社会科学文献出版社 2011 年版),严如平、郑则民的《蒋介石传》(中华书局 2013 年版),张祖龚的《蒋介石与战时外交研究(1931—1945)》(浙江大学出版社 2013 年版),方勇的《蒋介石与战时经济研究(1931—1945)》(浙江大学出版社 2013 年版),杨天石的《找寻真实的蒋介石:还原13个历史真相》(九州出版社 2014 年版)等专著。

---

① 杨天宏:《"清室优待条件"的法律性质与违约责任——基于北京政变后摄政内阁逼宫改约的分析》《法政纠结:"罗文干案"的告诉与检审》《了犹未了:法政纠结下"罗文干案"的庭审结局》,《近代史研究》2015 年第 1 期、2016 年第 5 期、2017 年第 1 期。

② 张淑娟:《"无有力之反证"与"发现真相"——试析民国时期北京地方法院与最高法院的审判理念冲突》,《民国档案》2016 年第 3 期;张海荣:《北洋初期司法界与湖北军政当局的矛盾与抗争——以刘豫瑶案为例》,《北京社会科学》2016 年第 8 期。

③ 桑兵:《从北洋军阀史到北京政府时期的民国史》,《南京大学学报(哲学·人文科学·社会科学)》2014 年第 3 期。

论文方面，有学者分别考察了蒋介石对"李闻惨案"的处置、对日德意三国同盟的反应、对苏德战争的预测及因应、对战时外汇尤其是平准基金和平准基金委员会的态度、对黄埔军校系陈诚的培植及其既合作又矛盾的微妙关系、对民国海军建设及人事布局的政治考量，以及与政学系、陈炯明、刘湘的关系。还有学者令人耳目一新地阐述了败退台湾之后的蒋介石与国民党文宣系统是如何诠释西安事变的。该学者指出，为交代国民党因何"丢失大陆"，其文宣系统依据蒋介石就西安事变这一重大历史事件亲笔写下的8页意见，运作出台了《苏俄在中国》一书。比较蒋介石的手稿与《苏俄在中国》，既可从中鉴知陈布雷、陶希圣等蒋氏"文胆"，面对以蒋氏第一人称落笔的《苏俄在中国》时为何需用"曲释"操作，亦可窥见他们作为一个有独立思想的知识分子在文宣"曲释"生涯面前的选择困境。也有学者探讨蒋介石在开罗会议、抗战后期以及战后初期国际形势不断变化的背景下积极参与战后亚洲秩序缔造的过程，揭示出作为战时大国的中国在战后亚洲秩序重建过程中的真实处境与地位。[①] 另有学者认为蒋介石抗战初期经常起用宋子文承担重要财政军需任务，由于体制和人事方面的原因却未给予他任何实际职衔，从而导致了战时国民政府财经决策和高层人际关系的复杂性。有学者聚焦于1945—1949年蒋介石和国民政府对日议约的构想，认为这期间对日和谈，在领土、政治、经济、军事、赔偿等方面的要求，几乎都是纸上谈兵，这些未解决的问题也为后来的中日关系埋下了对立的种子。[②] 有学者在讨论新生活运动中蒋介石的"外国"想象之后认为，蒋介石视"外国"的"现代文明"为反映中国"传统道德"的镜像，从而解决了新生活运动既要求民众行为西化和现代化，又要求复兴民族固有道德的内在张力。而新生活运动中借用了西方殖民话语中"文明"与"野蛮"的对

---

[①] 刘晓艺：《"西安事变"与"丢失大陆"：失败者怎样书写历史——兼论国民党文宣系统的"曲释"操作》，《文史哲》2017年第3期；罗敏：《中国与"二战"后亚洲秩序的重建——以"二战"后越南问题为中心的讨论》，《暨南学报》2017年第10期。

[②] 吴景平：《抗战初期蒋介石与宋子文关系研究》，《抗日战争研究》2015年第3期；段瑞聪：《战后初期国民政府对日讲和构想——以对日和约审议委员会为中心》，《抗日战争研究》2015年第3期。

立关系,将西方列强对殖民地的霸权,内化为国民政府对国民居高临下的态度,因此无法真正动员民众。①

在中央政府与地方关系方面,有学者考察东北易职后东北政务委员会与南京国民政府之间围绕人事权、财权、铁路管理权和华北军权等问题的博弈后指出,以中原大战为转折点,东北政务委员会的政治空间急剧膨胀,实际控制力和影响力扩展到华北四省,这对民国政局产生了深刻的影响。有学者考察蒋介石1936年解决与中央对立的两广地方实力派的过程后指出,蒋介石对粤施以离间分化与策反收买,对桂则恩威并施,在优势武力的震慑下,以人事、地盘与金钱三者加以笼络与利诱,其手段没有超出羁縻反侧的中国传统政治术范畴。双方的和解是建立在利益交换基础上的形式上的统一,并未如论者所谓从此奠定了双方合作的基础。② 有学者考察1946—1948年间,江西省南昌县小蓝乡境内发生的一系列窃割电话电报线案件后指出,"窃线"案频繁且持续发生,自有其经济因素,但它反映的却是地方政府、乡镇基层政权与乡村社会政治关系的现实。在国家权力侵害到其具体利益时,乡村社会依然能够有效表达其意志,并抵制国家权力的侵害。有学者通过1931—1934年蒋介石与晋绥地方实力派在当时"攘外安内"大背景下的博弈,分析中央与地方如何从各自利益和诉求出发,寻求符合各自理想的中央—地方关系。有学者考察南京国民政府与西藏噶厦地方政府,以及马步芳、刘文辉等川康青地方实力派之间,在"围剿"1935年初进入藏区的长征红军问题上的复杂关系后指出,"奉调、误会与假托成为整个事件发展演进过程中的关键词,涉事各方根据自身的利益诉求,进行着各自不同的注解"③。有学者透过财政与军政视角,探讨1928—1930年间蒋介石与阎锡山在华北税收权力分配、编遣政策制定及执行,以及编遣公债的发行

---

① 刘文楠:《以"外国"为鉴:新生活运动中蒋介石的外国想象》,《清华大学学报》2017年第3期。

② 佟德元:《东北政务委员会政治空间的膨胀》,《史林》2010年第2期;罗敏:《蒋介石与两广六一事变》,《历史研究》2011年第1期。

③ 汤水清:《施压与抵制:从"窃线"案件看1940年代后期国家权力与乡村社会的关系》,《近代史研究》2013年第3期;刘文楠:《寻找理想的中央—地方关系——蒋介石与晋绥地方实力派的博弈(1931—1934)》,《史林》2015年第5期;黄辛建:《奉调还是误会、假托:1935年藏军"助剿"红军》,《社会科学研究》2015年第3期。

与使用等问题上均存在中央与地方的博弈。有学者再现了1935年蒋介石的云南之行以及蒋介石、龙云二人的相互观感。对蒋的内外政策,龙云表示了相当的支持。1937年全面抗战爆发,龙云积极支持抗日,可说是"地方主义服从国家利益",或可说"边疆地方势力"参与"国家行为",当然也是地方获得"统治合法性"的手段。有学者探讨战时国民政府西迁重庆后,在谁主四川问题上,地方实力派与中央的对抗很大程度上破坏了大后方的稳定,影响了抗战大局,也呈现了战时中央与地方之间复杂多变的关系。①

在国民党内部派系方面,专著有金以林的《国民党高层的派系政治:蒋介石"最高领袖"地位是如何确立的》(社会科学文献出版社2009年版)和罗敏的《走向统一:西南与中央关系研究(1931—1936)》(社会科学文献出版社2014年版)。前者通过介绍国民党高层的政治斗争和利益较量,澄清了长期以来许多真假难辨的传闻,后者从国家政权建设角度,勾勒了南京国民政府应对和解决西南问题的全过程,可说是两部探究国民党内部派系政治的力作。论文方面,有学者对胡汉民被囚事件做了细节考证。有学者考察1936年的蒋、胡博弈后指出,蒋的政治生涯走向,乃至国民党的发展路径,皆因胡的突然去世而发生若干变化。还有学者认为桂系李宗仁借助抗战新形势,在"军政合一"方针下,排斥打压国民党中央CC派,将安徽省政收归自己治下。②

在国共关系方面,有学者将1934年秋红军长征初期的行动,放在与蒋介石、粤系相互博弈的场景中加以"还原",指出中央苏区主力红军的长征是一场准备堪称周密的军事行动,其中中国共产党对粤系的争取、利用尤为重要。而在中国共产党顺利突围的背后,亦可见蒋介石将"追剿"红军、抗日准备与控制西南三者巧妙结合的心机。有学者考察冀察政务委

---

① 马思宇:《有财斯有兵——1928—1930年蒋、阎关系再解读》,《史学月刊》2016年第8期;段金生:《地方势力的国家参与:变局中边疆实力派的政治选择——抗战爆发前后龙云言行的观察》,《民国档案》2016年第2期;黄天华:《四川政潮与蒋介石的因应(1937—1940)》,《历史研究》2017年第2期。

② 陈红民:《〈蒋介石日记〉中的"约法之争"》,《史学月刊》2015年第4期;段智峰:《国民党团结再造的困境与限界:1936年蒋介石与胡汉民的博弈》,《民国档案》2015年第2期;周圣亮:《论李宗仁与抗战初期的安徽政局》,《安徽史学》2016年第4期。

员会、学生、南京国民政府以及中国共产党在1935年"一二·九"运动前后的较量后指出，正因为冀察政委会受到中共统战工作的影响，较好地处理了与学生运动的关系，七七事变才拉开了全民族抗战的序幕。① 有学者提出蒋介石在中条山战役即将发生之际，要求中国共产党配合作战，并非"一石二鸟之策"，而是在非常被动情况下的无奈举措。而中国共产党的应对策略也并非针对蒋介石的所谓"激将法"，而是毛泽东一贯的军事斗争思想的体现，以及他坚持革命功利主义的一贯风格所致。有学者考察1942年夏蒋介石主动提出与毛泽东会晤的全过程后指出，双方所提条件差距过大，是谈判不了了之的重要原因。此后不久，随着共产国际的解散，国共双方又开始了新一轮的对抗。还有学者研究1944年在豫湘桂会战期间发生的豫西民众袭击国民党败军事件，史称"豫西民变"。认为豫中会战期间，国民党军队军纪败坏，对地方民众的抢劫和袭扰，远远大于民众对军队的袭击；袭击军队的是当地的土匪，与中共豫西党组织并无关联；"民变"一说不能成立。② 等等。

至于这一时期新拓展的研究领域，则主要集中在对南京国民政府倡行劳资合作、发起商民运动与反迷信运动，以及构建政治文化等方面。

对于劳资合作问题，有学者考察1927—1937年南京国民政府以劳资调停人自居，倡行劳资合作政策的全过程后指出，南京国民政府无视劳资之间的阶级差别，意欲用"劳资合作"的方式消弭阶级斗争，把帝国主义视为国内劳资矛盾的根本原因，把劳资纠纷转化为民族主义情绪。这使国民党政权失去了阶级基础，既不能获得劳工阶层的认同，资产阶级也因其"节制资本"的政策而心有疑虑。与此同时，左翼力量则不断宣传"阶级斗争"理念，劳资矛盾严酷的现实与国民党空洞的话语形成鲜明对比，将工人群体推向共产党一边，使其将"阶级斗争"当作自己的政治信仰及与

---

① 黄道炫：《中共、粤系、蒋介石：1934年秋的博弈》，《近代史研究》2011年第1期；包巍、刘会军：《冀察政务委员会与学生运动的关系转折——兼论中共中央北方局对冀察平津地区的统战工作》，《中共党史研究》2017年第1期。

② 杨奎松：《关于中条山战役过程中国共两党的交涉问题》，《近代史研究》2010年第4期；金以林：《流产的毛蒋会晤：1942—1943年国共关系再考察》，《抗日战争研究》2015年第2期；郑发展：《一九四四年"豫西民变"考析》，《历史研究》2015年第4期。

资方、政府抗争的工具。另有学者通过对南京国民政府初期北平特别市党务指导委员会成立工会发动工潮事件的考察，指出"发生在政权鼎革之际的这段工潮，不单单是国民党领导的黄色工会活动，更隐含着国民党地方党部从革命党向执政党的蜕变"，从中可窥见国民党是如何在北平实现以党治国方略的。①

对于商民运动，有学者梳理了1927—1928年间国民党在各地发起的商民运动的曲折过程，发现国民党中央对待商会的态度逐渐温和，1928年7月颁布的民众团体组织原则中承认商民协会和商会同时存在，体现了国民党政权从革命向保守的转变。而国民党中央的这一政策也影响到地方政治。如国民党北平市党部领导的商民协会积极发展民众运动，而商会却与地方军政当局保持密切关系。为此，有学者研究1928—1929年北平商民协会和商会的冲突后认为，这个案反映了国民党内部新旧派之间，党、政机构之间的路线之争。旧派和政府部门，甚至包括国民党中央，希望维护社会稳定，限制乃至反对民众运动，而新派和地方党部则希望通过民众运动来实行社会改造。②

对于反迷信运动，有学者研究1929年国民党北平市党部抢占铁山寺改为学校造成的庙产纠纷案后指出，这固然继承了晚清以来激进派一贯的"庙产兴学"主张，更体现了南京国民政府初期政府与地方党部的不同政治意图，前者试图完善法律和行政制度，在近代国家的框架内管理宗教，而后者则从革命的意识形态出发，以"反迷信"为由压制宗教。另有学者认为，1931年高邮"打城隍"风潮的个案也说明国民党基层党、政机构的权力机制和结构性冲突。国民党基层党部发动的这场针对传统民间信仰的活动，含有与代表既有政治势力的县政府争夺权力资源的意图。基层党部脱离民意基础，受到民众的排斥反感，也在一定程度上解释了国民党政

---

① 田彤：《目的与结果两歧：从劳资合作到阶级斗争（1927—1937）》，《学术月刊》2009年第9期；杜丽红：《南京国民政府初期北平工潮与国民党的蜕变》，《近代史研究》2016年第5期。

② 朱英：《商民运动期间国民党对待商会政策的发展变化》，《江苏社会科学》2010年第1期；齐春风：《党政商在民众运动中的博弈——以1928—1929年的北平为中心》，《近代史研究》2010年第4期。

权社会动员的无力和无效。①

对于政治文化的构建问题，有两部专著做了很好的阐述，一是陈蕴茜的《崇拜与记忆——孙中山符号的构建与传播》（南京大学出版社2009年版），二是李恭忠的《中山陵：一个现代政治符号的诞生》（社会科学文献出版社2009年版）。前者研究国民党如何在时间（各种纪念日和纪念周仪式）和空间（纪念堂和公园等）中构建起一套以孙中山为核心的仪式、象征和记忆。认为孙中山崇拜既是帝制国家传统个人崇拜的延续，又掺入了大量近代构建个人崇拜的技术，由此来达到加强凝聚力、为国民党政权提供合法性等政治目的。后者则细致入微地考察了中山陵的设计建筑过程及其政治和文化意义，把围绕中山陵建构起的孙中山崇拜理解为国民党单方面的意识形态灌输，认为这一崇拜具有权威自命、内涵僵固、形式空洞三个鲜明特征。

## 第四节 经济史

经济史研究是国家改革开放、工作重心转移到社会主义现代化建设以来，为适应以经济发展为中心的需要而快速发展，并涌现出大批新成果的研究领域之一。最近10年，学者们最为关注的课题，主要集中在以下几个方面。

**一 对晚清以来的财政金融，以及税制与税收、货币与币制改革等问题进行了广泛的研究**

对于晚清以来的财政金融问题，有学者探讨1898年清政府发行昭信股票与金融业的关系，认为这一案例表明晚清国家财政对金融业的依赖，而新式银行的最初发展也有赖于国家财经政策的支持。有学者探讨1908年清政府实施的财政预算制度，作为一种西式新制是如何移植、嫁接到中国旧

---

① 付海晏：《革命、法律与庙产——民国北平铁山寺庙案研究》，《历史研究》2009年第3期；沙青青：《信仰与权争：1931年高邮"打城隍"风潮之研究》，《近代史研究》2010年第1期。

有财政体系，又面临怎样的困境，并引发何种后果的；并从财政监理制度角度研究清末的中央财政问题，认为虽然清末在财政监理上做出了一些努力，但限于其制度本身的缺陷，不可能挽救清廷财政颓势。有学者考察清末赋税征信制度，认为清末中央和地方先后主张推行以征信册为载体的信息公开，由于缺乏试点和配套改革，以失败告终。① 另有学者探讨北京政府初期对各省官银钱号的整顿，认为这一行动反映了北京政府统一币制与财政、推进金融近代化的决心，但由于"洪宪"帝制造成的政局动荡和中央与地方的矛盾，还是始兴终败了。有学者探讨北京政府时期币制监管的主要内容及监管机构的更迭，呈现出当时人对于金融监管问题的重视，也有学者考察其间中国银行和交通银行的挤兑风潮，认为这是政府与银行信用交相丧失的结果，反映了金融乃至政治经济体系的致命缺陷。② 有学者从中央与地方财政关系视角重新审视南京国民政府时期的地方公债，也有学者考察其以设立合作金库为主要内容的农村合作金融制度的演变轨迹。还有学者考察20世纪30年代前半期江浙金融资产阶级同南京国民政府在金融政策上的冲突，指出南京国民政府趁机采取一系列措施侵蚀和控制江浙金融资本，确立了国民党官僚垄断金融资本的统治地位，使中国走上了官僚垄断资本主义发展道路。③ 有学者从汇兑层级体系分析20世纪30年代的中国国内金融市场圈，认为从宏观层面看，近代中国的区域金融圈表现明显，长距离汇兑关系比较少，全国金融市场的联动性和传递性仍以区域

---

① 徐昂：《昭信股票与晚清华资金融业关系研究》，《近代史研究》2015年第5期；刘增合：《西方预算制度与清季财政改制》（《历史研究》2009年第2期）、《纾困与破局：清末财政监理制度研究》（《历史研究》2016年第4期）；李光伟：《清季赋税征信制度设计探论》，《史学月刊》2016年第6期。

② 杨涛：《北京政府整顿各省官银钱号问题研究（1912—1916）》，《史学月刊》2016年第10期；云妍：《中国早期工业化中的外资效应——以近代开滦煤矿的外溢性影响为中心》、潘晓霞：《危机背后：北京政府时期的中国银行和交通银行挤兑风潮》，《中国经济史研究》2010年第1期、2015年第4期。

③ 潘国旗：《从中央与地方财政关系看国民政府时期的地方公债》，《历史研究》2016年第3期；龚关：《国民政府与农村合作金融制度的演变》，《中国经济史研究》2016年第2期；严立贤：《救济农村还是购买公债？——20世纪30年代前半期江浙金融资产阶级同南京国民政府在金融政策上的冲突与官僚垄断资本主义道路的形成》，《浙江师范大学学报》2016年第6期。

为中心。① 有学者探讨抗战时期重庆国民政府的银行监理体制的得失，认为其多元化银行监理体制，对战时金融稳定起到了一定的积极作用，但由于政出多门，矛盾累积，实效不足，导致战争后期通货膨胀日渐加剧。也有学者认为抗战时期国民政府对省地方银行的监管，既有利于促进经济发展和社会秩序稳定，也增强了政府对金融的控制，并最终确立了它对银行乃至整个经济的垄断。另有学者讨论抗战时期国民政府的平津存银问题，认为日军占领平津后企图染指平津英法租界的国民政府数千万存银，中国在这场与日军的角力中，虽在存银上有所损失，但在战略上达到了以防止英日同盟为目标，并在欧战爆发后逐步使中英日三国关系步入了中国或者说是蒋介石所设想的轨道。② 还有学者探讨了近代中国债券市场监管的演进与特点，以及近代中国金融业发展模式与社会转型之间的复杂关系。③

对于税制问题，有学者考察道咸期间粤海关的体制和关税制度的变迁，认为清政府中枢和广东方面都有明显回到原来一口通商制度的意愿，而外部格局的变动与太平天国运动的爆发，使这种努力终成泡影。另有学者立足于晚清长时段的战时财政运作模式，对同光年间左宗棠的西征筹饷问题进行了重新探讨，认为晚清的战时财政供饷模式已发展到一个新的阶段。④ 有学者考察咸丰朝的户部银库后认为，咸丰朝的户部银库不仅在具体的收支内容、数量、规模方面发生重大变化，而且在全国财政运作与经费调度中的重要性也大为降低。这种变化反映了内外合力作用下清政府因应财政危机的能力，以及财政运行逐渐脱离旧轨的变化趋势。有学者针对太平天国善后和"同治中兴"的标志性事件——江苏减赋进行了重新探讨，指出督抚司道在该事件中始终发挥主导作用，为重赋压力下的地方官

---

① 马建华：《20世纪二三十年代中国国内金融市场圈的构建——基于汇兑层级体系的分析》，《中国经济史研究》2016年第5期。

② 王红曼：《抗战时期国民政府的银行监理体制探析》，《抗日战争研究》2010年第2期；刘志英：《全面抗战时期国民政府对省地方银行的监管》，《历史研究》2015年第4期；周祖文：《抗战时期平津存银问题：中日英三方的角力》，《抗日战争研究》2016年第2期。

③ 段艳、易棉阳：《近代中国债券市场监管的演进与特点》，《中国社会经济史研究》2010年第1期；杜恂诚：《近代中国金融业发展模式与社会转型》，《中国经济史研究》2015年第3期。

④ 任智勇：《从榷税到夷税：1843—1854年的粤海关体制》，《历史研究》2017年第4期；刘增合：《左宗棠西征筹饷与清廷战时财政调控》，《近代史研究》2017年第2期。

员减负,是同治减赋的重要动机。① 有学者考察北京政府划分国地税的改革后指出,国地税改革受制于省制纠缠、立法与行政机关的对立以及持续的财政危机,最终迫使北京政府放弃了两税体制。② 有学者考察南京国民政府1927—1936年间先后三次对中央和地方财政收支系统进行改革后指出,这一改革逐步确立了近代财政分税制,符合历史潮流,但由于财政分权存在诸多失误,结果反噬集权努力。③ 有学者分析了1936年所得税开征过程中政府与商会团体及商人之间的互动,以及外侨的纳税问题。④ 有学者讨论民国时期营业税的税率问题,指出南京国民政府时期的营业税已由北京政府时期的定额税率向比例税率转变,其地方营业税的税率设计存在差别比例税率和单一比例税率两种模式。国民政府为增加财政收入,在抗战和内战期间逐步统一并大幅提高了营业税税率,给工商业者和普通民众带来沉重的税收负担。有学者梳理遗产税在中国的实施过程后认为,虽然以美国专家为首的财政部设计委员会认定遗产税不适合中国,但地方实力派和教育界等各方为解决各自的经费需求再三呼吁开征遗产税,最终促成了全面抗战爆发后遗产税迅速走完立法程序并付诸实施。⑤ 传统税制在近代中国的演化轨迹,以及一些特殊地区的财税制度也受到学者的关注,如有学者探讨近代华北乡村中的包税制,有学者研究民国乡村税收中村庄领导阶层的角色,有学者揭露日本1914—1922年占领青岛期间,为获取财政收入而实施鸦片专卖制。⑥

---

① 廖文辉:《咸丰时期户部银库实银收支问题再研究》,《近代史研究》2017年第1期;周健:《同治初年江苏减赋新探》,《近代史研究》2017年第4期。
② 王梅:《民初北京政府划分国地税研究》,《史学月刊》2016年第9期。
③ 焦建华:《现代化进程中的集权与分权:南京国民政府分税制改革再探讨(1927—1936)》,《中国经济史研究》2015年第2期。
④ 魏文享:《国家税政的民间参与——近代中国所得税开征进程中的官民交涉》《华洋如何同税:近代所得税开征中的外侨纳税问题》,《近代史研究》2015年第2期、2017年第5期。
⑤ 柯伟明:《论民国时期的营业税税率与税负》,《安徽史学》2015年第3期;雷家琼:《抗战前中国遗产税开征的多方推进》,《近代史研究》2016年第4期。
⑥ 任吉东:《近代华北乡村市场中的包税制——以直隶省获鹿县为例》,《安徽史学》2015年第3期;张启耀:《民国乡村税收中的村庄领导阶层及其权力变迁——以20世纪二三十年代的山西村长副为个案》,《民国档案》2015年第4期;高宇、燕红忠:《日本占领青岛期间的鸦片专卖与占领财政》,《中国经济史研究》2015年第1期。

对于税收问题，有学者指出，"道光萧条"的观点不能成立，嘉庆道光时期关税收入仍保持500余万两的水平，相较于乾隆朝未出现大幅度下降。有学者指出，1879年后清代厘金岁入已常年在2000万两以上，1903年后突破3000万两。还有学者认为，从实效上看，清末财政并非山穷水尽。①

关于货币及其与中国经济增长的关系，有学者发现中国近代资本市场的发展与中国近代工业化的发展相当疏离，不但与中国近代企业，特别是股份制企业的发展关系不密切，在某些时段甚至还是脱节的。但也有学者通过开滦煤矿的个案研究，提出从较长段看，外资的作用与影响对于中国整体现代化事业不无推进作用。②还有学者提出近代中国金融的大发展主要出现在1921—1936年间。但也有学者认为，虽然20世纪30年代中国经济的货币化程度稳步增长，但因未建立约束机制而埋下了负面的种子。有的学者还认为进口和货币量是中国经济增长的主要影响因素。第一次世界大战期间，中国资本品进口严重受阻，加上国际银价上涨导致白银外流，共同打击了中国经济。③另有学者考察近代中国白银通货存量及货币供给总量，并在此基础上对美国学者罗斯基的观点提出质疑，认为其白银通货估计和货币供给总量估计不能作为判断近代中国宏观经济发展趋势的基本变量。还有学者研究抗战后国家资本的变化问题，纠正了一些计算错误，并对国家资本的膨胀、垄断及其危害做了更加深入的分析。④对于币制改革，有学者重新审视了1904年美国货币专家精琪（J. W. Jenks）来华和他

---

① 倪玉平：《清嘉道时期的关税收入——以"道光萧条"为中心的考察》，《学术月刊》2010年第6期；周育民：《晚清厘金历年全国总收入的再估计》，《清史研究》2011年第3期；苏全有：《有关清末财政问题的两点思考》，《安徽史学》2010年第4期。

② 朱荫贵：《论研究中国近代资本市场的必要性》；云研：《中国早期工业化中的外资效应——以近代开滦煤矿的外溢性影响为中心》，《中国经济史研究》2010年第1期。

③ 燕红忠：《近代中国金融发展水平研究》，《经济研究》2009年第5期；杜恂诚：《货币、货币化与萧条时期的货币供给——20世纪30年代中国经济走出困局回顾》，《财经研究》2009年第3期；刘巍：《资本品短缺、货币紧缩与中国总产出下降（1914—1918）——基于"供给约束型经济"前提的研究》，《中国经济史研究》2015年第4期。

④ 蒋清宏：《近代中国白银通货存量与货币供给总量考论——与罗斯基教授商榷》，《中国经济史研究》2015年第3期；虞和平：《抗战后国家资本膨胀和垄断问题再研究》，《历史研究》2009年第5期。

的币制改革方案,认为清政府最终拒绝其导入金汇兑本位制的货币改革方案,不能简单归咎于晚清"货币发行地方化"所代表的地方利益的抵制,而是该方案未能顾及中国的主权和利益,以及受限于相关主客观条件。另有学者探讨1935年法币政策的出台背景,指出30年代中期的经济困难尤其是美国推行白银政策后导致的白银危机,是法币改革的直接催化剂;中国货币体制与外部世界日渐暌违,也刺激着国内的币制改革要求,而随着中国经济基础的逐渐增厚,各界对弹性货币政策自然有了一定的期待。① 还有学者认为,法币改革实际各地步调并不一致。陈济棠是广东推行法币政策的最大障碍,后来广东券币比率的确定,是各方博弈后达成的国家与地方利益间的平衡。也有学者认为国民政府决策层对纸币兑现问题是有分歧的,蒋介石为防止通货膨胀,希望实现某种意义上的法币可兑现性。这种争论反映了中国社会在全球币制大变革背景下选择自身经济发展道路时所面临的复杂性。另有学者考察了1948年金圆券改革决策的内幕。②

## 二 对商会、商贸史、企业史和三农等改革开放以来的热点问题的研究,不但未曾中断,还取得不少新的进展

对于商会的研究,这一时期的学界更加关注的是商会和同业公会的中介角色。如有学者讨论民国时期广州市商会积极参与营业税的制定与征缴,努力应对和调解营业税风潮,坚持为商请命,对政府强制推行的不合理税收展开抗争,显示出商人社团组织的本质作用。其中有学者还梳理了1919年天津商会抗议日本领事干涉会长选举的来龙去脉,探讨了1934年天津商会改选纠纷与地方政府的应对之策。③ 另有学者分析天津市同业公会在价格管制体系中的地位和作用,指出同业公会受政府委托,承担着议

---

① 崔志海:《精琪访华与清末币制改革》,《历史研究》2017年第6期;潘晓霞:《温和通胀的期待:1935年法币政策的出台》,《近代史研究》2017年第6期。
② 柯伟明:《1936—1937年广东币制改革的券币比率之争》,《近代史研究》2017年第6期;贾钦涵:《"纸币兑现"之争与1935年法币改革决策》;张秀莉:《金圆券改革决策内幕考》,《中国社会经济史研究》2016年第2期。
③ 朱英、夏巨富:《广州市商会与1937年营业税风潮》,《河北学刊》2015年第6期;朱英:《维护国权与商权:天津商会抗议日本领事干涉会长选举》(《史学月刊》2015年第12期)、《1934年天津商会改选纠纷与地方政府应对之策》(《武汉大学学报》2015年第1期)。

价与限价的重要职责,但同时又与地方政府"讨价还价",以集体议价的方式提升本业价格水平。也有学者关注商人与大学教育的关系,认为商会在私立大学的发展过程中起到了中坚力量的作用,并惠及国立大学。① 在商贸史方面,有学者探讨晚清时期东北的豆品期货市场。认为东北的豆品期货已经发展到相当水平,支撑着整个集散市场乃至外贸体系的有效运行。② 有学者考察民国初年长芦盐业的自由贸易改革,指出以张弧为首的中国官员与商人的所谓改革,实际是借自由贸易之名,行包商垄断之实。③ 有学者讨论抗战时期的西北驿运,认为重庆国民政府的战时驿运制度有效弥补了近代西北现代交通运输能力不足的问题,但也存在管理体制不健全等问题,从而影响了驿运的效果。④ 有学者探讨抗战时期上海远洋航运的繁荣程度,认为甚至超过了战前。这是因为日本为达到"以战养战"目的,将上海作为一个物资中转站。而保持这一航运的畅通,又在一定程度上缓和了日本因垄断长江航运而与美英法等国的紧张关系。⑤ 关于企业史研究,有学者研究江南绅商与洋务企业的关系,认为晚清义赈的兴起,改写了此前江南绅商在洋务企业中的失败经历,取得了相当显著的绩效。⑥ 有学者考察20世纪30年代荣氏集团申新七厂在经济危机的压力下,主动要求政府干预的事例,指出申七事件无意中成了实行统制经济的导火索。⑦ 有学者研究中国第一家采用机器冶炼铁矿的工厂——贵州青溪厂失败的原因,认为在地处偏远、交通不便、经济落后、缺乏配套措施的贵州兴办大机器冶铁工业,既无政府财政支持,又无民间资本市场的后盾,失败是必

---

① 魏文享:《"讨价还价":天津同业公会与日用商品之价格管制(1946—1949)》,《武汉大学学报》2015年第6期;虞和平:《辛亥革命对教育变革的影响——以民国前中期商人捐办大学为中心》,《史学月刊》2015年第6期。

② 燕红忠、高宇:《晚清时期的豆品期货市场——以东北辽河流域为中心》,《近代史研究》2017年第3期。

③ 李晓龙:《新瓶旧酒:民初长芦盐业自由贸易改革与新包商的出现》,《近代史研究》2017年第6期。

④ 李佳佳:《因运而生:抗战时期西北驿运再研究》,《抗日战争研究》2017年第3期。

⑤ 李玉铭:《抗战时期上海远洋航运探析(1937—1941)》,《史林》2017年第2期。

⑥ 朱浒:《从赈务到洋务:江南绅商在洋务企业中的崛起》,《清史研究》2009年第1期。

⑦ 徐锋华:《企业、政府、银行之间的利益纠葛——以1935年荣氏申新七厂被拍卖事件为中心》,《历史研究》2011年第6期。

然的。另有学者则以近代开滦煤矿为例，认为该矿长期以来的产出增长，主要不是来自资本和劳动的贡献，而是包括累积技术进步、组织效率、管理水平提高等在内的"余值"贡献的结果，因此只有将智慧和力量集中于"软件"，才是获得现代化发展和实质进步的关键。①

关于三农问题，首先是地权问题受到研究者的重视。有学者提出土地交易并不一定是土地所有权的整体性交易，而经常表现为土地所有权、收益权和转让权的部分性交易，土地三权的分离为重新理解传统乡村的产权制度提供了新的认识框架。还有学者提出传统地权具有相互关联的多层次权益与功能，最基本的是耕作权，其次是土地增值权益，最后是以土地为中介的多样化交易形式具有跨期调剂的金融功能。地权形态的多层次性促进了土地的可交易性。多样化交易形式又推动了地权与生产要素的动态组合，从而提高了土地产出与经济效率。② 也有学者研究非农土地所有权问题，指出民国山林国有化、契税和不动产登记等政策，对浙江龙泉和建德两县山林的确权产生了不同影响。原先以契约为主要确权凭证的习惯，以及由册书把持的、通过升科纳粮获得山林所有权的方式遭到了挑战，国家与山区民众之间的关系也变得更加紧密了。③ 有学者考察民国时期湘鄂两省的地权分配状况，指出两省的地权分配不均程度虽然较为接近，但其内部结构却有较大差异，鄂省核心农业区的地权分散，而湘省核心农业区的地权集中，原因是湘省核心农业区在近代涌现了一大批高级别的军政官员，造就了相当数量的官僚大地主。④ 还有学者探讨国民政府抗战时期及战后实行"扶植自耕农"政策的前因后果和实施情形；有学者注意到土地市场中的交易也受契约参与者社会关系网络的影响，但亲属关系只是达成契约的信息渠道与信用保障，而非限制性

---

① 朱荫贵：《论贵州青溪铁厂的失败原因》，《贵州社会科学》2015年第9期；云妍：《近代开滦煤矿研究》，人民出版社2015年版。

② 曹树基等：《"残缺产权"之转让：石仓退契研究（1728—1949）》，《历史研究》2010年第3期；龙登高：《近世中国农地产权的多重权能》，《中国经济史研究》2010年第4期。

③ 杜正贞：《晚清民国山林所有权的获得与证明——浙江龙泉县与建德县的比较研究》，《近代史研究》2017年第4期。

④ 林源西：《民国时期两湖乡村的地权分配》，《中国经济史研究》2015年第6期。

因素或优先考虑的因素。① 也有学者通过对近代徐淮海圩寨大地产的考察，对近年来出现的质疑中国土地集中说的声音提出了反质疑。②

此外，在三农问题方面，受到研究者关注的还有以下几个问题：一是民国时期特别是20世纪30年代中国农业经济是崩溃还是有一定发展的问题。有学者通过对定县农家生活的量化分析，提出所谓农民生活不断恶化的观点的确值得斟酌，而所谓农民生活水平明显改善，也不符合历史事实，并强调农村经济是一个延续和渐变的过程。还有学者认为就1927—1937年的河南而言，应当承认发展是当时中国农业经济的总趋势。另有学者重构了近代婺源一家农户在19世纪中后期60余年间的生计模式及其演变轨迹，从微观角度探讨了王朝制度、区域市场和国际贸易对这家农户生计的影响。③ 二是农民离村进城的原因。有学者认为农民是一个理性算计者，在外在生态条件和多重制度约束下，农户出于个体理性算计的结果，仍然选择以农为主、工商为辅的生产和生活方式。另有学者认为这一论断与事实相距甚远，绝大多数农民根本不可能有所谓"出于个体理性算计"的选择，只能迫于生计，或辗转于城乡之间挣扎求生，或困守贫瘠的土地勉强度日。还有学者认为农民离村进城的主要原因，应从中国近代经济发展特别是大机器工业出现以后寻找，因为它对劳动力市场的发育起到了巨大的推动作用。④ 三是国家与农民的关系问题。有学者认为国家在地方社会复杂的利益纷争中，应居于协调者的立场，而不是非此即彼的单向伸

---

① 黄正林：《国民政府"扶植自耕农"问题的研究》，《历史研究》2015年第3期；赵思渊：《19世纪徽州乡村的土地市场、信用机制与关系网络》，《近代史研究》2015年第4期。

② 马俊亚：《近代淮北地主的势力与影响——以徐淮海圩寨为中心的考察》，《历史研究》2010年第1期。

③ 李金铮：《收入增长与结构性贫困：近代冀中定县农家生活的量化分析》，《近代史研究》2010年第4期；《延续与渐变：近代冀中定县农业生产及其动力》，《历史研究》2015年第3期；黄正林：《制度创新、技术变革与农业发展——以1927—1937年河南为中心》，《史学月刊》2010年第5期；刘永华：《小农家庭、土地开发与国际茶市（1838—1901）——晚清徽州婺源程家的个案分析》，《近代史研究》2015年第4期。

④ 赵红军：《农民家庭行为、产量选择与中国经济史上的谜题：一个考察中国未能发生工业革命的微观视角》，《社会科学》2010年第1期；戴鞍钢：《中国近代工业与城乡人口流动》，《云南大学学报》2011年第2期；周应堂、王思明：《近代农民离村原因研究》，《中国经济史研究》2011年第1期。

裁。还有学者认为甘肃农村社会的主要矛盾并不是地主和农民之间的矛盾，而是地方政府和军阀与农民之间的矛盾。①

### 三 历史 GDP 成了新的研究热点，量化研究法被不少学者运用于研究实践中，成为这一时期的一大特色

在历史 GDP 研究方面，出版有李伯重的专著《中国的早期近代经济——1820 年代华亭—娄县地区 GDP 研究》（中华书局 2010 年版）。他提出中国近代早期江南经济之所以停滞落后，与近代经济发展无缘，其实是鸦片战争以后中国一味试图脱亚入欧，将自身改造为西方式的近代社会，全盘否定自身历史传统与积累所致。由此引发了一轮对 GDP 研究的学术讨论。有学者认为，GDP 研究已有相当成熟的方法和整套的指标体系，遵循其方法和指标不是重点，重点是历史数据的收集和整理，并对清代农业生产的各类指标，如耕地面积、粮食的亩产量和总产量、粮食生产的产值、整个种植业产值以及包括林牧渔业在内的农业总产值等进行了估算，被学者誉为是这一领域最全面的研究成果。② 有学者建议应该立即开展"近代中国经济统计研究"的工作。有学者表示，在估算近代中国的 GDP 时，选择理论模型要注重前提假设的分析，外推数据时要注重对残差的分析，还需要用其他领域的数据做验证，这样才可能经得起学术的考验。另有学者认为，不宜把 GDP 作为将中国古代传统社会或中国近代二元转型社会与西方资本主义国家作比较时的主要评价标准，尤其不宜用偏离定义或模型有缺陷的估计或计量方法得出的 GDP 数字来进行比较。否则，会不恰当地估量中国经济的发展水平，掩盖中国近代二元经济结构及中国古代市场十分有限的事实。③

---

① 杨国安:《樊口闸坝之争：晚清水利工程中的利益纷争和地方秩序》，《中国农史》2011年第3期；黄正林:《民国时期甘肃农家经济研究——以20世纪30—40年代为中心》，《中国农史》2009年第1、2期。

② 史志宏、徐毅:《关于中国历史GDP研究的点滴思考》，《中国经济史研究》2011年第3期；史志宏:《清代农业生产指标的估计》，巴斯·范鲁文著、张紫鹏译:《农业革命的量化——评史志宏〈清代农业生产指标的估计〉》，《中国经济史研究》2015年第5期。

③ 陈争平:《近代中国货币、物价与GDP估算》，刘巍:《近代中国GDP估算：数量分析方法的尝试》，《中国经济史研究》2011年第3期；杜恂诚、李晋:《中国经济史GDP研究之误区》，《学术月刊》2011年第10期。

对于量化研究方法，有学者利用当时中国 18 省 264 个府的相关数据，考察了通商口岸促进近代经济长期发展的具体效应和机制，指出距离通商口岸越近的地区，城市人口越多、人口密度越大、劳动生产率越高。通商口岸又为近代新式教育的出现提供了条件，留学生、新式学堂和教会学校等新生事物首先在通商口岸兴起，再向内地辐射，促进了近代人力资本的发展。有学者梳理历史空间数据的可视化方法在经济史研究中的发展脉络，并以清代南方粮价空间分布和粮食运销网络为例，分析出清代南方地区米价从东到西的四个空间梯度。还有学者借助电子检索手段，搜索到超过2000 起清代中央档案的抄家案例，认为这些案例以雍正、乾隆两朝和光绪朝发生的频次最高；亏空和贪腐是最常见的罪名；对官员的抄家与清代律例的规定，关系并不密切，而与皇帝的个人意志、偏好和选择密切相关。①

## 第五节 中外关系史

近代中外关系史，也是国家改革开放以来，发展最为迅速、成果相当丰厚的一个研究领域。现依次将晚清政府、北京政府和南京国民政府时期近 10 年来的中外关系史研究成果简介如下。

**一 晚清政府时期的中外关系**

关于清政府的外交体制，曹雯的专著《清朝对外体制研究》（社会科学文献出版社 2010 年版），首次提出了"藩封体制"的新概念，以区别于学界所普遍使用的"宗藩体制"或海外研究者所使用的"朝贡体制"。也有学者认为东亚地区传统国际秩序应称为"封贡体系"。其要义在于"事大"与"字小"。而朝贡制度旨在建立"上国"与"属国"之间的主从关系，各个"属国"之间并没有围绕"上国"而形成合作联盟。这在近代难

---

① 林矗：《通商口岸、新式教育与近代经济发展：一个历史计量学的考察》，王哲：《历史空间数据可视化与经济史研究——以近代中国粮食市场为例》，《中国经济史研究》2017 年第 1、5 期；云妍：《从数据统计再论清代的抄家》，《清史研究》2017 年第 3 期。

以抗衡运用条约体系的西方列强以及日本在东亚地区的扩张。还有学者认为近代以前东亚"天下"传统政治格局的形成和演变，基本上是在传统王朝，尤其是以中国中原地区为中心的王朝主导下进行，在政权建构和族群凝聚上呈现区域内自然凝聚的状态。近代以后兴起于西方的近现代民族国家理论传入东亚地区，在将东亚地区的政权建构和族群凝聚引向主权国家的同时，也推动了东亚"天下"格局的演变，使东亚地区完成了由传统王朝政治格局向近现代国际关系的转变。另有学者通过中朝交往的个案，对朝贡体系下晚清东亚变局与近代"外交"一词的起源提出了新的论述。有学者考察了《马关条约》与中外条约关系的变化，指出西方列强通过鸦片战争在华建立了不平等条约关系，中国出现了条约关系与朝贡关系并存的双重国际秩序格局。此后这一双重格局被打破，朝贡关系完全被条约关系所取代。清政府尝试建立平等关系的趋向也在甲午战后被打断。有学者考察了晚清对外关系中中央和地方外交并存的二元化现象，以及地方外交从广州外交到天津外交进而到东南外交三个阶段的发展过程，指出晚清中外关系经历了从东方朝贡关系到中西贸易关系，再到国家条约关系的演变，显示了国人从"夷务"到"洋务"再到"外务"的三段式进阶认知，表现了从广州贸易体制到口岸通商体制最终到中央外交体制的转型。① 有学者强调一个外交两种体制，是晚清时期在朝贡关系体制的中心与边缘都普遍存在的一个客观现象和事实，本质上可以说是晚清对外关系近代转型过程中所出现的过渡性现象。有学者认为非成文契约性是中朝宗藩关系的显著特征之一。有学者指出光绪七年清朝驻日使领与朝鲜"朝士视察团"在日期间基于宗藩体制的特殊规制开展的交流活动，带有明显的中国印记，展现了中朝两国在全球化运动中的艰难抉择。②

---

① 陈尚胜：《朝贡制度与东亚地区传统国际秩序——以16—19世纪的明清王朝为中心》，李大龙：《东亚"天下"传统政治格局的形成与演变趋势——以政权建构与族群聚合为中心》，李云泉：《晚清东亚变局与近代"外交"一词的起源——以中朝关系为中心的考察》，《中国边疆史地研究》2015年第2期。李育民：《甲午战争暨〈马关条约〉与中外条约关系的变化》，《抗日战争研究》2015年第2期；郭卫东：《论晚清时代的地方外交》，《广东社会科学》2017年第4期。

② 权赫秀：《晚清对外关系中的"一个外交两种体制"现象刍议》，《中国边疆史地研究》2009年第4期；孙昉：《论清代中朝宗藩关系的非成文契约性及其弛张》，《延边大学学报》2010年第1期；张礼恒：《清朝驻日使领与朝鲜"朝士视察团"》，《近代史研究》2017年第6期。

关于中英关系，有学者指出逼迫清朝官员承认鸦片贸易合法化，是19世纪中叶英国政府一贯坚持的方针。与此同时，又指出英国在第二次《中英禁烟条件》谈判中，虽然没有根本改变向中国输入鸦片的立场，但在谈判桌上却也不得不做出某些让步。[1] 还有学者考察鸦片战争前后英军在中国沿海的水文调查活动，指出正是这些水文调查活动改变了英军对中国沿海的地理认知，影响到战船、火炮、兵力的配置以及战略战术的实施，成了决定战争胜负的重要因素。有学者对"门户开放政策"在英国的缘起、出台、实施、变革及影响等进行重新梳理和解析，指出该政策最早由英国提出并推行，后来转手于美国，成为以美国为首的西方列强对华的主要外交政策。[2] 也有学者关注在华外国人的作用问题，如李泰国在中英《天津条约》谈判过程中的角色，赫德在庚子事变后的中英商约谈判中的地位，赫政在《藏印条款》议订中的作为等。[3]

关于中日关系，有学者认为朴定阳违制事件，使中朝两国的争端趋向表面化，也让朝鲜决心引入日本势力，从而埋下了中日甲午战争的隐患。[4] 有学者指出日本撤使准备虽早，却等到甲午战争爆发中国驻日使馆发出撤使照会后才下达撤使令，而且巧妙地在京津、烟台和上海等地布留了情报人员；并认为日本学者高桥作卫的高升号事件研究，有着深厚的官方背景，目的是为日本浪速舰的行为正名。学界虽对其开战责任说及所述事件过程有所辩驳，但有些方面仍存在高桥影响的痕迹。有学者指出中日广岛谈判时，中方的全权证书在形式与内容上皆与国际惯例不符，表面原因是清朝官员不熟悉国际法，实际上是清廷高层不愿放权。

---

[1] 王宏斌：《从英国议会文件看英国外交官关于鸦片贸易合法化的密谋活动》，《世界历史》2010年第3期；《英国鸦片商、外交官与中国清末禁烟运动——以第二次〈中英禁烟条件〉谈判为中心》，《近代史研究》2011年第1期。

[2] 王涛：《天险变通途：鸦片战争时期英军在中国沿海的水文调查》，《近代史研究》2017年第4期；赵欣：《再议英国与对华"门户开放政策"》，《史学集刊》2017年第1期。

[3] 张志勇：《李泰国与第二次鸦片战争》，《北方论丛》2015年第4期；《赫德与中英商约谈判》，郭大松、刘溪主编《开放与城市现代化：中国近现代城市开放国际学术讨论会论文集》，山东人民出版社2011年版；姜艳艳等：《赫政与中英〈藏印条款〉谈判》，《兰州大学学报》2015年第5期。

[4] 尤淑君：《朴定阳违制事件与朝鲜的自主诉求》，《史林》2017年第2期。

日方于是抓住"全权证书"问题不放，刻意促成谈判的破裂。① 有学者考察庚子事变前后张之洞与日本政府、军部及民间团体之间的多种联系，展示了这一时期历史的复杂性，丰富了人们对于近代中日关系史的认知。② 也有学者指出日俄战争后，日本借口"保护"朝鲜侨民，挑起了"间岛问题"。在中日谈判中，经过中方的坚决斗争，日本不仅承认"间岛"是清朝领土、杂居朝鲜人裁判权归中国，还撤出了非法的殖民机构，但中方也付出了一定代价，承认了日本对商埠内朝鲜人行使领裁权及对杂居地朝鲜人具有领事"立会"和"复审"权。有学者指出"日俄战争后，清政府就收回'南满'铁路附属地外的电信利权、烟台—大连间海底电信线的经营管理、中韩边境接线等问题主动与日本展开交涉"。但日本"在维护既得电信权益方面态度强硬，致使中日交涉一度陷入僵局"。在俄国施压和英国斡旋下，"清政府以向日本许以特殊权益的方式签订中日电约。而清政府试图尝试中韩日直接通信的构想，终因日本的态度消极未能实现"。③ 还有学者考察全面抗战爆发后国民政府驻日使馆的撤退问题，指出卢沟桥事变后，中国驻日使馆奉命留驻，日本当局试图迫使其主动撤退。在这一过程中，中日双方展开外交博弈，多种因素影响了中国驻日使馆的撤退进程。1938年6月，中国驻日使馆人员被迫撤退回国。也有学者探讨战时沦陷区的"良民证"问题，指出"日伪政权推行的良民证制度，带给民众的无疑是难以挥去的梦魇。饱受凌辱的民众奋起抗争势所必然，中共也通过各种斗争方式予以应对，其中破坏和利用良民证，是其重要的应对方式。伴随着日本的投降，束缚民众身份自由的良民证制度最终被废止"。④

关于中法关系，有学者探讨中法围绕越南的交涉，认为对于19世纪

---

① 戴东阳：《甲午战争爆发后日本驻华使领馆撤使与情报人员的布留》（《近代史研究》2015年第1期）、《高桥作卫与百年来高升号事件研究》（《北京社会科学》2017年第10期）；吉辰：《甲午中日议和中的全权证书问题——国际法视角下的考察》，《史林》2015年第1期。

② 戴海斌：《庚子事变时期张之洞的对日交涉》，《历史研究》2010年第4期。

③ 李花子：《中日"间岛问题"和东三省"五案"的谈判详析》，《史学集刊》2016年第5期；薛轶群：《日俄战争后的中日东三省电信交涉》，《近代史研究》2018年第1期。

④ 张展：《全面抗战爆发后的中国驻日使领馆》，《近代史研究》2019年第1期；杨东：《身份之锢——战时沦陷区的良民证探赜》，《抗日战争研究》2018年第4期。

中后期的法国侵越，清政府内部充满了矛盾和冲突，态度极为复杂。因为三者的关系既牵涉传统宗藩关系，又牵涉近代中国对列强关系的认识与主张。清政府的态度反映了中西体制的冲突和传统体制本身的矛盾。也有学者对影响中法战争和战的关键性文件"福禄诺节略"进行史实考辨，指出1884年5月17日李鸿章、福禄诺会谈后，李鸿章并未将福禄诺提交的这份法国执行天津简明条款的路线图报告清政府；北黎冲突后，又刻意制造"节略"中关于清政府撤军日期等内容在李、福会谈时即由福禄诺涂抹的假象，并蒙蔽英报记者，使其加以报道宣扬。还有学者研究赫德与中法越南交涉，指出他"首先是帮助中国进行中外交涉的中国官员，需要维护中国的利益"。但不可否认，他在调停中法越南问题时，有时又会以牺牲中国的部分利益来换取"中法和平"这个"他心目中最重要的目标"。认为唯有明了赫德这一"身份定位"，才能对他"在中法越南交涉中的言行做出合理的解释"。① 另有学者研究1898年上海第二次四明公所案，指出清政府虽在该案交涉过程中，利用"地方外交"和"以夷制夷"策略，抵制了法方的一些侵略要求，使法国政府最终放弃了浦东和南向的扩界图谋，一定程度上达到了为总理衙门减压的目的，但其作用终究有限，反而使清政府的外交进退失据，直接导致了上海法租界的扩大。至于法国与清末政局的关系，这位学者认为1901年《辛丑条约》签订后，法国对清末政局的演变给予了极大的关注，并对革命党和清廷采取了因应措施。武昌起义爆发后，则在革命党人和清政府之间保持中立，同时积极支持袁世凯上台执政。②

此外，中美、中德、中俄、中葡关系，以及其他藩属国的研究，也都有成果问世。如有学者指出，19世纪中叶，美国驻澳门领事的设立和撤废，反映出美国在东亚政治扩张、商业拓殖以及中美关系的轨迹和趋向。有学者指出，甲午战争时期，德国一改过去只关注经济利益而避免卷入政

---

① 章扬定、倪腊松：《"越南问题"与19世纪中后期清廷的处变策略》，《广东社会科学》2016年第4期；张振鹍：《福禄诺节略与中法战争两个阶段的转变——从〈泰晤士报〉的一篇报道说起》，张志勇：《赫德与中法越南交涉》，《近代史研究》2017年第4期、2019年第2期。

② 葛夫平：《第二次四明公所案与上海法租界的扩界》，《历史研究》2017年第1期；《法国与清末政局》，《史林》2015年第5期。

治纷争的传统立场，开始介入远东的权力角逐。① 有学者指出，1891年俄国皇太子尼古拉旅华事件，一定程度上影响了俄国对华政策以及晚清中俄茶叶贸易的发展。有学者指出，赫德在晚清中葡通商条约谈判过程中所提于澳门设关收税及收取澳门租金的建议，成了总理衙门压迫葡萄牙公使放弃不合理要求与讨价还价的重要条件。而他反对按照原议换约，并提出购买澳门的计划，又导致了中葡换约的最终失败。② 还有学者研究以往关注不多的藩属国坎巨提和哲孟雄，指出位于帕米尔高原的坎巨提（一作"乾竺特"）自乾隆二十六年加入宗藩体制后，之所以至民国犹入贡不绝，成为清代宗藩体系的最后遗存，是因为有直到1937年英国无力在中亚抗衡苏联、关闭英属印度西北边界为止的中、英、俄的三角平衡关系。而哲孟雄（锡金）在清代作为西南藩属，臣属中央与西藏地方政府，构成"喜马拉雅山宗藩关系"中的重要一环。清代前中期，对藏、哲边界的管理是严格的，但在晚清便逐渐松弛了。③

## 二 北京政府时期的中外关系

关于外蒙古的分离运动，有学者指出，这里固然有中国内部的因素，也有外蒙古内部的因素，还有共产国际的因素。但是，更为重要的则是苏俄因素，正是这一因素起到了至关重要的作用。也有学者认为，尽管《中俄蒙协约》实现了俄国的既定方针，损害了中国的国家主权，但它毕竟确定了中国对外蒙的领土主权，也是对宗主权理论的一种突破。④ 还有学者首次考察20世纪上半叶的中法教育合作事业，并探讨中法教育基金会在退还庚款及兴学中的作用，以及法国政府对留法勤工俭学运动的态度，为

---

① 郝雨凡：《十九世纪中叶美国驻澳门领事的"设"与"撤"》，《历史研究》2015年第1期；欧阳红：《德国与中日甲午战争》，《安徽史学》2015年第4期。

② 陈开科：《1891年俄国皇太子东游旅华述论》，《社会科学研究》2017年第5期；张志勇：《赫德与早期中葡通商通航条约谈判》，《国际汉学》2017年第2期。

③ 李强、纪宗安：《清与坎巨提宗藩关系中的几个问题》，《西域研究》2016年第3期；张永攀：《乾隆末至光绪初藏哲边界相关问题研究》，《中国边疆史地研究》2016年第3期。

④ 栾景河：《外蒙古是怎样从中国分离出去的?》，陆南泉主编《苏联历史真相》，新华出版社2010年版；朱昭华：《袁世凯政府对外蒙古独立的因应》，《史学月刊》2009年第6期。

认识这一时期的中法关系提供了一个有益的视角。① 另有学者探究 1927 年"南京事件"的制造者,认为该事件是南兵发动的。探讨济南惨案及蒋介石绕道北伐的决策问题,认为蒋介石这一决策避免了中日大规模军事冲突的可能,为南京国民政府争得了国际道义上的先机。②

不过,学界关注最多的还是第一次世界大战期间的中国外交。第一次世界大战爆发后,中国很快宣布中立。有学者探讨北京政府中立决策的主要考量和前后作为,认为在某种程度上,中国的中立主要是为了防日。对于过去颇受非议的北京政府出兵西伯利亚问题,则认为《中日共同防敌军事协定》的签订是北京政府内政与外交政策结合的产物,日本政府并未邀请北京政府参与出兵西伯利亚的计划,甚至还是阻挠的。③ 另有学者认为袁世凯在"二十一条"交涉过程中,向日方妥协与其试图复辟帝制并不存在因果联系。还有学者认为五四运动时期,济南基督教青年会和齐鲁大学的英国人和美国人积极投身于山东的反日运动,虽不能认定他们的反日活动系受其政府指示,但与其背后的国家利益无疑是一致的。④ 对于遣送德侨的问题,有学者认为北京政府即使是在参战后也对德侨采宽松友善政策,其做法完全符合国际法,体现了中国近代外交理念的进步。也有学者指出,由于中国朝野人士的帮助以及巴黎和会后遣送计划的变更,大量德侨最终得以留在中国,这对战后中德关系乃至整个东亚国际关系格局都具有深远影响。⑤ 还有学者揭露日本阻止中国开征"二·五"附加税问题,指出华盛顿会议上,中国与列强签订了《关于中国关税税则之条约》,允

---

① 葛夫平:《中法教育合作事业研究(1912—1949)》,上海书店出版社 2011 年版;《法国政府与留法勤工俭学运动》,《社会科学研究》2009 年第 5 期;《法国退还庚款与兴学——中法教育基金委员会研究》,《近代史研究》2011 年第 2 期。
② 黄岭峻:《谁是 1927 年南京事件的制造者?》,《史学月刊》2011 年第 9 期;陈谦平:《济南惨案与蒋介石绕道北伐之决策》,《南京大学学报》2011 年第 1 期。
③ 侯中军:《一战爆发后中国的中立问题——以日本对德宣战前为主的考察》,《近代史研究》2015 年第 4 期;《北京政府出兵西伯利亚与中日交涉再研究》,《史学月刊》2011 年第 10 期。
④ 尚小明:《"二十一条"交涉的另一条管道——总统府相关活动透视》,《安徽史学》2017 年第 2 期;高莹莹:《反日运动在山东:基于五四时期驻鲁基督教青年会及英美人士的考察》,《近代史研究》2017 年第 2 期。
⑤ 张开森:《1918 年在华德侨处置案引发的中外交涉》,《近代史研究》2011 年第 3 期;魏兵兵:《第一次世界大战后北京政府之遣送德侨与对英交涉》,《史林》2015 年第 3 期。

许中国加征 2.5% 进口附加税，但日本利用各国之间的互相牵制以及中国内部政治分裂的局面，屡次成功阻止有关各国正式承认该附加税生效。①

### 三 国民政府时期的中外关系

受到学界广泛关注的，首先是中日关系问题。关于中东路事件，有学者认为这一事件是由中苏"共管"体制的矛盾、地缘政治及中方决策失误等多种因素造成的。也有学者认为张学良对北满苏联势力的完全清除是一种战略错误，给了日本侵占东三省的机会。② 关于九一八事变，有学者认为事变后日本决策层有一个侵华国策的同化过程。自日本经营南满以来，维护"满蒙权益"成为历届政府、军部海外扩张及处理国际事务的压倒性决策要素。也有学者认为事变之前，中日之间围绕东北铁路的激烈冲突是九一八事变的诱因之一。③ 关于华北事变，有学者认为对处于复杂互动作用中的中日苏三角关系及蒋介石的战略做出片面的理解，是日本发动华北事变的重大原因。关于抗战前十年间的中日渔业交涉，有学者认为在此期间，日人侵渔较之以往加剧，引起中国社会的强烈不满，南京国民政府采取了一系列制止措施，但并未从根本上解决问题。关于卢沟桥事变后是否对日宣战的问题，有学者指出蒋介石起初是打算宣战的，随后赞同不宜宣战，乃发表应战谈话。此后中国各界对不应宣战的认识趋同，国民政府便将应战发展为抗战，"抗战"作为具有深刻意义的词汇而载入了史册。④ 关于战时外交，出版有胡德坤主编的《反法西斯战争时期的中国与世界研

---

① 张丽:《日本阻挠中国开征二·五附加税始末》，《抗日战争研究》2015 年第 3 期。
② 刘显忠:《中东路事件研究中的几个问题》，《历史研究》2009 年第 6 期；薛衔天:《南京政府的"革命外交"与苏联对东北的"惩罚"战争》，关贵海等主编《中俄关系的历史与现实》第 2 辑，社会科学文献出版社 2009 年版。
③ 臧运祜:《从"广田三原则"到"近卫三原则"——抗战爆发前后日本对华政策的"表"与"里"》，《社会科学研究》2011 年第 5 期；闫成:《九一八事变前中日满洲的铁路之争》，《军事历史研究》2015 年第 6 期。
④ 鹿锡俊:《蒋介石与 1935 年中日苏关系的转折》，《近代史研究》2009 年第 3 期；刘利民:《试论 1927—1937 年国民政府制止日人侵渔政策——以中日渔业交涉为中心》，《抗日战争研究》2015 年第 1 期；张皓、叶维维:《1937 年 7 月至 1938 年 1 月关于对日宣战问题的论争》，《晋阳学刊》2015 年第 2 期。

究》丛书（武汉大学出版社2010年版）和杨天石等编的《战时国际关系——中日战争国际共同研究之四》（社会科学文献出版社2011年版）。前者涉及这一时期的外交战略及重要双边关系，对相关问题研究有所突破。后者集结了多国学者的力作，可说是代表了目前的最新研究成果。

关于中美关系，有学者认为美国起初对九一八事变采取消极态度，但在看到索尔兹伯里等人的调查报告后，对日态度始日趋强硬。有学者认为蒋介石在与美国对华财经援助的交涉中努力使中国的利益最大化，因而能够调动有关外交官和特使的长才与积极性，有助于加强中美之间的了解。有学者探讨中美合作对日空战案例后，认为双方的军事合作体现了互为战略支持的合作关系，而这种合作关系不仅对中国战场，而且对整个太平洋战场皆至关重要。[1] 有学者认为美国战时情报局成立后，对中国抗战进行了大量宣传报道，为提升中国军民斗志、巩固盟国关系做出了巨大贡献。但由于美国倾向于与重庆国民政府合作，战时情报局限制了来源于中国共产党的报道。也有学者认为抗战后期中美之间的矛盾和冲突的严重性大大超过了人们以往的认识，蒋介石不仅对美国援华不力严重不满，甚至对罗斯福援华的诚意、魄力及动机也逐渐产生了怀疑，两者之间的信任在战时便已逐渐流失。[2] 还有学者认为，抗战胜利后，在中国政府收复南海诸岛主权的过程中，美英政府实际上采取了默认政策。另有学者则认为，20世纪四五十年代之交，美国不再支持国际托管南海诸岛，也不支持任何声索方对南海诸岛的主权要求，而是希望对这一问题的处理尽可能模糊化，且不能有利于新生的中华人民共和国，因而最终在《旧金山对日和约》上仅规定了日本放弃南海诸岛，却没有规定具体的接收方。[3] 对于国共内战时

---

[1] 张俊义：《九一八事变后美国官方对事变真相的调查》，王建朗等主编《近代中国：政治与外交》（下），社会科学文献出版社2010年版；吴景平：《蒋介石与战时美国对华财经援助》，《史学月刊》2011年第1期；袁成毅：《从对日空战看中美相互战略支持》，《历史研究》2015年第4期。

[2] 贾钦涵：《战时情报局与美国对华政策（1942—1945）》，《抗日战争研究》2015年第2期；王建朗：《信任的流失：从蒋介石日记看抗战后期的中美关系》，《近代史研究》2009年第3期。

[3] 陈谦平：《抗战胜利后国民政府收复南海诸岛主权述论》，《近代史研究》2017年第2期；栗广：《美国对南海诸岛归属问题的考量与行动（1943—1951）——兼论美国对南海争端政策的形成》，《近代史研究》2017年第2期。

期美国的对华情报工作，有学者指出大体上还是客观和可信的，对美国的政策制定有一定的参考价值。另有学者讨论1949年前后美国中情局间谍人员秘密潜入西藏的问题，还原了美国企图策动西藏分裂势力对抗中华人民共和国的历史事实。①

关于中苏关系，有学者指出，蒋介石知晓新疆盛世才意欲摆脱苏联控制后，不计前嫌，从政治、经济、军事、外交等方面积极布局，促使盛世才效忠中央，并陆续清除了苏联在新疆的势力。新疆治权的收回是关乎国家民族利益的重大收获。②有学者探究中、苏、朝之间围绕东北抗日联军教导旅而折射出的历史关系，指出抗日战争后期，成立了以中、朝游击队员为主的八十八旅（抗联教导旅），并成为苏联远东军的一支特种部队。苏联宣布对日作战后，斯大林决定解散八十八旅，金日成率抗联部分朝鲜指战员回国，最终脱离了中国共产党，成为苏联占领军的依靠力量。八十八旅的历史从一个侧面反映第二次世界大战后期远东地区国际反法西斯联盟及中、苏、朝之间微妙的相互关系。还有学者以对日受降为线索，探讨其间中国共产党与苏联的关系，指出日本无条件投降后，对日受降问题成为国共两党争夺的焦点。起初，苏联明确支持国民党执掌政权的国民政府的合法受降，"但随着美苏矛盾日益凸现，尤其是美国与国民党密切行动威胁到苏联远东战略利益与在华特权，苏联逐渐调整对华政策……加大了对中共武装进入东北的支持力度。中共坚持在独立自主的原则上，借助苏联与国民党、美国方面的利益矛盾，适时调整受降战略，很大程度上实现了东北战略目标与对国民党斗争的主动权"。③

关于中法关系，有学者探讨1947年永兴岛事件引发的中法西沙群岛之争。指出在双方交涉过程中，法国千方百计引导中国承认西沙群岛存

---

① 杨奎松：《中国内战时期美国在华情报工作研究（1945—1949）》，《史学月刊》2009年第3期；程早霞、李晔：《一九四九年前后美国中情局谍员秘密入藏探析》，《历史研究》2009年第5期。

② 王建朗：《试论抗战后期的新疆内向：基于〈蒋介石日记〉的再探讨》，《晋阳学刊》2011年第1期；左双文：《盛苏新疆交恶与国民政府对苏外交》，《史学月刊》2011年第1期。

③ 沈志华：《试论八十八旅与中苏朝三角关系——抗日战争期间国际反法西斯联盟一瞥》，《近代史研究》2015年第4期；周锦涛：《对日受降时期中共与苏联关系考察》，《历史研究》2018年第6期。

在主权争端；中国则始终坚持法国无条件撤退珊瑚岛驻军，坚称拥有西沙群岛主权，不承认存在西沙群岛的主权争议，强化了西沙群岛的主权表达。不过，由于中国未采取有效的军事反制措施，造成了法国对珊瑚岛的非法占领，严重损害了中国的主权权益，影响了此后中法（越）在西沙群岛问题上的处理方式。对于近代中国南海九段线的形成，有学者从历史渊源出发，论述了自1887年中法《续议界务专条》至抗战胜利后国民政府收复南海诸岛的历史过程，指出中国对南海诸岛拥有无可置辩的主权。①

此外，"东突"和琉球问题也引起了学者的关注。如有学者梳理了20世纪三四十年代麦斯武德、艾沙和伊敏"三位先生"与国民政府的互动，指出他们背景不同，在"东突厥斯坦伊斯兰共和国"破灭后，相继投靠国民政府，伪装赞同"三民主义"，鼓吹"中国突厥斯坦""高度自治"论，在南京和重庆从事分裂中国的活动。在反共和反苏问题上，南京国民政府与他们互相利用。随着国民党在大陆的失败、新疆解放，三人流亡海外，从事分裂活动。有学者考察20世纪40年代围绕琉球问题的论争与实践，认为日本投降后虽然主流舆论要求收回琉球，但托管琉球已经成为国民政府最为现实的选择。也有学者认为虽然琉球问题受到官民各界的重视，但总体而言，官方政策与舆论态度之间并未形成互动。②

## 第六节　革命史

近10年来的中国革命史研究，不论广度还是深度上都有很大进展，现依次按国共第一次合作、国共十年内战、国共二次合作抗日和三年人民解放战争的历史顺序简介如下。

---

① 谭玉华：《权利与控制：1947年永兴岛事件引发的中法西沙群岛之争》，《中山大学学报》2016年第5期；陈谦平：《近代中国南海九段线的形成》，《红旗文稿》2016年第6期。
② 潘志平：《"东突"的"三位先生"与国民政府》，《史学集刊》2016年第5期；侯中军：《困中求变：1940年代国民政府围绕琉球问题的论争与实践》，《近代史研究》2010年第6期；高月：《二战胜利后中国舆论对琉球问题的认知》，《浙江师范大学学报》2016年第4期。

关于国共第一次合作，有学者梳理1920年4月苏俄第一次对华宣言传入中国的具体过程及中国舆论界的反响，指出苏俄在中国思想界的形象，原本是毁誉参半的"社会革命"的代表，宣言之后便有了主动主持世界正义的英雄形象。苏俄这一新形象的确立，不仅直接造成了中国思想界的美、俄易位，更因外交的"正义"使得其内政进一步正面化，从而为苏俄式的共产主义在中国的传播铺就了道路。有学者分析中国共产党早期组织发展中学校与地缘这两个关键的"制度环境"，指出中国共产党早期组织的形成和发展，一方面嵌入民国政治和教育格局中，另一方面又嵌入传统社会关系中。此外，对世家子弟或富家子弟的资源也多有借助。[①] 有学者考察共产党员身份认同问题的由来及国共双方的对策，认为共产国际既命令中共党员全体加入国民党，又要求中国共产党在国民党内保持政治及组织的独立性，这种内含矛盾且极具操作难度的决策，是两党关系最终破裂的因素之一。有学者梳理李大钊等早期共产主义者关于国家形态的设计和预期，指出虽然他们的论述还存在某些不足，但由他们确立的观察国家问题的立场和方法，他们提出的全新的国家理念，以及解决中国问题的基本思路和主要观点，却开启了中国共产党人在马克思主义指导下认识和解决国家问题的进程。也有学者研究商人主动参与政治等问题，指出北伐前后，中国共产党在上海曾与被视为"资产阶级左派"代表人物的虞洽卿等商人有过密切联系，上海三次工人武装暴动即在此背景下展开的。不过，虞氏与中国共产党的合作主要仍限于国民党的框架之内，中国共产党则弹性运用了"阶级分析"来解释其利用虞洽卿等人的政策。但与"资产阶级"合作的失败，为中国共产党党内反对派提供了批判依据，影响到后来路线政策的走向。还有学者探讨中国共产党理论和革命实践中至关重要的阶级路线问题，认为在国共合作期间，共产国际和中国共产党曾判断中国小资产阶级不能接受中国共产党的领导和纲领，因此力图发展出一个能代表小资产阶级并与中国共产党密切合作的国民党"左派"来领导国民革

---

① 周月峰：《"列宁时刻"：苏俄第一次对华宣言的传入与五四后思想界的转变》，《清华大学学报》2017年第5期；应星：《学校、地缘与中国共产党早期组织网络的形成——以北伐前的江西为例》，《社会学研究》2015年第1期。

命；国共分裂后一些既不认同国民党反共屠杀，又不认同工农武装暴动的知识分子，在论证小资产阶级革命性的基础上，展开对中国非资本主义道路的探讨；而中国共产党则为确立自身的无产阶级政党性质，开始在政治和文化领域批判小资产阶级意识，由此将"小资产阶级"这一马克思主义的社会阶级分析概念，转化为一个指向内心的意识形态批判概念，开启了中国革命中的政治主体自我反思、自我约束的历史进程。[1]

关于国共十年内战，专著有黄道炫的《张力与限界：中央苏区的革命（1933—1934）》（社会科学文献出版社 2011 年版）与何友良的《打土豪，分田地——十年内战时期的土地革命》（河北人民出版社 2015 年版）。前者针对将土地革命与地权集中必然联系的习惯说法，分析了土地革命的源流和赣南闽西成为中央苏区的多重因素，阐述了资源陷阱下中国共产党应对的进退失据，以及苏维埃革命的历史制约，全面呈现了苏维埃运动由盛而衰的巨大转折阶段的历史面貌。后者回归历史情境，剖析了土地革命的现实基础、农村土地关系、农村权力格局的调整、市场体系与经济结构的变更，并深入细致地解读了变革中突起的文化教育、妇女解放与婚姻家庭关系的变化、新思想的传播与接受，以及土地革命的形态转换等问题。

专题论文方面，有学者探讨中国共产党武装暴动初期，枪械问题对其暴动实践、组织运作，以及暴动观念的深刻影响，加深了学界对于装备、技术在中国共产党组织转型中重要作用的认识。有学者分析 1927 年国共分途之后的革命起源，认为在当时革命处于危机的背景下，一批中小知识分子把诞生于城市的革命引向"乡下"，开启了革命的新路径。[2] 有学者研究 1930—1931 年主力红军的整编问题，指出中共中央这次对主力红军的统一整编，受到红四军的强烈辐射，毛泽东提出的"伴着发展"的战略思想是产生这种辐射力的一个重要源头；鄂豫皖苏区的红军整编几乎同步地

---

[1] 杨天宏：《加入国民党后共产党员的身份认同问题》，《近代史研究》2010 年第 6 期；于化民：《中国早期共产主义者之国家观探析》，《东岳论丛》2011 年第 6 期；冯筱才：《"左""右"之间：北伐前后虞洽卿与中共的合作与分裂》，《近代史研究》2010 年第 5 期；李志毓：《中国革命中的小资产阶级（1924—1928）》，《南京大学学报》2015 年第 3 期。

[2] 李里：《中共武装暴动初期的枪械问题探析》，《近代史研究》2017 年第 5 期；张宏卿等：《革命"下乡"：赣南、闽西革命初期的领导群体》，《江西社会科学》2009 年第 1 期。

反映了中央政策变迁；湘鄂西则体现出一定的自主性。中共组织"集中领导，分散经营"的关系在整编实践中初见端倪。这次整编进一步增强了军队在苏维埃革命中的分量，促使红军从游击战向运动战的转移。有学者考察中共湘鄂西政权，在1931年长江特大洪灾的背景下，是如何保持革命与秩序之间，亦即理想与现实之间的平衡的，为环境史纳入苏区研究的视野进行了一次有益的尝试。有学者考察1930年中国共产党推行"会师武汉"计划期间，红军与英、美、日等国驻华海军多次在长江中游流域发生武装冲突的缘起、概况，中国社会各界的反应，以及冲突对中国共产党与列强的影响等问题，揭示冲突的根源并非中国共产党盲目"排外"，而在于列强嫉视共产主义并推行维护其在华特权的炮舰政策，还原了历史真相。[①] 有学者梳理罗章龙、何孟雄反对派，在中共六届四中全会试图通过抗争取得中央领导权而遭到失败的基本史实，尝试分析当时中国共产党在组织上所面临的尖锐矛盾。有学者探讨中央苏区的"土围子"问题，认为打"土围子"在当时党内受到非议，但从革命与秩序的角度看仍然具有积极意义。有学者研究中央苏区时期的任弼时与毛泽东的关系，指出二人既有合作也有分歧。其合作与分歧都对革命产生了重要影响。但二人都能顾全大局，都具有实事求是的思想品格。[②] 等等。

红军长征是国共十年内战时期的重大事件，加上2016年又恰逢红军长征胜利70周年，与红军长征有关的历史问题，自然受到学界格外关注。专著有刘统的《北上：党中央与张国焘斗争始末》（生活·读书·新知三联书店2016年版），详细记述了红军长征途中在北上和南下的战略抉择上，中共中央与张国焘所展开的激烈斗争。论文方面，有学者梳理了《申报》对红军长征的报道，经历了从预言红军必定在国民党"围剿"中失

---

[①] 应星：《1930—1931年主力红军整编的缘起、规划与实践》，《近代史研究》2018年第2期；蒋渊：《中共湘鄂西苏区的水灾与革命策略调适（1931—1932）》，《党史研究与教学》2017年第1期；周斌：《1930年中共推行"会师武汉"计划期间与列强的局部冲突及其影响》，《近代史研究》2017年第5期。

[②] 张永：《六届四中全会与罗章龙另立中央》，《近代史研究》2017年第1期；杨会清：《革命与秩序：中央苏区的打"土围子"》，《长白学刊》2015年第1期；刘华清：《论中央苏区时期任弼时与毛泽东的合作与分歧》，《苏区研究》2019年第2期。

败，到报道国民党重视红军有生力量、加紧"追剿"，再到正面宣传长征的变化过程。认为《申报》的这种变化，一定程度上反映了国统区群众对中国共产党形象的再认识。① 有学者重建了1934年九十月间中央红军向西突围后，西南地方势力在失去战略缓冲空间的被动局面下，一方面试图利用胡汉民在政治上的号召力"迫蒋入川"，缓解正面、直接的军事压力，另一方面又在军事上积极部署出兵夺黔的过程。在看似一致的国民党"剿共"背后，蒋介石和西南地方势力各有自己的政治目的，粤、桂、湘表面协商合作"剿共"，实际上却是为了对抗中央势力的渗透，结成三省攻守同盟。有学者准确还原了中央红军在遵义会议后，与蒋介石亲自指挥的国民党军队在西南地区展开周旋并最终突出包围的历史经过。有学者探析新"三人团"成立的时间与原因，并考察了毛泽东在长征途中的军事领导地位、权力变动情况。有学者考察红军长征过程中与各对手之间的关系，指出中央红军出湘入黔的成功是多方力量互相制约与作用的结果。蒋介石欲借"剿共"削弱地方军阀，湘、黔、桂三省负责"剿共"的地方军阀在蒋介石和红军的双重压力下，自知实力有限，更注重自保而不是如何取得"剿共"战果。②

关于国共二次合作抗日，学界围绕国共关系、中国共产党自身建设与抗日实绩及其与美国的关系等问题，进行了广泛而深入的研究，取得了不少富有新意的成果。

在国共关系方面，1939年12月前后爆发了打响抗战期间国共军事冲突第一枪的"晋西事变"，即"山西王"阎锡山与中国共产党之间的严重军事冲突。有学者考察、梳理并说明了这次事变前后中国共产党方面特别是毛泽东的应对方针与中国共产党策略变动的复杂情况及其背后的原因。有学者考察皖南事变前中共中央对国民党策略的演变，认为从1940年8

---

① 单明明：《从"西窜"到"伟大战术"——〈申报〉中的红军长征》，《上海党史与党建》2016年9月号。

② 罗敏：《"剿共"背后国民党派系的较量——以西南地方势力与蒋介石矛盾斗争为中心的考察》，黄道炫：《从四渡赤水到脱出金沙》，《军事历史研究》2016年第4期；杨奎松：《关于长征途中毛泽东军事领导地位确立问题的再考察》，《苏区研究》2016年第4期；张尔葭：《国民党军队内部权力博弈与中央红军"出湘入黔"的成功》，《江西社会科学》2017年第2期。

月至1940年12月事变爆发前，中共中央在处理同国民党的关系问题上，是站在国家民族利益的高度，把蒋介石的降日与"剿共"联系起来考虑的。围绕"蒋介石是否降日"这条主线，中共中央的策略经历了"和"为主、预防"打"—坚持"和"、准备"打"—争取"和"、考虑"先打"—以"和"应对、以"打"自卫这样一个变化过程。总体上看，当中共中央认为蒋介石不会降日时，其策略支点主要放在维护国共关系上，即"和"的方面；当中共中央认为蒋介石准备降日时，其策略支点则主要放在准备国民党破裂合作关系上，即"打"的方面。[1] 有学者考察抗战时期以徐永昌为代表的国民党高层对中国共产党从"敬佩"到"敌视"的态度变化及其对国共关系历史走向和抗日战争整体进程的影响。有学者通过考察陕甘宁地区称谓的复杂的历史演变，揭示了国共双方围绕根据地政权的控制与反控制的博弈，并指出国共两党虽在谈判中分歧很大，难以妥协，但双方合作抗日的目标基本没有动摇，都表现了极大的灵活性，这是抗日战争最终得以胜利的一个关键原因。还有学者探究新闻舆论与国共政争之间的复杂关系，在论述国共两党围绕中外记者所展开的激烈的舆论宣传战的基础上，分析了双方如何试图通过新闻界来控制或引导国内外有关政治合法性及国共关系等问题的公众舆论。[2] 也有学者注意到战时国共关系与国际因素密不可分，指出在抗战大背景下，1938年以后史迪威与中国共产党保持着良好的友谊，特别是1942年3月至1944年10月，史迪威及其政治顾问与八路军驻重庆办事处乃至延安之间的联系日益密切。中国共产党的方针不仅影响了史迪威等人，还影响到美国总统罗斯福。史迪威的"袒共"言行，加剧了蒋介石对他的不满，导致史迪威的被召回，严重影响了中美关系。此外，1943年蒋介石"闪击延安"前后的各种国际因素也共同塑造着国民党的反共政治宣传与军事部署。对日、苏冲突发展态势

---

[1] 杨奎松：《晋西事变与毛泽东的应对策略》，《史学月刊》2016年第1期；苏若群：《从俄罗斯解密档案看皖南事变前中共中央对国民党策略的演变》，《党史研究与教学》2016年第4期。

[2] 魏晓锴、李玉：《从"敬佩"到"敌视"：抗战时期徐永昌对中共态度之转变——以〈徐永昌日记〉为中心》，《河北学刊》2017年第4期；文世芳：《第二次国共合作谈判中的政权之争——以陕甘宁地区称谓演变为中心的考察》，《党史研究与教学》2016年第1期；吴志娟：《一九四四年中外记者西北参观团与国共舆论宣传战》，《中共党史研究》2016年第5期。

的严重误判,导致蒋介石"闪击延安"举动的暂时中止。而随后美国总统罗斯福的反对又促使蒋介石改变制裁中国共产党的方案。可见,国际因素成为蒋介石考量战时国共关系的关键所在,但随着美苏深层次介入国共冲突,国共关系及其实力的变化又转而成为影响美苏在华存在的重要变量。①

关于中国共产党自身的建设,有学者考察了中共地下党组织在四川的恢复重建工作,指出基本上实现了由抗战初期的救亡动员型群团式政党向抗战中后期具有铁的纪律与严密组织的秘密活动性革命政党的再次转变,可谓这一时期大后方中共地下党组织演变的一个代表性缩影。有学者研究太行根据地中共党组织在抗战初期的发展与调整,认为在政治力量发展、扩张过程中,外来者与本土势力的融合是关乎兴衰成败的关键之一。② 有学者考察抗战时期中共干部大规模养成的过程以及在此过程中个体、群体及政党的多方互动,指出这一时期中共干部的养成是一个系统工程,教育、培训、考核、批评与自我批评等多管齐下、交相作用,内的自觉是基础,外的规训是手段,形成动态而非静态、固化而不僵化的干部养成路径。这一时期还是中国共产党开展整风运动,从思想行动上进一步统一、改造全党的关键期,故而这一时期干部的养成还打上了整风的深深烙印。有学者考察中共太行区党委的整风运动,指出:"整风过程中,根据地领导主要采取以自下而上思想动员为特征的运动式党内治理办法,却也结合自上而下的组织手段。其间虽因审干出现一些偏误,在收束问题上也未尽顺利,但领导人总体上保持了冷静和理智,可谓'失焦而不失控。'"有学者考察中国共产党在山东的整风运动,指出山东整风中,"既突出毛泽东在全党的领袖地位,也强化了罗荣桓在山东的领导地位,巩固了山东一元化领导成果,确保了延安对山东的绝对领导"。③ 有学者考察山东抗日根据

---

① 吕迅:《论蒋介石与史迪威矛盾中的中共因素》,《社会科学研究》2016 年第 2 期;贺江枫:《蒋介石、胡宗南与 1943 年闪击延安计划》,《抗日战争研究》2016 年第 3 期。

② 刘宗灵:《抗战初期中共四川地下党组织的重建与整顿》,《中共党史研究》2017 年第 9 期;赵诺:《抗战初期中共地方干部群体内部的"土客问题"——以太行根据地为中心的讨论》,《近代史研究》2017 年第 3 期。

③ 黄道炫:《抗战时期中共干部的养成》,《近代史研究》2016 年第 4 期;赵诺:《中共太行区党委整风运动的历史考察》;郭宁:《学习、审干、民主检查:抗战时期中共在山东的整风运动》,《抗日战争研究》2019 年第 1 期。

地的基层党员，在政治运动中所表现出的角色认同上的矛盾性和行为选择上的多元性、变动性，一定程度上折射出了乡村共产主义革命的复杂性。有学者考察中国共产党领导下的抗日根据地的层级关系，指出中共中央与地方根据地之间主要表现为集中和分散、领导和服从的关系，但地方根据地又有一定的自主性、独立性和灵活性，甚至地方创造有上升为中央决策的可能。与其他历史时期中国政权的形态比较，抗战时期共产党的"央地"关系带有明显的战时性和过渡性，但为其取得全国政权之后的政治体制建设奠定了基础。[①] 等等。

关于中国共产党的抗战实绩，有学者分别考察了抗战初期中国共产党的军事发展方针，以及抗战时期阎锡山与中国共产党关系的发生、发展与变化，指出广为流传的中国共产党"七分发展，二分应付，一分抗日"方针说并无事实依据，后来的所谓中国共产党抗战初期发展规划，不过是对1940年初中国共产党军事发展实际结果的一种描述或总结罢了；解读了导致阎锡山与中国共产党双方关系破裂的复杂因素及其后果。[②] 有学者考察中国共产党开辟华北游击战场决策的历史脉络和基本史实，认为华北地区广大敌后游击战场的开辟，把战争引向持久战的方向，为夺取对日作战的最后胜利打下坚实的基础。有学者探讨冀中地区地道斗争兴起的背景和实际运作及其背后蕴含的复杂政治、军事内涵，认为民众中普遍存在的对日敌意，是日本在华控制的致命伤，也是中国共产党得以进行地道斗争的基础。有学者针对近年来流传的有关中国共产党抗战历史的网络谣言，指出既有一切谣言所具有的共同特征，同时又都表现出了其根源于久远年代之前的历史纠葛及其对现实体制的否定隐喻。站在中国全民抗战、中华民族全民族抗战的角度来审视、认识正面战场与敌后战场的战略地位与历史功绩及其在世界反法西斯战争中的历史贡献，是十分必要的；抗战烈士所流

---

① 杨发源：《党性与乡土之间——抗战中后期减租减息运动中的山东农村基层党员》，《四川大学学报》2016年第5期；李金铮：《抗日根据地的"关系"史研究》，《抗日战争研究》2016年第2期。

② 杨奎松：《抗战初期中共军事发展方针变动的史实考析——兼谈所谓"七分发展，二分应付，一分抗日"方针的真实性问题》，《近代史研究》2015年第6期；《阎锡山与共产党在山西农村的较力——侧重于抗战爆发前后双方在晋东南关系变动的考察》，《抗日战争研究》2015年第1期。

的鲜血,不应以党派区别颜色。中国共产党领导的武装部队的抗战事迹与历史贡献,是中华民族全面抗战光荣历史不可或缺的一页。[①] 有学者考察八路军在百团大战中的装备、技术、战术和作战效能,指出百团大战中,由于日军严密防守、顽强反击,八路军的战术由抗战初期的袭击尤其是伏击演变为攻坚,战斗效能有所下降,弹药消耗快速增加。从根本上讲,装备和弹药的有限供给,制约了八路军军事技术技能的提升以及战术的选择。因此,百团大战之后中国共产党无条件转向了全面的游击战,既是无奈的,也是现实的、智慧的选择。但是,也有学者认为,总体而言,八路军在百团大战中遵循并尽可能发挥既有战术原则,获得的战果也不差。百团大战之所以在中国共产党党内引起争议,主因在于百团大战令日军更加重视八路军,八路军所处外部环境更趋恶劣。[②] 有学者再现了中国共产党为解决敌后根据地随着抗日战争进入相持阶段,而发生的生存困难,通过与日军周旋,达成看似摇摇欲坠,却又坚持不倒的"弱平衡"的曲折复杂的历史情境。认为这种"弱平衡"状态,除了中国共产党的努力外,还取决于战争的广泛性质,以及广泛的大后方的存在等多种因素的支持,而中国共产党灵活的斗争策略则是关键;并以河南密县为例,说明抗战时期中国共产党的发展与人情政治、结构裂缝、权威漂移等背景息息相关。有学者研究中国共产党在敌强我弱的情况下,创造、利用"灰色地带"以扩大影响的斗争策略,揭示了鲁南地区中国共产党武装将日军"爱护村"的保甲长转变为两面派,保持其"伪化"的表象而使其实际上输诚于八路军。[③] 有学者探讨抗战时期陕甘宁边区为解决财政问题,逐渐从旧有田赋走上按累进制征收救国公粮,并最终走向农业累进税的过程。有学者考察晋西北

---

[①] 于化民:《中共领导层对华北游击战场的战略运筹与布局》,《历史研究》2015 年第 5 期;黄道炫:《敌意——抗战时期冀中地区的地道和地道斗争》,《近代史研究》2015 年第 3 期;卞修跃:《不信青史尽成灰——从有关中共抗战历史若干网络谣言说起》,《抗日战争研究》2016 年第 4 期。

[②] 齐小林:《装备、技术、战术及作战效能:百团大战中的八路军》,邹铖:《再看百团大战——关于〈装备、技术、战术及作战效能:百团大战中的八路军〉一文的商榷》,《抗日战争研究》2016 年第 2、4 期。

[③] 黄道炫:《刀尖上的舞蹈:弱平衡下的根据地生存》(《抗日战争研究》2017 年第 3 期)、《密县故事:民国时代的地方、人情与政治》(《近代史研究》2017 年第 4 期);石希峤:《创造"灰色地带":中共与战时鲁南地区的"爱护村"(1938—1945)》,《中共党史研究》2017 年第 10 期。

抗日根据地的借贷关系，指出这里的减租减息并非一帆风顺，债权人与负债人围绕减息交息展开激烈斗争，借贷关系因双方利益争夺及中国共产党限制或取缔高利贷政策陷于停滞。中国共产党为活跃农村金融，创设农民之间的互助借贷，部分解决了农民生活及经济建设困难。中国共产党又以西北农民银行为中心举办政策性优惠农贷，建立促进农民借贷的合作社，以此作为活跃乡村借贷和通融农业资金的主要手段。还有学者分析中国共产党在整个革命年代乡村动员的延续性特征，认为无论抗战时期还是内战时期，其乡村动员都以获取农民的参与性支持、认同性支持和物质性支持为基本目标；为实现此目标又总是以利益之满足、身份之建构和情感之唤起作为基本的动员手段。①

关于中国共产党与美国的关系，有学者论述了周恩来在皖南事变后与罗斯福总统特使居里的会谈，指出这次会谈实际上开辟了中国共产党与美国等西方国家政府间的外交窗口，是世界政治从第二次世界大战后期过渡到冷战的剧烈变动时期，也是中华人民共和国成立前中国共产党与美国官方交往最活跃、内容最丰富的时期。还有学者考察1944—1946年中国共产党对美政策的演变过程及其主要特点，认为中国共产党对美政策经历了从寻求与美国合作到在国共斗争中"中立"美国、再转向与美国对抗的过程。在这个转变过程中，有三个重要因素推动着中国共产党对美政策的演变：中国共产党与美方的互动、中国共产党革命战略转变的复杂需要以及中国共产党领导人对世界政治及其与中国革命关系的宏观思考。这三个因素在不同阶段的互动决定着中国共产党对美政策的演变方向和主要特点。②

对于三年人民解放战争，学界的关注点主要集中在对中国共产党的有关政策和若干事件的研究上。关于政策方面的研究，有学者考察中国共产党的新式整军运动，认为其取胜的根本原因，在于解放军是有信仰的军队。而解

---

① 周祖文：《动员、民主与累进税：陕甘宁边区救国公粮之征收实态与逻辑》，《抗日战争研究》2015年第4期；张玮：《中共减息政策实施的困境与对策——以晋西北抗日根据地乡村借贷关系为例》，《党的文献》2009年第6期；李里峰：《中国革命中的乡村动员：一项政治史的考察》，《江苏社会科学》2015年第3期。

② 贾钦涵：《皖南事变后周恩来与居里会谈述析》，《中共党史研究》2016年第2期；牛军：《合作—"中立"—对抗：1944—1946年中共对美政策再探讨》，《四川大学学报》2016年第1期。

放军战士获得这种信仰的有效形式,是以诉苦会为中心的自下而上发展起来的新式整军运动。在改造数百万俘虏兵的过程中,这一形式的效果尤为显著,可说是群众心理的有组织的爆发。有学者通过对中国土地占有的实际状况、中共中央所在地与地方根据地客观状况的不同、动员群众与统一战线的关系等情况的考察,指出解放区的土改政策经历"温和—激进—纠偏"反复调整的原因比较复杂,将南方土地分布状况作为北方土改的理论依据,导致了中共中央土改由温和日益走向激进;而北方许多地方土地分布较均衡的客观现实,又促使中共中央对激进的土改行为进行纠正。有学者探讨华北土改运动中工作队的角色特征、权力属性及其与村庄社区的互动。认为工作队与拥有"地方性知识"的基层政治精英之间,存在着普遍的矛盾。工作队的介入改变了村庄社区的权力结构,重塑了国家与乡村社会之间的关系,帮助中国共产党和国家实现了民众动员、精英监控、资源汲取、乡村治理的目标,但又破坏了科层化党政机构的日常运作,使运动式乡村治理模式难以长期维系。[①] 有学者研究解放战争时期中共中央开始推行的确立中央与地方权力关系的党内请示报告制度。有学者研究1945年末中国共产党开始入主大城市后对旧政权公务人员处置政策的演变及其逻辑。有学者分析山东解放区战时财粮征收机制及其危机应对方法。[②] 等等。

关于事件方面的研究,有学者考察抗战胜利后国共两党从上党战役到平汉战役的整体过程,以事实回答了正是国民党首先挑起了内战,中国共产党不得不起而自卫,并在上党战役中初步实现了从游击战为主向运动战为主的转变,彻底挫败了蒋介石打通平汉铁路,力图控制并夺占华北的计划,对整个解放战争产生了重要影响。有学者考察1946年7月中共军队与美军第一次武装冲突的"安平事件",指出须求得国共双方配合的马歇

---

[①] 张永:《解放战争中以诉苦会为中心的新式整军运动》,《中共党史研究》2010年第6期;张树焕:《解放战争时期中国共产党土地政策反复调整原因探析——兼评"政治谋略说"、"革命形势说"两种观点》,《华侨大学学报》2011年第2期;李里峰:《工作队:一种国家权力的非常规运作机制——以华北土改运动为中心的历史考察》,《江苏社会科学》2010年第3期。

[②] 王华玲:《"请示报告"解放战争时期中央与地方关系新探》,《党史研究与教学》2016年第3期;曹佐燕:《"胜利负担":中共对旧政权公务人员处置政策的演变(1945—1952)》,《史林》2017年第2期;邓广:《山东解放区的农村财粮征收(1946—1949)》,《近代史研究》2017年第1期。

尔被迫对这一造成美军十余名官兵死伤的严重事件采取了大事化小的处理方法。但美国政府随后不顾中国共产党的强烈反对，向国民政府转售战时剩余物资，加速了国共关系的破裂。安平事件的调查工作也因此备受影响，最终美、国、共三方各执一词，事实真相反而被遮蔽。有学者考察1948年申九"二二"工潮，指出这次工潮是工人经济诉求、国民党派系斗争和中国共产党城市革命三重因素互相叠加、彼此作用的结果。有学者研究1948年10月华北解放区因公营商店抢购棉花导致的涨价风潮"临清事件"。认为这一事件的认识导向在某种程度上替代了历史真实，并强调在新国家中国营商业的领导地位和行政干预的必要性，以及资本主义经济成分特别是私人商业资本的危险性，成为九月会议前后中共中央认识发展的公开表述。也有学者分析国共双方的武器装备水平、构成、战术运用，以及后勤保障等因素对孟良崮战役胜负的影响。①

## 第七节　思想、文化史

五四新文化运动一向是学界关注的热点，加上2009年又是五四新文化运动90周年，2015年是《新青年》创刊100周年，也可说是新文化运动发起100周年，因此，五四新文化运动就自然成了近10年来近代思想史学界最为关注的课题。归纳起来，学者们对这个问题的研究，主要集中在新文化运动兴起的时代环境，它的核心内容与影响，以及对近年出现的日趋激烈的批评新文化运动声音的讨论几个问题上。

关于五四新文化运动兴起的时代环境，有学者通过考察《新青年》及新文化运动的阅读个案，指出身处不同地域、不同身份的个体，对《新青年》及新文化运动的"阅读"颇具差异，呈现出多姿多彩性及中国社会的

---

① 金冲及：《游击战为主向运动战为主的转变——从上党战役到平汉战役》，《近代史研究》2018年第2期；杨奎松：《1946年安平事件真相与中共对美交涉》，《史学月刊》2011年第4期；贺江枫：《革命、党争与上海罢工：一九四八年申九"二二"工潮起因研究》，《中共党史研究》2015年第7期；刘一皋：《新中国成立前夕临清事件之历史真实与认识导向》，《近代史研究》2009年第3期；王安中：《国共武器装备与孟良崮战役》，《近代史研究》2017年第5期。

多样性。有学者讨论民初上海的文化生态与《新青年》以及五四运动、新文化运动的关系。认为无论研究《新青年》、新文化运动、五四运动，还是研究中国共产党的创立，都需要考虑其时上海城市社会环境、文化特点，考虑京沪两地文化差异，以及两地人才互动的影响。有学者考察《新青年》的诉求变化过程，提出其初办时，诉求的对象是青年。随着杂志迁到北京，其诉求对象转到了文化界。而当杂志重回上海后，其主旨便逐渐聚焦于"新劳工、新社会"的共产主义革命理论宣传了。有学者研究民国初年中国思想界围绕政治改造与社会改造问题，指出近代中国从甲午战败到第一届国会解散，政治改造优先论成了时代的主旋律。但经过近20年的改造却未见成效，于是思想界围绕未来路向发生了政治改造与社会改造之争，由此也可寻绎五四新文化运动兴起的思想理路。有学者置新文化运动于近代中西思想比较的脉络之中，认为比起漫无边际的民主和科学，新思潮的着力点和落脚处更在于个人主体和个人本位。一方面把新文化运动与欧洲人本主义对接起来；另一方面也为近代中国思想史带来了一个不同于此前20年维新思潮的时代。在这一过程中，引入的人本主义成了一种新眼光，从而发现了种种问题，使作为概念的"社会"变得非常具体，并进入了中国人的思想视野，于是有了继起的社会主义讨论。[①]

关于五四新文化运动的核心内容与影响，有学者研究20世纪10年代的战争、革命与五四文化运动发生转向的内在关联，认为五四文化运动的根本特征，是文化与政治之间的相互转化、渗透和变奏。有学者认为新文化运动的主将们欲从批判"家庭主义"着手，确立个人的独立地位，确实抓住了现代性与中国文化传统的要害问题。但新文化人既没有把个体概念作为目的真正树立起来，又将家庭概念中积极的、根本性的生存论内涵与外在衍生的各种机制相混淆，由此个体主义的消极层面难以在文化传统的资源中得到纠正。有学者认为"个人主义"是五四时期最重要的思潮之

---

[①] 章清：《五四思想界：中心与边缘——〈新青年〉及新文化运动的阅读个案》，《近代史研究》2010年第3期；熊月之：《〈新青年〉、新文化与民初上海文化生态》《广东社会科学》2015年第6期；何卓恩、张家豪：《青年—学界—劳工〈新青年〉社群诉求的转换》，《武汉大学学报》2015年第5期；邹小站：《政治改造与社会改造：民初的思想争论》，《史林》2015年第1期；杨国强：《新文化运动中的个人主义》，《探索与争鸣》2016年第8、9、10期。

一，对于渴求个性解放和个人独立的五四青年具有巨大的影响力。但五四新文化运动之后不久，对"个人主义"的正面阐扬逐步退潮，与奉献"国家""社会"相比，单纯追求个人独立几乎成为"自私自利"的代名词，反复遭到批判。抗战全面展开后，"个人主义"遂彻底走向没落，最终让位于具有浓厚意识形态化色彩的集体主义精神。也有学者认为学界对新文化运动论域的认识是随着时代的不同而变化的。新文化运动最初的论域就是讨论新文化与旧文化的对立关系，"破旧立新"是《新青年》主流派的共同选择；后来转变为启蒙运动。到纪念五四运动60周年时，思想界在反思"文化大革命"思潮的影响下，普遍认定新文化运动的基本精神就是民主、科学。20世纪90年代以来，新文化运动论域基于对近代以来文化激进主义的反思再次转向，文化保守主义受到学界的重视。进入21世纪以后，中国的文化生态对古典文化的偏好日益占据文化的中心，"去新化"的倾向越来越受到各种鼓励，新文化面临前所未有的新的危机。还有学者以"多元的文化观念"概念来定位新文化运动的独特之处，认为只有从新文化运动兴起开始，人们才真正在多元的文化观念下来认识中西或东西文化。同样，对儒家思想文化的批判虽然早已有之，但只有从新文化运动开始，才真正从多元文化的观念出发来进行批判。新文化运动不仅主张中国文化内部要"九流并美"，反对儒学独尊，也对西方文化内部的各家各派持兼容并包的开放态度。也有学者将"知识界"放回到五卅运动到三一八运动这一国民大革命的序幕之中，分析知识界在两场运动中所起到的独特的重要作用，并通过梳理知识界的内部分裂，呈现了历史场景由对外交涉向拷问内政的深刻转换，以及原有党派系别不同政治诉求之间的鸿沟，从而揭示了中国近代知识界历史演化的一道重要分水岭。①

---

① 汪晖：《文化与政治的变奏——战争、革命与1910年代的"思想战"》，《中国社会科学》2009年第4期；孙向晨：《个体主义与家庭主义：新文化运动百年再反思》，《复旦学报》2015年第4期；杨念群：《五四前后"个人主义"兴衰史——兼论其与"社会主义""团体主义"的关系》，《近代史研究》2019年第2期；欧阳哲生：《新文化运动研究论域之拓展——关于新文化运动研究的片断思考》，《教学与研究》2015年第8期；郑大华：《五四新文化运动："多元的文化观念"》，《史学月刊》2016年第3期；郑师渠：《从"五卅"到"三一八"的中国知识界——以北京、上海为中心》，《历史研究》2016年第5期。

关于对近年来出现的日趋激烈的批评五四新文化运动声音的讨论，主要是对一些反思新文化运动所表现出来的文化激进主义的言论提出了不同意见。有学者认为批评与反思传统儒学确实是《新青年》的鲜明特色，但此种批评，首先是基于中国大文化的视角，反对儒学的独尊地位，欲恢复诸子学说在历史上应有的地位；其次是基于一种世界主义的立场，将儒学放到世界文明中加以审视，开放中国人的文化心态；再次是基于现实的需要，反对儒学政治化，反对专制势力利用儒学笼罩国人思想；最后是基于一种整体思维，图国人思想的解放。总之，《新青年》对中国固有文化所做的重新审视，目的是建立一种新文化。有学者认为《新青年》对孔子、孔教、儒家纲常的批判，是针对当时国内现实政治而开展的，旨在保卫辛亥革命刚刚建立的共和制度，而不是针对中国传统文化的"反传统"。简单地用"反传统"三个字来概括和否定《新青年》的这种批判，实是一种非历史主义的态度。有学者比较研究了北京大学"新青年—新潮派"与东南大学的"学衡派"在新文化运动中的不同立场、表现和观点，认为这两派的较量形成了实验主义与人文主义的精神路径，激烈、改革与稳健、保守的两大"学统"及"学分南北"的局面，但两派在促进中华民族文化复兴的大方向上是一致的。有学者认为新文化运动的激进性与法国启蒙运动的激进性密切相关。当时中国盛行的"法国崇拜"实质上是对法国大革命所产生的激进革命文化的崇拜，而这种革命文化的激进性又源自法国启蒙运动的激进性，其根本缘由是法兰西民族对于"平等"这一价值的强烈偏好。[①]

近10年来近代思想史学界最为关注的另一个问题是概念史、观念史的研究。专著方面，有方维规主编的文集《思想与方法：近代中国的文化政治与知识建构》（北京大学出版社2015年版），还有王中江所著《自然和人：近代中国两个观念的谱系探微》（商务印书馆2018年版），可说是这一研究的代表作。前者指出近代中国西学东渐的风潮，改变了有识之士思考民族国家前途的时空观念。新的时空观念在很大程度上形塑了近人理解

---

[①] 马克锋：《〈新青年〉批评与反思儒学的几个维度》，《教学与研究》2015年第8期；李维武：《〈新青年〉视野中的孔子、孔教与儒家纲常》，《社会科学战线》2015年第9期；沈卫威：《面对"新潮流"的顺势与逆反——新文化运动中两派势力的较量》，《中山大学学报》2016年第4期；高毅：《略论新文化运动的法兰西风格》，《安徽师范大学学报》2016年第3期。

古今之变的思维方式,再造了近代中国的文化政治。如何在中国问题的内在脉络中探究近代变革的深刻意义,乃是有待深入开掘的重要路向。就此而言,重新审视近代中国的文化政治与知识建构之间不断变动的复杂关系,当为相关研究领域的核心议题之一。后者系统梳理了"自然"和"人"这两个概念在不同的哲学家、思想家那里的不同意义,细致探讨了其意义在近代中国不同时期发生的各种变化。指出在近代中国,"自然"和"人"是两个含义发生深刻变化的核心概念,既保留着中国古典思想传统的含义,又受到西方文化的影响,是时代变迁和东西方文化碰撞的产物。

论文方面,有学者研究 20 世纪中国思想界对中国传统"自由"观念的独特含义及其与现代自由之关系的讨论,认为中国传统思想中的"自由"观念主要是"道德自由",对于自由与个人权利、政治制度以及物质生产生活方式的关系皆有其独特的理解。有学者讨论晚清权利观念与近代国家建构之间的关系,认为晚清思想家在构建其权利观念时,虽也认为个人应有自主之权,但因受制于儒家传统,始终将其视为道德性的存在,而认为个人自主不仅意味着反抗外在强权,也意味着克制内在的非分欲望。这种权利观念固有其合理之处,却无助于清末国家构建的顺利展开。[①] 有学者讨论中国现代思想、学术界中影响深广的"阶级"概念,指出五卅运动之后,中国共产党在将马克思主义原理本土化、具体化、实用化的同时,存在着"阶级"概念泛化的问题;近 20 年来"阶级"与"阶级斗争"概念逐渐淡出中国政学两界的视野,又呈现出"去阶级化"的趋势。其实,这两种倾向都是不恰当的。有学者考察"阶级"在 1920 年之前《共产党宣言》译文中的原初指涉与多元化表达,认为这一概念经历了不同文化间的语义旅行,在偏移原初内涵的同时与中国文化、中国实际相结合,获得了中国化的语义。而在《宣言》实现文本中国化的过程中,这一概念的社会功能则经历了从服务于等级协作的封建礼制到彰显社会分化的嬗变。[②] 有学

---

[①] 方光华:《"自由"观念与 20 世纪中国思想史的中西会通》,胡其柱:《从晚清权利观念看清末国家构建的内在困境》,《天津社会科学》2015 年第 1、2 期。

[②] 王奇生:《从"泛阶级化"到"去阶级化"——阶级话语在中国的兴衰》,《苏区研究》2017 年第 4 期;陈红娟:《〈共产党宣言〉汉译本中"阶级"概念的源起、语义与理解(1900—1920)》,《中共党史研究》2017 年第 8 期。

者探讨清末民初的"民权"与"国权"概念，认为当时人使用这对概念时，所指相当复杂。一方面因概念本身内涵丰富，人们在使用时各有侧重，另一方面也是因为概念的使用者在思想主张上存在分歧，不免突出强调概念的部分内容，而有意排斥另外的内容。有学者研究清末至新文化运动期间中国知识界对于家族制度的批评，认为其批判叙事大要有二，一是政治的，一是道德的。前者一方面展示出在近代国家救亡图存、政治秩序建设、个体自觉和文化变革上，传统家族制度所存在的不适，另一方面也见证了在文化人的思想变迁上，家族制度的评论和质疑起到了接引西方观念的桥梁作用。后者一方面对家族制度的认识推向了深入，另一方面也让新旧道德更张的呼求得到了具体的载体。有学者探讨中国早期马克思主义者的家庭观，认为其主要围绕四个相关问题展开，并产生了四位代表性人物：一是以唯物史观揭示家庭制度的经济基础，说明家庭制度形成与变化的根本原因，李大钊为其代表性人物；二是以女性问题作为解决家庭问题的切入口，说明只有社会主义才是解决家庭问题的正确道路，陈独秀为其代表性人物；三是从人类学古史研究维度探讨家庭史脉络，说明家庭演变与社会变迁的内在联系及其前景，蔡和森为其代表性人物；四是从女性社会运动维度阐发新女性观和新家庭观，以改造中国和妇女解放来解决家庭问题，向警予为其代表性人物。四个相关问题形成了由批判旧家庭到走出小家庭的基本走向。[①] 有学者探讨抗战时期国民党人、战国策派以及现代新儒家对"忠孝"观念的阐释。国民党着力阐述"对国家尽忠、对民族尽孝"，强调忠于国民党及其领袖。战国策派从所谓"大政治时代的世界"的角度阐释"忠孝"观念，强调"先忠后孝、忠在孝先"原则，主张扩大忠之范围，将"孝"局限于家庭之中。新儒家从学理上阐明了忠孝观念与家族制度的关联，重忠轻孝，强调忠于民族国家。这些阐释，显然具有为抗战服务的现实目的。有学者考察道器关系，认为近代中国最根本的一个变化，就是王国维所说的"道出于二"。如果说前近代的基本思路是道决定器，近代

---

① 邹小站：《清末民初思想话语中的"民权"与"国权"》，《社会科学辑刊》2017年第6期；易明、陈先初：《近代史上家族制度批判的多重维度——从清末到新文化运动》，《中国文化研究》2017年第2期；李维武：《从批判旧家庭到走出小家庭——中国早期马克思主义者的家庭观》，《学术月刊》2017年第6期。

则是器的不利决定了道的不行。先有器的空间化,然后出现道的空间化,进而转往西向的"道通为一"。后者又带来新的困惑:中国人逐渐认识到"西方"其实是一个发展中的变量,而苏联的出现使"西方的分裂"明显化。到底是学苏联模式的西方还是学英美模式的西方,这一选项影响到中国的命运。世界上很多人到冷战才确认了西方自身的"道出于二",而热心学西方的一些中国人则早在北伐前后就已观察到这一现象。可知从中国看世界,也能改变我们对世界的认识。还有学者探讨了"现代化"概念在民国时期的"流播、认知与运用",指出它在20世纪20年代末和30年代初的中国最早流行开来,即被运用于追寻"国家现代化"的整体诉求中,体现出全方位变革的综合性认知趋向。30—40年代流播更广,知识界的有关概念认知也逐渐深化,但"现代与传统"的关系却并未成为当时思想史上的自觉命题。各党派均根据各自的政治立场和意识形态需要,运用"现代化"概念进行社会政治动员乃至历史书写。其中,中共史家开创的革命史模式的历史书写,不仅使用"现代化"概念,且已注意分析和阐释"革命"与"现代化"之间的逻辑关系。[①] 等等。

此外,这时的近代思想史学界还在思想家的思想与影响、西学的输入与传播、近代社会思潮等问题的研究方面,取得了一些新的成果。

关于思想家的思想与影响,有学者梳理康有为《新学伪经考》与《孔子改制考》在戊戌时期所引发的不同反响,指出"两考"内容侧重不同,所引发的反响也不尽相同。前者没有涉及太多"孔子改制"等微言大义,故时人的评论基本是从学术研究的角度提出的;而后者因其鲜明的"改制"主旨,时人的评论也由学术转向政治。[②] 有学者梳理梁启超、严复的平等观,认为在平等观念的古今嬗变中,梁启超、严复代表了早期自由主义的一翼,与同时代激进的平等主义一翼有诸多不同。有学者分析康有为和梁启超在孔教能否为"国民义"思想上的分分合合,认为康有为逐步以

---

[①] 左玉河:《阐释与转化:"忠孝"观念的现代解读》,《社会科学辑刊》2017年第6期;罗志田:《由器变道:补论近代中国的"天变"》,《探索与争鸣》2018年第8期;黄兴涛、陈鹏:《民国时期"现代化"概念的流播、认知与运用》,《历史研究》2018年第6期。

[②] 贾小叶:《戊戌时期的学术与政治——以康有为"两考"引发的不同反响为中心》,《近代史研究》2010年第6期。

"国民"外壳寻找到适应现代社会的制度支撑,而梁启超则重新灌注"孔教"的核心价值入"国民"之精神修养。康梁的分合,表明儒教从"天下义""宗族义"到"国民义"的现代转型中蕴含着嬗变、协商与不被规训的多重面相,亦折射了清末民初文化思想变迁的多元生态。① 有学者比较研究唐鉴的《学案小识》和阮元的《儒林传稿》,认为唐著确实参考利用了阮著,对阮著中相关人物的学术宗旨进行了重新鉴别,编织了一个以程朱理学为正统的清代学术史谱系,体现了其争夺学术正统的用意。这一现象既揭示了《儒林传稿》对清代学术史著作的影响力,也显示了《学案小识》潜藏的思想史价值。有学者在解析朱一新论学旨趣的基础上,展示了浙、粤学人在认识汉宋上的分歧与特质,指出朱一新的治学路向以恢复部分汉宋为高明,而同时代的学人及后人不加辨析,多视其为广东陈礼一派。实际上朱、陈在沟通汉宋中有着极大的不同,展示了浙、粤学人见解的异同,反映了他们处理汉宋办法的高下。②

关于西学的输入与传播,有学者提出费希特民族主义思想虽在20世纪20年代介绍到了中国,但只是到了九一八事变后才得到系统的介绍。费希特为复兴民族而置生死于度外的精神正与中国知识界对于民族主义之爱国主义的理解一致,因此,费希特的民族主义思想得到了中国知识界的青睐,并促进了30年代中国民族复兴思潮的勃兴。③ 有学者研究西方预算知识与制度的输入过程,认为外来知识体系接引过程中的生吞活剥、隔义附会,以及借助"西学中源"之类的劝服方式等,呈现出了外来制度与知识接引过程的复杂情态。④ 有学者梳理拉克伯里的"中国文明西来说"及其在东亚的传播,指出拉克伯里之说虽不为欧洲主流汉学界所接受,但经由日本转介到中国后,因其自称发现了中国上古史的皇帝裔出巴比伦,汉

---

① 高瑞泉:《早期自由主义视域中的平等——以梁启超、严复为中心的考察》,《上海师范大学学报》2011年第6期;彭春凌:《康梁在孔教能否为国民义思想上的分合》,《近代史研究》2011年第5期。
② 戚学民:《〈学案小识〉与〈儒林传稿〉》,於梅舫:《浙粤学人与汉宋兼采——朱一新〈无邪堂答问〉论学旨趣解析》,《近代史研究》2010年第1、4期。
③ 郑大华:《"九一八"事变后费希特民族主义思想的系统传入与影响》,《近代史研究》2009年第6期。
④ 刘增合:《知识移植:清季预算知识体系的接引》,《社会科学研究》2009年第1期。

人的祖先是巴比伦人,很快就成了部分排满者的"公共知识"。这是一种带有政治色彩的近代知识,接受者的取舍和诠释,依据的均为自身的主观意图。① 有学者探讨近代科学输入过程中命理文化与科学主义平行发展的现象,指出在西方实证主义对于传统命理文化发生重大冲击的同时,一些深受西方实证科学影响的学者,都在命理文化方面有颇为丰富的实践,为命理文化保留一定空间的学者更多。产生这种现象的原因颇为复杂,实证科学所能笼罩的区域,永远小于人类所能感知的自然、社会与精神世界的浩渺天地;从心理层面看,个人或群体信奉命理之说,往往有其特殊的心理需要;而近代中国社会的动荡以及近代化过程中人际间的疏离与个人日趋独立的趋势,也为近代中国命理文化的抬头提供了机缘。有学者研究斯宾塞的"社会有机体"学说对清季民族主义思潮的影响,并分析中国人的自由观与斯宾塞自由观的差异,认为斯宾塞的个人自由与国家权力是对立的,在中国二者则具有同一性,这也决定了斯宾塞学说在中国的命运。②

关于近代社会思潮,有学者研究清末切音字运动与"国语统一"思潮的纠结,指出20世纪初随着统一国语观念的流行,方音切音字被很多人认为破坏了"书同文"而受到激烈批评,但其支持者强调方音切音字不但无阻反而有助于国语统一。另外,被诸多国语统一论者支持的官话音切音字也在一些地区遇到了类似的质疑。汉字在历史上维持国家统一的作用日益受到重视,但汉字拼音化在20世纪的大部分时间里都未终绝。③ 有学者考察中国近代民族主义的理论建构及其过程,认为大致经历了三个阶段:清末民初为其形成阶段,主要围绕建立一个什么样的民族国家而发生;"五四"时期是发展阶段,主要围绕民族自决以及由此而引起的反帝、反封建的关系而展开;九一八事变后到抗日战争结束是高涨阶段,主要表现

---

① 孙江:《拉克伯里"中国文明西来说"在东亚的传布与文本之比较》,《历史研究》2010年第1期。
② 熊月之:《近代中国读书人的命理世界》,《学术月刊》2015年第9期;傅正:《斯宾塞"社会有机体"论与清季国家主义——以章太炎、严复为中心》,《近代史研究》2017年第2期。
③ 王东杰:《"声入心通":清末切音字运动和"国语统一"思潮的纠结》,《近代史研究》2010年第5期。

为民族复兴思想的提出并发展成一种社会思潮。① 有学者综合比较民国时期思想界关于民族复兴的三大话语：国民党将中华民族复兴论"塑造成带有国家意识形态性质的霸权话语"；共产党人对民族复兴话语的使用一度有所批判，后作了调整；国社党最为热衷于使用"中华民族复兴话语"且有自身的特色。民族复兴的三类话语既有联系，又有区别：议题相同，取向有别；目标同向，途径不相互交织，相对区隔。有学者考察抗战胜利后，以"中间道路"相号召的自由主义者的政论期刊中的中国共产党形象，从一个侧面彰显了自由主义者特有的民族复兴的路径选择。②

## 第八节 社会史

近10年来的近代社会史研究，基本延续了学科复兴后的发展格局和态势，依据学者们先前建构的学术体系，主要对社会阶层、社会团体、社会生活、社会转型、社会习俗与民众信仰等等问题展开了深入的研究，并取得了可观的进展。

关于社会阶层、社会团体的研究，无论专著还是论文，成果都十分丰富。专著方面，阳信生的《湖南近代绅士阶层研究》（岳麓书社2010年版），探讨了湖南绅士阶层在近代演变的成因、过程、结果和影响。何文平的《变乱中的地方权势：清末民初广东的盗匪问题与社会秩序》（广西师范大学出版社2011年版），考察了清末民初广东的盗匪问题与社会秩序的关联。王琴的《女性职业与近代城市社会》（中国社会出版社2010年版），透视了近代传统城市的性别格局的演变，解读了新女性在近代城市转型中的角色与功能。范铁权、王巨光的《近代中国科学社团研究》（人民出版社2011年版）、《民国教育社团与民主教育研究》（湖北人民出版社2011年版），分别考察了近代科学社团和民国教育社团的缘起、发展及历

---

① 郑大华：《论中国近代民族主义的理论建构及其过程》，《华东师范大学学报》2010年第5期。
② 俞祖华、赵慧峰：《民国时期民族复兴话语的三种形态》，《中国文化研究》2015年第1期；卫春回：《战后自由主义者民族复兴的路径选择（1945—1949）——以自由主义期刊中的中共形象为中心》，《安徽史学》2015年第2期。

史作用。左芙蓉的《民国北京宗教社团：文献、历史与影响（1912—1949）》（宗教文化出版社 2011 年版），考察了民国时期北京地区的佛教、道教、伊斯兰教社团与基督教社团的活动及其特征。徐茅明等人的《明清以来苏州文化世族与社会变迁》（中国社会科学出版社 2011 年版），考察了明清以来苏州文化世族的变迁，认为近代苏州文化世族站在了时代潮流的前列，顺利完成了由科举教育向现代教育的转向，由科举世家蜕变为现代的科学世家。罗惠缙的《民初"文化遗民"研究》（武汉大学出版社 2011 年版），指出民初"文化遗民"是一个特殊的群体，明显呈现出延续道统的意味，对其文化贡献应予肯定。冯剑辉的《近代徽商研究》（合肥工业大学出版社 2009 年版）、王凤山等人的《宁波近代商帮的变迁》（宁波出版社 2010 年版），分别研究了各具特色的徽商与宁波商人。等等。

论文方面，有学者分析晚清绅士阶层的权利与国家权力之间的纠葛和关联。有学者分析"五四"学生的集体认同和政治转向问题，认为学生集体认同的构建及其国民身份意识的产生，是"从上到下"的政府培养和精英启蒙的过程，同时也是"自下而上"的自觉构建过程。[①] 有学者考察妇女财产权的确立，认为"五四"时期形成了妇女解放思潮，但直至国民党执政后，才最终颁行了实现男女平等财产权的法律，其法律条文比民间实际情况又有所"超前"。这一过程反映了观念、制度和习俗变革之间有一定的"超前"梯度。有学者研究较少引起学界关注的知识男性对知识女性的敌意问题，指出 1922 年湖南知识女性在面对男性知识精英的联手围攻时，采用了还击和沉默的应对策略，揭示了民国时期职业女性面临的尴尬处境及背后渗透的社会性别权力博弈。有学者探讨清代徽州女性的葬礼过程，揭示了其中普遍存在的体现传统文化的多元化和包容性的宗教信仰和堪舆风水观念。有学者研究女性之间的性别暴力，指出女性攻击同性时，通常采用语言攻击和间接攻击方式，其中性侮辱与容貌丑化是女性同性攻击中最常见的两个主要手段。有学者研究女性生存与城市空间布局形成的关系，指出北京八大胡同作为妓女、妓院集中之地，地处繁华闹市，与众

---

[①] 杨国强：《论晚清中国的绅士、绅权和国家权力》，《华东师范大学学报》2011 年第 1 期；马建标：《学生与国家：五四学生的集体认同及政治转向》，《近代史研究》2010 年第 3 期。

多商业、娱乐设施毗邻，在清代和民国时期的北京城市空间结构中具有特殊的符号意义。这种布局结构的形成，主要受清初"旗汉分住"以及城市娱乐设施被逐出内城，外城实际成了民众日常社会服务区域的政策所致，同时也与这里人口密度高、男女性别比差大、流动人口与外来人口多有关。其后的民国北京市政又继承、细化了清末的管理条例，将八大胡同这一"红灯区"地处闹市的空间特征固定了下来。还有学者研究华北各抗日根据地的妇救会，指出为了维护乡村社会的稳定，保证抗战大业的顺利进行，华北地区的妇救会不断地进行探索与调试，最终的结果是革命让位于传统、性别让位于革命。[①]

关于城乡社会生活的研究，著述同样十分丰富。有通论性的专著，如李长莉等人的《中国近代社会生活史》（中国社会科学出版社2015年版），着重呈现了社会生活受西潮、新潮与战争影响而出现的新变动、新景象，特别是那些代表中国社会接受和融入世界近代文明的新现象。还有许多专论某地社会生活的著作，如上海既有张生的《上海居，大不易：近代上海房荒研究》（上海辞书出版社2009年版），专门披露了上海自开埠以来，出现房荒的原因及一些社会组织的应对举措与结局，又有叶中强的《上海社会与文人生活（1843—1945）》（上海辞书出版社2010年版）、王敏等人的《近代上海城市公共空间（1843—1949）》、宋钻友等人的《上海工人生活研究（1843—1949）》以及葛涛、石冬旭等人的《具像的历史：照相与清末民初上海社会生活》（以上三书均为上海辞书出版社2011年版）等多部。这些论著除王敏等人勾勒的是近代上海城市的公共空间，反映了这座城市世界性与地方性并存、摩登性与传统性并存、先进性与落后性并存、殖民性与爱国性并存的特性外，顾名思义，其他各著呈现的是上海文人、工人的生活景象和有关照相对社会生活的影响与价值观念的变化。北

---

[①] 李长莉：《五四的社会后果：妇女财产权的确立》，《史学月刊》2010年第1期；万琼华：《民国时期女校长的主体言说与无声抗议——以湖南〈大公报〉的报道为中心》，《江苏社会科学》2016年第6期；胡中生：《礼法与俗尚：清代徽州女性葬礼再探》，《安徽史学》2016年第4期；李鹏程：《女性之间的暴力：一种被忽视的性别暴力》，《北京社会科学》2016年第1期；熊远报：《八大胡同与北京城的空间关系——以清代和民国时期北京的妓院为中心》，《近代史研究》2016年第1期；王微：《传统、革命与性别视域下的华北妇救会》，《中共党史研究》2015年第2期。

京则有程为坤著、杨可译的《劳作的女人：20世纪初北京的城市空间和底层女性的日常生活》（生活·读书·新知三联书店2015年版），考察了20世纪初北京底层包括女手艺人、女佣、女乞丐、女演员以及其他女性劳动者在内的普通劳动女性的日常生活，认为城市女性成功地占领了公共空间，并运用这一空间来增加自己的机会和影响，但也为此让她们遭受到了歧视和压迫。还有杜丽红的《制度与日常生活：近代北京的公共卫生》（中国社会科学出版社2015年版），探讨了20世纪初北京公共卫生制度演变及社会化过程的基本脉络与问题。而龙伟的《民国医事纠纷研究（1927—1949）》（人民出版社2011年版），则考察了民国时期的医事纠纷，认为在近代卫生行政体制建立的时代背景之下，国家制度以及社会团体干预和影响着医患双方关系的互动。等等。

论文方面，有学者在满与汉、中与西、女性解放以及商业文化等因素的复杂互动中考察了旗袍是如何成为"民国范儿"的。[1] 有学者探讨华北及陕甘宁抗日根据地女性英模的生成逻辑和组织机理，多角度地展示了女性英模的生活本相。有学者考察战时陕甘宁边区抗属的婚姻问题，指出抗属是边区乡村妇女中的一个特殊群体，其婚姻纠纷不但影响抗日将士的抗战信心，还将危及乡村社会的稳定。中国共产党既要遵循"婚姻自由"原则，又要保护抗日将士的利益，故而边区政府本着"拥军优抗"的宗旨，从法律实践、现实关怀及政治建构等方面塑造抗属生产建家、甘愿为革命丈夫无私奉献的模范形象，以此缓解抗属家庭矛盾、调节军政关系，并取得了良好社会效应。有学者考察了太行地区涉县乡村妇女的婚姻状态及其如何利用革命话语争取自我利益，展示了革命时期乡村妇女解放历程中的复杂面相。有学者考察根据地乡村女性多数缠足的状况及其婚姻实态，展现了战时华北偏远乡村女性身体解放的复杂篇章。[2] 另有学者考察日本占

---

[1] 杜佩红：《民族、女性与商业——社会史视角下的旗袍流行》，《民俗研究》2016年第3期。
[2] 张玮、王莹：《华北及陕甘宁抗日根据地女性英模的生活》，《安徽史学》2016年第5期；岳谦厚、王亚莉：《陕甘宁边区的抗属形象及其模范塑造》，《山西大学学报》2016年第5期；耿晶：《婚姻案件中的根据地乡村妇女——以20世纪40年代涉县为中心的考察》，《聊城大学学报》2016年第3期；江沛、王微：《"三寸金莲"之变：华北中共根据地的政治动员与女性身体》，《福建论坛》2016年第1期。

领区学生的赴日留学问题。战时的特殊背景与选派主体的特殊性使留日学生失去了战前的相对自由,而随着日本深陷中国战场及太平洋战争的爆发,日本政府的一些政策严重影响了留日学生的专业学习,他们还与日本民众一样经历了饥饿、空袭、疏散甚至原子弹爆炸等灾难。有学者研究星期休息制度在近代中国的普及,指出不完全是民间习染和被动顺应的结果,而是国人多方面的理性认知和主动选择,其背后反映了近代中国保守与求新、民族主义和世界化、内地和大都市不同立场之间的对抗。有学者通过上海华人的剧场建筑,探讨近代上海半殖民地市政体制下城市公共空间演进过程中多元错综的利益折冲和政治博弈。还有学者研究以往学界少有人关注的抗战期间大后方公务员,特别是高级公务员的生活状况,包括衣食住行以及娱乐、消遣等各个方面,分析了他们生活水平下降的原因,生活差异的具体表现,以及生活贫困化对日后中国政治生态所造成的影响。[①]

关于社会转型的研究,专著方面有:汪效驷的《江南乡村社会的近代转型:基于陈翰笙无锡调查的研究》(安徽人民出版社2009年版),考察了转型中的江南乡村社会的实态。黄鸿山的《中国近代慈善事业研究:以晚清江南为中心》(天津古籍出版社2011年版),揭示了中国近代慈善事业的运营实态和近代转型历程。王广义的《近代中国东北乡村社会研究(1840—1931)》(光明日报出版社2010年版),考察了近代东北农村的政治控制,农民的生活,农业经济的发展,揭示了其近代化历程的演变。熊亚平的《铁路与华北乡村社会变迁(1880—1937)》(人民出版社2011年版),考察了1880—1937年间的铁路与近代华北地区的工矿业起步、城乡市场重构、产业结构变迁、社会结构变动、市镇发展,认为铁路有力地推动了乡村经济由传统向近代的变迁。吴立保的《大学校长与中国近代大学本土化研究》(中国社会科学出版社2010年版),研究了大学校长在近代

---

① 徐志民:《敌国留学——抗战时期在日中国留学生的生活实态》,《近代史研究》2015年第5期;湛晓白:《从礼拜到星期:城市日常休闲、民族主义与现代性》,《史林》2017年第2期;魏兵兵:《近代上海半殖民地市政与城市公共空间之演进:以剧场建筑问题为个案》,《史学月刊》2017年第3期;郑会欣:《抗战时期后方高级公务员的生活状况——以王子壮、陈克文日记为中心》,《近代史研究》2018年第2期。

教育中的作用。毕苑的《建造常识：教科书与近代中国文化转型》（福建教育出版社 2010 年版），梳理了近代中国新式教科书的诞生、发展以及教科书编审制度的演变。左玉河的《中国近代文明通论》（福建教育出版社 2010 年版），考察了中华传统文明在近代中国所面临的问题及其重新建构过程中遭遇的困惑。认为中华文明的现代复兴，不是儒家思想的复活，而是儒家思想的现代转化；不是全盘西化，而是中西文明的融合与沟通。夏邦的《黄旗下的悲歌：晚清法制变革的历史考察》（合肥工业大学出版社 2009 年版），反思了晚清的法制近代化变革及其最终失败的诸多因素，指出变革与失败的必然性。刘昕杰的《民法典如何实现：民国新繁县司法实践中的权利和习惯（1935—1949）》（中国政法大学出版社 2011 年版），发现不同的传统民事权利在民法典颁布之后的基层司法实践中有着不同的表现形式，指出近代中国基层民事司法在远离国家政治权力的基层维持着地方社会关系的运行和熟人社会的人际关系。唐仕春的《北洋时期的基层司法》（社会科学文献出版社 2014 年版），探讨了司法独立理念与共和观念、收回法权运动与政治分立、司法经费与人才，以及诉讼状况等因素在不同历史情境下形成不同的组合模式，推动或制约司法与行政的分立。丰箫的《权力与制衡：浙江省嘉兴地区乡镇自治研究（1945—1949）》（商务印书馆 2014 年版），考察了国家政权建设框架下的乡镇自治问题。余新忠的《清代卫生防疫机制及其近代演变》（北京师范大学出版社 2016 年版），探讨了清代与防疫和城市环境卫生相关的问题及其历史变迁脉络。夏晓虹的《晚清女子国民常识的建构》（北京大学出版社 2016 年版），探究了晚清知识精英将"国民常识"播植于女界的实践过程。等等。

论文方面，有学者研究晚清的西学"汇编"，认为"汇编"是对西学知识的二度创造，因此，解析其中关乎本土文化的调试与回应，正是审视中西文化之调试与回应的主旨所在。有学者考察 20 世纪前期广州社会纠纷的调控，指出政府与民间组织在纠纷应对中显示出了一定的互补性，但调解本身仍然呈现出无序化和多方博弈的特征。[①] 有学者研究民众教育问

---

[①] 章清：《晚清西学"汇编"与本土回应》，《复旦学报》2009 年第 6 期；邢照华：《20 世纪前期广州社会纠纷调控考察》，《史学月刊》2014 年第 8 期。

题,指出1928—1937年江苏省民众教育馆在协调与基层民众以及地方政府关系时颇能如鱼得水,一定程度上充当了官方代理人和民间社会组织者的双重角色,疏通了已经淤塞的基层政治轨道。也有学者研究民国大学院校的招生问题,指出民国大学的招生"在看似开放、客观的表面下也暗含了诸如地域、知识和经济等多方面的要求或门槛。从教育本身的角度看,这些门槛体现了不同院校之间的境况差异,在一定程度上造成了民国考生的特定择校模式;从教育与社会互动的角度看,这些门槛又造成了不同地域和家庭来源的学生教育获得的差异,使得大学招生在体现教育选拔功能的同时,更体现阶层流动意义上的教育分层功能,教育权利有成为教育特权之趋势"。[1] 有学者探讨"洋货流行"与消费风气转变的关系,指出晚清开口通商后"洋货"开始大批输入并逐渐流行,引起人们消费风气的演变,从被国人视为有害道德的炫耀性消费风气,到形成流行时尚性消费风气,直至洋货进入日常生活一般消费品领域,形成实用性消费风气。有学者探讨西医听诊器和听诊技术在晚清中国的传播和接受过程,认为其对西医在近代中国立足起了重要作用。有学者分析了《申报》上关于中西医之争的社论,认为其医学观点与洋务思想相近。[2] 有学者从理论层面分析了乡村社会生活秩序的再调试过程,指出在文化转型背景下,中国乡土社会的秩序变化遵循着从"差序格局"到"文明之别",再到"国家权力下行"的路径。有学者以河北省长垣县孔庙祭田纠葛案为例,考察了20世纪30年代前后孔庙"庙产兴学"及其引发的纠纷,认为凸显了这时"庙产兴学"纷争中各方的复杂关系,以及"孔庙'旧制'所维系的原有文化、权力秩序渐次为地方政府确立的新的文化、权力秩序所取代的复杂轨迹"。[3]

---

[1] 朱煜:《民众教育馆与基层政权建设——以1928—1937年江苏省为中心》,《近代史研究》2014年第3期;梁晨:《从教育选拔到教育分层:民国大学院校的招生与门槛》2018年第6期。

[2] 李长莉:《晚清"洋货流行"与消费风气演变》,《历史教学》2014年第2期;李恒俊:《听诊器与西医医疗技术在近代中国的传播和接受(1844—1910)》,《自然辩证法通讯》2016年第4期;章原:《从〈申报〉论说文看晚清中西医之争》,《浙江师范大学学报》2016年第5期。

[3] 赵旭东、张洁:《乡村社会秩序的巨变:文化转型背景下乡村社会生活秩序的再调适》,《中国农业大学学报》2017年第2期;李先明:《孔庙"庙产兴学"与文化权力的转移——1928—1932年河北省长垣县孔庙祭田纠葛案透视》,《近代史研究》2019年第2期。

关于社会习俗与民众信仰的研究，专著方面有：王歌雅的《中国近代的婚姻立法与婚俗改革》（法律出版社2011年版），梳理了近代中国的婚姻立法由传统到现代、由家族本位向个人本位过渡的历程，并考察了国人婚俗改革的历程。盛美真的《近代云南社会风尚变迁研究》（中国社会科学出版社2011年版），探讨了近代云南社会风尚变化趋势及其规律。孙顺华的《基督教传播与近代青岛社会文化研究》（中国社会科学出版社2010年版），揭示了异质文化间的传播规律。周东华的《民国浙江基督教教育研究：以"身份建构"与"本色之路"为视角》（中国社会科学出版社2011年版），论述了浙江基督教教育如何从晚清体制外的"外国人"转变为中国"国民"、从教会控制转变为受中国政府节制、从帝国主义侵略中国的文化工具转变为中国教育现代化的有力促进者等问题。蓝希峰的《民国时期基督教社会服务研究》（宗教文化出版社2015年版），讨论了民国时期基督教的社会服务活动。范正义的《众神喧哗中的十字架：基督教与福建民间信仰共处关系研究》（社会科学文献出版社2015年版），考察了清末民初基督教与福建民间神祇信仰的冲突。王晓峰的《伪满时期日本对东北的宗教侵略研究》（社会科学文献出版社2015年版），论述了伪满时期日本在东北地区对基督新教、天主教和东正教的控制与利用。谢竹艳的《中国近代基督教大学外籍校长办学活动研究（1892—1947）》（福建教育出版社2015年版），分析了19世纪末20世纪初13所基督教新教大学外籍校长在华的办学活动，指出其办学有两大特色，即科学和宗教并重，基督教与儒学兼容。等等。

论文方面，有学者梳理基督教传入东北朝鲜族社会的背景及其过程，分析了反日人士组织、利用基督教团体进行抗日革命斗争的基本情况。有学者考察基督教与中国近代不缠足运动的关系。指出清末的不缠足运动与基督宗教的关系极为密切。其反对缠足的主张和实践给中国有识之士以深刻的启示，加速了西方文明在近代中国社会的传播进程。有学者注意到近代中国基督教所办刊物《女铎》主张温和的女权主义，积极提倡妇女解放及女性权利。有学者从国家治理角度审视了晚清政府与基督教关系的演变，认为庚子之后官教双方合作治理寻求共识，才初步纾解了基督教问题的困局。① 有学者探讨 1927—1937 年间基督教在中国各地进行的乡村卫生建设活动，认为这些活动在西医传播与乡村改造上发挥了一定的作用。有学者分析了 20 世纪 30 年代法租界当局与天主教会在上海难民救助中的角色与立场，认为二者的救援工作虽然出于维护自身利益，但在客观上对难民起到了相当程度的保护作用。有学者论证了抗日战争时期内蒙古的天主教传教士及其领导下的天主教会积极为抗战服务的诸多贡献。有学者梳理了抗战初期中国基督教会的爱国救亡活动。有学者论证了近代来华农业传教士卓有成效地推进了中国传统农业的现代化。② 有学者勾勒清末四川基层书院改设学堂的历程，揭示了清末俗与制、上与下、新与旧之间关系的变化。有学者考证了 19 世纪哲孟雄王与拉摩家族的联姻事件，以及驻藏大臣、噶厦政府在联姻中的作用。③ 等等。

## 第九节　台湾史

台湾史自古以来就是中国历史的一部分，大陆学者从未间断过对台湾史的研究。这期间的台湾史研究，除问世了张海鹏、陶文钊主编的全面记叙自古至 20 世纪末，并反映大陆台湾史研究最新成果的《台湾简史》（凤

---

① 车红兰：《基督教在近代东北地区朝鲜族中的传播及影响》，《边疆经济与文化》2015 年第 9 期；侯杰、王小蕾：《基督宗教与清末中国不缠足运动——以海洋亚洲为视域》，《郑州大学学报》2015 年第 1 期；吴艳玲：《温和的女权主义——〈女铎〉与近代中国女性自我构建》，《扬州大学学报》2015 年第 1 期；陶飞亚等：《晚清国家基督教治理中的官教关系》，《中国社会科学》2016 年第 3 期。

② 李传斌：《教会·乡村·医疗：南京国民政府时期的基督教乡村卫生建设》，《晋阳学刊》2015 年第 3 期；任轶：《浅析两次淞沪抗战时期法租界当局与天主教会对难民的救助》，《民国档案》2015 年第 1 期；刘青瑜：《抗日战争时期内蒙古天主教传教士对抗战的贡献》，《阴山学刊》2015 年第 4 期；王淼：《论抗战初期中国基督教会的爱国救亡活动》，《长春大学学报》2015 年第 3 期；赵晓阳：《思想与实践：农业传教士与中国农业现代化——以金陵大学农学院为中心》，《中国农史》2015 年第 4 期。

③ 刘熠：《官府与民间的离合：清末四川基层书院改办学堂的历程》，《学术月刊》2016 年第 8 期；扎洛：《哲孟雄王祖普南杰求娶奔琼玛事件始末》，《中央民族大学学报》2016 年第 5 期。

凰出版社 2010 年版）和探究台湾道的设置、历任道台的治台政绩与特点的庄林丽的《清代台湾道、台湾道台与台湾社会》（社会科学文献出版社 2015 年版）等专著外，还在台湾建省与治理、日据时期的殖民地史、台湾人民的抗日斗争、国民政府接收台湾，以及台湾政治史、经济史、社会史、思想文化史与两岸关系、日台关系、美台关系等方面发表了一系列的研究论文。

关于台湾建省与治理问题，有学者研究了台湾建省的过程，指出由于清朝经费短缺，自沈葆桢提议建省，到光绪十一年（1885）设台湾省，经历了十年的讨论与反复，暴露出督抚的因循与朝廷的无能。有学者论述了首任台湾巡抚刘铭传的海防思想与实践，指出刘铭传的台海防御观的三个层面，即台湾海防与东南海防、福建海防、台湾陆防的关系，认为其台海防御观是在列强入侵刺激下，立足台海，关照东南海疆的积极防御观，但限于当时的国际环境与清朝的国力，并没有完全实施，也未能达成保卫台湾的战略目标。[①] 有学者探讨台湾东部"番地"的开发问题，认为长期用以隔绝汉"番"的土牛之界早已形同虚设，封禁内山已无可能，但由于清廷上层墨守成规，未能认识台地的新形势，延迟了内山"番地"的开发进程。有学者以清代台湾北部新港社群熟番地权演变过程为例，指出清政府熟番地权政策对于新港社群熟番经济生活的具体影响，表明在清代台湾土地开发过程中，熟番、汉人和地方官府已经形成了互惠互利的合作模式。有学者探讨清中叶台湾三大区域型经济区的形成过程。[②] 有学者回顾了沈葆桢在"台湾事件"后的治台方略，认为必须要有全面的海洋发展战略。有学者论述淮军为抵御侵略、保卫及开发台湾所做的贡献。有学者考察清代台人参加乡试之事，指出清政府为安抚孤悬海外的台湾士子，在福建乡试的中举名额中特为台人设立了保障名额，并给予赴福建参加乡试的台湾

---

[①] 贾小叶：《晚清台湾建省的台前与幕后》，《史学月刊》2016 年第 7 期；李细珠：《略论刘铭传的台海防御观》，《安徽史学》2016 年第 2 期。

[②] 陈忠纯：《19 世纪初期闽台地方官开发台湾东部"番地"的主张探析——以噶玛兰及水沙连地区为中心》，《台湾研究集刊》2015 年第 4 期；李凌霞：《番地政策与清代台湾熟地的演变——以新港社群为例》，《农业考古》2015 年第 3 期；林玉茹：《清中叶台湾三大区域型经济区的成立（1784—1850）》，《东北史地》2015 年第 1 期。

士子以"官送"的待遇。这一对台优待办法增强了台人对科举考试的热情及对国家的向心力。[1]

关于日据时期的殖民地史，有学者从学校课程设置与教科书角度，研究了这时的台湾初等教育，指出尊崇日本皇室、增强台湾人对日本的向心力、倾力普及日语是殖民当局初等教育政策的主轴，其致力于培养的是既能为殖民者创造剩余价值，又不妨害其统治地位的低级人才，并以将台湾人同化成日本台湾人作为最终目标。可见日据时期的台湾初等教育，诚然有比较大的发展，但终归是为日本的殖民统治服务的。有学者考察日本近代小学教科书中的"台湾故事"，指出有歌颂日本亲王在台湾为国献身的故事，也有贬低台湾少数民族，将其定位为野蛮族群的内容。这些"台湾故事"又以各种形式回溯到台湾社会，导致帝国时代的殖民话语渗入台湾人的集体历史记忆之中，迫使台湾人的身份认同和历史认知发生深刻变化。反映出国家权力通过教育在确立民族认同过程中的作用与方式。[2] 有学者比较日方提出的《马关条约》的三种文本，指出出让主权的前提在于拥有其主权。这恰恰证明日方高度承认中方对于台湾等地的主权拥有，也坐实了日方自1874年以来以"台湾属于生番之地，不属于中国"为由进行的屡次挑衅实属无理。有学者考察殖民统治初期台湾士人的政治认同和行为抉择，认为台湾士人政治认同的模糊性与行为抉择的多样性，与其在价值判断中重视利益、漠视道德伦理、混淆满汉矛盾与中日敌对关系有关，与部分赴台人士的不当言论也不无关系。有学者通过解读日裔台湾学者傅琪贻的著作，指出其所述血腥事实足以证明，武力征讨、掠夺、威胁、欺骗、屠杀、灭社，就是所谓"日本统治时期全面而深入的理番政策"的真相。还有学者指出日本殖民政府文化治理术的内在逻辑，是通过建立在统治权力之上的文化霸权，对

---

[1] 林少骏、谢必震：《沈葆桢与"台湾事件"》，《福州大学学报》2017年第3期；傅德元：《1874—1875年淮军援台与台湾凤山淮军昭忠祠》，《安徽史学》2017年第3期；刘一彬：《清代福建乡试对台应试保障制度及其历史影响》，《台湾研究集刊》2010年第6期。

[2] 陈小冲：《日据时期台湾初等教育课程与教科书析论》，《台湾研究集刊》2015年第4期；谭建川：《日本近代教科书的"台湾故事"：殖民论述与殖民记忆》，《东疆学刊》2015年第3期。

台湾少数民族族群施行全方位的同化政策。①

关于台湾人民的抗日斗争，专著方面，代表作有台湾学者邵铭煌的《台湾人民与抗日战争》（团结出版社2015年版）和日裔台湾学者傅琪贻的《日本统治时期台湾原住民抗日历史研究——以北台湾泰雅族抗日运动为例》（团结出版社2015年版）。前者记述了林祖密、林正亨等志士戮力抗战为收复台湾而奋斗不懈的事迹。后者探讨了台湾少数民族的抗日史实，指出泰雅族为捍卫祖传的土地，对入侵者采取严厉的"出草"行为。躲藏"番地"的汉人抗日先驱与内山泰雅族合作继续抗日，但日方应用"以夷制夷"的分裂欺诈手段，再以"内地观光"的怀柔政策，让泰雅族人放弃武装，最终结束泰雅族武装抗日。论文方面，有学者考察刘永福领导的抗日保台斗争。论文方面，有学者探析台湾少数民族的抗日斗争，还原了他们诸多抗日事实。有学者研究日据时期台湾同胞在福建的抗日活动。有学者探讨抗战时期台湾学生参与大陆抗战的情形。有学者考察抗战时期《申报》的舆论宣传，指出《马关条约》换约后，清廷上层对台湾问题集体失声，《申报》成为大陆支持台湾抗日的舆论中坚。②

关于国民政府接收台湾问题，专著有陈立文等人的《台湾光复研究》（南京大学出版社2015年版），记述了从甲午战争到光复全过程中台湾殖民地的特性与变迁，既有日本在台湾的殖民统治，也有台湾人民的抗日斗争，还有国民政府接收台湾的种种准备与过程，"二二八"事

---

① 岳忠豪：《〈马关条约〉"主权""管理权"考辨》，《台湾研究集刊》2017年第4期；杨齐福：《殖民统治初期台湾士人的政治认同与行为抉择》，《福建论坛》2017年第2期；李细珠：《日本殖民统治台湾时期"理番政策"的真相——读傅琪贻著〈日本统治时期台湾原住民抗日历史研究——以北台湾泰雅族抗日运动为例〉》，《台湾研究》2017年第2期；董建辉、郑伟斌：《文化"理蕃"日本对台湾原住民族的殖民统治》，《厦门大学学报》2017年第1期。

② 曲晓范：《刘永福与乙未台湾抗日保岛运动述评》，《东北师大学报》2011年第6期；王键：《日据时期台湾少数民族武装抗日斗争探析》，"纪念台湾光复65周年暨抗战史实学术研讨会"论文，重庆，2010年；林仁川、黄俊凌：《日据时期台胞在福建抗日活动之述评》，中国社会科学院台湾史研究中心等编《林献堂、蒋渭水与台湾历史人物及其时代学术研讨会论文集》（上），台海出版社2009年版；许维勤：《抗战期间台湾同胞在福建等地的抗日活动》，"纪念台湾光复65周年暨抗战史实学术研讨会"论文，重庆，2010年；贺平：《抗战时期台湾学生在大陆参战活动初探》，《洛阳理工学院学报》2009年第5期；陈忠纯：《报刊舆论与乙未反割台斗争研究——以〈申报〉为中心》，《台湾研究集刊》2011年第2期。

件的来龙去脉与台湾省政府的成立，以及文化发展、社会变迁等等内容。论文方面，有学者考察中国海军接收台澎地区的日本海军。① 有学者考察国民政府中央电台的对台广播工作，认为国民政府的对台宣传给人以大而无当、空而无物之感，未能成功进行民心"接收"的准备，是导致台湾光复后很快浮现种种危机的内在原因。有学者论证台湾光复的性质，认为台湾光复不是领土割让（cession），而是收复失地（regain of lost territory），是恢复历史性权利（restitution in the right），是对战败的侵略者进行制裁。② 有学者考察了蒋介石的复台规划及准备、提议组织三强会议、对日俘日侨及日产宽大处理三大举措，肯定其对光复台湾有一定历史贡献。③ 有学者梳理了一个多世纪以来的涉台条约，并从国际法视角剖析台湾法律地位的演变，指出20世纪40年代签订的《开罗宣言》和《波茨坦公告》，对台湾归还中国作了具有国际义务性质的认同和承诺，随着20世纪70年代美、日等国承认中华人民共和国并订约建交，台湾归属中国的法律地位得到进一步的确认。有学者分析了英国对中国战后处置计划中有关领土部分的关注，指出英国认识到收复台湾是国民政府的基本要求，但为求利益最大化，仍在不同场合不时抛出不同的论调，最后在美国的坚持下承认了中国为四强之一，并签署台湾光复的基础性文献《开罗宣言》。④

关于台湾政治史，有学者考察了台湾光复初期的去殖民化历程，指出目前惯用的"去日本化/再中国化"的阐释框架，尚不足以界定或解释光复初期台湾面临的去殖民化难题，破除"国族魅影"的障眼法才是寻求台

---

① 苏小东：《抗战胜利后中国海军接收台澎地区日本海军概述》，"纪念台湾光复65周年暨抗战史实学术研讨会"论文，重庆，2010年。

② 褚静涛：《收复台湾辨析》，《抗日战争研究》2010年第4期；《台湾光复的正义性与合法性》，《南京社会科学》2010年第1期；《光复初期台湾群体性冲突事件述评》，《江海学刊》2010年第2期。

③ 冯琳：《开罗会议至战后初期蒋介石的复台努力和主张》，《四川师范大学学报》2016年第5期。

④ 李育民：《台湾问题的相关条约及其法律地位的演变》，《史学月刊》2016年第3期；侯中军：《英国与国民政府的战后处置计划兼及台湾问题（1941—1943）——以英方外交决策和报告为中心》，《中山大学学报》2016年第3期。

湾去殖民化的必经之路。① 有学者通过对蒋介石"复职"的梳理与研究，展现了1950年初台湾政治的基本状况，以及蒋介石在国民党内进行政治斗争时的基本立场、心路历程与政治手段。有学者梳理国民党政权在退台初期"一岛两府"的特殊环境下，蒋介石与吴国桢、陈诚之间围绕省政府与"行政院"的人事、职权等问题的互动博弈。有学者探讨台湾地区军事审判制度的改革进程，认为军事审判权属性的嬗变为其改革进程的主线，随着"统帅权说"向"司法权限说"的演变，实现了由传统向现代的转型。② 有学者通过解读林献堂日记，指出"二二八"事件中台湾民众追求的主要是优良省治，呼吁的也是体制内改革，绝非当代"台独"分子所宣称的"台独运动之源泉"。有学者考察蒋介石"反攻大陆"的"国策"，指出20世纪60年代初，由于中苏关系交恶，美国又始终反对蒋介石的武力"反攻"计划，蒋于是由"控苏"走向"联苏"，为其"反攻大陆"寻找新路径，但因国际局势的变化，其"联苏反攻"计划以失败告终。有学者分析联合国的中国代表权争论问题，指出台湾当局利用美苏阵营的尖锐对抗，以小博大，竭力争取美国支持直接否决反对台湾在联合国的中国代表权的方案。然而，随着美苏阵营对抗的渐趋缓和，台湾当局只能越来越多地转向妥协与退让。③ 有学者从国际法庭确立的"一般规则"的实践角度，考察了钓鱼岛的法律地位问题，认为历史文献记载及持续、适度有效的行政管辖，皆有力证明了钓鱼岛作为台湾附属岛屿这一史实。有学者考察了20世纪40年代以来台湾当局对钓鱼岛问题的言行，指出台湾当局在与美国、日本的交涉和斗争过程中，初步形成了关于钓鱼岛主权的论述。

---

① 欧阳月姣：《从"殖民地"到"国统区"国族魅影笼罩下的台湾去殖民化困境》，《台湾研究集刊》2017年第4期。
② 陈红民、傅敏：《蒋介石1950年在台湾之"复职"研究》，《江海学刊》2010年第3期；潘建华：《威权重建之际的人事与政争：蒋介石与退台初期的省院纷争》，《史学集刊》2017年第5期；张朝晖：《台湾地区军事审判制度改革述评——以军事审判权的属性嬗变为视角》，《台湾研究集刊》2017年第1期。
③ 张晓宇：《林献堂日记中的"二二八"事件》，《现代台湾研究》2017年第5期；肖如平：《蒋介石"反攻大陆"中的"控苏"与"联苏"——以〈蒋介石日记〉为中心》，《社会科学战线》2015年第4期；傅敏：《台美英围绕联合国中国代表权问题的交涉（1951—1955）》，《安徽史学》2015年第3期。

第二十五章　2009—2019 年的中国近代史研究　929

有学者考察了台湾当局自 1970 年 7 月钓鱼岛争端爆发，到 1971 年 6 月美国把钓鱼岛的行政权"交还"日本，与美国的多次交涉。指出交涉初期，台湾当局只主张对钓鱼岛的"正当权益"而非主权，后来随着局势的变化，尤其是来自海内外"保钓"运动的压力，转而要求美国在结束对琉球的管治后，直接将钓鱼岛交还台湾方面，但因安全和国际空间等方面严重仰赖于美国，台湾当局并无实力支撑其对美交涉，美国也并未认真对待，台湾当局的对美交涉终告失败。有学者考察了台湾当局与菲律宾和越南就"人道王国事件"及"克洛马事件"交涉的具体过程，指出台湾当局一方面以"外交抗议""派舰巡逻"等方式应对菲律宾、越南对南海诸岛的野心，另一方面却因首重"反共"，反对菲、越的侵犯态度不够坚决，未能充分发挥其在捍卫南海主权中的作用。① 有学者研究"上海台湾反帝同盟"，认为它是由"上海台湾青年团"更名发展而来的台湾青年革命组织，存在时间虽短，却是两岸共产党人紧密合作的先驱。也有学者考察蒋介石父子招抚"台独大统领"廖文毅的始末。②

关于台湾经济史，有学者研究晚清的帆船贸易，指出轮船进入台湾海峡航线后，传统大帆船贸易受到打击，但在经济发展的新形势下很快又复苏了。有学者考察陈仪的治台财政政策，指出过分依赖统制经济，而又缺乏有效的政治力，是其失败的重要原因。③ 有学者研究光复初期台湾善后救济分署平价出售救济面粉问题，指出虽然存在一些纰漏与不足，但由于各方监管到位，并非如个别台湾学者所言存在严重的贪污舞弊行为，应给予相应的肯定。有学者研究中国近代史上首家土地专业银行——台湾土地银行在光复初期的创设及运营，指出地政学派的土地银行构想与现实之间存在落差，只有

---

① 张卫彬：《钓鱼岛主权归属与〈马关条约〉的演进解释问题》，《法学评论》2015 年第 1 期；褚静涛：《台湾当局钓鱼岛主权论述的形成》，《近代史研究》2016 年第 2 期；朱卫斌、李庆成：《论台湾当局与美国关于钓鱼岛问题的交涉（1970—1971）》，《中国边疆史地研究》2015 年第 1 期；栗广：《1950 年代：中国台湾在南海争端中的角色——基于台湾、美国档案的解读》，《南海学刊》2016 年第 1 期。

② 李理：《中共外围组织"上海台湾反帝同盟"历史探源》，《台海研究》2017 年第 3 期；杨天石：《蒋介石父子招抚"台独大统领"廖文毅始末》，《近代史研究》2016 年第 2 期。

③ 徐晓望：《晚清台湾海峡传统民船贸易研究》，《福建论坛》2017 年第 4 期；汪小平：《台湾光复初期陈仪的财政政策及其效果》，《福建论坛》2016 年第 10 期。

当国民党政权坚定了土改的决心以后,土地银行才能发挥其土地金融之义。①有学者利用台北"国史馆"所藏档案等资料,研究国民党1949年撤台时携带的大量黄金对台湾经济发展的实际影响。②有学者梳理了第二次世界大战结束后美国在台湾地区推行的土地改革,指出与其说是经济政策,还不如说是冷战之初所发生的一项政治运动,目的是防止所谓"共产主义扩张"。另有学者探讨金门军政当局在特殊的战地环境下,何以要进行土改以及如何土改的问题,指出其动机与当时的财政经济困难有直接关系。这位学者还考察了日本殖民统治对台湾经济发展的作用问题,指出"'殖民统治有益论'对殖民地经济的本质属性缺乏了解或视而不见,并在观察日据时期台湾经济发展的'前因'时,仅关注历史的断裂,忽视历史的延续,而在讨论其'后果'也就是对战后台湾经济的发展的影响时,又强调延续,淡化断裂,从而夸大了日据时期经济发展对台湾近代化的意义"。③

关于台湾社会史,有学者探讨台湾的移民问题,认为历史上自西往东的单向度移民,在日据时期朝着多维方向移民的态势发展。随着日本在台殖民统治的终结,移民群体又各归原位,重回起点。有学者研究抗战时期福建崇安县台籍民众的聚居与垦荒问题,指出国民政府为解决战时台籍民众的生计问题做出了努力。④有学者考察中国政府接收、改造台北"帝国大学"的过程中中国人与日本人、"外省人"与"本省人"的关系,指出前后经历了从有"国界"、无"省界",到"省界"显、"国界"隐的潜变。有学者研究光复初期台湾的教育视导制度,指出这一制度对台湾教育

---

① 黄俊凌:《光复初期台湾善后救济分署平售救济面粉之探析——兼评苏瑶崇先生平售面粉"舞弊"论》,《华南师范大学学报》2016年第4期;程朝云:《从构想到实践:地政学派与台湾土地银行的创设》,《福建论坛》2016年第12期。

② 冯健伦:《国民政府运台黄金对台湾经济的影响》,张海鹏、李细珠主编《台湾历史研究》第3辑,社会科学文献出版社2016年版。

③ 汪小平:《美国与1950年代台湾地区土地改革的缘起》,《晋阳学刊》2017年第2期;程朝云:《战时财政背景下的金门土地改革(1952—1957)》《军事历史研究》2017年第2期)、《不能高估日本殖民统治对台湾经济发展的作用——驳"殖民统治有益论"》(《近代史研究》2018年第4期)。

④ 陈小冲:《日据时期台湾移民问题初探》,《台湾研究》2010年第2期;黄俊凌:《抗战时期福建崇安县的台湾籍民——心态史视域下的考察》(九州出版社2010年版)、《抗战时期福建台湾籍民在崇安的垦荒研究》(《台湾研究集刊》2009年第1期)。

的重建与改革具有重要意义。有学者考察台湾客家人在不同时空背景下的民间信仰,以及台湾客家民间信仰对大陆客家民间信仰的继承与发展等问题。① 有学者考察基督教在台湾少数民族中的传播问题,认为它的传播加快了原始社会的解体,亦造成少数民族在文化上的变迁,特别是由于传教士采取"分而治之"的策略,造成台湾基督教长期分化的格局。有学者考察台湾少数民族的盘瓠神话问题,认为它属于治病型,源自大陆。有学者考察20世纪六七十年代台湾佛教的快速发展问题,指出既是全球宗教复兴运动的组成部分,又展现出了鲜明的自身特色,是传统汉传佛教在全球化、现代化大背景下进行的现代转型和探索,并将对未来佛教发展产生深远影响。② 有学者考察战后台湾的族群认同问题,认为经历了"中国化""乡土化"和"在地化"三个阶段的变化,一方面反映出台湾社会内部反对国民党统治的政治斗争以及省籍矛盾激化的情况,另一方面,这种转折又受到西方思潮的严重影响,是"边陲—核心结构"影响下的产物。③

关于台湾思想文化史,有学者论述了20世纪20年代台湾左翼思潮的兴起、发展及其知识圈的建构与交流互动。有学者通过考察20世纪60年代的中华文化复兴运动,在推进台湾社会"再中国化"方面的相关举措,分析其对台湾地区保存和传承中华文化所产生的影响。有学者研究战后台湾的自由主义思潮,指出其在当时起到了开风气之先的启蒙作用,也对日后台湾社会兴起的民主运动产生了深远影响。④ 有学者通过对光复后"台

---

① 何卓恩:《台湾大学接收改造中的"国界"与"省界"——基于〈罗宗洛日记〉(1945—1946)的观察》,《中山大学学报》2016年第4期;黄俊凌:《光复初期台湾教育视导制度析论》,《闽台文化研究》2017年第1期;刘大可:《传承与变迁:台湾客家民间信仰研究》,《福州大学学报》2017年第1期。

② 郭荣刚:《晚清传教士的台湾原住民观及其影响》,《宗教学研究》2017年第4期;周翔:《台湾原住民盘瓠神话类型与来源研究》,《江汉论坛》2017年第8期;杨磊、刘佳雁:《宗教复兴视阈下的台湾佛教发展》,《台湾研究》2017年第3期。

③ 周杨:《战后台湾族群认同的转折:从"中国化"到"在地化"——基于知识界的考察》,《广东社会科学》2017年第6期。

④ 孔苏颜、刘小新:《1920年代台湾左翼思想的兴起及与东亚左翼知识圈的互动》,《福州大学学报》2017年第5期;李琳:《中华文化复兴运动与台湾地区的"再中国化"》,《福建师范大学学报》2017年第4期;张高杰:《战后初期台湾自由主义思潮的源流论析——以〈自由中国〉杂志为中心》,《文化学刊》2017年第11期。

湾儒学"的三种基本形态——"官方儒学""民间儒学"与"社会、生活层面的儒学"的梳理,揭示了它们在遏制"文化台独"、建构两岸共同文化认知体系过程中的作用。有学者考察许寿裳在台湾进行文化建设的前后思想变化,从一个侧面呈现了光复初期台湾文化重建的复杂历程。还有学者通过对许寿裳若干史实的考释,指出与其说文化重建是导致"二二八"事件的起因之一,还不如说是"二二八"事件打断了正常的文化重建工作的进程,并提醒以后研究台湾光复及相关历史问题时,要高度警惕历史悲情之下的过度诠释与史观错位。有学者考察了台湾日据时期推行日语,光复初期推行国语,以及20世纪80年代以来"台语"运动兴起和"国族认同"之间的关系。①

关于战后的两岸关系,以及美台、日台等关系。在两岸关系方面,有学者考察1949—1950年中国共产党进攻台湾计划从提出到放弃的决策过程,认为在中苏关系、苏美关系、美台关系相互交错和影响的冷战格局中,武力攻台对中国大陆来说是个无法解开的死结。有学者对其中的苏联因素进行了分析,认为由于苏联三次拒绝中国共产党的援助请求、支持朝鲜首先完成半岛统一,而使台海局势复杂化了。②有学者探讨台湾当局内部围绕滞留缅境的国民党军队的去留问题所产生的歧见,指出蒋介石将其作为"反攻大陆"的重要力量,是他决意拖延撤军的原因,也是决定台湾当局因应缅甸控诉案决策走向的根本因素。③

在美台关系方面,有学者研究1950年前后的美国对台政策,指出蒋介石曾设想创建一个地区性"反共军事联盟"来增强台湾地区、韩国和菲律宾的合作,但被美国政府暗中破坏,导致这一多边联盟胎死腹中。有学

---

① 常千帆、毕昆:《光复后"台湾儒学"基本形态析论》,《台湾研究》2017年第3期;杨彦杰:《许寿裳与台湾光复初期的民族文化重建》,张海鹏、李细珠主编《台湾历史研究》第3辑;李细珠:《台湾光复初期许寿裳若干史实考释》,《中山大学学报》2016年第3期;朱双一:《语言与台湾民众的"国族认同"》,《文学评论》2017年第5期。

② 沈志华:《中共进攻台湾战役的决策变化及其制约因素(1949—1950)》,《社会科学研究》2009年第3期;吴本荣:《浅析建国初期武力解放台湾计划搁浅的苏联因素》,《福建党史月刊》2009年第22期。

③ 傅敏:《分歧与抉择:从"蒋廷黻资料"看台湾围绕缅甸控诉案的交涉》,《社会科学辑刊》2016年第4期。

者探讨艾森豪威尔政府对台政策的确立与调整，指出美国对台军事援助和经济援助是国民党当局长期与大陆对峙的重要前提条件。有学者研究蒋介石对"五二四"事件的处理与考量，指出台美关系一直是蒋介石处理这一事件的主轴，尽管蒋介石为实现"反攻大陆"，决定"祸引"中国共产党，使之得以"完满"解决，但"五二四"事件的发生对美台关系也有创伤。①

在日台关系等方面，有学者研究抗战后的中（台）美日关系，指出在谈判"日台和约"时，日本政府百般回避战争责任和赔偿义务，而台湾则处处让步。"日台和约"未宣布"国民政府"是中国唯一合法政府，也未明确日台正式建立"外交关系"，说明战后日本对华政策从一开始就隐含"一中一台""两个中国"的图谋。有学者考察美日台三方围绕奄美群岛"归还"一事的博弈，指出奄美群岛予日是战后日本逐步占据琉球的开端。有学者分析西德最终未与台湾"建交"的原因，并指出台湾当局的"建交"努力虽不成功，但推动了双方延续至今的非官方关系的发展。有学者考察中法建交过程中台湾当局的"外交"努力，指出其失败的根本原因，在于彼此在对方"外交"中的权重完全不同。②

---

① 汪小平：《构想同盟：1950年前后远东"太平洋公约"问题与美国对台政策》，《中国社会科学院近代史研究所青年学术论坛》2010年卷，社会科学文献出版社2011年版；崔丕：《艾森豪威尔政府对台湾政策的演进》，《华东师范大学学报》2009年第5期；王永男：《蒋介石与"五二四"事件研究》，《台湾研究集刊》2017年第6期。

② 林晓光、周彦：《抗战后中（台）美日关系研究：以"吉田书简"、"日台和约"为中心》，"纪念台湾光复65周年暨抗战史实学术研讨会"论文，重庆，2010年；冯琳：《1953年奄美群岛"归还"日本事件再探》，《广东社会科学》2017年第2期；陈弢：《20世纪50年代初台湾当局对德"建交"活动始末》，《德国研究》2016年第3期；姚百慧：《中法建交与台法交涉——基于台湾档案的考察》，《中共党史研究》2016年第1期。

# 主要参考文献[*]

## 一 论文

白寿彝等:《马克思主义史学在中国的传播和发展》,《史学史研究》1983年第1期。

白寿彝:《谈谈近代中国的史学》,《史学史研究》1983年第3期。

鲍成志:《近代中国交通地理变迁与城市兴衰》,《四川师范大学学报(社会科学版)》2007年第4期。

本刊评论员:《把历史的内容还给历史》,《历史研究》1987年第1期。

卞修跃:《不信青史尽成灰——从有关中共抗战历史若干网络谣言说起》,《抗日战争研究》2016年第4期。

步平:《笔谈"抗日战争与中日关系史研究"》,《抗日战争研究》2009年第1期;《改革开放与中国近代史研究》,《近代史研究》2009年第5期。

曹国祉:《太平天国的土地政策及其赋税政策》(上篇),《中山大学学报》1959年第3期。

曹靖国:《梁启超进化史观的演变》,《东北师大学报》1985年第3期。

常建华:《从"新清史"研究看〈乾隆朝满文寄信档译编〉的史料价值》,

---

[*] 本主要参考文献的中文论文和著作按作者姓氏音序排列,外文译著按著者汉字国别音序排列。

《历史档案》2011 年第 1 期。

畅引婷：《第一次国内革命战争时期妇女运动的特点》，《山西师大学报》1992 年第 3 期。

车维汉：《张作霖与郑家屯事件》，《近代史研究》1992 年第 5 期。

陈崇桥、胡玉海：《张作霖与日本》，《日本研究》1990 年第 1 期。

陈方孟：《论中日战争初期德国的对华政策》，《抗日战争研究》1996 年第 2 期。

陈峰：《趋新反入旧：傅斯年、史语所与西方史学潮流》，《文史哲》2008 年第 3 期；《"唯物史观"在近代中国的流变》，《近代史研究》2018 年第 5 期。

陈红娟：《〈共产党宣言〉汉译本中"阶级"概念的源起、语义与理解（1900—1920）》，《中共党史研究》2017 年第 8 期。

陈晖：《马歇尔使华与苏联对华政策》，《历史研究》2008 年第 6 期。

陈金龙：《"半殖民地半封建"概念形成过程考析》，《近代史研究》1996 年第 4 期。

陈开科：《耆英与第二次鸦片战争中的中俄交涉》，《近代史研究》2009 年第 4 期。

陈可青：《试论孙中山经济建设思想》，《经济研究》1980 年第 2 期。

陈雷、戴建兵：《统制经济与抗日战争》，《抗日战争研究》2007 年第 2 期。

陈其泰等：《民国初年历史观领域的新变革》，《陕西师范大学学报》2005 年第 2 期。

陈其泰：《论近代史学对传统史学的扬弃》，《中国史研究》1987 年第 1 期。

陈谦平：《试论抗战前国民党政府的国防建设》，《南京大学学报》1987 年第 1 期；《近代中国南海九段线的形成》，《红旗文稿》2016 年第 6 期。

陈世英：《对五四时期的陈独秀的几点认识》，《北京师范学院学报》1979 年第 2 期。

陈铁健：《论西路军》，《历史研究》1987 年第 2 期。

陈铁军：《关于中国近代史的一种新的理论架构》，《史学理论研究》1999

年第 4 期。

陈文渊：《抗日战争史研究中的几个问题》，《军事史林》1987 年第 3 期。

陈锡祺：《同盟会成立前孙中山的革命思想与活动》，《中山大学学报》1957 年第 1 期；《孙中山亚洲观论纲》，《近代史研究》1990 年第 6 期。

陈先初：《关于国民党初期抗战几个问题的再探讨》，《求索》1994 年第 4 期。

陈小冲：《日据时期台湾初等教育课程与教科书析论》，《台湾研究集刊》2015 年第 4 期。

陈旭麓：《关于中国近代史线索的思考》，《历史研究》1988 年第 3 期。

陈以爱：《胡适对王国维"古史新证"的回应》，《历史研究》2008 年第 6 期。

陈永霞：《民族主义与 20 世纪初年的"新史学"》，《史学月刊》2012 年第 5 期。

陈蕴茜、叶青：《论民国时期城市婚姻的变迁》，《近代史研究》1998 年第 6 期。

陈振江：《义和团几个问题的辨析》，《历史研究》1981 年第 1 期；《清末民初婚姻家庭变革运动的趋向》，《南开大学学报》1997 年第 4 期。

程朝云：《不能高估日本殖民统治对台湾经济发展的作用——驳"殖民统治有益论"》，《近代史研究》2018 年第 4 期。

程道德：《试述南京国民政府建立初期争取关税自主权的对外交涉》，《近代史研究》1992 年第 6 期。

程涛平：《怎样看待武汉政府时期工人运动中的"左"倾错误？》，《党史研究》1982 年第 3 期。

程早霞、李晔：《一九四九年前后美国中情局谍员秘密入藏探析》，《历史研究》2009 年第 5 期。

池子华等：《北伐太平军"裹胁"问题述论》，《历史档案》2001 年第 3 期。

池子华：《近代史上的"打工妹"》，《妇女研究论丛》2000 年第 1 期。

迟云飞：《清末最后十年的平满汉畛域问题》，《近代史研究》2001 年第 5 期。

褚静涛：《台湾当局钓鱼岛主权论述的形成》，《近代史研究》2016 年第 2 期。

褚晓奇：《近代上海菜场研究》，《史林》2005 年第 5 期。

从翰香：《关于中国民族资本的原始积累问题》，《历史研究》1962 年第 2 期。

崔志海：《试论 1903 年中美〈通商行船续订条约〉》，《近代史研究》2001 年第 5 期；《关于美国第一次退还部分庚款的几个问题》，《近代史研究》2004 年第 1 期；《摄政王载沣驱袁事件再研究》，《近代史研究》2011 年第 6 期；《近三年来晚清政治史研究回顾》，《史林》2012 年第 5 期。

戴鞍钢：《近代上海与周围农村》，《史学月刊》1994 年第 2 期。

戴东阳：《日本修改条约交涉与何如璋的条约认识》，《近代史研究》2004 年第 6 期；《甲申事变前后黎庶昌的琉球策略》，《历史研究》2007 年第 2 期；《中国驻日使团与金玉均——兼论金玉均被刺与甲午战争爆发之关系》，《近代史研究》2009 年第 4 期。

戴海斌：《庚子事变时期张之洞的对日交涉》，《历史研究》2010 年第 4 期。

戴逸：《论太平天国革命发生的原因》，《光明日报》1961 年 1 月 11 日；《中国近代工业和旧式手工业的关系》，《人民日报》1965 年 8 月 20 日；《论光绪之死》，《清史研究》2008 年第 4 期。

邓野：《巴黎和会中国拒约问题研究》，《中国社会科学》1986 年第 2 期；《国民党六届二中全会研究》，《历史研究》2000 年第 1 期；《东北问题与四平决战》，《历史研究》2001 年第 6 期；《南京谈判与第二次国共合作的终结》，《历史研究》2002 年第 2 期；《联合政府的谈判与抗战末期的中国政治》，《中国社会科学》2002 年第 5 期；《论国共重庆谈判的政治性质》，《近代史研究》2005 年第 1 期；《傅作义政治转型过程中的双重性》，《历史研究》2005 年第 5 期。

丁名楠、张振鹍：《中美关系史研究：向前进，还是向后倒退》，《近代史研究》1979 年第 2 期。

丁名楠：《义和团运动评价中的几个问题》，载路遥编《义和团运动》，巴蜀书社 1985 年版；《关于美国对华门户开放政策的若干历史考察》，《档案与历史》1986 年第 1 期。

丁宁：《中国大革命时期的英国对华政策》，《近代史研究》1989 年第 1 期。

丁日初、沈祖炜：《论晚清的国家资本主义》，《历史研究》1983 年第 6 期；《论抗日战争时期的国家资本》，《民国档案》1986 年第 4 期。

丁日初：《论抗日战争时期的国家资本》，《民国档案》1986 年第 4 期；《再论上海成为近代中国经济中心的条件》，《近代史研究》1994 年第 1 期。

丁守和：《陈独秀和〈新青年〉》，《历史研究》1979 年第 5 期；《关于五四运动的几个问题》，《历史研究》1989 年第 3 期。

丁友文、荼金学：《从资本家阶级在辛亥革命中的表现看辛亥革命的实质》，《江西社会科学》2001 年第 8 期。

丁则勤：《论百团大战后日本对华北的政策》，《抗日战争研究》2000 年第 2 期。

丁长清：《试论中国近代农业中资本主义发展水平》，《南开学报》1984 年第 6 期；《1917—1918 年的冯段之争并非直皖之争》，《河北学刊》1994 年第 2 期。

定宜庄：《妇女史与社会性别史研究的史料问题》，《历史研究》2002 年第 6 期。

董长芝：《论国民政府抗战时期的金融体制》，《抗日战争研究》1997 年第 4 期。

杜丽红：《南京国民政府初期北平工潮与国民党的蜕变》，《近代史研究》2016 年第 5 期。

杜恂诚：《北洋政府时期国家资本主义的中断》，《历史研究》1989 年第 2 期；《20 世纪 30 年代中国国内市场商品流通量的一个估计》，《中国经济史研究》1989 年第 4 期；《近代中外金融制度变迁比较》，《中国经济史研究》2002 年第 3 期；《儒家伦理与中国近代企业制度》，《财经研究》2005 年第 1 期；《近代上海钱业习惯法初探》，《历史研究》2006 年第 1 期。

杜蒸民：《试论章太炎的史学思想及其成就》，《史学史研究》1983 年第

4 期。

段本洛：《太平天国革命的时代特征与前途》，《江苏师院学报》1980 年第 2 期；《近代苏州丝织手工业 18 年间的演变》，《近代史研究》1984 年第 4 期。

段云章：《孙中山早期革命思想的阶级基础》，《中山大学学报》1962 年第 3 期；《共产国际、苏俄对孙中山陈炯明分裂的观察和评论》，《中山大学学报论丛》（社会科学版）2000 年第 3 期。

樊百川：《试论中国资产阶级的各个组成部分》，载《中国科学院历史研究所第三所集刊》第 2 集，1955 年；《中国手工业在外国资本主义侵入后的遭遇和命运》，《历史研究》1962 年第 3 期。

范文澜：《中国近代史的分期问题》，载《中国近代史分期问题讨论集》，生活·读书·新知三联书店 1957 年版。

方克立：《评"中体西用"和"西体中用"》，载《传统文化与现代化》，中国人民大学出版社 1987 年版。

方铭：《关于苏俄两次对华宣言和废除中俄不平等条约问题》，《历史研究》1980 年第 6 期。

冯尔康：《开展社会史研究》，《历史研究》1987 年第 1 期。

冯国民：《评"中东路事件"》，《世界历史》1986 年第 12 期。

冯建辉：《建党初期的陈独秀》，《历史研究》1979 年第 4 期。

傅璇琮：《陈寅恪文化心态与学术品位的考察》，《社会科学战线》1991 年第 3 期。

傅正：《斯宾塞"社会有机体"论与清季国家主义——以章太炎、严复为中心》，《近代史研究》2017 年第 2 期。

傅筑夫、谷书堂：《中国原始资本积累问题》，《南开大学学报》1956 年第 1 期。

高德福：《冯玉祥与国民军》，《南开学报》1982 年第 2 期；《试论国民党政府的关税自主政策》，《史学月刊》1987 年第 1 期。

高海燕：《地方主义·军事主义——近代中国军阀政治探源》，《史学集刊》1998 年第 3 期。

高世瑜：《妇女史研究三议》，《妇女研究论丛》1997 年第 3 期。

高月：《二战胜利后中国舆论对琉球问题的认知》，《浙江师范大学学报》2016年第4期。

葛夫平：《法国与第二次鸦片战争》，《近代史研究》1997年第1期；《中法庚款案中的无利债券问题》，《近代史研究》2005年第2期。

葛涛：《照相与清末民初上海社会生活》，《史林》2003年第4期。

葛兆光：《重绘近代思想、社会与学术地图——评罗志田〈权势转移：近代中国的思想、社会与学术〉》，《历史研究》2001年第1期；《〈新史学〉之后——1929年的中国历史学界》，《历史研究》2003年第1期。

耿云志：《七七事变后胡适对日态度的转变》，《抗日战争研究》1992年第1期；《中国近代思想史上的民族主义》，《史学月刊》2006年第6期。

龚书铎：《近代中国文化结构的变化》，《历史研究》1985年第1期。

顾邦文：《旧中国大多数知识分子是无产阶级的一部分》，《社会科学》1985年第3期。

顾诚：《如何正确评价〈甲申三百年祭〉》，《中国史研究》1981年第4期。

关晓红：《清末州县考绩制度的演变》，《清史研究》2005年第3期；《从幕府到职官：清季外官制改革中的幕职分科治事》，《历史研究》2006年第5期；《晚清直省公费与吏治整顿》，《历史研究》2010年第2期。

郭大钧：《从"九·一八"到"八·一三"国民党政府对日政策的演变》，《历史研究》1984年第6期。

郭丽萍：《显学的背后：沈垚西北史地学述论》，《中国边疆史地研究》2005年第1期。

郭齐勇：《现代化与中国传统刍议》，《武汉大学学报》1986年第5期。

郭卫东：《片面最惠国待遇在近代中国的确立》，《近代史研究》1996年第1期；《近代中国利权丧失的另一种因由——领事裁判权在华确立过程研究》，《近代史研究》1997年第2期。

郭绪印：《重评陈独秀对农民运动的态度》，《上海师范学院学报》1980年第4期；《城市转型中近代上海会馆的特点》，《学术月刊》2003年第3期。

郭学旺、孟国祥：《中条山会战述评》，《近代史研究》1987年第4期。

韩策：《东南互保之余波：朝臣与督抚关于辛丑乡试展期的论争》，《近代史研究》2017 年第 2 期。

韩剑夫：《中国近代军阀史研究中的几个问题》，《广东社会科学》1988 年第 3 期。

韩茂莉：《近代山陕地区地理环境与水权保障系统》，《近代史研究》2006 年第 1 期。

韩信夫：《试论国民党抗日游击战场》，《民国档案》1990 年第 3 期。

行龙：《论太平天国革命前后江南地区人口变动及其影响》，《中国经济史研究》1991 年第 2 期；《清末民初婚姻生活中的新潮》，《近代史研究》1991 年第 3 期；《经济史与社会史》，《山西大学学报》2003 年第 4 期。

何黎萍：《论中国近代女权思想的形成》，《中国人民大学学报》1997 年第 3 期；《中国妇女争取财产权和继承权的斗争历程》，《北京社会科学》1998 年第 4 期。

何练成：《试论孙中山的社会经济思想》，《西北大学学报》1957 年第 2 期。

何艳艳：《国民外交背景下的中苏建交谈判（1923—1924）》，《近代史研究》2005 年第 4 期。

何一民：《辛亥革命前后中国城市市民生活观念的变化》，《西南交通大学学报（社会科学版）》2001 年第 3 期；《从政治中心优先发展到经济中心优先发展》，《西南民族大学学报（社会科学版）》2004 年第 1 期；《近代中国衰落城市：一个被忽视的重要研究领域》，《四川师范大学学报（社会科学版）》2007 年第 4 期。

何友良：《蒋经国"建设新赣南"思想简论》，《抗日战争研究》2002 年第 2 期。

贺江枫：《蒋介石、胡宗南与 1943 年闪击延安计划》，《抗日战争研究》2016 年第 3 期。

洪认清：《论延安时期的中国近代史研究》，《史学史研究》2004 年第 3 期。

侯德础、张勤：《高校内迁与战时西南的科技文化事业》，《抗日战争研究》1998 年第 2 期。

侯外庐：《孙中山的哲学思想及其同政治思想的关系》，《历史研究》1957

年第2期。

侯云灏：《雷海宗早期史学思想研究》，《史学理论研究》1992年第3期；《20世纪前期中国史学流派略论》，《史学理论研究》1999年第2期。

侯中军：《近代中国不平等条约数目与评判标准的探讨》，《历史研究》2009年第2期；《困中求变：1940年代国民政府围绕琉球问题的论争与实践》，《近代史研究》2010年第6期。

胡滨：《论梁启超的史学》，《文史哲》1957年第4期。

胡成：《近代江南农村的工价及其影响——兼论小农与经营式农场衰败的关系》，《历史研究》2000年第6期。

胡德坤：《九一八事变与绥靖政策》，《武汉大学学报》1979年第3期。

胡逢祥：《西方史学的输入和中国史学的近代化》，《学术季刊》1990年第1期；《中国近代史学的发展进程及其特点》，《华东师范大学学报》1991年第4期；《历史学的自省：从经验到理性的转折——略评20世纪上半叶我国的史学史研究》，《华东师范大学学报》2004年第1期。

胡宁邦：《略谈陈独秀在五四运动和建党时期的作用》，《武汉师范学院学报》1979年第1期。

胡绳：《中国近代历史的分期问题》，《历史研究》1954年第1期；《毛泽东的新民主主义论再评价》，《中共党史研究》1999年第3期。

胡玉海：《近代中国军阀政治的形成及特征》，《社会科学辑刊》2003年第1期；《论奉系军阀》，《东北史地》2008年第2期。

皇甫晓涛：《抗战前后文化思潮与"东方文化复兴"的历史主题发展》，《吉林大学学报》1997年第6期。

黄道炫：《一九二〇——一九四〇年代中国东南地区的土地占有——兼谈地主、农民与土地革命》，《历史研究》2005年第1期；《洗脸——1946—1948年农村土改中的干部整改》，《历史研究》2007年第4期；《敌意——抗战时期冀中地区的地道和地道斗争》，《近代史研究》2015年第3期；《从四渡赤水到脱出金沙》，《军事历史研究》2016年第4期。

黄岭峻：《试论抗战时期两种非理性的民族主义思潮——保守主义与"战国策派"》，《抗日战争研究》1995年第2期；《30—40年代中国思想界的"计划经济"思潮》，《近代史研究》2000年第2期。

黄美真、张济顺：《近代上海与近代中国几个问题的思考》，《论上海研究》，复旦大学出版社1991年版。

黄敏兰：《梁启超〈新史学〉的真实意义及历史学的误解》，《近代史研究》1994年第2期；《梁启超〈新史学〉的政治意义》，《政治学研究》1996年第4期。

黄如桐：《1935年国民党政府法币政策概述及其评价》，《近代史研究》1985年第6期。

黄万盛、尹继佐：《试论中国无产阶级局限性》，《社会科学》1980年第5期；《再论中国无产阶级局限性——兼答几位批评者》，《社会科学》1982年第3期。

黄辛建：《奉调还是误会、假托：1935年藏军"助剿"红军》，《社会科学研究》2015年第3期。

黄兴涛、陈鹏：《民国时期"现代化"概念的流播、认知与运用》，《历史研究》2018年第6期。

黄彦：《论孙中山的开放思想》，《广东社会科学》1988年第4期。

黄逸峰：《中国资本原始积累的形式及其特点》，《江海学刊》1962年第3期；《关于旧中国买办资产阶级的研究》，《历史研究》1964年第3期。

黄逸平：《近代中国民族商业资本的产生》，《近代史研究》1986年第4期；《辛亥革命后的经济政策与中国近代化》，《学术月刊》1992年第6期。

黄正林：《近代甘宁青农村市场研究》，《近代史研究》2004年第4期。

黄志仁：《北洋军阀对资产阶级民主制的摧残》，《厦门大学学报（哲学社会科学版）》1979年第1期；《北洋军阀破坏中国走现代化道路的史实》，《中国经济问题》1980年第5期。

黄宗炎：《护国战争与旧桂系的兴亡》，《学术论坛》1988年第3期。

黄宗智：《发展还是内卷？18世纪英国与中国——评彭慕兰〈大分叉：中国、欧洲与近代世界经济的形成〉》，《历史研究》2002年第4期；《中国革命中的农村阶级斗争——从土改到文革时期的表达性现实与客观性现实》，载《中国乡村研究》第2辑，商务印书馆2003年版。

计秋枫：《中国加入近代国际体系的历程》，《南京大学学报》2001年第

6 期。

贾维：《国民党与三青团的关系及其矛盾之由来》，《近代史研究》1994 年第 4 期；《三青团的成立与中共的对策》，《近代史研究》1995 年第 2 期。

贾中福：《近代国民外交视角下的 1905 年抵制美货运动》，《贵州社会科学》2005 年第 4 期。

简修伟：《关于历史人物评价的几个理论问题》，《史学月刊》1987 年第 3 期。

江海澄：《试论孙中山的反帝思想》，《山东大学学报》1962 年第 1 期。

江英：《中国近代军事史研究新进展》，《军事历史研究》1994 年第 1 期；《近两年中国近代军事史研究新进展》，《军事历史研究》1995 年第 4 期、1996 年第 1 期。

江于夫：《武汉失守到太平洋战争前国民党抗战问题再探》，《史学月刊》1992 年第 3 期。

姜铎：《略论洋务企业的性质》，《历史研究》1985 年第 6 期。

姜省：《区域·社会·空间·文化——近代中国城市史研究的主要问题》，《城市问题》2008 年第 11 期。

姜涛：《人口与太平天国革命》，《南京社会科学》1991 年第 1 期；《洪秀全"登极"史实辨正》，《历史研究》1993 年第 1 期；《金田起义再辨析》，《近代史研究》1996 年第 2 期。

姜义华：《从"史官史学"走向"史家史学"：当代中国历史学家角色的转换》，《复旦学报》1995 年第 3 期。

蒋大椿：《中国史学科的回顾与展望》，载《唯物史观与史学》，吉林教育出版社 1991 年版；《孙中山民生史观析论》，《中国社会科学》2000 年第 2 期。

焦润明：《1910—1911 年的东北大鼠疫及朝野应对措施》，《近代史研究》2006 年第 3 期。

金冲及、胡绳武：《论孙中山在临时政府时期的斗争》，《历史研究》1980 年第 2 期。

金冲及：《对于中国近代历史分期问题的意见》，载《中国近代史分期问题讨论集》，生活·读书·新知三联书店1957年版；《中国近代思想史研究中的几个问题》，载《中国文化研究集刊》第1辑，复旦大学出版社1984年版；《游击战为主向运动战为主的转变——从上党战役到平汉战役》，《近代史研究》2018年第2期。

金景芳：《中国古代史分期商榷》，《历史研究》1979年第2—3期。

金以林：《地域观念与派系冲突——以二三十年代国民党粤籍领袖为中心的考察》，《历史研究》2005年第3期；《蒋介石的第二次下野与再起》，《历史研究》2006年第2期；《流产的毛蒋会晤：1942—1943年国共关系再考察》，《抗日战争研究》2015年第2期。

靳一舟：《太平天国研究述评》，《历史研究》1961年第2期。

经君健：《加强中国经济史研究是发展经济学科的一项重要战略任务》，《经济研究》1983年第10期。

经盛鸿：《孙传芳与浙奉战争》，《江苏社会科学》1992年第4期。

鞠方安：《清末官制改革中官员的俸禄改革》，《中国人民大学学报》2001年第5期。

孔德琪：《1987年中国近代军事史研究述评》，《军事历史研究》1988年第1期。

孔经纬：《鸦片战争前中国社会是否形成了统一市场》，《学术月刊》1961年第5期。

孔祥吉：《张之洞在庚子年的帝王梦——以宇都宫太郎的日记为线索》，《学术月刊》2005年第8期；《再释张之洞帝王之梦——兼答李细珠先生》，《近代史研究》2010年第5期；《日本档案中的张之洞与革命党——以吴禄贞事件为中心》，《福建论坛》2010年第5期；《奕劻在义和团运动中的庐山真面目》，《近代史研究》2011年第5期。

来新夏、郭剑林、焦静宜：《北洋军阀史研究中的几个问题》，《学术月刊》1982年第4期。

来新夏：《同盟会及其政纲》，《历史教学》1955年第6期；《北洋军阀史研究中的几个问题》，《学术月刊》1982年第4期；《略论民国军阀史的研究》，《学术月刊》1985年第1期；《论近代军阀的定义》，《社会科战线1993年第2期》；《北洋军阀与日本：20世纪末中国学者的研究》，

《学术月刊》2004年第8期。

乐嘉庆、姜天鹰:《评抗战前夕国民党南京政府的抗日准备》,《复旦学报》1987年第5期。

乐正:《开埠通商与近代中国的城市化问题》,《中山大学学报》1991年第1期;《近代城市发展的主题与中国模式》,《天津社会科学》1992年第2期。

李柏槐:《商民的利益集团:商民协会——成都与上海等地商民协会差异之比较》,《社会科学战线》2005年第1期;《民国商会与同业公会关系探析——以1929—1949年的成都为例》,《四川师范大学学报(社会科学版)》2005年第2期。

李伯重:《问题与希望:有感于中国妇女史研究现状》,《历史研究》2002年第6期。

李长莉:《上海社会生活史的典型意义》,《史林》2002年第4期;《以上海为例看晚清时期社会生活方式及观念的变迁》,《史学月刊》2004年第5期。

李岱恩:《中国早期现代化与民初军阀割据》,《西南师范大学学报(哲学社会科学版)》1997年第6期。

李丹阳、刘建一:《新视野下的中国共产主义运动起源研究》,《近代史研究》2006年第5期。

李德英:《民国时期成都平原的押租与押扣——兼与刘克祥先生商榷》,《近代史研究》2007年第1期。

李帆:《"文化形态史观"的东渐——战国策派与汤因比》,《近代史研究》1993年第6期;《从〈刘向歆父子年谱〉看钱穆的史学理念》,《史学史研究》2005年第2期;《辛亥革命时期的"夷夏之辨"和民族国家认同》,《史学月刊》2011年第4期。

李光灿、郭云鹏:《孙中山的哲学思想》,《哲学研究》1962年第4期。

李光灿:《论孙中山的民族主义》,《新建设》1956年第12期;《孙中山的民权主义》,《历史研究》1962年第6期。

李桂海:《近代中国妇女解放运动的特点》,《船山学刊》2003年第2期。

李红岩:《中国马克思主义史学思想概说》,《史学理论研究》2016年第

1期。

李怀印:《晚清及民国时期华北村庄中的乡地制——以河北获鹿县为例》,《历史研究》2001年第6期。

李嘉谷:《抗日战争时期苏联对华贷款与军火物资援助》,《近代史研究》1988年第4期;《九一八事变后中苏关系的调整》,《抗日战争研究》1992年第2期;《中苏关系史研究二题》,《抗日战争研究》1995年第1期。

李婕等:《2014年中华民国史研究综述》,《民国研究》2015年秋季号。

李静之:《新民主主义革命时期中国共产党妇女运动指导思想的确立和发展》,《妇女研究论丛》2001年第4期。

李军:《第二次直奉战争中直系失败的原因》,《近代史研究》1985年第2期。

李俊领:《礼治与宪政:清末礼学馆的设立及其时局因应》,《近代史研究》2017年第3期。

李恺玲:《陈独秀与文学革命》,《武汉师范学院学报》1979年第2期。

李侃:《梁启超史学思想试论》,《新建设》1963年第7期;《关于义和团运动的评价问题》,《人民日报》1980年4月10日;《孙中山和传统儒学》,载《孙中山和他的时代》下册,中华书局1989年版;《抗日战争与知识分子》,《抗日战争研究》1993年第1期。

李良玉、蔡少卿:《六十年来的中国近代社会史研究》,《南京晓庄学院学报》2010年第4期。

李良玉:《论民国时期的关税自主》,《南京大学学报》1986年第3期。

李鹏程:《女性之间的暴力:一种被忽视的性别暴力》,《北京社会科学》2016年第1期。

李启成:《事件、刑案与中国近代转型》,《近代史研究》2019年第1期。

李润苍:《章太炎的史学观点和方法》,《学术月刊》1984年第8期;《关于中国近代史学史的基本内容和几点想法》,《史学史研究》1985年第2期。

李时岳、胡滨:《李鸿章与轮船招商局》,《历史研究》1982年第4期;《从开平矿务局看官督商办企业的历史作用》,《近代史研究》1985年第

5 期。

李时岳：《孙中山的道路》，《史学集刊》1956 年第 2 期；《从洋务、维新到资产阶级革命》，《历史研究》1980 年第 1 期；《中国近代史主要线索及其标志之我见》，《历史研究》1984 年第 2 期；《反洋教斗争的性质及其他》，《近代史研究》1985 年第 5 期；《关于"半殖民地半封建"的几点思考》，《历史研究》1988 年第 1 期。

李世安：《1943 年中英废除不平等条约的谈判和香港问题》，《历史研究》1993 年第 5 期。

李文海：《认识近代国情的几个重大历史是非》，《近代史研究》1996 年第 6 期；《对"民族主义"要作具体的历史的分析》，《史学月刊》2006 年第 6 期；《深化区域史研究的一点思考》，《安徽大学学报（哲学社会科学版）》2007 年第 3 期。

李细珠：《清末民变与清政府社会控制机制的效能——以长沙抢米风潮中的官绅矛盾为视点》，《历史研究》2009 年第 4 期；《张之洞庚子年何曾有过帝王梦——与孔祥吉先生商榷》，《近代史研究》2010 年第 3 期。

李先明：《孔庙"庙产兴学"与文化权力的转移——1928—1932 年河北省长垣县孔庙祭田纠葛案透视》，《近代史研究》2019 年第 2 期。

李新：《军阀论》，《史学月刊》1985 年第 1 期；《北洋军阀的兴亡》，《史学月刊》1985 年第 3 期。

李星、黄杜：《再论中国工人阶级由自在阶级到自为阶级的转变》，《学术月刊》1961 年第 7 期。

李星、赵亲、黄杜：《论中国工人阶级由自在阶级到自为阶级的转变》，《学术月刊》1961 年第 2 期。

李义彬：《华北事变后国民党政府对日政策的变化》，《民国档案》1989 年第 1 期；《南京国民政府的联苏制日方针》，《历史研究》1991 年第 1 期。

李玉：《北洋时期股份有限公司的股份制度述论》，《民国档案》2006 年第 3 期。

李玉敏、栾雪飞：《国民政府的合作社经济政策及其评价》，《东北师大学报》2006 年第 4 期。

李玉尚:《近代中国的鼠疫应对机制——以云南、广东和福建为例》,《历史研究》2002年第1期;《地理环境与近代江南地区的传染病》,《社会科学研究》2005年第6期。

李育民:《论清政府的信守条约方针及其变化》,《近代史研究》2004年第2期;《晚清改进、收回领事裁判权的谋划及努力》,《近代史研究》2009年第1期;《台湾问题的相关条约及其法律地位的演变》,《史学月刊》2016年第3期。

李运华:《中国城市近代化和近代中国城市化之命脉》,载《城市史研究》第7辑,天津教育出版社1992年版。

李在全:《制度变革与身份转型——清末新式司法官群体的组合、结构及问题》,《近代史研究》2015年第5期。

李泽厚:《论孙中山的"民生主义"》,《历史研究》1956年第11期;《启蒙救亡的双重变奏》,《走向未来》1986年第1期;《中国现代思想史的三次大论战》,《走向未来》1986年第2期。

厉声:《苏日中立条约试析》,《苏联历史问题》1985年第2期。

郦永庆:《有关禁烟问题的几点新认识》,《历史档案》1985年第3期;《从档案看鸦片战争时期清政府的对外政策》,《历史研究》1990年第2期。

梁景时:《中国近代不缠足运动始末》,《山西师大学报》1995年第1期。

梁其姿:《麻风隔离与近代中国》,《历史研究》2003年第5期。

梁柱:《历史虚无主义思潮的泛起、特点及其主要表现》,《马克思主义研究》2013年第10期。

廖盖隆:《抗日战争后期和解放战争时期苏联与中国革命的关系》,《中共党史研究》1990年增刊。

林敦奎、孔祥吉:《鸦片战争前期统治阶级内部斗争新探》,《近代史研究》1986年第3期。

林甘泉:《20世纪的中国史学》,《历史研究》1996年第2期;《吕振羽与中国社会经济形态研究》,《史学史研究》2000年第4期。

林全民:《洛派军阀官僚集团的形成》,《军事历史研究》1994年第4期;《洛派军阀官僚集团的反动统治》,《军事历史研究》1995年第2期。

林寿荣、龙岱:《四川军阀与鸦片烟》,《四川大学学报(哲学社会科学版)》1984年第3期。

林小群、傅玉能:《试论旧桂系核心集团成员关系及组织结构》,《史学月刊》1997年第3期。

林星:《福建地方军阀与鸦片》,《党史研究与教学》2000年第1期;《近代东南沿海通商口岸城市城乡关系的透视——以福州和厦门为个案》,《中国社会经济史研究》2007年第2期。

凌耀伦:《浅谈中国近代城市史研究》,载《城市史研究》第3辑,天津教育出版社1990年版。

刘宝东:《王宠惠与孙中山》,《史学月刊》2002年第7期。

刘晨:《太平天国统治区的民变与政府应对研究》,《近代史研究》2019年第2期。

刘存宽:《1942年关于香港新界问题的中英交涉》,《抗日战争研究》1991年第1期;《英国重占香港与中英受降之争》,《抗日战争研究》1992年第2期;《试论英国发动鸦片战争的双重动因》,《近代史研究》1998年第4期;《中俄关系与外蒙古自中国的分离》,《历史研究》2004年第4期。

刘大年:《辛亥革命与反满问题》,《历史研究》1961年第5期;《中国近代思想史的一页》,《新建设》1962年第12期;《中国近代史研究从何处突破》,《光明日报》1981年2月17日;《关于研究孙中山与中国近代化问题》,载《孙中山与中国近代化》上册,人民出版社1999年版。

刘海岩:《近代中国城市史研究的回顾与展望》,《历史研究》1992年第3期。

刘继增、毛磊、袁继承:《武汉工人纠察队交枪事件的考察》,《历史研究》1980年第6期;《武汉政府时期工人运动中的"左"倾错误》,《江汉论坛》1981年第4期。

刘江船:《论民初军阀割据的文化原因》,《民国档案》1994年第3期。

刘江永:《古贺辰四郎最早开发钓鱼岛伪证之研究——兼论日本政府购买钓鱼岛的非法性》,《清华大学学报(哲学社会科学版)》2014年第4期。

刘进：《农民与民初军阀割据》，《甘肃社会科学》1999年论文辑刊；《晚清民初中央权威衰落与诸马军阀崛起述论》，《兰州学刊》2009年第8期。

刘晶芳：《土地革命战争时期白区的赤色工会》，《近代史研究》1987年第4期。

刘巨才：《新民主主义妇女解放理论初探》，《妇女研究论丛》1992年第1期；《对中国妇女运动的几点看法》，《妇女研究论丛》1994年第1期。

刘克祥：《1895—1927年通商口岸附近和铁路沿线地区的农产品商品化》，载《中国社会科学院经济研究所集刊》第11集；《关于押租和近代封建租佃制度的若干问题——答李德英先生》，《近代史研究》2012年第1期。

刘俐娜：《五四时期学者对史学功能的认识》，《历史研究》1996年第3期；《20世纪20年代中国史学界对历史的认识》，《史学理论研究》2003年第1期；《论顾颉刚的史料学思想》，《史学史研究》2003年第2期；《晚清政治与新史学》，《史学月刊》2003年第8期；《试论傅斯年史学思想的现代性及局限性》，载"傅斯年与中国文化"国际学术研讨会论文集，天津古籍出版社2004年版；《20世纪初期中国社会转型与史学的发展》，《教学与研究》2004年第6期；《抗日战争时期顾颉刚的史学思想》，《史学史研究》2005年第3期；《晚清史学的发展与变革》，载《晚清国家与社会》，社会科学文献出版社2007年版。

刘曼容：《试论冯玉祥由北洋军阀参加国民革命的转变》，《武汉大学学报（哲学社会科学版）》1988年第2期；《论孙中山师法苏俄模式建军的理论与实践》，《广东社会科学》2004年第3期。

刘蜀永：《从香港史看西方对近代中国社会的影响》，《史学集刊》1991年第2期。

刘庭华：《抗日战争时期的国民党正面战场》，《历史教学》1986年第7期；《中国抗日战争研究中的几个问题》，《史学月刊》1987年第3期。

刘巍：《〈教学通义〉与康有为的早期经学路向及其转向》，《历史研究》2005年第4期；《经典的没落与章学诚"六经皆史"说的提升》，《近代史研究》2008年第2期。

刘文明：《"新妇女史"在大陆的兴起》，《史学理论研究》2003年第1期；《妇女史与社会性别的启示》，《史学理论研究》2004年第3期。

刘五书：《论抗日战争正面战场的战略反攻》，《抗日战争研究》1995年第3期。

刘显忠：《中东路事件研究中的几个问题》，《历史研究》2009年第6期。

刘小萌：《清朝史中的八旗研究》，《清史研究》2010年第2期。

刘晓艺：《"西安事变"与"丢失大陆"：失败者怎样书写历史——兼论国民党文宣系统的"曲释"操作》，《文史哲》2017年第3期。

刘迎红：《奉系军阀关内扩张简析》，《求是学刊》1991年第5期。

刘泽华：《开展思想与社会互动和整体研究》，《历史教学》2001年第8期。

刘增合：《西方预算制度与清季财政改制》，《历史研究》2009年第2期；《清季中央对外省的财政清查》，《近代史研究》2011年第6期。

刘振岚：《梁启超对历史发展规律的探索》，《历史研究》1984年第5期。

刘志强、姚玉萍：《对北洋政府时期下层人民家庭功能及革命动因的考察》，《近代史研究》1991年第5期。

刘志琴：《中国文化近代化的开启》，《社会学研究》1993年第2期。

刘志英：《汪伪政府粮政述评》，《抗日战争研究》1999年第1期。

刘中刚、孟俭红：《抗战后期中共对美援的争取》，《抗日战争研究》2007年第1期。

龙盛运：《关于太平天国的土地政策》，《历史研究》1963年第6期。

娄向哲：《直系军阀政权的财政破产及其倾覆》，《学术月刊》1984年第2期；《直系军阀政权与英美关系初探》，《天津师大学报（哲学社会科学版）》1986年第1期。

卢毅：《蒋介石"放水"长征说辨正》，《历史研究》2016年第4期；《关于蒋介石"放水"长征说的再辨析》，《中共中央党校学报》2017年第1期。

卢毅：《"整理国故运动"兴盛原因探究》，《东南文化》2006年第4期；《章门弟子与"古史辨派"》，《史学史研究》2007年第3期。

鲁振祥：《关于孙中山三大政策研究中的几个问题》，《北京师范大学学报》1986 年第 6 期。

陆发春：《抗战时期胡适对中日现代化进程的历史反思》，《抗日战争研究》2006 年第 3 期。

陆震：《关于社会史研究的学科对象诸问题》，《历史研究》1987 年第 1 期。

鹿锡俊：《1932 年中国对苏复交的决策过程》，《近代史研究》2001 年第 1 期；《蒋介石与 1935 年中日苏关系的转折》，《近代史研究》2009 年第 3 期。

路新生：《顾颉刚疑古学浅论》，《华东师范大学学报》2002 年第 1 期。

吕美颐：《论中国近代妇女运动对社会变迁的推动作用》，《郑州大学学报》1999 年第 4 期；《性别制度与社会规范》，《郑州大学学报》2009 年第 2 期。

吕美颐、郑永福：《20 世纪 20、30 年代女子职业简论：从上海女子商业储蓄银行谈起》，《郑州大学学报》2002 年第 6 期。

吕一燃：《历史资料证明：钓鱼列岛的主权属于中国》，《抗日战争研究》1997 年第 4 期。

栾景河：《新中国成立前期苏联对华政策剖析——以苏联将使馆由南京撤至广州事件为中心》，《当代中国史研究》2003 年第 2 期。

罗尔纲：《杜文秀"卖国"说辟谬》，《学术月刊》1980 年第 4 期；《金田起义日期再考》，《学术论坛》1980 年第 3 期；《重考"洪宣娇"从何而来》，《历史研究》1987 年第 5 期。

罗检秋：《从"新史学"到社会文化史》，《史学史研究》2011 年第 4 期。

罗敏：《从对立走向交涉：福建事变前后的西南与中央》，《历史研究》2006 年第 2 期；《"矛盾政策"中找寻出路——四届五中全会后的胡汉民与西南时局》，《近代史研究》2007 年第 5 期。

罗荣渠：《关于中美关系史和美国史研究的一些问题》，《历史研究》1980 年第 3 期。

罗澍伟：《中国城市史研究述要》，载《城市史研究》第 1 辑，天津教育出版社 1989 年版；《试论近代华北的区域城市系统》，《天津社会科学》1992 年第 5 期。

罗志田：《济南事件与中美关系的转折》，《历史研究》1996年第2期；《古今与中外的时空互动：新文化运动时期关于整理国故的思想论争》，《近代史研究》2000年第6期；《清季保存国粹的朝野努力及其观念异同》，《近代史研究》2001年第2期；《发现在中国的历史——关于中国近代史研究的一点反思》，《北京大学学报》2004年第5期；《近三十年中国近代史研究的变与不变——几点不系统的反思》，《社会科学研究》2008年第6期；《陈寅恪的"不古不今之学"》，《近代史研究》2008年第6期；《通史致用：简析近代史学地位的一度上升》，《社会科学战线》2010年第2期。

麻天祥：《变徵协奏曲——中国近代学术统论》，《湖南师范大学社会科学学报》2000年第2期。

马建标：《学生与国家：五四学生的集体认同及政治转向》，《近代史研究》2010年第3期。

马俊亚：《抗战时期江南农村经济的衰变》，《抗日战争研究》2003年第4期。

马敏：《商事裁判与商会——论晚清苏州商事纠纷的调处》，《历史研究》1996年第1期。

马勇：《笔谈抗日战争与中国的现代化》，《抗日战争研究》2006年第3期。

马振犊：《"八一三"淞沪战役起因辨正》，《近代史研究》1985年第5期。

毛履平：《论郭松龄事变的性质及其失败的原因》，《学术月刊》1982年第5期。

茅海建、郑匡民：《日本政府对于戊戌变法的观察与反应》，《历史研究》2004年第3期。

茅海建：《中国近代政治史面对的挑战及其思考》，《史林》2006年第6期；《张之洞与杨锐的关系——兼谈孔祥吉发现的"百日维新密札"作者》，《中华文史论丛》2010年第4期；《戊戌政变前后张之洞与京、津、沪的密电往来》，《中华文史论丛》2011年第1期；《张之洞与〈时务报〉、〈昌言报〉——兼论张之洞与黄遵宪的关系》，《中华文史论丛》2011年第2期；《张之洞与陈宝箴及湖南维新运动》，《中华文史论丛》

2011 年第 3 期。

茅家琦：《太平天国历史上几个问题的质疑》，载《太平天国史学术讨论会论文选集》，中华书局 1981 年版。

莫建来：《奉系军阀与直皖战争》，《学术月刊》1989 年第 3 期。

默明哲：《关于中体西用与西体中用的反思》，《社会科学》1986 年第 6 期。

牟安世：《关于洋务运动对中国早期民族资本的作用问题》，《文汇报》1962 年 5 月 17 日；《论太平天国运动能否称为革命》，《社会科学研究》1981 年第 1 期；《中国人民反对外国教会侵略的斗争和中国近代史的主要线索》，《社会科学研究》1985 年第 4 期；《再论中国人民反对外国教会侵略的斗争和中国近代史的主要线索》，《近代史研究》1990 年第 2 期。

倪玉平：《近 20 年"两半"问题研究述评》，《学术研究》2008 年第 10 期；《关于"半殖民地半封建社会"问题研究之新进展》，《北京日报》2009 年 2 月 16 日。

牛大勇、陈长伟：《北伐时期列强对华政策研究评价》，《历史研究》2005 年第 3 期。

牛大勇：《美国对华政策与四一二政变的关系》，《历史研究》1985 年第 4 期；《北伐战争时期美国分化政策与美蒋关系的形成》，《近代史研究》1986 年第 6 期。

牛军：《赫尔利与 1945 年前后的国共谈判》，《近代史研究》1986 年第 1 期；《合作—"中立"—对抗：1944—1946 年中共对美政策再探讨》，《四川大学学报》2016 年第 1 期。

欧阳跃峰：《利用会党：辛亥革命的一个误区》，《史学月刊》2007 年第 2 期。

潘敏：《北洋军阀政府的政权性质再探讨》，《黄冈师专学报》1999 年第 1 期。

潘喜廷：《张作霖与日本的关系》，《学术与探索》1980 年第 2 期。

潘志平：《"东突"的"三位先生"与国民政府》，《史学集刊》2016 年第 5 期；《关于 1945 年中苏友好同盟条约的评价》，《世界史研究动态》

1985年第9期。

裴长洪：《西原借款与寺内内阁对华策略》，《历史研究》1982年第5期。

彭明：《论南京临时政府》，《近代史研究》1981年第3期；《论五四时期的理性精神》，《历史研究》1989年第3期。

彭南生：《半工业化：近代乡村手工业发展进程的一种描述》，《史学月刊》2003年第7期。

彭泽益：《近代中国工业资本主义经济中的工场手工业》，《近代史研究》1984年第1期。

皮明庥、李怀军：《城市史的思路与视野》，载《城市史研究》第5辑，天津教育出版社1991年版。

皮明庥：《城市史研究略论》，《历史研究》1992年第3期。

戚厚杰：《国民党敌后游击战争初探》，《军事历史研究》1990年第1期。

戚其章：《关于中国近代史基本线索的几点意见》，《历史研究》1985年第6期。

齐世荣：《中国抗日战争与国际关系（1931—1941）》，《世界历史》1987年第4期。

钱进：《张学良与东北易帜新释》，《民国档案》2000年第4期。

钱茂伟：《中国史学史研究视角的转换》，《学术月刊》2012年第1期。

乔兆红：《大革命初期的商民协会与商民运动》，《文史哲》2005年第6期。

谯珊：《近代城市消费生活变迁的原因及其特点》，《中华文化论坛》2001年第2期；《近代中国自然灾害与城市衰落》，《西南民族大学学报（社会科学版）》2007年第4期。

秦如藩：《二十世纪前孙中山政治思想的发展》，《中山大学学报》1962年第1期。

邱国盛：《从人力车看近代上海城市公共交通的演变》，《华东师范大学学报（哲学社会科学版）》2004年第2期；《从国家让渡到民间介入——同乡组织与近代上海外来人口管理》，《华东师范大学学报（哲学社会科学版）》2005年第3期；《近代北京、上海城乡关系比较研究》，《西南民族大学学报（人文社会科学版）》2008年第6期。

邱捷：《孙中山张作霖的关系与〈孙文越飞宣言〉》，《历史研究》1997年第2期；《孙中山与近代中国知识分子》，《广东社会科学》2000年第1期；《广州商团与商团事变——从商人团体的角度的再探讨》，《历史研究》2002年第2期；《近代广东商人与广东的早期现代化》，《广东社会科学》2002年第2期；《民国初年广东乡村的基层权力机构》，《史学月刊》2003年第5期。

邱松庆：《中央革命根据地的妇女运动》，《江西社会科学》1983年第1期。

邱涛、郑匡民：《戊戌政变前的日中结盟活动》，《近代史研究》2010年第1期。

邱志红：《2017年国内晚清政治史研究述评》，《北京教育学院学报》2018年第4期。

瞿林东：《近五十年来中国史学史研究的进展》，《史学月刊》2003年第10期；《试论中国史学史研究的新路向》，《天津社会科学》2012年第1期。

饶戈平：《1945—1949年国民党政府的对美政策》，《民国档案》1988年第2期。

饶景英：《三十年代上海的帮会与工会》，《史林》1993年第3期。

饶任坤：《太平天国妇女问题再探》，《学术月刊》1990年第6期。

任放：《施坚雅模式与中国近代史研究》，《近代史研究》2004年第4期。

任恒俊：《新军差异与南北军阀的形成》，《文史哲》1990年第4期。

任建树：《陈独秀与西南军阀》，《史林》1988年第2期；《陈独秀与西南军阀及其联省自治》，《安庆师范学院学报（哲学社会科学版）》1994年第1期。

任智勇：《试述晚清户部银库制度与庚子之后的变革》，《清史研究》2005年第2期。

荣孟源：《金田起义日期的探讨》，《社会科学研究》1981年第1期；《谈中国近代史的两个过程》，《历史教学》1984年第7期。

荣天琳、张注洪、周承恩：《五四前后的中国工人阶级》，《北大史学论丛》1959年。

荣维木：《论卢沟桥事变期间的"现地交涉"》，《民国档案》1998 年第 4 期。

桑兵：《近代中国女性史研究散论》，《近代史研究》1996 年第 3 期；《教学需求与学风转变——近代大学史学教育的社会科学化》，《中国社会科学》2001 年第 4 期；《世界主义与民族主义——孙中山对新文化派的回应》，《近代史研究》2003 年第 2 期；《从眼光向下回到历史现场——社会学人类学对近代中国的影响》，《中国社会科学》2005 年第 1 期；《近代中国的新史学及其流变》，《史学月刊》2007 年第 11 期；《"了解之同情"与陈寅恪的治史方法》，《社会科学战线》2008 年第 10 期；《辛亥时期的惩办汉奸与南北统一》，《广东社会科学》2017 年第 2 期；《袁世凯〈请速定大计折〉与清帝退位》，《近代史研究》2017 年第 6 期。

沙健孙：《五四后期的陈独秀是不是马克思主义者？》，《北京大学学报》1979 年第 3 期。

尚小明：《抗战前北大史学系的课程变革》，《近代史研究》2006 年第 1 期；《"二十一条"交涉的另一条管道——总统府相关活动透视》，《安徽史学》2017 年第 2 期。

邵循正：《洋务运动和资本主义发展关系问题》，《新建设》1963 年 3 月。

邵雍：《五卅运动中的工人帮会问题》，《党史研究与教学》1993 年第 3 期；《孙中山与近代妇女问题》，《广西师范大学学报（哲学社会科学版）》2002 年第 3 期。

沈家五：《从农商部注册看北洋时期民族资本主义的发展》，《历史档案》1984 年第 4 期。

沈卫威：《面对"新潮流"的顺势与逆反——新文化运动中两派势力的较量》，《中山大学学报》2016 年第 4 期。

沈毅：《近代旅、大租借地的农业与城乡关系研究》，《华东师大学报》1992 年第 3 期。

沈予：《论日本币原外交破坏中国大革命》，载《中日关系史论文集》，黑龙江人民出版社 1984 年版；《四一二反革命政变与帝国主义关系的再探讨》，《历史研究》1984 年第 4 期；《论抗日战争时期日蒋的"和平交涉"》，《历史研究》1993 年第 2 期；《抗日战争前期蒋介石对日议和问题再探讨》,《抗日战争研究》2000年第3期。

沈志华:《中苏结盟与苏联对新疆政策的变化(1944—1950)》,《党史研究资料》1999年第2期。

施忠连:《新儒学与中华文化活精神》,《哲学研究》1989年第9期。

石波:《辛亥革命与中国民族资本主义经济的发展》,《湖北社会科学》1991年第8期。

石巧兰、李兴芝:《马克思主义妇女观在我国的早期传播及其中国化》,《妇女研究论丛》1992年第1期。

石希峤:《创造"灰色地带":中共与战时鲁南地区的"爱护村"(1938—1945)》,《中共党史研究》2017年第10期。

石仲泉:《关于国外毛泽东研究的民粹主义问题》,《中共党史研究》1992年第6期。

史革新:《章太炎社会思想述略》,《史学理论研究》2005年第3期。

史建云:《对施坚雅市场理论的若干思考》,《近代史研究》2004年第4期。

史苏苑:《关于历史人物评价五题》,《史学月刊》1982年第5期。

史新恒:《清末官制改革与各省提法使的设立》,《求索》2010年第10期;《效法西方话语下的自我书写——提法使与清末审判改革》,《历史教学》2010年第10期;《分科改制:提法使官制向近代科层制的演进》,《求索》2011年第6期。

宋镜明:《论吴佩孚的再起与直奉联合对国民军的进攻》,《武汉大学学报(哲学社会科学版)》1986年第1期。

宋开友:《袁世凯与日本对华"二十一条"谈判》,《江西社会科学》2005年第3期。

宋美云:《论商会在市场化进程中的作用——以近代天津为例》,《天津师范大学学报(社会科学版)》2005年第3期。

苏全有、孙宏云:《论第一次直奉战争直胜奉败的原因》,《社会科学战线》1994年第5期。

苏智良、陈丽菲:《侵华日军慰安妇制度略论》,《历史研究》1998年第4期。

苏智良：《关于日军慰安妇制度的几点辨析》，《抗日战争研究》1997年第3期。

隋淑芬：《严复的历史观与历史研究方法》，《史学史研究》2003年第4期。

孙才顺：《如何评价抗战期间中苏关系中的是与非》，《抗日战争研究》2001年第3期。

孙健：《国民经济史研究的对象、方法和任务》，《经济研究》1957年第2期。

孙克复、关捷：《太平天国政权性质商榷》，《社会科学辑刊》1981年第1期。

孙兰英：《论中国近代妇女运动的"男性特色"》，《史学月刊》1996年第3期。

孙守任：《中国近代历史的分期问题的商榷》，载《中国近代史分期问题讨论集》，生活·读书·新知三联书店1957年版。

孙思白：《试论军阀史的研究及相关的几个问题》，《贵州社会科学》1982年第6期。

孙艳玲：《抗战前期中国争取同苏联订立互助条约始末——兼析〈中苏互不侵犯条约〉的签订》，《抗日战争研究》2006年第1期。

孙祚民：《关于太平天国政权性质研究中的几个问题》，《北方论坛》1980年第1期；《判断太平天国政权性质的标准——五论关于"农民政权"问题》，《学术研究》1981年第5期。

覃光广、冯利：《关于中国近代教案研究方法的反思》，《近代中国教案研究》。

谭玉华：《权利与控制：1947年永兴岛事件引发的中法西沙群岛之争》，《中山大学学报》2016年第5期。

唐力行：《从徽学研究看区域化的中国近代史研究》，《学术月刊》2006年第3期。

唐利国：《关于国民党抗日游击战的几个问题》，《抗日战争研究》1997年第1期。

唐凌：《论抗战时期国民政府的矿业政策》，《抗日战争研究》1993年第

4 期。

唐启华:《"北洋外交"研究评价》,《历史研究》2004 年第 1 期;《1924 年〈中俄协定〉与旧约废止问题——以〈密件议定书〉为中心的探讨》,《近代史研究》2006 年第 3 期;《1927 年中俄会议研究》,《近代史研究》2007 年第 4 期。

唐仕春:《中国近代社会史研究扫描:2014》,《河北学刊》2015 年第 5 期。

唐学锋:《四川军阀混战频繁之原因》,《西南师范大学学报(哲学社会科学版)》1990 年第 2 期;《试论军阀割据的社会基础》,《西南民族学院学报(哲学社会科学版)》1990 年第 4 期。

陶飞亚等:《晚清国家基督教治理中的官教关系》,《中国社会科学》2016 年第 3 期。

陶文钊:《赫尔利使华与美国政府扶蒋反共政策的确定》,《近代史研究》1987 年第 2 期;《中美关系史讨论会综述》,《近代史研究》1988 年第 6 期;《太平洋战争期间的香港问题》,《历史研究》1994 年第 5 期。

田居俭:《中国社会史研究的反思与展望》,《社会科学战线》1989 年第 3 期。

田旺杰:《民国时期青海军阀长期存在的原因探析》,《青海民族研究》2004 年第 4 期。

涂成林:《历史阐释中的历史事实和历史评价问题——基于马克思唯物史观的基本理论和方法》,《中国社会科学》2017 年第 8 期。

涂鸣皋:《关于四川军阀割据混战的几个问题》,《西南师范大学学报(人文社会科学版)》1980 年第 1 期。

万灵:《中国区域史研究理论和方法散论》,《南京师大学报》1992 年第 3 期。

万谦:《开放领域与专门学科——建筑史学视野中的中国城市史研究概览》,《建筑师》2008 年第 10 期。

汪朝光:《抗战胜利后国民党东北决策研究》,《历史研究》1995 年第 6 期;《1946 年早春中国民主化进程的顿挫——以政协会议及国共关系为中心的研究》,《历史研究》2000 年第 6 期;《战后国民党对共政策的重要转折——国民党六届二中全会再研究》，《历史研究》2001 年第 4 期；《战与和的变奏——重庆谈判至政协会议期间的中国时局演变》，《近代史研究》2002 年第 1 期；《关于战后对苏外交及东北问题的激烈争执》，《民国档案》2006 年第 3 期。

汪高鑫、邓锐：《今文经学与史学的近代化——以康有为、崔适、梁启超和夏曾佑为考察中心》，《史学史研究》2009 年第 4 期。

汪敬虞：《从上海机器织布局看洋务运动和资本主义发展关系问题》，《新建设》1963 年 8 月；《论中国资本主义两个部分的产生》，《近代史研究》1983 年第 3 期；《洋务派不能承担发展中国资本主义的历史任务》，《历史研究》1985 年第 4 期；《中国近代社会、近代资产阶级和资产阶级革命》，《历史研究》1986 年第 6 期；《中国近代手工业及其在中国资本主义产生中的地位》，《中国经济史研究》1988 年第 1 期；《近代中国资本主义的发展和不发展》，《历史研究》1988 年第 5 期；《关于中国近代史研究中的殖民主义观点问题》，《近代史研究》1996 年第 6 期。

汪林茂：《中国近代思想史上的四个转折点》，《求是学刊》1985 年第 5 期。

汪熙：《略论中美关系史上的几个问题》，《世界历史》1979 年第 3 期；《太平洋战争与中国》，《复旦学报》1992 年第 4 期。

汪永平、贺宏斌：《中国近代民族企业的企业文化探析》，《中国社会经济史研究》2007 年第 4 期。

王春良：《评日苏中立条约和雅尔塔协定》，《山东师范大学学报》1985 年第 1 期。

王春英：《官商互动的多元图景呈现——清末商会成立形式初探》，《华中师范大学学报（人文社会科学版）》2005 年第 5 期。

王迪：《试论清末商会的设立与官商关系》，《史学月刊》1987 年第 4 期。

王汎森：《晚清政治概念与"新史学"》，载罗志田主编《20 世纪的中国：学术与社会·史学卷》（上），山东人民出版社 2001 年版。

王方中：《1920—1930 年间军阀混战对交通和工商业的破坏》，《近代史研究》1994 年第 5 期。

王海晨：《张作霖与"二十一条"交涉》，《历史研究》2002 年第 2 期；

《从"满蒙交涉"看张作霖对日谋略》,《史学月刊》2004年第8期。

王红曼:《四联总处与西南区域金融网络》,《中国社会经济史研究》2004年第4期。

王宏斌:《清末广东禁烟运动与中英外交争执》,《近代史研究》2003年第6期。

王华斌:《试论直皖战争直胜皖败的原因及其后果》,《学术月刊》1986年第1期。

王桧林:《抗日战争史研究中的几个问题》,《北京师范大学学报》1985年第4期。

王家范:《中国社会史学科建设刍议》,《历史研究》1989年第3期。

王建革:《役畜与近代华北乡村社会》,《社会科学研究》2006年第2期。

王建朗:《抗战初期国民党军事战略方针述评》,《复旦学报》1985年第4期;《二战爆发前国民政府外交综论》,《历史研究》1995年第4期;《卢沟桥事件后国民政府的和战抉择》,《近代史研究》1998年第5期;《日本与国民政府的革命外交:对关税自主交涉的考察》,《历史研究》2002年第6期;《英美战时废约政策之异同与协调》,《抗日战争研究》2003年第3期;《北京政府参战问题再考察》,《近代史研究》2005年第4期;《大国意识与大国作为——抗战后期的中国国际角色定位与外交努力》,《历史研究》2008年第6期;《信任的流失:从蒋介石日记看抗战后期的中美关系》,《近代史研究》2009年第3期;《2009—2011年中国近代史研究综述》,《近代史研究》2013年第3期;《2015年中国近代史研究综述》,《近代史研究》2016年第4期;《2016年中国近代史研究综述》,《近代史研究》2017年第6期;《2017年中国近代史研究综述》,《近代史研究》2018年第4期。

王劲、苏培新:《试论西北诸马军阀的几个特点》,《兰州大学学报(社会科学版)》1995年第4期。

王立诚:《英国与近代中外贸易"法治"的建立》,《历史研究》2001年第2期。

王立新:《华盛顿体系与中国国民革命:二十年代中美关系新探》,《历史研究》2001年第2期。

王美秀：《西学东渐影响下的中国近代妇女运动》，《北京大学学报》1995年第4期。

王敏：《西方列强与苏报案关系述论》，《历史研究》2009年第2期。

王奇生：《湖南会战：中国军队对日军"一号作战"的回应》，《抗日战争研究》2004年第3期。

王淇：《中美关系史讨论会综述》，《近代史研究》1988年第6期。

王晴佳：《科学史学乎？"科学古学"乎？——傅斯年"史学便是史料学"之思想渊源新探》，《史学史研究》2007年第4期。

王庆成：《论洪秀全的早期思想及其发展》，《历史研究》1979年第8—9期；《太平天国的对外关系和国际观念》，《历史研究》1991年第1期；《晚清华北村落》，《近代史研究》2002年第3期；《晚清华北村镇人口》，《历史研究》2002年第6期；《晚清华北的集市和集市圈》，《近代史研究》2004年第4期；《晚清华北乡村：历史与规模》，《历史研究》2007年第2期。

王士花：《华北沦陷区粮食的生产与流通》，《史学月刊》2006年第11期。

王天奖：《太平天国乡官的阶级成份》，《历史研究》1958年第3期。

王微：《传统、革命与性别视域下的华北妇救会》，《中共党史研究》2015年第2期。

王炜：《近代北京公园开放与公共空间的拓展》，《北京社会科学》2008年第2期。

王先明：《中国近代社会史研究的理论思考——兼论历史学的社会学化》，《近代史研究》1993年第4期；《开展二十世纪的中国乡村史研究》，《光明日报》2000年12月1日；《社会史的学术关注与问题意识》，《人民日报》2006年2月24日。

王学典：《实证追求与阐释取向之间的百年史学》，《文史哲》1997年第6期；《二十世纪中国史学是如何被叙述的——对学术史书写客观性的一种探讨》，《清华大学学报》2008年第2期。

王燕军：《近年来中国文化史研究述评》，《华南师范大学学报》1990年第2期。

王跃生：《20世纪三四十年代冀南农村分家行为研究》，《近代史研究》

2002年第4期。

王兆锋：《认识中国无产阶级局限性的几个问题》，《社会科学》1982年第6期。

王致中：《封建蒙昧主义与义和团运动》，《历史研究》1980年第1期。

隗瀛涛等：《关于近代中国城市史研究的几个问题》，载《城市史研究》第3辑，天津教育出版社1990年版。

隗瀛涛、谢放：《近代中国区域城市研究的初步构想》，《天津社会科学》1992年第1期。

魏宏运：《论晋冀鲁豫抗日根据地的集市贸易》，《抗日战争研究》1997年第1期。

魏明：《论北洋军阀官僚的私人资本主义经济活动》，《近代史研究》1985年第2期。

魏文享：《商人团体与抗战时期国统区的经济统制》，《中国经济史研究》2006年第1期。

温锐、苏盾：《重评1944年中国抗日战争的正面战场》，《抗日战争研究》1996年第4期。

邬国义：《新史学思潮经世功能的再考察》，《华东师范大学学报》第35卷第3期，2003年5月；《论近代经世致用史学思潮的兴起》，《史林》2003年第6期。

吴承明：《中国资产阶级的产生问题》，《经济研究》1965年第9期；《中国经济史研究中的计量问题》，《历史研究》1985年第3期；《近代国内市场商品量的估计》，《中国经济史研究》1994年第4期；《经济史：历史观与方法论》，《中国经济史研究》2001年第3期。

吴汉全：《李大钊与历史哲学理论》，《史学史研究》2002年第2期；《李大钊与中国近代史研究》，《近代史研究》2003年第3期。

吴宏岐：《历史地理学视野下的中国近代社会史研究》，《学术月刊》2006年第3期。

吴剑杰：《关于近代史研究"新范式"的若干思考》，《近代史研究》2001年第2期。

吴金钟：《近代中国教案史研究综述》，载四川省哲学社会科学联合会等编

《近代中国教案研究》，四川省社会科学院出版社1987年版。

吴景平：《英国与1935年的中国币制改革》，《历史研究》1988年第6期；《抗战时期的中国外债问题》，《抗日战争研究》1997年第1期；《上海银行公会改组风波》，《历史研究》2003年第2期。

吴善中：《太平天国圣库制度辨正》，《近代史研究》2011年第1期。

吴天颖：《日本觊觎我钓鱼列屿的历史考析——再质奥原敏雄教授》，《抗日战争研究》1998年第2期。

吴廷嘉：《合力辩：兼与刘大年同志商榷》，《历史研究》1988年第3期。

吴雁南：《试论太平天国的土地制度》，《历史研究》1958年第2期。

吴义雄：《鸦片战争前的鸦片贸易再研究》，《近代史研究》2002年第2期；《鸦片战争前英国在华治外法权之酝酿与尝试》，《历史研究》2006年第4期；《权利与体制：义律与1834—1839年的中英关系》，《历史研究》2007年第1期；《鸦片战争前在华西人与对华战争舆论的形成》，《近代史研究》2009年第2期。

吴元丰：《近百年来满文档案编译出版综述——以中国大陆为中心》，《满语研究》2011年第2期。

吴泽、谢天佑：《关于历史人物评价的若干理论问题》，《学术月刊》1960年第1期。

吴泽勇：《清末修订〈刑事民事诉讼法〉论考——兼论法典编纂的时机、策略和技术》，《现代法学》2006年第2期。

吴忠礼等：《论西北回族军阀产生的社会历史条件》，《宁夏社会科学》1988年第4期。

伍纯武：《中国资本的原始积累问题》，《学术月刊》1961年第3期。

武力：《唯物史观视角下的历史虚无主义辨正》，《历史研究》2015年第3期。

习五一：《论废止中比不平等条约》，《近代史研究》1986年第2期。

夏春涛：《太平军中的婚姻状况与两性关系探析》，《近代史研究》2003年第1期。

夏东元：《论清政府所办近代军用工业的性质》，《华东师范大学学报》1958年第1期；《略论洋务运动的多边关系》，《社会科学》1982年第9

期;《110年中国近代史应以戊戌变法微分断线》,《历史研究》1989年第4期。

夏晓虹:《从男女平等到女权意识——晚清的妇女思潮》,《北京大学学报》1995年第4期。

项立岭:《试论中国工人运动由自发到自觉的转变》,《学术月刊》1961年第7期;《怎样向前推进?中美关系史研究中的几个问题》,《世界历史》1980年第5期。

肖一平、郭德宏:《抗日战争时期的减租减息》,《近代史研究》1981年第4期。

肖一平:《略论中国抗日战争的特点》,《科学社会主义》1997年第4期。

谢本书:《吴佩孚与西南军阀的勾结》,《贵州社会科学》1983年第5期;《孙中山与西南军阀》,《云南社会科学》1985年第3期;《西南军阀与五四运动》,《学术月刊》1989年第5期。

谢放:《清末民初四川农村商品经济与社会变迁》,《四川大学学报》1990年第4期。

谢蔚:《晚清刑部皂役收入研究》,《史学月刊》2009年第4期。

邢贲思:《对中共党史研究的几点意见》,《中共党史研究》1992年第1期。

熊月之、张生:《中国城市史研究综述(1986—2006)》,《史林》2008年第1期。

徐鼎新:《旧中国商会溯源》,《中国社会经济史研究》1983年第1期;《清末上海若干行会的演变和商会的早期形态》,载《中国近代经济史研究资料》第9辑,上海社会科学院出版社1989年版。

徐国利:《钱穆论史体与史书》,《史学史研究》2000年第4期;《钱穆的中西史学比较观》,《史学史研究》2002年第1期;《钱穆的学术史方法与史识——义理、考据与辞章之辨》,《史学史研究》2005年第4期;《关于区域史研究中的理论问题——区域史的定义及其区域的界定和选择》,《学术月刊》2007年第3期。

徐建生:《近代中国婚姻家庭变革思潮述论》,《近代史研究》1991年第3期。

徐绪典:《论太平天国的拜上帝会与基督教的关系》,《文史哲》1963年第5期。

徐焰:《抗日战争中两个战场的形成及其相互关系》,《近代史研究》1986年第4期。

徐叶丽:《近年来宋庆龄研究综述》,载《纪念宋庆龄文集》,上海人民出版社1993年版。

徐义君:《试论广州武汉政府时期国民政府的反帝外交策略》,《近代史研究》1982年第3期。

徐勇:《日本侵华既定战略进攻方向考察》,《抗日战争研究》1996年第3期。

许超英:《东北航空军发展史略》,《军事历史研究》1988年第4期。

许苏民:《"一位擎着火炬的侍女"——论中国近代思想史学科建设中的三大问题与九大关系》,《南京大学学报》2005年第2期。

许宪隆、韦甜:《论辛亥革命前后西北诸马军阀的角色转换》,《民族研究》2002年第2期。

许小青:《20世纪初新史学与民族国家观念的兴起》,《社会科学研究》2006年第6期。

禤倩红、卢权:《香港海员大罢工是国民党领导的吗?》,《近代史研究》1987年第5期。

薛衔天:《试论"苏俄第一次对华宣言"内容变化问题》,《社会科学战线》1991年第3期;《战后东北问题与中苏关系走向》,《近代史研究》1996年第1期。

薛轶群:《日俄战争后的中日东三省电信交涉》,《近代史研究》2018年第1期。

严昌洪:《民国时期丧葬礼俗的改革与演变》,《近代史研究》1998年第5期。

严泉:《靳云鹏与皖系北京政府时期的院会关系》,《史林》2015年第5期。

严实:《关于西路军的几个史实问题的研究》,《党史研究》1982年第1期。

严中平:《中国近代史研究上的一个薄弱环节》,《人民日报》1956年7月17日。

颜军:《胡适清代思想史研究浅议》,《近代史研究》2000年第1期。

杨大春:《晚清政府与罗马教廷的外交历程》,《史学月刊》2001年第1期。

杨东:《身份之锢——战时沦陷区的良民证探赜》,《抗日战争研究》2018年第4期。

杨光彦、潘洵:《爱国主义传统与四川军阀的两次转变》,《西南师范大学学报(哲学社会科学版)》1996年第1期。

杨国强:《新文化运动中的个人主义》,《探索与争鸣》2016年第8、9、10期。

杨慧:《论国统区妇女界抗日救亡统一战线》,《东南大学学报》2001年第2期。

杨奎松:《三十年代共产国际、苏联与中国革命关系若干史实考辩》,《党史研究》1987年第2期;《抗日战争时期共产国际、苏联与中国共产党关系中的几个问题》,《党史研究》1987年第6期;《中国红军打通国际路线战略方针的演变》,《中共党史研究》1988年增刊;《1946年国共两党斗争与马歇尔调处》,《历史研究》1990年第5期;《毛泽东为什么放弃新民主主义?》,《近代史研究》1997年第4期;《陈独秀与共产国际——兼谈陈独秀的"右倾"问题》,《近代史研究》1999年第2期;《蒋介石抗日态度之研究——以抗战前期中日秘密交涉为例》,《抗日战争研究》2000年第4期;《蒋介石、张学良与中东路事件之交涉》,《近代史研究》2005年第1期;《关于长征途中毛泽东军事领导地位确立问题的再考察》,《苏区研究》2016年第4期;《晋西事变与毛泽东的应对策略》,《史学月刊》2016年第1期;《对蒋介石"放水长征路"一说若干史实的考析》,《史林》2017年第1期。

杨念群:《为什么要重提"政治史"研究》,《历史研究》2004年第4期;《"地方性知识"、"地方感"与"跨区域研究"的前景》,《天津社会科学》2004年第6期。

杨鹏程:《长沙抢米风潮中的官、绅、民》,《近代史研究》2002年第

3 期。

杨天宏：《国民党与善后会议关系考析》，《近代史研究》2000 年第 3 期；《北洋外交与"治外法权"的撤废——基于法权会议所做的历史考察》，《近代史研究》2005 年第 4 期；《北洋外交与华府会议条约规定的突破——关税会议的事实梳理与问题分析》，《历史研究》2007 年第 5 期；《系统性的缺失：中国近代史研究现状之忧》，《近代史研究》2010 年第 2 期。

杨天石：《抗战前期日本"民间人士"和蒋介石集团的秘密谈判》，《历史研究》1990 年第 1 期；《济案交涉与蒋介石对日妥协的开端》，《近代史研究》1998 年第 1 期；《卢沟桥事变前蒋介石的对日谋略——以蒋氏日记为中心所做的考察》，《近代史研究》2001 年第 2 期；《蒋介石父子招抚"台独大统领"廖文毅始末》，《近代史研究》2016 年第 2 期。

杨兴梅：《南京国民政府禁止妇女缠足的努力及其成效》，《历史研究》1998 年第 3 期；《观念与社会：女子小脚的美丑与近代中国的两个世界》，《近代史研究》2000 年第 4 期；《从劝导到禁罚：清季四川反缠足努力述略》，《历史研究》2000 年第 6 期。

杨雨果：《国家利益：苏俄对在华合作者的选择》，《历史研究》1999 年第 4 期。

杨玉文、杨玉生：《中日战争初期纳粹德国"调停"活动内幕及其结局》，《近代史研究》1988 年第 1 期。

叶桂生等：《中国社会史论战与马克思主义历史学的形成》，《中国史研究》1983 年第 1 期。

叶桂生：《关于现代史学史的思索》，《史学史研究》1989 年第 4 期。

叶桂生、刘茂林：《略论马克思主义中国历史学的创立和发展》，《学习与研究》1982 年第 11 期。

易豪精：《从"蜜月"到断交——抗日战争爆发前后中德关系的演变》，《中共党史研究》1995 年第 5 期。

裔昭印：《基督教和近代中国妇女运动》，《上海师范大学学报》2000 年第 4 期；《妇女史对历史学的贡献》，《史学理论研究》2004 年第 3 期。

应星：《1930—1931 年主力红军整编的缘起、规划与实践》，《近代史研于化民：《短暂的合作：抗战后期中共与美国关系解析》，《抗日战争研究》2007年第3期；《中国早期共产主义者之国家观探析》，《东岳论丛》2011年第6期；《中共领导层对华北游击战场的战略运筹与布局》，《历史研究》2015年第5期。

余子道：《中国正面战场初期的作战方向问题》，《军事历史研究》1987年第4期；《中国正面战场对日战略的演变》，《历史研究》1988年第5期；《论抗战初期正面战场作战重心之转移》，《抗日战争研究》1992年第3期。

余子明：《从乡村到城市：晚清绅士群体的城市化》，《史学月刊》2002第8期。

余子侠：《抗战时期高校内迁及其历史意义》，《近代史研究》1995年第6期；《抗战时期教会高校的迁变》，《抗日战争研究》1998年第2期。

俞旦初：《简论十九世纪后期的史学》，《近代史研究》1981年第2期；《中国近代的爱国主义史学思潮》，《史学史研究》1985年第2期。

俞辛焞：《日本对直奉战争的双重外交》，《南开学报》1982年第4期；《孙中山的中日盟约问题辨析》，《近代史研究》1997年第2期。

俞祖华、赵慧峰：《民国时期民族复兴话语的三种形态》，《中国文化研究》2015年第1期。

虞宝棠：《一九三五年国民党政府币制改革初探》，《华东师范大学学报》1982年第4期；《试论国民党政府的法币政策》，《历史档案》1983年第4期。

虞和平：《清末民初中美商会的互访和合作》，《近代史研究》1988年第3期；《商会与中国资产阶级自为化问题》，《近代史研究》1991年第3期；《鸦片战争后通商口岸行会的近代化》，《历史研究》1991年第6期；《辛亥革命与中国经济近代化的社会动员》，《社会学研究》1992年第5期；《清末民初经济伦理的资本主义化与经济社团的发展》，《近代史研究》1996年第4期；《五四运动与商人外交》，《近代史研究》2000年第2期；《清末民初商会的商事仲裁制度建设》，《学术月刊》2004年第4期；《民国时期乡村建设运动的农村改造模式》，《近代史研究》

2006年第4期。

喻大华:《东直督抚与义和团运动的兴起》,《清史研究》2000年第4期。

袁成毅:《从对日空战看中美相互战略支持》,《历史研究》2015年第4期。

袁继成、王海林:《中国参加第一次世界大战和巴黎和会问题》,《近代史研究》1990年第6期。

袁伟时:《为民族民主革命服务的唯物主义一元论》,《中山大学学报》1979年第4期。

袁英光:《"战国策派"反动史学观点批判》,《华东师范大学学报》1958年第2期。

岳谦厚、王亚莉:《陕甘宁边区的抗属形象及其模范塑造》,《山西大学学报》2016年第5期。耿晶:《婚姻案件中的根据地乡村妇女——以20世纪40年代涉县为中心的考察》,《聊城大学学报》2016年第3期。

臧运祜:《卢沟桥事变前夕日本对华政策的演变》,《抗日战争研究》1998年第1期。

曾业英:《刘显世与护国战争》,《近代史研究》1988年第3期;《日本对华北沦陷区的金融控制与掠夺》,《抗日战争研究》1994年第1期;《日伪统治下的华北农村经济》,《近代史研究》1998年第3期;《论1928年的东北易帜》,《历史研究》2003年第2期;《蔡锷与小凤仙——兼谈史料辨伪和史事考证问题》,《近代史研究》2009年第1期;《傣族同盟会员刀安仁"蒙不白之冤"吗?》,《近代史研究》2015年第2期;《袁世凯是辛亥革命的"共和元勋"吗?》,《河北学刊》2017年第3期。

张广智:《20世纪前期西方史学输入中国的行程》,《史学理论研究》1996年第1期。

张国辉:《中国近代煤矿企业中的官商关系与资本主义发生问题》,《历史研究》1964年第3期。

张海鹏:《中国近代史的"两个过程"及有关问题》,《历史研究》1984年第4期;《"告别革命"说错在哪里?》,《当代中国史研究》1996年第6期;《关于中国近代史的分期及其"沉沦"与"上升"诸问题》,《近代史研究》1998年第2期;《中国近代史研究的回顾》,《追求集——中国近代历史进程的探索》,社会科学文献出版社 1998 年版;《20 世纪中国近代史学科体系问题的探索》,《近代史研究》2005 年第 1 期。

张和声:《文化形态史观与战国策派的史学》,《史林》1992 年第 2 期。

张洪武:《1924 年广东商团与广东革命政府关系之嬗变》,《四川师范大学学报》2002 年第 1 期。

张建基:《川系军阀的形成》,《军事历史研究》2003 年第 3 期。

张瑾、张新华:《抗日战争时期大后方科技进步述评》,《抗日战争研究》1993 年第 4 期。

张静如等:《北洋军阀统治时期的社会和革命》,《教学与研究》1986 年第 6 期。

张俊义:《南方政府截取关余事件与英国的反应》,《历史研究》2007 年第 1 期;《九一八事变后美国官方对事变真相的调查》,王建朗等主编《近代中国:政治与外交》下,社会科学文献出版社 2010 年版。

张磊:《论孙中山的民族主义》,《北京大学学报》1957 年第 4 期;《略论孙中山的社会历史观》,《学术研究》1963 年第 1 期。

张利民:《区域史研究中的空间范围界定》,《学术月刊》2006 年第 3 期。

张莲波:《二十世纪初的妇女团体》,《史学月刊》1991 年第 2 期。

张佩国:《近代江南农村妇女的"财产权"》,《史学月刊》2002 年第 1 期。

张启雄:《东西国际秩序原理的冲突——清末民初中暹建交的名分交涉》,《历史研究》2007 年第 1 期。

张强:《国民党抗战时期的文艺政策》,《民国档案》1991 年第 2 期。

张神根:《对国内外袁世凯研究的分析与思考》,《史学月刊》1993 年第 3 期。

张生:《南京国民政府初期关税改革述评》,《近代史研究》1993 年第 2 期。

张万全等:《中国民族资产阶级究竟何时形成的》,《学术月刊》1963 年第 9 期。

张卫彬:《钓鱼岛主权归属与〈马关条约〉的演进解释问趣》,《法学评论》2015 年第 1 期。

张宪文:《再论民国史研究中的几个重大问题》,《江海学刊》2008 年第

5 期。

张小路:《中国对"门户开放"政策的反应》,《社会科学战线》1998 年第 2 期。

张晓辉:《论民初军阀战乱对广州社会经济的影响》,《广东社会科学》1997 年第 6 期。

张绪忠:《直皖战争皖系败北原因新探》,《贵州师范大学学报(社会科学版)》2004 年第 3 期。

张学继:《论袁世凯政府的工商业政策》,《中国经济史研究》1991 年第 1 期。

张业赏:《论国民党军在山东敌后战场的地位》,《抗日战争研究》1996 年第 1 期。

张亦工:《商民协会初探》,《历史研究》1992 年第 3 期。

张永:《从"十八星旗"到"五色旗"——辛亥革命时期从汉族国家到五族共和国家的建国模式转变》,《北京大学学报》2002 年第 2 期。

张永英:《中国共产党成立后关于妇女参政的理论认识与实践经验》,《妇女研究论丛》2001 年增刊。

张勇:《新民主主义理论与三四十年代关于中国现代化的争论》,《中共党史研究》2000 年第 2 期。

张玉田:《应当全面看待义和团运动》,《辽宁大学学报》1979 年第 1 期。

张越:《试论学衡派的史学思想》,《辽宁师范大学学报》2002 年第 6 期;《进化史观对中国史学转型的促进和影响》,《求是学刊》2003 年第 1 期;《从对整理国故和"古史辨派"的评价看郭沫若的史学思想》,《郭沫若学刊》2003 年第 1 期;《试析 20 世纪 40 年代中国马克思主义史学家对史料和历史考证方法的重视》,《史学集刊》2006 年第 2 期。

张展:《全面抗战爆发后的中国驻日使领馆》,《近代史研究》2019 年第 1 期。

张昭军:《论章太炎的经史观》,《史学史研究》2004 年第 2 期;《梁启超的新史学是文化史》,《史学理论研究》2010 年第 2 期。

张振鹍:《清末十年间中外关系史的几个问题》,《近代史研究》1982 年第 2 期;《淞沪抗战:中国的主动进攻与日军主要作战方向的改变》,《抗日战争研究》1996年第3期。

张芝联：《当代中国史学的成就与困惑》，《史学理论研究》1994年第4期。

张值荣、渠怀重：《抗战前后中美英西藏问题的交涉》，《抗日战争研究》2007年第1期。

张仲礼等：《近代上海城市的发展、特点和研究理论》，《近代史研究》1991年第4期。

张仲礼：《关于中国民族资本在20年代的发展问题》，《社会科学》1983年第10期；《近代上海市场发育的若干特点》，《上海社会科学院学术季刊》1994年第2期。

章百家：《抗日战争时期国共两党的对美政策》，《历史研究》1987年第3期；《美国对华政策新解》，《历史研究》1990年第4期；《对重庆谈判一些问题的探讨》，《近代史研究》1993年第5期。

章伯锋：《皖系军阀与日本帝国主义的关系》，《历史研究》1982年第6期。

章开沅：《有关太平天国革命性质的几个问题》，《理论战线》1958年第2期；《"排满"与民族运动》，《近代史研究》1981年第3期；《关于改进研究中国资产阶级方法的若干意见》，《历史研究》1983年第5期；《民族运动与中国近代史的基本线索》，《历史研究》1984年第3期；《关于孙中山研究的思考》，《辛亥前后史事论丛续编》，华中师范大学出版社1996年版；《王道与霸道——试论孙中山的大同理想》，《浙江社会科学》2000年第3期；《张汤交谊与辛亥革命》，《历史研究》2002年第1期。

章清：《"学术社会"的建构与知识分子的"权势网络"》，《历史研究》2002年第4期。

赵德馨：《列宁关于半殖民地半封建社会的学说》，《青海社会科学》1984年第4期。

赵可：《体制创新与20世纪20年代广州市政的崛起》，《广西社会科学》2006年第3期。

赵立彬：《民国初年孙中山对名誉事件的反应》，《广东社会科学》2017年第 1 期。
赵庆云：《论金毓黻与中国近代史研究》，《史学史研究》2008 年第 2 期。
赵泉民：《论晚清重农思潮》，《社会科学研究》2000 年第 6 期；《政府意志：20 世纪三四十年代中国乡村合作运动价值取向论》，《中国社会经济史研究》2006 年第 1 期。
赵泉民、忻平：《资金构成与合作社的"异化"——基于 20 世纪三四十年代中国乡村社会变迁的考察》，《华东师范大学学报》2006 年第 2 期。
赵人坤：《二战结束前后美国对华政策问题再探讨》，《抗日战争研究》2008 年第 3 期。
赵矢元：《辛亥革命至"二次革命"之间的孙中山》，《东北师大学报》1981 年第 5 期。
赵晓阳：《回顾与省思：2016 年中国近代社会史研究扫描》，《河北学刊》2017 年第 5 期；《回顾与省思：2017 年中国近代社会史研究扫描》，《河北学刊》2018 年第 5 期。
赵云田：《清末新政期间新疆文化教育的发展》，《西域研究》2002 年第 2 期；《清末川边改革新探》，《中国藏学》2002 年第 3 期；《清末新政期间东北边疆的政治改革》，《中国边疆史地研究》2002 年第 3 期；《清末西藏新政述论》，《近代史研究》2002 年第 5 期。
郑成林：《1927—1936 年国民政府与商会关系述论》，《近代史研究》2003 年第 3 期；《抗战后中华民国商会联合会简论》，《华中师范大学学报》2006 年第 5 期。
郑大华、谭庆辉：《20 世纪 30 年代初中国知识界的社会主义思潮》，《近代史研究》2008 年第 3 期。
郑发展：《一九四四年"豫西民变"考析》，《历史研究》2015 年第 4 期。
郑洸：《解放战争时期国统区学运史研究的几个问题》，载《解放战争时期学生运动》，同济大学出版社 1988 年版；《民主革命时期青运史专题研究综述》，《中国青运》1989 年第 6 期。
郑鹤声：《试论孙中山思想的发展道路》，《文史哲》1954 年第 4 期；《太平天国妇女解放运动及其评价》，《文史哲》1955 年第 8 期。
郑宏卫：《历史的动力与合力：兼评刘大年的〈说"合力"〉》，《学术研究》1988 年第 3 期。

郑会欣:《一九三五年币制改革的动因及其与帝国主义的关系》,《史学月刊》1987 年第 1 期;《1933 年的中美棉麦借款》,《历史研究》1988 年第 5 期;《抗战时期后方高级公务员的生活状况——以王子壮、陈克文日记为中心》,《近代史研究》2018 年第 2 期。

郑家栋:《儒家与新儒家的命运》,《哲学研究》1989 年第 3 期。

郑庆声:《中国工人运动史的研究对象问题》,《史林》1986 年第 3 期。

郑师渠:《晚清国粹派的新史学探讨》,《北京师范大学学报》1991 年第 5 期;《学衡派史学思想初探》,《北京师范大学学报》1998 年第 4 期;《梁启超与新文化运动》,《近代史研究》2005 年第 2 期;《当下历史虚无主义之我见》,《历史研究》2015 年第 3 期。

郑学益:《论孙中山的开放主义》,《北京大学学报》1989 年第 6 期。

郑焱、汤可可:《太平天国并不是一次妇女解放运动》,《史学月刊》1981 年第 2 期。

郑永福、吕美颐:《佛教与基督教在近代中国女性中影响之比较》,《佛学研究》1996 年第 6 期;《论民国时期影响女性服饰演变的诸因素》,《中州学刊》2007 年第 5 期。

郑志林:《略论我国近代女子体育的兴起》,《体育文史》1994 年第 3 期。

周斌:《1930 年中共推行"会师武汉"计划期间与列强的局部冲突及其影响》,《近代史研究》2017 年第 5 期。

周锦涛:《对日受降时期中共与苏联关系考察》,《历史研究》2018 年第 6 期。

周俊旗:《试论皖系军阀控制中央政权的原因及其政权的特点》,《安徽史学》1989 年第 3 期;《关于近代区域城市系统研究的几个问题》,《天津社会科学》1994 年第 5 期。

周良书:《中国共产党反对"历史虚无主义"的历史考察》,《中国高校社会科学》2017 年第 2 期。

周少川:《论陈垣先生的民族文化史观》,《史学史研究》2002 年第 3 期。

周文玖:《我国 20 世纪三四十年代的史学评述》,《史学理论研究》1999 年第 2 期;《朱希祖史学略论》,《史学史研究》2004 年第 4 期。

周锡瑞：《重塑中国城市：城市空间和大众文化》，《史学月刊》2008年第5期。

周子峰：《近代厦门的市政建设运动及其影响（1920—1937）》，《中国社会经济史研究》2004年第2期。

朱从兵：《丞相的虚实之分与太平天国的失败》，《暨南学报》2015年第3期。

朱丹、田子渝：《直系军阀在湖北的经济搜刮》，《湖北社会科学》1988年第12期。

朱东安、张海鹏、刘建一：《应当如何看待义和团的排外主义》，《近代史研究》1981年第2期。

朱发建：《史学科学化——考察中国近代史学史的新思路》，《湖南师范大学学报》第33卷第6期，2004年11月。

朱金甫：《从清宫医案论光绪帝载湉之死》，《故宫博物院院刊》1982年第3期；再论光绪帝载湉之死》，《历史档案》2010年第4期。

朱敏彦：《近年来宋庆龄研究综述》，《党史教学与研究》1992年第6期。

朱荫贵：《近代中国的第一批股份制企业》，《历史研究》2001年第5期；《中国近代股份制企业的特点——以资金运行为中心的考察》，《中国社会科学》2006年第5期。

朱英：《近代中国广告的产生发展及其影响》，《近代史研究》2000年第4期；《商民运动与中国近代史研究》，《天津社会科学》2005年第4期；《近代中国的"社会与国家"：研究回顾与思考》，《江苏社会科学》2006年第4期。

朱英、唐论：《奕劻与庚辛议和》，《史学集刊》2017年第5期。

朱玉湘、吕伟俊：《陈独秀在五四时期的历史地位》，《文史哲》1979年第2期。

朱政惠：《中国史学史研究的国际视野》，《学术月刊》2012年第1期。

朱之江：《直皖战争中皖系败北的军事原因探析》，《军事历史研究》2001年第1期。

朱仲玉：《1919年至1949年间中国的马克思主义史学》，《史学史研究》1981年第3期。

朱宗震：《袁世凯的币制改革》，《近代史研究》1989年第2期。
左双文：《"九一八"事变后南京国民政府设立的特种外交委员会》，《近代史研究》2003年第1期；《近代史家和20世纪三四十年代香港史学》，《史学史研究》2004年第1期。

## 二　著作

白钢：《中国封建社会长期延续问题论战的由来与发展》，中国社会科学出版社1984年版。
蔡美彪：《学林旧事》，中华书局2012年版。
曹洪涛等：《中国近现代城市的发展》，中国城市出版社1998年版。
曹树基：《中国人口史》第5卷下册，复旦大学出版社2001年版。
曹幸穗：《旧中国苏南农家经济研究》，中央编译出版社1996年版。
陈其泰：《史学与中国文化传统》，书目文献出版社1992年版。
从翰香主编：《近代冀鲁豫乡村》，中国社会科学出版社1995年版。
崔之清主编：《太平天国战争全史》，南京大学出版社2002年版。
戴均良：《中国城市发展史》，黑龙江人民出版社1992年版。
单强：《江南区域市场研究》，人民出版社1999年版。
邓野：《联合政府与一党训政——1944—1946年间国共政争》，社会科学文献出版社2003年版。
丁名楠、余绳武、张振鹍等：《帝国主义侵华史》第1卷，科学出版社1958年版。
丁伟志、陈崧：《中西体用之间》，中国社会科学出版社1995年版。
丁卫平：《中国妇女抗战史研究》，吉林人民出版社1999年版。
董蔡时：《太平天国在苏州》，江苏人民出版社1981年版。
杜芳琴、王政主编：《中国历史中的妇女与性别》，天津人民出版社2004年版。
杜芳琴：《妇女学和妇女史的本土探索》，天津人民出版社2002年版。
段云章、邱捷：《孙中山与中国近代军阀》，四川人民出版社1990年版。

范文澜：《中国近代史》上编第1分册，人民出版社1951年修订版；《范文澜历史论文选集》，中国社会科学出版社1979年版；《中国近代史》，人民出版社1979年版。

斐民：《中国近代思想发展简史》，上海时代书局1949年版。

冯尔康：《中国社会史概论》，高等教育出版社2004年版。

冯天瑜主编：《东方的黎明——中国文化走向近代化的历程》，巴蜀书社1988年版。

高军、王桧林、杨树标主编：《中国现代政治思想评要》，华夏出版社1990年版。

高瑞泉主编：《中国近代社会思潮》，华东师范大学出版社1996年版。

葛兆光：《中国思想史》第2卷，复旦大学出版社2000年版。

耿云志等：《西方民主在近代中国》，中国青年出版社2003年版。

龚书铎等：《清代理学史》，广东教育出版社2007年版。

龚育之：《党史札记》，浙江人民出版社2002年版；《党史札记二编》，浙江人民出版社2004年版；《党史札记末编》，中共党史出版社2008年版。

顾朝林：《中国城镇体系：历史、现状与展望》，商务印书馆1992年版。

顾大全：《护国战争与贵州》，贵州人民出版社1985年版。

关梦觉：《中国原始资本积累问题初步探索》，上海人民出版社1958年版。

关晓红：《晚清学部研究》，广东教育出版社2000年版。

贵州军阀史研究会、贵州社会科学院历史研究所：《贵州军阀史》，贵州人民出版社1987年版。

桂遵义：《马克思主义史学在中国》，山东人民出版社1992年版。

郭剑林等：《北洋政府简史》，天津古籍出版社2000年版。

郭沫若：《中国史稿》第4册，人民出版社1962年版。

郭毅生：《太平天国经济史》，广西人民出版社1991年版。

郭豫明：《捻军史》，上海人民出版社2001年版。

郝平：《孙中山革命与美国》，北京大学出版社2000年版。

何东：《中国现代史史料学》，求实出版社1987年版。

何干之：《中国现代革命史讲义》，高等教育出版社1955年版。

何理：《抗日战争史》，上海人民出版社1985年版。

何新：《中国文化史新论》，黑龙江人民出版社1985年版。

何一民：《中国城市史纲》，四川大学出版社1994年版。

何一民主编：《近代中国城市发展与社会变迁（1840—1949）》，科学出版社2004年版；《20世纪中国西部中等城市与区域发展》，巴蜀书社2005年版。

何友良：《中国苏维埃区域社会变动史》，当代中国出版社1996年版。

何兆武等：《中国思想发展史》，湖北人民出版社2007年版。

侯外庐主编：《中国思想史纲》下册，人民出版社1957年版；《中国近代哲学史》，人民出版社1978年版。

侯宜杰：《二十世纪初中国政治改革风潮——清末立宪运动史》，人民出版社1993年版。

侯云灏：《20世纪中国史学思潮与变革》，北京师范大学出版社2007年版。

胡滨：《十九世纪末叶帝国主义争夺中国权益史》，生活·读书·新知三联书店1957年版；《中国近代改良主义思想》，中华书局1964年版。

胡逢祥、张文建：《中国近代史学思潮与流派》，华东师范大学出版社1991年版。

胡华：《中国新民主主义革命史讲义》，新华书店1950年版。

胡绳：《帝国主义与中国政治》，生活·读书·新知三联书店1950年版；《从鸦片战争到五四运动》上册，人民出版社1981年版；《从鸦片战争到五四运动》下册，人民出版社1982年版。

胡绳主编，中共中央党史研究室著：《中国共产党的七十年》，中共党史出版社1991年版。

胡维革：《中国近代社会思潮研究》，东北师范大学出版社1994年版。

湖北大学中国思想文化史研究所：《中国文化的现代转型》，湖北教育出版社1996年版。

贾熟村：《太平天国时期的地主阶级》，广西人民出版社1991年版。

贾秀岩、陆满平：《民国价格史》，中国物价出版社1992年版。

贾中福：《中美商人团体与近代国民外交（1905—1927）》，中国社会科学出版社 2008 年版。

翦伯赞：《中国史纲要》第 4 册，人民出版社 1964 年版。

姜沛南：《中国工运史论》，辽宁人民出版社 1996 年版。

蒋俊：《中国史学近代化进程》，齐鲁书社 1995 年版。

蒋廷黻：《中国近代史》，岳麓书社 1987 年版。

金冲及主编：《周恩来传（1898—1949）》上卷，中央文献出版社 1989 年版；《周恩来传（1898—1976）》，中央文献出版社 1998 年版。

金光耀等主编：《北洋时期的中国外交》，复旦大学出版社 2006 年版。

军事科学院军事历史研究部编：《中国抗日战争史》中卷，解放军出版社 1991 年版。

孔经纬：《新编中国东北地区经济史》，吉林教育出版社 1994 年版。

来新夏等：《北洋军阀史稿》，湖北人民出版社 1983 年版；《北洋军阀史》，南开大学出版社 2000 年版。

黎澍：《黎澍自选集》，广东人民出版社 1998 年版。

李华兴：《中国近代思想史》，浙江人民出版社 1988 年版。

李吉奎：《孙中山与日本》，广东人民出版社 1996 年版。

李静之：《伟大的七十年》，中共党史出版社 1992 年版。

李静之等：《马克思主义的妇女观》，中国人民大学出版社 1992 年版。

李文海、刘仰东：《太平天国社会风情》，中国人民大学出版社 1989 年版。

李喜所：《近代留学生与中外文化》，天津人民出版社 1992 年版。

李细珠：《张之洞与清末新政研究》，上海书店出版社 2003 年版。

李新总主编：《中华民国史》第 1 编，中华书局 1981—1982 年版。

李育民：《中国废约史》，中华书局 2005 年版。

李泽厚：《中国近代思想史论》，人民出版社 1979 年版；《中国现代思想史论》，东方出版社 1987 年版。

李兆祥：《近代中国的外交转型研究》，中国社会科学出版社 2008 年版。

历史研究编辑部：《中国近代史分期问题讨论集》，生活·读书·新知三联书店 1957 年版。

郦纯：《太平天国制度初探》，人民出版社 1956 年初版，中华书局 1989 年修订版。

林甘泉等：《中国古代史分期讨论五十年》，上海人民出版社1982年版。
林家有、周兴樑：《孙中山与第一次国共合作》，四川人民出版社1988年版。
林家有等：《孙中山社会建设思想研究》，中山大学出版社2009年版。
林茂生、王维礼、王桧林主编：《中国现代政治思想史》，黑龙江人民出版社1984年版。
林增平：《中国近代史》，湖南人民出版社1958年版。
刘晨：《萧朝贵研究》，九州出版社2014年版。
刘大年：《刘大年史学论文选集》，人民出版社1987年版；《抗日战争时代》，中央文献出版社1996年版。
刘凤云、刘文鹏编：《清朝的国家认同——"新清史"研究与争鸣》，《清史研究丛书》，中国人民大学出版社2010年版。
刘佛丁等：《近代中国的经济发展》，山东人民出版社1997年版。
刘克祥、吴太昌主编：《中国近代经济史（1927—1937）》，人民出版社2010年版。
刘俐娜：《由传统到现代——论中国史学的转型》，社科文献出版社2006年版。
刘永明：《国民党人与五四运动》，中国社会科学出版社1990年版。
龙盛运：《湘军史稿》，四川人民出版社1990年版。
陆仰渊、方庆秋：《民国社会经济史》，中国经济出版社1991年版。
罗尔纲：《忠王自传原稿考证与论考据》，科学出版社1958年版；《太平天国史事考》，生活·读书·新知三联书店1979年版；《太平天国史》，中华书局1991年版。
罗荣渠：《现代化新论》，北京大学出版社1993年版。
罗澍伟等：《近代天津城市史》，中国社会科学出版社1993年版。
罗苏文：《女性与近代中国社会》，上海人民出版社1996年版。
罗志田：《乱世潜流：民族主义与民国政治》，上海古籍出版社2001年版；《近代中国史学十论》，复旦大学出版社2003年版。
吕美颐、郑永福：《中国妇女运动（1840—1921）》，河南人民出版社1990年版。

马定祥、马传德：《太平天国钱币》，上海人民出版社1983年版。

马振犊：《血染的辉煌——抗战正面战场写实》，广西师范大学出版社1993年版。

马忠文：《荣禄与晚清政局》，社会科学文献出版社2016年版。

毛泽东：《毛泽东选集》（横排合订本），人民出版社1967年版；《建国以来毛泽东文稿》第2册，中央文献出版社1988年版；《毛泽东选集》，人民出版社1991年版；《毛泽东文集》第2卷，人民出版社1993年版。

茅海建：《天朝的崩溃》，生活·读书·新知三联书店2005年版；《戊戌变法史事考初集》，生活·读书·新知三联书店2005年版；《戊戌变法史事考二集》，生活·读书·新知三联书店2011年版。

茅家琦、方之光、童光华：《太平天国兴亡史》，上海人民出版社1980年版。

茅家琦：《太平天国与列强》，广西人民出版社1992年版。

茅家琦主编：《太平天国通史》（全3册），南京大学出版社1991年版。

宓汝成：《帝国主义与中国铁路》，上海人民出版社1980年版。

缪楚黄：《中国共产党简要历史》，学习杂志社1956年版。

莫建来：《皖系军阀统治史稿》，天津古籍出版社2004年版。

聂宝璋：《中国买办资产阶级的发生》，中国社会科学出版社1979年版。

宁越敏等：《中国城市发展史》，安徽科技出版社1994年版。

牛军：《从延安走向世界——中国共产党对外关系的起源》，福建人民出版社1992年版。

逄先知、金冲及主编：《毛泽东传（1949—1976）》（上），中央文献出版社2003年版。

彭明、程歗主编：《近代中国的思想历程（1840—1949）》，中国人民大学出版社1999年版。

皮明庥主编：《近代武汉城市史》，中国社会科学出版社1993年版。

戚其章：《甲午战争史》，上海人民出版社1990年版；《国际法视角下的甲午战争》，人民出版社2001年版。

乔志强主编：《中国近代社会史》，人民出版社1992年版。

乔治忠、姜胜利编著：《中国史学史研究述要》，天津教育出版社1996

年版。

曲家源：《卢沟桥事变起因考论：兼与日本有关学者商榷》，中国华侨出版社1992年版。

全国妇联：《中国妇女运动史（新民主主义时期）》，春秋出版社1989年版。

全国哲学社会科学规划办公室编：《哲学社会科学各学科研究状况与发展趋势》，学习出版社1997年版。

荣孟源：《史料与历史科学》，人民出版社1978年版。

荣维木：《炮火下的觉醒——卢沟桥事变》，广西师范大学出版社1996年版。

沙健孙、龚书铎主编：《走什么路——关于中国近现代历史上的若干重大是非问题》，山东人民出版社1997年版。

上海市档案馆编：《上海三次工人武装起义》，上海人民出版社1983年版；《上海工会联合会》，上海人民出版社1989年版。

尚明轩：《孙中山传》，北京人民出版社1981年版。

尚小明：《留日学生与清末新政》，江西教育出版社2002年版。

邵维正：《中国共产党创建史》，解放军出版社1991年版。

邵雍：《中国秘密社会》第6卷《民国帮会》，福建人民出版社2002年版。

沈以行、姜沛南、郑庆声主编：《中国工运史论》，辽宁人民出版社1996年版。

盛邦和：《解体与重构：现代中国史学与儒学思想变迁》，华东师范大学出版社2002年版。

盛巽昌：《太平天国职官志》，广西人民出版社1999年版。

石峻、任继愈、朱伯崑编：《中国近代思想史讲授提纲》，人民出版社1955年版。

史明正：《走向近代化的北京城——城市建设与社会变革》，北京大学出版社1995年版。

史式：《太平天国词语研究》，广西人民出版社1993年版。

四川省哲学社会科学联合会等编：《近代中国教案研究》，四川省社会科学院出版社1987年版。

苏全有：《清末邮传部研究》，中华书局2005年版。

苏双碧：《太平天国史综论》，广西人民出版社1993年版。

苏智良等主编：《袁世凯与北洋军阀》，上海人民出版社2006年版。

孙石月：《中国近代女子留学史》，中国和平出版社1995年版。

陶飞亚主编：《性别与历史：近代中国妇女与基督教》，上海人民出版社2006年版。

万峰：《日本近代史》，中国社会科学出版社1978年版。

汪敬虞主编：《中国近代经济史（1895—1927）》，人民出版社2000年版。

王建朗：《抗战初期的远东国际关系》，台湾东大图书公司1995年版；《中国废除不平等条约的历程》，江西人民出版社2000年版。

王金铻、李子文：《中国现代政治思想史》，吉林大学出版社1991年版。

王立新：《美国传教士与晚清中国现代化》，天津人民出版社1997年版。

王庆成：《太平天国的文献和历史》，中华书局1985年版。

王戎笙、龙盛运、贾熟村、何龄修：《太平天国运动史》，人民出版社1986年版。

王实等：《中国共产党历史简编》，上海人民出版社1958年版。

王玉茹：《近代中国价格结构研究》，陕西人民出版社1997年版。

王政、陈雁：《百年中国女权思潮研究》，复旦大学出版社2005年版。

王仲清主编：《中共党史学概论》，浙江人民出版社1991年版。

隗瀛涛等主编：《辛亥革命史》中册，人民出版社1980年版。

隗瀛涛主编：《中国近代不同类型城市综合研究》，四川大学出版社1998年版；《近代长江上游城乡关系研究》，四川出版集团、天地出版社2003年版。

魏光奇：《官治与自治——20世纪上半期的中国县治》，商务印书馆2004年版。

魏文享：《中间组织——近代工商同业公会研究（1918—1949）》，华中师范大学出版社2007年版。

吴承明：《中国资本主义与国内市场》，中国社会科学出版社1985年版；《市场·近代化·经济史论》，云南大学出版社1996年版。

吴怀祺：《中国史学思想史》，安徽人民出版社1996年版。

吴剑杰：《中国近代思潮及其演进》，武汉大学出版社 1989 年版。
吴雁南、冯祖贻等主编：《中国近代社会思潮》，湖南教育出版社 1998 年版。
吴雁南等主编：《清末社会思潮》，福建人民出版社 1990 年版。
吴玉章：《辛亥革命》，人民出版社 1961 年版。
吴泽主编，袁英光、桂遵义著：《中国近代史学史》，江苏古籍出版社 1989 年版。
吴泽主编：《史学概论》，安徽人民出版社 1985 年版。
席宣、金春明：《"文化大革命"简史》，中共党史出版社 1996 年版。
夏春涛：《太平天国宗教》，南京大学出版社 1992 年版；《天国的陨落——太平天国宗教再研究》，中国人民大学出版社 2006 年版。
夏东元：《洋务运动史》，华东师范大学出版社 1992 年版。
夏晓虹编著：《晚清女性与近代中国》，北京大学出版社 2004 年版。
向青：《共产国际与中国革命关系论文集》，上海人民出版社 1985 年版。
肖万源：《孙中山哲学思想》，中国社会科学出版社 1981 年版。
谢保成：《民国史学述稿（1912—1949）》，上海人民出版社 2011 年版。
谢本书等：《护国运动史》，贵州人民出版社 1984 年版。
谢本书、冯祖贻主编：《西南军阀史》第 1—3 卷，贵州人民出版社 1991、1994 年版。
熊月之：《中国近代民主思想史》，上海人民出版社 1986 年版。
徐立亭、熊炜编：《中国近代史论文资料索引（1949—1979）》，中华书局 1983 年版。
徐顺教等主编：《中国近代伦理思想研究》，华东师范大学出版社 1993 年版。
徐元冬等：《中国共产党历史讲话》，中国青年出版社 1962 年版。
许涤新、吴承明主编：《中国资本主义发展史》第 1—3 卷，人民出版社 1985、1990、1993 年版。
杨奎松：《中间地带的革命——中国革命的策略在国际背景下的演变》，中共中央党校出版社 1992 年版；《毛泽东与莫斯科的恩恩怨怨》，江西人民出版社 1999 年版、香港三联书店 2000 年版。

杨云若、杨奎松：《共产国际和中国革命》，上海人民出版社1988年版。

尹达主编：《中国史学发展史》，中州古籍出版社1985年版。

余子道等：《汪伪政权全史》，上海人民出版社2006年版。

俞辛焞：《孙中山与日本关系研究》，人民出版社1996年版；《辛亥革命时期的中日外交史》，天津人民出版社2000年版。

虞和平：《商会与中国早期现代化》，上海人民出版社1993年版。

袁继成：《近代中国租界史稿》，中国财经出版社1988年版。

张生等：《日伪关系研究——以华东地区为中心》，南京出版社2003年版。

张岱年、程宜山：《中国文化与文化论争》，中国人民大学出版社1990年版。

张东刚：《总需求的变动趋势与近代中国经济发展》，高等教育出版社1997年版。

张海鹏主编：《中国近代通史》第1—10卷，凤凰出版传媒集团、江苏人民出版社2006年版。

张海鹏、李细珠主编：《台湾历史研究》第3辑，社会科学文献出版社2016年版。

张静如、唐曼珍主编：《中共党史学史》，中国人民大学出版社1990年版。

张岂之、陈国庆：《近代伦理思想的变迁》，中华书局1993年版。

张岂之主编：《中国近代史学学术史》，中国社会科学出版社1996年版。

张书学：《中国现代史学思潮研究》，湖南教育出版社1998年版。

张锡勤：《中国近现代伦理思想史》，黑龙江人民出版社1984年版；《中国近代思想史》，黑龙江人民出版社1988年版。

张一文、刘庆、皮明勇：《中国近代军事史研究概览》，天津教育出版社1991年版。

张一文：《太平天国军事史》，广西人民出版社1994年版。

张仲礼、熊月之、沈祖炜主编：《长江沿江城市与中国近代化》，上海人民出版社2002年版。

张仲礼主编：《近代上海城市研究》，上海人民出版社1990年版；《东南沿海城市与中国近代化》，上海人民出版社1996年版。

张注洪：《中国现代革命史史料学》，中共党史资料出版社1987年版。

章伯锋、李宗一主编：《北洋军阀（1912—1928）》第 1 卷，武汉出版社 1990 年版。

章伯锋：《皖系军阀与日本》，四川人民出版社 1988 年版。

章开沅、林增平：《辛亥革命史》下册，人民出版社 1981 年版。

章开沅、罗福惠主编：《比较中的审视：中国早期现代化研究》，浙江人民出版社 1993 年版。

章开沅、朱英主编：《对外经济关系与中国近代化》，华中师范大学出版社 1990 年版。

章开沅等：《张謇与近代社会》，华中师范大学出版社 2001 年版。

郑洸、罗成全主编：《中国青年运动六十年》，中国青年出版社 1990 年版。

郑永福等：《近代中国妇女生活》，河南人民出版社 1993 年版。

中共中央党史研究室：《中国共产党历史》上卷，人民出版社 1991 年版。

中国科学院近代史研究所资料编译组编译：《外国资产阶级是怎样看待中国历史的——资本主义国家反动学者研究中国近代历史的论著选译》第 1 卷，商务印书馆 1961 年版。

中国社会科学院近代史研究所：《日本侵华七十年史》，中国社会科学出版社 1992 年版。

中国现代革命史研究会编：《中国现代革命运动史》，延安解放社 1937 年版。

钟文典选编：《罗尔纲文选》，广西师范大学出版社 1999 年版。

朱从兵、崔德田：《太平天国文书制度》，广西人民出版社 1993 年版。

朱寰、王恒伟主编：《中国对外条约辞典》，吉林教育出版社 1994 年版。

朱荫贵：《国家干预经济与中日近代化》，东方出版社 1994 年版。

朱英：《晚清经济政策与改革措施》，华中师范大学出版社 1996 年版。

朱宗震：《大视野下清末民初变革》，新华出版社 2009 年版。

邹兆辰、江湄、邓京力：《新时期中国史学思潮》，当代中国出版社 2001 年版。

左旭初：《中国近代商标简史》，学林出版社 2003 年版；《著名企业家与名牌商标》，上海社会科学院出版社 2008 年版。

左玉河：《从四部之学到七科之学——学术分科与近代中国知识系统之创

建》，上海书店出版社 2004 年版。

［德］ 马克思、恩格斯：《马克思恩格斯选集》第 1 卷，人民出版社 1966 年版。

［日］ 石川祯浩：《中国共产党成立史》，袁广泉译，中国社会科学出版社 2005 年版。

［苏］ 列宁：《列宁全集》第 2 卷，人民出版社 1959 年版；《列宁选集》第 2 卷，人民出版社 1961 年版。

［苏］ 齐赫文斯基主编：《中国近代史》（上、下册），北京师范大学历史系、北京大学历史系、北京大学俄语系翻译小组译，生活·读书·新知三联书店 1974 年版。

［英］ 巴勒克拉夫：《当代史学主要趋势》，上海译文出版社 1987 年版。